Entscheidungen

des

Reichsgerichts.

Herausgegeben

von

den Mitgliedern des Gerichtshofes und
der Reichsanwaltschaft.

Entscheidungen in Civilsachen.

Einunddreißigster Band.

Leipzig,
Verlag von Veit & Comp.
1893.

Entscheidungen

des

Reichsgerichts

in

Civilsachen.

Einunddreißigster Band.

Leipzig,
Verlag von Veit & Comp.
1893.

Druck von Metzger & Wittig in Leipzig.

Inhalt.

A. Entscheidungen der vereinigten Civilsenate.

B. Senatsentscheidungen.

I. Reichsrecht.

II. Gemeines Recht.

III. Preußisches Recht.

IV. Rheinisches Recht.

V. Prozeßrecht.

A. Entscheidungen der vereinigten Civilsenate.

1. Zur Behandlung der Kompensationseinrede im Prozesse.
C.P.O. §§ 274. 136 Abs. 2.

Beschl. v. 10. April 1893 i. S. L. (Bekl.) w. J. (Kl.) Rep. VI. 282/91.

I. Landgericht I Berlin.
II. Kammergericht daselbst.

Zwischen dem VI. und dem II. Civilsenate (vgl. Urt. v. 11. Mai 1886, Entsch. des R.G.'s in Civils. Bd. 16 S. 371) ist streitig geworden, ob durch ein nach § 274 C.P.O. unter Trennung der Verhandlungen ergehendes „Teilurteil" der Prozeß endgültig erledigt werde. Die vereinigten Civilsenate haben dahin entschieden:

„Durch ein nach § 274 C.P.O. ergehendes Teilurteil wird der Prozeß nicht endgültig erledigt. Wird auf Grund des § 274 C.P.O. eine dort als „Teilurteil" bezeichnete Entscheidung über die Klageforderung erlassen, so ist dieselbe als ein Urteil unter Vorbehalt der Einrede der Aufrechnung anzusehen, wobei die Bestimmungen der §§ 502 Abs. 3. 503 bezw. §§ 562 Abs. 3. 563 C.P.O. entsprechende Anwendung zu finden haben."

Aus den Gründen:

... „Die Annahme, daß durch ein nach § 274 C.P.O. ergehendes Urteil über die Hauptforderung die Gegenforderung und mit dieser die Kompensationseinrede für den vorliegenden Rechtsstreit gänzlich beseitigt werde, findet im Wortlaute des § 274 keine Stütze. Das Urteil ergeht unter „Trennung der Verhandlungen", kann schon deshalb nur eine **teilweise** Erledigung des Rechtsstreites bezwecken und wird demgemäß ausdrücklich als „Teilurteil" bezeichnet. Zu einer richtigen Auffassung der Bedeutung des § 274 C.P.O. wird man allerdings nicht schon durch den bloßen Wortlaut desselben, sondern erst durch eine Vergleichung mit dem § 136 Abs. 2 C.P.O. gelangen können. Beide Bestimmungen gehören zusammen. Sie regeln bezüglich der Kompensationseinrede die richterliche Trennungsbefugnis, die, je nachdem die Verhandlung über die Klageforderung bereits zur Entscheidung reif oder noch nicht reif ist, durch Erlaß eines Teilurteiles über die Klageforderung (§ 274) oder durch die Anordnung, daß über die Klageforderung und die Gegenforderung in getrennten Prozessen verhandelt werden soll (§ 136 Abs. 2), ausgeübt wird. Inhaltlich und den Wirkungen nach ist kein Unterschied zwischen der Trennung in dem einen und in dem anderen Falle zu machen. Dafür spricht auch die Entstehungsgeschichte beider Bestimmungen. Der preußische Entwurf von 1864 enthielt in § 268 nur die Bestimmung:

„Sind mehrere Ansprüche in Einer Klage erhoben, so kann das Gericht die Verbindung aufheben und die Verhandlung der verschiedenen Ansprüche in getrennten Prozessen bestimmen."

Dieser Grundsatz wurde in der 288. Sitzung der Norddeutschen Kommission als § 300 in folgender Fassung angenommen:

„Sind mehrere Ansprüche in Einer Klage erhoben, so kann das Gericht die Verhandlung der verschiedenen Ansprüche in getrennten Prozessen anordnen."

Vgl. Protokolle S. 1725. 1808.

In der 293. Sitzung beschloß darauf die Kommission, „daß das Gericht in erster und zweiter Instanz ermächtigt sein solle, wenn eine Kompensationseinrede ex dispari causa vorgeschützt sei, **nach Vorbild des § 300 des Kommissionsentwurfes** die Verhandlung der beiden Ansprüche in getrennten Prozessen **anzuordnen**" u. s. w. (Protokolle S. 1964. 1965). **In Ausführung dieses Beschlusses** wurden die beiden Bestimmungen aufgenommen, die gegenwärtig die §§ 136 Abs. 2. 274 des Gesetzes bilden. Die betreffenden Paragraphen lauteten in der Schlußredaktion des Kommissionsentwurfes:

§ 316. Sind mehrere Ansprüche in Einer Klage erhoben, so kann das Gericht anordnen, daß die verschiedenen Ansprüche in getrennten Prozessen verhandelt werden.

Dasselbe gilt, wenn der Beklagte die Einrede der Kompensation auf Grund einer Gegenforderung vorgebracht hat, welche mit der in der Klage geltend gemachten Forderung nicht in rechtlichem Zusammenhange steht.

§ 421. Ist von dem Beklagten die Einrede der Kompensation auf Grund einer Gegenforderung vorgebracht, welche mit der in der Klage geltend gemachten Forderung nicht in rechtlichem Zusammenhange steht, so kann, wenn nur die Klage zur Endentscheidung reif ist, diese Entscheidung erlassen und angeordnet werden, daß die Verhandlung über die Einrede in einem getrennten Prozesse erfolge.

In dem über die Klage erlassenen Urteile kann bestimmt werden, daß die Vollstreckung desselben nur gegen Sicherheitsleistung zulässig sei.

Die Vorschrift des zweiten Absatzes kommt auch dann zur Anwendung, wenn in einem Falle, in welchem über die Klage und über die Einrede der Kompensation in getrennten Prozessen verhandelt ist (§ 316 Abs. 2), die Endentscheidung über die Klage zuerst erlassen wird.

Die Zusammengehörigkeit der Bestimmungen tritt hier klar hervor. Der § 421 enthielt nur eine Ausdehnung der im § 316 Abs. 2 ausgesprochenen Befugnis des Gerichtes, die Verhandlung über die Kompensationseinrede in getrenntem Prozesse anzuordnen, auf den Fall, wenn die Klage bereits zur Endentscheidung reif ist. Die §§ 136 Abs. 2. 274 C.P.O. haben in dieser Beziehung ersichtlich keinen anderen Sinn. Der § 274 bringt in seiner abweichenden Fassung nur zum Ausdrucke, daß, wenn die Klage zur Endentscheidung reif ist, die richterliche Trennungsanordnung nicht durch einen besonders zu erlassenden und zu verkündenden Beschluß, sondern im Urteile über die Hauptforderung selbst ergeht. Demgemäß bemerken die Motive zu §§ 130. 264 des Entwurfes, der § 274 sei nur eine unabweisliche Konsequenz des § 136, eine Ergänzung desselben für den Fall, daß die Verhandlungen über die Klageforderung bereits bis zum Schlusse geführt sind, ohne daß eine Trennung nach Maßgabe des § 136 stattgefunden hat.
Vgl. dazu Entsch. des R.G.'s in Civils. Bd. 24 S. 425. 426.

Der § 136 Abs. 2 C.P.O. ist also zur Erklärung des § 274 daselbst heranzuziehen. Allein die nähere Betrachtung ergiebt, daß auch die dort vorgesehene Trennungsanordnung nicht als eine Verweisung der Gegenforderung auf den Weg einer besonderen Klage aufzufassen ist.

Der § 136 faßt die Fälle zusammen, in denen erstens mehrere Ansprüche in einer Klage erhoben sind, zweitens der Klage eine nicht konnexe Gegenforderung im Wege der Widerklage oder mittels Kompensationseinrede entgegengesetzt wird. In allen diesen Fällen soll die Verhandlung „in getrennten Prozessen" angeordnet werden können. Erfolgt in dem erstgedachten Falle eine solche Anordnung, so ist damit die Klage bezüglich keines der mehreren Ansprüche erledigt. Die Klage bleibt bezüglich aller Ansprüche angestellt. Nicht die Nichtverhandlung eines oder mehrerer Ansprüche, sondern die Verhandlung derselben in getrennten Prozessen wird angeordnet. Die durch die Zusammenrechnung der mehreren Ansprüche begründete sachliche Zuständigkeit (§ 5 C.P.O.) verändert sich durch die Anordnung nicht. Dasselbe Gericht hat über sämtliche Ansprüche weiter zu verhandeln und zu entscheiden, und das bisher Verhandelte wird durch die Trennung nicht bezüglich des einen oder anderen Anspruches annulliert, sondern es spaltet sich der bis dahin einheitlich geführte Prozeß von da ab in mehrere getrennt verhandelte Prozesse. Von der im § 137 C.P.O. vorgesehenen Anordnung unterscheidet sich die nach § 136 Abs. 1 erlassene Trennungsanordnung dadurch, daß die erstere nur ein getrenntes Verhandeln über einzelne Angriffs- oder Verteidigungsmittel bezweckt und den Erlaß von Zwischenurteilen vorbereitet, die letztere dagegen sich nicht bloß auf das Verhandeln, sondern auch auf das Entscheiden bezieht und daher mehrere Endurteile zur Folge hat. Dasselbe soll nun auch bei Geltendmachung einer nicht konnexen Gegenforderung gelten, und zwar auch dann, wenn sie einredeweise vorgebracht ist. Hieraus ein Nichtverhandeln über die einredeweise vorgebrachte Gegenforderung herzuleiten, ist nicht statthaft, umsoweniger, als dadurch die Behandlung der Gegenforderung nicht nur zu den Fällen des § 136 Abs. 1, sondern auch zu dem im Abs. 2 daselbst mit umfaßten Falle der Widerklage in einen Gegensatz treten würde. Denn daß die getrennte Widerklage derselben Behandlung unterliegt, wie die mehreren voneinander getrennten Klagansprüche, ist unbestritten, und es walten auch in dieser Beziehung die Bedenken nicht ob, welche gegen das getrennte Verhandeln und Entscheiden über die Kompensationseinrede geltend gemacht werden und ihren Grund in der Natur der Einrede als solcher haben. Als der an sich klare Wortsinn der Bestimmung im Abs. 2 des § 136 ist es daher anzusehen, daß über die Klageforderung und über die einredeweise geltend gemachte Gegenforderung getrennt verhandelt und in verschiedenen Endurteilen entschieden werden kann. Die Bestimmung harmoniert, so verstanden, völlig mit dem § 274 in dem aus dessen Wortlaute sich ergebenden Sinne.

Die ebenerwähnten Bedenken gipfeln in dem Satze, daß durch Erhebung der Kompensationseinrede die Gegenforderung nicht rechtshängig wird. Daraus wird gefolgert, daß nach Erledigung der Klage durch Zusprechung der Forderung des Klägers über die Gegenforderung in demselben Rechtsstreite nicht weiter verhandelt werden könne. Jener Satz ist allerdings vom Reichsgerichte nicht bloß in dem Urteile des II. Civilsenates vom 11. Mai 1886 angenommen, sondern bisher konsequent festgehalten worden,

vgl. Entsch. des R.G.'s in Civils. Bd. 6 S. 420, Bd. 18 S. 408, Bd. 27 S. 299,

während in der Litteratur Meinungsverschiedenheit herrscht. Es bedarf indessen keines nochmaligen Eingehens auf die Frage. Beides, die Nichtrechtshängigkeit der Gegenforderung und die daraus gezogene Folgerung, läßt sich zugeben, ohne daß damit die Notwendigkeit einer neuen Klage zur Durchführung der im Prozesse einredeweise geltend gemachten Gegenforderung nachgewiesen wird. Denn wenn es auch richtig ist, daß nach Erledigung der Klage, vorausgesetzt, daß eine solche in dem nach Abtrennung der Kompensationseinrede ergehenden, die Klageforderung zusprechenden Urteile zu finden wäre, der Rechtsstreit selbst als völlig beendet angesehen werden müßte, so ist doch die Richtigkeit dieser Voraussetzung eben in Frage, und es kann nicht als richtig zugegeben werden, daß die Abtrennung der Kompensationseinrede den Zweck und die Wirkung habe, die Einrede aus dem Rechtsstreite hinauszuweisen und den Rechtsstreit ohne Berücksichtigung der vorgeschützten Einrede definitiv zu erledigen. In dem zweiten, über die Einrede ergehenden Urteile handelt es sich, wie in dem ersten, die Klageforderung zusprechenden Urteile, immer noch um die Klage. Gegenstand der zweiten Entscheidung kann nur die Frage sein, ob die Klageforderung durch Aufrechnung getilgt ist, also immer nur die Einrede als solche, nicht die vom Beklagten geltend gemachte Forderung schlechthin. In der Abtrennung der Kompensationseinrede liegt lediglich eine Teilung des Streitstoffes in der Weise, daß der Rechtsstreit durch mehrere aufeinander folgende Endurteile erledigt wird, die hier allerdings entsprechend dem Charakter der Einrede, welche als solche den Gegenstand des zweiten Urteiles bildet, voneinander nicht völlig unabhängig sind; vielmehr ist das die Klageforderung zusprechende Urteil als ein den Rechtsstreit endgültig entscheidendes nicht anzusehen und unterliegt der Abänderung, wenn die Einrede nachträglich für begründet erklärt wird, wodurch der Charakter jenes Urteiles als Endurteiles sich nicht unwesentlich modifiziert, ohne daß es dadurch zu einem reinen Zwischenurteile wird.

Die richterliche Anordnung, durch welche die Kompensationseinrede zu besonderem Verfahren verwiesen wird, hat sowohl im Falle des § 136 Abs. 2 als im Falle des § 274 C.P.O. einen lediglich prozeßleitenden Charakter. Eine Einwirkung auf das materielle Recht wird dabei nicht bezweckt; die einmal vorgeschützte Kompensationseinrede geht dem Beklagten durch die Trennung nicht verloren. In der Norddeutschen Kommission war man hierüber einig,

vgl. Protokolle derselben S. 1964. 1965,

und es hat dies in dem oben bereits wiedergegebenen § 421 des Entwurfes derselben deutlichen Ausdruck gefunden. Soviel ersichtlich, wird auch von keiner Seite behauptet, daß die Civilprozeßordnung auf einem anderen Standpunkte stehe. Abzusehen ist hier von den landesgesetzlichen Bestimmungen über die materiellen Erfordernisse der Aufrechnungsbefugnis. Es handelt sich hier nicht darum, ob landesgesetzlich die Liquidität der Gegenforderung als materielles Erfordernis der Aufrechnung aufgestellt sei,

vgl. z. B. A.L.R. I. 16 §§ 359 flg.,

und als solches neben der Civilprozeßordnung fortbestehe. Daß dem Beklagten durch die auf Grund des § 136 Abs. 2 oder § 274 C.P.O. erfolgende Trennung der Kompensationseinrede die Aufrechnungsbefugnis nicht entzogen wird, kann als feststehend betrachtet werden. Es wird jedoch behauptet, daß der Beklagte die Aufrechnung nur mittels besonderer Klage erreichen könne. Diese Klage habe das Bestehen der Gegenforderung zum Gegenstande; das etwa Gezahlte könne eventuell kondiziert werden; der Zwangsvollstreckung wegen der zugesprochenen Klageforderung könne allenfalls auf Grund des § 686 C.P.O. widersprochen werden.

Vgl. Entsch. des R.G.'s in Civils. Bd. 16 S. 384; Petersen bei Gruchot, Beiträge Bd. 31 S. 574. 575.

Alles dies steht jedoch nicht im Einklange mit der Annahme, daß die Klageforderung durch das darüber ergangene Urteil endgültig zugesprochen sei. Bei dieser Annahme erscheint eine Aufrechnung ausgeschlossen. Dem Beklagten bleibt dann nur übrig, seine Forderung einzuklagen und etwa durch einen Arrest, wenn dessen Voraussetzungen vorliegen, die Beitreibung der Klageforderung zu verhindern; eine Zurückforderung des Gezahlten und dem Kläger endgültig Zugesprochenen auf Grund der Aufrechnung wird nicht stattfinden können, und der § 686 C.P.O. berechtigt den Beklagten, der die Gegenforderung bereits im Prozesse geltend gemacht hat, nicht zur Aufrechnung in der Exekutionsinstanz, da die Voraussetzung des Abs. 2 daselbst in solchem Falle nicht vorhanden ist. Zur Fortdauer der Aufrechnungsbefugnis kann man überhaupt nur gelangen, wenn man die im Prozesse vorgeschützte Kompensationseinrede trotz der richterlichen Trennungsanordnung als fortbestehend ansieht. Ist dies aber der Fall, so kann der nach der Trennung ohne Berücksichtigung der Einrede erfolgenden Verurteilung des Beklagten die Bedeutung einer endgültigen Erledigung des Rechtsstreites nicht beigelegt werden, und um gleichwohl die Notwendigkeit einer neuen Klage zur Durchführung der Aufrechnungsbefugnis vor dem dafür zuständigen, möglicherweise von dem Gerichte des ersten Prozesses verschiedenen Gerichte erster Instanz annehmen zu können, würde es einer unzweideutigen Gesetzesbestimmung dieses Inhaltes bedürfen, die in den §§ 136 Abs. 2. 274 C.P.O. nicht zu finden ist.

Es ist von der Gegenseite darauf Gewicht gelegt worden, daß die Ansicht des II. Civilsenates dem früheren Rechtszustande entspreche und nur dahin gehe, daß an diesem Rechtszustande durch die Civilprozeßordnung nichts geändert sei. Eines Eingehens auf die Frage, wie die Kompensationseinrede vor dem Erlasse der Civilprozeßordnung in den verschiedenen Rechtsgebieten Deutschlands ihre Erledigung gefunden hat, bedarf es jedoch nicht. Der frühere Prozeß kannte keine Trennung des Prozeßstoffes in Zwischenurteilen und mehreren Endurteilen. War eine neue Klage zur Durchführung der Aufrechnungsbefugnis nach „Verwerfung“ der Kompensationseinrede wegen Illiquidität erforderlich,

vgl. bezüglich des gemeinrechtlichen Prozesses: Krug, Die Lehre von der Kompensation S. 269; Wetzell, System des ordentlichen Civilprozesses 3. Aufl. § 46 S. 560. 561,

so mochte dies seinen Grund darin finden, daß die Zulässigkeit einer stückweisen Erledigung des Prozesses nicht anerkannt war. Dieses Hindernis eines Weiterverhandelns und Entscheidens über die Kompensationseinrede ist aber durch die Civilprozeßordnung gehoben. Sie hat das Teilungsprinzip durchgeführt und davon in den §§ 136 Abs. 2. 274 auch in betreff der Kompensationseinrede Anwendung gemacht.

Über die Kompensationseinrede ist danach im Falle des § 274, wie auch im Falle des § 136 Abs. 2 C.P.O., vor demselben Gerichte und in derselben Instanz, vor welchem und in welcher die Einrede vorgeschützt ist, weiter zu verhandeln und zu entscheiden. Ein Unterschied gegenüber der Teilung des Prozesses bei mehreren selbständigen, durch Klage oder Widerklage erhobenen Ansprüchen besteht allerdings, wie bereits bemerkt ist, darin, daß die mehreren, über die Klageforderung und über die Einrede ergehenden Urteile nicht unabhängig voneinander sind. Das über die Klageforderung unter Trennung der Kompensationseinrede ergehende Urteil erledigt den Rechtsstreit über die Klage nicht endgültig und ist, wenn die Einrede begründet befunden wird, wieder aufzuheben. Hieraus ergiebt sich die Zulässigkeit einer entsprechenden Anwendung der Bestimmungen in den §§ 502 Abs. 3. 503, sowie §§ 562 Abs. 3. 563 C.P.O. Eines ausdrücklichen Vorbehaltes, welcher dem Beklagten die Verfolgung der Kompensationseinrede gestattete, erwähnt das Gesetz in den §§ 136 Abs. 2. 274 allerdings nicht. Eines solchen Vorbehaltes konnte es aber von dem Standpunkte aus, den das Gesetz einnimmt, auch nicht bedürfen. Denn die Ausscheidung von Verteidigungsmitteln in den Fällen des § 502 und im Urkundenprozesse wird als eine Zurückweisung derselben aufgefaßt (§§ 502 Abs. 1. 561), und sie gehen daher dem Beklagten verloren, wenn das Urteil keinen Vorbehalt enthält. Eine Zurückweisung der Kompensationseinrede liegt aber, wenn der Richter lediglich von seiner Teilungsbefugnis Gebrauch macht, nicht vor; die Trennung ist nicht als Zurückweisung oder Verwerfung der Einrede anzusehen.

Die vorstehende Rechtsauffassung ist bereits — was den § 274 C.P.O. betrifft — im Urteile des I. Civilsenates vom $\frac{21.}{28.}$ Oktober 1891,

vgl. Entsch. des R.G.'s in Civils. Bd. 28 S. 419,

zum Ausdrucke gelangt. Im Entwurfe eines Einführungsgesetzes zum bürgerlichen Gesetzbuche wird eine anderweite Fassung der §§ 136. 274 C.P.O. vorgeschlagen, die gleichfalls den Zweck hat, dem Beklagten die Durchführung der Kompensationseinrede nach der Trennung in demselben Rechtsstreite zu ermöglichen, und nach dem Gesagten im wesentlichen als eine Klarstellung der Bedeutung erscheint, die den fraglichen Bestimmungen schon so, wie sie jetzt lauten, beigelegt werden muß. Neu ist nur, daß es eines ausdrücklichen Vorbehaltes der Entscheidung über die Aufrechnung im Tenor des Urteiles über die Klageforderung bedürfen soll. Daraus darf aber nicht entnommen werden, daß ohne solchen Vorbehalt die Entscheidung über die Klageforderung den Rechtsstreit schon gegenwärtig definitiv erledige, und daß also, weil die Civilprozeßordnung den Vorbehalt nicht kennt, nach dem geltenden Gesetze die Entscheidung über die Klageforderung stets diesen Erfolg haben müsse. Die richterliche Teilungsanordnung ist ihrer Natur nach nicht Ausscheidung der Kompensationseinrede aus dem Rechtsstreite und enthält daher von selbst den erwähnten Vorbehalt."

---

2. Kann, wenn in erster Instanz eine Klage bezw. Widerklage auf Ehescheidung oder auf Herstellung des ehelichen Lebens erhoben ist, noch in der Berufungsinstanz die Ungültigkeitsklage als Klage oder Widerklage angestellt werden?

Beschl. v. 12. Juni 1893 i. S. Ehefrau Schw. (Bekl.) w. ihren Ehemann (Kl.). Rep. III. 214/92.

I. Landgericht Hannover.
II. Oberlandesgericht Celle.

Die obige Frage wurde von den vereinigten Civilsenaten bejaht aus folgenden

Gründen:

„Die in den §§ 574—576 C.P.O. enthaltenen Vorschriften haben in mehreren Richtungen Meinungsverschiedenheiten hervorgerufen. Insbesondere hat die Frage zu Zweifeln Veranlassung gegeben, ob und inwieweit die §§ 574. 575 auch für die Berufungsinstanz gelten, die Anwendung der §§ 489. 491 Abs. 2 dieses Gesetzbuches sonach in Ehesachen ausgeschlossen sei.

Daß der Kläger zur Begründung der von ihm erhobenen Klage (gemäß § 574 Abs. 1 C.P.O.) noch in der Berufungsinstanz andere als die in der Klageschrift vorgebrachten Klagegründe geltend machen darf, § 489 dieses Gesetzbuches sonach für Ehestreitigkeiten nicht maßgebend ist, hat das Reichsgericht in sehr vielen Urteilen ausgeführt.

Vgl. insbesondere Entsch. des R.G.'s in Civils. Bd. 8 S. 350, Bd. 9 S. 393, Bd. 11 S. 354, Bd. 15 S. 288, Bd. 25 S. 339, Bd. 27 S. 375.

Ebenso wurde bisher schon angenommen, daß in Ehesachen der Beklagte (ungeachtet des § 491 Abs. 2 C.P.O.) noch in der Berufungsinstanz eine Widerklage erheben könne.

Vgl. Entsch. des R.G.'s in Civils. Bd. 8 S. 350, Bd. 15 S. 574. 575, Bd. 27 S. 375 a. E.

Dagegen wurde in mehreren Urteilen die Auffassung ausgesprochen, der Kläger dürfe zwar in der Berufungsinstanz gemäß § 574 neue Klagegründe geltend machen, dem Übergange von einer Ehescheidungsklage zur Ungültigkeitsklage u. s. w. stehe aber § 491 Abs. 2 C.P.O. entgegen.

Vgl. Seuffert, Archiv Bd. 38 Nr. 364 und Entsch. des R.G.'s in Civils. Bd. 11 S. 351, Bd. 23 S. 331.

An dieser, hauptsächlich auf § 574 Abs. 1 C.P.O. und auf den Unterschied zwischen neuen Klagegründen und neuen Ansprüchen gestützten Auffassung konnte nicht festgehalten werden.

Die §§ 574—576 C.P.O. stehen in der engsten Verbindung miteinander und müssen im Zusammenhange betrachtet werden, wenn ein richtiges Verständnis der darin enthaltenen Vorschriften erzielt werden soll. Eine in diesem Sinne vorgenommene Prüfung, bei welcher auch die Entstehungsgeschichte der erwähnten Bestimmungen berücksichtigt werden muß, ergiebt aber, daß für die Auffassung, nach welcher auch der Kläger in dem in § 575 vorgesehenen Umfange in der Berufungsinstanz neue Ansprüche erheben darf, überwiegende Gründe sprechen. Dabei fallen insbesondere die Vorschriften des § 575 ins Gewicht, welche bisher weniger als die übrigen Bestimmungen der §§ 574—576 beachtet worden sind.

Nach § 575 Abs. 1, der, ebenso wie § 576, aus dem norddeutschen Entwurfe entnommen wurde, in dessen §§ 1087. 1088 im wesentlichen die nämlichen, weit über den preußischen Entwurf hinausgehenden Bestimmungen enthalten waren, ist die Verbindung der Klagen auf Herstellung des ehelichen Lebens, auf Ehescheidung und auf Ungültigerklärung der Ehe gestattet. Es besteht aber eine Meinungsverschiedenheit 1. in der Richtung, ob diese Verbindung schon in der Klageschrift geschehen muß oder noch im Laufe des Prozesses vorgenommen werden darf, 2. darüber, ob die erwähnte Vorschrift nur für die erste Instanz gilt, oder ob sie auch in der Berufungsinstanz Anwendung zu finden hat. Sind die am Schlusse dieser Sätze (zu 1 und 2) gestellten Fragen zu bejahen, so steht damit fest, daß der Kläger neben der von ihm erhobenen Klage noch in der Berufungsinstanz eine andere unter § 575 Abs. 1 fallende Klage erheben und damit einen neuen Anspruch im Sinne des § 491 Abs. 2 geltend machen darf. Ist dies richtig, so kann aber auch dem Kläger nicht das Recht versagt werden, gleichzeitig mit Erhebung der neuen Klage den in der Klageschrift erhobenen Anspruch fallen zu lassen. Wollte man die Befugnis des Klägers zur Erhebung eines neuen Anspruches auf diejenigen Fälle beschränken, in welchen eine wirkliche Klagenhäufung erfolgt ist, die der Natur der Sache nach immer nur eine eventuelle sein kann, so würde dies einen Formalismus enthalten, der in keiner Weise gerechtfertigt werden könnte. Eine derartige Beschränkung würde auch jeder praktischen Bedeutung entbehren. Der Kläger, den man auf die Befugnis beschränken wollte, neben der ursprünglich erhobenen Klage eine zweite (eventuell) zu erheben, würde dann entweder den in der Klageschrift gestellten Antrag überhaupt (der Form nach) aufrechthalten oder ihn erst später fallen lassen. Beantwortet man die oben dargelegten, auf die Auslegung des § 575 bezüglichen Fragen in der angegebenen Weise, so muß man hiernach dem Kläger schon aus diesem Grunde das Recht zugestehen, in der Berufungsinstanz von einer der in diesem Paragraphen erwähnten Klagen ohne weiteres zu einer anderen überzugehen. Von einer Anwendung des § 491 Abs. 2 C.P.O. kann dann in Ansehung der Ehesachen ebensowenig die Rede sein, als von derjenigen des § 489. Die Gründe, welche für eine solche Beantwortung der erwähnten Fragen sprechen, überwiegen aber weitaus die ihr entgegenstehenden Bedenken.

Während in § 1087 Abs. 2 des norddeutschen Entwurfes ausdrücklich gesagt war, daß die in Abs. 1 gestattete Verbindung von Klagen sowie die Erhebung der Widerklage „bis zur Erlassung des Endurteiles“ zulässig sei, findet sich in § 575 C.P.O. allerdings eine ausdrückliche Vorschrift dieser Art nicht. Daraus darf aber nicht ohne weiteres gefolgert werden, daß die Beseitigung der in Frage stehenden Worte in der Absicht erfolgt sei, eine materielle Änderung der in § 1087 a. E. enthaltenen Vorschriften herbeizuführen, zumal weitere Anhaltspunkte für die Absicht einer solchen Änderung in keiner Richtung vorliegen. Mit Rücksicht auf den, besonders deutlich aus § 576 erhellenden Zweck der in den §§ 574—576 C.P.O. enthaltenen Vorschriften verdient vielmehr die entgegengesetzte Auffassung den Vorzug. Es erscheint demnach die Annahme als gerechtfertigt, daß die in § 1087 Abs. 2 des norddeutschen Entwurfes vorgesehene Bestimmung nur deshalb nicht in die Civilprozeßordnung aufgenommen worden ist, weil angenommen wurde, dieselbe erscheine bezüglich der nachträglichen Klagenverbindung ebenso als überflüssig, wie in Ansehung der im Laufe des Prozesses erhobenen Widerklage.

Der Zweck der in den §§ 574—576 enthaltenen Vorschriften besteht unzweifelhaft darin, daß alle Klagen und Widerklagen, durch welche eine Entscheidung über den Bestand der Ehe herbeigeführt werden soll, mit Ausnahme der Nichtigkeitsklage, mit der (nach § 587) eine andere Klage überhaupt nicht verbunden werden darf, soweit thunlich in dem nämlichen Prozesse erhoben und daß in diesem Rechtsstreite auch alle zur Rechtfertigung der Klage dienenden Klagegründe geltend gemacht werden sollen. Mit Rücksicht auf diesen Zweck wurde zunächst in § 574 die Änderung der Klagegründe im weitesten Umfange erlaubt, ohne daß in dieser Beziehung auf die Zustimmung des Gegners etwas ankommt. Sodann wurden in § 575 Abs. 1 die Verbindung der hier aufgezählten Klagen und die Erhebung einer derartigen Widerklage gestattet. Endlich wurde die in § 576 enthaltene Vorschrift getroffen, durch welche beide Parteien genötigt werden sollen, alle Ansprüche auf Ungültigerklärung oder Scheidung der Ehe in demselben Prozesse zu erheben, also, soweit möglich, auch von den ihnen eingeräumten Befugnissen wirklich Gebrauch zu machen. Dieser Zweck würde nur in unvollkommener Weise erreicht werden, wenn die Verbindung der verschiedenen Klagen schon in der Klageschrift erfolgen müßte und selbst in denjenigen Fällen nicht nachgeholt werden dürfte, in welchen dem Kläger der Grund, der ihn zur Erhebung der zweiten Klage berechtigt, erst später bekannt geworden ist, oder er eine triftige Veranlassung hatte, davon vorerst keinen Gebrauch zu machen. Auch würde in der Anwendung des § 576 unter Umständen eine sehr große Härte liegen, wenn es dem Kläger lediglich deshalb verwehrt würde, die zur Klagenverbindung berechtigenden Thatsachen zur Begründung einer neuen Klage zu verwerten, weil er nicht schon in der Klageschrift die verschiedenen Klagen verbunden hat. Gegenüber dieser Bezugnahme auf § 576 C.P.O. kann allerdings geltend gemacht werden, wenn § 575 Abs. 1 nur den Sinn habe, die Verbindung der hier aufgezählten Klagen in der Klageschrift zu gestatten, müsse es dem Kläger freistehen, die von ihm beabsichtigte (zweite) Klage (sofort) in einem besonderen Prozesse zu erheben. Auch muß wohl zugegeben werden, daß einer solchen, vor Beendigung des ersten Prozesses erhobenen Klage § 576 nicht im Wege steht; denn die Anwendung dieser Vorschrift setzt voraus, daß die Klage auf Ehescheidung oder Ungültigerklärung rechtskräftig abgewiesen worden ist. Aber gerade dieser Umstand läßt erkennen, daß eine Beschränkung, nach welcher die Klagenverbindung nur in der Klageschrift erfolgen darf, mit dem bei Aufstellung der §§ 574—576 maßgebenden Grundgedanken nicht zu vereinigen ist. Die Verbindung der in § 575 Abs. 1 aufgezählten Klagen kann, wie bereits hervorgehoben wurde, lediglich eine eventuelle sein, weil immer nur eine von diesen Klagen zugesprochen werden darf. Wird die Ehe für ungültig erklärt, so kann von einer Scheidung nicht mehr die Rede sein. Ebenso wird durch die Ungültigerklärung wie durch die Scheidung der Ehe der Antrag auf Herstellung des ehelichen Lebens hinfällig. Mit Rücksicht auf diese Sachlage würde ein Verfahren, nach welchem in zwei nebeneinander herlaufenden Prozessen gleichzeitig über die Gültigkeit der Ehe und über die (eventuell auszusprechende) Scheidung zu verhandeln und zu entscheiden wäre, höchst unzweckmäßig sein. Auch liegt den §§ 575. 576 C.P.O. unzweifelhaft die Auffassung zu Grunde, daß nicht in dieser Weise verfahren werden, sondern eine Verbindung der verschiedenen Klagen stattfinden soll. Würden zwei Prozesse der erwähnten Art bei einem Landgerichte anhängig gemacht, so müßte dieses Gericht, wenn es den dem Gesetze zu Grunde liegenden Absichten entsprechen wollte, die beiden Prozesse (gemäß § 138 C.P.O.) verbinden. Schon dieser Umstand und die weitere Thatsache, daß das Gesetz nicht bloß die Verbindung der verschiedenen Klagen gestattet, sondern auch deren Unterlassung mit Nachteilen bedroht hat, sprechen für die Annahme, daß diese Verbindung nicht notwendig in der Klageschrift erfolgen muß, sondern ebenso, wie es nach dem norddeutschen Entwurfe der Fall sein sollte, im Laufe des Prozesses nachgeholt werden kann. Dazu kommt aber noch, daß § 575 Abs. 1 sonst gar keine praktische Bedeutung haben würde. Die Befugnis zu einer eventuellen Verbindung der hier aufgezählten Klagen würde sich, soweit diese Verbindung in der Klageschrift erfolgt, schon aus § 232 C.P.O. ergeben. Eine besondere Vorschrift wäre sonach, wenn es sich nur um eine Klagenhäufung dieser Art handelte, nur insoweit notwendig gewesen, als die Verbindung der erwähnten Klage mit einer Klage anderer Art ausgeschlossen werden sollte. Dagegen, daß durch § 575 Abs. 1, wie bei dem ganz anders lautenden § 587, nur ein derartiger rein negativer Zweck erreicht werden sollte, spricht aber die Fassung jener Vorschrift, in welcher die Klagenhäufung für zulässig erklärt wird, welche sonach erkennen läßt, daß hier, wie in § 1087 des norddeutschen Entwurfes, eine Befugnis eingeräumt werden sollte, welche dem Kläger in Prozessen anderer Art nicht zusteht. Hätte die Absicht bestanden, die in diesem Entwurfe vorgesehene, sehr erhebliche, Erweiterung der klägerischen Befugnisse nicht zu gewähren, sondern lediglich das nach § 232 C.P.O. bestehende Recht auf Verbindung mehrerer Klagen einzuschränken, so würde dies auch gewiß irgendwo ausgesprochen worden sein. Das ist aber nicht geschehen.

Ist hiernach anzunehmen, daß der Kläger auch nach der Civilprozeßordnung von dem Rechte der Klagenhäufung bis zur Erlassung des Endurteiles Gebrauch machen darf, so muß nach den obigen Ausführungen auch der Übergang von einer der Klagen, welche § 575 Abs. 1 erwähnt, zu einer anderen Klage dieser Art für zulässig erachtet werden. Es kann aber dann auch kein Zweifel darüber bestehen, daß von der dem Kläger hiernach zustehenden Befugnis noch in der Berufungsinstanz Gebrauch gemacht werden darf; denn die Gründe, welche zu der nun kaum noch bestrittenen Auffassung geführt haben, daß § 574 auch für die Berufungsinstanz gelte, treffen in Ansehung des § 575 gleichfalls zu. Auch in dieser Beziehung kommt die Stellung des VI. Buches der Civilprozeßordnung in Betracht, in welchem, ebenso wie in Buch V, nicht bloß das Verfahren in der ersten Instanz geregelt wird, das vielmehr auch für die Berufungsinstanz gilt. Ferner spricht, wenn angenommen wird, daß die in § 575 vorgesehene Klagenverbindung noch im Laufe des Prozesses erfolgen dürfe, auch der Zweck dieser Vorschrift gegen die Annahme, daß dieselbe nur in der ersten Instanz gestattet sei. Insbesondere treffen dann die aus § 576 entnommenen Gründe zu, welche zu der Annahme geführt haben, daß § 489 in Ehesachen keine Anwendung finden könne. Die in dieser Beziehung zwischen den §§ 489. 491 Abs. 2 gemachte Unterscheidung verliert ihre etwaige Berechtigung dann, wenn angenommen wird, der Kläger dürfe nicht bloß (nach § 574) die von ihm erhobene Klage in anderer Weise begründen, sondern auch im Laufe des Prozesses von einer der in § 575 Abs. 1 aufgezählten Klagen zu einer anderen Klage dieser Art übergehen. Der Zulassung neuer Ansprüche steht allerdings, auch soweit es sich um Ehesachen handelt, das Bedenken entgegen, daß dem Gegner durch die Erhebung eines solchen Anspruches eine Instanz entzogen wird. Aber dieses Bedenken kann hier ebensowenig durchschlagen, wie in denjenigen Fällen, in welchen die Anwendung des § 489 in Frage steht. Auch dessen Beseitigung für Ehesachen führt dazu, daß über bestimmte Klagegründe, obgleich dadurch die rechtliche Natur des erhobenen Anspruches eine wesentliche Änderung erfährt, z. B. darüber, ob die Ehe aus einem bestimmten, in der Klageschrift nicht geltend gemachten Grunde ungültig ist, zum erstenmal in der Berufungsinstanz zu verhandeln und zu entscheiden ist, was nach den für das gewöhnliche Verfahren geltenden Grundsätzen unzulässig wäre. Eine Erweiterung der klägerischen Befugnisse empfahl sich in der einen Richtung aus den nämlichen Gründen, wie in der anderen. Deshalb ist die Annahme gerechtfertigt, daß dem § 491 Abs. 2, ebenso wie dem § 489, für Ehesachen die Anwendung versagt werden sollte, damit eine Vervielfältigung der Ehestreitigkeiten thunlichst vermieden werde. Die für diese Auffassung sprechenden Gründe werden noch erheblich verstärkt durch die Erwägungen, welche dazu geführt haben, neue mittels Widerklage erhobene Ansprüche, soweit es sich um Ehesachen handelt, noch in der Berufungsinstanz zuzulassen. Daß in Ansehung der Widerklage in Ehesachen andere Grundsätze wie im gewöhnlichen Prozesse gelten, und § 491 Abs. 2 in dieser Beziehung nicht durchgreift, ist in § 574 C.P.O. nicht gesagt und ergiebt sich nicht schon daraus, daß der Kläger noch in der Berufungsinstanz neue Klagegründe vorbringen darf. Dagegen ist aus Abs. 2 des § 575 mit Bestimmtheit zu entnehmen, daß der Beklagte jede der in Abs. 2 dieses Paragraphen aufgezählten Klagen als Widerklage erheben darf. Die Fassung dieser Vorschrift spricht dafür, daß die beiden Parteien in Ansehung der Erhebung dieser Klagen gleichgestellt werden sollten. Auch bestand kein Grund dazu, dem Kläger die Befugnis zu der in § 575 Abs. 1 zugelassenen Klagenverbindung für die Berufungsinstanz zu versagen, dem Beklagten aber die Erhebung der Widerklage in dem dargelegten Umfange ohne Beschränkung auf die erste Instanz zu gestatten. Insbesondere kann, wenn dem Beklagten die erwähnte Befugnis eingeräumt wird, dem Kläger nicht entgegengehalten werden, der Erhebung eines neuen Anspruches stehe § 491 Abs. 2 entgegen; denn durch die Widerklage wird gleichfalls ein neuer Anspruch im Sinne dieser Vorschrift erhoben. Diese Bestimmung ist sogar, da § 489 im gewöhnlichen Verfahren dem Kläger gegenüber in den meisten Fällen, wenn nicht immer, ausreichen würde, ganz besonders dazu bestimmt, die Widerklage in Ansehung der Berufungsinstanz auszuschließen. Räumt man dem Beklagten die Befugnis zur Erhebung einer Widerklage auch für diese Instanz ein, so kann man dem Kläger, der sich auf § 475 Abs. 1 beruft, die in § 491 Abs. 2 enthaltene Vorschrift nicht entgegenhalten. Will man aber dem letzteren die Erhebung eines neuen Anspruches in der Berufungsinstanz nicht gestatten, so muß man folgerichtig auch dem Beklagten das Recht versagen, noch in dieser Instanz eine Widerklage zu erheben. Einer derartigen Beschränkung steht jedoch die Entstehungsgeschichte der §§ 574—576, insbesondere der Umstand entgegen, daß man bei Beratung des norddeutschen Entwurfes allseitig darüber einverstanden war, daß in Ehesachen noch in der Berufungsinstanz eine Widerklage erhoben werden dürfe (Norddeutsche Protokolle S. 2201). Diese hier abgegebenen

Erklärungen beziehen sich allerdings ihrem Wortlaute nach nur auf die Widerklage. Es ist aber nicht zu bezweifeln, daß nach der Auffassung der norddeutschen Kommission dieselben Grundsätze in Ansehung der Klagenverbindung gelten sollten. Auch steht der Umstand, daß sonst die Parteien sehr ungleich gestellt wären, der aus dem Gesetze selbst nicht zu begründenden Annahme entgegen, daß § 491 Abs. 2 C.P.O. wohl dem Kläger, aber nicht dem Beklagten und Widerkläger gegenüber Anwendung zu finden habe.

Hiernach sprechen, auch wenn man von § 574 C.P.O. ganz absieht, überwiegende Gründe für die Annahme, daß, ebenso wie § 489, auch § 491 Abs. 2 C.P.O. in Ehesachen keine Anwendung finden kann, und der Kläger noch in der Berufungsinstanz jede der in § 575 Abs. 1 erwähnten Klagen (auch die Klage auf Herstellung des ehelichen Lebens) erheben darf. Bei dieser Auffassung, welche dem Zwecke des Gesetzes gerecht wird und den praktischen Bedürfnissen entspricht, ergiebt sich zugleich eine vollständige Harmonie zwischen den §§ 574—576, sowie in Ansehung der §§ 489. 491 Abs. 2 C.P.O., welche nach der bisherigen Rechtsprechung fehlte."

---

3. Stellt die im Falle des Art. 209d H.G.B. erfolgende Übernahme der Aktien einer zu errichtenden Aktiengesellschaft durch die Gründer ein die übernommenen Aktien betreffendes Anschaffungsgeschäft im Sinne der Position 4 A 2 des Tarifes zum Reichsstempelgesetze vom $\frac{\text{1. Juli 1881}}{\text{29. Mai 1885}}$ dar?

Beschl. v. 30. Juni 1892 i. S. Sch. u. Gen. (Kl.) w. die hamburgische Deputation für indirekte Steuern und Abgaben (Bekl.). Rep. I. 335. 339. 317. 336/91.

I. Landgericht Hamburg.
II. Oberlandesgericht daselbst.

Die vorstehende, zwischen dem I. und dem IV. Civilsenate des Reichsgerichtes streitig gewordene Rechtsfrage ist verneint worden aus folgenden

Gründen:

„1. Das Reichsgesetz vom 29. Mai 1885 hat an die Stelle des nach dem älteren Reichsstempelgesetze vom 1. Juli 1881 von Schlußnoten über Kauf-, Rückkauf-, Tausch- und Lieferungsgeschäfte und von Rechnungen über Kauf- oder anderweitige Anschaffungs- oder Lieferungsgeschäfte (4a und b des Tarifes) zu erhebenden Urkundenstempels einen von Kauf- und sonstigen Anschaffungsgeschäften über gewisse Gegenstände zu erhebenden Geschäftsstempel gesetzt (4 A und B des Tarifes), neben welchem die schon in dem älteren Gesetze angeordnete Erhebung eines Urkundenstempels von Aktien, Renten- und Schuldverschreibungen bestehen geblieben ist.

Aus dem Berichte der Reichstagskommission, welcher der dem Gesetze vom 29. Mai 1885 zu Grunde liegende Entwurf zur Vorberatung überwiesen worden war, geht hervor, daß die Kommission das Anschaffungsgeschäft als einen Sammelbegriff aufgefaßt hat, welcher jedes auf den Erwerb von Eigentum an beweglichen Sachen gerichtete entgeltliche Vertragsgeschäft, also neben dem Kaufe alle Verträge umfasse, bei denen auf der einen Seite die Verpflichtung zur Übertragung beweglicher Gegenstände, auf der anderen Seite die Verpflichtung zu einer nicht in der Zahlung eines Preises bestehenden Leistung begründet werde, sowie daß die Kommission die bei der Unterordnung einzelner Geschäfte unter diesen Sammelbegriff entstehenden Zweifel an der Hand des handelsrechtlichen Begriffes der Anschaffung (Art. 271 H.G.B.) gelöst wissen wollte (siehe S. 14. 15. 16 des Kommissionsberichtes). Eine hiermit im Widerspruche stehende Auffassung ist bei der Beratung des Gesetzes im Plenum des Reichstages von keiner Seite zum Ausdrucke gebracht worden.

2. Den handelsrechtlichen Begriff der „Anschaffung" festzustellen, sind Doktrin und Rechtsprechung bemüht gewesen. Allgemeine Übereinstimmung herrscht darüber, daß die ursprünglichen Erwerbsarten (Okkupation, Fruchtziehung und Produktion jeder Art) nicht unter diesen Begriff fallen, daß ebensowenig der Erwerb von Todes wegen wie der liberale Erwerb dahin gehören, und daß endlich Anschaffung im Sinne des Handelsrechtes nur den Erwerb zu Eigentum im Gegensatze zum Erwerbe bloßer Gebrauchsrechte bedeutet. Daraus in Verbindung mit Art. 275 H.G.B. ergiebt sich der handelsrechtliche Begriff der Anschaffung als abgeleiteter entgeltlicher Erwerb beweglicher

Sachen zu Eigentum mittels Rechtsgeschäftes unter Lebenden. Unter einem Anschaffungsgeschäfte ist mithin ein Rechtsgeschäft zu verstehen, welches dem Anschaffenden das Eigentum an fremden beweglichen Sachen gegen Entgelt verschaffen soll, ein synallagmatischer Vertrag, bei dem die versprochene Leistung des einen Teiles in der anzuschaffenden Sache, die des anderen in dem dafür zu gewährenden Entgelt besteht. Die Sache aber, welche Gegenstand eines Anschaffungsgeschäftes sein soll, muß sich vorher in fremdem Eigentume befunden haben, aus dem sie in das des Anschaffenden übergehen soll, sodaß jede Anschaffung auf der einen Seite eine Veräußerung auf der anderen Seite bedingt.

Daß in dem Gesetze vom 29. Mai 1885 dem Anschaffungsgeschäfte ein anderer Begriff nicht untergelegt ist, ist nicht nur aus den oben erwähnten Grundlagen des Gesetzes zu entnehmen, sondern folgt auch aus der Fassung des Gesetzes selbst und des demselben beigefügten Tarifes. Schon der Umstand, daß der Steuer unterworfen sein sollen: „Kauf- und sonstige Anschaffungsgeschäfte", ergiebt, daß der Kauf als die typische Geschäftsform angesehen wird, unter den sonstigen zu besteuernden Geschäften aber dem Kaufe ihrem wirtschaftlichen Inhalte nach verwandte, d. h. ebenso wie dieser auf die Verschaffung des Eigentumes an fremden Sachen gegen Entgelt gerichtete Rechtsgeschäfte verstanden werden. Dasselbe bestätigt auch die Vorschrift in §. 9 des Gesetzes, welche für den Fall, daß keiner der besonderen dort unter 1. bis 4. aufgezählten Fälle vorliegt, den Veräußerer zur Entrichtung der Abgabe in erster Linie verpflichtet, also unterstellt, daß auch bei dem Anschaffungsgeschäfte ein Veräußerer und ein Erwerber einander gegenüberstehen. Endlich spricht auch die Form der Erhebung der Steuer durch Verwendung von Stempelmarken auf einer auszustellenden Schlußnote, welche unter anderem den Preis und die Zeit der Lieferung ergeben muß (§. 10 des Gesetzes), dafür, daß der Gesetzgeber neben dem Kaufe nur diesem wirtschaftlich ähnliche Geschäfte, deren Inhalt sich in die Form einer Schlußnote bringen läßt, vor Augen gehabt hat.

Hiermit ist nicht vereinbar, wenn in den Urteilen des Reichsgerichtes vom 3. und 13. Dezember 1888 (i. S. des preußischen Fiskus wider die Bazaraktiengesellschaft Rep. IV. 215/88 und i. S. des Fiskus wider die Deutsche Bank Rep. IV. 227/88) ausgesprochen worden ist, daß das Anschaffungsgeschäft keinen derivativen Erwerb erfordere, oder daß bei dem Anschaffungsgeschäfte der Wille nicht notwendig auf Übertragung des Eigentumes gerichtet zu sein brauche. Der dafür in dem erstgedachten Urteile angeführte Grund, daß das Gesetz vom 29. Mai 1885 dem Bedürfnisse nach einer Erweiterung des Kreises derjenigen Geschäfte, welche nach dem Gesetze vom 1. Juli 1881 der Stempelsteuer unterworfen waren, habe abhelfen wollen, ist nicht stichhaltig. Das neuere Gesetz hat zwar eine Erweiterung der Stempelpflicht bezweckt, indem es einmal dieselbe nicht mehr auf die Urkunden (Schlußnoten und Rechnungen) über den Abschluß von Geschäften beschränkte, wie dies das ältere Gesetz gethan hatte, sondern ohne Rücksicht auf die von den Kontrahenten beabsichtigte Ausstellung derartiger Urkunden die Geschäfte selbst der Stempelsteuer unterwarf, und ferner, indem es die Stempelpflicht auf alle Anschaffungsgeschäfte ausdehnte, während das ältere Gesetz nur Schlußnoten über eine Reihe bestimmt bezeichneter Geschäfte besteuerte. Daß aber der oben festgestellte handelsrechtliche Begriff des Anschaffungsgeschäftes habe erweitert werden sollen, dafür bietet weder die Entstehung, noch die Fassung des Gesetzes einen Anhalt. Ebensowenig kann zugegeben werden, daß bei dem Anschaffungsgeschäfte der Wille nicht notwendig auf Übertragung des Eigentumes gerichtet zu sein brauche. Da das Anschaffungsgeschäft immer auf einen Erwerb aus fremdem Vermögen, auf eine Succession im Eigentume der anzuschaffenden Sache gerichtet ist, so muß es in seiner Ausführung stets zu einer Übertragung des Eigentumes führen, und es muß mithin auch der Wille der Vertragschließenden auf eine solche gerichtet sein.

3. Die Errichtung der Aktiengesellschaft vollzieht sich im Falle der Simultangründung (Art. 209 d H.G.B.) durch die Feststellung des Statutes (Gesellschaftsvertrages) und die Übernahme sämtlicher Aktien durch Gründer. Diese vereinbaren den Inhalt des Grundgesetzes, nach welchem die Aktiengesellschaft bestehen soll, und unterwerfen sich demselben zugleich als künftige Mitglieder der Gesellschaft. Sie verpflichten sich ferner, ein jeder für einen bestimmten Teil, das Grundkapital der Aktiengesellschaft durch Einlagen zusammenzubringen oder, nach den Worten des Gesetzes, die sämtlichen Aktien, d. h. die Teile, in welche das Grundkapital zerlegt wird (Art. 207 Abs. 2 H.G.B.), zu übernehmen.

Die Gründer schaffen also in einem einheitlichen Akte die Voraussetzungen für das Bestehen der Aktiengesellschaft, womit das Gesetz die Wirkung der Errichtung der Aktiengesellschaft verbindet, und erklären sich gleichzeitig zu Mitgliedern derselben mit den aus dem Statut und der Übernahmeerklärung jedes Einzelnen sich ergebenden Rechten und Pflichten.

Vgl. Entsch. des R.G.'s in Civils. Bd. 18 S. 66.

Die rechtliche Konstruktion dieses Vorganges, welche in der verschiedensten Weise versucht worden ist, kann zu einem Vertrage des Inhaltes, daß von der einen Seite die Verschaffung des Eigentumes an Aktien als fremder beweglicher Sachen, von der anderen Seite ein Entgelt dafür versprochen würde, nicht führen.

Ein synallagmatisches Geschäft dieser Art ließe sich denken zwischen dem einzelnen Gründer und der Gesamtheit der übrigen Gründer oder zwischen dem einzelnen Gründer und der (durch die übrigen Gründer vertretenen) künftigen Aktiengesellschaft.

In dem letzteren Falle müßte man annehmen, daß der einzelne Gründer der Aktiengesellschaft seine Einlage verspreche und als Gegenleistung dafür von der Aktiengesellschaft (durch die Mitgründer als deren Vertreter) die in den Aktien verkörperten Aktionärrechte zugesichert erhalte. Diese Auffassung ist aber unhaltbar, weil Einlage und Aktien Gegenleistungen in diesem Zusammenhange nicht sind. Durch das Zusammenbringen der Einlagen werden das Grundkapital der Aktiengesellschaft und zugleich diese selbst als eine die Einlagen zusammenfassende Einheit geschaffen. Dieser Einheit ist vom Gesetze eine von den Personen der Gründer verschiedene Persönlichkeit beigelegt, deren Vermögen aus der Summe der Teile besteht, durch deren Vereinigung es entstanden ist. Mit ihrer Schaffung aber sind zugleich die Anteilsrechte (Aktionärrechte) ihrer Begründer zur Entstehung gelangt, ohne welche die neue Aktiengesellschaft gar nicht gedacht werden kann. Es ist deshalb unmöglich, diese Anteilsrechte als eine den Gründern von der Aktiengesellschaft zu gewährende Gegenleistung für ihre Einlagen anzusehen. da ihre Gewährung von einem Willensakte der Aktiengesellschaft oder ihrer Vertreter gar nicht abhängig ist. Das gleiche aber muß auch von den Aktien im Sinne von körperlichen Trägern der Aktionärrechte gelten. Zwar wird die Aktie erst ausgefertigt, nachdem die Aktiengesellschaft zur Existenz gelangt ist, und dem Gründer von den Organen der Aktiengesellschaft ausgehändigt. Diese Aushändigung erfolgt jedoch lediglich in Anerkennung und zur Beurkundung des bereits bestehenden Rechtsverhältnisses. In der Aktie erhält der Gründer nichts, was er nicht bereits vom Augenblicke der Errichtung der Aktiengesellschaft an in seiner Eigenschaft als Mitgründer hatte. Es kann nicht davon die Rede sein, daß der Aktiengesellschaft neben dem Eigentume an ihrem von den Gründern zusammengebrachten Vermögen auch noch das Eigentum an den Aktien zustände, und daß dieses Eigentum durch die Aushändigung der Aktien von ihr auf die Gründer übertragen würde. Vielmehr gehören die Aktien als Träger der Aktionärrechte von ihrer Entstehnng an der Gesamtheit der Gründer, und jeder von ihnen erhält mit den ihm zugeteilten Aktien nicht neue, bis dahin im Eigentume eines Dritten befindlich gewesene Vermögensstücke, sondern Urkunden über seine bereits bestehenden Aktionärrechte, durch welche diese letzteren individualisiert und verkehrsfähig gemacht werden.

Aber auch zwischen den Gründern wird bei der Errichtung der Aktiengesellschaft kein Vertrag abgeschlossen, durch welchen dem einzelnen Gründer von seinen Mitgründern die Verschaffung der seiner Einlage entsprechenden Aktien als Gegenleistung für seine Leistung zugesichert würde. Die Einlage des einzelnen Gründers soll weder in das Vermögen der übrigen gelangen, noch ihnen als Teil des Vermögens der Aktiengesellschaft zu gute kommen, und ebensowenig versprechen die übrigen Gründer, ihm dafür Aktien der zu gründenden Aktiengesellschaft zu gewähren; vielmehr verpflichtet sich jeder Gründer gegenüber seinen Genossen, gemeinsam mit ihnen durch Einbringung seiner Einlage der Aktiengesellschaft zur Entstehung zu verhelfen und d a d u r c h die Einlagen aller in entsprechende Anteilsrechte an dem Vermögen der Aktiengesellschaft umzuwandeln. Der einzelne Gründer behält den dem gemeinsamen Zwecke gewidmeten Bestandteil seines Vermögens in veränderter, durch den Übergang in das Grundkapital der Aktiengesellschaft gebundener, gleichzeitig aber infolge der Verkörperung in der Aktie der leichtesten Übertragung fähiger Gestalt. Die Zuteilung der Aktien an die Gründer erfolgt nicht in Erfüllung einer auf die Aktiengesellschaft übergegangenen Vertragspflicht der Mitgründer, denn die von den Gründern gegenseitig übernommene Verpflichtung erschöpft sich in der Zusammenbringung des Grundkapitales und der Entwickelung derjenigen Thätigkeit, welche noch erforderlich ist, die äußere Existenz der Aktiengesellschaft herbeizuführen. Ist dieses Ziel erreicht, so besteht das Recht jedes Mitgründers auf Zuteilung der seiner Einlage entsprechenden Aktien nicht vermöge eines Anspruches gegen seine Mitgründer, sondern als eine aus der Struktur der Aktiengesellschaft sich von selbst ergebende Folge seiner eigenen Mitwirkung bei der Schaffung des Grundkapitales. Ob man sagen darf, daß jeder Gründer durch seine Mitwirkung bei der Gründung seine eigenen Aktien schaffe, oder ob richtiger anzunehmen ist, daß alle Gründer durch ihr Zusammenwirken das ganze Grundkapital schaffen, von dem sodann jedem Gründer die seiner Einlage entsprechenden Aktien zufallen, ist für die vorliegende Frage unerheblich, da nach keiner dieser beiden Anschauungen der einzelne Gründer die Aktien als eine Gegenleistung seiner Mitgründer empfängt.

Sind aber die dem einzelnen Gründer zugeteilten Aktien weder eine vertragliche Gegenleistung für seine Einlage, noch überhaupt durch abgeleiteten Erwerb aus fremdem Vermögen in das seinige übergehende Sachen, sondern schon von ihrer Entstehung an im Vermögen der Gründer, so liegt bezüglich ihrer ein Anschaffungsgeschäft nach dessen obiger Begriffsbestimmung nicht vor.

4. Hiermit steht im Einklange, daß sowohl in der Begründung (S. 10) des am 21. Juni 1884 von dem Reichskanzler vorgelegten Entwurfes eines Gesetzes, betreffend die Abänderung des Reichsstempelgesetzes vom 1. Juli 1881, welcher nicht zur Erledigung gelangte, aber in der nächsten Sitzungsperiode von dem Abgeordneten v. Wedell-Malchow wieder aufgenommen wurde und als Antrag dieses Abgeordneten dem Gesetze vom 29. Mai 1885 zu Grunde liegt, wie auch in dem von der Kommission des Reichstages über diesen Gesetzentwurf erstatteten Berichte (S. 3) der neu einzuführende Geschäftsstempel als eine auf den Umsatz zu legende Steuer bezeichnet wird. Daraus erhellt, daß es nicht in der Absicht der gesetzgebenden Faktoren gelegen hat, die Übernahme der Aktien einer zu errichtenden Aktiengesellschaft, in welcher ein Umsatz dieser Aktien nicht zu erblicken ist, der neuen Stempelsteuer zu unterwerfen und demgemäß diese Aktienübernahme unter die zu besteuernden Anschaffungsgeschäfte zu begreifen.

Daß häufig die Erlangung von Aktien den Beweggrund für die Beteiligung des einzelnen Gründers bei der Errichtung einer Aktiengesellschaft bilden mag, kann eine andere Beurteilung des Errichtungsaktes nicht rechtfertigen. Auch wenn die Gründer nur den wirtschaftlichen Zweck verfolgen, sich selbst und ihren Mitgründern Aktien zu verschaffen, so kann dadurch nicht zu Wege gebracht werden, daß rechtlich die Übernahme von Aktien bei der Simultangründung einer Aktiengesellschaft zu einem Anschaffungsgeschäfte würde. Ebensowenig kann der Umstand, daß die Gründer von der Steuerbehörde genötigt werden, Schlußnoten auszustellen, in denen die einzelnen Gründer einerseits und die Gesamtheit der Gründer andererseits als Kontrahenten, die übernommenen Aktien als Gegenstand des Geschäftes und als deren Preis der Betrag der Einlage bezeichnet werden, den bei dem Errichtungsakte sich vollziehenden Rechtsvorgang zu einem Anschaffungsgeschäfte gestalten, weil durch derartige Schlußnoten der wahren Natur des Vorganges ein ungerechtfertigter Zwang angethan wird.

Wenn im Gegensatze zu der hier vertretenen Ansicht in einer auf Beschluß des Bundesrates von den Landesfinanzverwaltungen erlassenen allgemeinen Anweisung, betreffend die Anwendung des Reichsstempelgesetzes, angeordnet ist, daß auch die bei der Errichtung einer Aktiengesellschaft stattfindende Übernahme von Aktien durch die Gründer von den Steuerbehörden als Anschaffungsgeschäft behandelt werden solle, so kann diese Anweisung als bloße Verwaltungsvorschrift die Bedeutung einer Rechtsnorm nicht beanspruchen, und wenn sie auch wegen der Stelle, von der sie ausgeht, Beachtung verdient, so ist sie doch beim Mangel jeder Begründung gegenüber dem, was vorstehend als der wahre Sinn des Gesetzes für diese Frage ermittelt ist, als richtig nicht anzuerkennen."

B. Senatsentscheidungen.

I. Reichsrecht.

4. Kann der Dritte, welcher für einen unter das Gesetz vom 6. Juli 1884 fallenden Unfall aufzukommen hat, gegenüber dem Ersatzanspruche der Berufsgenossenschaft aus § 98 des Gesetzes sich auf einen mit dem Verletzten geschlossenen Vergleich berufen?

VI. Civilsenat. Urt. v. 2. Februar 1893 i. S. Tiefbauberufsgenossenschaft (Kl.) w. H.-A. Pferdebahngesellschaft (Bekl.). Rep. VI. 236/92.

I. Landgericht Hamburg.
II. Oberlandesgericht daselbst.

Gründe:

„Der Arbeiter D. kam am 7. August 1890 durch einen Wagen der beklagten Gesellschaft zu Schaden. Er verlangte von der Beklagten eine Entschädigung. Diese lehnte jede Verantwortlichkeit für den Unfall ab, teilte dem D. aber mit, daß sie für Unfälle der fraglichen Art bei der Transport- und Unfallversicherungsgesellschaft Z. versichert sei, und daß sie selbstverständlich nichts dagegen einzuwenden habe, wenn diese Gesellschaft ihm eine Entschädigung bewilligen wolle. D. wandte sich nun an den Vertreter der Z. und erhielt von derselben eine sog. Liberalitätsentschädigung von 20 *M*. Bei Empfang des Betrages am 10. September 1890 erkannte er an, daß er weitere Schadensersatzansprüche weder an die Beklagte noch an die Z. habe. Am folgenden Tage bestätigte die Beklagte selbst der Versicherungsgesellschaft, daß sie mit Auszahlung der Abfindungssumme für alle Ansprüche befriedigt sei, die sie aus dem Unfalle herleiten könne. — Als D. verunglückte, war er im Dienste der Stadt A. als Straßenreiniger mit Auffammeln von Papier beschäftigt. Als Straßenreinigungsarbeiter war er auf Grund des Unfallversicherungsgesetzes bei der Tiefbauberufsgenossenschaft gegen Betriebsunfälle versichert. Der Magistrat der Stadt A. machte die vorgeschriebene Anzeige von dem Unfalle bei der Ortspolizeibehörde. Am 19. Februar 1891 wurde dem D. auf Grund des § 57 des Gesetzes vom 6. Juli 1884 eine monatliche Rente von 20,85 *M* bewilligt; auch wurden die Kosten der Heilung von der Berufsgenossenschaft übernommen. Jetzt verlangt die Berufsgenossenschaft auf Grund des § 98 des Unfallversicherungsgesetzes und des § 1 des Haftpflichtgesetzes Ersatz der Heilungskosten und der dem Verunglückten bewilligten Rente von der Beklagten.

Beide Instanzen haben den Anspruch für unbegründet erklärt. Das Berufungsgericht begründet seine Entscheidung folgendermaßen: In den Fällen, in welchen vom Gesetze unmittelbar ein Forderungsübergang angeordnet werde, seien zwar die Normen über die Cession nicht ohne weiteres anwendbar; gleichwohl müsse angenommen werden, daß Zahlungen, welche der Verpflichtete ohne Kenntnis des Rechtsüberganges, d. h. ohne Kenntnis der Thatsachen, an die das Gesetz den Rechtsübergang knüpfe, an den ursprünglich Berechtigten gutgläubig leiste, seine Verbindlichkeit tilgten; Beklagte habe nun, als sie das Abkommen mit D. getroffen, keine Kenntnis davon gehabt, daß dem D. aus dem Unfalle Fürsorgeansprüche gegen die Klägerin zustanden; die letztere habe den guten Glauben der Beklagten nicht bestritten; auch habe es offenbar selbst für eine mit der Unfallgesetzgebung vertraute Verwaltungsstelle nicht nahe gelegen, in dem vorliegenden Falle auch nur auf die Vermutung zu kommen, daß das Anfahren des 84jährigen Mannes auf der öffentlichen Straße für diesen selbst zugleich einen Unfall im städtischen Reinigungsbetriebe darstelle; Klägerin müsse daher den mit D. abgeschlossenen Vergleich, welcher den ganzen etwaigen Entschädigungsanspruch an die Beklagte betreffe, gegen sich gelten lassen. Der hiergegen gerichtete Angriff der Revision kann als begründet nicht angesehen werden.

Nach der Ansicht der Klägerin ist die Beklagte auf Grund des § 1 des Reichshaftpflichtgesetzes verpflichtet gewesen, für die Verletzungen, welche dem D. bei dem in Rede stehenden Vorfalle zugefügt sind, Entschädigung zu gewähren. Ein solcher Anspruch auf Schadensersatz steht an sich nur dem Verletzten zu; wenn aber derselbe gegen einen derartigen Unfall auf Grund des Unfallversicherungsgesetzes vom 6. Juli 1884 versichert ist, so geht die Forderung nach § 98 des Gesetzes auf die Berufsgenossenschaft insoweit über, als die Verpflichtung der letzteren zur Entschädigung durch das Gesetz begründet ist. Nun ist es für die Rechtssicherheit des Verkehres notwendig, daß, wenn ein Übergang eines Forderungsrechtes von dem ursprünglichen Gläubiger auf einen Dritten stattfindet, der Schuldner, welcher im guten Glauben an den ursprünglichen Gläubiger zahlt oder denselben auf andere Weise befriedigt, befreit werde. Dieses Prinzip ist bei der Cession anerkannt. Während der Übergang des Forderungsrechtes auf den Cessionar mit dem Akte der Cession stattfindet,

vgl. Entsch. des R.G.'s in Civils. Bd. 4 S. 115,

wird der Schuldner auch befreit, wenn er später bis zur Denunziation an den Cedenten zahlt oder denselben sonst abfindet. In gleicher Weise ist in der l. 17 Dig. de transactionibus 2, 15 ausgesprochen, daß bei einem Erbschaftsverkaufe oder einem Erbschaftsvermächtnisse der Erbschaftsschuldner sich gegenüber dem Erbschaftskäufer oder dem Fideikommissar auf einen mit dem Erben geschlossenen Vergleich berufen könne, wenn er sich bei Abschließung desselben in Unkenntnis von dem Erbschaftsverkaufe oder dem Fideikommisse befunden habe. In dem vorliegenden Falle stellt das Berufungsgericht fest, daß die Beklagte, als der Vergleich mit D. geschlossen wurde, in unverschuldeter Unkenntnis davon gewesen sei, daß der fragliche Unfall einen Entschädigungsanspruch nach dem Gesetze vom 6. Juli 1884 begründe, und daß der dem D. gegen sie etwa zustehende Schadensersatzanspruch nach § 98 des Gesetzes zum Teil auf die Berufsgenossenschaft übergehe. Danach muß die Beklagte nach dem oben aufgestellten Prinzipe und in analoger Anwendung der erwähnten Rechtssätze berechtigt erscheinen, sich auch der Klägerin gegenüber auf den mit dem ursprünglichen Gläubiger abgeschlossenen Vergleich zu berufen.

Die Revision bringt außer den Anführungen in den Vorinstanzen noch vor, daß derjenige, welcher nach dem Gesetze vom 6. Juli 1884 einen Entschädigungsanspruch gegen die Berufsgenossenschaft habe, hierauf nicht verzichten könne, und daß selbst eine Verwandlung der Rentenforderung in eine Forderung auf Kapitalzahlung, abgesehen von dem Falle des § 67 des Gesetzes, ausgeschlossen sei, daß daher dem Versicherten auch die Befugnis versagt werden müsse, bis zur Höhe seines Rentenanspruches auf den ihm wegen des Unfalles gegen einen Dritten zustehenden Schadensersatzanspruch zu verzichten, da sonst der Berufsgenossenschaft die ihr durch das Gesetz angewiesene Deckung entzogen würde. Diese Argumentation trifft aber nicht die obige Ausführung, welche mit der des Berufungsgerichtes übereinstimmt; sie scheint wesentlich gegen die Ansicht gerichtet zu sein, daß erst dann der Übergang der Entschädigungsforderung des Versicherten gegen einen Dritten auf Grund des § 98 a. a. O. stattfinde, wenn die Berufsgenossenschaft Leistungen an den Versicherten gemacht habe, oder doch der demselben nach dem Gesetze vom 6. Juli 1884 zustehende Entschädigungsanspruch in der vorgeschriebenen Weise festgestellt sei. Die Richtigkeit dieser Ansicht kann dahingestellt bleiben, da es für den vorliegenden Fall hierauf nicht ankommt." ...

---

5. Wird in Art. 91 Abs. 2 H.G.B. ein auch Dritten gegenüber wirksamer Rechtserwerb der offenen Handelsgesellschaft präsumiert?

III. Civilsenat. Urt. v. 24. Februar 1893 i. S. R. (Bekl.) w. M. (Kl.) Rep. III. 292/92.

I. Landgericht Göttingen.
II. Oberlandesgericht Celle.

Aus den Gründen:

„Die eingeklagte Forderung stand ursprünglich dem Kläger persönlich zu, ist aber nach den Feststellungen der Vorinstanzen später in das Inventar der offenen Handelsgesellschaft Gebr. M. — deren Inhaber der Kläger und seine drei Brüder sind — aufgenommen, wogegen auf das Privatkonto des Klägers zu dessen Gunsten der entsprechende Wert als Gesellschaftsschuld gebucht ist. Daß das betreffende Inventar von sämtlichen Gesellschaftern unterschrieben ist, hat das Berufungsgericht nicht geprüft; es muß daher zu Gunsten der die Sachlegitimation des Klägers beanstandenden Beklagten unterstellt werden. Eine ausdrückliche Cession der eingeklagten Forderung an die Handelsgesellschaft hat nicht stattgefunden.

Das Berufungsgericht hat nun, abweichend vom ersten Richter, den wesentlich auf Art. 91 Abs. 2 H.G.B. gestützten Einwand der Beklagten zurückgewiesen, weil Art. 91 nicht eine Präsumtion für den Rechtserwerb der Gesellschaft, sondern nur dafür begründe, daß die Sachen als der Substanz, nicht bloß dem Gebrauche nach zum Gesellschaftsvermögen gehörig zu betrachten seien, daß also der Einlegende zwar seinen Mitgesellschaftern gegenüber sich so, als ob der Übergang in das Gesellschaftsvermögen sich bereits vollzogen habe, behandeln lassen müsse, Dritten gegenüber aber immer noch als Berechtigter anzusehen sei, solange nicht daneben ein das Recht übertragender Akt nachgewiesen sei.

Diese, namentlich auf die Ausführungen von Laband (Zeitschr. f. d. ges. Handelsr. Bd. 31 S. 23 flg.) gestützte, im Resultate auch von Lastig in Endemann, Handelsr. Bd. 1 S. 336 flg. geteilte Ansicht des Berufungsgerichtes kann nicht gebilligt werden. Mit demselben ist davon auszugehen, daß in Art. 91 unter der Bezeichnung „bewegliche und unbewegliche Sachen" auch unkörperliche Sachen, insbesondere Forderungen, begriffen werden. Auch ist es richtig, daß Art. 91 an den Vorschriften des Landesrechtes über den Eigentumserwerb nichts ändert, daß daher die Präsumtion des Rechtsüberganges versagt, wenn für diesen Übergang nach Landesrecht eine besondere Form vorgeschrieben und diese nicht beobachtet ist. Wenn dagegen, wie nach gemeinem Rechte für die Abtretung von Forderungen, die formlose Willenserklärung genügt, so wird nach Art. 91 präsumiert, daß das Recht selbst auf die Gesellschaft übergegangen ist, der bisherige Inhaber daher nicht einmal zu einem Teile noch darüber verfügen kann.

Vgl. Entsch. des R.G.'s in Civils. Bd. 25 S. 256.

Für diese Auffassung spricht entschieden der Wortlaut des Art. 91; präsumiert wird nicht ein bloßes Illationsversprechen, sondern der Übergang des Eigentumes auf die Gesellschaft. Wird der Gegenbeweis nicht geführt, ist also jene Wirkung eingetreten, so folgt daraus ohne weiteres, daß der Einbringende das Recht verloren hat, es also auch gegen Dritte nicht mehr geltend machen kann. Daß Art. 91 in dem vom Rechtsverhältnisse der Gesellschafter untereinander handelnden Abschnitte steht, kann keinen Unterschied machen; auch sonst wirkt ein Vertrag, durch welchen Rechte übertragen werden, als solcher nur unter den Kontrahenten; daß dann der Rechtserwerb oder der Rechtsverlust auch Dritten gegenüber seine Wirkung äußert, ist aber dessen notwendige Folge." . . .

---

6. 1. Kann die Frage der Stempelpflicht nach dem Reichsstempelgesetze durch Feststellungsklage zum Austrage gebracht werden?
2. Welche Urkunden sind Interimsscheine im Sinne dieses Gesetzes?
3. Inwieweit müssen die zur Beurteilung der Stempelpflichtigkeit einer Urkunde wesentlichen Umstände aus derselben ersichtlich sein?

III. Civilsenat. Urt. v. 24. Februar 1893 i. S. Aktiengesellschaft J. (Kl.) w. Fiskus (Bekl.). Rep. III. 335/92.

I. Landgericht Schwerin.
II. Oberlandesgericht Rostock.

Der Vorstand der klagenden Gesellschaft hatte vor der Ausgabe der Aktien sämtlichen Aktienzeichnern in Briefform Schreiben des Inhaltes zugesandt, es werde ihnen angezeigt, daß sie im Aktienbuche als Zeichner und Inhaber bestimmter, nach den Nummern benannter Aktien eingetragen seien, und es werde bescheinigt, daß sie auf diese Aktien bei deren Übernahme 5 Prozent bar eingezahlt hätten. Die Gesellschaft wurde wegen der unterlassenen Verstempelung dieser Urkunden in Anspruch genommen und erhob deshalb Feststellungsklage mit dem Antrage, festzusetzen, daß dieselben nach pos. I 1 a des Tarifes zum Reichsgesetze vom 29. Mai bezw. 3. Juni 1885 nicht stempelpflichtig seien. Die übereinstimmenden Vorentscheidungen entsprachen dem Klagantrage, und die Revision des Beklagten wurde zurückgewiesen aus folgenden

Gründen:

„Die Revision hat die Zulässigkeit der erhobenen Feststellungsklage mit Unrecht bestritten. Die Vorschrift des § 32 des Reichsstempelgesetzes vom 3. Juni 1885, daß die Klage bei Verlust des Klagerechtes binnen 6 Monaten nach erfolgter Beitreibung oder mit Vorbehalt geleisteter Zahlung zu erheben sei, bezieht sich nur auf den

Anspruch auf Rückzahlung der gezahlten Steuer und hat ihren Grund in dem hier nicht zutreffenden fiskalischen Interesse daran, daß eine bewirkte Steuereinnahme nur während eines kurzen Zeitraumes in Frage gestellt werden darf. Es kann hieraus nicht die Folge abgeleitet werden, daß die Zulässigkeit des Rechtsweges auf diese Fälle habe beschränkt werden sollen. Einer derartigen Auslegung fehlt es an jedem Anhalte im Gesetze, und es steht dem der Inhalt des ersten Satzes des § 32 entgegen, welcher den Rechtsweg ganz allgemein in Beziehung auf die Verpflichtung zur Entrichtung der in diesem Gesetze festgestellten Abgaben für zulässig erklärt. Es kann daher die Frage der Stempelpflicht auch im Wege der Feststellungsklage zum Austrage gebracht werden, insofern deren allgemeine Voraussetzungen nach § 231 C.P.O. im Einzelfalle gegeben sind. Daß ein rechtliches Interesse an alsbaldiger Feststellung der bestrittenen Steuerfreiheit auf seiten der Klägerin vorliegt, kann nicht zweifelhaft sein, nachdem ihr Erbieten der Steuerzahlung unter Vorbehalt ihrer Rechte vom Beklagten abgelehnt und ein Verfahren wegen Hinterziehung der Steuer eingeleitet ist, wie dies bereits in den Entscheidungsgründen des landgerichtlichen Urteiles zutreffend ausgeführt ist.

Auch die materielle Beurteilung der statthaften Klage läßt in keiner Richtung einen Rechtsirrtum erkennen. Die Position I 1 a des Stempeltarifes unterwirft inländische Aktien und Aktienanteilscheine sowie Interimsscheine über Einzahlungen auf diese Wertpapiere einer Steuer von fünf vom Tausend des Nennwertes, bei Interimsscheinen vom Betrage der bescheinigten Einzahlungen in bestimmter Abstufung. Es fragt sich zunächst, ob die hier ausgegebenen Urkunden als Interimsscheine im Sinne dieses Gesetzes anzusehen sind. Diese Frage ist mit Recht im Berufungsurteile verneint. Wenn in der Doktrin mehrfach, z. B. von v. Völdernd orff, Kommentar zum Aktiengesetz S. 368, Quittungen über Einzahlungen auf gezeichnete und zugeteilte Aktien allgemein als Interimsscheine angesehen sind, so kann eine so weit gehende Ausdehnung dieses Rechtsbegriffes nicht gebilligt werden. Der Interimsschein, wie derselbe im Verkehre und in der Gesetzgebung, namentlich in den Artt. 207. 207 a. 215 c H.G.B. aufgefaßt wird, ist ein Wertpapier wie die Aktie selbst, welche er bis zu deren Ausgabe vertritt. Nach seinem Inhalte ergiebt der Interimsschein die Beteiligung an einem Aktienunternehmen, den Betrag der geleisteten Einzahlung und das Recht auf den Bezug der Aktie oder ein Anteilsrecht am Gesellschaftsvermögen.

Vgl. Gäreis und Fuchsberger, Kommentar zum Handelsgesetzbuche S. 132 Nr. 134.

Daß das Stempelgesetz, welches eine Definition des Interimsscheines nicht enthält, sich in dieser Richtung lediglich bekannten und in den gedachten Bestimmungen des Handelsgesetzbuches feststehenden Begriffen anschließen wollte, ist bereits in dem Erkenntnisse des Reichsgerichtes vom 3. Dezember 1888 (Entsch. des R.G.'s in Civils. Bd. 22 S. 119) ausgeführt. Das Gesetz wollte die zur Verbreitung unter dem Publikum bestimmten Wertpapiere einer Emissionssteuer unterwerfen, und dementsprechend ist denn auch in den §§ 2—5 nur von stempelpflichtigen Wertpapieren die Rede, nicht von sonstigen Urkunden, welche, ohne Wertpapiere zu sein, als Beweisdokumente für geleistete Zahlungen oder Rechte der Zeichner von Aktien rechtlich erheblich sind. Eine derartige rechtliche Bedeutung kann den fraglichen Urkunden zwar nicht abgesprochen werden, dieselben sind aber keine Wertpapiere und entsprechen den Erfordernissen eines Interimsscheines, welche die Artt. 207. 207 a. 215c H.G.B. enthalten, nicht.

Auch insofern ist die Vorentscheidung von zutreffenden Grundsätzen ausgegangen, als dieselbe annimmt, daß die Stempelpflicht nur aus dem Inhalte der Urkunde selbst abgeleitet und entschieden werden dürfe, und daß sich auch aus diesem Gesichtspunkte die Begründung der erhobenen Klage ergebe. Mag auch das Erfordernis, daß die für die Verstempelung einer Urkunde erheblichen Umstände in derselben enthalten sein müssen, nicht so strenge aufzufassen sein, daß andere darin in Bezug genommene Urkunden außer Betracht bleiben müßten,

vgl. Bolze, Praxis des Reichsgerichtes Bd. 9 Nr. 593,

so fehlt es doch hier an ergänzender Verweisung und an jedem sicheren Anhalte für die Berechnung der Steuer nach Maßgabe des Stempeltarifes, da eine Einzahlung in bestimmter Höhe nicht angegeben ist und auch aus dem genannten Prozentsatze und der Zahl der gezeichneten Aktien in Ermangelung der Angabe des Geldbetrages der Aktien nicht gefolgert werden kann."

7. 1. Stille Gesellschaft oder Darlehn?
2. Stellung des stillen Gesellschafters, der von der Beteiligung am Verluste ausgeschlossen ist, im Konkurse der Gesellschaft.
3. Rechtliche Bedeutung des Auftretens des stillen Gesellschafters als offener Gesellschafter.

H.G.B. Artt. 250. 258. 269. 260.

I. Civilsenat. Urt. v. 15. März 1893 i. S. Fr. (Bekl.) w. B. (Kl.) Rep. I. 451/92.

I. Landgericht I Berlin.
II. Kammergericht daselbst.

Durch Vertrag vom 1. Februar 1891 hatten sich der Kläger und Fr. verpflichtet, der an demselben Tage begründeten offenen Handelsgesellschaft Sch. & R. ein Darlehn von je 15 000 ℳ unter den aus den nachfolgenden Gründen näher ersichtlichen Modalitäten zu geben. Am 7. April 1891 stellten Sch. & R. ein notarielles Schuldbekenntnis über den Empfang des Darlehns mit der Verpflichtung zur Rückzahlung am 15. Mai aus. Am 16. April 1891 verpflichteten sie sich wiederholt vertragsmäßig zur Rückzahlung des Darlehns am 15. Mai mit der Erklärung, daß der Kläger und Fr. berechtigt seien, die Liquidation zu verlangen und als Liquidatoren bestellt zu werden, falls die Zahlung nicht erfolge. Am 27. August 1891 wurde der Konkurs über das Vermögen der Gesellschaft Sch. & R. eröffnet. In demselben meldete der Kläger 15 000 ℳ Darlehnsforderung aus dem Vertrage vom 1. Februar 1891 an. Der Beklagte als Konkursgläubiger bestritt die Forderung. Die Klage auf Feststellung wurde vom ersten Richter abgewiesen; vom Berufungsrichter aber wurde nach dem Klagantrage erkannt. Auf die Revision des Beklagten ist das Urteil aufgehoben und die Sache an das Berufungsgericht zurückverwiesen aus folgenden

Gründen:

... „Bezüglich der Forderung von 15 000 ℳ und Zinsen beruht das Berufungsurteil auf der Feststellung, daß durch den Vertrag vom 1. Februar 1891 und die Hergabe der 15 000 ℳ zwischen dem Kläger und der Handelsgesellschaft Sch. & R. kein Darlehnsverhältnis, sondern eine stille Gesellschaft begründet werde, und daß die 15 000 ℳ als Einlage zu betrachten seien. Der Berufungsrichter führt aber aus, daß der Kläger, da er nach dem Vertrage in zulässiger Weise von der Beteiligung am Verluste befreit sei, seine volle Einlageforderung gemäß Art. 258 Abs. 1 H.G.B. als Konkursgläubiger geltend machen könne.

Die auf der Auslegung des Vertrages beruhende Feststellung, daß die 15 000 ℳ nicht Darlehn, sondern Einlage seien, giebt zu rechtlichen Bedenken keinen Anlaß. Daß der Vertrag sich als Darlehnsvertrag bezeichnet, ist nach Art. 278 H.G.B. nicht entscheidend, wenn sich aus dem Inhalte des Vertrages ein anderes Geschäft als gewollt ergiebt.

Nun spricht zwar die Stipulation fester Zinsen und eines Anteiles am Reingewinne nicht ohne weiteres gegen die Darlehnsnatur; aber die in letzterer Bestimmung enthaltene Beteiligung am Geschäftsergebnisse spricht eher für die Natur des Kapitales als Einlage. Unzweideutig wird die Natur des Kapitales als Einlage durch die Stipulation, daß die Hingeber des Kapitales berechtigt sein sollen, jederzeit die Bücher und Geschäftspapiere einzusehen und eine Bilanz anzufertigen (Artt. 105. 160. 253 H.G.B.), jede Auskunft über alle Geschäftsvorgänge zu fordern, nach eigenem Ermessen selbst im Geschäfte thätig zu sein, die Ausführung gewisser Geschäfte zu verbieten, durch die Beschränkung der Inhaber des Geschäftes in einzelnen Rechtsgeschäften, durch die Beschränkung ihrer Beteiligung am Geschäftsergebnisse auf festen Zins und eine bestimmte Summe aus dem Gewinne, endlich durch die Abhängigmachung der Fälligkeit des sonst bis zu bestimmtem Zeitpunkte unkündbaren Kapitales von dem Schicksale des Geschäftes insofern, als es rückzahlbar sein soll, wenn die Geschäftsinhaber gewissen Bestimmungen des Vertrages zuwiderhandeln, wenn einer derselben stirbt oder sonst nicht thätig sein kann, wenn er ausscheidet, wenn Differenzen eintreten, wenn die Bilanz die Verringerung des Kapitalguthabens der Geschäftsinhaber um 25 Prozent ergiebt.

Neben diesem Vertragsinhalte bedarf es nicht einmal der Heranziehung der vom Berufungsrichter festgestellten Thatsache, daß in den Büchern der Gesellschaft das Kapital des Klägers und des Fr. durch den Kläger selbst als Geschäftseinlage gebucht ist, und daß die Form dieses Vertrages nur gewählt ist, um dem Kläger und dem Fr. zu ermöglichen, Socien zu sein und sich doch jederzeit an das Geschäftsvermögen zu halten. Nach dem, was das Reichsgericht in Übereinstimmung mit dem vormaligen Oberhandelsgerichte,

vgl. Entsch. des R.O.H.G.'s Bd. 12 S. 98,

wiederholt ausgesprochen hat,

vgl. Entsch. des R.G.'s in Civils. Bd. 20 S. 163, Bd. 27 S. 13,

steht auch der aus dem Vertrage ersichtliche Wille der Kontrahenten, daß der Kläger und sein Genosse an dem Geschäftsverluste nicht, nur an dem Gewinne teilnehmen sollen, der Annahme eines Gesellschaftsverhältnisses, mag es als offene, Kommandit- oder stille Gesellschaft erscheinen, nicht entgegen.

Die notarielle Urkunde vom 7. April und der Vertrag vom 16. April 1891 sind bedeutungslos. Durch keinen von beiden Akten ist der Vertrag vom 1. Februar 1891 aufgehoben. Die Urkunde vom 7. April erwähnt dieses Vertrages überhaupt nicht. Sie enthält nur das Anerkenntnis des Darlehnsempfanges von 10 000 ℳ dem Kläger gegenüber, die Verpflichtung zur Rückzahlung am 15. Mai und die Unterwerfung unter die sofortige Zwangsvollstreckung. Der Vertrag vom 16. April 1891 hebt nur die §§ 6. 7. 8 des Vertrages vom 1. Februar 1891 auf und verpflichtet die Gesellschaft Sch. & R. zur Rückzahlung der 20 000 ℳ dem Kläger und Fr. gegenüber unter dem Anerkenntnisse der Gesellschaft, daß sie ihre Verpflichtung aus dem Vertrage vom 1. Februar 1891 nicht erfüllt habe, ohne daß erhellt oder vom Kläger angegeben ist, worin diese Vertragsverletzung bestanden haben soll. Der Zweck beider Verhandlungen, den Kläger und Fr. der von Sch. & R. bekundeten Intention bei Formulierung des Vertrages vom 1. Februar 1891 gemäß in die bereite Möglichkeit zu versetzen, sich aus dem Gesellschaftsvermögen zu befriedigen, liegt auf der Hand. Beide Verträge waren offenbar zur Täuschung Dritter bestimmt. Dafür spricht namentlich, daß sie des Rechtes des Klägers und seines Genossen auf den Gewinnanteil nicht erwähnen, ohne doch auf denselben zu verzichten. Sind der Kläger und Fr. als Gesellschafter, stille, Kommandit- oder offene Gesellschafter, zu betrachten, so können durch diese einseitigen Akte die Rechte der Gesellschaftsgläubiger nicht geändert werden. Für das stille Gesellschaftsverhältnis folgt dies aus Art. 259 H.G.B. Für das offene und das Kommanditgesellschaftsverhältnis folgt aus seiner rechtlichen Natur und aus den absolut gebietenden Vorschriften der Artt. 112. 165 H.G.B., daß den Gesellschaftsgläubigern gegenüber durch solche Abmachungen überhaupt kein Recht auf das Gesellschaftsvermögen erworben werden kann.

Die wesentliche Frage bleibt aber übrig, ob 1., wenn das Verhältnis zwischen dem Kläger und der Gesellschaft Sch. & R. als stille Gesellschaft zu erachten ist, wie der Berufungsrichter annimmt, die Vertragsabrede, daß der Kläger und Fr. nur am Gewinne teilhaben sollen, auch den Geschäftsgläubigern im Konkurse gegenüber rechtlich wirksam ist; 2., welche rechtliche Bedeutung die von der Beklagten behaupteten und unter Beweis gestellten Thatsachen haben, daß der Kläger ebenso wie Fr. sich mit Bewilligung ihrer Gegenkontrahenten nach außen hin als Handelsgesellschafter geriert, namentlich die Waren, für welche die Beklagte ihre Forderung im Konkurse geltend macht, im Geschäftslokale von Sch. & R. im Beisein derselben bestellt haben.

Die Angriffe der Revision betreffen wesentlich diese beiden Fragen.

Zu 1 ist dem Berufungsrichter beizutreten. Liegt stille Gesellschaft vor, und kann der Inhaber des Handelsgewerbes durch Vertrag sein obligatorisches Verhältnis zu dem stillen Gesellschafter so ordnen, daß derselbe an dem Geschäftsverluste nicht teilnimmt, sondern seine Einlage unversehrt zurückerhält, so kann der Art. 258 Abs. 1 H.G.B. nicht in dem Sinne einer absolut gebietenden Norm aufgefaßt werden, wie es die Revision will. Nach Art. 258 Abs. 1 hat der stille Gesellschafter die Forderung wegen seiner Einlage als Konkursgläubiger insoweit geltend zu machen, als sie den Betrag des auf ihn fallenden Anteiles am Verluste übersteigt. Fällt nach dem Vertrage kein Anteil am Verluste auf ihn, so macht er seine ganze Forderung geltend. Da der stille Gesellschafter zu den Geschäftsgläubigern als solchen nach den Artt. 250 flg. überhaupt in kein Verhältnis tritt, nur in ein obligatorisches Verhältnis zum Inhaber des Handelsgewerbes, so kann auch nur dies obligatorische Verhältnis für die Stellung der Gläubiger im Konkurse zu ihm und umgekehrt entscheiden. Auch die Entstehungsgeschichte des Art. 258 läßt darüber keinen Zweifel.

Vgl. Renaud, Recht der stillen Gesellschaft S. 176 flg.; v. Hahn, Kommentar zu Art. 258.

Ursprünglich war die Vorschrift beabsichtigt: daß im Falle des Konkurses alle Gläubiger des Inhabers des Handelsgewerbes vor dem stillen Gesellschafter befriedigt werden. Diese Vorschrift wurde aber in dritter Lesung als jeder Begründung entbehrend abgelehnt und durch die jetzige Fassung des Art. 258 Abs. 1 ersetzt, weil zwischen dem stillen Gesellschafter und den Gläubigern des Geschäftsinhabers weder ein Schuld- noch ein Garantieverhältnis vorliege, nur ein obligatorisches Verhältnis zwischen dem stillen Gesellschafter und dem Geschäftsinhaber, aus welchem eine Garantieerklärung, für die Schulden des letzteren mit der Einlage haften und den Kredit desselben erhöhen zu wollen, ebensowenig zu entnehmen sei wie bei dem einfachen Darlehn. Solche Garantieerklärung könne wenigstens solange nicht angenommen werden, als nicht eine kaufmännische Kundgebung des Sozietätsverhältnisses stattgefunden habe. Letzteren Fall trifft der Art. 260 H.G.B., dessen Nichterörterung die Revision rügt. Aber von einer solchen Kundgebung des Verhältnisses zwischen dem Kläger und Sch. & R. ist nichts behauptet. Von solcher Kundgebung mit rechtlicher Wirkung kann doch nur die Rede sein, wenn der stille Gesellschafter oder mit seiner Genehmigung der Inhaber des Handelsgewerbes das stille Gesellschaftsverhältnis mit oder ohne Angabe des Einlagebetrages bekannt gemacht hat, und sie kann rechtlich nur wirken, daß, wenn nicht gleichzeitig bekannt gemacht wird, daß der stille Gesellschafter am Verluste nicht teilnehmen soll, der Gläubiger, dem gegenüber die Kundgebung erfolgt, oder bei allgemeiner Kundgebung alle Gläubiger verlangen können, daß der stille Gesellschafter mit der eingezahlten Einlage auch am Verluste teilnehme, nicht aber soweit, daß er seine Einlageforderung verliert. Von einer Kundgebung dieser Art behauptet die Beklagte aber nichts. Auch aus Art. 259 H.G.B. ist für die Beklagte nichts zu entnehmen. Danach soll der Erlaß des Anteiles des stillen Gesellschafters an dem entstandenen Verluste zu Gunsten der Konkursgläubiger unwirksam sein, wenn er innerhalb eines Jahres vor der Konkurseröffnung über das Vermögen des Inhabers des Handelsgewerbes erfolgt ist. Aber diesen Erlaß kann nach § 29 K.O. nur der Konkursverwalter anfechten, und von solchem Erlaß kann überhaupt nicht die Rede sein, wo nach dem Vertrage zwischen dem stillen Gesellschafter und dem Geschäftsinhaber der stille Gesellschafter am Verluste nicht teilhaben soll. Der entstandene Verlust in Art. 259 Abs. 3 ist der zur Zeit des Erlasses entstandene Verlust, nicht zukünftiger Verlust.

Die ganze Vorschrift paßt also für die Abrede im Gesellschaftsvertrage nicht.

Zu 2 kann daraus, daß das Geschäft, aus welchem die Forderung der Beklagten als Konkursgläubigerin entstanden, vom Kläger, Fr. und Sch. & R. gemeinschaftlich abgeschlossen ist, rechtlich zunächst nur folgen, daß die Beklagte befugt ist, den Kläger aus diesem Geschäfte als solidarisch verpflichtet sofort oder nach Beendigung des Konkurses in Höhe ihres Ausfalles in demselben in Anspruch zu nehmen, aber nicht, daß der Kläger nicht befugt ist, seine Einlageforderung im Konkurse geltend zu machen, wenn ihm solches sonst zusteht. Von Bedeutung kann diese Thatsache aber werden in Verbindung mit dem, was die Beklagte in erster Instanz außerdem noch geltend gemacht hat. Festgestellt ist durch den Berufungsrichter, daß der Kläger die Geschäftsbücher eingerichtet hat, daß er und Fr. beim Engagement des Personales mitthätig gewesen sind, daß sie bei den Ein- und Verkäufen mitgesprochen haben, daß der Kläger bei einer Gelegenheit dem Agenten D. erklärt hat: „Verlassen Sie *unser* Lokal," bei anderer Gelegenheit dem Vertreter der Handlung Gebrüder Sch. gegenüber auf eine Warenofferte geäußert hat: „Solchen Schund führen *wir* nicht." Der Berufungsrichter entnimmt daraus und stellt fest, daß Sch. & R. den Kläger und Fr. als Gesellschafter betrachtet und daß der Kläger und Fr. auch als Mitinhaber des Geschäftes sich geriert haben und als solche aufgetreten sind.

Dieser thatsächlichen Feststellung gegenüber kann das angefochtene Urteil nicht aufrecht erhalten werden. Aus dem Vertrage vom 1. Februar 1891 selbst können schon Bedenken hergeleitet werden, ob sich das Verhältnis zwischen dem Kläger, Fr. und Sch. & R. innerhalb des Rahmens der stillen Gesellschaft gehalten hat. Das Charakteristische der stillen Gesellschaft besteht darin, daß sich jemand (der stille Gesellschafter) an dem Betriebe des Handelsgewerbes eines Anderen mit einer Vermögenseinlage beteiligt. Die Geschäfte werden von dem Inhaber des Handelsgewerbes betrieben (Art. 251). Das Handelsgewerbe ist für den stillen Gesellschafter *ein fremdes*, an dessen Ergebnis er nur durch seinen Anteil am Gewinn und Verlust beteiligt ist. Deshalb hat er nur Anspruch auf Mitteilung einer jährlichen Bilanz und auf Einsicht der Bücher zur Prüfung derselben. Er vertritt dies Geschäft nicht, noch kann ihm eine solche Vertretung übertragen werden, ohne das Rechtsverhältnis zu ändern. Die Geschäftsführung kann ihm ganz oder teilweise übertragen werden, aber nicht in seiner Eigenschaft als stillem Gesellschafter, sondern nur als Prokuristen oder Bevollmächtigten. Das gilt selbst für den Kommanditisten (Artt. 157. 158. 167 H.G.B.). Hier waren der Kläger und Fr. berechtigt, jederzeit die Bücher und Papiere einzusehen und selbst Bilanz anzufertigen, wie offene Gesellschafter (Art. 105 H.G.B.); ihr Recht ging selbst über das eines Kommanditisten hinaus (Art. 160 H.G.B.). Sie waren berechtigt, jederzeit Auskunft über alle Geschäftsvorgänge zu fordern, wie offene Gesellschafter, konnten nach eigenem Ermessen im Geschäfte thätig sein, d. h. nicht bloß als Angestellte oder Bevollmächtigte, als welche sie stets den Anweisungen des Geschäftsinhabers als Prinzipals unterliegen, sondern selbständig, konnten einzelne Geschäfte untersagen, Prokura verlangen und waren nach dem Vertrage bei Auflösung des Geschäftes Liquidatoren. Tritt dem hinzu, daß Kläger und Fr. mit Bewilligung von Sch. & R. nach außen hin thatsächlich nicht als stille Gesellschafter (Art. 160 H.G.B.), auch nicht als Prokuristen oder Bevollmächtigte, sondern allgemein als Mitinhaber des Geschäftes aufgetreten sind, so können sie im Verhältnisse zu Dritten nicht mehr als stille Gesellschafter behandelt werden und den Konkursgläubigern gegenüber die Rechte solcher nicht in Anspruch nehmen. Es kommt dann darauf nicht an, ob sie nach dem Vertrage mit Sch. & R. nur stille Gesellschafter waren, und daß im Handelsregister nur Sch. & R. als Gesellschafter eingetragen sind. Ihr Auftreten als Geschäftsinhaber mit Bewilligung der eingetragenen Inhaber steht vielmehr der Kundgebung des Bestehens einer offenen Handelsgesellschaft, an der sie als Mitinhaber beteiligt sind, völlig gleich, und einer solchen Kundgebung kann der Dritte vertrauen und folgen. Vgl. Entsch. des R.O.H.G.'s Bd. 15 S. 17. 21.

Die thatsächliche Feststellung des Berufungsrichters giebt indessen zu wesentlichen Bedenken Anlaß. Sie entbehrt der genügenden Grundlage. Alle die Thatsachen, welche er als Momente für das Auftreten des Klägers und des Fr. als Geschäftsmitinhaber feststellt, sind einzeln und in ihrem Zusammenhange nicht von rechtlicher Bedeutung. Weder das, was sie gethan, noch das, was sie geäußert haben sollen, läßt für den Dritten einen Schluß auf Mitinhaberschaft am Geschäfte zu. Der Prokurist, selbst der Kommis kann so verfahren, ohne zu der

Annahme zu berechtigen, daß er etwas anderes als Prokurist oder Kommis sei. Dagegen können die von der Beklagten in erster Instanz sonst noch behaupteten und unter Beweis gestellten Thatsachen nicht unbeachtet bleiben. Danach sollen sich Fr. und der Kläger mit Bewilligung von Sch. & R. vom Abschlusse des Vertrages ab bis zur Konkurseröffnung allgemein den Geschäftskunden wie dem Geschäftspersonale gegenüber so geriert haben, daß sie als Mitinhaber des Geschäftes angesehen worden sind. Im Zusammenhange damit ist auch die Behauptung aufzufassen, daß das Geschäft mit der Beklagten, aus welchem ihre Konkursforderung entstanden, im Geschäftslokale der Gesellschaft durch den Kläger und Fr. im Beisein des Sch. & R. abgeschlossen sei. Wie das Gerieren als Geschäftsinhaber hervorgetreten, ist zwar nicht im einzelnen angegeben, aber es bedarf dessen nicht notwendig, ist auch eventuell gemäß § 130 C.P.O. näher aufzuklären.

Das Berufungsurteil ist deshalb aufgehoben und die Sache zu anderweiter Verhandlung und Entscheidung an das Berufungsgericht zurückverwiesen."

---

8. Einfluß der Beendigung des Konkursverfahrens durch Zwangsvergleich auf die vom Konkursverwalter angestellten Anfechtungsprozesse. Kann der Anfechtungsgegner nach Eintritt der Wirksamkeit des Aufhebungsbeschlusses das vorher erlassene Urteil mit der Berufung anfechten?[1]

VI. Civilsenat. Urt. v. 27. März 1893 i. S. Handlung P. & W. (Bekl.) w. Konkursmasse E. H., jetzt auch E. H. (Kl.) Rep. VI. 2/93.

I. Landgericht Insterburg.
II. Oberlandesgericht Königsberg.

Auf die vom Verwalter der Holzhändler E. H.'schen Konkursmasse gemäß § 23 Ziff. 1 K.O. angestellte Anfechtungsklage ist die

[1] Vgl. Fitting, Reichskonkursrecht § 43. §. 48 Anm. 22; Kohler, Lehrbuch des Konkursrechts S. 437. 491 flg.; Kommentare zur Konkursordnung von v. Völderndorff, Bd. 1 Anm. 3 zu § 29; Petersen u. Kleinfeller, Anm. 2 zu § 29 S. 152, Anm. 2 zu §§ 175—177 S. 531; v. Wilmowski, Anm. 3 zu § 22 S. 124, Anm. 1 zu § 176 S. 446; v. Sarwey, Anm. 4 zu § 176 S. 806; sowie auch Entsch. des preuß. Obertrib. Bd. 47 S. 388, Bd. 51 S. 416, Bd. 73 S. 77.
D. E.

beklagte Handlung durch Urteil des Landgerichtes vom 18. Dezember 1891 verurteilt worden, mehrere für sie bei dem Holzhändler E. H. gepfändete Haufen Bretter pfandfrei zur H.'schen Konkursmasse zurückzugewähren und die Kosten des Rechtsstreites zu tragen. Nachdem das H.'sche Konkursverfahren infolge gerichtlich bestätigten Zwangsvergleiches durch Beschluß vom 13. Januar 1892 aufgehoben war, wurde von der Beklagten gegen das gedachte Urteil mittels Schriftsatzes vom 16. Februar 1892 die Berufung eingelegt, die Berufungsschrift nebst dem Urteile sowohl dem vom Konkursverwalter für die erste Instanz bestellten Prozeßbevollmächtigten als dem früheren Gemeinschuldner H. zugestellt, und bei der Verhandlung vor dem Berufungsgerichte beantragt, unter Abänderung des erstinstanzlichen Urteiles die Klage abzuweisen. Seitens des Konkursverwalters wurde ein Gegenantrag nicht gestellt; dagegen beantragte ausweislich des Thatbestandes „der Berufungsbeklagte, Holzhändler E. H.", die Berufung der Beklagten als unzulässig zu verwerfen, eventuell den Rechtsstreit in der Hauptsache für erledigt zu erklären und der Beklagten die Kosten der Berufungsinstanz aufzuerlegen. Das Oberlandesgericht hat hierauf die Berufung als unzulässig verworfen und diese Entscheidung darauf gestützt, daß die Parteifähigkeit des Konkursverwalters als Vertreters der Konkursmasse und der Konkursgläubiger aufgehört habe, der frühere Gemeinschuldner aber, mindestens bezüglich des hier in Rede stehenden Verhältnisses, als Rechtsnachfolger des Konkursverwalters nicht gelten könne. Das Reichsgericht hat die Revision der Beklagten zurückgewiesen.

Aus den Gründen:

„In erster Reihe sucht die Revisionsklägerin unter Bezugnahme auf die §§ 151. 153. 175—177 K.O. auszuführen, daß ihre Berufung gegenüber dem Konkursverwalter für zulässig erachtet werden müsse; dieser Ausführung war indessen nicht beizupflichten. Ohne jede Bedeutung für die vorliegende Entscheidung sind die §§ 151. 153 a. a. O., da dieselben nach ihrem Wortlaute, nach ihrer Stellung im 5. Titel des II. Buches der Konkursordnung und nach ihrem erkennbaren Zwecke voraussetzen, daß der Beendigung des Konkurses nicht ein Zwangsvergleich, sondern eine Verteilung der Masse nebst der Abhaltung des Schlußtermines vorausgegangen ist. Trotz des Vollzuges der Schlußverteilung und trotz der danach erfolgten

Bekanntmachung des den Konkurs aufhebenden Beschlusses soll das Verwaltungs- und Verfügungsrecht des Verwalters (§ 5 K.O.) zu Gunsten der noch nicht vollständig befriedigten Konkursgläubiger fortdauern, soweit dies zur Vornahme der in § 153 bezeichneten Nachtragsverteilungen erforderlich ist. Mag auch insoweit dem Verwalter die Befugnis zur Prozeßführung für die Konkursmasse behufs der Erstreitung eines der nachträglichen Verteilung vorbehaltenen Forderungsbetrages beizulegen sein,

vgl. Entsch. des R.G.'s in Civils. Bd. 28 S. 68,

so läßt sich doch daraus nicht folgern, daß der Verwalter zur Fortführung von Prozessen namens der Konkursmasse auch dann befugt sei, wenn die Aufhebung des Konkursverfahrens infolge der rechtskräftigen Bestätigung eines Zwangsvergleiches beschlossen und bekannt gemacht worden ist. Interessen der Konkursgläubiger kann in diesem Falle der Verwalter nicht mehr wahrnehmen, ebensowenig aber Interessen des Gemeinschuldners, da dieser nach § 177 K.O., soweit nicht der Zwangsvergleich ein anderes bestimmt, das Recht zurückerhält, über die Konkursmasse frei zu verfügen. Demgemäß verliert der Verwalter mit der Wirksamkeit des nach Bestätigung des Zwangsvergleiches ergangenen Aufhebungsbeschlusses jede Vertretungsbefugnis, insbesondere auch die Legitimation zur Prozeßführung für die Konkursmasse. Daß dies auch von solchen Prozessen gilt, die wegen bestrittener *Masse*forderungen anhängig sind, und daß die dem Verwalter in § 176 K.O. zugewiesene Thätigkeit *vor* Aufhebung des Konkurses zu bewirken ist, hat das Reichsgericht bereits in seinem Urteile vom 6. März 1891,

vgl. Entsch. des R.G.'s in Civils. Bd. 27 S. 113,

mit eingehender Begründung dargelegt. Danach mangelte dem Konkursverwalter nach der Wirksamkeit des Aufhebungsbeschlusses die Legitimation zur Fortführung des von ihm auf Grund des § 29 K.O. angestellten Anfechtungsprozesses für die Konkursmasse nicht bloß wegen der mit der Aufhebung des Konkursverfahrens von selbst erledigten Hauptsache, sondern auch wegen der Prozeßkosten (§ 52 Ziff. 1 K.O.), zu deren Deckung ihm eine Masse nicht mehr zur Verfügung stand. Daß der Verwalter *persönlich* für die Prozeßkosten etwa deshalb verhaftet sei, weil er für die Sicherstellung des möglicherweise entstehenden Kostenanspruches der Beklagten vor Aufhebung des

Konkursverfahrens nicht Sorge getragen habe (§ 176 Abs. 1 K.O.), ist von der Beklagten selbst nicht behauptet worden. Es kann deshalb unerörtert bleiben, ob eine hierauf gestützte Entschädigungsforderung im gegenwärtigen Prozesse mit Erfolg hätte geltend gemacht werden können.

Aus der Verneinung der Legitimation des Konkursverwalters folgt nun aber keineswegs, wie die Revisionsklägerin eventuell meint, daß an die Stelle des Verwalters der Gemeinschuldner getreten, und daß wenigstens diesem gegenüber die Berufung zulässig gewesen sein müßte. Wenn der Gemeinschuldner das Recht zurückerhielt, über die Konkursmasse frei zu verfügen, so wurde ihm damit nicht die Befugnis zur Fortführung des vom Verwalter angestellten Anfechtungsprozesses verliehen. Wie auch die rechtliche Stellung des Konkursverwalters bei der Führung sonstiger Prozesse für die Konkursmasse aufzufassen sein möchte,

vgl. Entsch. des R.G.'s in Civils. Bd. 29 S. 29 flg.,

keinesfalls kann derselbe in Anfechtungsprozessen als Vertreter des Gemeinschuldners angesehen werden, da das Anfechtungsrecht lediglich zu Gunsten der Konkursgläubiger ausgeübt wird, erst mit der Eröffnung des Konkursverfahrens entsteht, mit dessen Beendigung aber gegenstandslos wird und erlischt.

Vgl. die Citate des vorher angezogenen Urteiles Bd. 29 S. 38 sowie Bolze, Praxis Bd. 2 Nr. 599, Bd. 7 Nr. 1071, und Urteil vom 5. Januar 1893 Rep. VI. 228/92.

Dem entsprechend ist in dem Urteile des Reichsgerichtes vom 14. März 1882,

vgl. Entsch. des R.G.'s in Civils. Bd. 7 S. 35,

auf dessen Begründung hier Bezug genommen werden kann, dem Gemeinschuldner das Recht abgesprochen worden, nach Beendigung des Konkursverfahrens durch Zwangsvergleich eine vom Konkursverwalter auf Grund des § 23 K.O. erhobene Anfechtungsklage fortzusetzen. Ebensowenig ist danach der Anfechtungsgegner befugt, den Eintritt des früheren Gemeinschuldners in den Prozeß, soweit dieser das Anfechtungsrecht betrifft, zu verlangen. Kann bezüglich des Anfechtungsanspruches der Gemeinschuldner nicht als Rechtsnachfolger der Konkursgläubiger oder des Konkursverwalters angesehen, vielmehr nur einem sonstigen bei der Anfechtung unbeteiligten Dritten gleichgeachtet werden, so erweist sich die gegen ihn eingelegte Berufung in der Hauptsache als formell unzulässig.

Allerdings könnte, da das Landgericht die Beklagte nicht bloß zur Rückgewähr der gepfändeten Bretter an die Konkursmasse, sondern auch zur Kostentragung verurteilt hat, ein Zweifel darüber entstehen, ob nicht nach der Erledigung des Anfechtungsrechtes eine Fortsetzung des Prozesses zwischen der Beklagten und dem früheren Gemeinschuldner wegen des Kostenpunktes statthaft gewesen wäre. Eines näheren Eingehens auf diese Frage bedarf es jedoch nicht. Denn auch bei der Annahme, daß der Gemeinschuldner für die Kosten des vom Verwalter angestellten Anfechtungsprozesses als für Masseschulden persönlich verhaftet[1], daß über seine Verhaftung, nach Beendigung des Konkursverfahrens durch Zwangsvergleich, im Anfechtungsprozesse selbst zu entscheiden, und daß er behufs Herbeiführung dieser Entscheidung zum Eintritte in den Prozeß auf Verlangen des Anfechtungsgegners verpflichtet sei (was alles dahingestellt bleiben kann), würde die Entscheidung des Berufungsgerichtes angesichts des § 94 C.P.O. begründet erscheinen, weil jedenfalls die Berufung der Beklagten in der Hauptsache nach dem vorher Gesagten wegen Mangels der Legitimation des Gemeinschuldners als unzulässig zu verwerfen ist. Daß der Fall, wo ein in der Hauptsache unzulässiges Rechtsmittel eingelegt wird, im Sinne und Geiste des § 94 C.P.O. ebenso behandelt werden muß, als wenn gegen die Entscheidung in der Hauptsache ein Rechtsmittel überhaupt nicht eingelegt ist, hat das Reichsgericht wiederholt ausgesprochen.

Vgl. Entsch. des R.G.'s in Civils. Bd. 6 S. 339, Bd. 10 S. 309 flg., Bd. 13 S. 395." . . .

---

[1] Vgl. Entsch. des R.G.'s in Civils. Bd. 2 S. 24; Motive zur K.O. S. 240 und Protokolle S. 109; Fitting, a. a. O. § 14 S. 127; v. Sarwey, Anm. 2 zu § 52; Petersen u. Kleinfeller, S. 255. 497; v. Wilmowski, S. 124, Vorbemerkung vor § 50 S. 234; aber auch Kohler a. a. O. S. 381 flg. 387; v. Völderndorff, Bd. 1 S. 590 flg.; v. Canstein in Grünhut, Zeitschrift für Privatrecht Bd. 9 S. 488. D. E.

9. Kann nach Auflösung einer offenen Handelsgesellschaft und Übernahme des Geschäftes mit Aktiven und Passiven durch einen der früheren Gesellschafter der andere Gesellschafter aus Kaufgeschäften mit der früheren Gesellschaft in Anspruch genommen werden, wenn die Lieferung der Ware nach der Auflösung der Gesellschaft an den Geschäftsübernehmer erfolgt ist?

I. Civilsenat. Urt. v. 12. April 1893 i. S. K. (Bekl.) w. K., B. u. U. (Kl.) Rep. I. 12/93.

I. Landgericht I Berlin.
II. Kammergericht daselbst.

Der Beklagte war bis zum 30. November 1891 Teilhaber der offenen Handelsgesellschaft G. L. K. & Co. Die Gesellschaft löste sich an diesem Tage auf, der bisherige Mitinhaber der Firma Rudolf B. übernahm das Geschäft mit sämtlichen Aktiven und Passiven und setzte dasselbe unter der Firma Rudolf B. fort. Dies wurde den Gläubigern der Gesellschaft durch Cirkular von demselben Tage mitgeteilt. Im April 1892 ist B. in Konkurs verfallen.

Im August 1891 hatte die Gesellschaft von den Klägern gegen Dreimonatsaccepte Waren zur Lieferung binnen zwei Monaten und bis Dezember 1891 gekauft. Ein Teil der Waren wurde erst im Januar und Februar 1892 an B. geliefert. Nach Ausbruch des Konkurses nahmen die Kläger den Beklagten als früheren Gesellschafter auf Zahlung des unbezahlt gebliebenen Preises für diese spätere Lieferung in Anspruch.

Der erste Richter wies die Klage ab, der Berufungsrichter verurteilte nach dem Klagantrage. Dies Urteil ist auf die Revision des Beklagten aufgehoben und das erste Urteil wiederhergestellt aus folgenden

Gründen:

... „Auch in der Hauptsache ist dem Berufungsrichter nicht beizustimmen. Das Urteil des Reichsgerichtes vom 13. Juli 1887,

vgl. Entsch. des R.G.'s in Civils. Bd. 19 S. 129,

steht ihm zwar nicht entgegen, weil der damals entschiedene Fall wesentlich anders lag, als der jetzt vorliegende. Dagegen hat das Reichsgericht in seinem Urteile vom 6. Mai 1892 in Sachen Pr.

w. K. Rep. III. 26/92 einen völlig gleich liegenden Fall bereits in einem dem Berufungsrichter entgegengesetzten Sinne entschieden, und davon abzuweichen ist keine Veranlassung gefunden worden.

Das Berufungsurteil geht an sich von richtigen rechtlichen Gesichtspunkten aus. Die obligatorische Verpflichtung der Handelsgesellschaft G. L. K. & Co. aus den Abschlüssen mit den beiden Klägern ist nicht in Frage zu ziehen. Die Forderung der Kläger gegen die Gesellschaft auf Abnahme der Ware und Zahlung in der vertragsmäßigen Frist nach der Lieferung wurde mit den Abschlüssen gegen die Gesellschaft existent. Der Beklagte haftete nach Art. 112 H.G.B. für diese Verpflichtung der Gesellschaft solidarisch. Durch die Auflösung der Gesellschaft wurde er von seiner solidarischen Haftung nicht befreit. Nach Art. 146 H.G.B. dauerte seine Haftung bis zum Ablaufe der Verjährungsfrist von fünf Jahren nach der Eintragung der Auflösung oder dem späteren Zeitpunkte der Fälligkeit der Forderung. Darin wurde dadurch nichts geändert, daß nach der Vereinbarung zwischen dem Beklagten und seinem Mitgesellschafter B. die durch die Auflösung der Gesellschaft notwendig gewordene Auseinandersetzung nicht im Wege der Liquidation (Artt. 133 flg. H.G.B.), sondern dadurch erfolgte, daß B. das Geschäft mit Aktiven und Passiven übernahm. Die rechtliche Folge dieser Vereinbarung war keine andere, als daß B. den Beklagten wegen seines Anteiles am Aktivvermögen abzufinden und wegen der Passiven zu befreien hatte, letzteres eben aus dem Grunde, weil die Vereinbarung zwischen den Gesellschaftern die Gläubiger nicht berührte (Art. 112 Abs. 2 H.G.B.). Auch dadurch allein, daß der Übergang des Geschäftes mit Aktiven und Passiven auf den früheren Gesellschafter B. nicht intern blieb, sondern durch das Cirkular vom 30. November 1891 den Gläubigern mitgeteilt wurde, trat zunächst keine andere rechtliche Folge ein, als daß der als *Gesellschafter* bereits solidarisch verhaftete B. den Gläubigern nunmehr auch aus seiner in dem Cirkulare enthaltenen Erklärung wie *aus einem neuen Verpflichtungsgrunde* verhaftet wurde.

Vgl. Entsch. des R.G.'s in Civils. Bd. 10 S. 43. 47.

Die Natur einer liberierenden Expromission hat die einseitige Erklärung in dem Cirkulare selbstverständlich nicht.

Richtig ist auch, daß der Beklagte dadurch, daß den Gläubigern allgemein und den Klägern insbesondere durch das Cirkular vom 30. November 1891 mitgeteilt wurde, das Geschäft sei mit Aktiven und Passiven auf B. übergegangen, die Kläger ermächtigte, an B. zu liefern, und den B. berechtigte, die Lieferung als Erfüllung an die frühere Gesellschaft anzunehmen. Mit der vereinbarten Übertragung des Gesellschaftsvermögens, des Geschäftes mit Aktiven und Passiven, durch den Beklagten an B. war notwendig für B. das Recht und die Pflicht verbunden, die gegen und für die frühere Gesellschaft laufenden Geschäfte so abzuwickeln, wie es bei Auflösung der Gesellschaft mit Liquidation durch den Liquidator, und wie es beim Ausscheiden eines Gesellschafters aus einer aus mehr als zwei Personen bestehenden Gesellschaft durch die in der Gesellschaft verbleibenden Gesellschafter gemäß Art. 130 Abs. 3. Art. 137 H.G.B. zu geschehen hat. Die bei Auflösung einer Gesellschaft, welche nur aus zwei Personen besteht, rechtlich unzweifelhaft zulässige Vereinbarung, daß ein Gesellschafter das Geschäft übernimmt und fortsetzt, kann neben dem Ausschlusse der Liquidation keine andere Wirkung haben, als daß der Gesellschafter, der das Geschäft übernimmt, gemäß Artt. 130. 131 H.G.B. zu verfahren hat.

Dadurch allein, daß die Kläger an B. lieferten, verloren sie danach ihr Recht gegen die beiden Gesellschafter nicht, und der Beklagte würde sich darauf allein, daß die Lieferung nicht an die Gesellschaft oder ihn selbst erfolgte, nicht berufen können.

Soweit ist dem Berufungsrichter zu folgen. Ob die Kläger ihr Recht dadurch verloren, daß sie in Lieferungsverzug kamen, oder B. in Abnahmeverzug geriet, oder dadurch, daß sie dem B. die Abnahmefrist verlängerten, kann auf sich beruhen. Der Berufungsrichter übersieht einen Punkt.

Die Kläger konnten gegen Lieferung an B. vertragsmäßig Erfüllung durch Zahlung oder, da hier unstreitig Begleichung durch Dreimonatsaccept verabredet ist, das Accept der beiden früheren Gesellschafter fordern. Wäre dies geschehen, so würden sie gesichert sein. In den Instanzen ist nicht zur Sprache gekommen, ob sie die Lieferung der unbezahlten Raten gegen das Accept des B. allein oder ohne Accept ausgeführt haben. Jedenfalls haben sie an B. ohne das Accept der beiden früheren Gesellschafter geliefert, da sie im anderen Falle der Klage aus der Bestellung und Lieferung nicht bedürfen würden. Dadurch aber, daß sie ohne Accept oder gegen das Accept des B. allein geliefert haben, haben sie dem B. auf dessen Kredit geliefert und damit zu erkennen gegeben, daß sie den Anspruch aus der Bestellung gegen den Beklagten als früheren Gesellschafter aufgegeben haben. Sie können deshalb den Beklagten jetzt nicht mehr in Anspruch nehmen. Ohne strenges Festhalten an diesem Grundsatze würde der frühere Gesellschafter in Fällen der vorliegenden Art noch nach Jahren aus Geschäften in Anspruch genommen werden können, deren ordnungsmäßige und rechtzeitige Abwickelung durch den Geschäftsübernehmer er erwarten kann. Das widerspricht sowohl den Bedürfnissen des Handelsverkehres wie den Anschauungen des Handelsstandes, während der Gläubiger der früheren Gesellschaft nach den vorstehenden Ausführungen bei Beobachtung kaufmännischer Sorgfalt völlig gesichert und in seinem Rechte nicht beeinträchtigt ist.

Das Berufungsurteil hat deshalb aufgehoben und die Entscheidung des ersten Richters wiederhergestellt werden müssen."

---

10. Zeitpunkt des Beginnes der mit einer Seeversicherung verbundenen Landtransportversicherung.

I. Civilsenat. Urt. v. 19. April 1893 i. S. D. Tr. V. Ges. (Bekl.) w. G. (Kl.) Rep. I. 24/93.

I. Landgericht Bremen.
II. Oberlandesgericht Hamburg.

Der Kläger hatte bei der beklagten Gesellschaft für Abladungen von Nordamerika nach Europa Seeversicherung mit der Bestimmung genommen, daß bei Abladungen von Inlandplätzen der Vereinigten Staaten nach den Ladehäfen das Risiko bis an Bord des Schiffes ohne Unterbrechung in die Versicherung eingeschlossen sein sollte. Im Juli 1891 lagerte für den Kläger im Warehouse zu Clarksville Tabak zum Transporte nach dem Seeplatze. Die mit dem Transporte beauftragte Eisenbahn hatte gegen Empfang der Warehousekoupons Ladescheine ausgestellt und mit dem

Transporte des Tabakes bereits begonnen, als ein Teil des noch im Warehouse befindlichen Tabakes durch Feuer zerstört wurde.

Die auf Zahlung der Versicherungssumme erhobene Klage wurde vom ersten Richter abgewiesen, vom Berufungsrichter dagegen die Beklagte nach dem Klagantrage verurteilt. Die eingelegte Revision ist zurückgewiesen aus folgenden

Gründen:

„Die von der Revision erhobenen Angriffe beruhen auf nicht zutreffender Auffassung des dem Vorderrichter zur Beurteilung unterbreiteten Sachverhaltes und der von demselben angestellten Erwägungen.

Mit Unrecht macht die Revision dem Berufungsrichter den Vorwurf, er habe das Risiko, gegen welches der Kläger sich versichern konnte, mit demjenigen, gegen welches er sich versichert hat, verwechselt. Unstreitig handelt es sich um eine mit einer Seeversicherung verbundene Landtransportversicherung. Nach den insoweit übereinstimmenden Darlegungen beider Parteien besteht kein Zweifel, daß über den Beginn der Landtransportversicherung durch die Bestimmung der Police eine Vereinbarung getroffen worden ist. Deshalb haben sich beide Instanzrichter zutreffend einer Prüfung der Frage unterzogen, wie die ihrem Wortlaute nach nicht unzweideutige Bestimmung der Police nach der zu ermittelnden Willensmeinung der Vertragschließenden auszulegen sei. Hiermit erledigt sich vorweg die für Entscheidung des gegenwärtigen Rechtsstreites bedeutungslose Bezugnahme auf die Darlegungen von Lewis in seinem Versicherungsrechte. Dieser Schriftsteller untersucht (S. 93), mit welchem Zeitpunkte der Beginn einer Binnentransportversicherung anzunehmen sein sollte, falls sich der Zeitpunkt aus dem geschlossenen Vertrage oder aus Gesetz und Usance nicht bestimmen lasse. Da hier nur die Auslegung des geschlossenen Vertrages in Frage steht, so bedarf es keiner Erörterung der von Lewis aufgestellten Ansicht, daß an sich die Transportversicherung mit dem Beginne des Transportes beginnen sollte.

Die Revision meint, daß bei Abschluß einer Transportversicherung das versicherte Risiko nicht vor dem Beginne des Transportes als vorhanden angenommen werden könne, und daß es sich deshalb im vorliegenden Falle lediglich frage, wann nach allgemeinem und assekuranzrechtlichem Sprachgebrauche der Transport der Ware beginnt. Dieser Ansicht kann nicht zugestimmt werden. Nach Art. 395 H.G.B. haftet der Frachtführer für den Schaden, welcher durch Verlust oder Beschädigung des Frachtgutes seit der Empfangnahme entstanden ist. Mit diesem Zeitpunkte entäußert sich der Verfrachter des Gewahrsams des Frachtgutes und überträgt seine bis dahin bestehende eigene Verantwortlichkeit für dasselbe auf den Frachtführer. Sämtliche Wirkungen des Frachtvertrages in Ansehung des Verhältnisses des Verfrachters zu dem Frachtgute treten also bereits mit der Empfangnahme ein. Daraus folgt, daß beim Abschlusse einer Transportversicherung nach der Willensmeinung beider Kontrahenten der Beginn des versicherten Risikos mit der Empfangnahme des Gutes durch den Frachtführer als gewollt zu erachten ist, falls nicht im einzelnen Falle etwas Abweichendes ausdrücklich oder stillschweigend vereinbart worden ist, oder die Umstände eine abweichende Auffassung bedingen. Daß dergleichen hier anzunehmen sei, hat die Beklagte wohl durch den Hinweis auf die Fassung der in Frage stehenden Policebestimmung und dadurch behaupten wollen, daß sie besonders den unstreitigen Umstand hervorgehoben hat, daß der Tabak in dem nicht der transportierenden Bahngesellschaft gehörigen Warenhause, woselbst er seitens des Klägers niedergelegt worden war, durch Feuer zerstört worden ist. Hieraus lassen sich indessen Bedenken gegen die Richtigkeit der entscheidenden Erwägungen des Berufungsrichters nicht entnehmen. Der in der Police gebrauchte Ausdruck „Abladungen" bezieht sich, wie auch der Kläger annimmt, unzweifelhaft auf die abgeladenen Waren und nicht auf den Akt der Abladung. Deshalb ist völlig zutreffend aus dem Gebrauche dieses Ausdruckes nicht hergeleitet, daß als Beginn des versicherten Risikos der Zeitpunkt der Abladung gemeint sei; es ist aber andererseits auch nicht erfindlich, wie aus dem Gebrauche dieses Ausdruckes sollte gefolgert werden können, daß ein bestimmter späterer Zeitpunkt ins Auge gefaßt sei. Der ferner in der Verhandlung besonders hervorgehobene Ausdruck „ohne Unterbrechung" kann keinesfalls, wie die Revision will, dahin verstanden werden, daß, da Unterbrechungen des Transportes seit Beginn desselben für bedeutungslos erklärt seien, der Beginn der Versicherung auf den thatsächlichen Beginn des Transportes im eigentlichen Sinne festgesetzt sei. Diesem Ausdrucke würde vielmehr, falls man ihn für Entscheidung der hier streitigen Frage überhaupt verwerten will, nur entnommen werden können, daß eine Versicherung in möglichst weitem Umfange vereinbart worden sei. Der Berufungsrichter hat daher zum Zwecke der Auslegung der getroffenen Abrede zutreffend hauptsächlich die Umstände, unter denen die Versicherung abgeschlossen wurde, in Betracht gezogen. Dabei ist von der richtigen allgemeinen Erwägung ausgegangen, daß naturgemäß der Beginn einer Landtransportversicherung mit dem Zeitpunkte zusammenfalle, wo das versicherte Frachtgut dem Frachtführer zum Zwecke des Transportes übergeben werde, weil von diesem Augenblicke ab das Frachtgut der Einwirkung und Fürsorge des Verfrachters entzogen und dieser nicht in der Lage sei, über die Verfügungen des Frachtführers bezüglich des Frachtgutes eine Kontrolle auszuüben. Sodann ist erwogen, daß diese Gesichtspunkte nach den konkreten Umständen für den vorliegenden Fall zutreffend seien, da der Vertreter des Klägers gegen Empfangnahme der Ladescheine die Warenhauskoupons ausgehändigt habe, wobei es offensichtlich bezüglich der Wirkung dieser Handlungen als bedeutungslos erachtet ist, daß die in solcher Art der Verfügung der Bahnverwaltung wirksam überwiesene Ware zunächst da verblieb, wo der Kläger sie hatte lagern lassen. Ferner ist berücksichtigt, daß nach Ausweis der vom Kläger vorgelegten zahlreichen Policen zur Zeit der Ausstellung der hier fraglichen Police es unzweifelhaft der allgemeinen Verkehrsübung entsprochen habe, den Beginn der Landtransportversicherung mit der Empfangnahme des Frachtgutes durch den Frachtführer festzusetzen. Dem aus dem Zusammenhange dieser Umstände gezogenen Schlusse, daß die Parteien nicht in Abweichung von der allgemeinen Verkehrsübung im vorliegenden Falle den Beginn der Versicherung an die Thatsache der wirklichen Fortbewegung des Gutes hätten knüpfen wollen, war umsomehr beizupflichten, als die schon zur Zeit der Ausstellung der Police im Gebrauche befindliche neue Fassung des § 73 der Allgemeinen Seeversicherungsbedingungen ergiebt, daß auch abgesehen von Binnentransportversicherungen die vom Berufungsrichter gutgeheißene Auffassung allgemein als den Interessen des Verkehres entsprechend erkannt ist, und mit Rücksicht hierauf nicht angenommen werden kann, daß in dem von einem Bremer Mäkler namens des Klägers mit den Vertretern von fünf verschiedenen Versicherungsgesellschaften abgeschlossenen Vertrage etwas Abweichendes habe verabredet werden sollen. Die Erwägung des ersten Richters, daß zwar die vom Kläger vertretene Auslegung der Policebestimmung dem praktischen Bedürfnisse entspreche, daß aber trotzdem nicht anzunehmen sei, die Vertragschließenden hätten das dem praktischen Bedürfnisse entsprechende gewollt, ist ohne nähere Begründung hingestellt und an sich nicht haltbar." ...

---

11. 1. Wie gestaltet sich das Rechtsverhältnis an deutschen Reichspatenten aus einem zwischen dem Ingenieur einer französischen Gesellschaft und dieser Gesellschaft geschlossenen Vertrage, durch den der Ingenieur am Reingewinne aller seiner zukünftigen Erfindungen mit der Bestimmung beteiligt wird, daß die Gesellschaft sich binnen bestimmter Frist über Annahme oder Ablehnung der Erfindung zu erklären hat?

2. Kann aus solchem Vertrage gegen den in der Patentrolle eingetragenen ersten Patentinhaber und seine Rechtsnachfolger auf Unterlassung der Benutzung des Patentes geklagt werden, insbesondere nach preußischem Rechte?

Patentgesetz § 19 Abs. 2.

A.L.R. I. 7 §§ 11. 14, I. 10 §§ 21. 24. 25, I. 19 §§ 4—6.

I. Civilsenat. Urt. v. 3. Mai 1893 i. S. P. u. Gen. (Bekl.) w. Sch. u. Kr. u. Gen. (Kl.) Rep. I. 54/93.

I. Landgericht I Berlin.
II. Kammergericht daselbst.

Raoul P. war Inhaber eines deutschen Reichspatentes für Neuerungen an Eismaschinen und hatte dasselbe zunächst in eine von ihm mit gegründete offene Handelsgesellschaft in Genf eingebracht. Von dieser war es mit seiner Zustimmung auf eine Aktiengesellschaft in Genf und von letzterer auf die Compagnie Industrielle des procédés Raoul P. in Paris übertragen worden. Der offenen und der Aktiengesellschaft in Genf hatte P. vertragsmäßig alle seine zukünftigen Erfindungen im Geschäftsbereiche der Gesellschaft einzubringen. Durch Vertrag vom 25. Juli 1884 wurde P. von der Compagnie Industrielle als beratender Ingenieur gegen Gehalt mit der Bestimmung engagiert, daß er auf die Hälfte aller Reingewinne aus seinen zukünftigen Erfindungen, die er den früheren Gesellschaften hätte einbringen müssen, Anspruch habe, die Compagnie Industrielle aber in bestimmter Frist sich über Annahme oder Ablehnung der Erfindung erklären solle. Demnächst sind dem P. 1884 und 1885 zwei deutsche Reichspatente das eine (Nr. 33 239) auf Verbesserungen an der Eismaschine des ursprünglichen Patentes und auf Ersetzung der kälteerzeugenden Flüssigkeit durch eine andere, das andere (Nr. 33 733) auf eine neue Flüssigkeit zur Erzeugung von Kälte in Eismaschinen erteilt. Von der Erfindung, auf der das Verbesserungspatent beruht, hat P. der Compagnie Industrielle am 16. November 1884 mit Stellung einer Frist zur Erklärung über Annahme oder Ablehnung bis zum 15. Februar 1885 Mitteilung gemacht. Die Compagnie Industrielle hat am 14. März 1885 die Annahme erklärt, nachdem P. am 15. Dezember 1884 auf ihr Verlangen die Erfindung näher erläutert hatte. Die zweite Erfindung ist der Compagnie nicht offeriert. Beide Patente hat P. in Berlin im Januar 1887 und August 1888 an die Kommanditgesellschaft R. Gr. & Co. in Berlin abgetreten, und diese ist in der Patentrolle als Patentinhaberin eingetragen. Die Compagnie Industrielle hat dagegen im November 1887 der Klägerin, einer Gesellschaft in Dortmund, für ganz Deutschland das Recht zur Fabrikation und zum Verkaufe der Eismaschine nach dem Systeme P. sowie das Recht zur Fabrikation und zum Verkaufe der dem P. patentierten Flüssigkeit gegen bestimmte Geldleistungen nebst dem Rechte übertragen, vor den deutschen Gerichten alle Rechte der Compagnie zu verfolgen.

Die Klägerin ist hierauf gegen P. und die Kommanditgesellschaft R. Gr. & Co. auf Anerkennung ihres Rechtes zur Ausnutzung der beiden Patente und auf Unterlassung der eigenen Benutznng derselben klagbar geworden. Beide Beklagte haben jedes Recht der Klägerin auf die Patente und eventuell, daß sie gegen die beklagte Kommanditgesellschaft geltend zu machen seien, bestritten.

Der erste Richter hat die Klage abgewiesen, der Berufungsrichter nach dem Klagantrage erkannt. Die Revision der Beklagten ist zurückgewiesen aus folgenden

Gründen:

(Es wird zunächst dargelegt, daß die beiden streitigen Patente nach ihrem Gegenstande in den Geschäftsbereich der Compagnie Industrielle fallen und derselben zum Erwerbe zu offerieren waren. Sodann heißt es weiter:)

„Der Art. 3 des Vertrages vom 25. Juli 1884 enthält die Bestimmung, daß die Compagnie Industrielle drei Monate Zeit zur Erklärung darüber haben soll, ob sie die Erfindung annehmen oder ablehnen will.

Die Bedeutung dieser Vorschrift ist völlig klar. Sie sollte P. und die Gesellschaft sichern, den P., der seine ganze geistige Thätigkeit in den Dienst der Gesellschaft gestellt hatte, dagegen, daß die Gesellschaft die Erfindungen ungenutzt ließ und ihm dadurch die Früchte seiner Arbeit entzog, die Gesellschaft dagegen, daß ihr Erfindungen und damit die Pflicht, sie auszuführen und in Benutzung zu nehmen, aufgebürdet wurden, auch wenn ihr die Ausführung und Benutzung keinen Nutzen, sondern nur Lasten versprach. Daß der Art. 3 des Vertrages dem P. nicht nur das Recht gab, die Erfindung zu offerieren, wie von den Beklagten ausgeführt wird, sondern die Pflicht dazu auferlegte, kann beim Zusammenhalte des Vertrages mit dem Inhalte der Statuten und der Vollmacht, welche P. dem Liquidator T. erteilt hat, nicht in Zweifel gezogen werden. Der Art. 3 hat ohne eine solche dem Rechte der Gesellschaft auf Annahme oder Ablehnung korrespondierende Pflicht des P. keinen Sinn.... Der Beklagte P. selbst ist nach seinem Verhalten auch weder darüber noch über seine Pflicht, diese Erfindung der Compagnie Industrielle zu offerieren, im Zweifel gewesen. Denn er hat sie durch das Schreiben vom 16. November 1884, wie er in demselben sagt: „gemäß Art. 3 des Vertrages" der Gesellschaft offeriert. Er setzt in dem Schreiben der Gesellschaft die Frist zur Erklärung bis zum 18. Februar 1885. Die Gesellschaft hat dem P. unstreitig die Annahmeerklärung erst am 14. März 1885 zugestellt.

Dem Berufungsrichter ist darin beizustimmen, daß diese Erklärung rechtzeitig innerhalb der vertragsmäßigen Frist von drei Monaten erfolgt ist. Das Schreiben vom 16. November 1884 enthält Details über die Erfindung nicht, nur allgemeine Angaben, von der neuen Flüssigkeitsmischung überhaupt nichts, und bittet selbst um Niedersetzung einer Kommission zur Prüfung des Vorschlages. Die Kommissiou ist dann eingesetzt und in der mit P. verabredeten Sitzung am 15. Dezember 1884 mit P. zusammengetreten. Erst in dieser

Sitzung hat P. seine Erfindung bezüglich der verbesserten Eismaschine dargelegt und Abschrift seiner Patentgesuche überreicht.

Erst durch diese Darlegung wurde die Gesellschaft zu einer dem oben dargelegten Zwecke der Bestimmung des Vertrages entsprechenden Prüfung der Offerte und zur Entscheidung über Annahme oder Ablehnung in den Stand gesetzt. Auch in dieser Sitzung ist von der Anwendung des Flüssigkeitsgemisches im Patente 33239 nicht die Rede. Es ist deshalb mit Recht angenommen, daß die vertragsmäßige Erklärungsfrist erst von diesem Tage ab lief und durch die am 14. März zugestellte Annahmeerklärung innegehalten ist. Die einseitige Fristbestimmung durch P. in dem Schreiben vom 16. November hat rechtlich keine Bedeutung. Nach der Sitzung vom 15. Dezember 1884 hat P. die Erfindung zur Patentierung im Deutschen Reiche am 30. Dezember 1884 angemeldet, noch vor Ablauf der von ihm selbst gestellten Frist, und ohne daß er behauptet, daß er von dieser Patentanmeldung der Compagnie Industrielle Mitteilung gemacht hat, wie es wohl seine Pflicht gewesen wäre.

Die Erfindung der neuen Verflüchtigungsflüssigkeit aus Kohlensäure und Schwefelsäureanhydrit (SO_2), Flüssigkeit Pictet (SCO_4), welche für das Deutsche Reich durch das streitige Patent 33733 vom 3. Januar 1885 ab geschützt ist, hat P. in dem Schreiben vom 16. November 1884 als bevorstehend angekündigt und in der Sitzung vom 15. Dezember 1884 unter Vorlesung seines Patentgesuches mitgeteilt, aber zugleich erklärt, daß er vertragsmäßig dazu nicht verpflichtet sei und die Zeichnung des Projektes einer Fabrik zur Erzeugung der Flüssigkeit sowie die Fassung des Patentgesuches für sich behalte, auch das Verlangen der Kommission nach näheren schriftlichen Notizen abgelehnt. Bei dieser Ablehnung und dabei, daß diese Erfindung nicht unter seinen Vertrag mit der Gesellschaft falle, ist P. auch später und in dem jetzigen Prozesse verblieben. Bezüglich dieser Erfindung ist danach eine Offerte überhaupt nicht erfolgt und von Verlust des Anspruches auf dieselbe durch Fristablauf deshalb nicht die Rede. . . .

Mit dem Berufungsrichter ist daher anzunehmen, daß der Compagnie Industrielle aus ihrem Vertragsverhältnisse mit P. der Anspruch auf beide Patente erwachsen ist.

Das Rechtsverhältnis zwischen P. und der Compagnie Industrielle aus dem in Paris geschlossenen und dort zu erfüllenden Vertrage vom 25. Juli 1884 ist nach französischem Rechte zu beurteilen. Davon geht der Berufungsrichter aus. Er nimmt an, daß nach Art. 1138 Code civil die Erfindungen und die Patente mit ihrer Entstehung Eigentum der Compagnie geworden, und daß die Erfindungen und Patente, obwohl es zur formellen Eigentumsübertragung nach deutschem Rechte eines besonderen Aktes bedurfte, für P. jedenfalls nur mit der Beschränkung zur Existenz gekommen seien, daß der Compagnie das ausschließliche Ausübungsrecht zustehe.

Soweit diese Ausführung auf französischem Rechte beruht, ist sie der Revision nicht zugänglich. Was die Revision gegen die weiteren Ausführungen des Berufungsurteiles geltend macht, kann unerörtert bleiben, weil dem Berufungsrichter im Ergebnisse zuzustimmen ist. Die Frage, welches Aktes es bedurfte, um das Patenteigentum auf die Compagnie zu übertragen, und ob dazu der bloße Vertrag genügte, ist nach deutschem Rechte zu beurteilen, da das aus der Patenterteilung für das Deutsche Reich nach dem deutschen Patentgesetze erwachsende Recht als eine im Deutschen Reiche befindliche Sache zu behandeln ist. Nach § 19 Abs. 2 des Patentgesetzes vom 25. Mai 1877 (7. April 1891) bedarf es der Eintragung des Patenterwerbers in die Patentrolle, um ihm die mit dem Patente nach dem Patentgesetze verbundenen Rechte zu verschaffen. Der frühere Patentinhaber bleibt bis zu dieser Eintragung nach Maßgabe des Patentgesetzes berechtigt und verpflichtet. Aber dies gilt nur Dritten gegenüber. In dem Verhältnisse zwischen P. als dem eingetragenen Patentinhaber und der Compagnie Industrielle folgt aus dem Vertrage vom 25. Juli 1884 nach deutschem, preußischem und gemeinem Rechte das Recht für die Compagnie, von P. als dem eingetragenen Patentinhaber die formelle Übertragung und zu diesem Zwecke die Bewilligung der Umschreibung in der Patentrolle zu fordern.

Vgl. Entsch. des R.G.'s in Civils. Bd. 29 S. 50 und Urteil vom 2. Februar 1887 i. S. Br. & Co. w. L. Rep. I. 404/86.

Diesem Rechte gegenüber ist das Verlangen, daß P. das ausschließliche Recht der Compagnie anerkenne, die beiden Patente auszunutzen und sich ihrer Benutzung zu enthalten, ein geringeres. Dies Verlangen macht die Klage mit den beiden Anträgen geltend, denen der Berufungsrichter stattgegeben hat.

Daß die Klägerin befugt ist, dieses Recht zu verfolgen, ist nach ihrem Vertrage mit der Compagnie Industrielle vom 24. November 1887 rechtlich völlig unbedenklich. Durch diesen Vertrag hat die Compagnie der Klägerin als ihrer alleinigen Cessionarin das ausschließliche Recht für ganz Deutschland übertragen:

„Die Eismaschine nach dem Systeme P. unter Anwendung von Schwefligsäureanhydrit, die neue Maschine P., das Schwefligsäureanhydrit und die neue „Flüssigkeit Pictet SCO_4" zu fabrizieren und zu verkaufen und alle Rechte der Compagnie auf diese Maschine und Flüssigkeiten vor den deutschen Gerichten zu verfolgen."

Dadurch sind der Klägerin alle die Rechte übertragen, welche aus § 4 des Patentgesetzes vom 25. Mai 1877 (7. April 1891) als Wirkung des Patentes folgen, und welche die Compagnie als Patentinhaberin gegen jeden Dritten geltend machen könnte und auf Grund ihres Vertragsverhältnisses mit P. gegen ihn und seine bösgläubigen Rechtsnachfolger so geltend machen kann, als wenn sie die in die Patentrolle eingetragene Inhaberin des Patentes wäre.

Die Beklagten haben mit einem gewissen Scheine von Grund geltend gemacht, daß die Compagnie Industrielle zur Cession ihrer Rechte, selbst wenn ihr solche zuständen, nicht befugt sei. Sie haben betont, daß die Patente in den Händen der mit großen Mitteln ausgestatteten Compagnie Industrielle etwas anderes seien, als in den Händen der Klägerin, die nur ein kleines Geschäft habe, und daß das Interesse des P. mit Rücksicht auf den ihm zustehenden Anteil am Reingewinne der Ausbeutung der Patente dabei erheblich beteiligt sei, daß die Compagnie Industrielle selbst die Patente ausbeute. Dies nicht von der Hand zu weisende Interesse des P. kann indessen nicht zur Ungültigkeit der Cession und noch weniger zu der Annahme führen, daß P. nunmehr das Recht erworben habe, die Patente selbst auszubeuten. Das Interesse des P. an einer entsprechenden angemessenen Benutzung der Patente könnte nur einen Interesseanspruch seinerseits begründen.

Das Recht aus den Patenten ist ein Vermögensrecht, dessen rechtliche Natur der vom Gesetze auch ausdrücklich vorgesehenen Übertragung an Andere nicht entgegensteht. In den Statuten der Compagnie Industrielle, welche dem P. nicht unbekannt geblieben sein können, ist die Ausbeutung der Patente „soit directement, soit par des cessions de licences ou tous autres modes“ ausdrücklich vorbehalten. Die Compagnie Industrielle war zur Erhaltung der deutschen Patente nach § 11 Ziff. 1 des Patentgesetzes gezwungen, die Erfindungen in Deutschland in angemessenem Umfange zur Ausführung zu bringen. Ob sie zu diesem Zwecke selbst in Deutschland Fabriken zur Herstellung der Maschinen und der Flüssigkeiten errichten oder ob sie solche Anderen übertragen und die Erfindungen durch diese ausführen wollte, hatte sie, die Compagnie Industrielle, zu ermessen. Es erhellt nicht einmal, daß sie bei diesem Ermessen und durch die Übertragung der Ausführung der Erfindungen an die Klägerin das Interesse des P. verletzt hat. Die Übertragung der Ausführung der Erfindungen ist gegen Entgelt erfolgt. Es versteht sich von selbst, daß P. gegen die Compagnie Industrielle das Recht auf die Hälfte dieses Entgeltes hat und nicht an die Klägerin verwiesen werden kann. Selbst wenn das Interesse des P. durch diese Übertragung verletzt wäre, würde daraus, wie bereits hervorgehoben, gegen die erhobene Klage nichts folgen.

Danach ist die Klage gegen P. begründet. Zur Zeit der Erhebung der Klage war P. noch in der Patentrolle als Inhaber des Patentes 33733 eingetragen. Das Patent 33239 hatte er schon vorher an die Mitbeklagte abgetreten, nachdem von ihm bereits im Februar 1886 die beklagte Kommanditgesellschaft zum Zwecke der Verwertung desselben Patentes ohne Abtretung seines Eigentumes an dem Patente mitgegründet war. Seine Passivlegitimation ist danach nicht zu bestreiten, ist auch nicht bestritten.

Gegen die mitbeklagte Kommanditgesellschaft ist die Klage nach dem zur Anwendung kommenden preußischen Rechte begründet, wenn ihr beim Erwerbe der Patente von P. das Recht der Compagnie Industrielle auf die Übertragung der Patente bekannt war, oder wenn sie bei gewöhnlicher Aufmerksamkeit Ursache hatte, an der Gültigkeit ihres Erwerbes zu zweifeln (§§ 21. 24. 25 A.L.R. I. 10, §§ 11. 14. 15 I. 7, §§ 4—6 I. 19). Davon geht auch der Berufungsrichter aus, und dagegen werden von der Revision Bedenken nicht erhoben.

Bezüglich des Patentes 33733 ist die mala fides der Mitbeklagten zweifellos, da ihr dasselbe erst nach Zustellung der Klage von P. übertragen ist (§ 222 A.L.R. I. 7). Daß sie vorher bereits Rechte an dem Patente erworben, die sie gegen die Klägerin geltend machen könnte, ist nicht dargethan.

In Bezug auf das Patent 33239 nimmt der Berufungsrichter an, daß durch den Vertrag vom 16. Februar 1886 die beklagte Kommanditgesellschaft Patentrechte nicht erworben habe. Das ist richtig. Die Gründer der Gesellschaft vereinigten sich zur Verwertung des Patentes. Die Vereinigung setzte voraus, daß P. Eigentümer des Patentes und zu seiner Ausnutzung berechtigt war, überträgt der Gesellschaft aber keine Rechte, die P. zwar in Anspruch nahm, aber nicht hatte. Zur Zeit der Abtretung des Patentes im Februar 1887 aber ist die Kommanditgesellschaft in der Person ihres persönlich haftenden Gesellschafters, auf die es allein ankommt, nach der Feststellung des Berufungsrichters bereits seit dem Mai 1886 in Kenntnis von dem Streite zwischen P. und der Compagnie Industrielle und von denjenigen Thatsachen gewesen, aus welchen die Compagnie Industrielle ihre Rechte herleitet. Gegen diese prozessual unanfechtbar getroffene Feststellung hat die Revision Geeignetes nicht vorgebracht. Ihre Ausführung, daß die Beklagte diese Thatsachen nur so habe beurteilen können, wie P. sie beurteilte und ihr von seinem Standpunkte aus darstellte, von Unredlichkeit ihrerseits deshalb nicht die Rede sein könne, ist unhaltbar. Nach § 15 A.L.R. I. 7, § 25 I. 10 handelte die Beklagte auf ihre Gefahr, wenn sie das Patent erwarb, obwohl sie wußte, daß die Compagnie Industrielle es aus ihrem Vertrage mit P. in Anspruch nahm, und obwohl sie den Inhalt dieses Vertrages und den Streit über seine Auslegung kannte." ...

---

12. Hat der für mehrere Jahre bestellte Agent einen Anspruch auf Schadensersatz, wenn der Kommittent, durch äußere Umstände hierzu genötigt, vor Ablauf der Vertragsfrist die Produktion einstellt?

I. Civilsenat. Urt. v. 2. Juli 1892 i. S. W. Schw. (Bekl.) w. B. und v. d. B. (Kl.) Rep. I. 149/92.

I. Landgericht Hamburg.
II. Oberlandesgericht daselbst.

Die Kläger haben den Beklagten für die Dauer von zehn Jahren zu ihrem Generalagenten für den ausschließlichen Export ihrer Streichholzfabrikate bestellt. Schon im dritten Vertragsjahre vereinigten sie sich mit drei anderen holländischen Streichholzfabriken zu einer Aktiengesellschaft und teilten dem Beklagten mit, daß ihre Firma erloschen sei und sie keine weiteren Aufträge mehr annehmen könnten. Ihrer Klage auf Bezahlung von Geldern, welche der Beklagte eingezogen hatte, setzte dieser eine Gegenforderung entgegen, indem er Schadensersatz wegen Vertragsbruches forderte.

Das Oberlandesgericht zu Hamburg hat im wesentlichen nach dem Klagantrage verurteilt, und die vom Beklagten dagegen eingelegte Revision ist zurückgewiesen worden aus folgenden

Gründen:

„Der Inhalt des Agenturvertrages besteht darin, daß dem Agenten das Recht übertragen wird und er die Pflicht übernimmt, dauernd für den Umsatz der Ware seines Kommittenten in einem mehr oder weniger begrenzten Gebiete zu sorgen und hierbei dessen Interesse zu wahren, daß jedoch der Agent in kein Dienstverhältnis zum Kommittenten tritt, daher auch die von diesem zugesagte Vergütung sich nicht als Lohn für bestimmte, dauernde Dienstleistungen darstellt, sondern als nach dem vom Agenten erzielten Erfolge bemessener Gewinn desselben. Hiernach unterscheidet sich dieser Vertrag von der Dienstmiete dadurch, daß er nicht auf bestimmte, nach allgemeiner oder besonderer Weisung des Kommittenten als Dienstherrn zu verrichtende Arbeiten gerichtet ist, daß folgeweise auch kein bestimmter Lohn für solche Arbeiten zugesichert wird. Mit dem Werkverdinge besteht die Ähnlichkeit, daß für einen Erfolg bezahlt wird; allein dieser Erfolg ist kein von vornherein bestimmter, abgegrenzter, hängt nicht ausschließlich vom Agenten, sondern von dessen Thätigkeit, von der Leistungsfähigkeit des Kommittenten und außerdem noch von äußeren, von der Willkür beider unabhängigen Umständen ab, sodaß auch eine sichere, bestimmte Höhe der zu verdienenden Provision nicht von vornherein in Aussicht genommen werden kann. Dieser Vertrag ist daher nicht nach den Vorschriften über Dienstmiete oder Werkverding, sondern nach den aus seinem besonderen Inhalte sich ergebenden Folgerungen, unter Berücksichtigung der im Handelsverkehre geltenden Gebräuche, der Grundsätze vom redlichen Vertragsvollzuge und der Billigkeit zu beurteilen, und es muß danach der Wille der Parteien ermittelt werden (Artt. 278. 279 H.G.B.). Durch diesen Vertrag wird nun dem Agenten für die bestimmt verabredete oder für angemessene Dauer die Aussicht auf einen Erwerb eröffnet, er wird veranlaßt seine Geschäftseinrichtungen mit Rücksicht auf seine Stellung zu treffen, sich kollidierender Verbindungen zu enthalten, und es muß deshalb als Vertragswille beider Teile angenommen werden, daß dem Agenten diese Erwartung nicht durch willkürliche Kündigung entzogen werden dürfe. Deshalb gebührt demselben wegen ungerechtfertigter Kündigung Schadensersatz.

Vgl. u. a. Entsch. des R.O.H.G.'s Bd. 2 Nr. 77 S. 331, Bd. 6 Nr. 37 S. 180, Bd. 23 Nr. 109 S. 329.

Andererseits aber mußte der Agent schon bei Eingehung des Vertrages in Betracht ziehen, daß sein vom Erfolge bedingter Verdienst nicht lediglich von seiner Thätigkeit, sondern an sich und in Bezug auf seine Höhe von äußeren Verhältnissen der verschiedensten Art abhängt, welche Verhältnisse auch für die Leistungsfähigkeit seines Kommittenten bestimmend sind. Er kann nicht darauf rechnen, daß dieser stets in gleichem Umfange und in gleicher Weise produzieren oder anschaffen, daß er die Preise fortdauernd so stellen werde, daß er ohne Rücksicht auf seine eigene Geschäftslage und seinen eigenen Vorteil dem Agenten einen gleichmäßig lohnenden Geschäftsbetrieb ermögliche. Es kann also auch nicht Vertragswille sein, daß der Kommittent zu seinem eigenen Schaden produziere oder anschaffe und verkaufe und seinen Geschäftsbetrieb selbst dann fortsetze, wenn dies nur noch mit Aufopferung eigenen Vermögens geschehen könnte. Vielmehr muß der Agent auch die Folgen ungünstiger Konjunkturen tragen und kann daher auch dann, wenn der Vertrag auf bestimmte Zeit abgeschlossen und für den Fall vorzeitiger Auflösung eine Vertragsstrafe festgesetzt ist, weder Schadensersatz noch Strafe in dem Falle fordern, wenn die vorzeitige Auflösung des Verhältnisses infolge der Unmöglichkeit eines lohnenden Fortbetriebes des Geschäftes erfolgt ist. Bei dem oben hervorgehobenen Unterschiede zwischen dem Agenturvertrage und der Dienstmiete kann der in l. 19 §§ 9. 10. l. 38 Dig. loc. 19, 2 enthaltene Grundsatz, daß denjenigen allein die Wirkung treffen soll, in dessen Person die Ursache eingetreten ist, um deswillen keine Anwendung finden, weil die Ursache (hier die Unmöglichkeit lohnenden Weiterbetriebes des Geschäftes) den Kommittenten und den Agenten gleichmäßig trifft, da der letztere keine ausschließlich von seiner eigenen Leistungsfähigkeit abhängigen Dienste, sondern die Mitwirkung zu einem für beide Teile gemeinsamen, von der gleichen Ursache für beide bedingten Erfolge übernommen hat. Der zwischen den Prozeßparteien abgeschlossene Vertrag führt zu keinem anderen Ergebnisse, ist vielmehr in gleicher Weise auszulegen. Die Kläger haben sich nicht zu bestimmten Leistungen hinsichtlich des Exportes verpflichtet, dem Beklagten keinen bestimmten Absatz garantiert, denselben zwar im § 3 zum Abschlusse von Exportverträgen ermächtigt, jedoch die Feststellung der Preise und Konditionen sich vorbehalten. Danach hängt die Höhe der im § 7 dem Beklagten zugesicherten Provisionen von den Geschäften ab, welche ihm nach der Thätigkeit und Leistungsfähigkeit der Kläger und deren Preisbestimmung (von arglistigem Verfahren dabei abgesehen) ermöglicht wurde. Es kann übrigens dahingestellt bleiben, wieweit hiernach der Beklagte von den Klägern abhängig war; denn nach dem Vorausgeschickten ist jedenfalls der Grund im Berufungsurteile zutreffend, daß für die Kläger keine Verpflichtung bestanden habe, den Betrieb unter erheblichen eigenen Opfern lediglich in Rücksicht auf einen dem Beklagten bei Ausführung seiner Aufträge zufließenden Provisionsverdienst fortzusetzen.

Danach kann es nur noch auf die Feststellung des Berufungsgerichtes ankommen, daß die Kläger den Betrieb nicht aus freier Willkür, sondern nur deshalb eingestellt haben, weil dessen Fortsetzung für sie ruinös geworden wäre." (Es folgt sodann die Ausführung, daß die gegen diese Feststellung erhobenen Angriffe unbegründet seien.)

---

13. 1. Greift die rechtliche Vermutung für ein Verschulden des Schiffsführers, dessen Schiff unter äußerem Zuwiderhandeln gegen die zur Verhütung von Schiffskollisionen gegebenen Vorschriften mit einem anderen Schiffe zusammengestoßen ist, auch dann Platz, wenn der Schiffsführer die Lage des anderen Schiffes nicht erkennen konnte?

2. Wie muß das dem überholenden Schiffe zu zeigende Hecklicht beschaffen sein?

3. Darf an Stelle des dem überholenden Schiffe zu zeigenden Hecklichtes ein festes Hecklicht geführt werden?

Kaiserl. Verordnung vom 7. Januar 1880 Artt. 2. 11. 18. 20.

I. Civilsenat. Urt. v. 18. Februar 1893 i. S. W. T. & Co. (Kl. u. Widerbekl.) w. M. Sl. & Co. (Bekl. u. Widerkl.) Rep. I. 385/92.

I. Landgericht Hamburg.
II. Oberlandesgericht daselbst.

Am 7. Oktober 1891 abends gegen 7 Uhr ist der elbaufwärts fahrende Dampfer „Athabasca", der Klägerin gehörig, im Fahrwasser bei Finkenwärder von dem den Beklagten gehörigen, ebenfalls elbaufwärts fahrenden Dampfer „Procida" an Backbord schräg von rückwärts angerannt worden, infolgedessen gesunken und total verloren gegangen. Auch der Dampfer „Procida" hat bei dem Zusammenstoße Beschädigung erlitten. Beide Teile behaupten, daß das Schiff des Gegners die alleinige Schuld an dem Zusammenstoße trage, und fordern wechselseitig Schadensersatz voneinander. Zur Begründung ihrer Ansprüche haben beide Teile auf die Ergebnisse des den Kollisionsfall betreffenden seeamtlichen Verfahrens Bezug genommen.

Das Landgericht zu Hamburg hat die Verhandlung vorab auf den Grund der erhobenen Ansprüche beschränkt und sodann Klage und Widerklage abgewiesen. Die von beiden Teilen eingelegten Berufungen sind zurückgewiesen worden. Das Reichsgericht hat sowohl die hiergegen eingelegte Revision der Kläger wie die Anschließung der Beklagten zurückgewiesen aus folgenden

Gründen:

„Das Berufungsgericht gelangt zu seiner die beiderseitigen Berufungen, bezw. Klage und Widerklage zurückweisenden Entscheidung, indem es annimmt, daß auf keiner Seite ein für den entstandenen Schaden kausales Verschulden vorliege. Die Klage behauptet alleiniges Verschulden der „Procida" und stützt sich hierbei darauf, daß die „Procida" als das überholende Schiff zum Ausweichen verpflichtet gewesen sei (Art. 20 der Kaiserlichen Verordnung vom 7. Januar 1880). Das Gericht erster Instanz hat sich auf diesen Standpunkt gestellt, jedoch daraus keine Konsequenzen hinsichtlich der Beweislast gezogen, sondern positiv ein Verschulden der „Procida" angenommen, welches darin gefunden worden ist, daß zu spät Rückwärtsdampf gegeben worden sei. Das Berufungsgericht hat sich über die Frage der Beweislast nicht ausdrücklich ausgesprochen, allein seine Ausführungen lassen deutlich erkennen, daß es von einem gegen die „Procida“ zu führenden Schuldbeweise ausgeht. Diesen Standpunkt rügt die Revision als einen rechtsirrtümlichen, allein mit Unrecht.

In der Rechtsprechung des Reichsoberhandelsgerichtes und des Reichsgerichtes bei Schiffskollisionsfällen ist wiederholt die rechtliche Vermutung angewendet worden, daß das Zuwiderhandeln gegen gesetzliche, zum Schutze bestimmter Interessen gegebene Vorschriften als kausal für die Entstehung eines Schadens, dessen Verhütung durch jene Vorschriften bezweckt wurde, anzusehen sei, und es ist dementsprechend angenommen worden, daß die Entschädigungsklage des Verletzten keiner weiteren Begründung bedürfe, als des Nachweises der erfolgten Beschädigung und des äußerlichen Zuwiderhandelns des Beklagten gegen die gesetzliche Vorschrift.

Vgl. Entsch. des R.O.H.G.'s Bd. 28 S. 291, Bd. 23 S. 186; Entsch. des R.G.'s in Civils. Bd. 21 S. 109.

Diese Vermutung kann jedoch dann nicht Platz greifen, wenn die äußeren Umstände dem Handelnden nicht die Möglichkeit gewährten, eine Lage zu erkennen, für welche ihm ein bestimmtes Verhalten vorgeschrieben war. Fehlt es an dieser Möglichkeit, so kann auch nicht mehr von einer verantwortlichen Verletzung der für eine bestimmte Sachlage gegebenen Vorschrift die Rede sein; denn diese setzt voraus, daß der Handelnde bei gehöriger Aufmerksamkeit zu dem Bewußtsein hätte gelangen müssen, daß ein Fall der Anwendung einer für seine Handlungsweise maßgeblichen, einer bestimmten Sachlage entsprechenden Vorschrift vorliege. Unberechtigt würde es sein, das Verhalten des Handelnden nach der hinterher sich ergebenden objektiven Sachlage beurteilen zu wollen, wenn diese nach den äußeren Verhältnissen, unter denen er zu handeln hatte, von ihm nicht erkannt werden konnte.

Nun steht jetzt zwar objektiv fest, daß der auf der Fahrt nach Hamburg begriffene Dampfer „Athabasca“ etwa drei Minuten vor Eintritt der Kollision begonnen hatte, seine Fahrt elbaufwärts langsam wieder aufzunehmen, nachdem es ihm gelungen war, von der Untiefe, auf der er festgeraten war, wieder loszukommen, und daß die „Procida“

der „Athabasca“ in derselben Fahrtrichtung, aber mit größerer Fahrtgeschwindigkeit folgte, mithin ein die „Athabasca“ überholendes Schiff war. Andererseits aber ergiebt sich aus den festgestellten Thatumständen, daß die Führung der „Procida“ nicht imstande war, diese Sachlage zu erkennen. Es ist festgestellt, daß tiefe Dunkelheit herrschte, und daß an dem von der „Procida“ aus im Fahrwasser voraus als dunkle Masse wahrgenommenen Schiffe keine Lichter sichtbar waren, welche dessen Position ersichtlich gemacht hätten. Der Umstand, daß die „Procida“, als sie, um wenden zu können, nach Blankenese hinabgedampft war, die aufwärts fahrende „Athabasca“ mehrere Stunden vorher getroffen hatte und ebenso den gleichfalls elbaufwärts fahrenden Dampfer „Hafis“ hatte passieren sehen, genügte nicht, um die Führung der „Procida“ zu der Annahme zu nötigen, daß das voraus sichtbar werdende dunkle Schiff einer dieser Dampfer sein müsse. Dasselbe konnte, da es überhaupt keine Lichter sehen ließ, sich ebensowohl stromauf wie stromab in Fahrt befinden oder auf Grund sitzen. Ein überwiegender Grund zu der Annahme, daß das keine Lichter zeigende Schiff ebenso wie die „Procida“ elbaufwärts fahre, lag für die Führung des letzteren Schiffes nicht vor. Dieselbe war vielmehr außer stande, zu erkennen, in welcher Lage sie sich dem dunkeln Schiffe gegenüber befinde, und es kann deshalb gegen sie nicht der Vorwurf erhoben werden, daß sie, der Vorschrift des Art. 20 der Kaiserlichen Verordnung zuwiderhandelnd, unterlassen habe, der überholten „Athabasca“ aus dem Wege zu gehen. Es greift also auch keine Vermutung dafür Platz, daß der Kollisionsschade durch eine solche Zuwiderhandlung von der „Procida“ verschuldet sei.

Eine derartige Vermutung kann ebensowenig auf den Art. 18 der Kaiserlichen Verordnung gestützt werden. Diese Vorschrift bestimmt, daß ein Dampfschiff, welches sich einem anderen Schiffe in solcher Weise nähere, daß dadurch Gefahr des Zusammenstoßens entstehe, seine Fahrt mindern oder, wenn nötig, stoppen und rückwärts gehen müsse. Es ist also eine Mehrheit von Maßregeln zur Auswahl gestellt, von denen die der jedesmaligen Sachlage angemessene zur Anwendung zu bringen ist. Wenn nun auch ohne weiteres anzunehmen ist, daß die Führung der „Procida“ von dem Augenblicke an, als der voraus befindliche dunkle Schiffskörper sichtbar wurde, das Bewußtsein an dem Bestehen einer Kollisionsgefahr haben mußte, so würde ein äußerlich sofort erkennbares Zuwiderhandeln gegen die Vorschrift des Art. 18 der Kaiserlichen Vorordnung erst dann vorliegen, wenn keine der dort angegebenen Vorsichtsmaßregeln ergriffen worden wäre. Dieser Fall ist aber nicht eingetreten; denn die Maschine der „Procida“ ist gleich nach dem Erblicken des dunkeln Schiffskörpers gestoppt und dadurch die Fahrt des Schiffes gemindert worden. Es besteht keine Vermutung dafür, daß die Führung der „Procida“ hierdurch ihrer Pflicht nicht genügt habe; denn wenn auch der demnächst erfolgte Eintritt der Kollision gezeigt hat, daß die ergriffene Maßregel nach Lage der Sache zur Verhütung eines Zusammenstoßes nicht hinreichte, so kann daraus noch nicht auf ein der Führung der „Procida“ zur Last fallendes Verschulden geschlossen werden, vielmehr bedarf es des Beweises, daß unter den obwaltenden Umständen ein anderes, wirksameres Handeln geboten gewesen wäre.

Hieraus ergiebt sich, daß den Beklagten die Führung eines Exkulpationsbeweises nicht obliegt, und daß vielmehr die Kläger ein für den Zusammenstoß kausales Verschulden in der Führung der „Procida“ zu beweisen haben, nachdem festgestellt ist, daß diese die Lage des vor ihr im Fahrwasser befindlichen Schiffes nicht zu erkennen vermochte.“ . . .

(Es folgt die Ausführung, daß ein solches Verschulden der Führung der „Procida“ nicht dargethan sei.)

„Ergiebt sich hiernach die Entscheidung auf die Klage als gerechtfertigt, so ist weiter zu prüfen, ob die Entscheidung auf die Widerklage auf Rechtsverletzung beruht.

Es kommt hier zunächst in Betracht, ob auf der „Athabasca“ die für die Lichterführung bestehenden Vorschriften verletzt worden sind. In dieser Beziehung hat das Oberlandesgericht den gegen die Führung des Schiffes erhobenen Vorwurf, daß die nach dem Festgeraten gemäß Art. 5 der Kaiserlichen Verordnung gesetzten drei roten Lichter zu Unrecht entfernt und statt derselben die Fahrtlichter wieder angebracht worden seien, in Übereinstimmung mit dem Seeamte und dem Landgerichte zurückgewiesen, indem es als thatsächlich feststehend ansieht, daß das Schiff seine Vorwärtsbewegung wieder begonnen hatte und dem Ruder folgte, mithin seine Manövrierfähigkeit wieder erlangt hatte, mindestens aber für erwiesen erachtet, daß die Führer des Schiffes nach gewissenhafter Prüfung die Überzeugung von der wiedergewonnenen Manövrierfähigkeit erlangt hatten, sodaß jedenfalls ein Verschulden bei der Änderung der Lichter ausgeschlossen sei. In diesem, zu Bedenken keine Veranlassung bietenden Punkte ist auch in dieser Instanz ein Angriff gegen das Berufungsurteil nicht versucht worden.

Dagegen ist die Annahme des Oberlandesgerichtes, daß die „Athabasca“ durch Führung der Zollaterne der Vorschrift des Art. 11 der Kaiserlichen Verordnung, welche verlangt, daß ein überholtes Schiff dem überholenden vom Heck aus ein weißes Licht oder ein Flackerfeuer zeigen müsse, genügt habe, in dieser Instanz als rechtsirrtümlich angegriffen worden.

Das Oberlandesgericht geht davon aus, daß die Führung eines permanenten Hecklichtes, welche auch das Seeamt, namentlich in belebten Gewässern, für zweckmäßig erkläre, auf größeren Dampfschiffen weit verbreitet sei; es weist ferner darauf hin, daß nach dem Zeugnisse von Marsden auf der Themse diese Praxis allgemein geübt werde, und daß für den Mersey sogar durch eine lokale Verordnung die Führung eines festen Hecklichtes vorgeschrieben sei, und folgert hieraus, daß die Führung eines solchen Lichtes mit sachlichen Nachteilen für die Schiffahrt nicht verknüpft sein könne. Zum Beweise hierfür wird auf die Verhandlungen der internationalen Marinekonferenz in Washington (1889) Bezug genommen, welche zu dem Vorschlage gegeführt hätten, die Erlaubnis zur Führung eines festen Hecklichtes ausdrücklich auszusprechen. Im Anschlusse hieran wird die Meinung bekämpft, daß die bestehenden Vorschriften ein Verbot der Führung eines festen Hecklichtes enthielten, welches, wenn es beabsichtigt sein sollte, leicht zum unzweideutigen Ausdrucke hätte gebracht werden können, und der entgegenstehenden Ansicht von Marsden gegenüber darauf hingewiesen, daß auch die Spruchpraxis der englischen Richter nicht einhellig an der Unzulässigkeit der Führung eines festen Hecklichtes festhalte. Das Oberlandesgericht führt dann weiter aus, daß die am Flaggstocke der „Athabasca“ befestigte weiße Zollaterne sowohl hinsichtlich ihrer Anbringung wie ihrer Einrichtung und Leuchtkraft nach geeignet gewesen sei, den Zweck eines Hecklichtes zu erfüllen, und daß die Erreichung dieses Zweckes durch die Bestimmung der Laterne zu zolldienstlichen Zwecken nicht ausgeschlossen werde. Daß auch die Leuchtkraft der weißen Zollaterne eine ausreichende gewesen sei, wird, abweichend von der auf eigene Erprobung gestützten Meinung des Landgerichtes, auf die Autorität des Seeamtes und darauf gestützt, daß ein beigebrachtes, von acht Elblotsen ausgestelltes Attest die in den berufenen Kreisen herrschende Überzeugung von der Tauglichkeit der Zollaterne für die Zwecke des Hecklichtes beweise.

Diesen Ausführungen kann insoweit beigestimmt werden, als, die Zulässigkeit der Führung eines festen Hecklichtes vorausgesetzt, der Benutzung der weißen Zollaterne statt eines besonderen Hecklichtes hier nichts entgegenstehen würde. Der Art. 11 der Kaiserlichen Verordnung giebt keine Vorschrift für den Ort und die Beschaffenheit des anzubringenden Hecklichtes. Der Zweck desselben führt jedoch notwendig dahin, daß es geeignet sein muß, von einem überholenden Schiffe aus rechtzeitig gesehen und als Hecklicht erkannt zu werden. Das Hecklicht wird deshalb nur in geringer Höhe angebracht werden dürfen und so eingerichtet sein müssen, daß es nie gleichzeitig mit den Fahrtlichtern gesehen werden kann, damit eine Irreführung des überholenden Schiffes ausgeschlossen ist. Demgemäß sieht Marsden (S. 394) es als eine Verletzung der bestehenden Vorschriften an, wenn der Strahlungskreis des Hecklichtes den Strahlungskreis der Seitenlichter überschneidet, und die Vorschläge der internationalen Konferenz in Washington verlangen im Einklange hiermit eine solche Einrichtung des Hecklichtes, daß es ein ununterbrochenes Licht über einen Bogen des Horizontes von zwölf Kompaßstrichen (sechs auf jeder Seite des Fahrzeuges) werfen, daß es ferner auf eine Entfernung von mindestens einer Seemeile sichtbar sein und endlich möglichst die gleiche Höhe mit den Seitenlichtern haben soll (Art. 10 Abs. 2 der Washington rules). Es wird nicht anzuzweifeln sein, daß diese aus den Beratungen besonders tüchtiger Sachverständiger hervorgegangenen Vorschläge die an ein festes Hecklicht zu stellenden Anforderungen sachgemäß festgestellt haben.

Nun entsprach die obere (weiße) Zollaterne, welche die „Athabasca" gemäß dem Regulative des hamburgischen Senates vom 12. Dezember 1881 zu führen hatte und, wie festgestellt ist, an ihrem Flaggstocke brennend und gehörig befestigt geführt hat, den vorstehenden Anforderungen jedenfalls darin, daß sie ihr Licht auf einen Bogen von zwölf Kompaßstrichen (sechs Striche nach jeder Seite) warf und am Flaggstocke, also in etwa gleicher Höhe wie die Seitenlichter befestigt war. Daß auch die Leuchtkraft der Zolllaterne gerade der obigen Anforderung (Sichtbarkeit auf eine Seemeile) entsprochen habe, hat zwar das Oberlandesgericht nicht festgestellt, und in dieser Beziehung wird unter Hinweis auf die die Leuchtkraft der Zolllaterne für ungenügend erklärende Meinung des ersten Richters das Berufungsurteil angegriffen. Indessen giebt die Ansicht des Oberlandesgerichtes, daß es einer besonderen Feststellung der Leuchtkraft der Zolllaterne nicht bedurft habe, für den vorliegenden Fall zu Bedenken keine Veranlassung. Mit Recht hebt das Oberlandesgericht hervor, daß zur Zeit eine feste Minimalgrenze der Leuchtkraft für das Hecklicht noch nicht vorgeschrieben sei. Mag nun auch in dem Spruche des Seeamtes ausdrücklich ausgesprochen sein, daß die Zolllaterne hinsichtlich der Leuchtkraft den an ein Hecklicht zu stellenden Anforderungen genüge, so fällt doch das anerkannte Attest einer größeren Zahl von Elblotsen, denen in diesem Punkte eine reiche Erfahrung beizumessen ist, trotz der entgegenstehenden Meinung des ersten Richters erheblich dafür ins Gewicht, daß das Licht der Zolllaterne allgemein hinreicht, einem in Fahrt begriffenen Schiffe das Vorausfahren eines anderen rechtzeitig anzuzeigen. Noch weniger aber ist in Zweifel zu ziehen, daß die auf der „Athabasca" brennende Zolllaterne auf die geringe Entfernung von etwa 500 bis 600 Meter sichtbar gewesen ist, in welcher sich die „Procida" von der „Athabasca" befand, als nach der Wegnahme der während der Manövrierunfähigkeit des letzteren Schiffes brennenden roten Lichter das Hecklicht zu zeigen gewesen wäre.

Dagegen sind die Ausführungen des Oberlandesgerichtes insoweit für rechtsirrtümlich zu erachten, als sie die Führung eines festen Hecklichtes nach dem bestehenden Rechte für zulässig erachten. Der Art. 11 der Kaiserlichen Verordnung lautet:

> Ein Schiff, welches von einem anderen überholt wird, muß diesem vom Heck aus ein weißes Licht oder ein Flackerfeuer zeigen.

Die Verordnung versteht unter dem „Zeigen" eines Lichtes etwas anderes, als unter der „Führung" eines Lichtes. Die von einem Schiffe zu „führenden" Lichter sollen dauernd sichtbar sein, solange Dunkelheit herrscht (von Sonnenuntergang bis Sonnenaufgang), während Lichter, welche zu „zeigen" sind, nur solange sichtbar sein müssen, als ihr vorübergehender Zweck es erfordert. Diese Verschiedenheit im

Gebrauche der Worte „Führen und Zeigen" ist in der Verordnung streng durchgeführt, wie eine Vergleichung der Vorschriften in den Artt. 3—9 und 11 der Verordnung unschwer ergiebt. Auch bei den Verhandlungen der internationalen Konferenz in Washington ist der Unterschied der Bedeutung beider Worte ausführlich erörtert und von einem Delegierten, ohne Widerspruch zu finden, dahin präzisiert worden:

> ... the word „carry" applies to a permanent light, and the word „show" to a flash light. (Protokoll der Sitzung vom 28. Oktober 1889.)

Wenn nun Art. 2 der Verordnung sagt:

> Die in den folgenden Artikeln erwähnten Lichter, und keine anderen, müssen bei jedem Wetter von Sonnenuntergang bis Sonnenaufgang geführt werden,

so verbietet er die Führung anderer Lichter außer denjenigen, deren Führung vorgeschrieben ist. Da aber ein Hecklicht nicht geführt, sondern nur im Falle des Überholtwerdens gezeigt werden soll, so richtet sich das Verbot des Art. 2 auch gegen die Führung eines permanenten Hecklichtes. Es kann deshalb nicht zugegeben werden, daß sich ein solches Verbot aus der Wortfassung der Verordnung nicht ergebe.

Nun wird allerdings bezeugt, daß seit dem Erscheinen der Verordnung vom 7. Januar 1880 sich auf vielen großen Dampfschiffen die Praxis eingebürgert habe, statt des im Bedürfnisfalle zu zeigenden Hecklichtes ein solches fest zu führen. Dies ist jedoch nur ein Beweis dafür, daß die Anschauungen über die Bedeutungen des Hecklichtes in einer fortschreitenden Änderung begriffen sind. Das Zeigen eines Hecklichtes für überholende Schiffe, welches vordem nur als Pflicht galt, wenn offensichtliche Gefahr vorlag,

> vgl. Maude and Pollock, Law of Merchant shipping IV. Ed. Bd. 1 S. 596,

ist durch die Verordnung vom 7. Januar 1880 zur regelmäßigen Pflicht geworden, und wenn die internationale Konferenz in Washington sich dahin geeinigt hat, vorzuschlagen, daß fernerhin die Führung eines festen Hecklichtes fakultativ zuzulassen sei, so ergiebt sich daraus, daß die Wichtigkeit des Hecklichtes immer mehr erkannt und die Vorteile der Führung eines festen Hecklichtes den etwaigen Nachteilen gegenüber als überwiegend befunden worden sind. Hierfür spricht auch die für die außerordentlich lebhafte Wasserstraße des Mersey erlassene Lokalverordnung, welche für Dampfschiffe die Führung eines festen Hecklichtes vorschreibt. Allein solange eine Änderung der bestehenden internationalen Vorschriften nicht erfolgt ist, kann die Führung eines festen Hecklichtes als allgemein zulässig nicht gelten. Auch bei den Beratungen der internationalen Konferenz in Washington ist es als zweifelhaft bezeichnet worden, ob die Führung eines festen Hecklichtes mit der bestehenden Vorschrift vereinbar sei (Sitzung vom 7. November 1889), und Marsden verneint dies, indem er bemerkt:

> Art. 11 does not require the stern light to be fixed and it would be improper to carry it fixed and showing continuously (S. 393),

und bei Erwähnung der für den Mersey erlassenen Lokalverordnung auf die Abweichung von der allgemeinen Vorschrift besonders hinweist:

> the fixed stern light required by the Mersey River rules for a steam ship under way are to be distinguished from the temporary light for overtaken ships by Art. 11 of the General Regulations (S. 395).

Die englische Gerichtspraxis steht überwiegend auf demselben Standpunkte. Wenn dieselbe eine formalistische genannt werden kann, so hat auf dem in Frage stehenden Gebiete, welches vor allem feststehende Gleichförmigkeit in der Beobachtung bestehender Vorschriften verlangt, wenn deren Zweck erreicht werden soll, eine in rechtem Sinne geübte Formstrenge ihre volle Berechtigung.

Eine die allgemeinen Vorschriften abändernde Lokalverordnung für die Unterelbe ist bisher nicht ergangen. Daß auf dieser Wasserstraße die Führung eines festen Hecklichtes in der Gestalt der weißen Zollaterne in Übung gekommen und diese Übung anscheinend geduldet worden ist, kann einer solchen, nach Art. 25 der Kaiserlichen Verordnung zulässigen Lokalverordnung in der Wirkung nicht gleichgeachtet werden.

Vgl. Entsch. des R.G.'s in Civils. Bd. 21 S. 143. 144.

Wenn hiernach auch die Benutzung der Zollaterne als eines festen Hecklichtes auf der „Athabasca" als den Artt. 2. 11 der Kaiserlichen Verordnung objektiv zuwiderlaufend anzusehen ist, so folgt daraus doch nicht die Aufhebung der angefochtenen Entscheidung, weil diese

Zuwiderhandlung subjektiv entschuldbar erscheint. Unter Berücksichtigung der Thatsache, daß die Führung eines festen Hecklichtes auf größeren Dampfern weit verbreitet, auf den befahrensten Strommündungen, der Themse und dem Mersey sogar allgemein üblich bezw. vorgeschrieben ist, kann es dem Kapitän der „Athabasca" nicht als Verschulden angerechnet werden, daß er sich bei der Erklärung des Lotsen B., die stetig brennende Zollaterne, deren Einrichtung ja den Anforderungen eines festen Hecklichtes entsprach, könne ein solches ersetzen, beruhigt und Abstand davon genommen hat, das Zeigen eines besonderen Hecklichtes anzuordnen. Ebensowenig aber ist gegenüber der in dem überreichten Atteste bezeugten Thatsache, daß außer dem Lotsen B. selbst eine größere Zahl seiner Berufsgenossen seit Einführung der Zollaterne in der Überzeugung, damit nicht gesetzwidrig zu handeln, vom Zeigen eines besonderen Hecklichtes Abstand genommen hat, weil die Zollaternen den Zweck eines Hecklichtes erfüllten, ein Verschulden des Lotsen B. anzunehmen, und zwar umsoweniger, als die Übung der Lotsen den zuständigen Behörden nicht unbekannt geblieben sein kann, deren stillschweigende Duldung aber die Lotsen in der Überzeugung der Gesetzmäßigkeit ihres Handelns bestärken mußte." ...

---

14. Erfordernisse der Kommanditgesellschaft.

I. Civilsenat. Urt. v. 1. März 1893 i. S. S. (Kl.) w. J. (Bekl.) Rep. I. 426/92.

I. Landgericht Essen.
II. Oberlandesgericht Hamm.

Aus den Gründen:

... „In dem angefochtenen Urteile ist ausgeführt, daß die vorliegenden Verträge gegen das im Art. 158 Abss. 2. 3 H.G.B. enthaltene Verbotsgesetz sowie gegen das Wesen der Kommanditgesellschaft verstoßen, weil die Geschäftsführung des persönlich haftenden Gesellschafters in unzulässiger Weise eingeschränkt und von den Anweisungen des Kommanditisten abhängig gemacht sei. Es ist dabei namentlich auf die Vertragsbestimmungen hingewiesen, wonach Beklagte sich verpflichtet hat, den Wünschen der Klägerin in betreff der Geschäftsführung Folge zu leisten', ihren ganzen Bedarf an Waren von der Klägerin oder durch deren Vermittelung bei Vermeidung der in § 8 des Lieferungsvertrages angedrohten Konventionalstrafe zu beziehen und Verkäufe nur gegen bar abzuschließen. Diese Erwägung ist rechtsirrtümlich. Die Vorschrift des Art. 158 H.G.B. enthält, wie allgemein anerkannt ist und aus dem Zusammenhange mit Art. 157 unzweifelhaft hervorgeht, kein zwingendes, sondern nur vermittelndes Recht; sie gilt nur, wenn und insoweit der Gesellschaftsvertrag nichts Abweichendes bestimmt. Zwingend ist die Vorschrift des Art. 167, daß der persönlich haftende Gesellschafter nach außen unbeschränkt zur Vertretung der Gesellschaft befugt ist. In betreff der lediglich auf das innere Verhältnis der Gesellschafter bezüglichen Bestimmungen über die Geschäftsführung können durch den Gesellschaftsvertrag beliebige Modalitäten der im Art. 158 enthaltenen gesetzlichen Regel vereinbart und kann namentlich auch bestimmt sein, daß die Geschäftsleitung in größerem oder geringerem Umfange dem Kommanditisten zustehen und daß der Komplementar dessen Anordnungen unterworfen sein soll. Aus dem gleichen Grunde stehen auch die Abreden, daß nur gegen bar verkauft werden soll, daß die Gesellschaft Waren nur von der Klägerin oder durch deren Vermittelung beziehen soll, sowie die Androhung einer Konventionalstrafe für den Fall des Zuwiderhandelns weder mit der Bestimmung des Art. 158 noch mit dem Wesen der Kommanditgesellschaft im Widerspruche, da auch diese Festsetzungen lediglich das Verhältnis der Gesellschafter zu einander betreffen und die Wirksamkeit der namens der Gesellschaft geschlossenen Geschäfte Dritten gegenüber nicht berühren.

Zutreffend ist dagegen die Erwägung des Berufungsgerichtes, daß nach dem Inhalte der vorliegenden Verträge das Zustandekommen einer Kommanditgesellschaft deswegen nicht anzunehmen ist, weil es an einer Gewinnbeteiligung der Kommanditistin und an einer den gesetzlichen Erfordernissen entsprechenden Vermögenseinlage derselben fehlt. Nach dem Gesellschaftsvertrage trifft der Gewinn und Verlust des unter der Gesellschaftsfirma geführten Geschäftes allein die Beklagte, während zufolge § 6 des Lieferungsvertrages der Nutzen der Klägerin in einem Zuschlage von zehn, später von acht Prozent zu dem Einkaufspreise der gelieferten Waren besteht. Das ist keine Beteiligung am Gewinne des gemeinsamen Unternehmens, wie sie für das Vorhandensein einer Gesellschaft notwendig ist. Der Nutzen der Klägerin ist zwar seiner Höhe nach bedingt durch die größere oder geringere Menge von Waren, die von ihr bezogen werden, aber unabhängig von dem Gewinn oder Verlust bringenden Ergebnisse des Geschäftsbetriebes. Die von den Vertretern der Parteien herangezogene Analogie des commis intéressé, dessen Verhältnis zum Prinzipale allerdings einen gesellschaftsähnlichen Charakter hat, paßt schon deswegen nicht auf den vorliegenden Fall, weil der commis intéressé mit einer Tantieme an dem aus der Bilanz sich ergebenden Geschäftsgewinne beteiligt ist. Der der Klägerin zugesicherte feste Nutzen aus den von ihr oder durch ihre Vermittelung bezogenen Waren hat mit einer solchen Beteiligung keine Ähnlichkeit. Ebensowenig wie eine Gewinnbeteiligung ist eine Vermögenseinlage der Klägerin im Sinne des Art. 150 H.G.B. vorhanden. Nach § 1 des Gesellschaftsvertrages hat Klägerin sich zwar zur Gewährung einer in Warenlieferungen bestehenden Vermögenseinlage von 15000 ℳ verpflichtet, während die Beklagte die Verpflichtung zu einer Bareinlage von 4000 ℳ übernommen hat. Allein aus den Bestimmungen des Lieferungsvertrages ergiebt sich unzweideutig, daß dasjenige, was hier als gesellschaftliche Einlage der Klägerin bezeichnet wird, in der That nur ein der Beklagten gewährter Warenkredit, die angebliche Bareinlage der Beklagten dagegen eine Anzahlung auf die von der Klägerin kreditierten Waren ist. Nach § 2 des Lieferungsvertrages soll Klägerin bis zum Tage des Geschäftsbeginnes ein assortiertes Lager von 19000 ℳ beschaffen. Hiervon sollen 4000 ℳ durch die von der Beklagten zu leistende Bareinlage gedeckt, der Rest von 15000 ℳ soll aus den Zahlungseingängen des Geschäftes beglichen und bis dahin mit fünf Prozent jährlich verzinst werden. Das Vertragsverhältnis soll zufolge § 6 des Lieferungsvertrages auch nach vollständiger Begleichung der Fakturen für die kreditierten Waren und, nachdem ein weiterer Kredit der Klägerin nicht mehr in Anspruch genommen wird, unverändert fortdauern mit der alleinigen Maßgabe, daß alsdann der Nutzen der Klägerin von zehn auf acht Prozent ermäßigt wird. Hält man diese Bestimmungen zusammen mit dem im § 10 des Lieferungsvertrages stipulierten Eigentumsvorbehalte, so zeigt sich, daß die von der Klägerin kreditweise gelieferten Waren nicht als eine gesellschaftliche Vermögenseinlage betrachtet werden können. Denn wenn es auch gestattet ist, im Gesellschaftsvertrage Vereinbarungen über die teilweise oder gänzliche Rückgewähr der Vermögenseinlage der Kommanditisten zu treffen, so muß doch die Einlage ein Bestandteil des Gesellschaftsvermögens werden und während des Bestandes der Gesellschaft mindestens teilweise in demselben verbleiben. Diesem Erfordernisse entsprechen die vorliegenden Verträge nicht.

War mithin dem angefochtenen Urteile zwar insoweit zuzustimmen, so erscheint es doch nicht gerechtfertigt, daß das Berufungsgericht den vorliegenden Verträgen jede Rechtswirksamkeit versagt hat. Daß dieselben nicht gegen ein Verbotsgesetz verstoßen, ist bereits dargelegt; ebensowenig ist ein sonstiger Grund ersichtlich, aus welchem, wenn man von der Rechtsform der Kommanditgesellschaft absieht, der Inhalt dieser Verträge rechtlich unstatthaft sein sollte. Es ist nicht unzulässig, daß der Prinzipal eines Handelsgeschäftes Verpflichtungen übernimmt, wie sie im vorliegenden Falle von der Beklagten der Klägerin gegenüber eingegangen sind. Dieselben enthalten weder eine unzulässige Beschränkung der persönlichen Freiheit, noch gewähren sie eine Grundlage für die Annahme, daß die Klägerin unter Verschleierung des wahren Sachverhaltes einen rechtlich unmöglichen Erfolg bezweckte. Auf letztere Auffassung scheint die Ausführung in dem Berufungsurteile hinzuweisen, daß Klägerin lediglich die Errichtung einer Filiale bezweckt habe, daß das von ihr gegründete Unternehmen thatsächlich nur als ein Filialgeschäft der Klägerin erscheine, wobei Klägerin, obwohl sie als Prinzipalin volle Verfügungsgewalt sich vorbehalten, dennoch das Risiko des Geschäftsgewinnes und Verlustes von sich abgelehnt und durch komplizierte Vertragsbestimmungen der völlig von ihr abhängigen und in die Stellung eines Handlungsbevollmächtigten herabgedrückten Beklagten aufgebürdet, sich selbst aber eine sichere Einnahme in bestimmten Prozenten des Warenumsatzes ausbedungen habe. Diese Erwägung unterstellt eine Differenz zwischen dem Vertragswillen der Parteien und der Erklärung desselben, die in Wahrheit nicht vorhanden ist. Was die Parteien gewollt haben, ist von ihnen deutlich ausgesprochen worden; ein von dem Inhalte der vorliegenden Verträge abweichender Kontraktswille ist auch seitens der Parteien nicht behauptet. Aus den beiden Verträgen vom

7. Februar 1890 ergiebt sich aber, daß Klägerin keine Zweigniederlassung ihres eigenen Geschäftes gründen und nicht nach außen als Prinzipalin, d. h. als das für die Geschäftsverbindlichkeiten haftende Rechtssubjekt hervortreten wollte; vielmehr sollte das Geschäft nach außen selbständig sein, unter der Prinzipalschaft der Beklagten stehen und für Rechnung der Beklagten geführt werden. Die vom Berufungsrichter hervorgehobenen Vertragsbestimmungen: die Abhängigkeit der Beklagten von den geschäftlichen Dispositionen der Klägerin und die Zusicherung eines festen Nutzens von den durch die Klägerin gelieferten Waren, stehen hiermit nicht im Widerspruche, können daher auch nicht als der durch die äußere Form verdeckte wahre Sachverhalt betrachtet werden. Inwieweit Klägerin sich bei Eingehung und Handhabung der Verträge eines dolosen Verfahrens schuldig gemacht hat, muß, da die dahingehende Behauptung der Beklagten vom Berufungsgerichte nicht geprüft ist, zur Zeit dahingestellt bleiben. Auszugehen ist davon, daß bei Abschluß der vorliegenden Verträge die Parteien beabsichtigt haben, in ein rechtswirksames Vertragsverhältnis zu treten. Es wird sich demnach fragen, ob, wenngleich der zunächst gewollte Erfolg: die Gründung einer Kommanditgesellschaft, nicht erreicht worden ist, der wesentliche Inhalt der gedachten Verträge nicht unter einem anderen rechtlichen Gesichtspunkte aufrecht zu erhalten ist. Ein Grund, diese Frage aus dem gegenwärtigen Prozesse zu verweisen, liegt nicht vor, und es wird, falls dieselbe zu bejahen ist, ferner erörtert werden müssen, ob und inwieweit hiernach die Anträge der Klägerin, bezw. die Widerklage gerechtfertigt erscheinen."

---

15. 1. Ist der Vater, dessen verunglückter Sohn nicht sein einziger Ernährer war, durch den § 95 des Unfallversicherungsgesetzes vom 6. Juli 1884 in der Geltendmachung von Entschädigungsansprüchen gegen den Betriebsunternehmer, welche auf das Haftpflichtgesetz gestützt werden, beschränkt?[1]

[1] Vgl. Entsch. des R.G.'s in Civils. Bd. 24 S. 123.

2. Ist die Entscheidung des Reichsversicherungsamtes, daß der verunglückte Sohn nicht der einzige Ernährer seines Vaters gewesen sei, für das Gericht präjudiziell?

3. Bedeutung des Ausdruckes „einziger Ernährer" in § 6 Ziff. 2b des Unfallversicherungsgesetzes.

II. Civilsenat. Urt. v. 28. April 1893 i. S. B. (Kl.) w. preuß. Eisenbahnfiskus (Bekl.). Rep. II. 45/93.

I. Landgericht Saarbrücken.
II. Oberlandesgericht Köln.

Aus den Gründen:

„Die Revision mußte für begründet erachtet werden.

Zunächst ist zwar das vom Anwalte des Revisionsklägers angeregte Bedenken, ob nicht mit dem ersten Richter die Entscheidung des Reichsversicherungsamtes, daß der verstorbene Sohn des Klägers nicht dessen einziger Ernährer gewesen sei, als für das Gericht präjudiziell erachtet werden müsse, nicht als gerechtfertigt anzuerkennen. Das Unfallversicherungsgesetz hat den durch dasselbe eingerichteten Behörden die ausschließliche Beurteilung und Entscheidung darüber zugewiesen, ob den nach Maßgabe dieses Gesetzes versicherten Personen ein Anspruch gegen die betreffende Berufsgenossenschaft zustehe. Glaubt aber eine Partei auf Grund anderer allgemeiner Gesetze, hier des Haftpflichtgesetzes vom 7. Juni 1871, einen Entschädigungsanspruch, über welchen die Gerichte überhaupt zu erkennen haben, geltend machen zu können, so haben die Gerichte auch selbständig darüber zu entscheiden, ob die gesetzlichen Voraussetzungen des erhobenen Entschädigungsanspruches gegeben sind. Der § 95 des Unfallversicherungsgesetzes schneidet den durch dieses Gesetz versicherten Personen jeden weiteren Entschädigungsanspruch gegen den Betriebsunternehmer ab, sofern nicht die in Abs. 1 daselbst erwähnten, in unserem Falle nicht zutreffenden Voraussetzungen vorliegen. Das Gericht hat demnach auch seinerseits zu prüfen, ob der außerhalb der Grenzen des Unfallversicherungsgesetzes geltend gemachte Schadensersatzanspruch dem Kläger etwa durch § 95 a. a. O. abgeschnitten sei, und es kann bei dieser Prüfung nicht darauf ankommen, wie das

Reichsversicherungsamt bei der ihm zugewiesenen Entscheidung einer ganz anderen Streitsache dieselbe Frage beurteilt hat.

Vgl. Entsch. des R.G.'s in Civils. Bd. 24 S. 333.

Das Reichsgericht hat nun wiederholt ausgesprochen, daß demjenigen Ascendenten, dessen verunglückter Sohn nicht sein einziger Ernährer war, welcher also keinen Entschädigungsanspruch gegen die betreffende Berufsgenossenschaft erheben kann (§ 6 Ziff. 2b des Unfallversicherungsgesetzes), unbenommen ist, auf Grund des § 3 Ziff. 1 des Haftpflichtgesetzes den ihm hierdurch gewährten Anspruch in derselben Weise geltend zu machen, wie das vor Erlaß des Unfallversicherungsgesetzes geschehen konnte.

Vgl. Entsch. des R.G.'s in Civils. Bd. 24 S. 123, ferner Rep. II. 213/89, II. 27/91, II. 184/92.

Der Revisionsbeklagte sucht zwar die Richtigkeit dieser auch vom Oberlandesgerichte seiner Entscheidung zu Grunde gelegten Auffassung zu widerlegen und auszuführen, daß nach der unzweifelhaften Absicht des Unfallversicherungsgesetzes alle Entschädigungsansprüche von Ascendenten verunglückter Personen gegen die Betriebsunternehmer mit Ausnahme der durch die §§ 6. 95 dieses Gesetzes selbst anerkannten als beseitigt anzusehen seien. Allein der erkennende Senat findet keine Veranlassung, von seiner früher ausgesprochenen Auffassung abzugehen. Es kann zugegeben werden, daß es vom Standpunkte des Gesetzgebers richtiger gewesen sein möchte, eine allgemeinere Einschränkung der Entschädigungsansprüche der Ascendenten gegenüber den Betriebsunternehmern herbeizuführen; aber es kann nicht anerkannt werden, daß die Absicht einer solchen Einschränkung Ausdruck im Gesetze gefunden hat, weshalb das Reichsgericht sich nicht für berechtigt hält, diesen Sinn in das Gesetz hineinzulegen. Es muß, wie Eger (Unfallversicherungsgesetz zu § 95 Anm. 190 S. 79) zutreffend bemerkt, als ein Fehler des Unfallversicherungsgesetzes bezeichnet werden, daß es nicht bezüglich des Begriffes der „Hinterbliebenen" in § 6 Ziff. 2 des Gesetzes eine Übereinstimmung mit der entsprechenden Bestimmung in § 3 Ziff. 1 des Haftpflichtgesetzes herbeigeführt hat.

Vgl. auch Landmann, Unfallversicherungsgesetz zu § 85 Anm. 2g S. 243.

Im übrigen wird bezüglich dieser Frage auf die Begründung der obenangeführten Entscheidungen des Senates Bezug genommen.

Es ist sonach für die gegenwärtige Sache lediglich zu untersuchen, ob das Oberlandesgericht sich bei der Annahme, daß der Sohn des Klägers sein einziger Ernährer im Sinne des § 6 Ziff. 2b a. a. O. gewesen sei, auf dem Boden des Gesetzes bewegt. Würde dies anzuerkennen sein, so müßte die Revision aussichtslos erscheinen. Denn die weitere Ausführung des Oberlandesgerichtes, daß gegen den Eisenbahnfiskus als einen Dritten auf Grund des § 98 a. a. O. die Klage aus dem Grunde nicht gestützt werden könne, weil Eisenbahnfiskus und Bergfiskus, welch letzterer der Bauunternehmer des Sohnes des Klägers war, eine und dieselbe Person seien, der § 98 aber notwendig voraussetze, daß der „Dritte" eine von dem Betriebsunternehmer verschiedene Person sei, muß als richtig anerkannt werden, wie dies auch in dem Urteile des VI. Civilsenates des Reichsgerichtes,

vgl. Entsch. desselben in Civils. Bd. 21 S. 51,

in einer bayerischen Sache unter im übrigen ganz ähnlichen Verhältnissen angenommen ist. Muß der weitere Anspruch des Klägers gegen den Bergfiskus, den Arbeitgeber seines Sohnes, auf Grund des § 95 a. a. O. für hinfällig erachtet werden, so kann Kläger aus dem angeführten Grunde auch keinen Anspruch gegen den beklagten Eisenbahnfiskus erheben.

Was nun aber die Feststellung des Oberlandesgerichtes betrifft, daß der Sohn des Klägers sein einziger Ernährer gewesen sei, so ist diese, wie die Revision mit Recht geltend macht, als auf rechtsirrtümlicher Auffassung des Gesetzes beruhend anzusehen. Das Oberlandesgericht geht hierbei von der durch die thatsächlichen Verhältnisse gegebenen Sachlage aus, daß Kläger von seiner Pension und seinem Vermögen eine Einnahme, welche auf höchstens 2—$2^1/_2$ ℳ pro Tag zu veranschlagen sei, gehabt habe, und daß der Sohn ihm einen Zuschuß von 50 ₰ pro Tag habe zukommen lassen. Trotz dieser verhältnismäßig geringen Beihilfe sieht das Oberlandesgericht den Sohn als den einzigen Ernährer seines Vaters an, weil keine andere dritte Person vorhanden gewesen sei, welche mit zur Ernährung des Vaters beigetragen habe, und weil zugleich der Beitrag des Sohnes für die Ernährung des Vaters ein wesentlicher gewesen sei. Das Gericht hält es hiernach für bedeutungslos, daß der Vater aus seinen eigenen Einnahmequellen zum weitaus größeren Teile seinen Unterhalt bestreiten konnte, und glaubt, daß bei solcher Sachlage, weil eben der Sohn der einzige war, welcher dem Vater einen Zuschuß gab, den dieser nicht entbehren konnte, der Sohn auch als der einzige Ernährer des Vaters im Sinne des § 6 Ziff. 2b angesehen werden müsse. Die Argumentation des Oberlandesgerichtes geht mit anderen Worten dahin: Soweit der Vater überhaupt bedürftig war, erhielt er von dem Sohne allein den erforderlichen Zuschuß. Es war sonst niemand vorhanden, der dem Vater etwas zukommen ließ. Deshalb war der Sohn sein einziger Ernährer. Diese Auffassung steht mit dem Gesetze nicht in Einklang. Dasselbe giebt keine nähere Erläuterung des Ausdruckes „einziger Ernährer". Es handelt sich hierbei zwar im wesentlichen um einen thatsächlichen Begriff. Aber schon nach dem Wortlaute kann der Ausdruck keine andere Bedeutung haben, als daß der Ascendent der Hauptsache nach von dem Verstorbenen allein unterhalten worden sei. Hat das Kind nur einen verhältnismäßig geringen Zuschuß zu den übrigen Einnahmen des Ascendenten gegeben, so ist dieser nicht im wesentlichen von dem Kinde allein unterhalten worden, und dieses kann nicht sein einziger Ernährer genannt werden. Aus welchen Quellen die übrigen Einnahmen des Ascendenten fließen, ist für die in Rede stehende Frage vollständig gleichgültig. Das Gesetz und die Motive desselben (Materialien S. 47) geben keine Veranlassung, eine derartige Unterscheidung aufzustellen, wie das Oberlandesgericht thut, nach dessen Ansicht die Einnahme, welche der Vater aus seiner Pension hat, und der Mietwert seines Hauses außer Betracht zu lassen sein sollen, „weil Kläger die Pension durch eigene Arbeit und eigene Beiträge erworben habe, und das Grundeigentum nicht als Ernährer im gesetzlich technischen Sinne angesehen werden könne". Das Gesetz kennt keinen Ernährer „im gesetzlich technischen Sinne", und wenn der Vater durch eigenen Fleiß und Arbeit soviel erworben hat, daß er im wesentlichen davon leben konnte, so ist nicht ein Anderer sein Ernährer gewesen, sondern er hat sich eben selbst ernährt.

Es ergiebt sich aus Vorstehendem, daß das Oberlandesgericht auch bei der Annahme, der Beitrag des Sohnes von 50 ₰ täglich sei ein wesentlicher gewesen, von unrichtiger Anschauung ausgegangen ist. Da nach dem Wortlaute und dem Sinne des Gesetzes nur zu fragen ist, ob der Sohn im wesentlichen den Vater allein unterhalten habe, wobei es allerdings auf geringe Zuschüsse des Vaters aus anderen Quellen nicht ankommen kann, so ist im Gedanken des Gesetzes wesentlich nicht diejenige Beihilfe, welche zur vollständigen Ernährung des Vaters noch notwendig erscheint, sondern diejenige, welche sich als die Hauptenährungsquelle des Vaters im Verhältnisse zu etwaigen anderen Unterstützungen oder eigenen Einnahmen desselben darstellt. In diesem Sinne ist auch offenbar die Begründung des Urteiles des Reichsversicherungsamtes zu verstehen, welche von der richtigen Auffassung des Gesetzes ausgeht.

Das Urteil des Oberlandesgerichtes unterliegt hiernach der Aufhebung, weil es sich bei der Begründung desselben nicht lediglich um eine thatsächliche Feststellung handelt, sondern um die rechtlichen Voraussetzungen des Begriffes „einziger Ernährer", welche in dem Urteile verkannt sind. Es liegt also ein Rechtsirrtum vor.

Die Zurückweisung der Sache an das Berufungsgericht mußte erfolgen, um nach Maßgabe der vorstehenden rechtlichen Ausführungen die erforderlichen thatsächlichen Feststellungen von neuem zu treffen und auf Grund derselben weitere Entscheidung zu erlassen."

---

16. 1. Kann eine offene Handelsgesellschaft wegen einer Gesellschaftsschuld mit der Privatforderung eines Gesellschafters an den Gesellschaftsgläubiger kompensieren, wenn der Gesellschafter seine Zustimmung erklärt? Ist dies im Konkurse des Gesellschaftsgläubigers zulässig? Wird es durch den Verzicht des Konkursverwalters auf die Geltendmachung des Gläubigerrechtes gegen den Gesellschafter verhindert?

2. Ist der § 260 C.P.O. auch dann anwendbar, wenn die Unbestimmbarkeit der Höhe eines entstandenen Schadens darauf beruht, daß der Zeitpunkt der Entstehung des Schadens unsicher ist?

H.G.B. Art. 121; K.O. §§ 46. 48; A.L.R. I. 16 §§ 302. 306.

I. Civilsenat. Urt. v. 29. April 1893 i. S. F. (Kl.) w. Sch. u. Sohn (Bekl.). Rep. I. 46. 53/93.

I. Landgericht I Berlin.
II. Kammergericht daselbst.

Der Kaufmann W. in Firma H. u. W. stand mit der offenen Handelsgesellschaft Sch. u. Sohn und deren Mitgesellschafter W. N. Sch. in Geschäftsverbindung. Von letzterem hatte er Wertpapiere in Depot erhalten. Nachdem im November 1891 über das Vermögen des W. Konkurs eröffnet war, fand sich das Depot nicht vor. Der Konkursmasse stand aus dem Kontokorrentverkehre zwischen W. und Sch. u. Sohn ein Guthaben zu, das sie von Sch. u. Sohn einforderte. W. N. Sch. und Sch. u. Sohn erklärten dem Verwalter darauf, daß sie gegen das eingeforderte Guthaben mit der Forderung des W. N. Sch. gegen W. aus dem Verbringen des Depots aufrechneten, und stellten diese Forderung auf die Klage des Verwalters gegen Sch. u. Sohn auf Zahlung des Guthabens zur Kompensation. Der Verwalter erklärte darauf, daß er auf die Geltendmachung des Anspruches gegen die Person des W. N. Sch. verzichte. In Bezug auf die Höhe der Forderung des W. N. Sch. auf Ersatz für das fehlende Depot wurde streitig, ob dieselbe nach dem Kurswerte der deponierten Wertpapiere zur Zeit der Konkurseröffnung oder nach welchem früheren Kurse sie zu berechnen sei, weil unsicher blieb, wann vor der Konkurseröffnung W. sich das Depot angeeignet und in seinem Interesse verwendet hatte.

In beiden Instanzen wurde die Kompensation zugelassen, aber nur mit einem geringeren Betrage, als die Beklagte beanspruchte. Die Revision des Klägers ist zurückgewiesen, auf die Revision der Beklagten aber das Berufungsurteil aufgehoben aus folgenden

Gründen:

„1. Die beiden Vorinstanzen haben gegen den Kläger angenommen, daß die offene Handelsgesellschaft berechtigt war, die ihr zur Verfügung gestellte Forderung ihres Mitgesellschafters gegen ihre eigene Schuld an den Kläger zu kompensieren. Die hiergegen gerichtete Revision ist nicht begründet.

Allerdings stellt das hier maßgebende preußische Allgemeine Landrecht in materieller Übereinstimmung mit anderen Rechten in § 302 I. 16 den allgemeinen Grundsatz auf: Nur auf das, was jemand für sich selbst zu fordern hat, könne das, was er dem Anderen schuldig ist, abgerechnet werden. Und davon wird für Korrealschulden in § 306 die Anwendung gemacht: Mit dem, was ein

Anderer von den Mitschuldnern an den gemeinschaftlichen Gläubiger zu fordern hat, kann der in Anspruch Genommene in der Regel nicht kompensieren. Allein in Beziehung auf die Schuld der offenen Handelsgesellschaft ist der mit einem Gesellschafter zu einer offenen Handelsgesellschaft Verbundene kein Anderer, als er unabhängig von diesem Verhältnisse ist.

Das Handelsgesetzbuch hat in Art. 112 den Grundsatz ausgesprochen: „Die Gesellschafter haften für alle Verbindlichkeiten der Gesellschaft solidarisch und mit ihrem ganzen Vermögen.“ Damit ist nicht ein Verhältnis begründet, wie es für zwei der Person nach verschiedene Korrealschuldner besteht, in der Weise, daß die offene Handelsgesellschaft der eine Korrealschuldner wäre, und der zu ihr gehörige der andere. Das Reichsgericht hat bereits ausgesprochen,

vgl. Entsch. des R.G.'s in Civils. Bd. 3 S. 7:

„Die offene Handelsgesellschaft hat keine besondere Persönlichkeit. Subjekte des Gesellschaftsvermögens sind die Handelsgesellschafter. Die Gesellschaftsfirma ist der Name, unter welchem die einzelnen Gesellschafter unter Bezugnahme auf das gesellschaftliche Vermögen zusammengefaßt werden. Wird die offene Handelsgesellschaft unter ihrer Firma verklagt, so werden die einzelnen Gesellschafter verklagt.“ Daraus ist abgeleitet, daß, wenn eine Verurteilung der offenen Handelsgesellschaft erfolgt ist, der einzelne Gesellschafter gegenüber dem dieses Erkenntnis gegen ihn geltend machenden Gesellschaftsgläubiger solche Einwendungen nicht mehr vorbringen kann, welche in dem gegen die Gesellschaft geführten Prozesse vorgeschützt worden waren oder hätten vorgeschützt werden können. Nun ist es allerdings richtig, daß wenigstens dem Resultate nach dasselbe Verhältnis, als ob trotz der Identität der natürlichen Personen im juristischen Sinne zwei verschiedene Personen vorlägen, herauskommen kann, wenn ein und dieselbe Person in verschiedenen rechtlichen Beziehungen zu anderen Personen steht, und diese verschiedenen rechtlichen Beziehungen getrennte Rechtskreise bilden, welche voneinander gesondert zu halten das objektive Recht einen Grund hat. Auch ist nicht zu verkennen, daß die Verbindung von zwei oder mehreren Personen zu einer offenen Handelsgesellschaft in vielfachen Beziehungen einen solchen besonderen Rechtskreis darstellt, sodaß das Vermögen der offenen Handelsgesellschaft von dem Privatvermögen der Gesellschafter getrennt gedacht wird. Die Handelsgesellschaft kann unter ihrer Firma Rechte erwerben und Verbindlichkeiten eingehen, Eigentum und andere dingliche Rechte an Grundstücken erwerben. Aus dieser verschiedenen Rechtstellung hat deshalb auch das Reichsgericht die Folge gezogen, daß, wenn ein Gesellschafter wegen einer nur seine Person treffenden Privatschuld verklagt wird, ihm nicht das Recht zusteht, mit einer der offenen Handelsgesellschaft gegen den Gläubiger zustehenden Forderung zu kompensieren, wennschon die offene Handelsgesellschaft dem Gesellschafter diese Forderung behufs der Kompensation zur Verfügung stellt. „Das Vermögen der offenen Handelsgesellschaft ist nicht bloß in Beziehung auf das Verhältnis der Gesellschafter untereinander, sondern auch in Bezug auf das Verhältnis zu dritten Personen abgesondert von dem Privatvermögen der Gesellschafter. Daraus ergiebt sich, daß der einzelne Gesellschafter, wenn er wegen einer Privatschuld verklagt wird, die Kompensation mit einer Forderung der Handelsgesellschaft an den Kläger so wenig erzwingen kann, wie die Kompensation mit der Forderung einer dritten Person."

Vgl. Entsch. des R.G.'s in Civils. Bd. 10 S. 50.

Allein von diesem Falle ist auf den vorliegenden nicht zu schließen. Unzweifelhaft berührt die Privatschuld eines Gesellschafters den Rechtskreis der offenen Handelsgesellschaft überhaupt nicht, und die Aktivforderungen der offenen Handelsgesellschaft gehören dem Gesellschafter nicht allein, sondern sie gehören, und zwar als ungeteiltes Ganzes, ihm nur in Verbindung mit seinem Handelsgesellschafter zur offenen Handelsgesellschaft, sodaß die Forderung nicht einmal nach Quoten unter den Gesellschaftern geteilt ist. Es ist also in der That ein fremdes Aktivvermögen, welches der Gesellschafter hereinzieht, wenn er gegen seine Privatschuld mit einer Forderung der offenen Handelsgesellschaft an seinen Gläubiger kompensieren soll.

Das Verhältnis bei den Schulden der offenen Handelsgesellschaft ist ein ganz anderes. Allerdings können die Gesellschaftsgläubiger, welche im Konkurse der Gesellschaft abgesonderte Befriedigung fordern, aus dem Privatvermögen der Gesellschafter nur wegen des Ausfalles Zahlung begehren. Diese im Interesse der Privatgläubiger, welche ja auch die abgesonderte Befriedigung der Gesellschaftsgläubiger aus dem Gesellschaftsvermögen dulden müssen, getroffene Bestimmung ändert aber an dem Grundcharakter des Verhältnisses nichts. Die solidarische

Verpflichtung der Gesellschafter ist der offenen Handelsgesellschaft so wesentlich, daß eine dieselbe ausschließende Verabredung der Gesellschafter gegen Dritte keine rechtliche Wirkung hat. Wenn die Gesellschafter persönlich oder durch einen Vertreter unter der Firma der Gesellschaft kontrahieren, so bedeutet das ebendieses: daß sie sich persönlich und solidarisch, sowohl mit ihrem besonderen Vermögen als mit dem Vermögen, welches sie in ihrer Verbindung zur offenen Handelsgesellschaft haben, verpflichten. Das heißt also: in Beziehung auf die Schuldverbindlichkeit der Handelsgesellschaft besteht die Trennung der Stellung von Handelsgesellschaft und Privatperson nicht. In Beziehung auf die Schuldverbindlichkeit sind die Handelsgesellschafter nicht dritte Personen, sondern es sind dieselben Personen, ob man sie nun in Verbindung zur offenen Handelsgesellschaft oder abgesehen von dieser Verbindung für sich betrachtet. Diese Konstruktion wird nicht dadurch ausgeschlossen, daß für die Gesellschaftsschuld auch derjenige Gesellschafter, und zwar mit seinem ganzen Vermögen, haftet, welcher später in die offene Handelsgesellschaft eintritt, noch dadurch, daß die Klage gegen die Gesellschafter nach ihrem Austritte aus der Gesellschaft oder nach deren Auflösung in kürzerem Zeitverhältnisse als die sonst kontrahierten persönlichen Schulden verjährt (Art. 146 H.G.B.). Denn immer bleibt die Thatsache bestehen, daß die Gesellschaftsschulden um der Gesellschaft willen eingegangen sind, daß sie in den Aktiven der Gesellschaft ihr Gegengewicht haben, daß also in jenen Beziehungen der Charakter der Gesellschaftsschuld an erster Stelle maßgebend und entscheidend bleibt. Müssen aber die Gesellschafter, wenn sie eine Gesellschaftsschuld eingegangen sind, dem Gläubiger gegenüber gelten lassen, daß sie und jeder Einzelne keine anderen Personen sind als die Handelsgesellschaft, daß also deren Schuld ihre Schuld ist, so muß auch der Gläubiger die Identität der Personen und die Identität der Schuld gegen sich gelten lassen. Der Gläubiger muß anerkennen, daß die Gesellschaftsschuld von vornherein Schuld der Person des einzelnen Gesellschafters ist.

Nun ist freilich die dem einzelnen Gesellschafter zustehende Forderung seines Privatvermögens keine Gegenforderung, welche zur Disposition der offenen Handelsgesellschaft steht, sondern ein von diesem Gesellschaftsvermögen gesondertes Gut. Wenn aber die Gesellschaftsschuld voll und ganz die Personen der einzelnen Gesellschafter ergreift, so muß es auch der Gläubiger gegen sich gelten lassen, daß ihm von jedem Punkte aus, welchen seine Forderung trifft, die Gegenforderung entgegengehalten werden kann. Weil die Forderung das Privatvermögen wie das Gesellschaftsvermögen trifft, darum trifft die dem Privatvermögen zustehende Gegenforderung auch die Forderung in der Kompensation. Weil aber dies die Kompensation begründende Verhältnis von Forderung und Gegenforderung besteht, darum ist es gleichgültig, in welcher Weise der Gläubiger die Forderung geltend macht, ob er Zahlung nur von der offenen Handelsgesellschaft oder ob er Zahlung auch aus dem Privatvermögen der Handelsgesellschafter begehrt. Verklagt er nur die offene Handelsgesellschaft, so kann zwar diese nicht gegen den Willen des einzelnen Gesellschafters dessen Privatgegenforderung kompensieren, aber der Gesellschafter, welchem die Gegenforderung zusteht, kann, wenn er will, allerdings geltend machen, daß, weil die Forderung nicht bloß das Vermögen ergreife, welches ihm zusammen mit den übrigen Gesellschaftern zustehe, sondern auch sein übriges Vermögen, und weil er in der Handelsgesellschaft, wennschon in der Beschränkung auf dieses Vermögen, mitverklagt sei, er kompensiere und damit die offene Handelsgesellschaft von ihrer Verbindlichkeit befreie; wie ja auch der Gläubiger, wenn er von dem Gesellschafter verklagt wäre, mit der ihm gegen die offene Handelsgesellschaft zustehenden Forderung hätte kompensieren können, für welche der klagende Gesellschafter persönlich haftet. Kann aber der Gesellschafter, weil ihm etwa die Geschäftsführung entzogen ist, diese Erklärung nicht persönlich in dem Prozesse, in welchem nur die Handelsgesellschaft verklagt ist, abgeben, so kann mit seiner Ermächtigung der Vertreter der offenen Handelsgesellschaft die Erklärung für die Handelsgesellschaft und damit auch für den Gesellschafter abgeben. Und mit ebensolcher Erklärung der Gesellschaft kann sich die Kompensation vollziehen, wenn der Schuldner und Gesellschafter zur Geschäftsführung befugt ist. In jener Ermächtigung liegt keine Veräußerung. Denn die Handelsgesellschaft kompensiert nicht die Gegenforderung, weil sie infolge der Ermächtigung ihr zusteht, sondern sie kompensiert die auch jetzt noch dem in der Handelsgesellschaft mitverklagten Gesellschafter zustehende Gegenforderung, weil der Gesellschafter diese Verfügung über seine Gegenforderung ihr gestattet hat. Deshalb hat sich im vorliegenden Falle das Sachverhältnis nicht dadurch geändert, daß inzwischen der Konkurs über das Vermögen des Gläubigers eröffnet ist. Der § 48 K.O. trifft den vorliegenden Fall nicht, und der Konkursverwalter hat nicht mehr Rechte, als solche dem Gemeinschuldner vor der Konkurseröffnung zustanden.

Nun hat freilich der klagende Konkursverwalter ... erklärt, daß er auf sein Recht, wegen der eingeklagten Forderung den W. N. Sch. persönlich in Anspruch zu nehmen, verzichte und sich mit der Haftung der beklagten Handelsgesellschaft und derjenigen des anderen Gesellschafters begnüge. W. Sch. hat aber die Annahme dieses Verzichtes abgelehnt. Und wenn auch sonst die Ansicht vertreten wird, daß ein gerichtlich, insonderheit im Prozesse erklärter Verzicht auch auf eine Forderung der Annahme nicht bedürfe,

vgl. Dernburg, preuß. Privatrecht Bd. 1 § 85 Anm. 14,

so kann doch dieser Ansicht in dem Falle keine Folge gegeben werden, daß der Verzicht dem Schuldner zum Nachteile gereicht, sodaß dieser einen Grund und ein Interesse hat, die Annahme abzulehnen, wie denn in diesem Falle die beklagte offene Handelsgesellschaft schon vor dem Verzichte ihren Kompensationswillen erklärt hatte.

Hiernach stellt sich die Revision des Klägers als unbegründet heraus.

2. Was die Revision der Beklagten anbetrifft, so hat das Berufungsgericht in Übereinstimmung mit dem erstinstanzlichen Richter angenommen, daß sich der Wert der von dem Gemeinschuldner veräußerten Papiere nach dem Tage der Konkurseröffnung beziffere. Es ist nun allerdings der Begründung des landgerichtlichen Urteiles dahin beizutreten, daß eine etwaige spätere Erhöhung des Wertes der Papiere nicht in Rechnung gezogen werden kann, und zwar aus dem schon vom Landgerichte angeführten Grunde, daß, wenn der Schuldner oder der Gläubiger kompensiert, diese Kompensation auf die Zeit zurückzubeziehen ist, wo Forderung und Gegenforderung einander gegenübertreten (§ 301 A.L.R. I. 16). Daß dies die Wirkung hat, daß Zinsen der beiderseitigen Forderungen nicht weiterlaufen, soweit sie sich gegenseitig decken, daß eine Konventionalstrafe nicht verfällt, ein Verzug nicht eintritt, ist auch auf dem Gebiete des preuß. Allg. Landrechtes anerkannt.

Vgl. Dernburg, Bd. 2 § 106; Förster-Eccius, Bd. 1 § 94.

Wie sich nun auch die Interesseforderung des Gesellschafters Sch. stellt, ob sie darauf gegründet wird, daß der Gemeinschuldner die Papiere, welche er zu lombardieren berechtigt war, nicht wieder eingelöst und dem Eigentümer zur Verfügung gestellt hat, oder ob sie darauf gegründet wird, daß der Gemeinschuldner rechtswidrig über die Papiere zu seinem Vorteile verfügt hat, immer war bei Eintritt des Konkurses die Interesseforderung des Eigentümers als eine Geldforderung gegeben. Will aber die offene Handelsgesellschaft Sch. u. Sohn mit Ermächtigung ihres Mitgesellschafters diese Geldforderung kompensieren, so muß sie gelten lassen, daß dieselbe rückwärts als in dem Zeitpunkte getilgt angesehen wird, wo sie zu Tage getreten ist. Eine getilgte Forderung kann sich aber in ihrem Betrage nicht mehr erhöhen. Das macht dann freilich nötig, daß auch das klägerische Kontokorrent für den Tag der Konkurseröffnung abgeschlossen wird.

Dagegen läßt sich der Ansicht der Vorderrichter darin nicht beitreten, daß sich nicht ein höherer Schade des Eigentümers aus der vorhergehenden Zeit begründen ließe. Unterstellt man zunächst den Fall, daß der Gemeinschuldner rechtswidrig, vorsätzlich oder zufolge eines groben Verschuldens, über die Papiere verfügt habe, so wird man freilich zugeben müssen, daß für die Anwendung des § 260 C.P.O. soweit kein Raum ist, als es sich bei Anwendung des § 85 A.L.R. I. 6 nur um die Feststellung des Tages oder der Tage handelt, an welchen die rechtswidrigen Verfügungen vorgenommen sind. Denn soll der höchste Wert, welchen die Sache in dem Zeitraume zwischen der Schadenszufügung und der dem Beschädiger zugestellten Klage gehabt hat, vergütet werden, und stehen die Kurswerte fest, so handelt es sich um eine von dem Vorderrichter nach freier Überzeugung unter Würdigung aller Umstände abzugebende Schätzung überhaupt nicht mehr. Allein an jenen § 85 A.L.R. I. 6 war ja weder der Vorderrichter noch die Beklagte gebunden.

Es steht weder fest, daß der Gemeinschuldner am Tage der Konkurseröffnung, noch daß er an den Tagen der Anschaffung, noch an welchen Tagen der Zwischenzeit er über die Papiere verfügt hat. Ja, der Berufungsrichter sieht sich außer stande, die Tage der Zwischenzeit festzustellen. Liegt aber aus irgend einem Grunde eine durch strikten Beweis nicht zu beseitigende Unbestimmbarkeit eines entstandenen Schadens vor, so sind Fälle dieser Art eben diejenigen, für welche der § 260 C.P.O. in Funktion zu treten hat. Es kann keinen Unterschied machen, ob der Richter aus dem Grunde frei schätzt, weil der einer Partei entstandene Schade um deswillen nicht genau zu beweisen ist, weil nicht festzustellen ist, zu welcher Zeit gerade das schadenstiftende Ereignis eingetreten ist, oder, weil nicht festzustellen ist, welchen Umfang die schädigende Handlung gehabt, wieviel Sachen beispielsweise der Dieb weggenommen hat. Gerade bei dem Kausalzusammenhange, welcher, wie feststeht, zur freien Beurteilung des Richters nach § 260 C.P.O. gehört, spielt ja die Zeit der beschädigenden Handlung oft eine sehr große Rolle. Es wäre aber widersinnig, in einem Falle, in welchem dieser Zeitpunkt nicht genau festzustellen ist, dem urteilenden Richter zwar im übrigen eine freie Stellung einzuräumen, den Beweis des Zeitpunktes aber zu fordern.

Nun entbehrt aber auch die Annahme des Vorderrichters, daß der Gemeinschuldner nicht rechtswidrig über die Papiere des Sch. verfügt habe, einer zureichenden Begründung. Der Vorderrichter sieht die Erklärung der Beklagten in dem Vorprozesse als ein Zugeständnis an. Das soll aus der vorhergehenden Darstellung des Depotverhältnisses folgen. Diese Darstellung erstreckt sich darauf, daß der Eigentümer der Papiere dem Gemeinschuldner das Depot als Sicherheit für seine Ansprüche an die Beklagte angewiesen habe. Wenn die Beklagte hieran den Satz anschließt: „Da das sog. Sicherheitsdepot W. wohl berechtigte, sich Kredit auf die Papiere zu verschaffen", so läßt es der Berufungsrichter an einer Darlegung weiterer vermittelnder Gedanken fehlen, wie daraus, daß der Gemeinschnldner befugt war, sich an das Depot wegen seiner Ansprüche an die Beklagte zu halten, über welches er im Interesse der Beklagten verfügen konnte, folgen soll, daß der Gemeinschuldner im eigenen Interesse über jene Papiere habe verfügen dürfen. Verständlich bleibt nur, daß der Prozeßbevollmächtigte der Beklagten die Rechtsansicht zum Ausdrucke gebracht hat, der Gemeinschuldner sei zu solchen Verfügungen befugt gewesen.

Schon aus diesen Gründen muß das Berufungsurteil soweit, als dasselbe die Berufung der Beklagten zurückgewiesen hat, aufgehoben und die Sache an das Berufungsgericht zur anderweiten Verhandlung und Entscheidung zurückverwiesen werden.

Die Aufhebung ist aber auch aus dem Grunde auszusprechen, weil die Gründe des Vorderrichters nicht ausreichen, um den von der Beklagten angetretenen Beweis abzulehnen.

Auch wenn sich der hinterlegende Gesellschafter keine Nummern der für ihn asservierten Papiere hat aufgeben lassen, und wenn vom Gemeinschuldner im Depotbuche keine Nummern geführt sind, bleibt es doch denkbar, daß der Zeitpunkt, zu welchem der Gemeinschuldner über die Papiere verfügt hat, durch die Zeugenvernehmung ins Klare gestellt oder wenigstens annähernd bestimmt werden kann, sodaß dem Richter eine die Anwendung des § 260 C.P.O. oder eine die direktere Feststellung des Schadens erleichternde Handhabe verschafft wird. Es wäre ja z. B. denkbar, daß sich durch die Beweiserhebung feststellen ließe, daß der Gemeinschuldner von Papieren einer bestimmten Sorte außer den für den Sch. angeschafften keine Papiere weiter gehabt hat, sodaß, wenn er nur solche Papiere lombardiert hat, dies die Papiere des Sch. gewesen sein müssen, oder daß er zu einem bestimmten Zeitpunkte Papiere dieser Art überhaupt nicht mehr gehabt hat oder doch nur solche, welche für bestimmte andere Personen asserviert waren, sodaß die Papiere des Sch. jedenfalls zu diesem Zeitpunkte bereits lombardiert waren. Ob und in welchem Umfange der § 85 A.L.R. I. 6 zur Anwendung zu bringen sein wird, läßt sich freilich zur Zeit nicht übersehen. Allerdings steht, wie schon die Vorderrichter angenommen haben, Art. 283 H.G.B. der Anwendung nicht entgegen, da sich die Schuld des Gemeinschuldners eventuell auch als eine Deliktsforderung ansehen läßt. Dagegen darf nicht übersehen werden, daß die Rückziehung der Kompensation auch hier ihren Einfluß ausübt."

---

17. Wie gestaltet sich bei einer Anleihe, welche durch Teilschuldverschreibungen unter einheitlicher Sicherstellung der gesamten Anleihe durch eine auf den Namen des Darleihers eingetragene Grundschuld ausgegeben ist, das Individualrecht des Einzelgläubigers aus den Teilschuldverschreibungen auf die Sicherheit, nachdem der Anlehensschuldner in Konkurs verfallen ist?

I. Civilsenat. Urt. v. 6. Mai 1893 i. S. W. (Kl.) w. M. (Bekl.) Rep. I. 55/93.

I. Landgericht I Berlin.
II. Kammergericht daselbst.

Die Aktiengesellschaft Berliner Warenbörse, später Alt-Berlin firmierend, hat im Jahre 1886 bei dem Bankhause P., dessen Inhaber Beklagter ist, eine Anleihe von 2 250 000 *M* aufgenommen. Über dieselbe sind auf das Bankhaus P. lautende Teilschuldverschreibungen zum Nennbetrage von 500 und von 1500 *M* ausgegeben, in denen eine Verzinsung von $4^1/_2$ Prozent und eine Rückzahlung des Kapitales mit einem Zuschlage von 3 Prozent versprochen ist. Die Rückzahlung sollte nach einem den einzelnen Obligationen beigedruckten Auslosungsplane in der Weise geschehen, daß die gesamte Anleihe bis zum Jahre 1936 zur Tilgung gebracht wäre. Zur Sicherung der Gläubigerin und ihrer Rechtsnachfolger ist auf einem der Gesellschaft gehörigen Grundstücke eine Kautionshypothek eingetragen, die später in eine Grundschuld von 2 326 000 *M* umgewandelt ist. Die Grundschuld haftet zur ersten Stelle, ihr folgt eine Hypothek von 50 000 *M* für einen anderen Gläubiger und sodann eine Grundschuld von 150 000 *M*, die wieder für die Firma der Beklagten zur Sicherung einer anderen Serie von Obligationen eingetragen ist. Nach den ebenfalls den einzelnen Obligationen beigedruckten Bedingungen, zu denen sich die Firma des Beklagten ausdrücklich bekannt hat, ist das Bankhaus P. befugt, die Rechte aus der Grundschuld von 2 326 000 *M* in eigenem Namen für Rechnung der Erwerber der Teilobligationen geltend zu machen. Insbesondere wird das genannte Bankhaus für „unwiderruflich“ ermächtigt erklärt, auch nach Begebung der Partialobligationen Zwangsverwaltung und Zwangsveräußerung zu beantragen sowie die Rechte der Erwerber der Teilobligationen in diesem Verfahren wahrzunehmen.

Über das Vermögen der Aktiengesellschaft Alt-Berlin ist am 12. März 1892 Konkurs eröffnet. In der Masse befindet sich lediglich das mit der obigen Grundschuld belastete Grundstück. Die Zwangsverwaltung desselben ist auf Antrag des Konkursverwalters eingeleitet, dagegen ist ein Antrag auf Zwangsveräußerung bisher nicht gestellt. Kläger, der auf Grund der von dem Bankhause P. ausgestellten Blankocessionen zwanzig der vorstehenden Teilschuldverschreibungen von je 500 ℳ erworben hat, wünscht die Zwangsveräußerung in der Weise herbeizuführen, daß bei Feststellung des geringsten Gebotes nur die der erststelligen Grundschuld vorgehenden Realansprüche berücksichtigt werden, weil nur in diesem Falle ein zum Zuschlage führendes Gebot zu erwarten sei. Da Beklagter sich weigert, die Hand hierzu zu bieten, so hat Kläger beantragt, den Beklagten zu verurteilen, ihm von der vorgedachten Grundschuld von 2 326 000 ℳ entweder den Betrag von 10 000 ℳ zu gleichem Rechte und Range mit dem Überreste oder das ideelle Miteigentum an der ganzen Grundschuld zu $\frac{2}{450}$ abzutreten. Eventuell hat Kläger den Antrag gestellt, den Beklagten zu verurteilen, für den Fall, daß seitens des Konkursverwalters die Zwangsversteigerung des vorbezeichneten Grundstückes beantragt werden sollte, wegen und in Höhe eines dem klägerischen Obligationsbesitze von 10000 ℳ entsprechenden Teiles der vorgedachten Grundschuld den Antrag zu stellen, daß dieser Teil der Grundschuld anerkannt und bei der Feststellung des geringsten Gebotes nur diejenigen Realansprüche berücksichtigt werden, welche dem Anspruche des Klägers, bezw. des ihn vertretenden Beklagten vorgehen. Zur Begründung des eventuellen Antrages ist behauptet, daß der Konkursverwalter bereit sei, die Zwangsveräußerung zu beantragen, falls Beklagter, bezw. die Firma P. als die im Grundbuche eingetragene Grundschuldgläubigerin sich bereit finden lasse, den im § 183 des Gesetzes vom 13. Juli 1883 vorgesehenen Antrag zu stellen. Kläger behauptet ferner, mit seinem Verlangen, daß es zur Veräußerung des Grundstückes im Wege der Zwangsversteigerung käme, sei die große Mehrzahl der Anteilsgläubiger einverstanden; der gegenwärtige Prozeß werde im Auftrage eines Schutzvereines geführt, welcher die Inhaber von Teilschuldverschreibungen im Betrage von 1 175 000 ℳ vertrete, und entspreche dem Wunsche sämtlicher Mitglieder dieses Vereines.

Der Beklagte hat beiden Anträgen widersprochen. Gegen den Prinzipalantrag ist geltend gemacht, daß der Beklagte nach den mitgeteilten Bedingungen zur Abtretung eines Teiles der Grundschuld weder verpflichtet noch berechtigt sei. Bezüglich des eventuellen Antrages hat Beklagter ausgeführt, daß er Bevollmächtigter sämtlicher Obligationsinhaber sei, daher auch nur übereinstimmenden Weisungen der Gesamtheit Folge zu leisten habe. Im vorliegenden Falle seien die

Inhaber der Teilschuldverschreibungen keineswegs einig; ein Teil, darunter der Kläger, verlange die Zwangsveräußerung, ein anderer, durchaus nicht kleinerer Teil widerstrebe und habe dem Beklagten verboten, dieselbe zu veranlassen. Beklagter habe deshalb davon Abstand genommen, die Zwangsversteigerung herbeizuführen, umsomehr, als er selbst letztere als nicht im Interesse der Obligationsinhaber liegend erachte. Die vorangeführte Behauptung des Klägers hinsichtlich des Einverständnisses sämtlicher Mitglieder des Schutzvereines mit gegenwärtiger Klage hat Beklagter bestritten und speziell auf zwei Inhaber von Teilschuldverschreibungen hingewiesen, die Gegner der Zwangsvollstreckung seien.

Die Vorinstanzen haben sowohl den prinzipalen wie den eventuellen Klagantrag abgewiesen. Das Reichsgericht hat die Sache zur anderweiten Verhandlung an das Berufungsgericht zurückverwiesen aus folgenden

Gründen:

„Nach dem Inhalte der im Thatbestande mitgeteilten Bedingungen, die nicht bloß für die erste Ausgabe, sondern auch für die weitere Begebung der Teilschuldverschreibungen maßgebend sind, sollen die Erwerber der letzteren in Bezug auf das zu ihrer Sicherung bestellte dingliche Recht eine Gemeinschaft bilden, deren einheitliche Vertretung dem Beklagten übertragen ist. Das Recht aus der Grundschuld, welches an sich teilbar ist, soll ungeteilt im gemeinsamen Interesse sämtlicher Anteilsberechtigter wahrgenommen werden. Zu diesem Behufe ist dem Beklagten eine fiduziarische Stellung übertragen; er ist als eingetragener Gläubiger formell berechtigt, über die Grundschuld in eigenem Namen zu verfügen, materiell dagegen vermöge des durch die Bedingungen ihm erteilten, von ihm übernommenen Auftrages verpflichtet, hierbei im Interesse der Erwerber der Teilschuldverschreibungen zu handeln. Die Erwerber sind zwar, soweit ersichtlich, nicht miteinander, sondern nur zum Beklagten bezw. zu ihren Vormännern in ein Vertragsverhältnis getreten; sie haben sich aber bei dem Erwerbe den obigen, den einzelnen Obligationen beigedruckten Bedingungen unterworfen, sind demnach in Gemäßheit derselben in die Gemeinschaft eingetreten.

Daß bei Aufnahme einer in Teilschuldverschreibungen zerlegten Anleihe eine derartige Gemeinschaft in Bezug auf das zur Sicherung des persönlichen Anspruches bestellte dingliche Recht mit Rechtswirksamkeit für die künftigen Erwerber der Teilschuldverschreibungen begründet werden kann, hat der jetzt erkennende Senat bereits früher ausgesprochen.

Vgl. Entsch. des R.G.'s in Civils. Bd. 22 S. 63 flg.

Die Zulässigkeit einer solchen Gemeinschaft ist nur insoweit zu beanstanden, als sie mit zwingenden Rechtssätzen in Widerspruch steht. Geht man hiervon aus, so ergiebt sich die Unstatthaftigkeit des prinzipalen Klagebegehrens. Daß dasselbe mit den Bedingungen nicht in Einklang zu bringen ist, liegt auf der Hand, da letztere die einheitliche Vertretung der Gemeinschaft auch in Bezug auf den Antrag auf Zwangsveräußerung anordnen. Der prinzipale Klagantrag ist auch nicht aus dem Gesichtspunkte aufrecht zu erhalten, daß sein Zweck auf die Auflösung der Gemeinschaft gerichtet ist, und daß hier einer der Fälle vorliegt, in denen kraft gebietender Rechtssätze dem Kläger die Möglichkeit zustehen muß, diese herbeizuführen. Letzteres ist, wie demnächst noch zu begründen sein wird, zutreffend; allein die Abzweigung eines seinem Obligationsbesitze entsprechenden Betrages oder Anteiles der Grundschuld kann der Kläger auch in diesem Falle nicht verlangen. Er ist auch bezüglich der Art, wie die Auflösung zu bewirken und das zur Sicherung der Anleihegläubiger dienende Recht zu verwerten ist, verpflichtet, denjenigen Weg zu beschreiten, auf welchen die Bedingungen hinweisen.

Dies führt auf den eventuellen Klagantrag. Bei demselben handelt es sich um die Geltendmachung des Rechtes aus der Grundschuld. Kläger verlangt, daß Beklagter das jus distrahendi ausübe, und zwar in der Weise ausübe, daß er dem von dem Konkursverwalter zu stellenden Antrage auf Zwangsversteigerung durch die im § 183 des Gesetzes vom 13. Juli 1883 erforderte Erklärung beitrete. Beklagter hat sich, wie im Thatbestande hervorgehoben ist, diesem Antrage gegenüber auf den Standpunkt gestellt, daß er sich nur nach einstimmigen Weisungen sämtlicher Erwerber von Teilschuldverschreibungen zu richten brauche, bei Meinungsverschiedenheiten derselben dagegen seinem eigenen Ermessen folgen dürfe. Wäre diese Auffassung zutreffend, so würde der oben angedeutete Widerspruch mit zwingenden Rechtssätzen in der That vorhanden sein. Kläger wäre alsdann auf unbegrenzte Dauer an die Gemeinschaft gebunden, da der Beschluß darüber, ob auf die zur Sicherung seiner Ansprüche bestellte Realsicherheit zurückgegriffen werden soll, von der Zustimmung sämtlicher Mitberechtigter oder von dem Belieben des Beklagten abhängig sein würde. Auch ist leicht ersichtlich, daß der Standpunkt, den der Beklagte und mit ihm die Instanzurteile einnehmen, ein unbilliges Ergebnis zur Folge hat. Das Verhältnis, welches nach der Behauptung des Klägers obwaltet, daß die Interessenten, welche seinem Verlangen zustimmen, Obligationen im Betrage von 1 175 000 *M* besitzen, ist in dieser Hinsicht ein sprechendes Beispiel; nach der Auffassung des Beklagten würde aber sogar schon der Widerspruch eines einzelnen Inhabers einer Obligation, der eine Teilschuldverschreibung im Betrage von 500 *M* erworben hat, ausreichen, um dem übereinstimmenden Willen aller übrigen Gemeinschaftsinteressenten ein wirksames Hindernis entgegenzusetzen.

Wäre die hier in Rede stehende Materie durch ein besonderes Gesetz geregelt, so würde voraussichtlich durch positive Bestimmungen für eine Organisation der Gemeinschaft gesorgt, und es würden über die Fälle der Auflösung und die Art der Auseinandersetzung spezielle Bestimmungen getroffen sein. In Ermangelung eines solchen Gesetzes sind die Grundsätze des bürgerlichen Rechtes zur Anwendung zu bringen. Im vorliegenden Falle gewähren dieselben genügenden Anhalt, um demjenigen, was sachgemäß und dem Zwecke der Gemeinschaft entsprechend ist, Geltung zu verschaffen.

Es steht fest, daß die Aktiengesellschaft Alt-Berlin infolge der Konkurseröffnung nicht mehr in der Lage ist, ihre Verbindlichkeiten zu erfüllen, weder in Bezug auf die Zinszahlung noch in Bezug auf die Tilgung der auszulosenden Obligationen. Damit ist gemäß § 6 der Bedingungen wie zufolge § 58 K.O. für jeden Inhaber einer Teilschuldverschreibung die Befugnis begründet, den ihm zustehenden Kapitalsbetrag mit dem Zuschlage von 3 Prozent zu beanspruchen, bezw. den Anspruch hierauf als Konkursforderung geltend zu machen, da durch die Konkurseröffnung das gesamte Anleihekapital fällig geworden ist. Damit ist aber zugleich einer der Fälle gegeben, in denen dem einzelnen die Befugnis zustehen muß, die Auflösung der Gemeinschaft und die Realisierung des Sicherungsrechtes behufs seiner Befriedigung zu verlangen. Es würde nicht bloß unstatthaft sein, den einzelnen Anleihegläubiger nach eingetretener Fälligkeit seiner Forderung auf unbestimmte Zeit bei der Gemeinschaft festzuhalten (dahin führt, wie dargelegt, die vom Beklagten vertretene Auffassung), es würde sich auch ein innerer Widerspruch herausstellen, wenn man dem einzelnen einen selbständigen Anspruch auf Rückerstattung des Kapitales gewähren, ihn aber zugleich bezüglich des Weges, um zur Verwirklichung seines notleidenden Rechtes zu gelangen, von der Zustimmung sämtlicher übrigen Interessenten oder in Ermangelung einer solchen von dem Belieben des Beklagten abhängig machen wollte. Einen rechtlich zulässigen und zweckentsprechenden Sinn ergeben die obigen Bedingungen dagegen, wenn dieselben dahin verstanden werden, daß auch in den Fällen, in denen der einzelne Anleihegläubiger die Realisierung des dinglichen Rechtes verlangen kann, das *sachgemäße Ermessen* des Beklagten darüber entscheiden soll, wie die Realisierung des dinglichen Rechtes zu bewirken ist. Das Ermessen darf aber nicht willkürlich gehandhabt werden und darf nicht den Erfolg haben, daß die Realisierung ganz unterbleibt oder auf unbestimmte Zeit hinausgeschoben wird.

Wird der eventuelle Klagantrag nach den hier dargelegten Grundsätzen beurteilt, so stellt sich derselbe seinem wesentlichen Inhalte nach als berechtigt dar. Der Weg, dessen Beschreitung Kläger begehrt, ist die Herbeiführung der Zwangsveräußerung auf Grund eines vom Konkursverwalter zu stellenden Antrages, aber bezüglich der Feststellung des geringsten Gebotes mit der Wirkung, wie wenn Beklagter selbst die Zwangsveräußerung betrieben hätte. Dieser Weg muß, falls der Konkursverwalter den betreffenden Antrag stellt, als die regelmäßige Art der Verwertung des Grundschuldrechtes betrachtet werden. Denn er ist gleichbedeutend mit der Ausübung des jus distrahendi durch den Beklagten. Die Weigerung des Beklagten, dem eventuellen Klagantrage nachzukommen, würde demnach nur dann begründet sein, wenn von ihm selbst oder von den übrigen Anleihegläubigern positive Vorschläge gemacht wären, welche, ohne die Realisierung des Grundschuldrechtes auf unbestimmte Zeit zu vertagen, eine bessere Verwertung desselben in Aussicht stellen. Nur wenn dem Klagantrage derartige positive Vorschläge gegenüberständen, würde in Gemäßheit des § 213 A.L.R. I. 13 darüber zu entscheiden sein, welche der verschiedenen, in Frage kommenden Maßregeln dem gemeinsamen Interesse der Inhaber der Teilobligationen am förderlichsten ist. Für die Anwendung des § 213 a. a. O., auf den Beklagter ebenfalls Bezug genommen hat, ist dagegen kein Raum, da Kläger berechtigt ist, die Auflösung der Gemeinschaft und die Realisierung des Sicherungsrechtes zu fordern. Im Hinblicke auf die Ausführungen des Beklagten wie des Berufungsurteiles ist zu bemerken, daß, wenn es sich um die Entscheidung über verschiedene einander gegenüberstehende Vorschläge handeln würde, auch der Umstand, daß, wie Kläger behauptet, die große Mehrzahl der Erwerber der Teilschuldverschreibungen mit seinem Vorschlage einverstanden ist, nicht außer Betracht gelassen werden dürfte.

Im bisherigen Verlaufe der Verhandlungen hat der Beklagte dem Verlangen des Klägers einen anderen Weg, auf welchem ein besserer Erfolg erzielt werden könnte, nicht entgegengesetzt, sich vielmehr lediglich negativ verhalten. Danach würde an sich nichts im Wege stehen, schon jetzt dem eventuellen Klagantrage gemäß zu erkennen, wenn nicht ein formelles Hindernis vorhanden wäre. In der Form der Leistungsklage kann dem Antrage des Klägers nicht entsprochen werden, da es unzulässig ist, den Beklagten zur Abgabe einer Erklärung zu verurteilen, die durch einen noch gar nicht vorliegenden Antrag des Konkursverwalters bedingt ist. Wird in dem vorliegenden Antrage eine Feststellungsklage gefunden, oder wird derselbe in diesem Sinne abgeändert, so bedarf es gemäß § 231 C.P.O. einer Entscheidung darüber, ob der Kläger ein rechtliches Interesse an der alsbaldigen Feststellung hatte. Diese Entscheidung kann dem Berufungsgerichte nicht vorenthalten werden. Inkorrekt ist, wie im Berufungsurteile zutreffend bemerkt ist, der eventuelle Klagantrag auch insofern, als es sich bei der Feststellung des geringsten Gebotes immer nur um die der gesamten Grundschuld, nicht um die einem Teilbetrage derselben vorgehenden Realansprüche handeln kann. Dieser Inkorrektheit, die lediglich die äußere Fassung betrifft, wird eventuell von Amts wegen abzuhelfen sein."

---

18. Ist ein nach Zeit und Ort unbeschränktes Versprechen, bei Konventionalstrafe in kein Konkurrenzgeschäft einzutreten, rechtsgültig?

III. Civilsenat. Urt. v. 19. Mai 1893 i. S. N. (Bekl.) w. C. Schirmfabrik (Kl.). Rep. III. 48/93.

I. Landgericht Lüneburg.
II. Oberlandesgericht Celle.

Der Beklagte, welcher Reisender im Dienste der klagenden Firma war, hatte sich kontraktlich verpflichtet, nur die C.'er Schirmfabrik zum Verkaufe von Schirmen und Schirmreparaturen zu vertreten und, falls das beiderseitige Verhältnis einmal gelöst werden sollte, weder den Verkauf dieser Artikel für eine andere Firma zu übernehmen, noch auch sich für eigene Rechnung mit der Produktion derselben behufs des Engrosverkaufes zu befassen und bei einem Verstoße gegen diese Verpflichtung 10000 *M* Konventionalstrafe zu zahlen. Derselbe begründete nach seinem Austritte aus dem klägerischen Geschäfte ein Konkurrenzgeschäft in C. und wurde auf Klage der C.'er Schirmfabrik durch die übereinstimmenden Urteile beider Vorinstanzen zur Zahlung der vereinbarten Konventionalstrafe verurteilt. Auf Revision des Beklagten hat das Reichsgericht die Klage abgewiesen aus folgenden

Gründen:

„Das Berufungsgericht hat aus thätsächlichen Gründen angenommen, daß der Klage die Einrede nicht opponiert werden dürfe, die Klägerin habe dem Beklagten durch grundlose Kündigung des Dienstvertrages die Subsistenz entzogen und sei deshalb nicht berechtigt, das vereinbarte Konkurrenzverbot gegen ihn geltend zu machen. Die Entscheidung des Rechtsstreites hängt daher davon ab, ob die im Thatbestande erwähnte Vereinbarung für rechtsgültig zu achten ist oder nicht.

Das Oberlandesgericht hat diese Frage bejaht. Dasselbe nimmt an, das fragliche Konkurrenzverbot sei gegenständlich derart eingeschränkt, daß dem Beklagten ein hinlängliches Maß freier Bewegung übrig bleibe, und seine Beschränkung nicht im Mißverhältnisse zu dem Zwecke stehe, welcher erreicht werden sollte. Unter diesen Umständen ist, entgegen der Ausführung in Kohler's Gesammelten Abhandlungen S. 62 flg., der Mangel jeglicher zeitlichen und örtlichen Begrenzung des Vertrages mit dessen Rechtsbestand für vereinbar gehalten worden. Diese Beurteilung konnte nicht gebilligt werden. Die in Handel, Gewerbe und Industrie zahlreich vorkommenden vertragsmäßigen Konkurrenzverbote, durch welche der Geschäftsinhaber sich dagegen zu schützen sucht, daß seine Angestellten nach Lösung des Dienstverhältnisses die in demselben erworbenen Geschäftskenntnisse und persönlichen Beziehungen zu seinem Kundenkreise in geschäftlich unredlicher Weise zu seinem Nachteile verwerten, sind an bestimmt begrenzte und daher im Einzelfalle alsbald erkennbare Schranken nicht gebunden. Der Grundsatz, daß die persönliche Freiheit und Erwerbsfähigkeit des einzelnen nicht übermäßig beschränkt und nur ein begründetes Interesse geschützt werden darf, enthält nur das dehnbare Prinzip, nach welchem im Einzelfalle zu beurteilen ist, ob die Vereinbarungen der Parteien sich nach der konkreten Sachlage innerhalb gesetzlicher Grenzen gehalten haben. Eine absolute Schranke ergiebt sich jedoch daraus, daß durch solche Verträge die Erwerbsfreiheit des einen nur beschränkt, nicht für immer im ganzen oder in einzelnen Richtungen vernichtet werden darf; denn es folgt hieraus die Unzulässigkeit vertragsmäßiger Konkurrenzverbote ohne jede Beschränkung und Begrenzung nach Zeit und Ort.

Einen solchen Vertrag haben hier die Parteien gewollt und geschlossen; denn dem Beklagten soll die Schirmproduktion und der Vertrieb en gros für eigene oder fremde Rechnung zeitlebens für den ganzen Erdball verboten sein. Diese Vereinbarung ist weder durch das berechtigte Interesse der Klägerin motiviert, noch mit der unveräußerlichen persönlichen Freiheit des Beklagten vereinbar. Sollte es wirklich wahr sein, daß die Klägerin, wie sie behauptet, ihr Absatzgebiet in allen Ländern der Welt hat, so würde daraus doch nur ihr Interesse daran abgeleitet werden können, die Konkurrenz an denjenigen Orten und Teilen aller Länder auszuschließen, in welchen sie wirklich Handel treibt, sodaß erhebliche Absatzgebiete für die unbehinderte Bethätigung eines gleichartigen Unternehmens übrig bleiben müßten. Es kann ferner die Übermäßigkeit der Beschränkung des Beklagten nicht mit dem Oberlandesgerichte um deswillen verneint werden, weil demselben die Möglichkeit der Verwertung seiner Kräfte in anderen kaufmännischen Betrieben und im Schirmgeschäfte der ebenfalls lukrative Detailverkauf offen geblieben ist. Die abstrakte Möglichkeit, einen anderen Erwerb zu finden, liegt in jedem Falle einer derartigen Beschränkung vor, und das Detailgeschäft unterscheidet sich von der Produktion und dem Verkaufe im Großbetriebe so wesentlich, daß die Verweisung von einem auf das andere der Verweisung auf

Geschäftsbetriebe anderer Art nahezu gleichkommt. Derartige Erwägungen können zutreffend sein, wo sie zur Begründung der Zulässigkeit einer Konkurrenzbeschränkung innerhalb bestimmter Grenzen, namentlich bei kurzer Zeitdauer, angeführt werden. Hier ist entscheidend, daß dem Beklagten ein nicht entziehbares Recht darauf zusteht, seinen Lebensberuf nach Art und Branche selbst zu bestimmen, und daß ihm kein Gewerbebetrieb überall und dauernd verschlossen werden durfte, namentlich nicht der, in welchem er nach fast zwanzigjähriger Thätigkeit die beste Aussicht hatte, sein Fortkommen zu finden.

Aus den vorstehenden Erwägungen folgt die Nichtigkeit des der Klage zu Grunde liegenden Vertrages, und muß der Rechtsschutz der Klägerin gegen das Verhalten des Beklagten versagt werden, welcher ihr nach der Sachlage unzweifelhaft zur Seite gestanden haben würde, wenn sie den Vertrag mit ihrem Angeklagten innerhalb angemessener und zulässiger Grenzen geschlossen hätte. Die vorliegende Nichtigkeit umfaßt den ganzen Vertrag, der ein einheitlicher ist und nicht in einzelne Bestandteile zerlegt werden kann. Es würde deshalb nicht zulässig sein, den ohne zeitliche und örtliche Grenze gewollten Vertrag durch Anwendung des richterlichen Ermessens so zu beschränken, wie er gültig hätte geschlossen werden dürfen; denn dem Gerichte steht nur die Auslegung und rechtliche Beurteilung des Vertrages zu, nicht dessen Abänderung in einen zulässigen Vertrag." ...

---

19. Zur Feststellung des Begriffes und der Bedeutung der Klausel „Kassa gegen Verladungsdokumente".

I. Civilsenat. Urt. v. 22. April 1893 i. S. P. (Bekl.) w. L. (Kl.) Rep. I. 18/93.

I. Landgericht Hamburg.
II. Oberlandesgericht daselbst.

Die in Hamburg domizilierende Klägerin hat der ebenfalls dort domizilierenden Beklagten zwei Partieen Berliner Roggenmehl lieferbar Hamburg, in Berlin ladend, mit der Klausel „Netto Kassa (Zahlung) gegen

Verladungsdokumente" verkauft. Die Beklagte hat die erste Partie gegen Empfang der Verladungsdokumente bezahlt, die ihr nach Ankunft der zweiten Partie in Hamburg angebotenen Verladungsdokumente über diese Partie aber abgelehnt, nachdem ihr die erste Partie Anlaß zu Monituren gegeben, und sie die ohne Zuziehung der Klägerin besichtigte zweite Partie unkontraktlich befunden hatte. Auf die Klage auf Zahlung des Kaufpreises der zweiten Partie hat der erste Richter die Beklagte ohne Berücksichtigung der gegen die Vertragsmäßigkeit der Ware erhobenen Einrede zur Zahlung verurteilt, und die dagegen eingelegte Berufung ist zurückgewiesen, nachdem im Laufe der Berufungsinstanz die Ware nach dem Übereinkommen zwischen den Parteien öffentlich verkauft, und der Klagantrag auf den den Erlös übersteigenden Betrag des Kaufpreises ermäßigt war. Auf die Revision der Beklagten ist das Berufungsurteil aufgehoben und die Sache an das Berufungsgericht zurückverwiesen aus folgenden

Gründen:

. . . „Wenn ein Kaufvertrag über eine von einem anderen Orte zu übersendende oder bereits unterwegs befindliche Ware mit der Vereinbarung geschlossen wird, daß die Zahlung des Kaufpreises (oder — wie das auch häufig vorkommt — eine für dessen Betrag einzugehende Wechselverpflichtung) gegen Aushändigung der Verladungsdokumente zu erfolgen habe, so sind doch gleichwohl, wie das Berufungsgericht zutreffend annimmt, nicht diese Verladungsdokumente als der Gegenstand des Kaufes in dem Sinne anzusehen, daß der Käufer durch deren Übergabe seine Verpflichtung aus dem Vertrage bereits definitiv erfüllt hätte, sondern den Kaufgegenstand bildet auch in diesem Falle die Ware selbst. Die gedachte Klausel statuiert nur eine Abweichung von dem mangels einer besonderen Beredung geltenden Rechtssatze, daß der Kaufvertrag Zug um Zug zu erfüllen ist, indem sie den Käufer insofern zu einer Vorleistung verpflichtet, als derselbe in die Lage kommen kann — und thatsächlich sehr häufig in die Lage kommt —, seinerseits den Vertrag bereits erfüllen zu müssen, obwohl er noch nicht in den Besitz der Ware selbst gelangt, und es ihm daher unmöglich ist, sich durch eigene Prüfung davon zu überzeugen, ob die in den Verladungsdokumenten bezeichnete Ware von solcher Beschaffenheit ist, daß sie als zur Erfüllung der dem Verkäufer obliegenden kontraktlichen Verpflichtungen geeignet erscheint. Da auch das

Konnossement oder der Ladeschein, in welchen Urkunden . . . die Verladungsdokumente regelmäßig allein zu bestehen pflegen, dem Käufer in der Regel eine Garantie dafür, daß die abgeladene Ware in der That von vertragsmäßiger Beschaffenheit ist, nicht gewähren, und der Käufer, welcher sich zur Zahlung des Kaufpreises schon gegen die bloße Aushändigung der Verladungsdokumente verpflichtet hat, vom Verkäufer die vorgängige Erbringung eines anderweitigen Beweises für die vertragsmäßige Beschaffenheit nicht verlangen kann, sondern sich damit begnügen muß, daß nach der Form und dem Inhalte der Verladungsdokumente die Erwartung gerechtfertigt erscheint, die verladene Ware werde ihrer Qantität und Qualität nach den dieserhalb dem Verkäufer obliegenden Verpflichtungen entsprechen (vgl. die Entscheidung des Reichsgerichtes in Sachen Katz gegen Weber vom 27. April 1892), so schenkt mithin bei dieser Art des Verkaufes der Käufer seinem Verkäufer notwendig ein weitgehendes Vertrauen.

Ganz richtig hiervon ausgehend und anerkennend, daß Voraussetzung für das Recht des Verkäufers, die Vorausbezahlung des Kaufpreises zu fordern, doch immer die Bereitschaft, auch seinerseits den Vertrag zu erfüllen, bleibe, nimmt das Berufungsgericht selbst an, daß auch bei der durch die hier fragliche Klausel geschaffenen Rechtslage an sich dem Käufer nicht zu versagen sein würde, seinerseits den Gegenbeweis zu unternehmen, daß, ungeachtet des nicht zu beanstandenden Inhaltes der Verladungsdokumente, die zur Vertragserfüllung bestimmte Ware hierzu wegen unkontraktlicher Beschaffenheit nicht geeignet sei, wodurch er allerdings in die ungünstigere Lage komme, daß er, um sich von der Vorleistung zu befreien, seinerseits die Unkontraktlichkeit der Ware darthun müßte, während, wenn er *nach* Zahlung des Kaufpreises denselben mit der Behauptung nicht ordnungsmäßiger Vertragserfüllung seitens des Verkäufers zurückfordert, der *Verkäufer* die *ordnungsmäßige* Erfüllung zu erweisen habe.

Demungeachtet gelangt aber das Berufungsgericht zu der Ansicht, daß man der Bedeutung der hier fraglichen Klausel nicht voll gerecht werden würde, wenn man gegenüber einer Klage auf Zahlung des Kaufpreises gegen Überlieferung von, ihrem Inhalte nach nicht zu beanstandenden Verladungsdokumenten den Käufer vorbehaltlich des von ihm zu erbringenden Beweises unbeschränkt mit Einreden zulassen wollte, die aus der angeblich unkontraktlichen Beschaffenheit der Ware hergenommen werden. Denn die hier fragliche Vereinbarung, welche ihrer Natur nach regelmäßig nur bei Distanzgeschäften getroffen zu werden pflege, habe ihre wesentlichste Bedeutung für den überseeischen Verkehr bei Verkäufen von noch zu transportierenden oder schwimmenden Waren, in welchen Fällen der Verkäufer, wenn die Zahlung des Kaufpreises erst nach Ankunft der Ware am Bestimmungsorte und nach Besichtigung und Genehmigung seitens des Käufers erfolgen würde, den Kaufpreis für kürzere oder längere Zeit entbehren müßte, während er seinerseits die Möglichkeit einer anderweitigen Verwertung der Ware aufgegeben und sich damit gewissermaßen eines Bestandteiles seines Vermögens entäußert habe. Dies werde dadurch vermieden, daß auf Grund der Vereinbarung „Kassa gegen Verladungsdokumente", sobald nur die zu transportierende Ware abgeladen ist, ein Umsatz von Werten in der Weise stattfinden könne, daß der Verkäufer in den Besitz des Kaufpreises gelange, während der Käufer mit den Verladungsdokumenten einmal eine gewisse Sicherheit für die demnächstige definitive Vertragserfüllung des Verkäufers und sodann auch ein Wertobjekt erhalte, welches ihm eine Weiterveräußerung gestatte, indem er in die Lage komme, die von ihm gekaufte Ware ebenfalls unter der Vereinbarung „Kassa gegen Verladungsdokumente" weiter veräußern und sich so wieder in den Besitz des Kaufpreises zuzüglich etwaigen Verdienstes setzen zu können. Sei aber die Klausel dazu bestimmt, den Bedürfnissen des Verkehres entsprechend eine Beschleunigung des Umsatzes zu ermöglichen, so erscheine ihr gegenüber ein Verhalten des Käufers ausgeschlossen, welches den mit jener Klausel angestrebten Erfolg zu vereiteln geeignet sei, und dies würde geschehen, wenn es dem Käufer möglich wäre, sich durch die Behauptung, daß die noch auf dem Transporte befindliche Ware nicht kontraktlich sei, seiner Zahlungsverpflichtung vorläufig zu entziehen und ein Beweisverfahren herbeizuführen, welches in vielen Fällen erst durch die Besichtigung der Ware nach deren Ankunft am Bestimmungsorte seine Erledigung finden werde; der Käufer, welcher mit Vereinbarung der Klausel „Kassa gegen Verladungsdokumente" dem Verkäufer das Vertrauen schenke, daß — insoweit die Verladungsdokumente ihrem Inhalte nach zu Bedenken keine Veranlassung geben — eine ordnungsmäßige Erfüllung des Vertrages seitens des Verkäufers stattfinden werde, müsse daher auch die Gefahr laufen, eventuell auf das Recht der Zurückforderung des Kaufpreises beschränkt zu sein. Bei der Deduktion, daß in Konsequenz des Satzes, daß der Käufer aus dem Inhalte der Verladungsdokumente einen Einwand gegen die von ihm geforderte Zahlung des Kaufpreises herleiten könne, die Einrede, daß die Ware nicht kontraktlich sei, auch dann zugelassen werden müsse, wenn ihre Begründung aus anderweitigen Erkenntnisquellen entnommen werde, werde übersehen, daß diese Dokumente nicht nur als Beweismittel in Betracht kommen, sondern ihre Aushändigung dem Käufer auch die Möglichkeit der Weiterveräußerung der Ware gewähren solle, und daß der Käufer daher ein Interesse daran habe, daß sich aus den Verladungsdokumenten Zweifel hinsichtlich der Abladung kontraktlicher Ware nicht ergeben.

Auch diese Ausführungen können für rechtsirrtümlich nicht erachtet werden, insbesondere ist darin eine Verletzung von Auslegungsregeln nicht zu erblicken. Den wirtschaftlichen Grund der Klausel — das Bestreben des Verkäufers, möglichst bald in den Besitz des Kaufpreises zu gelangen, einerseits und das vom Käufer dem Verkäufer geschenkte Vertrauen, die durch die Verladungsdokumente repräsentierte Ware werde dem Kontrakte entsprechen, sowie den dem Käufer durch die Vorausbezahlung des Kaufpreises gewährten Vorteil, die gekaufte Ware schon vor deren Ankunft am Bestimmungsorte wieder verwerten zu können, andererseits — hat das Berufungsgericht keineswegs verkannt. Dafür, daß — wie die Revision meint — der Käufer, wenn er die Annahme der Verladungsdokumente und die Vorausbezahlung des Kaufpreises ablehnt, mit besonderer Milde zu beurteilen sei, weil er dem Verkäufer Vertrauen geschenkt habe, liegt kein Grund vor. Ebensowenig kann der Revision darin beigetreten werden, daß man dem Interesse beider Teile nur gerecht werde, wenn man dem Käufer das Recht zur Ablehnung der Annahme der Verladungsdokumente und der Zahlung des Kaufpreises einräume, sobald der Käufer vom Standpunkte des ordentlichen Kaufmannes aus durch irgend welche Umstände Grund erhält, die Kontraktlichkeit der Ware zu bezweifeln und zu befürchten, daß sein dem Verkäufer geschenktes Vertrauen ein ungerechtfertigtes gewesen sei. Denn der von der Revision hierfür angeführte Grund, für den Käufer sei in einem solchen Falle das ihm durch die Klausel gewährte Äquivalent, schon über die Ware durch Weiterveräußerung verfügen zu können, wertlos, weil er hierdurch einerseits seinen Ansprüchen gegen seinen Verkäufer präjudizieren würde, und weil er andererseits bona fide die Ware nicht als eine kontraktlich beschaffene weiterverkaufen könne, trifft nicht zu. Der Verkäufer würde sich vielmehr, wenn sich hinterher herausstellen sollte, daß das bei dem Käufer entstandene Mißtrauen in der That ein berechtigtes war, den Regreßansprüchen des Käufers gegenüber keineswegs darauf berufen können, daß dieser die Ware trotz seiner Zweifel an deren Kontraktmäßigkeit weiterveräußert habe, da an sich ein Verzicht auf diese Regreßansprüche bei der Vorausbezahlung einer noch gar nicht besichtigten und empfangenen Ware ebensowenig in der bedungenen Vorausbezahlung des Kaufpreises gegen Übergabe der Verladungsdokumente als in einer Benutzung der dadurch seitens des Käufers erlangten Dispositionsbefugnis gefunden werden kann, und da der Berufung des Verkäufers auf die schon bei der Bezahlung des Kaufpreises und bei der Weiterveräußerung der Ware auf seiten des Käufers entstandenen Zweifel an deren Vertragsmäßigkeit die Einrede entgegensteht, daß der Käufer sich trotzdem auf die Erfüllung des Vertrages von seiten des Verkäufers habe verlassen und eventuell auf sein Recht, den Kaufpreis zurückzufordern, habe beschränken dürfen. Andererseits erscheint aber durch den bloßen Zweifel des Käufers an der Vertragsmäßigkeit der verladenen Ware die Möglichkeit einer gutgläubigen Weiterveräußerung mittels der Verladungsdokumente auch dem zweiten Käufer gegenüber nicht als ausgeschlossen, da dieser ebenfalls auf die Möglichkeit und mithin auch auf die Gefahr der Unkontraktlichkeit der Ware bei Geschäften dieser Art immer schon von vornherein rechnen muß, und es mithin nicht ohne weiteres als Verletzung von Treue und Glauben angesehen werden kann, wenn der Käufer seinem Abnehmer die Gründe seiner desfallsigen Befürchtung für den konkreten Fall mitzuteilen unterläßt.

In dem hier vorliegenden Falle ist aber, wie auch das Berufungsgericht anerkennt, dem Umstande Rechnung zu tragen, daß die verkaufte Ware sich anscheinend schon zur Zeit des Verkaufes, jedenfalls aber zu der Zeit, als die Verladungsdokumente der Beklagten von der Klägerin angeboten wurden, bereits in Hamburg, dem Orte, an welchem die Ablieferung an die Beklagte zu geschehen hatte, befand, ja daß die Beklagte als Käuferin schon vor dem Anbieten der Verladungsdokumente, wenn auch ohne Zuthun der Verkäuferin, Gelegenheit gehabt hatte, die Ware zu besichtigen und ihrer Behauptung nach deren Unkontraktlichkeit zu konstatieren, sodaß der für die Auslegung der Klausel „Zahlung gegen Verladungsdokumente“ oben herangezogene Gesichtspunkt, daß bei Waren, die von einem auswärtigen Platze verschifft sind und ihren Bestimmungsort noch nicht erreicht haben, die Feststellung der kontraktlichen Beschaffenheit ohne mehr oder minder große Verzögerung nicht zu ermöglichen sein wird, hier nicht in Betracht kommt. Das Berufungsgericht wirft daher mit Recht die Frage auf, ob die Klausel auch die weitergehende Bedeutung hat, daß sie dem Verkäufer überhaupt eine schleunige Durchführung seines Anspruches auf Zahlung des Kaufpreises im Prozeßwege sichern soll, wobei das Berufungsgericht thatsächlich feststellt, daß die klägerische Ausführung, Beklagte sei ihrer Einwendungen unerachtet zur Zahlung des Kaufpreises verpflichtet und auf eine eventuelle Rückforderung des gezahlten Betrages beschränkt, nicht etwa auf das Bestehen eines bezüglichen Handelsgebrauches, sondern nur auf eine angeblich konstante Gerichtspraxis, nach welcher der Klausel auch die hier fragliche Bedeutung beigelegt werde, gestützt wird. Bei Prüfung der Richtigkeit der desfallsigen früheren Entscheidungen hamburgischer Gerichte ist das Berufungsgericht dann zu der Überzeugung gelangt, daß, um den Bedürfnissen des Verkehres, welche zu der Aufnahme der hier fraglichen Stipulation in die Kaufbedingungen geführt haben, zu genügen, die Klausel dem Verkäufer allerdings eine schleunige Durchführung seiner Ansprüche ermöglichen müsse, und daß die Klausel dementsprechend auszulegen sei. Wenn es auch wohl zu weit gehen würde, den Käufer mit allen Einreden — abgesehen von solchen, welche sich gegen den Bestand des Vertrages richten — auszuschließen, und wenn es auch nicht einmal als geboten erscheine, Einreden, welche auf angeblich mangelhafte Beschaffenheit der Ware gestützt sind, ohne Einschränkung als unstatthaft zu behandeln, so sei doch daran festzuhalten, daß der Käufer, um mit solchen Einreden Gehör zu finden, in der Lage sein müsse, entweder sofort die thatsächliche Unterlage für die Bemängelung der Ware liquide zu stellen oder Umstände darzulegen, welche die Annahme rechtfertigen, daß der Verkäufer in doloser Absicht Erfüllung von seinem Gegenkontrahenten fordere, ohne willens zu sein, seinerseits zu erfüllen.

Sodann wird ausgeführt, daß im vorliegenden Falle das Vorbringen der Beklagten und das Ergebnis der bisherigen Beweisaufnahme bei dieser Auslegung der Klausel zur Rechtfertigung der erhobenen Einrede weder in der einen noch in der anderen Richtung genüge.

Während die letztgedachte thatsächliche Würdigung einem Bedenken nicht unterliegt, und dieserhalb ein Revisionsangriff auch nicht erhoben ist, hat nun aber die Revision die gedachte, vom Berufungsgerichte der hier fraglichen Klausel beigelegte weitergehende Bedeutung mit Grund als rechtsirrtümlich angefochten.

Die Klausel ist offenbar nur aus dem Bedürfnisse des Verkehres bei dem Verkaufe noch erst zu transportierender oder doch noch auf dem Transporte befindlicher Waren hervorgegangen. Sie bezweckt nur, behufs Beschleunigung des Umsatzes von Werten vorläufig, d. h. bis zur Ankunft der Ware am Bestimmungsorte, das dem Verkäufer vom Käufer zu schenkende Vertrauen an die Stelle der eigenen Wahrnehmung des Käufers hinsichtlich der kontraktlichen oder unkontraktlichen Beschaffenheit der Ware treten zu lassen. Sobald aber die Ware selbst am Ablieferungsorte eingetroffen ist und mithin vom Käufer auf ihre Kontraktmäßigkeit untersucht werden kann, verliert dagegen die Klausel ihre Bedeutung gänzlich, indem nunmehr nach allgemeinen Rechtsgrundsätzen dem sich auf dieselbe berufenden Verkäufer die sog. exceptio doli generalis vom Käufer dahin entgegengesetzt werden kann, daß der Verkäufer wider Treue und Glauben handele, wenn er die vom Käufer verlangte Untersuchung verweigert und lediglich auf seinem Scheine — den Worten „Zahlung gegen Verladungsdokumente" — besteht, gleichviel, ob die unverzüglich vorzunehmende Untersuchung der Ware die Kontraktlichkeit oder die Unkontraktlichkeit ergeben wird, und ob hiernach der Verkäufer vom Käufer eine Leistung fordert, die er eventuell sofort würde zurückgeben müssen.

Ein Bedürfnis des Verkehres, in Abweichung von der allgemeinen Rechtsregel, daß der Verkäufer die Zahlung des Kaufpreises nur gegen Erfüllung der ihm aus dem Vertrage obliegenden Verpflichtungen fordern kann, und daß der Käufer berechtigt ist, sich durch Besichtigung und Prüfung der ihm zu liefernden Ware vor der Zahlung des Kaufpreises von der vertragsmäßigen Beschaffenheit der Ware zu überzeugen, den Käufer zu verpflichten, schon gegen die bloße Aushändigung der die Ware repräsentierenden Verladungsdokumente den Kaufpreis zu zahlen, ist nicht erfindlich, wenn zur Zeit des Angebotes dieser Dokumente auch die Ware selbst bereits am Ablieferungsorte eingetroffen ist. Die Rücksicht auf das Interesse auch des Käufers, welcher durch die Vorleistung seinerseits namentlich einem ausländischen Verkäufer gegenüber nicht unerheblich gefährdet wird, erheischt es vielmehr, die hier fragliche Klausel in dem Sinne auszulegen, daß sie sich nach dem vernünftigen Vertragswillen nur auf den regelmäßig vorausgesetzten Fall beziehen soll, wo zur Zeit des Angebotes der Verladungsdokumente die Ware selbst noch nicht am Ablieferungsorte eingetroffen ist. Ist letzteres aber bereits geschehen, so liegt kein Grund vor, wegen der hier fraglichen Klausel, welche den Verkäufer von der Verpflichtung, vertragsmäßige Ware zu liefern, keineswegs befreit, dem Käufer gegenüber dem Verlangen des Verkäufers, gegen die Aushändigung der Verladungsdokumente zu zahlen, die Verteidigung, daß die Ware nicht vertragsmäßig sei, zu versagen oder auch nur zu beschränken, wie auch in diesem Falle kein Grund vorliegt, eine Verschiebung der Beweislast eintreten zu lassen, sondern vielmehr der Verkäufer den Beweis zu führen hat, daß die bereits am Ablieferungsorte angelangte Ware von vertragsmäßiger Beschaffenheit ist. Daß der Käufer, welcher sich zur Zahlung gegen die Verladungsdokumente verpflichtet, überhaupt mit der Möglichkeit rechnen muß, unkontraktliche Ware zu erhalten und in die Lage zu kommen, sich auf eine Rückforderung des gezahlten Kaufpreises beschränkt zu sehen, rechtfertigt noch keineswegs die Annahme, daß er — unter vorläufigem Verzicht auf die etwa aus der Beschaffenheit der Ware zu entnehmenden Einreden — sich zu einer Vorleistung gegen die bloße Aushändigung der Verladungsdokumente auch für den Fall habe verpflichten wollen, daß der Verkäufer sich bei dem Angebote dieser Dokumente auch bereits in der Lage befinden würde, ihm die Ware selbst zur Besichtigung und Prüfung vorzulegen. Das Berufungsgericht legt der hier fraglichen Klausel denn auch nur die prozessuale Bedeutung bei, daß sie dem Verkäufer eine schleunige Durchführung seines Anspruches auf Zahlung des Kaufpreises sichern solle, und daß deshalb Einwendungen des Käufers wegen unkontraktlicher Beschaffenheit der Ware nur dann zuzulassen seien, wenn der

Käufer imstande sei, die thatsächlichen Grundlagen seiner Bemängelung oder eines vom Verkäufer beabsichtigten Dolus sofort liquide zu stellen. Aber auch diese, eine Reminiscenz aus dem älteren Prozeßrechte enthaltende und der jetzt geltenden Civilprozeßordnung fremde Unterscheidung zwischen Liquidität und Illiquidität von Einreden, welche mit der Klage in rechtlichem Zusammenhange stehen, kann für gerechtfertigt nicht erachtet werden, und es ist auch ein rechtlich zu schützendes Interesse nicht ersichtlich, welches der Verkäufer daran haben könnte, daß dem Käufer in dem hier vorliegenden Falle seine Einrede der unkontraktlichen Beschaffenheit der Ware bei nicht sofortiger Liquidität abgeschnitten, und der Käufer mit derselben auf einen zweiten Prozeß verwiesen wird.

Der in betreff der vorliegenden Frage vom Berufungsgerichte angezogenen bisherigen Judikatur der hamburgischen Gerichte ist eine entscheidende Bedeutung schon deshalb nicht beizulegen, weil dieselbe keineswegs immer konform ist.

Das angefochtene Urteil war hiernach aufzuheben. In der Sache selbst konnte aber eine Endentscheidung noch nicht ergehen, weil das Berufungsgericht die thatsächlichen und rechtlichen Grundlagen der Einrede der Beklagten bisjetzt lediglich mit Rücksicht auf die Liquidität derselben geprüft hat. Die Sache war daher zur anderweiten Verhandlung und Entscheidung in Gemäßheit der vorstehenden rechtlichen Beurteilung in die Instanz zurückzuverweisen."

---

20. Verkauf gegen Wechselrembours. Trifft den Verkäufer oder den Käufer die Gefahr der Insolvenz des Dritten, durch dessen Accept der Verkäufer sich vertragsmäßig remboursieren soll?

I. Civilsenat. Urt. v. 15. Februar 1893 i. S. Kl. (Bekl.) w. H. Br. (Kl.) Rep. I. 411/92.

I. Landgericht Stettin.
II. Oberlandesgericht daselbst.

Der Beklagte kaufte von der Klägerin in Chicago amerikanisches Schmalz gegen Dreimonatsaccept mit der Klausel „Rembours auf das

Bankhaus Wilhelm St. zu Stettin". Die Faktura wurde dem Beklagten, das girierte Konnossement über die schwimmende Ware nebst dem von der Klägerin auf Wilhelm St. über den Kaufpreis gezogenen Wechsel zum Accepte an Wilhelm St. gesandt, der Wechsel von Wilhelm St. acceptiert, das Accept an die Klägerin, das Konnossement von Wilhelm St. an den Beklagten gegeben, der dagegen dem Wilhelm St. sein Accept über den Kaufpreis und die Bankierprovision gab, die Ware erhielt und sein Accept zur Verfallzeit einlöste. Wilhelm St. ist dagegen kurz vor Verfall seines Acceptes in Konkurs geraten, sein Accept unbezahlt geblieben und von der Klägerin als Ausstellerin eingelöst worden. Die Klägerin hat den Beklagten aus dem Kaufvertrage auf Zahlung des Kaufpreises zuzüglich des Betrages der Rikambiorechnung für den durch sie eingelösten Wechsel in Anspruch genommen. Der erste Richter hat die Klage abgewiesen, der Berufungsrichter dagegen den Beklagten zur Zahlung gegen Aushändigung des Wilhelm St.'schen Acceptes und Cession der Rechte gegen dessen Konkursmasse verurteilt. Die dagegen eingelegte Revision ist zurückgewiesen aus folgenden

Gründen:

... „In Übereinstimmung mit der neueren Theorie und mit der konstanten Rechtsprechung der Gerichte, insbesondere auch des Reichsoberhandelsgerichtes und des Reichsgerichtes, nimmt das Berufungsgericht zunächst mit Recht an, daß in der Regel die Hingabe eines Wechsels über eine Kaufgeldschuld, mag aus dem Wechsel der Käufer selbst oder ein Dritter verpflichtet sein, nicht als an Zahlungsstatt erfolgt anzusehen ist, daß vielmehr die Hingabe und Annahme eines solchen Wechsels nur einen Versuch der Zahlung darstellt, sodaß, wenn die Einlösung des Wechsels nicht erfolgt, der Verkäufer den Käufer für seine Kaufgeldforderung in Anspruch nehmen kann. Das Berufungsgericht erkennt aber andererseits auch ganz richtig an, daß, da hier ein Handelsgeschäft in Frage steht, und daher ein schriftlicher Vertrag über die Entlassung des ursprünglichen Schuldners aus seiner Schuldverbindlichkeit und eine ausdrückliche Einwilligung des Gläubigers — wie § 400 A.L.R. I. 14 dies erfordert — nicht vorzuliegen braucht, auch schon aus den Umständen und aus konkludenten Handlungen der Kontrahenten gefolgert werden darf, daß die Absicht derselben im konkreten Falle allerdings dahin gegangen sei, den ursprünglichen Schuldner durch die Hingabe und Annahme eines Wechsels vollständig aus seiner Verbindlichkeit zu entlassen, und daß der Gläubiger damit einverstanden war, daß der eintretende Dritte an Stelle des Käufers allein für die Forderung hafte, was aber allerdings als die Absicht der Kontrahenten klar ersichtlich sein müsse.

Während nun der erste Richter im vorliegenden Falle diese Absicht durch den Umstand für erwiesen erachtet, daß unstreitig beim Abschlusse des Kaufvertrages Klägerin die Annahme eines ihr vom Beklagten angebotenen eigenen Acceptes des Beklagten abgelehnt und vielmehr die Leistung eines Acceptes des Bankhauses Wilhelm St. zur Bedingung gemacht habe, meint dagegen das Berufungsgericht, auch wenn man die thatsächliche Voraussetzung des ersten Richters ungeachtet der von der Klägerin in zweiter Instanz gegebenen abweichenden Sachdarstellung als richtig annehme, so ergebe sich hieraus keineswegs, daß der Beklagte durch das Accept des St. habe von seiner Schuld befreit werden sollen, da es sehr wohl möglich sei, daß die Klägerin durch dieses Accept nur eine größere Sicherheit in der Weise habe erlangen wollen, daß sie anstatt eines Schuldners zwei Schuldner erhielt; daß der Beklagte seinerseits ganz aus dem Schuldnexus habe ausscheiden sollen, sei daher aus der gedachten Abmachung nicht zu entnehmen. Aber auch die sonstigen Umstände sprächen nicht nur nicht für die Annahme des ersten Richters, sondern ließen im Gegenteile darauf schließen, daß seitens der Klägerin die Absicht, den Beklagten aus seiner Schuldverbindlichkeit nicht zu entlassen, obgewaltet habe. Denn daraus, daß das Konnossement über die Ware nicht dem Beklagten, sondern dem St. übersandt sei, könne zu Gunsten des Beklagten nichts gefolgert werden, da nach Lage der Sache diese Übersendung nur für Rechnung des Beklagten geschehen sei, und die Übersendung an St. sich daraus erkläre, daß dieser als der zunächst zur Zahlung Verpflichtete dem Beklagten gegenüber eine Sicherheit für seine Deckung habe erhalten müssen. Daß aber die Klägerin den Beklagten aus seiner Schuldverbindlichkeit nicht entlassen wollte, gehe unzweideutig daraus hervor, daß sie dem Beklagten unstreitig die Faktura über die Ware übersandt hat, welche den ausdrücklichen Vermerk „for account and risk of Mr. Heinrich Kl.“ (für Rechnung und Gefahr von Heinrich Kl.) enthielt; denn wäre die Absicht der Kontrahenten dahin gegangen, daß der Beklagte aus seiner

Schuldverbindlichkeit gänzlich entlassen werden sollte, so würde die Übersendung der Faktura an ihn keinen Zweck gehabt haben.

Das letzte dieser Argumente erscheint nun allerdings nicht als stichhaltig. Denn die Übersendung einer Faktura an den Beklagten hatte auch dann, wenn nach der Absicht der Kontrahenten der Beklagte schon durch die Beschaffung des St.'schen Acceptes über den Fakturabetrag aus seinen Verpflichtungen als Käufer hätte entlassen werden sollen, sehr wohl einen Zweck, da der Beklagte von der geschehenen Absendung der gekauften Ware und von deren — den Maßstab für die Höhe des Kaufpreises bildenden — Gewichte notwendig unterrichtet werden mußte, um daraus entnehmen zu können, daß und in welchem Betrage für ihn die Verpflichtung eingetreten sei, den St. zur Leistung des vereinbarten Acceptes zu veranlassen. In dieser Richtung ist auch der in der Faktura enthaltene Vermerk bedeutungslos, daß die an Order abgeladene Ware für Rechnung und Gefahr des Beklagten abgeladen sei, da dieser Vermerk auf alle Fälle erforderlich war, um den Beklagten darüber aufzuklären, daß es sich um die von ihm gekaufte Ware handele.

Die Aufhebung des angefochtenen Urteiles herbeizuführen, ist dieser Irrtum des Berufungsgerichtes jedoch nicht genügend, da die Entscheidung auch schon durch den vorhergehenden, ganz selbständigen Grund getragen wird, daß aus der auf Verlangen der Klägerin getroffenen Abmachung, nach welcher ihr anstatt des von ihr abgelehnten Acceptes des Beklagten ein Accept des St. gegeben werden sollte, noch keineswegs folge, daß Beklagter gegen Hingabe dieses Acceptes aus dem Schuldnexus gänzlich entlassen sein solle, und die Klägerin sich allein an St. zu halten habe. Dieser Grund aber kann für rechtsirrtümlich nicht erachtet werden.

Es könnte zwar scheinen, als ob das Resultat, zu welchem man hiernach mit dem Berufungsgerichte gelangt, in einem Falle der vorliegenden Art dem Rechts- und Billigkeitsgefühle widerspreche, und der Verkäufer gegen Treue und Glauben handele, wenn er von dem Käufer, dessen Zahlungsfähigkeit er nicht traut, und von welchem er deshalb statt des eigenen Acceptes ein Accept eines Bankiers, und zwar nach der Unterstellung des Berufungsgerichtes eines von dem Verkäufer speziell bezeichneten Bankiers, über den Betrag des Kaufpreises verlangt hat, ungeachtet der von dem Käufer diesem Bankier geleisteten vollständigen Zahlung oder Deckung den Kaufpreis nochmals fordert, sobald der Bankier, dem gerade der Verkäufer sein Vertrauen geschenkt hatte, sein Accept hinterher nicht einzulösen vermag. Man könnte deshalb und im Hinblick auf das doch ebenfalls zu berücksichtigende Interesse des Käufers geneigt sein, in einem solchen Falle die getroffene Vereinbarung, durch welche der Käufer von dem Verkäufer indirekt veranlaßt wird, den Kaufpreis an einen Dritten zu entrichten oder sich doch diesem Dritten gegenüber mit einer dem Kaufpreise gleichkommenden Verpflichtung zu belasten, im Sinne von Treue und Glauben dahin auszulegen, daß der Käufer durch den vereinbarten Zahlungsmodus ohne sein Verschulden nicht zu Schaden, also namentlich nicht in die Lage kommen solle, den Kaufpreis doppelt zu zahlen, bezw. die Solvenz des Bankiers dem Verkäufer gegenüber garantieren zu müssen. Dies ließe sich juristisch dadurch rechtfertigen, daß man in der getroffenen Vereinbarung zugleich ein stillschweigendes Mandat, nämlich einen Auftrag des Verkäufers an den Käufer findet, den Kaufpreis an den betreffenden Bankier, und zwar als den Vertreter des Verkäufers zu zahlen, oder daß man als vereinbart annimmt, der Käufer solle nur verpflichtet sein, dafür zu sorgen, daß der Bankier das bedungene Wechselaccept leistet, oder doch von weiteren Verbindlichkeiten aus dem Kaufvertrage befreit sein, nachdem er zu diesem Zwecke seinerseits dem Bankier für den Betrag des Acceptes Zahlung oder Deckung gegeben hat. Im vorliegenden Falle würde hierfür auch noch der Umstand herangezogen werden können, daß die Klägerin dem St. mit der, von diesem erst zu acceptierenden Tratte zugleich auch schon das in blanco girierte Orderkonnossement über die Ware übersandt, ihm damit also auch, abgesehen von der Frage seiner Solvenz, volles Vertrauen geschenkt und ihn thatsächlich in den Stand gesetzt hat, über die noch unbezahlte Ware völlig frei und ohne Rücksicht darauf, daß dieselbe für den Beklagten bestimmt war, zu verfügen, mithin auch der Klägerin jeden Anspruch an den Beklagten auf Zahlung des Kaufpreises zu entziehen. Ebenso könnte man dem Umstande Bedeutung beilegen wollen, daß Klägerin vom Beklagten lediglich das Accept des Bankiers St. und nicht etwa einen Wechsel verlangt hat, welcher — wie es doch nahe gelegen hätte — auch die Unterschrift des Beklagten trug.

Allein bei näherer Betrachtung erscheinen auch diese Bedenken nicht als gerechtfertigt. Juristisch liegt der vorliegende Fall nicht anders als der Fall, wenn verabredet ist, daß der Käufer an die Order des Verkäufers auf einen bestimmten Bankier ziehen soll. Denn auch in diesem Falle kann der Bankier, bevor er für Rechnung des Käufers dem Verkäufer sein Accept giebt, thätsächlich von dem Käufer Deckung fordern. Und wenn dann der Käufer dem Bankier die Deckung in seinem Accepte giebt, der Bankier aber demnächst, ohne das von ihm gegebene Accept einzulösen, in Konkurs gerät, so muß ebenfalls der Käufer, wenn der Bankier den von diesem acceptierten Wechsel begeben hat, denselben einlösen und dem Verkäufer den Kaufpreis zahlen, indem er darauf beschränkt ist, dann seinerseits wegen seiner Forderung an den Bankier sich an dessen Konkursmasse zu halten. Daß in diesem letzteren Falle der Käufer dem Verkäufer gegenüber auch eine Wechselverpflichtung einzugehen hatte, erscheint als unwesentlich. Denn daraus allein, daß der Verkäufer im ersteren Falle auf eine wechselmäßige Mitverpflichtung des Käufers verzichtet, kann nicht ohne weiteres auf den Vertragswillen einer Novation, auf den Willen, den Käufer als den ursprünglichen Schuldner auch aus seiner Verpflichtung zur Zahlung des Kaufpreises zu entlassen, geschlossen werden, zumal bei dem Verlangen des Verkäufers, für den Kaufpreis anstatt des Acceptes des Käufers ein solches eines Bankhauses zu erhalten, neben dem Zwecke, einen zweiten Schuldner zu erlangen, der wirtschaftliche Gesichtspunkt maßgebend zu sein pflegt, daß in der Regel das Accept eines Bankhauses ein leichter diskontierbares Papier ist.

Ist es aber juristisch gleich, ob der Käufer an die Order des Verkäufers auf den Bankier zieht, oder ob der Verkäufer für Rechnung des Käufers auf den Bankier zieht, so muß auch im letzteren Falle die Regel gelten, daß die Hingabe bezw. Verschaffung des Wechsels nur dann Zahlung ist, wenn dies klar beredet war, da der Wechsel an sich keine Zahlung, sondern nur das Mittel ist, Zahlung zu erhalten. So hat man denn auch von jeher das Trassieren für fremde Rechnung aufgefaßt:

Vgl. Heise und Cropp, Juristische Abhandlungen Bd. 2 S. 42. „Da indessen der Zweck dieser Wechsel ganz bestimmt dahin geht, dem Aussteller für Rechnung des Dritten durch Vermittelung des Acceptanten eine Zahlung zu leisten, und folglich dieser Dritte gewissermaßen als Bürge oder richtiger als Konstituent für den Dritten eintritt, und da auch der Umstand, daß für fremde Rechnung gezogen worden ist, ordentlicherweise schon aus dem Wechsel selbst hervorgeht."

Auch in dem hier vorliegenden Falle ist in der letztgedachten Weise verfahren, indem die von der Klägerin auf Wilhelm St. gezogene Tratte den Vermerk enthält „charge to account of Mr. H. Kl.", womit allerdings ausgedrückt ist, daß der Bankier sich wegen seiner Deckung an den Beklagten zu halten habe, was aber an sich nichts weiter besagt, als daß die Klägerin dem Bankier nicht revalierungspflichtig sein wolle, wenn dieser demnächst den von ihm acceptierten Wechsel einlöse.

Aus der voraufgegangenen Vereinbarung der Parteien beim Abschlusse des Kaufes folgt ebenfalls nicht, daß die Klägerin, welche dem Beklagten die Ware gegen dessen Versprechen, den Kaufpreis nach drei Monaten zu zahlen, nicht aushändigen wollte, die Haftung des Beklagten für den Kaufpreis damit aufgegeben habe, daß sie ihm einen Dreimonatskredit gegen das Accept eines bestimmten Bankiers bewilligte. Für die Annahme aber, daß die Klägerin den Beklagten angewiesen habe, dem St. Deckung für ihre (der Klägerin) Rechnung zu gewähren, fehlt es an jeglicher thatsächlichen Grundlage. Denn ob der Bankier seinerseits dem Käufer gedeckten oder ungedeckten Kredit giebt, interessiert den Verkäufer an sich gar nicht. Auch will der Verkäufer, welcher dem Käufer allein nicht kreditieren und welcher die Ware nicht aus der Hand geben will, bevor er nicht wenigstens das Accept eines Bankiers hat, dem Käufer gegenüber gewiß ebensowenig für den Kredit aufkommen, welchen dieser dem Bankier gewährte, um in den Besitz der Ware zu gelangen. Die Argumentation der Revision, daß, weil das Ziehen eines Wechsels für Rechnung eines Dritten immer die Bedeutung habe, daß der Trassat zwar zahlen, aber von diesem Dritten Deckung erhalten solle, in dem Ziehen einer Tratte für Rechnung eines Dritten immer eine Zahlungsanweisung liege, im vorliegenden Falle also der Beklagte seine vertragsmäßige Verpflichtung aus dem Kaufvertrage durch die dem Bankier St. für dessen Acceptleistung gewährte Deckung erfüllt habe, erscheint dem Vorstehenden zufolge nicht als zutreffend. Denn der Zweck einer Trassierung des Verkäufers für Rechnung des Käufers wird nicht schon durch die bloße Acceptierung, sondern erst durch die Einlösung des Wechsels seitens des Trassaten erfüllt, und nur, wenn die letztere erfolgt ist, kann der Käufer dem Anspruche des Verkäufers auf den Kaufpreis den Einwand entgegensetzen, daß er vertragsmäßig die Verpflichtung übernommen habe, dem Bankier, auf welchen der Verkäufer für den Kaufpreis gezogen hatte, den durch dessen Vermittelung dem Käufer thatsächlich gezahlten Kaufpreis zu erstatten. Wenn dagegen der Dritte, für dessen Rechnung ein Wechsel gezogen ist, dem Trassaten schon vor der Einlösung oder sogar schon vor der Acceptierung Zahlung leistet oder Deckung gewährt, so thut er dies in Ermangelung besonderer entgegenstehender Abreden, über die hier nichts vorliegt, auf seine — nicht auf des Trassanten — Gefahr. Auch der Umstand, daß vorliegend die Klägerin dem Beklagten den Bankier, dessen Accept sie verlangte, vorgeschlagen haben soll, ist in dieser Beziehung gleichgültig, da der Beklagte nicht füglich im unklaren darüber sein konnte, daß er zu Schaden kommen könne, wenn dieser Bankier das Accept nur gegen eine ihm im voraus zu leistende Zahlung oder Deckung gewähren und dann vor der Einlösung des Acceptes in Konkurs geraten sollte. Es war also Sache des Beklagten, vor Eingehung des Vertrages zu prüfen und sich darüber schlüssig zu machen, ob er sich auf die Beschaffung eines Acceptes des Bankiers St. für den Betrag des Kaufpreises einlassen wolle, und er kann sich daher, nachdem er letzteres gethan hat, nicht darauf berufen, daß St. für die Leistung seines Acceptes von ihm Deckung durch ein entsprechendes Accept des Beklagten verlangt und erhalten habe, Beklagter mithin von der Klägerin indirekt veranlaßt sei, an St. zu zahlen. Von einer Zwangslage, in welche der Beklagte durch die Klägerin versetzt sei, kann offenbar nicht die Rede sein. Indem der Beklagte auf den Vorschlag der Klägerin einging, schenkte auch er dem Bankier St. das Vertrauen fortdauernder Solvenz; und wenn beide Parteien sich hierin getäuscht haben, so enthält es auch keineswegs eine Unbilligkeit oder eine Verletzung von Treue und Glauben, daß die Gefahr der Insolvenz des St. von dem Beklagten als dem Käufer zu tragen ist und nicht vielmehr von der Klägerin, welche für die von ihr dem Beklagten richtig gelieferte Ware keine Zahlung erhalten würde, obwohl sie von vornherein kund gegeben hatte, daß sie ihre Ware nur gegen Sicherheit aus der Hand geben wolle, und obwohl vorauszusetzen ist, daß sie als eine überseeische Firma sich jedenfalls nicht besser als der in Stettin etablierte Beklagte über die Verhältnisse des dortigen Bankiers St. wird haben unterrichten können. Für die Annahme eines dem Bankier St. von der Klägerin in betreff der Deckung, welche er sich von dem Beklagten etwa behufs der Acceptleistung verschaffen würde, erteilten Inkassomandates ergeben die oben hervorgehobenen Umstände nichts. Dies gilt insbesondere auch von dem seitens der Revision hervorgehobenen Umstande, daß der Beklagte nicht durch die Klägerin, sondern durch Vermittelung des Bankiers St., dem sie dasselbe übersandt hatte, in den Besitz des Konnossements gelangt ist. Denn die Klägerin kann, da sie ohne Zweifel mit der Übersendung des Konnossements an St. den mit dem Beklagten abgeschlossenen Kaufvertrag erfüllen wollte, das Konnossement dem St. nur als dem Vertreter des Beklagten zugesandt haben.

Die seitens der Klägerin geschehene Übersendung der zu acceptierenden Tratte und des in blanco girierten Orderkonnossements an den Bankier St. erklärt sich ferner schon dadurch, daß der Bankier der Regel nach ohne den durch das Konnossement gebotenen Nachweis der Abladung der Ware das Accept gar nicht geben wird. Daß allerdings durch dieses Verfahren seitens der Klägerin dem Bankier gegenüber ein großes Vertrauen dokumentiert ist, rechtfertigt aber noch nicht die Annahme, daß Klägerin damit dem Bankier allein auch für den Fall, daß er — wie geschehen — über das Konnossement vorschriftsmäßig zu Gunsten des Beklagten verfügen werde, kreditieren und dagegen den Beklagten aus dessen Verbindlichkeit aus dem Kaufvertrage entlassen wolle.

Der Beklagte hat nun freilich unter Berufung auf das Gutachten Sachverständiger auch noch die Behauptung aufgestellt, daß im Handelsstande ganz allgemein unter „Rembours" die Übertragung der Schuldverbindlichkeiten des einen Kontrahenten auf einen Dritten (gewöhnlich ein Bankhaus) und die Übernahme dieser Schuldverpflichtung durch den Dritten mit der Intention und zu dem Zwecke verstanden werde, daß der Dritte die Schuld des Kontrahenten an dessen Stelle und mit der Wirkung übernehme, daß der Kontrahent selbst sofort, jedenfalls aber dann, wenn er dem Bankhause Deckung gewährt habe, aus seiner Haftung ausscheide. Mit Recht hat aber das Berufungsgericht die Erhebung des für diese, von der Klägerin bestrittene Behauptung angetretenen Beweises abgelehnt, indem es zutreffend erwägt, daß durch eine derartige, im Handelsstande herrschende Auffassung die neben dem Handelsrechte geltenden Bestimmungen des bürgerlichen Rechtes nicht beseitigt werden könnten, was vielmehr nur dann eintreten würde, wenn — was aber vom Beklagten gar nicht behauptet sei — diese Auffassung sich in wiederholten Fällen Geltung verschafft hätte, und wenn sich in der Praxis eine bestimmte thatsächliche Übung dahin ausgebildet hätte, daß stets der Käufer bei Geschäften der vorliegenden Art als aus seiner Schuldverbindlichkeit für die Kaufpreisforderung des Verkäufers entlassen angesehen sei. Auch komme noch hinzu, daß es an einer jeder näheren Angabe über den Geltungsbereich der behaupteten Auffassung fehle, welche im vorliegenden Falle um so notwendiger gewesen sei, als es sich um ein zwischen einem Stettiner und einem Chicagoer Hause abgeschlossenes Geschäft handele.

Wollte man aber auch diese Erwägung aus dem Grunde nicht für genügend erachten, weil für die Ermittelung des konkreten Vertragswillens der Parteien nach Art. 279 H.G.B. schon die im Handelsstande allgemein herrschende Auffassung von Bedeutung sein würde, so ist die hier fragliche Entscheidung doch auch deshalb gerechtfertigt, weil die behauptete ganz allgemeine Auffassung des Kaufmannsstandes schon dadurch widerlegt ist, daß unstreitig in einem Falle ganz ähnlicher Art (in Sachen der Handlung G. & T. zu New-York wider die Handlung S. & B. zu Stettin) gerade das damalige See- und Handelsgericht zu Stettin ausweise des von der Klägerin beigebrachten (auch in den höheren Instanzen lediglich bestätigten) Urteiles vom 8. Juli 1878 im entgegengesetzten Sinne entschieden hat, indem es unter Berufung auf die von seinen kaufmännischen Mitgliedern erteilte Auskunft verneint, daß im Handelsstande unter „Rembours" die Übernahme der Schuld des Kontrahenten durch einen Dritten mit der Wirkung verstanden werde, daß der Kontrahent aus der ursprünglichen Haftung ausscheide, und hinzufügt, daß nach Angabe dieser kaufmännischen Mitglieder vielmehr im Handelsverkehre der Rembours nur die Bedeutung einer von einem hinsichtlich seiner Kreditfähigkeit nicht genügend bekannten Abnehmer für die prompte Erfüllung seiner Verbindlichkeit zu gewährenden Sicherheit habe.

Überdies ist es eine bekannte Thatsache, daß im kaufmännischen Verkehre die Worte „Rembours" und „Remboursement" ganz allgemein für „Deckung", „Zahlungsmodus" u. s. w. gebraucht werden.

Endlich hat das Berufungsgericht auch den eventuellen Einwand des Beklagten, daß er jedenfalls die durch die versuchte Einziehung des St.'schen Wechsels verursachten Kosten nicht zu erstatten verpflichtet sei, in zutreffender Weise durch die Erwägung widerlegt, daß Klägerin verpflichtet gewesen sei, zunächst den Versuch zu machen, von St. aus dem Wechsel Zahlung zu erlangen, da sie erst, wenn dieser nicht zahle, den Beklagten wegen ihrer Kaufpreisforderung habe in Anspruch nehmen können." ...

---

21. Rechtsverhältnis zwischen dem Gemeinschuldner, dem Verwalter und dem Gläubigerausschuß. Kann der frühere Gemeinschuldner nach Aufhebung des Konkurses gegen den Gläubigerausschuß aus der von demselben verschuldeten Unterschlagung der Masse durch den Verwalter Ansprüche auch dann erheben, wenn die Gläubiger sich nach dem Zwangsvergleiche nur an die Masse zu halten hatten?

I. Civilsenat. Urt. v. 23. September 1893 i. S. D. (Kl.) w. H. u. Gen. (Bekl.) Rep. I. 170/93.

I. Landgericht Breslau.
II. Oberlandesgericht daselbst.

Der Kläger ist 1888 in Konkurs geraten, der damalige Rechtsanwalt B. zum Verwalter ernannt, durch Beschluß der Gläubigerversammlung ist ein Gläubigerausschuß bestellt, und die Beklagten sind zu Mitgliedern desselben gewählt. Nach dem Beschlusse der Gläubigerversammlung sollte der Verwalter zur Masse gehörige Gelder, wenn sie den Betrag von 300 ℳ überstiegen, mindestens einmal wöchentlich bei dem Vorschußvereine in K. hinterlegen. Über Auszahlungen sollte er verbindlich quittieren dürfen, dem Gläubigerausschusse aber zu Händen des Beklagten H. alle vier Wochen über die Verwaltung und Verwertung der Masse Bericht erstatten und Rechnung legen. Dies ist unstreitig nie geschehen, seit dem 16. Juni 1888 bis zur Beendigung des Konkurses auch nichts hinterlegt und die Kasse des Verwalters niemals revidiert worden. Der Konkurs ist infolge rechtskräftig bestätigten Zwangsvergleiches beendet, nach welchem der Kläger den nicht bevorrechteten Gläubigern sogleich nach der rechtskräftigen Bestätigung außer dem Betrage, den sie aus der bereits vollständig versilberten Masse erhalten würden, und den der Verwalter auf 46—47 Prozent angegeben hatte, 5 Prozent unter Bürgschaft zu zahlen hatte. Der Verwalter B. ist nach dem Abschlusse und der Bestätigung des Zwangsvergleiches flüchtig geworden, und es hat sich von der Masse, in der sich 3835,12 ℳ befinden mußten, nichts vorgefunden.

Der Kläger ist gegen die Mitglieder des Gläubigerausschusses auf Schadensersatz klagbar geworden, weil sie das Verbringen der Masse durch grobe Pflichtverletzung verschuldet haben.

Die Klage ist in beiden Instanzen abgewiesen, auf die Revision des Klägers aber das Berufungsurteil aufgehoben aus folgenden

Gründen:

„Das Berufungsurteil beruht auf der Ausführung, daß durch die Unterschlagung der Masse nicht dem Kläger ein Schade entstanden sei, sondern nur den Gläubigern, weil nach dem Inhalte des Zwangsvergleiches der Kläger die Masse den Gläubigern zu ihrer Befriedigung überlassen habe, er trotz der Unterschlagung derselben von seiner Schuld befreit und nur noch zur Zahlung von 5 Prozent verpflichtet sei. Dem ist insoweit beizustimmen, daß nach dem Zwangsvergleiche die Gläubiger auf den die 5 Prozent und die aus der Masse in Aussicht gestellten 46—47 Prozent übersteigenden Betrag ihrer Forderungen verzichtet haben, und daß der Kläger und die Gläubiger davon ausgegangen sind, daß die Gläubiger die 46—47 Prozent nur aus der Masse durch den Verwalter erhalten sollten. Aber die rechtliche Schlußfolgerung, welche der Berufungsrichter daraus für die Klage zieht, ist nicht richtig. Die rechtskräftige Bestätigung des Zwangsvergleiches hatte nach § 175 Abs. 1 K.O. die Aufhebung des Konkursverfahrens zur Folge, die demgemäß auch durch Beschluß vom 27. Februar 1889 erfolgt ist. Nach § 176 hatte der Verwalter als solcher die Masseansprüche und die bevorrechteten Forderungen zu berichtigen oder sicherzustellen. Die Ausführung des Zwangsvergleiches im übrigen war an sich nicht seine Sache als Verwalter. Nach

§ 177 K.O. erhielt der Kläger mit der rechtskräftigen Bestätigung des Vergleiches und der Aufhebung des Konkurses das Recht zurück, über die Konkursmasse frei zu verfügen, soweit der Vergleich nicht ein anderes bestimmte. Die Masse war sein Eigentum während des Konkurses geblieben und blieb sein Eigentum auch nach der Aufhebung des Konkurses. Daraus, daß nach dem Zwangsvergleiche anzunehmen ist, die Masse solle nach der rechtskräftigen Bestätigung des Vergleiches durch den Verwalter dem Vergleiche entsprechend tributarisch verteilt werden und so lange in seinen Händen bleiben, folgt rechtlich nicht, daß die Masse den Gläubigern zum Eigentume überlassen und ihnen und nicht dem Kläger unterschlagen ist. Es braucht deshalb auch nicht untersucht zu werden, ob die Masse vor der Bestätigung des Vergleiches unterschlagen ist oder nachher, und ob im ersteren Falle von einer Eigentumsüberlassung an die Gläubiger überhaupt die Rede sein könnte. Aus dem Zwangsvergleiche hatten der Kläger und die Gläubiger den Anspruch gegen den Verwalter darauf, daß die Masse unter die Gläubiger dem Vergleiche gemäß verteilt werde. Aus dem Eigentume und aus diesem Anspruche des Klägers ergiebt sich seine Legitimation zu der Klage. Selbst wenn durch den Untergang der Masse der Kläger von dem Anspruche der Gläubiger auf Befriedigung aus dieser Masse befreit ist, folgt daraus doch der Fortfall des Anspruches des Klägers auf Restitution der Masse gegen den Verwalter, der sie verbracht hat, und diejenigen, die dieses Verbringen verschuldet haben, sowenig wie der Anspruch des Eigentümers eines Gebäudes gegen denjenigen, der es zerstört hat, um deswillen fortfällt, weil das Gebäude nach seinem vollen Werte mit Schulden belastet ist, für welche der Eigentümer nur dinglich mit der zerstörten Sache haftet (§§ 2—5 A.L.R. I. 16).

Das Berufungsurteil hat deshalb aufgehoben werden müssen. Zur Endentscheidung ist die Sache noch nicht reif, weil bisher über das Verschulden der Beklagten und seinen Kausalzusammenhang mit dem Schaden, dessen Ersatz verlangt wird, nichts festgestellt ist. Dagegen ist die von den Beklagten in erster Instanz erhobene Einrede, daß der Kläger zur Klage gegen sie nicht legitimiert sei, weil sie zu ihm in keinem obligatorischen Verhältnisse gestanden hätten, aus dem sie ihm gegenüber gemäß § 81 und § 80 Abs. 2 K.O. verpflichtet und aus der Nichtbeachtung beider Vorschriften verhaftet seien, hinfällig. Sie beruht auf der schon in dem Urteile des Senates vom 28. Januar 1888,

vgl. Entsch. des R.G.'s in Civils. Bd. 20 S. 109,

zurückgewiesenen Auffassung, daß der Gläubigerausschuß lediglich in einem Mandatsverhältnisse zu den Gläubigern stehe. Der Gläubigerausschuß wird zwar mit dem Willen der Gläubiger und durch ihre Wahl bestellt (§ 79 K.O.), hat aber, sobald er bestellt ist, nach §§ 76. 78. 85. 92. 113. 118. 120 flg. 147. 163 flg. K.O. die rechtliche Stellung und Funktion eines von den Gläubigern wesentlich unabhängigen, selbständigen gesetzlichen Hilfsorganes der Konkursverwaltung. Die Mitglieder des Gläubigerausschusses haben nach § 83 K.O. Anspruch auf Erstattung ihrer Auslagen und auf Vergütung für ihre Geschäftsführung a u s d e r M a s s e, d. h. aus dem Eigentume des Gemeinschuldners. Sie treten damit, ebenso wie der Konkursverwalter, zu dem Gemeinschuldner und seinem in der Konkursmasse befindlichen, für sie fremden Vermögen in die Stelle eines im öffentlichen Interesse für die Durchführung der Zwecke des Konkurses geschaffenen gesetzlichen Organes, welches Recht und Pflicht nicht aus einem Mandate der Gläubiger, sondern unmittelbar aus dem Gesetze entnimmt.

Vgl. Entsch. des R.G.'s in Civils. Bd. 29 S. 29. 36.

Verletzung der ihnen nach §§ 80. 81 K.O. obliegenden gesetzlichen Pflicht ist deshalb auch nicht nur Verletzung einer Vertragspflicht gegenüber den Gläubigern, nicht nur kontraktliches, sondern außerkontraktliches Verschulden, für welches sie nach preußischem Rechte (§§ 7 flg. 16 flg. A.L.R. I. 3, §§ 1 flg. 10 flg. I. 6) schon dann haften, wenn ihr Verschulden in Nachlässigkeit besteht, durch welche das ihrer Aufsicht anvertraute fremde Vermögen beschädigt ist. Den Anspruch auf Ersatz dieses Schadens macht während des Konkurses der Konkursverwalter geltend,

vgl. Entsch. des R.G.'s in Civils. Bd. 20 S. 109,

nach Aufhebung des Konkurses durch den Zwangsvergleich der Kläger als früherer Gemeinschuldner und Eigentümer des beschädigten Vermögens. Denn der Fall des § 153 Abs. 1 oder 2 K.O. liegt nicht vor.

Die Sache ist hiernach zur anderweiten Verhandlung und Entscheidung an das Berufungsgericht zurückverwiesen."

22. Kann die auf Grund einer desfallsigen Verpflichtung erfolgte Sicherstellung des Heiratsgutes der Ehefrau, welche nach § 25 Ziff. 2 K.O. der Anfechtung durch den Konkursverwalter entzogen ist, auf Grund des § 24 Ziff. 2 K.O. angefochten werden, wenn sie in dem letzten Jahre vor Eröffnung des Verfahrens stattgefunden hat?

VI. Civilsenat. Urt. v. 26. Juni 1893 i. S. F.'sche Konkursmasse (Kl.) w. Ehefrau F. (Bekl.) Rep. VI. 101/93.

I. Landgericht Erfurt.
II. Oberlandesgericht Naumburg a. S.

Aus den Gründen:

... „Nach dem § 25 Ziff. 2 K.O. ist die in den letzten zwei Jahren vor der Eröffnung des Konkursverfahrens von dem Gemeinschuldner bewirkte Sicherstellung des Heiratsgutes oder des gesetzlich in seine Verwaltung gekommenen Vermögens seiner Ehefrau ohne weiteres anfechtbar, sofern er nicht zu der Sicherstellung verpflichtet war. Hieraus folgt an sich, daß die Sicherstellung nicht ohne weiteres anfechtbar ist, wenn eine Verpflichtung des Gemeinschuldners zu derselben vorhanden war. Demgegenüber macht die Revision geltend, daß die Bestellung einer Hypothek zur Sicherung des Heiratsgutes der Frau, auch wenn der Gemeinschuldner zu derselben verpflichtet war, als entgeltlicher Vertrag auf Grund des § 24 Ziff. 2 K.O. anfechtbar sei, daß also in einem solchen Falle die Anfechtungsklage des Konkursverwalters noch ohne weiteres begründet sei, wenn die Bestellung der Hypothek in dem letzten Jahre vor der Eröffnung des Verfahrens stattgefunden habe, insofern die Frau nicht beweise, daß ihr zur Zeit der Bestellung der Hypothek eine Absicht ihres Ehemannes, seine Gläubiger zu benachteiligen, nicht bekannt gewesen sei. Danach würde eine auf Grund einer gesetzlichen oder einer mehr als zwei Jahre vor der Eröffnung des Konkurses übernommenen vertragsmäßigen Verpflichtung von dem Gemeinschuldner in dem letzten Jahre vor der Konkurseröffnung bestellten Hypothek zur Sicherstellung des Heiratsgutes seiner Frau, auch abgesehen von besonderen Umständen (§ 24 Ziff. 1 K.O.), ohne weiteres anfechtbar sein, insofern die Frau nicht sollte beweisen können, daß ihr zur Zeit der Hypothekenbestellung eine Absicht ihres Ehemannes, seine Gläubiger zu benachteiligen, nicht bekannt gewesen sei. Wäre dagegen die Hypothek vor mehr als einem Jahre vor der Konkurseröffnung gewährt, so wäre sie unanfechtbar, falls nicht im einzelnen Falle besondere die Anfechtung begründende Voraussetzungen (§ 24 Ziff. 1 K.O.) vorhanden sein sollten. Es läßt sich aber nicht wohl annehmen, daß das Gesetz für die Anfechtung der Sicherstellung der Ehefrau des Gemeinschuldners wegen ihres Heiratsgutes derartige gekünstelte Bestimmungen hat treffen wollen. Das Gesetz enthält auch keine Andeutungen, welche eine solche Auffassung desselben, wie sie von der Revision vertreten wird, rechtfertigen könnten; vielmehr ist die einfachste und natürlichste Auslegung des § 25 Ziff. 2 K.O. die, daß die Sicherstellung des Heiratsgutes der Ehefrau des Gemeinschuldners, von besonderen Umständen abgesehen, von dem Konkursverwalter nicht angefochten werden kann, wenn der Gemeinschuldner gesetzlich oder durch einen vor mehr als zwei Jahren vor der Eröffnung des Verfahrens geschlossenen Vertrag zu der Sicherstellung verpflichtet war. Diese Auslegung findet eine Unterstützung in den Motiven zu § 25 Ziff. 2 K.O. Hier heißt es: „Dementsprechend setzt der Entwurf der Anfechtung aus: jede Sicherstellung oder Rückgewähr des Heiratsgutes, sowie des auf Grund des maritalischen Rechtes in die Verwaltung des Gemeinschuldners gekommenen Frauenvermögens, sofern sie innerhalb des zweijährigen Zeitraumes freiwillig, ohne rechtliche Notwendigkeit, erfolgt ist. Mit rechtlicher Notwendigkeit, also, abgesehen von betrüglicher Kollusion (§ 24 Ziff. 1), unanfechtbar, erfolgt eine Sicherstellung der Frau oder eine Rückgewähr ihres Vermögens, wenn zu derselben der Gemeinschuldner kraft gesetzlicher Vorschrift oder zufolge eines vor Beginn des zweijährigen Zeitraumes rechtsgültig geschlossenen Vertrages verpflichtet war."

Wenn es nun auch richtig sein sollte, daß, wie die Revision geltend macht, die Bestellung einer Hypothek im allgemeinen als ein entgeltlicher Vertrag im Sinne des § 24 Ziff. 2 K.O. anzusehen sei, so würde doch nach dem Vorstehenden dieses in Bezug auf die Bestellung einer Hypothek zur Sicherheit des Heiratsgutes nicht gelten. Die Anfechtbarkeit einer solchen Hypothek ist in dem § 25 Ziff. 2 K.O. besonders geregelt." . . .

23. Verfolgung von Rechtsansprüchen aus dem Gesetze, betreffend die Pensionierung und Versorgung der Militärpersonen des Reichsheeres und der Kaiserlichen Marine, sowie die Bewilligungen für die Hinterbliebenen solcher Personen, vom 27. Juni 1871 (R.G.Bl. 1871 S. 275). §§ 113. 114. 115 des Gesetzes. Endgültige Entscheidung im Sinne des § 114 des Gesetzes.

VI. Civilsenat. Urt. v. 25. September 1893 i. S. des Reichsmilitärfiskus (Bekl.) w. Sch. (Kl.) Rep. VI. 150/93.

I. Landgericht Dresden.
II. Oberlandesgericht daselbst.

Der Kläger kam als Offizier im vormaligen 3. Königlich sächsischen Reiterregimente im Oktober 1872 nach mehr als zehnjähriger Dienstzeit um den Abschied ein und begründete in dem Abschiedsgesuche den gleichzeitig erhobenen Anspruch auf Pension und Pensionserhöhung, letzteren mit seiner durch den Feldzug 1870/71 eingetretenen Unfähigkeit zur Fortsetzung des aktiven Militärdienstes. Am 1. März 1873 à la suite der Königlichen Armee gestellt, trat Kläger zur Kaiserlichen Gendarmeriebrigade in Elsaß-Lothringen über. Eine Bescheidung auf das im Oktober 1872 eingereichte Gesuch um Pensionserhöhung erfolgte damals nicht. Erst auf ein am 31. Mai 1885 erneutes Gesuch erließ das Königlich sächsische Kriegsministerium unterm 18. August 1885 eine Entschließung, gemäß welcher dem Kläger die in § 12e des Reichsgesetzes vom 27. Juni 1871 bestimmte Pensionserhöhung von 300 ℳ jährlich mit der Maßgabe bewilligt wurde, daß diese Pensionserhöhung nach Art. 2277 des hier in Betracht kommenden Code civil dem Kläger vom 1. Juni 1880 an zustehe. Dementsprechend wurde auch in dieser Entschließung das Königliche Kriegszahlamt angewiesen, die bewilligte Pensionserhöhung von diesem Zeitpunkte ab dem Kläger nach- bezw. für die Zukunft fortzuzahlen. Dieser Erlaß wurde unter Vermittelung des Generalkommandos des 15. Armeekorps und der Gendarmeriebrigade in Elsaß-Lothringen durch deren Kommandeur unter dem 24. August 1885 dem damals in Dresden wohnenden Kläger in Abschrift zur Kenntnisnahme zugefertigt und von diesem am 28. August 1885 nach Kenntnisnahme ohne weitere Erklärung zurückgegeben.

Mit Gesuch vom 9. Januar 1892 stellte der Kläger nun an den Königlich sächsischen Kriegsminister die Bitte um Nachzahlung der Pensionserhöhung für die Zeit vom 1. März 1873, dem Tage des Ausscheidens aus der Besoldung des damaligen 3. Reiterregimentes, bis 31. Mai 1880. Mit Entschließung des Kriegsministeriums vom 20. Januar 1892 wurde jedoch diese Bitte unter dem Hinweise abgelehnt, „daß gemäß der Verordnung vom 18. August 1885 mit Rücksicht darauf, daß der Gesuchsteller in Elsaß-Lothringen aufhältlich gewesen, die bewilligte Pensionserhöhung hinsichtlich der Verjährung nicht nach Königlich sächsischen Rechten, sondern nach Art. 2277 des französischen Code civil beurteilt und demgemäß nur für die Zeit vom 1. Juni 1880 bis 31. Mai 1885 nachgezahlt, für die Zeit dagegen, für welche jetzt Nachzahlung beansprucht werde, als verjährt angesehen worden sei". Zugleich wurde hierbei dem Gesuchsteller unter ausdrücklicher Hinweisung auf die Bestimmung des § 114 des Reichsmilitärpensionsgesetzes vom 27. Juni 1871 über die Klagausschlußfrist die Beschreitung des Rechtsweges anheimgestellt.

Der Kläger erhob nun mittels der am 12. Juli 1892 erfolgten Zustellung eines Schriftsatzes Klage gegen den Reichsmilitärfiskus auf Zahlung von 2175 ℳ Pensionserhöhung für die Zeit vom 1. März 1873 bis 31. Mai 1880 nebst 5% Zinsen vom 1. Juni 1880 und Verurteilung des Beklagten in die Kosten des Rechtsstreites. Vom Landgerichte zu Dresden wurde der Beklagte verurteilt, dem Kläger für die Zeit vom 1. März 1873 bis 31. Mai 1880 einen Pensionsbetrag von 2175 ℳ nebst Zinsen zu 5% vom 20. Januar 1892 ab zu bezahlen und neun Zehntel der Kosten zu tragen, der Klaganspruch auf vor diesem Zeitpunkte geforderte Zinsen jedoch unter Verurteilung des Klägers in ein Zehntel der Kosten abgewiesen. Die vom Beklagten hiergegen eingelegte Berufung wurde zurückgewiesen. Auf die Revision des Beklagten hat jedoch das Reichsgericht das Berufungsurteil aufgehoben und die Klage abgewiesen, aus folgenden

Gründen:

„Der Anspruch des Klägers auf Pensionserhöhung nach § 12e des Militärpensionsgesetzes vom 27. Juni 1871 ist unbestritten, ebenso, daß durch den Übertritt des Klägers in den Gendarmeriedienst ein Ruhen des Rechtes auf den Bezug der Pensionserhöhung im Sinne des § 34 dieses Gesetzes nicht eingetreten ist. Die Nachzahlung der

Pensionserhöhung für den Zeitraum vom 1. März 1873 bis zum 31. Mai 1880 wurde vielmehr lediglich auf Grund der gemäß der Bestimmung des Art. 2277 Code civil eingetretenen Verjährung versagt, — dem nunmehr mit Klage erhobenen Anspruche die Einrede des Verlustes des Klagerechtes, der Verjährung und des Verzichtes entgegengesetzt.

Der § 113 des Militärpensionsgesetzes gestattet hinsichtlich der durch dieses Gesetz gewährten Rechtsansprüche auf Pensionen, Beihilfen und Bewilligungen die Beschreitung des Rechtsweges unter den in §§ 114. 115 festgesetzten Beschränkungen. Der § 114 fordert zunächst die Erschöpfung des Instanzenzuges bei den Militärverwaltungsbehörden und bestimmt für die Klagerhebung eine sechsmonatliche, von der Bekanntmachung der endgültigen Entscheidung der Militärverwaltungsbehörden laufende Ausschlußfrist. Während nun in erster Instanz ein Einverständnis darüber festgestellt wurde, daß der Erlaß des Königlich sächsischen Kriegsministeriums vom 20. Januar 1892 als endgültige Entscheidung im Sinne des § 114 des Militärpensionsgesetzes vom 27. Juni 1871 zu erachten sei, wurde in der Berufungsinstanz geltend gemacht, als solche habe der Erlaß vom 18. August 1885 zu gelten; der gegenteiligen Feststellung des landgerichtlichen Thatbestandes liege eine irrtümliche Auffassung des damaligen Prozeßbevollmächtigten zu Grunde. Unter Beweisanerbieten über den untergelaufenen Irrtum wurde ein etwa in jener Feststellung zu findendes prozessuales Geständnis ausdrücklich widerrufen. Das Berufungsgericht ist nun der Meinung, ein Rechtsanspruch im Sinne des § 113 des Militärpensionsgesetzes stehe nicht in Frage; zu entscheiden sei nicht, ob dem Kläger ein Anspruch auf Pensionserhöhung zustehe, sondern, ob der Beklagte sich der Erfüllung dieses Anspruches für die in Frage kommende Zeit entziehen könne; im Gegensatze zu den Rechtsansprüchen auf Pensionen u. s. w. stünden die einzelnen Leistungen, in deren Gewährung der Anspruch auf Pension u. s. w. seine Erfüllung finde; für diese sei der Rechtsweg nicht beschränkt. Demgemäß hält sich das Berufungsgericht auch der Prüfung der Frage enthoben, ob die Verordnung vom 18. August 1885 oder jene vom 20. Januar 1892 als endgültige im Sinne des § 114 anzusehen sei, und ob und inwieweit einer Nachprüfung dieser Frage die Feststellung des landgerichtlichen Thatbestandes entgegenstehen würde. Für die Entscheidung des Berufungsgerichtes erschien demnach lediglich die Beurteilung der Einreden der Verjährung und des Verzichtes maßgebend. Beide Einreden werden auf Grund der Bestimmungen des für anwendbar erachteten sächsischen bürgerlichen Gesetzbuches für unbegründet erachtet, die Einrede der Verjährung in der Erwägung, daß gemäß § 11 des sächsischen bürgerlichen Gesetzbuches Forderungen nach den Gesetzen des Erfüllungsortes zu beurteilen seien, das Recht des Erfüllungsortes auch für die Frage der Verjährung maßgebend sei, Zahlungen aus öffentlichen Kassen, hier aus der Kassenstelle des Kriegsministeriums, dem Königlich sächsischen Kriegszahlamte, von hier nicht zutreffenden Ausnahmen abgesehen, am Orte der Kasse zu leisten und zu empfangen seien, und demgemäß, wenn auch die Pensionen an dem jeweiligen Wohnorte der Berechtigten zu zahlen seien, der Erfüllungsort doch in Sachsen und nicht in Elsaß-Lothringen begründet gewesen sei.

Die Revision rügt die Verletzung der §§ 113. 114 des Militärpensionsgesetzes. Die Unterscheidung des Berufungsgerichtes sei im Gesetze nicht begründet. Der Anspruch auf Pensionserhöhung sei von Anfang an beschränkt worden. Das Kriegsministerium habe die dem Kläger gebührende Pensionserhöhung in dem Erlasse vom 18. August 1885 festgesetzt. Diese Festsetzung falle unter §§ 113. 114 des Militärpensionsgesetzes; der Erlaß vom 18. August 1885 sei als endgültige Entscheidung im Sinne des § 114 dieses Gesetzes zu erachten. Eventuell sei die Einrede der Verjährung begründet. Nach dem erstrichterlichen Thatbestande seien die Parteien darüber einig, daß die Pension dem Berechtigten an seinem jeweiligen Wohnorte zu bezahlen sei. Mit dieser Feststellung sei die Annahme unvereinbar, daß der Erfüllungsort in Sachsen, und nicht gemäß dem damaligen Wohnorte des Klägers in Elsaß-Lothringen begründet gewesen sei.

Die Revision war als begründet zu erachten. Das Gesetz vom 27. Juni 1871, betreffend die Pensionierung und Versorgung der Militärpersonen des Reichsheeres und der Kaiserlichen Marine, sowie die Bewilligungen für die Hinterbliebenen solcher Personen, ist bestimmt, für das gesamte deutsche Heer und für die Kaiserliche Marine die Pensionsansprüche der Offiziere und Soldaten, sowie die Unterstützung ihrer Hinterbliebenen nach gleichmäßigen Grundsätzen auf der Basis einer auskömmlichen, den Rangverhältnissen entsprechenden Versorgung zu regeln (Motive zum Gesetzentwurfe Nr. 96 der Drucksachen des Reichstages I. Session 1871 S. 27). Teil I und II des Gesetzes bestimmen die Ansprüche und die Voraussetzungen derselben, auf Grund deren die Militärverwaltungsbehörden die hiernach zu beanspruchenden Bezüge, Pensionen, Pensionserhöhungen, Beihilfen, Zulagen u. s. w. festzustellen und anzuweisen haben. Teil III eröffnet den Rechtsweg über die Rechtsansprüche auf die in Teil I und II gewährten Pensionen, Beihilfen und Bewilligungen mit der Maßgabe, daß gewisse in das militärtechnische Gebiet fallende Fragen der richterlichen Beurteilung überhaupt entzogen sind (§ 115), und daß binnen einer Ausschlußfrist von sechs Monaten vor Anstellung der Klage der Instanzenzug bei den Militärverwaltungsbehörden erschöpft sein muß (§ 114 des Gesetzes). Der Umfang der in Teil III zugelassenen Rechtsverfolgung erstreckt sich somit auf den ganzen Umfang des I. und II. Teiles; damit erstreckt sich aber auch die in § 114 des Gesetzes festgesetzte Beschränkung auf alle hinsichtlich der Gewährung der in Teil I und II vorgesehenen Bezüge in Betracht kommenden Fragen, soweit sie nicht gemäß § 115 des Gesetzes der richterlichen Beurteilung entzogen sind. Für die Festsetzung einer Pension kommt aber nicht bloß die Frage in Erwägung, ob überhaupt die Voraussetzungen des Anspruches entstanden sind, sondern auch die weitere, ob sie noch zur Zeit bestehen. Außer den vom Gesetze selbst bestimmten besonderen Erlöschungsgründen (§§ 32. 100), sowie den Gründen temporärer Entziehung (Ruhen des Rechtes auf den Bezug, §§ 33. 34. 101. 102) können anch civilrechtliche Aufhebungsgründe Platz greifen. Eine Ausscheidung dieser stünde im Widerspruche mit der Bestimmung, daß die Militärbehörde den Pensionsanspruch festzusetzen habe, und die endgültige Entscheidung der Militärverwaltungsbehörde, die sich notwendig auch auf den civilrechtlichen Aufhebungsgrund erstrecken muß, die nicht zu umgehende Vorstufe der Beschreitung des Rechtsweges bilden solle. Zu der Festsetzung der Pension gehört aber die Festsetzung des **Beginnes** des Bezuges, da erst hiermit die Leistung quantitativ begrenzt und festgestellt wird. Die vom Berufungsgerichte versuchte Unterscheidung ist somit im Gesetze nicht begründet.

Für die Frage, welcher Erlaß des Kriegsministeriums als endgültiger Erlaß im Sinne des § 114 des Gesetzes zu erachten ist, erscheint aber die Feststellung eines Einverständnisses belanglos. Die Beurteilung, ob und welchem dieser Akte eines Organes der Staatsverwaltung die Eigenschaft einer endgültigen Entscheidung im Sinne des § 114 des Gesetzes zukommt, bemißt sich einerseits nach der Bedeutung des gesetzlichen Begriffes der „endgültigen Entscheidung", andererseits nach dem öffentlichrechtlichen Charakter dieses Aktes. Die zu entscheidende Frage stellt sich somit als eine reine Rechtsfrage dar, deren Lösung der Willkür der Parteien entzogen ist. Als endgültige Entscheidung erscheint aber die Entscheidung, welche in abschließender Weise den Pensionsanspruch in der Weise festsetzt, daß aus derselben mit voller Bestimmtheit der gewährte Betrag und der Ausschluß anderweitiger Regelung im ordentlichen Verwaltungsinstanzenzuge hervorgeht. Dies setzt voraus, daß die oberste Verwaltungsbehörde einen Endbescheid erlassen hat. Demgemäß ist aber auch schon dieser den Pensionsbetrag festsetzende und denselben dem Berechtigten kundmachende Bescheid der obersten Militärverwaltungsbehörde die endgültige Entscheidung, von deren Bekanntmachung die Ausschlußfrist läuft. Wie das Reichsoberhandelsgericht hinsichtlich der in § 150 des Reichsbeamtengesetzes für die Klagerhebung festgesetzten, von der Eröffnung der Entscheidung der obersten Reichsbehörde an laufenden Ausschlußfrist in seiner Entscheidung vom 21. Februar 1879,

vgl. Entsch. des R.O.H.G.'s Bd. 24 S. 411,

erörtert hat, steht es dem Beteiligten nicht zu, den Beginn der Frist durch an keine Zeitschranke gebundene Bitten oder Anträge hinauszuschieben. Dies trifft auch hier zu. Der Zweck des § 114 des Gesetzes vom 27. Juni 1871 würde vereitelt, wenn es dem Beteiligten frei stünde, durch Wiederholung seines abschlägig beschiedenen Gesuches und die Erzielung einer erneuten Abweisung den Ablauf der Frist hinauszuschieben oder sich den Lauf einer neuerlichen Frist zu eröffnen. Das Königlich sächsische Kriegsministerium hat als hierzu gemäß § 26 des Militärpensionsgesetzes berufene oberste Militärverwaltungsbehörde des Kontingents in seinem Erlasse vom 18. August 1885 das Pensionserhöhungsgesuch des Klägers beschieden und ihm den Bezug für den Zeitraum vom 1. März 1873 bis 31. Mai 1880 unter Begründung der Ablehnung abgesprochen. Dieser hiernach als endgültige Entscheidung zu erachtende Erlaß wurde dem Kläger auf dem Dienstwege vor dem 28. August 1885 bekannt gemacht. Die Ausschlußfrist des § 114 des Militärpensionsgesetzes war daher längst vor Erhebung der Klage abgelaufen, der Kläger sonach mit der Klage ausgeschlossen." ...

---

24. Tritt die Versicherungsbedingung in einer Seeversicherung: „die Gefahr der Selbstentzündung oder deren Folgen sind inkludiert" auch dann in Kraft, wenn durch Maßregeln zur Abwendung der bereits drohenden Selbstentzündung die Ladung beschädigt worden ist?

I. Civilsenat. Urt. v. 28. Juni 1893 i. S. Norddeutsche Versicherungsgesellschaft u. Gen. (Bekl.) w. M. S. & Co. (Kl.) Rep. I. $\frac{83}{95}$/93.

I. Landgericht Hamburg.
II. Oberlandesgericht daselbst.

Die Kläger haben bei den Beklagten auf Grund der Allgemeinen Seeversicherungsbedingungen von 1867 für Gaskohlen, welche mit dem Segelschiffe „Olga" von Newcastle on Tyne nach Guayaquil geführt werden sollten, mit der Klausel: „Die Gefahr der Selbstentzündung oder deren Folgen sind inkludiert" Seeversicherung genommen. Das Schiff erlitt auf der Reise schwere Stürme, die Kohlen wurden durchnäßt, und das Schiff lief wegen der Gefahr, daß sich die Kohlen entzündeten, einen Nothafen an. Dort sind die Kohlen nach Untersuchung durch Sachverständige gelöscht und verkauft worden, weil die Wiedereinschiffung und der Transport in heißem Klima wegen der drohenden Gefahr der Entzündung nicht ratsam war. Die Kläger haben Zahlung der Versicherungssumme verlangt. Der erste Richter hat den Anspruch abgewiesen, der zweite Richter ihn (unter Vorbehalt der Entscheidung über den Abzug des Erlöses für die Kohlen) zugesprochen. Die Revision der Beklagten ist zurückgewiesen aus folgenden

Gründen:

„Betreffs der Auslegung der Klausel „Die Gefahr der Selbstentzündung oder deren Folgen sind inkludiert" und der Beurteilung der hier in Betracht kommenden Thatsachen ist dem Berufungsgerichte vollkommen beizupflichten. Es wird nicht verkannt, daß dem Wortlaute nach die Klausel so verstanden werden könne, daß nur die Folgen der wirklich eingetretenen Selbstentzündung dem Versicherer zur Last gelegt werden sollen; allein in richtiger Anwendung des Art. 278 H.G.B. werden Sinn und Zweck der von Treue und Glauben beherrschten Versicherungsverträge im allgemeinen und Sinn und Zweck des vorliegenden Versicherungsvertrages im besonderen geprüft.

Auf Grund der unter Zuziehung des Vertreters der Versicherer vorgenommenen Untersuchung und Begutachtung der Kohlen wird einwandsfrei als bewiesen angenommen, daß die mit kochsalzhaltigem Wasser durchfeuchteten Kohlen nicht nach einem heißen Klima weiterverschifft werden durften, daß vielmehr, zumal bei der Besichtigung ein deutlicher Geruch von Steinkohlengas im Schiffsraume wahrnehmbar war, nach menschlichem Ermessen schon beim gewöhnlichen Verlaufe der Reise eine Selbstentzündung der Kohlen und damit eine Vernichtung derselben als sicher zu erwarten war. Aus dieser Sachlage wird gefolgert, daß die mit Zustimmung der Beklagten erfolgte Unterlassung der Weiterbeförderung der Kohlen und deren Konsequenz, der Verkauf derselben, im Vertragsverhältnisse der Parteien zu einander nicht im pekuniären Interesse der Kläger, welche bei dem zu erwartenden Untergange der Ladung durch die Versicherung gedeckt gewesen wären, sondern im alleinigen Interesse der Versicherer gelegen habe; daß im Verhältnisse der Parteien demnach die Nichtbeförderung und der Verkauf der Kohlen sich als eine Maßregel darstellen, welche, nachdem bereits ein Seeunfall vorlag, der in seiner Folge nach menschlicher Voraussicht zur Selbstentzündung führen mußte, zu dem Zwecke getroffen wurde, den bei versicherungsmäßiger Fortsetzung der Reise als sicher zu erwartenden Fall der Selbstentzündung und damit den für den Versicherer nach der Police voraussichtlich sich ergebenden Fall des Totalverlustes zu dessen Gunsten zu vermeiden.

Nach dieser richtigen Schlußfolgerung wären, auch wenn die Unterlassung der Weiterbeförderung der Kohle und der Verkauf nicht mit Zustimmung des Vertreters der Beklagten erfolgt wären, die Voraussetzungen der nützlichen Geschäftsführung festgestellt. Auch im Hinblick auf die Artt. 823. 825 Ziff. 4 H.G.B. (§§ 66. 70 Ziff. 4 der Allgemeinen Seeversicherungsbedingungen) ist die Entscheidung gerechtfertigt; denn wenn nach Fortsetzung der Reise durch Selbstentzündung der Kohlen ein Totalverlust eingetreten wäre, würden die Beklagten gegen den Anspruch auf die Versicherungssumme eingewendet haben, daß der Versicherte sich schuldhaft der ihm bekannten Gefahr ausgesetzt und den größeren Schaden selbst herbeigeführt habe. Der von den Revisionsklägern erhobene Einwand, die Ansicht des Berufungsgerichts führe zu der Konsequenz, daß der Rheder, welcher sein Schiff nur gegen Totalverlust habe versichern lassen, alle kleinen und großen durch Havarie verursachten Schäden reklamieren könne, weil er damit den sonst drohenden Totalverlust vermeide, also im Interesse des Versicherers gehandelt habe, ist nicht stichhaltig. Das Entscheidende im gegebenen Falle besteht darin, daß bereits ein Seeunfall vorlag, der nach menschlicher Voraussicht zur Selbstentzündung und zum Totalverluste führen mußte, welche Folge nur durch die von den Versicherten im Einverständnisse mit den Versicherern getroffenen Maßregeln abgewendet worden ist. Es handelt sich also nicht um eine Aufwendung zur Verhütung von Schäden, welche unter allen Umständen dem Versicherten obliegt.

Auch der bezüglich der Berechnung des Schadens erhobene Angriff ist nicht begründet. Es wird nämlich behauptet, daß nicht der Wert der unversehrten Kohlen hätte zu Grunde gelegt werden dürfen, daß vielmehr, da die Beklagten für die Beschädigung der Kohle durch Nässe nicht aufzukommen hatten, der zur Zeit des Verkaufes bereits vorhandene Minderwert infolge der Verschlechterung der Kohle hätte in Abzug gebracht werden müssen. Die Verurteilung zum Ersatze des ursprünglichen Wertes der Kohle (abzüglich des Erlöses aus der Versteigerung) ist aber die notwendige Folge der Entscheidung der Hauptfrage. Die Beklagten werden nämlich deshalb zur Bezahlung der Versicherungssumme für verpflichtet erklärt, weil bei Weiterbeförderung der durchnäßten Kohle ein Totalverlust entstanden wäre, den nicht die Kläger, sondern die Beklagten zu tragen hatten, der also durch den Verkauf der Kohlen von den Beklagten abgewendet worden ist. Von diesem Standpunkte aus kann die Verschlechterung der Kohle nicht als besonderer Schadensfall in Betracht kommen, sondern der Verkauf der durch die beginnende oder doch schon drohende Selbstentzündung verdorbenen Kohle muß dem Falle der Selbstentzündung gleichgestellt werden. Die Vermögenslage der Klägerin muß vollständig die gleiche wie im Falle der Weiterbeförderung der beschädigten Kohle und nachher erfolgten gänzlichen Vernichtung derselben sein."

---

25. Unter welchen Voraussetzungen kann sich der beklagte Verkäufer auf das Verfolgungsrecht aus § 36 K.O. gegenüber einer im Konkurse des Käufers erfolgten Anfechtung (§ 23 K.O.) der Übereinkunft mit diesem berufen, nach welcher unter Aufhebung aller Verbindlichkeiten aus dem Kaufgeschäfte die gelieferte Ware dem Verkäufer zurückgesendet worden ist?

II. Civilsenat. Urt. v. 11. Juli 1893 i. S. Aktiengesellschaft St. (Bekl.) w. B. als Verwalter im Konkurse F. (Kl.) Rep. II. 114/93.

I. Landgericht Köln.
II. Oberlandesgericht daselbst.

In Ausführung eines mit dem Kaufmanne J. F. in Köln geschlossenen Lieferungsvertrages übersandte diesem die beklagte Verkäuferin von Stettin mittels Seedampfers in zwei Sendungen am 10. Dezember 1891 100 Sack Roggenmehl und 100 Sack Weizenmehl und weiter am 18. Dezember 1891 150 Sack Roggenmehl und 100 Sack Weizenmehl. Es war „cif Köln" verkauft, zahlbar durch Zweimonatsaccepte gegen Empfang der Namenkonnossemente. Letztere wurden dem Käufer F. am 12. und 20. Dezember 1891 gegen zwei Accepte desselben über 6343,50 ℳ und 7550 ℳ durch den Vertreter der Beklagten, den Agenten L. in Köln, behändigt. Die erste Sendung wurde nach ihrer Ankunft in Köln am 8. Januar 1892 dem Käufer gemeldet, F. löste den Frachtbrief ein, die Ware wurde ausgeladen, blieb aber im Hafen von Köln einstweilen liegen. Was die zweite Sendung anlangt, so wurde F. von den Spediteuren K. & K. in Köln benachrichtigt, daß der Seedampfer, mit welchem diese Sendung verladen worden war, wegen zu starken Eisganges des Rheines in Rotterdam habe löschen müssen, und zugleich aufgefordert, über seine Waren bei der Speditionsfirma W. & Sohn in Rotterdam zu verfügen, worauf F. das Konnossement am 30. Dezember 1891 der genannten Firma einsendete mit dem Auftrage, baldmöglichst die Waren nach Köln zu verschiffen. Während letztere nun sich auf der Reise von Rotterdam nach Köln befanden, stellte F. seine Zahlungen ein. Am 14. Janrar 1892 setzte er hiervon den Vertreter L. in Kenntnis und infolge eines mit diesem am nämlichen Tage getroffenen Abkommens gingen sämtliche Waren, sowohl die im Hafen von Köln lagernde als die noch schwimmende Sendung, an das Stettiner Haus zurück. Mittels Briefes vom 15. Januar 1892 benachrichtigte F. hiervon direkt die beklagte Gesellschaft. Am 22. Januar 1892 wurde das Konkursverfahren über das Vermögen des F. eröffnet.

Mit der von dem Konkursverwalter erhobenen, auf § 23 Ziff. 2 K.O. gestützten Anfechtungsklage wurde unter der Behauptung, daß nach der angefochtenen Vereinbarung vom 14. Januar 1892 der Gemeinschuldner der Verkäuferin die Waren zum Ausgleiche für ihre Kaufpreisforderungen aus den Accepten zurückgegeben habe, die Verurteilung der Beklagten zur Rückgewähr der Waren und, wenn sie innerhalb 8 Tagen dieser Auflage nicht nachkomme, zur Zahlung von 15000 ℳ nebst 6 % Zinsen vom Klagtage beantragt.

Die Beklagte, welche die Abweisung der Klage beantragte, bestritt, daß die Vereinbarung vom 14. Januar 1892 den vom Kläger behaupteten Inhalt gehabt habe; der Gemeinschuldner habe vielmehr dem Vertreter L. erklärt, er könne nicht mehr zahlen, L. möge über die beiden Sendungen verfügen. Hierauf sei das ganze Kaufgeschäft ex tunc rückgängig gemacht worden, und zwar zu einer Zeit, wo der Gemeinschuldner noch volle Verfügungsgewalt besessen habe. Von einer Befriedigung der Beklagten im Sinne des § 23 Ziff. 2 K.O. könne daher keine Rede sein, da nach Aufhebung des Vertrages nichts mehr zu befriedigen gewesen sei. Die Zurücknahme der Ware sei aber auch nach § 36 K.O. gerechtfertigt. Keine der Sendungen sei nämlich vor der Konkurseröffnung in den „Gewahrsam“ des Gemeinschuldners gelangt, Beklagte sei daher aussonderungsberechtigt. Aber selbst wenn man annehmen könnte, daß die erste Sendung vor der Konkurseröffnung bereits in den Gewahrsam F.'s gelangt sei, so müsse auch hier § 36 K.O. in analoger Ausdehnung Platz greifen.

Das Landgericht Köln verurteilte die Beklagte, die dem Gemeinschuldner F. verkauften, von diesem empfangenen und alsdann wieder zurückgegebenen, unterm 10. und unterm 18. Dezember 1891 fakturierten Waren cif Köln der klagenden Konkursmasse zurückzugewähren. Vom Oberlandesgerichte Köln wurde die Berufung und und vom Reichsgerichte die Revision der Beklagten zurückgewiesen; letztere Entscheidung beruht auf folgenden

Gründen:

„Rechtlich unbedenklich ist die von der Revision auch nicht angegriffene Annahme des Oberlandesgerichtes, daß das zwischen der in Stettin domizilierten Beklagten und dem Kaufmanne F. in Köln abgeschlossene Lieferungsgeschäft in Stettin zu erfüllen (Art. 324. 342. 345 H.G.B.), und daß das Eigentum an der in zwei Sendungen am 10. und am 18. Dezember 1891 mittels Seedampfers abgesendeten Ware (Mehl) bereits auf den Käufer übergegangen war, als dieser zufolge der Einstellung seiner Zahlungen am 14. Januar 1892 mit dem Vertreter der Beklagten übereinkam, das gelieferte Mehl an letztere zurückgehen zu lassen.

Ebenso unterliegt es keinem Zweifel, daß diese Vereinbarung, wenn sie den vom Kläger angegebenen Inhalt hatte, ein der Anfechtung gemäß § 23 Ziff. 2 K.O. unterliegendes Rechtsgeschäft war. Denn wenn die Ware der Verkäuferin zum Ausgleiche für ihre Kaufpreisforderung zurückgegeben wurde, so erhielt diese an Stelle der ihr nach Maßgabe des Vertrages übergebenen Zweimonatsaccepte, welche der Käufer nicht einzulösen vermochte, anderweite Deckung durch Hingabe von Waren an Zahlungsstatt, also eine Befriedigung, welche sie in dieser Art nicht zu beanspruchen hatte.

Aber auch mit dem von der Beklagten behaupteten Inhalte konnte die Übereinkunft vom 14. Januar 1892, die hiernach eine völlige Aufhebung des eingegangenen Lieferungsgeschäftes enthielt, als ein nach § 23 Ziff. 1 K.O. anfechtbares Rechtsgeschäft, durch dessen Eingehung die Konkursgläubiger benachteiligt wurden, angesehen werden. Ein selbständiges Recht, von dem Vertrage abzugehen, stand der Beklagten nicht zu, weder nach Art. 354 H.G.B., da die Ware als übergeben zu gelten hatte, noch nach Artt. 1184. 1654 B.G.B., wenn das rheinisch-französische Recht in Anwendung zu kommen hätte, da hiernach die Aufhebung eines Kaufes ein auf Auflösung erkennendes richterliches Urteil voraussetzt, übrigens ein Zahlungsverzug des Käufers gar nicht vorlag. Auch das Rückforderungsrecht aus § 36 K.O. war jedenfalls gegenüber der ersten vor der Zahlungseinstellung des Käufers am Orte der Ablieferung angekommenen Sendung schon deshalb ausgeschlossen, weil diese Sendung nach Einlösung des Frachtbriefes durch den Käufer ausgeladen und in dessen Namen zur Zollstätte gebracht worden war, sodaß ohne Rechtsirrtum festgestellt werden konnte, dieser Teil der Gesamtlieferung sei bereits in den Gewahrsam des Gemeinschuldners oder einer anderen Person für ihn gelangt gewesen.

Fraglicher erscheint dies hinsichtlich der zweiten Sendung, welche am 14. Januar 1892 noch nicht in Köln angekommen war, sondern sich noch auf dem Transporte von Rotterdam nach Köln befand und nun infolge der erwähnten Vereinbarung wieder an das Stettiner Haus zurückging. Die in den Urteilsgründen von dem Berufungsgerichte dargelegte, durch die behauptete Annullierung des Lieferungsgeschäftes bewirkte Benachteiligung der Konkursgläubiger würde zu verneinen sein, wenn feststünde, daß der Beklagten auf die Zurückziehung dieser gelieferten Ware, welche ihr durch die in der Übereinkunft vom 14. Januar 1892 gegebene Bewilligung des Käufers ermöglicht wurde, im Falle der Eröffnung des Konkursverfahrens auf Grund des § 36 K.O. ein selbständiges Recht erwachsen wäre. Daß nicht der Zeitpunkt der Zahlungseinstellung, welche der Übereinkunft vom 14. Januar 1892 vorausgegangen war, sondern der Zeitpunkt der Konkurseröffnung, welche erst am 22. Januar 1892 erfolgt ist, bei dem Rückforderungsrecht des § 36 K.O. der entscheidende ist, und daß von einer analogen Ausdehnung dieser Gesetzesvorschrift in dieser Richtung keine Rede sein kann, hat das Oberlandesgericht mit Recht angenommen. Der von der Beklagten verteidigten entgegengesetzten Ansicht steht der Wortlaut des § 36 K.O. direkt entgegen. Wenn die Ware noch vor der Eröffnung des Konkurses abgeliefert wurde, besteht das eine Begünstigung des Verkäufers euthaltende Rückforderungsrecht nicht, mag die Ablieferung vor oder erst uach der Zahlungseinstellung stattgefunden haben. Aus den gesetzgeberischen Vorarbeiten (Motive zum Entwurfe S. 166, Protokolle der Kommission in Hahn's Materialien zur Konkursordnung S. 544) ergiebt sich, daß der Zeitpunkt der Zahlungseinstellnng, auf welchen die Eröffnung des Falliments nicht etwa wie nach dem Code zurückverlegt wird, nicht für maßgebend erachtet, und daß ein Antrag, den Zeitpunkt der Stellung des Antrages auf Eröffnung des Konkursverfahrens für entscheidend zu erklären, abgelehnt wurde. Danach könnte der erhobenen Anfechtungsklage das Rückforderungsrecht des § 36 K.O. nur dann entgegengehalten werden, wenn die Beklagte zugleich darzulegen und nötigenfalls zu beweisen vermocht hätte, daß die Ablieferung der noch schwimmenden Ware vor der Konkurseröffnung nicht mehr erfolgt wäre. Eine solche Behauptung hat aber die Beklagte nicht aufgestellt, und das Oberlandesgericht stellt fest, es sei am 15. Januar 1892 noch völlig ungewiß gewesen, ob die zweite Sendung im Fakturabetrage von 7550 *M* vor oder nach der Konkurseröffnung in den Gewahrsam des F. bezw. der Masse gelangen, und aus diesem Grunde der Beklagten das Aussonderungs- und Rückforderungsrecht des § 36 K.O. zustehen würde. Ohne Rechtsirrtum konnte daher in der Vereinbarung, das Lieferungsgeschäft mit der Wirkung, als habe es nie bestanden, aufzuheben, eine Benachteiligung der Konkursgläubiger und, da der Beklagten bezw. deren Vertreter die vorausgegangene Zahlungseinstellung des Schuldners bekannt war, ein unter § 23 Ziff. 1 K.O. fallendes, der Anfechtung unterworfenes Rechtsgeschäft gefunden werden.

Der Beklagten stand aber auch nicht als Absenderin das Recht zu, der Ware eine andere Bestimmung zu geben und auf diese Weise die Ablieferung an den Käufer zu verhindern. Die Ware wurde von Stettin aus zur See befördert, und dem Käufer waren bereits am 12. bezw. 20. Dezember 1891 die auf seinen Namen lautenden Konnossemente von dem Vertreter der Beklagten in Köln ausgehändigt worden. Ohne seine Mitwirkung konnte daher die Beklagte nach Art. 661 H.G.B. die Zurückgabe oder Auslieferung der Ware nicht erlangen. Der Käufer war von dem Eintreffen der zweiten Sendung in Rotterdam am 29. Dezember 1891 durch die Spediteure K. & K. benachrichtigt worden und hatte, da der Dampfer „Saturn" wegen Eisganges des Rheines seine Reise nicht fortsetzen konnte, und die Ladung daher gelöscht werden mußte, dem ihm bezeichneten Spediteur in Rotterdam das Konnossement mit dem Auftrage zugehen lassen, die Ware nach Köln zu senden; und die zweite Sendung befand sich noch auf dem Rheine unterwegs, als die angefochtene Übereinkunft vom 14. Januar 1892 getroffen wurde. Durch diese Vorgänge ist daher die Beklagte gleichfalls nicht etwa in die Lage gesetzt worden, die Auslieferung des Mehles an den Adressaten verhindern zu können, wenn sie anders Schritte in dieser Richtung zu thun beabsichtigt haben sollte. Hiernach mußte die Revision zurückgewiesen werden."

26. Offene Handelsgesellschaft. Anteil der Gesellschafter am Gesellschaftsvermögen. Forderung eines Gesellschafters aus Art. 93 H.G.B.

VI. Civilsenat. Urt. v. 12. Juni 1893 i. S. Sch. (Kl.) w. F. (Bekl.) Rep. VI. 82/93.

I. Landgericht München.
II. Oberlandesgericht daselbst.

Dr. M. H. von Augsburg betrieb unter der Firma „Litterarisches Institut von Dr. M. H." ein Handelsgeschäft mit der Hauptniederlassung in Augsburg und einer Zweigniederlassung in München. Im Februar 1885 schloß er mit K. F. in München einen Gesellschaftsvertrag, wonach unter Trennung der Niederlassungen die bisherige Zweigniederlassung unter der Firma „Litterarisches Institut von Dr. M. H. & Co." von H. und F. in offener Handelsgesellschaft fortbetrieben wurde. In dem Vertrage ist unter anderem bestimmt: „Dieses Handelsgeschäft umfaßt zur Zeit an Aktiven — in Summa 262 000 ℳ, an Passiven — Hypotheken 55 400 ℳ, unfundierte Schuld 34 600 ℳ, zusammen 90 000 ℳ, mithin Reinvermögen 172 000 ℳ . . . Gegenwärtige Handelsgesellschaft erlischt mit dem Tode eines der beiden Gesellschafter. Die vermögensrechtlichen Folgen solcher Vertragsauflösung sind im heutigen Erbvertrage zwischen Dr. M. H. und K. F. enthalten." In diesem Erbvertrage ist für den Fall des früheren Todes des Dr. M. H. bestimmt: „K. F. wird Alleineigentümer des ganzen Münchener Handelsgeschäftes, insbesondere des Hauses, der Schriften, Maschinen, des Inventares und des Verlages des Bayerischen Kuriers, dann namentlich auch der buchmäßig auf Dr. M. H. treffenden Kapitaleinlage. Es geht sonach der ganze Anteil des Dr. M. H. an diesem Handelsgeschäfte mit Aktiven und Passiven ohne irgend welche Ausnahme nach Ableben des H. kraft Erbvertrages auf K. F. über." Unter der unfundierten Schuld befand sich ein Guthaben einer Frau W. von 4000 ℳ, welches Dr. M. H. im November 1887 auf Anfordern der Gläubigerin einschließlich der Zinsen zusammen mit 4232,88 ℳ aus seinem Privatvermögen bezahlt hat. Dr. M. H. starb im Dezember 1887 mit Hinterlassung eines Testamentes, in welchem er die

Louise Sch. als Erbin seines Gesamtnachlasses, soweit hierüber nicht durch den Erbvertrag verfügt ist, eingesetzt hat. Die von der Louise Sch. als Testamentserbin gegen K. F. (als Vertragserben des Münchener Geschäftes) erhobene Klage, mittels der sie den Ersatz der 4232,88 ℳ verlangt, wurde gestützt auf die Behauptung, Dr. M. H. habe durch Zahlung der W.'schen Schuld eine Gesellschaftsschuld getilgt; der hiernach gemäß Art. 93 H.G.B. von H. gegen die Gesellschaft erworbene Ersatzanspruch gehöre zu dem auf die Klägerin als Testamentserbin übergegangenen Nachlasse; der Beklagte hafte hierfür voll nach Inhalt und Sinn des Erbvertrages vermöge seines Erbschaftsantrittes. Die Klage wie die Berufung der Klägerin wurde zurückgewiesen. Auf die Revision der Klägerin hat das Reichsgericht das Berufungsurteil aufgehoben und unter Abänderung des Urteiles erster Instanz den Beklagten dem Klagantrage gemäß verurteilt.

Aus den Gründen:

... „Das Berufungsgericht stellt im Wege der Auslegung des Gesellschaftsvertrages vom Februar 1885 fest, daß durch diesen Vertrag die sog. unfundierte Schuld, darunter der W.'sche Posten, als Gesellschaftsschuld der neugegründeten offenen Handelsgesellschaft konstituiert und als solche von den Vertragschließenden anerkannt worden sei. Diese Feststellung muß an sich als eine durchaus zutreffende anerkannt werden. Allerdings bemerkt das Berufungsgericht im Anschlusse hieran, für diese Schuld hätten gemäß Art. 112 H.G.B. (zufolge jener Vereinbarung) beide Gesellschafter dem Gläubiger solidarisch mit ihrem ganzen Vermögen gehaftet. Diese Folgerung aus der erwähnten Vertragsabrede ist, wie der Beklagte mit Recht geltend macht, eine irrige, mindestens in den thatsächlichen Verhältnissen nicht begründete. Dadurch allein, daß Jemand in ein seither von einem Anderen betriebenes Einzelgeschäft als Gesellschafter eintritt, und die neuen Gesellschafter unter sich vereinbaren, die bis dahin entstandenen Schulden des seitherigen alleinigen Inhabers des Geschäftes sollen Gesellschaftsschulden sein, wird die solidarische Haftung der neuen Gesellschafter gegenüber den Gläubigern noch nicht begründet, auch dann nicht, wenn die Schulden Geschäftsschulden sind.

Vgl. H.G.B. Art. 113; Entsch. des R.O.H.G. Bd. 1 S. 62 flg., Bd. 2 S. 52 flg., Bd. 3 S. 182. 333, Bd. 8 S. 41 flg.

Indes beruht die in Frage stehende Feststellung nicht hierauf, und es kommt für die Entscheidung des Rechtsstreites auch darauf, ob die beiden Gesellschafter bezw. H. als Gesellschafter den Gläubigern der unfundierten Schuld solidarisch hafteten, gar nicht an. Denn in Ansehung der Frage, welche Rechte dem verstorbenen H. aus der Bezahlung der W.'schen Schuld gegenüber der Gesellschaft, bezw. dem Mitgesellschafter erwuchsen, ist die Thatsache entscheidend, daß diese Schuld vertragsmäßig unter den Gesellschaftern eine Gesellschaftsschuld bildete. Mit der Tilgung der W.'schen Schuld hat hiernach H. in dem hier allein in Betracht kommenden internen Verhältnisse der Gesellschafter eine Gesellschaftsschuld bezahlt. Diese Zahlung erfolgte aus dem Privatvermögen des H. Damit hat H., wie auch das Berufungsgericht nicht verkennt, unmittelbar einen Anspruch auf Ersatz des Ausgelegten erworben, welchen er allerdings während des Bestehens der Gesellschaft gemäß Artt. 92. 93 H.G.B. nicht, auch nicht zum anteilmäßigen Betrage, an seinen Mitgesellschafter F., sondern nur, und zwar zum vollen Betrage, an die Gesellschaft geltend machen konnte. Der Umstand, daß H. den Gläubigern der unfundierten Schuld als deren Schuldner für die Bezahlung der ganzen Schuld verhaftet war und trotz der Bestimmung des Gesellschaftsvertrages, wonach diese Schulden als Gesellschaftsschulden erklärt wurden, allein verhaftet blieb, kann an dieser Beurteilung nichts ändern, weil es eben bezüglich der Frage der Ersatzforderung nur auf das Verhältnis der Schuld zu der Gesellschaft ankommt. Die Meinung des Berufungsgerichtes, daß die Ersatzforderung H.'s, weil er sie vor seinem Tode an die Gesellschaft nicht geltend gemacht habe, infolge der durch den Tod H.'s und die Auflösung der Gesellschaft eingetretenen Rechtslage erloschen sei, muß aber als eine irrige bezeichnet werden. Für entscheidend erachtet das Berufungsgericht in dieser Beziehung die Thatsachen, daß H. durch die Zahlung eine Gesellschaftsschuld getilgt habe, und daß er ein den Gesellschaftsgläubigern gegenüber für diese Schuld solidarisch verhafteter Gesellschafter gewesen sei. Unstatthaft sei deshalb der Versuch der Klägerin, den H. bei dieser Zahlung außerhalb des Gesellschaftsverhältnisses und ihn einem dritten außerhalb des Gesellschaftsverhältnisses stehenden Zahler gleich zu stellen; H. habe vielmehr vermöge des Gesellschaftsverhältnisses auch der Gesellschaft und dem Mitgesellschafter gegenüber für diese

Gesellschaftsschuld mitgehaftet. Habe demzufolge H. durch die Zahlung der Gesellschaftsschuld einen Anspruch gegen den Beklagten aus Geschäftsführung (negotiorum gestio) für letzteren nicht erworben, so sei — führt das Berufungsgericht weiter aus — der Ersatzanspruch, der dem H. gemäß Art. 93 H.G.B. gegen die Gesellschaft zugestanden, nicht ein Bestandteil desjenigen H.'schen Nachlasses geworden, welcher auf die Klägerin als Testamentserbin übergegangen sei. Durch den gemäß dem Erbvertrage erfolgten unbedingten Erbschaftsantritt des Beklagten sei auf diesen der gesamte Anteil des H. an dem Gesellschaftsvermögen mit Aktiven und Passiven ohne irgend welche Ausnahme übergegangen. Daß aber der mehrerwähnte Forderungsanspruch des Dr. H., bei welchem es sich nicht nur um eine Gesellschaftsschuld handle, sondern auch der Gläubiger in der Eigenschaft als Gesellschafter forderungsberechtigt sei, und diesem als Schuldner die Gesellschaft bezw. deren nunmehriger einziger Vertreter K. F. gegenüberstehe, mit dem Handelsgeschäfte selbst in engstem, unlösbarem Zusammenhange stehe, und die fragliche Forderung ein Passivum der Handelsgesellschaft zur Zeit des Ablebens des Dr. H. gebildet habe, mithin dessen Forderung mit dem Anteile desselben am Gesellschaftsvermögen auf F. übergegangen sei, könne einem begründeten Zweifel nicht unterzogen werden. Da hiernach in der Person des Vertragserben Schuldner und Gläubiger der fraglichen Ersatzforderung zusammengetroffen, so sei nach bekannter Rechtsregel der Forderungsanspruch selbst durch Konfusion erloschen und bestehe nicht mehr zu Recht, könne deshalb auch unter keinen Umständen auf die Klägerin als Testamentserbin übergegangen sein.... Mit Grund wendet sich die Revision gegen diese Ausführungen.... Der Gedankengang des Berufungsrichters ist allerdings schwer verständlich. Soviel ist aber klar, daß der Berufungsrichter die Annahme, die fragliche Forderung sei in der Person des Beklagten durch Konfusion erloschen, nicht auf eine solche Auslegung des Erbvertrages stützt, wonach auf den Beklagten als Vertragserben außer dem Anteile des H. an dem Gesellschaftsvermögen auch Forderungen, welche dem H. gemäß Art. 93 H.G.B. an die Gesellschaft zustehen sollten, übergangen wären. Die Entscheidung des Berufungsgerichtes beruht vielmehr auf einer rechtsirrigen Auffassung vom Wesen der dem Handelsgesellschafter aus Zahlungen und Auslagen für die Gesellschaft zustehenden Ersatzforderung und vom Begriffe des Anteiles eines Gesellschafters am Gesellschaftsvermögen. Zunächst folgt daraus, daß dem H. gegen den Beklagten wegen Bezahlung der W.'schen Schuld die actio negotiorum gestorum (contraria) nicht gegeben sein würde, gar nichts gegen den Fortbestand der für H. aus der Zahlung der Gesellschaftsschuld einmal begründeten Ersatzforderung. Das Berufungsgericht geht auch, wie gezeigt, davon aus, daß H. gemäß Art. 93 einen Anspruch auf vollen Ersatz gegen die Gesellschaft gehabt habe. Dieser Anspruch gehörte aber zum Privatvermögen des H., welches man zur Unterscheidung vom Gesellschaftsvermögen und von dem Anteile an letzterem in dieser Weise bezeichnen kann. In dem Anteile H.'s am Gesellschaftsvermögen war der Anspruch nicht enthalten. Sowenig als die Kapitaleinlage des H. durch diesen Anspruch irgend wie berührt wurde (Art. 92 H.G.B.), ebenso unabhängig war der Anteil H.'s am Gesellschaftsvermögen an sich von jener Forderung. Diese bestand zur Zeit des Bestehens der Gesellschaft gegen diese. Während des Bestehens der Gesellschaft werden die Anteile der Gesellschafter am geschlossenen Gesellschaftsvermögen — auf die in Art. 106 flg. H.G.B. bezeichnete Weise — unter den Gesellschaftern im wesentlichen überhaupt nur buchmäßig festgestellt. Die Forderung eines Gesellschafters aus Zahlungen und Auslagen für die Handelsgesellschaft, welche bei dieser periodischen Berechnung in Frage kommt, bildet hierbei wie eine andere Schuld der Gesellschaft ein Gesellschaftspassivum. Wird sie hierbei dem zahlenden Gesellschafter auf sein Kapitalkonto gutgeschrieben, und hierdurch bezw. durch die hierin liegende Vereinbarung der Gesellschafter seine Einlage vermehrt, so ändert sich hiermit zunächst die Grundlage für die Berechnung und Verzinsung der Einlage und infolge dessen des Anteiles des Gesellschafters am Gesellschaftsvermögen. Abgesehen hiervon aber bleibt die von der Gesellschaft nicht berichtigte Ersatzforderung des Gesellschafters bestehen, und sie erlischt nicht, wenn die Gesellschaft sich auflöst. Aber auch nach Auflösung der Gesellschaft besteht eine derartige Forderung eines Gesellschafters unabhängig vom Anteile desselben am Gesellschaftsvermögen fort; sie ist nicht in diesem Anteile begriffen. Nach wie vor hat der Gesellschafter den Anspruch auf Befriedigung aus dem Gesellschaftsvermögen. Bei der in der Regel nach Auflösung der Gesellschaft stattfindenden Liquidation ist eine solche Schuld, wie eine andere Gesellschaftsschuld, als ein Passivum der Gesellschaft zu behandeln, und insofern kommt sie als ein Faktor bei der Berechnung dessen, was schließlich als Vermögen der aufgelösten Gesellschaft übrig bleibt und als Anteil der einzelnen Gesellschafter an diesem Vermögen anzuerkennen ist, in Betracht. Eine ganz andere, vom Berufungsrichter nicht berührte, vorliegenden Falles zu verneinende Frage ist, ob zufolge der Auflösung der Gesellschaft und der Auseinandersetzung unter den Gesellschaftern dem Anspruche des Gesellschafters, welcher für die Gesellschaft eine Auslage gemacht hat und nunmehr Ersatz fordert, der Einwand entgegensteht, daß er diesen Anspruch nur insoweit geltend machen könne, als er nicht vermöge des nach dem Gesellschaftsvertrage begründeten Verhältnisses selbst den Mitgesellschaftern gegenüber die Gesellschaftspassiven, so auch die von ihm angemeldete Gesellschaftsschuld, anteilmäßig zu tragen habe. Abgesehen hiervon bleibt die Forderung in der Person des zahlenden Gesellschafters bestehen, und ist dieser gestorben, so geht sie auf seine Erben über. Ganz bedeutungslos ist auch der von dem Berufungsgerichte betonte angeblich unlösbare Zusammenhang der fraglichen Forderung mit dem Handelsgeschäfte. Der Zusammenhang besteht eben darin, daß H. eine Schuld der Gesellschaft aus eigenen Mitteln bezahlt hat, und dieser Zusammenhang ist kein anderer oder engerer, als wenn H. sonst aus seinem Vermögen eine Aufwendung für die Gesellschaft gemacht hätte. Die Forderung blieb, wie das Berufungsgericht selbst sagt, ein Passivum der Handelsgesellschaft, als deren einzigen Vertreter das Berufungsgericht nun den Beklagten betrachtet. Da andererseits die Forderung im Anteile des H. am Gesellschaftsvermögen nicht enthalten ist, vielmehr ... selbständig besteht, so kann davon keine Rede sein, daß sie mit jenem Anteile oder in jenem Anteile auf den Beklagten übergegangen und auf diesem Wege durch Konfusion erloschen wäre. Zur Annahme solcher Konfusion könnte man nur gelangen, wenn der Erbvertrag selbst die Bestimmung enthielte, daß auch die fragliche Forderung oder etwaige ähnliche Forderungen H.'s auf den Beklagten als Vertragserben übergehen sollten. In dieser Weise legt aber das Berufungsgericht selbst den Erbvertrag nicht aus, und derselbe bietet auch zu derartiger Auslegung keine Handhabe; sie erscheint im Gegenteile geradezu ausgeschlossen, weil sie nur möglich wäre bei der Unterstellung, H. habe dem Beklagten auch einen Teil seines Privatvermögens zuwenden wollen. Mit letzterem ist die Forderung auf die Klägerin als die Testamentserbin übergegangen.

Das angefochtene Urteil war hiernach aufzuheben." ...

(Des weiteren wird, was hier nicht interessiert, ausgeführt, daß nach dem klaren Inhalte des Erbvertrages der Beklagte an die Klägerin die ganze eingeklagte Forderung zu bezahlen habe.)

---

27. 1. Ist der Inhaber von Schuldverschreibungen zur Klage auf Zahlung vertragsmäßiger Zinsen auch ohne den Besitz von Koupons berechtigt, wenn ihm vom Schuldner die Ausfolgung einer Kouponserie mit einem der Obligation entsprechenden Inhalte verweigert worden ist?

2. Wird durch die Ausgabe und Annahme einer Kouponserie mit Talon ein Recht des Schuldners begründet, auch in Zukunft nur Talons und Koupons mit dem Inhalte der früher ausgegebenen auszufolgen?

I. Civilsenat. Urt. v. 28. Oktober 1893 i. S. Kaiser Ferdinand Nordbahn (Bekl.) w. M. F. (Kl.) Rep. I. 255/93.

I. Landgericht Breslau.
II. Oberlandesgericht daselbst.

Im Jahre 1872 hat die Beklagte eine fünfprozentige Prioritätsanleihe aufgenommen und darüber Teilschuldverschreibungen über je 300 Gulden österreichischer Währung in Silber, gleich 200 Thalern Vereinsmünze oder 350 Gulden süddeutscher Währung ausgestellt. Nach den Schuldverschreibungen sind Kapital und Zinsen nach Wahl des Besitzers in österreichischer Währung, in Thaler- oder in süddeutscher Währung, und zwar die Zinsen gegen Beibringung des betreffenden Koupons halbjährlich am 1. Mai und 1. November mit jährlich 15 Gulden österreichischer Währung Silber = 10 Vereinsthalern = 17,30 Gulden süddeutscher Währung, bei der gesellschaftlichen Hauptkasse in Wien, bei S. Bleichröder in Berlin, bei der Direktion der Diskontogesellschaft in Berlin und anderen zahlbar. Die mit den Schuldverschreibungen zugleich ausgegebene Serie Zinskoupons lautete dahin:

„Koupon Nr. . . . zahlbar am . . .

Koupon mit 7,50 Gulden österr. W. in Silber = 5 Vereinsthaler = 8,45 Gulden südd. W. bei der gesellschaftlichen Hauptkasse in Wien (u. s. w. folgen die deutschen Zahlstellen).

Kaiser Ferdinands Nordbahn."

Bei der zweiten Ausgabe einer Kouponserie im Jahre 1882 wurde der Betrag lediglich in österreichischer Währung, jedoch unter Beibehaltung der deutschen Zahlstellen angegeben. Das Gleiche geschah im Jahre 1892 bei Ausgabe einer neuen Kouponserie. Der Kläger, welcher Besitzer von 99 Obligationen ist, hat die Annahme solcher neuen Koupons verweigert und Zinskoupons mit dem Inhalte der zuerst ausgegebenen verlangt. Nachdem ihm dies verweigert worden war, hat er die 99 Obligationen bei einem Breslauer Bankhause hinterlegt und unter Vorlegung des Hinterlegungsscheines und der zu den Papieren gehörenden Talons die Zahlung der am 1. Mai 1892 fällig gewordenen Zinsen mit je 5 Thalern = 15 ℳ für jede Obligation verlangt. Weil diese Zahlung nicht erfolgte, hat er am 20. Mai 1892 in Wien und am 24. Mai 1892 in Berlin Protest erheben lassen. Sodann hat er auf Grund eines Arrestbefehles Forderungen der Kaiser Ferdinand Nordbahngesellschaft an den preußischen Eisenbahnfiskus, vertreten durch die Eisenbahndirektion zu Breslau, und an diese selbst als Generalsaldierungsstelle des Vereines deutscher Eisenbahnen gepfändet und Klage auf Zahlung von 1485 ℳ oder 495 Thalern gegen einen Vermerk dieser Zahlung auf den Talons zu ihren Anleihensobligationen und von 29,16 Gulden und 15,90 ℳ Protestkosten nebst Zinsen seit dem Tage der Rechtskraft erhoben.

Die Beklagte hat Abweisung der Klage und widerklagend beantragt: „festzustellen, daß Kläger nicht berechtigt ist, zum Zwecke der Zinserhebung für die 99 Stück Obligationen der von der Beklagten 1872 emittierten fünfprozentigen Anleihe Zinsscheine mit anderem Texte, als die letzt eingelöste Serie dieser Zinsscheine hatte, zu verlangen." Die Beklagte hat zunächst eingewendet, daß Kläger keine Zinsen verlangen könne, weil er nicht im Besitze der betreffenden Zinskoupons sei, und in den Schuldverschreibungen die Zinszahlnng ausdrücklich von Beibringung der Koupons abhängig gemacht werde. Die von ihr angebotenen Koupons entsprächen, wie weiter ausgeführt wird, der aus den Schuldscheinen sich ergebenden Verbindlichkeit.

Die Instanzrichter haben, unter Abweisung der Widerklage, die Beklagte nach dem Klagantrage verurteilt; die Revision der Beklagten ist zurückgewiesen aus folgenden

Gründen:

... „In der Hauptsache handelt es sich nur um die beiden Fragen: 1. Ob die Klage statthaft sei, obgleich der Kläger nicht im Besitze von Koupons ist. Die Zulässigkeit einer solchen Klage ist bereits im reichsgerichtlichen Urteile vom 30. September 1885,

vgl. Entsch. des R.G.'s Bd. 14 S. 162,

anerkannt worden; bezüglich der dagegegen erhobenen Bedenken,

vgl. Goldschmidt, Zeitschr. für Handelsrecht Bd. 32 S. 251,

ist folgendes zu bemerken: Wenn auch, wie im angeführten Urteile vom 30. September 1885 ausgeführt ist, die Bezahlung der Zinsen nur gegen Präsentation der Koupons verlangt werden kann, so muß doch eine Ausnahme von diesem Grundsatze dann anerkannt werden, wenn die Schuldnerin selbst widerrechtlich die Ausfolgung der Koupons verweigert hat; denn aus ihrem eigenen widerrechtlichen Verhalten kann sie eine Einrede nicht herleiten, diese wird vielmehr durch die Replik der Arglist (replica doli) entkräftet. Widerrechtlich ist es aber, wenn die angebotenen Koupons auf eine andere als die im Vertrage zugesicherte Leistung lauten, und die Ausgabe vertragsgemäßer Koupons verweigert wird. Außerdem steht der Beklagten entgegen, daß sie im Besitze der Koupons und daher in der Lage ist, solche so zu behandeln, wie wenn sie ihr gegen Bezahlung der Zinsen präsentiert worden wären.

Sodann fragt es sich 2. ob durch Annahme der Talons und veränderten Koupons im Jahre 1882 das ursprüngliche Rechtsverhältnis dahin geändert worden ist, daß die Beklagte auch in Zukunft nur Koupons mit dem Inhalte, welchen die im Jahre 1882 ausgegebenen hatten, zu emittiren verpflichtet ist. Auch in Beziehung auf die Entscheidung dieser Frage ist dem Berufungsgerichte beizupflichten. Daß der Inhalt des im Jahre 1882 ausgegebenen Talons nicht feststeht, ist unerheblich. Der Talon ist kein Inhaberpapier; er wird nicht ausgestellt, um das Recht auf neue Zinsscheine von der

Hauptobligation abzulösen, sondern nur um die beschwerende und gefährdende Vorlegung der letzteren zu ersparen.

Vgl. Entsch. des R.O.H.G.'s Bd. 10 S. 318. 319; Entsch des R.G.'s in Civils. Bd. 3 S. 154. 155, Bd. 4 S. 141.

Ist aber der Talon nicht die Urkunde, welche über die Zinspflicht zu bestimmen hat, so kann aus der Annahme eines solchen, in welchem nur die gleichen Koupons wie die im Jahre 1882 ausgegebenen versprochen werden, keine Einwilligung dahin hergeleitet werden, daß auch in Zukunft nicht Koupons ausgegeben werden sollen, wie solche auf Grund der Hauptobligation gefordert werden können." ...

II. Gemeines Recht.

28. 1. Inwieweit können nach gemeinem protestantischen Kirchenrechte der Klage auf Herstellung des ehelichen Lebens, bezw. der auf bösliche Verlassung gestützten Ehescheidungsklage gegenüber Einreden aus solchen Thatsachen hergenommen werden, welche eine Ehetrennung rechtfertigen würden?

2. Kann wegen Ehebruches nach gemeinem protestantischen Kirchenrechte nur auf Scheidung vom Bande oder auch auf zeitweilige Trennung geklagt werden?

VI. Civilsenat. Urt. v. 30. Januar 1893 i. S. G. (Kl.) w. G. Ehefr. (Bekl.) Rep. VI. 261/92.

I. Landgericht Hamburg.
II. Oberlandesgericht daselbst.

G., dessen Ehe mit der jetzigen Beklagten auf Klage der letzteren wegen von ihm verübter Mißhandlungen am 15. November 1883 vom Landgerichte zu Hamburg „bis zur Wiedervereinigung der Gemüter" von Tisch und Bett getrennt worden war, verlangte gegen Ende des Jahres 1891 die Rückkehr der Beklagten zu ihm und klagte, da sie sich weigerte, wegen böslicher Verlassung auf Scheidung vom Bande. Vom Berufungsgerichte wurde diese Klage auf Grund der Einrede des Ehebruches abgewiesen, und sodann die Revision des Klägers vom Reichsgerichte zurückgewiesen aus folgenden

Gründen:

„Daß der Kläger ... in der Zeit vom April bis zum November 1890 mit einer Frau Chr. ehebrecherischen Verkehr gepflogen hat, wegen dessen er sodann am 23. Mai 1891 von der Strafkammer des

Landgerichtes verurteilt worden ist, hat das Berufungsgericht thatsächlich festgestellt. Die hierauf gestützte Einrede hat dasselbe der auf bösliche Verlassung gegründeten Ehescheidungsklage gegenüber für durchgreifend erachtet....

Zunächst war hier die allgemeine Frage erheblich, ob überhaupt der Klage auf Herstellung des ehelichen Lebens, bezw. der Ehescheidungsklage wegen böslicher Verlassung gegenüber solche Umstände, welche dem beklagten Teile an sich einen Anspruch auf eine Trennung gewähren, bloß einredeweise geltend gemacht werden können. Gemeinrechtlich nämlich kann offenbar zwischen jenen beiden Klagarten ... in dieser Beziehung kein Unterschied obwalten. Der Bejahung jener Frage, wie sie freilich von seiten des Reichsgerichtes schon früher erfolgt ist,

vgl. Entsch. desselben in Civils. Bd. 6 S. 150 flg. und Seuffert, Archiv Bd. 44 Nr. 28; ferner Entsch. des R.G.'s in Civils. Bd. 18 S. 189,

steht im allgemeinen doch das Bedenken entgegen, daß sonst der Grundsatz als feststehend gilt, daß Ehegatten sich nicht formell eigenmächtig, sondern nur nach Maßgabe eines Richterspruches voneinander trennen sollen.

Vgl. die Urteile des Oberappellationsgerichtes zu Wiesbaden bei Seuffert, Archiv Bd. 16 Nr. 52.

Wenn andererseits gewisse Stellen des kanonischen Rechtes, wie c. 4 X. de divort. 4, 19 und c. 13 X. de restit. spol. 2, 13, der Bejahung eine gesetzliche Grundlage zu gewähren scheinen, und wenn im Anschlusse daran die Zulässigkeit solcher Einreden in der Litteratur und Rechtsprechung des protestantischen Eherechtes vielfach angenommen worden ist,

vgl. Strippelmann, Ehescheidungsrecht S. 146; Bartels, Ehe und Verlöbnis S. 292; Dedekind, Protestant. Ehescheidungsrecht S. 49 flg.; v. Scheurl, Eherecht S. 258 und S. 347; Friedberg, Kirchenrecht 3. Aufl. § 160 Anm. 39 S. 423; anders freilich jene Urteile des Oberappellationsgerichtes zu Wiesbaden, sowie ein Urteil des Oberappellationsgerichtes zu München bei Glück, Eherechtliche Entscheidungen Nr. 110 S. 98 flg.,

so ist doch demgegenüber auf die Ausführungen des I. Civilsenates des Reichsgerichtes, vgl. Entsch. desselben in Civils. Bd. 18 S. 226 flg. (s. auch Bd. 20 S. 209 flg.),

denen sich seitdem Hubrich, Recht der Ehescheidung S. 86 flg. 128 flg. angeschlossen hat, hinzuweisen, wo insbesondere in Ansehung des c. 4 X. de divort. bemerkt ist, die fragliche Bestimmung passe wohl in das katholische Eherecht, weil dort der Ehebruch des anderen Ehegatten einen Anspruch auf lebenslängliche Trennung von Tisch und Bett gebe, aber nicht in das protestantische, welchem diese Art der Ehetrennung unbekannt sei. Wenn bei diesem Ausspruche auch zunächst der Gegensatz zur Scheidung vom Bande ins Auge gefaßt ist, so läßt sich doch nicht verkennen, daß er ebensogut auf den Gegensatz der bloß zeitweiligen Trennung von Tisch und Bett paßt, wenigstens soweit diese nur auf bestimmt abgegrenzte Zeit erfolgen würde. Dabei ist mit Recht in Bd. 20 S. 209 flg. vom I. Civilsenate schon hervorgehoben worden, daß Entscheidungen, wonach die Frau solange nicht in die eheliche Wohnung zurückzukehren braucht, als sich der Mann in derselben eine Beischläferin hält, wie eine solche von seiten des erkennenden Senates in der Sache Rep. VI. 238/87 — die übrigens nicht, wie in Bd. 20 S. 209 irrtümlich gesagt ist, eine hamburgische, sondern eine bremische war — und schon früher von seiten des III. Civilsenates laut der Entsch. des R.G.'s in Civils. Bd. 17 S. 386 flg. ergangen war, mit der jetzt behandelten Frage nichts zu thun haben; bei ihnen handelt es sich nur um eine augenblickliche Entschuldbarkeit der Rückkehrweigerung, wie etwa im Falle begründeter Befürchtung von Mißhandlungen. Im vorliegenden Falle brauchte nun aber die Frage, ob der Klage auf Herstellung des ehelichen Lebens, bezw. der Ehescheidungsklage wegen böslicher Verlassung ein beliebiger Ehetrennungsgrund bloß einredeweise entgegengehalten werden könne, nicht allgemein entschieden zu werden. Hamburg gehört zu denjenigen Rechtsgebieten, wo eine Trennung von Tisch und Bett „bis zur Wiedervereinigung der Gemüter", also auf unbestimmte Zeit, für zulässig gilt; eine solche ist dort sogar die übliche Art.

Vgl. Baumeister, Blicke auf einzelne Gegenstände des hamburgischen Rechtes S. 119, und Hamburger Privatrecht Bd. 2 S. 37 § 73.

Damit darf ohne weiteres die Zulässigkeit der erwähnten Einreden als gegeben angesehen werden, soweit es sich um solche Gründe handelt, die auch zu einer Klage auf Trennung von Tisch und Bett berechtigen würden; denn da bei einer Trennung auf unbestimmte Zeit über die Dauer eventuell doch das freie richterliche Ermessen nachträglich entscheidet, so kann kaum ein Bedenken obwalten, die Anrufung desselben vorkommenden Falles lediglich im Wege der Einrede vor sich gehen zu lassen. Am unbedenklichsten kann ohne Zweifel die bloße Einrede da zugelassen werden, wo, wie hier, die Parteien nun einmal rechtskräftig bereits von Tisch und Bett „bis zur Wiedervereinigung der Gemüter“ geschieden sind. Hier kann der eine Ehegatte nach Ablauf einer ihm angemessen erscheinenden Zeit versuchsweise auf Herstellung des ehelichen Lebens, bezw. auf Scheidung wegen böslicher Verlassung klagen; aber das richterliche Ermessen hat dann eben darüber zu entscheiden, ob man billigerweise nach den Umständen schon eine „Wiedervereinigung der Gemüter“ erwarten dürfe, und dies ist bei neuerlichem Auftauchen neuer Trennungsgründe natürlich nicht der Fall. . . .

Immerhin bleibt noch zu erwägen, ob ein Ehebruch des anderen Ehegatten wirklich, wie das Oberlandesgericht angenommen hat, als ein Umstand gelten kann, der zu bloß zeitweiliger Aufhebung des ehelichen Lebens berechtigt. Dies ist zu bejahen, und zwar ohne daß es erst einer Verweisung der Rechtsfrage an die vereinigten Civilsenate nach § 137 Abs. 1 G.V.G. bedürfte. Die angeführten im 18. und 20. Bande der Entsch. des R.G.'s in Civils. abgedruckten Entscheidungen des I. Civilsenates stehen dem höchstens scheinbar entgegen, wenn sie, bei Verwerfung der bloßen Einrede des Ehebruches gegenüber einer auf bösliche Verlassung gestützten Scheidungsklage, als Gegensatz zu dieser bloßen Einrede nur die Möglichkeit, eine „Scheidung“, bezw. die einstweilige Gestattung des Getrenntlebens während des Scheidungsprozesses zu erwirken, bezeichnen. Die Frage, ob wegen Ehebruches nur auf völlige Scheidung oder auch auf bloß zeitweilige Trennung von Tisch und Bett geklagt werden könnte, ist dort nicht besonders erwogen; aber daß andererseits die letztere Möglichkeit jedenfalls nicht verneint sein sollte, ergiebt sich schon aus der in Bd. 18 S. 228 zu lesenden Berufung auf die oben bereits erwähnten Urteile des Oberappellationsgerichtes zu Wiesbaden,

vgl. Seuffert, Archiv Bd. 16 Nr. 52,

in deren einem der bloßen Einrede ausdrücklich die doppelte Möglichkeit, entweder auf gänzliche Scheidung oder auf Trennung von

Tisch und Bett zu klagen, wenn auch nicht gerade für den Fall eines dem anderen Ehegatten schuldgegebenen Ehebruches, gegenübergestellt ist. Nicht leugnen läßt sich freilich, daß der Ausspruch des III. Civilsenates in den Entsch. des R.G.'s in Civils. Bd. 17 S. 388 dem Wortlaute nach, in Zusammenhalt mit der aus Bd. 6 S. 150 flg., sowie aus Seuffert, Archiv Bd. 44 Nr. 28 sich ergebenden Ansicht desselben Senates von der Zulässigkeit von Einreden aus zeitweiligen Trennungsgründen gegenüber der Klage auf Herstellung des ehelichen Lebens, der Zulassung einer bloß zeitweiligen Ehetrennung wegen Ehebruches direkt entgegensteht, indem es dort heißt: „Entfernt der Kläger die Chr. W. aus seinem Hause, und erhebt er sofort eine neue Klage auf eheliche Folge, so muß die Ehefrau zu ihm zurückkehren, wenn sie auch im gegenwärtigen Rechtsstreite zur Vorklage obsiegt." Da jedoch die Frage dort nur beiläufig berührt ist, ohne daß die Entscheidung selbst auf diesem Ausspruche beruhte, so konnte dies dem jetzt erkennenden Senate nicht zur Einschlagung des in § 137 G.V.G. vorgesehenen Verfahrens Veranlassung geben. In der Sache selbst aber war der entgegengesetzten Ansicht der Vorzug zu geben. Es ist nicht abzusehen, weshalb man dem durch den Ehebruch des anderen Teiles gekränkten Ehegatten, trotz seines Rechtes auf völlige Scheidung, in der ersten Zeit nach jenem Ehebruche, bezw. in der ersten Zeit, nachdem er Kenntnis von demselben erlangt hat, nicht Gelegenheit zu dem Versuche gewähren sollte, ob er sich nicht nach einer Trennung von höchstens wenigen Jahren trotzdem schließlich wieder zum Zusammenleben mit dem treubrüchig gewordenen Ehegatten werde entschließen können. Daher muß es dem ersteren während einer vom richterlichen Ermessen abhängigen Zeit freistehen, zunächst auf zeitweilige Trennung von Tisch und Bett, statt auf völlige Scheidung, — und dann in Hamburg natürlich auf unbestimmte Zeit — zu klagen. Hiermit stimmt auch die vorherrschende Ansicht überein.

Vgl. Seuffert, Archiv Bd. 16 Nr. 53 (Oberappellationsgericht Wiesbaden); Bartels, Ehe und Verlöbnis S. 294; v. Scheurl, Eherecht S. 348; Friedberg, Kirchenrecht 3. Aufl. § 160 S. 425 flg.; so auch das sächsische bürgerliche Gesetzbuch § 1752.

Es lagen nun auch die dem Kläger zur Last fallenden Ehebrüche, bezw. die der Beklagten von denselben gewordene Kunde zeitlich noch nicht soweit zurück, daß etwa in zu weiter Ausdehnung des richterlichen Ermessens in dieser Beziehung ein rechtlicher Verstoß hätte gefunden werden können."...

---

29. Nach welchem Rechte ist beim Wechsel des Wohnsitzes die Gültigkeit von Erbverträgen zu beurteilen?

III. Civilsenat. Urt. v. 7. März 1893 i. S. S. (Kl.) w. B. (Bekl.) Rep. III. 305/92.

I. Landgericht Altona.
II. Oberlandesgericht Kiel.

Aus den Gründen:

... „Das Oberlandesgericht geht davon aus, daß im allgemeinen die das Erbrecht betreffenden Rechtsverhältnisse nach dem am letzten Wohnorte des Erblassers geltenden Rechte zu beurteilen sind, wie dies auch für die Intestaterbfolge und das Noterbenrecht in der Rechtsprechung des Reichsgerichtes anerkannt ist.

Vgl. Bolze, Praxis des Reichsgerichtes Bd. 1 Nr. 46.

Dagegen ist für die Begründung der Rechtsgültigkeit einer letztwilligen Verfügung, sei es ein Testament oder ein Erbvertrag, das Erfordernis aufgestellt, daß dieselbe im Falle der Veränderung des Wohnsitzes sowohl nach dem Gesetze des Ortes der Errichtung wie nach dem Gesetze des Wohnsitzes zur Zeit des Todes des Erblassers rechtsbeständig sein müsse. Von diesem Standpunkte aus ist angenommen, daß der in Hamburg abgeschlossene und nach dortigem Rechte nichtige Vermächtnisvertrag nicht dadurch habe konvaleszieren können, daß der Erblasser später seinen Wohnsitz nach dem unter der Herrschaft des gemeinen Rechtes stehenden Orte Bahrendorf verlegte und dort verstarb.

Dieser Beurteilung steht das für die gegenteilige Auffassung in den Entscheidungsgründen des landgerichtlichen Urteiles in Bezug genommene Urteil des Reichsgerichtes vom 10. November 1887,

vgl. Entsch. des R.G.'s in Civils. Bd. 19 S. 315 flg.,

nicht entgegen. In diesem Rechtsfalle handelte es sich nicht um eine nach den Gesetzen des Wohnortes des Erblassers zur Zeit der Errichtung überhaupt unzulässige letztwillige Verfügung, auch nicht um einen Mangel der natürlichen Fähigkeit zur Willenserklärung, sondern um eine Ungültigkeit, welche auf einer gesetzlichen Beschränkung des Erblassers in der Disposition über sein Vermögen beruhte. Ob ein solcher Mangel nach den allgemeinen Grundsätzen über die Kollision der Statuten durch einen Wechsel des Wohnsitzes gehoben wird, wie Schmid, Die Herrschaft der Gesetze § 8 S. 99, annimmt, ist im gedachten Urteile des Reichsgerichtes nicht entschieden, da dasselbe auf der analogen Anwendung des § 13 A.L.R. I. 12 beruht und daher für die hier zur Anwendung gelangenden Grundsätze des internationalen Privatrechtes nicht maßgebend ist. In der daselbst erwähnten Abhandlung v. Wächter's im Archive für civilistische Praxis Bd. 25 ist freilich angenommen, daß die Gültigkeit des letzten Willens nach Zulässigkeit und Inhalt, sowie die Fähigkeit zu testieren allein nach dem Rechte des letzten Domiziles des Erblassers zu beurteilen seien, und in gleichem Sinne ist die Gültigkeit der Erbverträge S. 374 Nr. 360, S. 381 Nr. 378 a. a. O. auch dann angenommen, wenn dieselben nach dem Rechte des Ortes der Errichtung ungültig sein würden. Es kann jedoch diese Ansicht Wächter's so wenig gebilligt werden, wie die von Thöl, Einleitung in das deutsche Privatrecht § 79, anscheinend vertretene Annahme, daß die vertragsmäßige Erbfolge sich nur nach dem Gesetze des Wohnortes zur Zeit des Vertragsschlusses richtet.

Zur Anwendung gelangt in einem Erbfalle zunächst das am letzten Domizile des Erblassers geltende Recht, und insoweit dieses die Fähigkeit zur Testamentserrichtung oder die Zulässigkeit von letztwilligen Verfügungen oder Erbverträgen ausschließt, ist solchen Dispositionen die Rechtswirksamkeit auch dann zu versagen, wenn dieselben unter der Herrschaft des abweichenden Rechtes eines früheren Wohnsitzes so, wie geschehen, gültig getroffen werden konnten.

Vgl. Entsch. des R.G.'s in Civils. Bd. 8 S. 145 flg.

Andererseits ist das Recht des Wohnsitzes zur Zeit der Errichtung solcher Verfügungen in den obigen Richtungen auch dann nicht unerheblich, wenn denselben, wie sie getroffen sind, nach dem Rechte des Sterbedomiziles keine Bedenken entgegenstehen würden, sondern es muß deren Rechtsbeständigkeit von Anfang an vorliegen. Die Herrschaft der örtlichen Statuten reicht nicht derart über die Grenzen ihres Geltungsbezirkes hinaus, daß ein nach anderen Gesetzen nichtiges Testament oder ein solcher Erbvertrag lediglich durch spätere Verlegung des

Wohnsitzes gültig werden könnte. Die Annahme, daß demgemäß in den gedachten Richtungen bei einem Wechsel des Wohnsitzes sowohl das Recht des letzten Domiziles des Erblassers, wie das Recht des früheren Wohnsitzes, in welchem er testiert oder einen Erbvertrag geschlossen hat, Berücksichtigung finden muß, welche v. Savigny, System Bd. 8 § 377 Nrn. 1. 6, v. Bar, Internationales Privatrecht Bd. 2 §§ 369. 380, Stobbe, Deutsches Privatrecht Bd. 1 S. 253, und andere Rechtslehrer vertreten, und welcher auch das Oberlandesgericht gefolgt ist, war daher für zutreffend zu achten."

---

30. Ist die Bedrohung mit der Herbeiführung einer Kriminalstrafe nach gemeinem Rechte geeignet, die Einrede des Zwanges zu begründen?

VI. Civilsenat. Urt. v. 16. März 1893 i. S. E. (Bekl.) w. Feuerkasse für die Vierlande u. s. w. (Kl.) Rep. VI. 314/92.

I. Landgericht Hamburg.
II. Oberlandesgericht daselbst.

Am 15. Januar 1887 brannte eine auf den Namen der Witwe H. E. und deren Söhne H. und Cl. E. geschriebene Kate ab. Dieselbe war bei der Feuerkasse für die Vierlande, Ostkrauel und Geesthacht für 5000 ℳ versichert. Die Feuerkasse ging von der Meinung aus, der Sohn H. E. habe den Brand vorsätzlich gestiftet, und bezahlte nur zwei Dritteile der Versicherungssumme, als auf die Witwe E. und Cl. E. entfallend, aus. In der gegen H. E. wegen Brandstiftung eingeleiteten Untersuchung räumte derselbe zwar ein, den Brand veranlaßt zu haben, wurde jedoch durch Beschluß des Landgerichtes außer Verfolgung gesetzt, da er sich zur Zeit der That in einem seine freie Willensbestimmung ausschließenden Zustande der Geistesstörung befunden habe. Auf die von der Witwe E. und deren Söhnen auf die Auszahlung des zurückbehaltenen Dritteiles von 1666,66 ℳ erhobene Klage wurde die Feuerkasse zur Bezahlung dieses Betrages in erster Instanz verurteilt. Auf die von der Feuerkasse gegen dieses

Urteil eingelegte Berufung wurde jedoch die Klage durch Urteil des hanseatischen Oberlandesgerichtes, vor welchem die Sache nach dem Tode der Witwe E. von deren Söhnen Cl. und H. aufgenommen worden war, am 11. März 1891 abgewiesen. Das Urteil beruhte auf der Feststellung, H. E. habe am 15. Januar 1887 eine brennende Cigarre und das brennende Schwefelholz, mit welchem er sie angezündet, in einen Streuhaufen geworfen, der sich neben dem an der Hinterseite der elterlichen Kate gelegenen und mit dem Strohdache der Kate verbundenen Schweinekoben befunden, sich bei Vornahme dieser Handlung nicht in einem Zustande krankhafter, die freie Willensbestimmung ausschließender Störung seiner Geistesthätigkeit befunden und durch diese mindestens grob fahrlässige Handlung den Brandschaden verursacht. Dieses Urteil ist rechtskräftig geworden. Am 16. Mai 1891 kam nun zwischen drei Mitgliedern der Feuerkasse und H. E. ein Vergleich zustande, welchem gemäß H. E. sich verpflichtete, von den seitens der Feuerkasse ausbezahlten 3333,33 ℳ 3000 ℳ am 1. Oktober 1891 an die Feuerkasse zurückzuzahlen. Da Zahlung nicht erfolgte, erhob die Feuerkasse Klage gegen H. E. auf Bezahlung von 3000 ℳ nebst 6% Zinsen vom Tage der Klagerhebung an. Der Beklagte bestritt die Aktivlegitimation der Klägerin und die Berechtigung der Mitglieder der Feuerkasse zum Vergleichsabschlusse und erhob die Einrede des Zwanges, wurde jedoch in erster Instanz dem Klagantrage entsprechend verurteilt. Die gegen dieses Urteil erhobene Berufung wurde durch Urteil des Oberlandesgerichtes als unbegründet verworfen. Auf die vom Beklagten eingelegte Revision wurde das Berufungsurteil aufgehoben, und die Sache in die Berufungsinstanz zurückverwiesen. Über die Einrede des Zwanges äußern sich folgendermaßen die

Gründe:

„Der Beklagte hat die Einrede des Zwanges auf zwei Thatsachen gestützt, auf den Inhalt der Nachschrift des Schreibens vom 11. Mai 1891, in welchem er zum Abschlusse eines Vergleiches aufgefordert wurde, und auf Äußerungen, welche die Mitglieder des Feuerkassenkollegiums Ri. und Rö. bei der Verhandlung gemacht haben sollten, die zum Vergleichsabschlusse geführt hat. In der Nachschrift wird mitgeteilt, daß mehrere Kollegiumsmitglieder sich dahin ausgesprochen hätten, den Beklagten auch als Brandstifter bei der Staatsanwaltschaft zu verklagen, wenn kein Vergleich zustande käme. Ri. habe, behauptet der Beklagte, ihm, ehe er unterzeichnet, erklärt, daß er, wenn kein Vergleich zustande käme, als Brandstifter bei der Staatsanwaltschaft denunziiert werden solle. Rö. habe geäußert, er könne noch Jahre im Zuchthause sitzen; wenn er aber unterschreibe, wäre es gut. Das Berufungsgericht hat die Einrede des Zwanges zurückgewiesen, da die klagende Kasse nichts Rechtswidriges angestrebt habe, auf die Bedrohung mit einer Kriminalklage die exceptio metus überhaupt nicht begründet werden könne, und der Abschluß des Vergleiches auch nicht auf diese Wirkung zurückzuführen sei.

Das Berufungsgericht erkennt selbst an, daß die Feststellungen des oberlandesgerichtlichen Urteiles vom 11. März 1891, auf Grund deren der Beklagte mit dem Anspruche auf seinen Anteil an der Versicherungssumme abgewiesen worden, formell eine über jenen Prozeß hinausgehende Tragweite nicht in Anspruch zu nehmen gehabt hätten, ist aber doch der Meinung, die Feuerkasse habe diese Feststellungen als der Sachlage entsprechend erachten und demnach ihr Verhalten einrichten dürfen. Habe der Beklagte den Brand gestiftet, so habe die Klägerin die Abtretung der Schadensersatzansprüche verlangen und nötigenfalls erzwingen können. Durch den Vergleich sei abgesehen von der Fristbewilligung ihre Ersatzforderung auf zwei Dritteile der Versicherungssumme noch ermäßigt worden.

Der Anspruch des Beklagten selbst kommt nicht in Betracht, da er nicht bezahlt wurde. Der Anteil des Beklagten am Erbe der Mutter könnte mit der Bereicherungsklage zurückgefordert werden. Insoweit aber mit der Klageforderung auch der entsprechende Anteil des Bruders Cl. E. in Anspruch genommen wird, müßte die Forderung auf die Abtretung des dem Cl. E. gegen seinen Bruder H. E. als Brandstifter zustehenden Schadensersatzanspruches begründet werden. Das Berufungsurteil läßt nicht entnehmen, ob es den Anspruch auf Abtretung der Schadensersatzforderung etwa auf Grund statutarischer Bestimmungen für gegeben erachtet. Ein Übergang der Rechte des Versicherten auf den Versicherer mit der Zahlung der Versicherungssumme ist nur bei der Seeversicherung gesetzlich bestimmt (Artt. 808. 809 H.G.B.). Wenn auch die vertragsmäßige Festsetzung des Überganges oder der Verpflichtung zur Abtretung der Klägerin im Versicherungsverkehre sehr verbreitet ist, so läßt sich ein allgemeiner Rechtssatz dieses Inhaltes gemeinrechtlich nicht begründen.

Vgl. Entsch. des R.O.H.G.'s Bd. 15 S. 115; Entsch. des R.G.'s in Civils. Bd. 25 S. 148 (I. C.S.); Gareis u. Fuchsberger, Handelsgesetzbuch, zu Art. 808.

Wenn aber auch der Anspruch auf Abtretung bestände, so wäre erst diese Abtretung zu erzielen, zumal da die Lehre von dem sofortigen Übergange der Forderung im Falle erzwingbarer Cession längst aufgegeben ist;

vgl. Windscheid, Pandekten 7. Aufl. Bd. 2 § 333 Nr. 3 Anm. 12 S. 233;

und dann erst könnte die Schadensersatzklage begründet und durchgeführt werden. Hier läßt das Berufungsgericht aber gänzlich unerwogen, daß der Beklagte, wenn er auch in der Berufungsinstanz den angebotenen Alibibeweis nicht weiter verfolgt hat, doch nach Inhalt des Thatbestandes ausdrücklich darauf stehen geblieben ist, es sei bestritten, daß der Beklagte Brandstifter sei. Eine eingehendere Erwägung der Frage, ob die Klägerin in der That der Meinung sein konnte, eine unbestreitbare Forderung geltend zu machen, wäre in dieser Richtung umsomehr geboten gewesen, als die Klägerin unter der Annahme, H. E. habe den Brand vorsätzlich gestiftet, zwei Dritteile der Versicherungssumme ausbezahlt hatte.

Das Berufungsgericht beruft sich zur Begründung des Ausschlusses der exceptio metus wegen Bedrohung mit der Herbeiführung einer Kriminalstrafe auf l. 10 Cod. de his, quae vi metusve causa gesta sunt (2, 20). Allerdings nimmt auch Windscheid (Pandekten 7. Aufl. Bd. 1 § 80 Anm. 6 S. 216), unter Mitanführung der l. 10 Cod. 2, 20, an, daß die Quellen timorem majoris malitatis verlangen und speziell als genügend Bedrohung des Lebens, des Leibes und der Freiheit nennen, während sie umgekehrt Bedrohung des guten Rufes und Bedrohung mit Prozessen als nicht zureichend erachten. Auch Schliemann (Lehre vom Zwange S. 22) scheint die Stelle in dem Sinne verstehen zu wollen, daß ein majus malum nicht angedroht sei. Aber schon Donellus (Opera omnia, commentarii de jure civili t. IV L. XV c. XXXIX n. XII) hat die Stelle: „Accusationis institutae vel futurae metu alienationem seu promissionem factam rescindi postulantis improbum est desiderium", dahin gedeutet, daß die eigene, nicht von einem Dritten erregte Angst zu einer Restitution keinen Anlaß gebe.

Vgl. Glück, Practische Erläuterungen der Pandecten Bd. 4 S. 171.

Den heutigen Rechtsanschauungen gegenüber können aber, wie das Reichsoberhandelsgericht in einer Entscheidung vom 7. Dezember 1872,

vgl. Entsch. desselben Bd. 8 S. 171,

und das Reichsgericht in einer Entscheidung vom 19. November 1883,

vgl. Entsch. desselben in Civils. Bd. 10 S. 191,

anerkannt haben, die römischen Beschränkungen, also die Einschränkung auf die in den Quellen namentlich hervorgehobenen schweren Bedrohungsfälle, nicht aufrecht erhalten werden.

Vgl. Dernburg, Pandekten 3. Aufl. Bd. 1 S. 242 Anm. 12.

Das Berufungsgericht führt ferner aus, selbst wenn in der Bedrohung mit einer Kriminalklage ein Anfechtungsgrund aus dem Gesichtspunkte eines rechtswidrig geübten Zwanges zu erblicken wäre, so würde dies in dem vorliegenden Falle nicht zutreffen, wo die Vertreter der Feuerkasse nichts zu erlangen gesucht hätten, als worauf sie die Feuerkasse mit Recht als berechtigt hätten ansehen dürfen, wo es ferner durchaus gegeben gewesen sei, den Beklagten darauf hinzuweisen, daß die Feuerkasse sich eventuell veranlaßt sehen würde, die Staatsanwaltschaft von der durch das Urteil des Oberlandesgerichtes veränderten Sachlage im Verhältnisse zu der früheren Sachlage in Kenntnis zu setzen, und endlich auch nicht angenommen werden könne, daß auf den Beklagten die Äußerungen des Rö. und Ri. einen ihn genügend bestimmenden Einfluß geübt haben sollten, vielmehr anzunehmen sei, daß er zu dem fraglichen Vergleiche durch die sachliche Zweckmäßigkeit desselben bei der obwaltenden Sachlage bestimmt worden sei.

Wäre das Oberlandesgericht auf Grund umfassender Würdigung des Inhaltes der Verhandlungen zu dem Schlusse gekommen, daß die fraglichen Drohungen die Willensbestimmung des Beklagten überhaupt nicht beeinflußt haben, so hätte es keiner weiteren Erörterung bedurft. Nachdem aber der Beklagte die Brandstiftung, somit sein Verschulden und damit die ganze Grundlage des klägerischen Anspruches bestreitet, und kein Grund zu der Annahme vorliegt, er habe vor Abschluß des Vergleiches dies nicht gethan, hätte wenigstens aufgeklärt werden müssen, wie sich hiermit die Annahme vereinbaren läßt, der Beklagte sei durch die sachliche Zweckmäßigkeit des Vergleiches zu dem Vergleiche bestimmt worden, mit dem er seinen Versicherungsanspruch aufgiebt und der Feuerversicherung die bezahlte Summe aus eigenen Mitteln zurückersetzt, wenn nicht die Zweckmäßigkeit in der

Vermeidung der angedrohten Veranlassung des strafgerichtlichen Verfahrens gelegen war. Freilich verweist das Berufungsgericht auch darauf, der Beklagte habe schon nach Verkündung des Berufungsurteiles eine Wiederaufnahme des Verfahrens gewärtigen können. Dieser nicht nachzuprüfenden thatsächlichen Feststellung muß aber die nicht berücksichtigte Thatsache gegenübergestellt werden, daß dem Beklagten „Jahre im Zuchthause" in Aussicht gestellt wurden, somit ein größeres Übel, als ihn bei der Wiederaufnahme des Verfahrens wegen fahrlässiger Brandstiftung hätte treffen und ihm bei der Eröffnung des oberlandesgerichtlichen Urteiles hätte vorschweben können, wenn er die allenfallsige Bedeutung desselben für eine etwaige Wiederaufnahme des Strafverfahrens hätte verstehen und würdigen können. Ob es durchaus gegeben gewesen, dem Beklagten mit einer Denunziation bei der Staatsanwaltschaft zu drohen, ist, soweit es sich nicht bloß darum handelt, ob es im Interesse der Feuerkasse gegeben gewesen, petitio principii.

Voraussetzung der Anfechtbarkeit wegen Zwanges ist die Rechtswidrigkeit der Ausübung dieses Zwanges. Die Freiheit des Willens wird gegen unberechtigte Einwirkungen geschützt. Soweit ein Recht besteht, einen Anderen zu einer Willenserklärung zu nötigen, findet eine Anfechtung nicht statt. Dieses Recht besteht aber nur für berechtigte Ziele und in der durch die staatliche Ordnung vorgeschriebenen Weise (Selbsthilfe, Klaganstellung). Der Drohende muß nicht nur den Anspruch auf die Leistung, sondern auch die Befugnis haben, die Leistung gerade auf diese Weise zu erzwingen.

Vgl. Motive zum Entwurfe eines Bürgerlichen Gesetzbuches Bd. 1 S. 209; Schliemann, Die Lehre vom Zwange S. 25.

Die Inaussichtstellung langjähriger Zuchthausstrafe — und in diesem Sinne kann die Drohung des Kö. verstanden werden — enthält die Androhung eines Übels, das nur auf Grund einer durch die Umstände nicht gerechtfertigten Denunziation wegen vorsätzlicher Brandstiftung in den Gesichtskreis treten konnte. Die Einwirkung auf die Willensbestimmung durch die Erregung der Furcht vor einer Strafe, die nach Lage der Sache nur in der durch die Drohung hervorgerufenen Vorstellung des Bedrohten als drohendes Übel in Aussicht stand, wäre als eine unzulässige zu erachten, selbst wenn der Anspruch ein zweifelloser und klagereifer gewesen wäre.

Die Zurückweisung der Einrede des Zwanges konnte demnach nicht für genügend begründet erachtet werden." ...

---

31. Inwieweit haftet der Verkäufer ungeachtet der Klausel „wie zu besehen" für Mängel des Kaufgegenstandes, insbesondere für ihm bekannte?

VI. Civilsenat. Urt. v. 27. März 1893 i. S. E. (Kl.) w. St. (Bekl.) Rep. VI. 325/92.

I. Landgericht Hamburg.
II. Oberlandesgericht daselbst.

Gründe:

„Der Kläger fordert in diesem Rechtsstreite 3055,55 *M* als Entschädigung, bezw. als Preisminderung deswegen, weil das ihm vom Beklagten verkaufte Grundstück zur Zeit des Kaufabschlusses in beiden dazu gehörigen Häusern mit Schwamm behaftet gewesen sei, und der Beklagte dies gewußt habe. Thatsächlich festgestellt ist, daß der Schwamm zur betreffenden Zeit in jedem der beiden Häuser in erheblichem Umfange vorhanden gewesen ist; auch hat der Beklagte zugestanden, daß ihm in Ansehung des am Mittelwege gelegenen Hauses dies bekannt gewesen sei; dagegen ist seine Kunde davon in betreff des an der A.'straße belegenen Hauses bestritten und unerwiesen geblieben. Mit Recht hat nun das Berufungsgericht trotz des Vorhandenseins des Schwammes jeden Anspruch des Klägers auf Preisminderung nach dem ädilicischen Edikte deshalb verneint, weil das Grundstück mit der Klausel „wie zu besehen" verkauft worden ist, und weil der Schwamm bei ordnungsmäßiger Besichtigung erkennbar gewesen sei. Die hiergegen vom Kläger gerichteten Angriffe müssen als grundlos bezeichnet werden; denn ganz unzweifelhaft besteht der Sinn jener Klausel gerade in der vertragsmäßigen Ausschließung der Haftung aus dem ädilicischen Edikte für solche Mängel, die bei ordnungsmäßiger Besichtigung erkannt werden konnten.

Vgl. wegen der entsprechenden Bedeutung der Klausel im Handelsverkehre z. B. Thöl, Handelsrecht Bd. 1 (6. Aufl.) § 274 S. 903 flg.

Dagegen konnte das vorige Urteil, insofern es auch jeden Anspruch des Klägers auf Schadensersatz wegen der Arglist des Beklagten abgewiesen hat, nicht aufrechterhalten werden. Selbstverständlich kann es sich dabei nur um den Ersatz desjenigen Schadens handeln, der dem Kläger durch das vom Beklagten verheimlichte Vorhandensein von Schwamm in dem Hause Mittelweg Nr. 31 entstanden ist, da nicht festgestellt ist, daß der Beklagte von dem Schwamme im Hause A.'straße Nr. 1 etwas gewußt hätte. Denn in dieser Beziehung ist der Umstand, daß es sich um einen einheitlichen Kauf eines Grundstückes handelt, ganz unerheblich, da eben zwei verschiedene Fehler dieses Grundstückes, nämlich der Schwamm in dem Mittelweghause und der Schwamm in dem A.'straßenhause, vorliegen, und jetzt nur die Haftung des Beklagten für denjenigen Fehler in Frage steht, welchen er gekannt hat.

Das Oberlandesgericht verneint diese Haftung ungeachtet der Verschweigung des Fehlers deswegen, weil der Beklagte habe gewärtig sein können, der Kläger werde schlechthin, sowie besonders wegen der Klausel „wie zu besehen" unter Zuziehung eines Sachverständigen das Grundstück zuvor gründlich besichtigen, auch wenn der Beklagte nicht ausdrücklich den Kläger auf den Schwamm aufmerksam mache; daß der Beklagte geflissentlich auf Schädigung des Klägers ausgegangen sei, sei nicht bewiesen, und der möglicherweise gehegte Hintergedanke, daß der Kläger vielleicht den Mangel übersehe, reiche nicht aus, um dem Beklagten eine Arglist und eine Haftung dieserhalb zur Last zu legen. Ob durch diese Ausführungen nicht schon insofern der Begriff der Arglist als verkannt erscheint, als für diese überhaupt nicht eine direkt auf Schädigung des Anderen gerichtete Absicht erfordert wird, sondern schon das Bewußtsein genügt, daß durch die Täuschung möglicherweise ein Schade herbeigeführt werden kann, welcher ohne dieselbe vermieden sein würde,

vgl. Entsch. des R.G.'s in Civils. Bd. 23 S. 137,

kann hier dahingestellt bleiben. Denn die besondere Feststellung eines solchen Bewußtseins ist in einem Falle der vorliegenden Art nicht einmal erforderlich. Gemeinrechtlich ist nämlich der Verkäufer nach Treue und Glauben schlechthin verpflichtet, die ihm bekannten wesentlichen Mängel des Kaufgegenstandes vor dem Vertragsschlusse dem Käufer anzuzeigen, und er haftet im Falle der Unterlassung wegen

Arglist dem letzteren für dessen Interesse (l. 1 §§ 1 i. f. 9., l. 4 § 4 Dig. de aed. ed. 21, 1; l. 13 pr. §§ 1—3 Dig. de A. E. V. 19, 1), und zwar auch ... trotz ausdrücklicher Ablehnung der Haftung für Mängel, wie eine solche hier durch die Klausel „wie zu besehen" erfolgt ist, nach l. 14 § 9 Dig. de aed. ed. 21,1.

Vgl. Windscheid, Pandektenrecht 7. Aufl. Bd. 2 § 393 Anm. 3 S. 436; Heise, Handelsrecht § 15 S. 32; Thöl, Handelsrecht Bd. 1 (6. Aufl.) § 274 S. 904; Hanausek, Haftung des Verkäufers Abt. 1 S. 88. 90; Seuffert, Archiv Bd. 28 Nr. 21 (Obergericht zu Wolfenbüttel).

Vor allem gegen diese gemeinrechtlichen Normen hat das vorige Urteil verstoßen. Ob etwa einer solchen Schadensersatzklage gegenüber die Einrede durchgreifen würde, daß der Beklagte mit gutem Grunde die, wenn auch irrige, Überzeugung gehegt habe, der Kläger kenne den Mangel, braucht hier nicht entschieden zu werden, weil keine solche Einredebehauptung vorliegt.

Aus den dargelegten Gründen mußte nach § 527 Abs. 1 C.P.O. das angefochtene Urteil aufgehoben, und zugleich, da der Betrag des jetzt fraglichen Schadens noch nicht feststand, nach § 528 Abs. 1 daselbst die Sache in die vorige Instanz zurückverwiesen werden."

---

32. 1. Kann die Übertragbarkeit einer Forderung mit Wirkung gegen Dritte vertragsmäßig ausgeschlossen werden?
2. Inwieweit kann eine als solche unwirksame Cession als mandatum in rem suam Wirkung üben, insbesondere im Falle des Konkurses des Cedenten?

VI. Civilsenat. Urt. v. 10. Mai 1893 i. S. Sch. Konkursverw. (Bekl.) w. H. & W. (Kl.) Rep. VI. 55/93.

I. Landgericht Hamburg.
II. Oberlandesgericht daselbst.

Gründe:

„Die eingeklagten und der Klägerin in den vorigen Instanzen zugesprochenen 9450 ℳ bilden den Betrag einer Forderung, welche dem jetzigen Gemeinschuldner Sch. aus einem Bauvertrage gegen die hamburgische Finanzdeputation zustand und von ihm vor Eröffnung des Konkurses über sein Vermögen der Klägerin abgetreten wurde. Da in jenem Vertrage bedungen war, daß Sch. das ihm aus demselben etwa zustehende Guthaben nicht an dritte Personen solle cedieren dürfen, so hat die Finanzdeputation sich ungeachtet der ihr angezeigten Cession geweigert, die Klägerin als ihre Gläubigerin anzuerkennen, und den Betrag vielmehr an den inzwischen zum Konkursverwalter des Sch. bestellten Beklagten bezahlt. Das Berufungsgericht hat nun die Frage, ob die Übertragbarkeit einer Forderung mit Wirkung gegen Dritte vertragsmäßig ausgeschlossen werden könne, offengelassen und ausgeführt, daß selbst bei Bejahung derselben der Beklagte doch mit Recht zur Auskehrung des einkassierten Betrages an die Klägerin verurteilt sein würde. Dabei ist offenbar als selbstverständlich vorausgesetzt, daß bei der entgegengesetzten Annahme der Auffassung des Landgerichtes beizutreten sein würde, nach welcher der Beklagte, weil er eine der Klägerin zustehende Forderung einkassiert haben würde, entweder mit der condictio sine causa oder mit der actio negotiorum gestorum directa auf Auszahlung des Betrages an die wahre Gläubigerin würde belangt werden können.

Zunächst nun verstoßen jene eigenen Ausführungen des Oberlandesgerichtes gegen revisible Rechtsnormen. Sie gehen dahin: die als solche rechtsunwirksame Cession müsse mittels sog. Konversion als mandatum in rem suam aufrechterhalten werden; einen solchen Auftrag würde Sch. selbst nicht haben widerrufen können; folglich könnten dies auch seine Konkursgläubiger nicht; also müsse der Konkursverwalter das von ihm Einkassierte der Klägerin, als der Mandatarin in rem suam, herausgeben. Für diese letzte Folgerung sind besondere Gründe überhaupt nicht angegeben; indessen kann von diesem Punkte abgesehen werden, da im übrigen sich die Deduktion des Berufungsgerichtes doch als rechtlich unhaltbar darstellt. Bei ihrer Würdigung hat man davon auszugehen, daß ein sog. mandatum in rem suam ein „Mandat“ nur im Sinne von „Vollmacht“ ist, nicht im Sinne von „Mandatsvertrag“ oder von „Auftrag“ in diesem Sinne: insofern ist es allerdings richtig, daß „ein solcher Auftrag“ an sich unwiderruflich ist; er ist eben in Wirklichkeit kein Mandatsdatsvertrag, sondern eine andere Art von Vertrag, wodurch der

„Mandant“ sich endgültig verpflichtet, es geschehen zu lassen, daß der „Mandatar“ vermittelst der ihm erteilten Vollmacht die fragliche Forderung einkassiere und den Betrag für sich behalte. Wesentlich ist dabei eben die Vollmacht, und zwar eine solche, die dem Drittschuldner die Sicherheit verschafft, daß er sich durch Zahlung an den „Mandatar“ befreie. Dabei wirft sich sogar noch die Vorfrage auf, ob der Schuldner überhaupt (dem ursprünglichen Gläubiger) verpflichtet ist, einem gehörig legitimierten Bevollmächtigten zu zahlen, wie er allerdings nach heutigem Rechte zweifellos regelmäßig (dem Cedenten) verpflichtet ist, dem gehörig legitimierten Cessionar zu zahlen. Auf l. 24 § 2 Dig. de usur. 22, 1 dürfte man sich nicht etwa für die Bejahung berufen; denn diese Stelle handelt nur von der Wirksamkeit der durch einen Bevollmächtigten vorgenommenen Mahnung als solcher, wie daraus hervorgeht, daß neben dem letzteren auch der bloße negotiorum gestor genannt wird. Indessen wird man den Schuldner wohl allerdings nach Treue und Glauben für verpflichtet halten müssen, auf Verlangen dem sich genügend legitimierenden Bevollmächtigten zu zahlen, falls jener sich nicht etwa ausbedungen hat, nur an den Gläubiger persönlich zahlen zu müssen. Aber es erheben sich ernstliche Bedenken schon dagegen, den Schuldner, der sich wirksam ausbedungen hätte, nicht an einen Cessionar zahlen zu müssen, für verpflichtet zu erklären, die dennoch ausgestellte Cessionsurkunde als schriftliche Vollmacht zu verstehen, welche den Cessionar genügend als Bevollmächtigten legitimiere; Bedenken, die ihren Grund namentlich in den engen Grenzen finden, die durch l. 1 § 4 Dig. de pec. const. 13, 5, l. 9 Dig. de spons. 23, 1, l. 1 Dig. de jure codic. 29, 7 und arg. l. 47 Dig. de O. et A. 44, 7 der sog. Konversion der Rechtsgeschäfte gezogen sind. Davon abgesehen, versagt nun aber die ganze Deduktion des Oberlandesgerichtes jedenfalls völlig für den hier vorliegenden Fall des Konkurses des „Cedenten“. Vom Standpunkte des Schuldners aus handelt es sich dann um eine „zur Konkursmasse zu erfüllende Verbindlichkeit“, und von einer solchen wird er nach § 7 K.O. durch eine Leistung an den Gemeinschuldner, also auch an den Bevollmächtigten desselben, nur soweit frei, als das Geleistete in die Konkursmasse gekommen ist. In Wirklichkeit wäre eben durch ein solches „mandatum in rem suam“, welches als Cession nicht gelten dürfte, dem „Cessionar“ oder „Mandatar“ noch kein nach Art eines dinglichen wirkendes Recht ins Vermögen übertragen, wie das allerdings bei einer rechtswirksamen Cession der Fall ist; sondern er hätte nichts weiter dadurch erworben als einen persönlichen Anspruch gegen den „Cedenten" oder „Mandanten", ihn ungestört einkassieren zu lassen, und dieser Anspruch würde im Falle des Konkurses des letzteren einfach zu einer gewöhnlichen Konkursforderung.

Ob nicht ferner durch die vom Berufungsgerichte gebilligte, obenbezeichnete Ausführung des Landgerichtes, welche die Rechtsunwirksamkeit der vertragsmäßigen Ausschließung der Cession zur Voraussetzung hat, revisible Rechtsnormen verletzt sind, kann deshalb dahingestellt bleiben, weil diese Voraussetzung dem geltenden Rechte nicht entspricht. Für das rheinisch-französische Recht mag immerhin die entgegengesetzte Ansicht sich rechtfertigen, wie vom Reichsgerichte,

vgl. Entsch. desselben in Civils. Bd. 27 S. 340 flg.,

ausgeführt ist; vom Standpunkte des gemeinen deutschen Rechtes aus ist keinesfalls ein Grund ersichtlich, der Geltung des erklärten Willens der Kontrahenten eines Vertrages solche Schranken zu setzen, wie dies auch von seiten der herrschenden gemeinrechtlichen Lehre nicht geschieht.

Vgl. z. B. Sintenis, Gemeines Civilrecht 3. Aufl. Bd. 2 § 128 S. 810 flg.; Windscheid, Pandektenrecht 7. Aufl. Bd. 2 § 335 S. 248; Dernburg, Pandekten, 3. Aufl. Bd. 2 § 50 S. 138; Stegemann, Archiv für die civilistische Praxis Bd. 67 S. 315 flg.; dagegen freilich Schmidt, Cession Tl. 2 S. 394; Seuffert, Archiv für die civilistische Praxis Bd. 51 S. 102 flg., und die Motive zu § 295 des Entwurfes eines bürgerlichen Gesetzbuches für das Deutsche Reich Bd. 2 S. 122 flg.

Die herrschende Lehre geht dabei meistens davon aus, daß es der Willensbestimmung der Kontrahenten, wie sie die Begründung des Forderungsrechtes hätten ganz unterlassen können, auch überlassen bleiben müsse, nach Belieben von vornherein nur ein nicht cessibles Forderungsrecht zu begründen, und daß daher für die Übertragung des Satzes, wonach durch ein bloß vertragsmäßiges Veräußerungsverbot die Gültigkeit der dennoch erfolgten Veräußerung nicht gehindert wird, auf Forderungsrechte kein Raum bleibe. Aber selbst wenn man dies nicht als richtig anerkennen wollte, vielmehr die Analogie jenes auf dingliche Rechte bezüglichen Satzes an sich auch bei der Cession für durchgreifend hielte, so würde doch der Inhalt des vertragsmäßigen

Forderungsrechtes immer von den Kontrahenten beliebig bestimmt werden können, also u. a. auch dahin, daß der Schuldner solange zu erfüllen nicht schuldig sein solle, als das Forderungsrecht nicht dem ursprünglichen Gläubiger, sondern einem dritten Cessionar zustehen sollte: es würde mithin für die jetzt allein interessierende Frage, ob dem Cessionar ein rechtswirksamer Anspruch gegen den Schuldner zuzuschreiben sei, dasselbe Ergebnis gewonnen werden. Auch hat der I. Civilsenat des Reichsgerichtes Entscheidungen im Sinne der Anerkennung der Wirksamkeit eines vertragsmäßigen Cessionsverbotes nach gemeinem Rechte erlassen: einmal in dem ganz entsprechenden Falle eines letztwilligen Cessions- und Pfändungsverbotes (Hanseatische Gerichtszeitung, Jahrgang 1885, Beiblatt, S. 75 flg.), sodann in dem freilich etwas eigentümlich gearteten Falle, wo eine Bürgschaft nur zu Gunsten des ursprünglichen Gläubigers der Hauptforderung, nicht auch zu Gunsten eines etwaigen Cessionars übernommen war.

Vgl. Seuffert, Archiv Bd. 40 Nr. 192.

Aus diesen Gründen mußte nach § 527 Abs. 1 C.P.O. das angefochtene Urteil aufgehoben werden. Da dabei der Fall des § 528 Abs. 3 Nr. 1 daselbst gegeben war, so war sofort der Berufung des Beklagten zu entsprechen, die Klage also abzuweisen." ...

---

33. 1. Kann sich der Erblasser in seinem Testamente die Bezeichnung der Person des Erben, des Vermächtnisnehmers u. s. w. in formlosen Nachzetteln vorbehalten?

2. Ist bei Anordnung eines Vermächtnisses an Stelle eines anderen das erste auch dann aufgehoben, wenn das zweite ungültig ist?

III. Civilsenat. Urt. v. 4. November 1892 i. S. W. (Bekl.) w. A. u. Gen. (Kl.) Rep. III. 170/92.

I. Landgericht Lüneburg.
II. Oberlandesgericht Celle.

Der Erblasser, welcher sich am Schlusse seines Testamentes die Befugnis vorbehalten hatte, in eigenhändig zu unterschreibenden, zu untersiegelnden und bei seinen Papieren aufzubewahrenden Kodizillen seinem Testamente Zusätze und Änderungen nachzufügen, hat ein der Witwe A. in seinem Testamente hinterlassenes Präfideikommiß, bestehend in einer amerikanischen 500 Dollarobligation, in einem formlosen als Kodizill bezeichneten Schriftstücke dahin abgeändert, „daß die Witwe A. statt einer 500 Dollarobligation ihrer drei Kinder wegen eine 1000 Dollarobligation zu ihrem Nießbrauche haben solle". Die Kinder und Erben der vor der Universalerbin verstorbenen Witwe A. begehren nach dem Tode der Universalerbin vom Testamentsexekutor eine amerikanische Obligation über 500 Dollar, eventuell deren Wert. Der Exekutor ist nach dem Klagantrage verurteilt, und seine Revision ist zurückgewiesen aus folgenden

Gründen:

„Die Revision behauptet die Gültigkeit des formlosen Kodizilles und damit die Beseitigung des Substanzlegates durch das mit dem Tode der Nießbräucherin wieder hinfällig gewordene Nießbrauchslegat. Daß auch im Testamente im voraus bestätigte Kodizille zu ihrer Gültigkeit als Kodizille der kodizillarischen Form bedürfen, wird heute kaum noch bestritten. Eine andere Frage ist, ob sich der Erblasser in seinem Testamente die Bezeichnung der Person des eingesetzten Erben und des Erbteiles, ferner die Bezeichnung des Vermächtnisnehmers, des Beschwerten und des Inhaltes des Vermächtnisses in formlosen Nachzetteln vorbehalten darf. Der erkennende Senat nimmt auf Grund von l. l. 36. 77 Dig. de her. inst. 28, 5, l. 10 pr. Dig. de cond. inst. 28, 7 und l. 38 Dig. de cond. 35, 1 die Zulässigkeit sog. mystischer Erbeseinsetzungen und mystischer Vermächtnisse insoweit an, als sich die Verfügungen an sich als schon im Testamente getroffen darstellen, und die formlosen Nachzettel nur zur demonstratio des Honorierten, des Erbteiles u. s. w. dienen. Ist die Verfügung im Testamente selbst geschehen, und soll der Nachzettel nur klarstellen, was dunkel geblieben ist, so fehlt es umsomehr an einem zureichenden Grunde, die Nachzettel wegen Formlosigkeit zurückzuweisen, als es anerkannten Rechtens ist, daß auch andere Dunkelheiten bei Zuwendungen aus formlosen Erklärungen des Erblassers ihre Aufklärung erhalten können. Von diesem Gesichtspunkte aus ist das in der formlosen Skriptur der Witwe A. hinterlassene Nießbrauchslegat ungültig. Der Erblasser klärt nicht eine Dunkelheit des Testamentes auf, sondern ersetzt eine klare Verfügung durch eine andere; er wendet der Honorierten an Stelle des im Testamente ausgesetzten Substanzlegates ein Nießbrauchslegat an einer größeren Obligation zu. Zu solcher datio legati in formloser Skriptur hat er die Befugnis nicht erlangt durch den allgemeinen testamentarischen Vorbehalt, seinem Testamente durch ein Kodizill noch Zusätze oder Änderungen hinzuzufügen. Ist aber das Nießbrauchslegat ungültig, so folgt daraus noch nicht ohne weiteres die Gültigkeit des im Testamente hinterlassenen Legates. Es ist vielmehr zu untersuchen, ob nicht das erste Vermächtnis durch das zweite, wenn auch ungültige Vermächtnis zurückgenommen worden ist. Die Frage, ob bei Anordnung eines Vermächtnisses an Stelle eines anderen die Gültigkeit des zweiten Voraussetzung für die Zurücknahme des ersten ist, kann allein nach dem zu ermittelnden Willen des Erblassers entschieden werden. Wechselt der Erblasser die Person des Honorierten, so wird nach l. 34 pr. de leg. I. und l. 20 Dig. de adim. leg. 34, 4 im Zweifel allerdings die Zurücknahme des ersten Legates trotz der Ungültigkeit des zweiten anzunehmen sein. Anders liegt die Sache, wenn der Erblasser im Interesse des Honorierten an Stelle des zunächst ausgesetzten Vermächtnisses ein anderes anordnet, wie im vorliegenden Falle, wo der Erblasser im Interesse der Witwe A. und mit ausdrücklicher Hinweisung auf ihre Kinder eine Änderung der Zuwendung für angemessen erachtet hat. Bei solcher Sachlage wird, sofern nicht ein entgegenstehender Wille des Erblassers nachzuweisen ist, davon auszugehen sein, daß der Erblasser den Ademtionswillen nur soweit gehabt hat, als seine neue Anordnung mit rechtlicher Wirkung an Stelle der früheren hat treten können. Für einen anderen Willen des Erblassers haben das Testament und die Verhandlungen der Parteien keinen Anhalt geboten. Es ist daher mit Recht die fortdauernde Gültigkeit des ersten Vermächtnisses angenommen worden."

---

34. Können nach heutigem gemeinen Rechte Gebäude auch in anderer als vertikaler Richtung dem Eigentume nach geteilt werden?

III. Civilsenat. Urt. v. 18. April 1893 i. S. M. (Kl.) w. G. (Bekl.) Rep. III. 6/93.

I. Landgericht Hildesheim.
II. Oberlandesgericht Celle.

Das Reichsgericht hat obige Frage verneint aus folgenden Gründen:

„Das Berufungsgericht geht bei der Beweiswürdigung von der Annahme aus, daß die reelle Teilung eines Gebäudegrundstückes nur durch vertikale Scheidung herbeizuführen sei. Die Revision hat dieser Annahme gegenüber zur Erwägung verstellt, ob nicht jedenfalls nach heutigem Rechte die verschiedenen Stockwerke eines Hauses verschiedenen Eigentümern gehören können. Nach römischem Rechte darf nicht bezweifelt werden, daß das Eigentum an Gebäuden zwischen verschiedenen Personen reell nur durch vertikale Scheidung geteilt werden kann; das Eigentum am Boden bildet mit dem darauf errichteten Gebäude ein unzertrennliches Ganzes; es zieht den auf ihm errichteten Bau notwendig nach sich; daher ist es rechtlich unmöglich, daß der Boden und die einzelnen Stockwerke verschiedenen Eigentümern gehören können. Eine Aufhebung dieses römischen und im Wesen des Eigentumes begründeten Rechtssatzes durch ein entgegenstehendes gemeines Gewohnheitsrecht ist durchaus nicht nachweisbar; nur partikularrechtlich ist in Deutschland den einzelnen Stockwerken eines Gebäudes eine selbständige rechtliche Existenz zugeschrieben worden; für die Provinz Hannover besteht aber nach dem Zeugnisse des Berufungsgerichtes keinesfalls ein partikularrechtlicher, das sog. Etageneigentum zulassender Rechtssatz."[1]

---

35. 1. Begründet die eigenmächtige Entfernung des Ehegatten eine exceptio spolii gegen seine auf Ehescheidung gerichtete Klage?
2. Kann die exceptio spolii aus eigenmächtiger Entziehung des Besitzes körperlicher Sachen nach heutigem Rechte in Ehesachen der Klage entgegengesetzt werden?

[1] Vgl. die Abhandlungen von v. Krauß und Mandry im Württembergischen Archive für Rechtsverwaltung Bd. 12 S. 329 und Bd. 13 S. 193, beide mit reicher Litteraturangabe; Gruchot, Beiträge Bd. 6 S. 103; Seuffert, Archiv Bd. 34 Nr. 10 und Bd. 36 Nr. 106; Roth, Deutsches Privatrecht Bd. 3 S. 161.
D. E.

III. Civilsenat. Urt. v. 25. April 1893 i. S. H. (Bekl.) w. H. (Kl.) Rep. III. 323/92.

I. Landgericht Erfurt für das Fürstentum Schwarzburg-Sondershausen.
II. Oberlandesgericht Naumburg.

Aus den Gründen:

... „Die Klägerin hat sich ohne Erlaubnis des Beklagten, ihres Ehemannes, aus dessen Wohnung entfernt und darauf die Ehescheidungsklage gegen den Beklagten erhoben. Letzterer sieht in dieser eigenmächtigen Entfernung der Klägerin ein Spolium und beantragt auf Grund desselben die Abweisung der Klage. Es ist nun allerdings trotz der von hervorragender Seite dagegen erhobenen Bedenken anzuerkennen, daß das kanonische Recht zwar nicht, wie der Beklagte behauptet, einen Besitz des einen Ehegatten am Körper des Anderen, wohl aber das gegenseitige Recht der Ehegatten als Gegenstand des Quasibesitzes anerkennt, und es ist auch nicht zu bestreiten, daß diese Bestimmung des kanonischen Rechtes auch in der gemeinrechtlichen Praxis zur Anwendung gekommen ist, wenngleich sich die Gerichte einzelner Territorien ablehnend verhalten haben. Zeugnisse für die Anwendung des Besitzschutzes auf das eheliche Verhältnis und für die Zulassung der exceptio spolii aus eigenmächtiger Trennung gegen die Scheidungsklage sind aus der gemeinrechtlichen Judikatur bis zur Mitte des Jahrhundertes, vereinzelt auch noch später zu erbringen. Ob man diesen Besitzschutz mit seinen rechtlichen Folgen für das heutige gemeine Recht anzuerkennen hat, obwohl aus den letzten Jahrzehnten kaum noch Anwendungsfälle nachgewiesen werden können, und die Übertragung des Besitzbegriffes auf das gegenseitige Recht der Ehegatten der heutigen Rechtsanschauung widerstrebt, darf dahingestellt bleiben, weil die Einrede in vorliegender Sache jedenfalls zurückgewiesen werden muß, wenn sie auch noch im Rechte an sich begründet sein sollte. Es hat sich nämlich in der gemeinrechtlichen Praxis der Rechtssatz ausgebildet, daß die auf eigenmächtige Trennung gestützte Spoliumseinrede zurückzuweisen sei, wenn die mit derselben geforderte vorläufige Wiederherstellung des früheren Zustandes nach Lage der Sache für den klagenden Teil zu einer nicht zu rechtfertigenden Härte führen würde. Dieses ist aber nicht nur der Fall, wenn die persönliche

Sicherheit des klagenden Teiles bei einstweiliger Rückkehr Bedenken unterliegt; eine nicht zu rechtfertigende Härte würde in der Erzwingung der vorläufigen Rückkehr auch dann liegen, wenn der klagende Teil schon eine bescheinigte Ursache zur Scheidung für sich hat. Dieser Fall liegt hier vor; denn schon in erster Instanz hat sich die Klagebehauptung der Klägerin durch die Beweisaufnahme bestätigt, und in zweiter Instanz hat der Beklagte den ihm zur Last gelegten Ehebruch nicht mehr geleugnet.

Der Beklagte hat seine exceptio spolii auch aus dem weiteren Grunde erhoben, weil die Klägerin ihm eine Anzahl teils ihm, teils ihr, teils beiden gemeinschaftlich gehörender Sachen rechtswidrig entzogen habe. Beide Vorinstanzen haben diese Einrede zurückgewiesen. Das Berufungsgericht hat bei Begründung der Zurückweisung auch auf § 3 des Gesetzes des Fürstentumes Schwarzburg-Sondershausen vom 30. August 1845 hingewiesen. Es kann jedoch nach dem Zusammenhange der Entscheidungsgründe nicht angenommen werden, daß das Berufungsgericht die Frage der Zulässigkeit dieser Einrede gegen die Ehescheidungsklage aus dem Partikularrechte hat entscheiden wollen; es ist vielmehr die Annahme geboten, daß das Berufungsgericht die schwarzburgische Gesetzgebung nur bei Erörterung der prozeßhindernden Eigenschaft der Einrede angezogen, daß es dann aus der schon durch das Partikularrecht erfolgten Beseitigung jener Eigenschaft auch auf die Beseitigung der materiellrechtlichen Eigenschaft der Einrede geschlossen, endlich eventuell die Einrede nur bei rein vermögensrechtlichen Ansprüchen zugelassen hat. Demnach ist zu prüfen, ob nach heutigem gemeinen Rechte die Spolieneinrede, deren materiellrechtliche Bedeutung nach dem Urteile vom 24. März 1882 (Entsch. des R.G.'s in Civils. Bd. 7 S. 330) durch die Beseitigung ihrer prozeßhindernden Eigenschaft nicht aufgehoben worden ist, auch gegen Ehescheidungsklagen zulässig erscheint. Daß sie unzulässig ist gegen eine Klage auf Anfechtung einer Ehe aus einem Grunde, welcher auch von Amts wegen geltend gemacht werden kann, bedarf keiner Ausführung; in Frage kann nur sein die Zulässigkeit der Einrede gegen Klagen auf zeitweilige Trennung von Tisch und Bett, auf Auflösung des Bandes der Ehe und auf Ungültigkeit aus einem Grunde, welcher nicht von Amts wegen zu berücksichtigen ist. Daß das kanonische Recht die Spoliumseinrede aus eigenmächtiger Besitzentziehung auch gegen Ehescheidungs- und

Ungültigkeitsklagen zugelassen hat, kann nicht bezweifelt werden, und ebenso ist anzuerkennen, daß sich in der gemeinrechtlichen Praxis nicht wenige Zeugnisse für die Zulassung der Einrede aus Besitzentziehung in Ehescheidungsprozessen finden. Freilich ist in der Praxis auch die entgegengesetzte Ansicht vertreten worden; so hat insbesondere das Oberlandesgericht zu Wolfenbüttel in einem von Dedekind, Das protestantische Ehescheidungsrecht und Verwandtes S. 136, mitgeteilten Urteile vom 18. April 1842 die exceptio spolii zur Wiedererlangung verlorenen Besitzes in Ehesachen für unzulässig erklärt. Aus den letzten Jahrzehnten haben sich Zeugnisse für die fortdauernde Anwendung der Einrede in Ehesachen nicht ermitteln lassen. Es ist auch nicht zu verkennen, daß durch die Zulassung der Einrede in Ehesachen völlig heterogene Rechtsverhältnisse in Beziehung zu einander gesetzt werden, und daß die aus der Zulassung sich ergebenden Folgen der heutigen Rechtsanschauung bestimmt widerstreiten. Die Einrede könnte nicht zurückgewiesen werden, wenn dem klagenden Teile auch nur wegen eines geringfügigen Gegenstandes eigenmächtige Besitzentziehung vorgeworfen werden sollte, und die für die illiquide Einrede erbotenen Beweise müßten ohne Rücksicht auf die dadurch vielleicht herbeigeführte erhebliche Verzögerung der Erledigung des Rechtsstreites erhoben werden. Wenn ferner der klagende Teil nicht restituieren kann, auch nicht in der Lage ist, das Interesse zu ersetzen, so würde die bis zur Restitution erfolgte Abweisung der Klage thatsächlich den Verlust des Ehescheidungsanspruches bedeuten. Diese Abhängigkeit des Ehescheidungsanspruches von einer vermögensrechtlichen Vorleistung widerstrebt der heutigen Rechtsanschauung, und wenn die Civilprozeßordnung die Einrede der mangelnden Sicherheit für die Prozeßkosten und die Einrede, daß die zur Erneuerung des Rechtsstreites erforderliche Erstattung der Kosten des früheren Verfahrens noch nicht erfolgt ist, bei dem Fehlen einer entgegengesetzten Bestimmung auch für den Eheprozeß zuläßt, so handelt es sich hierbei doch nur um prozessualische, in besonderen Verhältnissen begründete Voraussetzungen des Rechtsstreites. Sollte man aber auch anzuerkennen haben, daß sich im gemeinrechtlichen Gebiete die Beseitigung der exceptio spolii aus Besitzentziehung in Ehesachen durch eine gleichförmige, nicht auf einzelne Territorien beschränkte Übung nicht nachweisen läßt, so ist doch der erkennende Senat der Ansicht, daß die Unzulässigkeit der Einrede in

Rechtsstreitigkeiten, welche die Trennung, Ungültigkeit oder Nichtigkeit einer Ehe oder die Herstellung des ehelichen Lebens zum Gegenstande haben, aus den Bestimmungen der Civilprozeßordnung über das Verfahren in Ehesachen entnommen werden muß. Wenn die Civilprozeßordnung in den §§ 577 Abs. 1. 578 für dieses Verfahren diejenigen Prozeßvorschriften außer Anwendung setzt, welche den Streitgegenstand der Willkür der Parteien unterwerfen würden, so beruht diese Bestimmung auf der Voraussetzung, daß Streitgegenstand ausschließlich der Bestand oder Fortbestand der Ehe nach dem zur Anwendung kommenden Eherechte ist, mithin in dem Verfahren vermögensrechtliche, dem Streitgegenstande an sich fremde Fragen nicht zum Austrage kommen. Daher ist auch in § 575 a. a. O. die Verbindung einer anderen Klage mit der Klage auf Herstellung des ehelichen Lebens, der Ehescheidungsklage und der Ungültigkeitsklage, sowie die Erhebung einer Widerklage anderer Art für unstatthaft erklärt, und damit selbst die Erörterung solcher Ansprüche aus dem Eheprozesse gewiesen, welche die vermögensrechtlichen Folgen der Ehetrennung betreffen. Es ist nach diesen Bestimmungen anzunehmen, daß das Gesetz das Verfahren in Ehesachen von allen mit dem Streitgegenstande selbst nicht unmittelbar zusammenhängenden Elementen freihalten, mithin die Erörterung vermögensrechtlicher Materien vom Eheprozesse ausschließen will. Zu letzterem gehört aber an sich auch die eigenmächtige Entziehung des Besitzes körperlicher Sachen; wie daher der aus dem Spolium hervorgehende Anspruch weder durch Klage noch durch Widerklage mit dem Eheprozesse verbunden werden kann, so muß auch seine Verwertung im Wege der Einrede für unzulässig erachtet werden, da hierdurch ein der Natur des Streitgegenstandes völlig fremdes Element in den Eheprozeß hineingetragen werden würde." ...

---

36. Können die im Testamente festgesetzten Erbportionen durch Kodizill geändert werden?

III. Civilsenat. Urt. v. 12. Mai 1893 i. S. R. u. G. (Kl.) w. R. u. G. (Bekl.) Rep. III. 319/92.

I. Landgericht Altona.
II. Oberlandesgericht Kiel.

Die R.'schen Eheleute haben in ihrem 1874 errichteten korrespektiven Testamente nach dem Tode des Letztlebenden ihre ehelichen Nachkommen zu Erben des ganzen Nachlasses mit Teilung nach gesetzlicher Vorschrift berufen und in § 4 verordnet: „Etwaige Beilagen, welche wir beide oder einer von uns dieser Akte noch hinzufügen möchten, sollen ebenso rechtsgültig sein, als wenn ihr Inhalt wörtlich darin aufgenommen wäre." Der Ehemann hat die Ehefrau überlebt, deren Erbschaft angetreten und am 24. November 1891 vor Notar und zwei Zeugen eine sich als Testamentsbeilage bezeichnende Akte errichtet, in welcher er unter Bezugnahme auf § 4 des Testamentes von den aus der Ehe hervorgegangenen sieben Kindern die fünf Beklagten zu Erben, die beiden Kläger aber nur auf den ihnen von seinem und der Mutter Nachlasse zukommenden Pflichtteil zu Erben einsetzt, einige legatarische Bestimmungen trifft, die dem Inhalte dieses Testamentes entgegenstehenden Verfügungen des Testamentes von 1874 aufhebt und endlich bestimmt, daß diese Akte, wenn sie als Testament nicht bestehen sollte, als Kodizill oder sonst aufrechtzuhalten sei. Die Kläger haben die Verurteilung der Beklagten zu der Anerkennung beantragt, daß die Kläger an dem Nachlasse ihrer Eltern zu gleichen Teilen mit ihnen partizipieren. Das Landgericht hat nach dem Klagantrage erkannt. Auf die Berufung der Beklagten ist die Klage abgewiesen worden. Das Reichsgericht hat auf die Revision der Kläger das Berufungsurteil aufgehoben und die Berufung der Beklagten zurückgewiesen aus folgenden

Gründen:

„Nach der für die Revisionsinstanz maßgebenden Feststellung des Berufungsgerichtes ist in § 4 des Testamentes von 1874 dem überlebenden Ehegatten die Befugnis gewährt worden, die gemeinsam getroffene Disposition soweit zu modifizieren, als durch letztwillige Anordnungen, welche zu ihrer Gültigkeit nur Kodizillarform im Gegensatze zur Testamentsform erfordern, erreichbar ist. Konnte hiernach der überlebende Ehegatte nur kodizillarische Verfügungen treffen, so ist der Ausgang des Rechtsstreites von der Beantwortung der in den Quellen nicht berührten Rechtsfrage abhängig, ob die im Testamente festgestellten Erbportionen der eingesetzten Erben durch Kodizill geändert werden können. Das Berufungsgericht bejaht diese Frage; es nimmt an, daß der überlebende Ehegatte in der Lage gewesen ist, die eingesetzten Erben zum Teile zu Gunsten der anderen Erben mit Vermächtnissen zu belasten oder auch direkt die Erbquoten, nach denen die Erben am Gesamtnachlasse partizipierten, abweichend vom Testamente zu bestimmen; für das eine wie das andere solle die Kodizillarform genügen. Für die zu entscheidende Frage ist es nun zunächst unerheblich, daß der überlebende Ehegatte im Kodizille auf indirektem Wege, also durch Anordnung von Singular- oder Universalfideikommissen unter Verbot des Abzuges der Quart, die von ihm beabsichtigte Beschränkung der Kläger auf den Pflichtteil erreichen konnte; denn diesen Weg hat er nicht gewählt, vielmehr direkt die Beschränkung der Kläger auf den Pflichtteil angeordnet, und nach § 2 Inst. de codicillis 2, 25 ist nicht zu bezweifeln, daß die Möglichkeit, die vermögensrechtlichen Wirkungen einer an sich nur im Testamente zulässigen Verfügung im Kodizille per fideicommissum herbeizuführen, das dem Kodizille grundsätzlich verschlossene Gebiet nicht erweitert. Die angezogene Stelle verschließt aber dem Kodizille datio wie ademtio hereditatis, ne confundatur jus testamentorum et codicillorum; demnach kann nach Entscheidung der Quellen im Kodizille kein Substitut ernannt und einer Erbeinsetzung keine Bedingung hinzugefügt werden; ebensowenig kann das Kodizill einem Erben, welcher im Testamente auf mehrere Erbteile berufen worden ist, einen der Erbteile nehmen. Von diesen Grundsätzen aus muß aber auch eine Änderung der testamentarischen Erbportion durch Kodizill für unzulässig erachtet werden. Ist es unzulässig, eine unbedingte Erbeinsetzung im Kodizille unter eine Bedingung zu stellen, weil hierin im Sinne des Gesetzes eine ademtio enthalten ist, und kann nicht bezweifelt werden, daß die unbedingte Erbeinsetzung im Kodizille auch nicht für einen Teil der dem Erben zugewiesenen Erbportion unter eine Bedingung gestellt werden darf, so erscheint es umsoweniger zulässig, dem eingesetzten Erben im Kodizille unbedingt einen Teil seiner Erbportion zu entziehen. Die Minderung der Erbportion eines Erben ist aber gleichzeitig notwendig auch datio hereditatis für die übrigen Erben; diese erhalten aus der Beschränkung eines Erben auf eine geringere Erbquote und somit unmittelbar aus der Verfügung des Kodizillanten in einer weiteren Quote zu ihrer Erbportion einen Zuwachs, welcher sich rechtlich als datio hereditatis darstellt. Dem Kodizillanten ist aber nach römischem Rechte jede Bestimmung über die direkte Erbfolge verwehrt, und ein entgegenstehendes gemeines Gewohnheitsrecht hat sich nicht gebildet. Ist nun dem überlebenden Ehegatten nach der Feststellung des Berufungsgerichtes nur die Kodizillarbefugnis gewährt worden, so ist die zur Frage stehende, direkt in die Erbfolge eingreifende Verfügung ungültig." ...

---

37. 1. Kollision zwischen Waldservitut und Forstkultur. Sind Streitigkeiten über die Grenzen der Befugnisse des Waldeigentümers und des Servitutberechtigten vom Richter zu entscheiden?

2. Zieht teilweise Behinderung in der Ausübung einer Dienstbarkeit den Verlust des Rechtsbesitzes nach sich?

3. Unter welchen Voraussetzungen kann mit der Besitzstörungsklage Schadensersatz gefordert werden?

III. Civilsenat. Urt. v. 21. April 1893 i. S. des Fürsten zu J.-B. (Bekl.) w. die Gemeinde R.-J. (Kl.) Rep. III. 12/93.

I. Landgericht Darmstadt.
II. Oberlandesgericht daselbst.

Der klagenden Gemeinde stehen in den Fürstlich J.'schen Waldungen des Dreieich-Forstreviers Spr. verschiedene Forst-, Haupt- und Nebennutzungsrechte zu, von denen gegenwärtig nur der Quasibesitz des Rechtes, in Gemeinschaft mit der Gemeinde S. die Stockrodung in Kahlhiebsflächen unter gewissen aus forstwirtschaftlichen und forstpolizeilichen Gründen zu bestimmenden Einschränkungen vorzunehmen, in Streit befangen ist. Im Jahre 1884 hatte die Fürstliche Forstverwaltung Teile von vier Walddistrikten abholzen lassen, der klagenden Gemeinde jedoch den Bezug der Erdstöcke unter dem Vorgeben verweigert, daß diese Abtriebsschläge sämtlich aus in Hege gelegten Flächen beständen, in denen die Gemeinde S. allein das Recht auf Bezug des Stockholzes zu beanspruchen habe. Dies veranlaßte die Klägerin mit einer Besitzstörungsklage aufzutreten. In der Klagebeantwortung wurde zugestanden, daß der klagenden Gemeinde das Recht und der Besitz des Rechtes zustehe, unter gewissen Beschränkungen in den rauhen (offenen) Fürstlichen Waldungen Erdstöcke gemeinschaftlich mit der Gemeinde S. zu roden, jedoch jede weitergehende Befugnis bestritten. Ausgeschlossen von der Dienstbarkeit und dem Besitze einer solchen seien insbesondere die Hegewaldungen, und vorliegend handle es sich gerade um solche Waldflächen, die zum Abtriebe mittels Baumrodung schon seit längeren Jahren vor der Fällung der Bäume in Vorhege gelegt worden, mithin auch zur Zeit der Fällung nicht mehr offene gewesen seien. Welche Flächen aber für offene zu erklären seien, sei Sache der Forstverwaltung; an der gleichen Fläche für die eingehegte solle es der Klägerin jedoch nie fehlen. Nachdem das Landgericht die Klage abgewiesen hatte, erging ein abänderndes Erkenntnis des Inhaltes: „daß der Beklagte schuldig sei, den Rechtsbesitz der Klägerin, in der klagend bezeichneten Weise gemeinschaftlich mit S. aus den rauhen Waldungen des Beklagten Erdstöcke zu roden, anzuerkennen, sich aller Störungen desselben zu enthalten und den durch die Störung bisher entstandenen und noch entstehenden Schaden, Feststellung vorbehältlich, zu ersetzen."

Die Revision des Beklagten wurde zurückgewiesen aus folgenden

Gründen:

„Der Berufungsrichter geht bei der Prüfung des Beweisergebnisses davon aus, daß alle an Waldungen bestehenden Dienstbarkeiten in ihrer Ausübung den Forstordnungen und der Forsthoheit unterworfen seien, daß sich der Berechtigte zwar forstwirtschaftlich und forstpolizeilich notwendige Beschränkungen gefallen lassen müsse, daß dagegen willkürliche auf dauernde Entziehung der Gerechtsame abzielende Maßregeln ausgeschlossen seien, nnd daß bei der Entscheidung über die Zulässigkeit etwaiger Einschränkungen der Nutzungsbefugnisse des Servitutberechtigten nicht das Belieben des Waldeigentümers ausschlaggebend sei. Hiergegen wendet sich die Revision mit der Ausführung, daß bei Kollisionen zwischen Waldservituten und Forstkultur die Befugnisse des Waldeigentümers denjenigen des Servitutberechtigten vorgingen, daß es mindestens dem billigen Ermessen des ersteren anheimgestellt bleiben müsse, die Art der Ausübung der servitutischen Rechte nach der Leistungsfähigkeit des belasteten Waldes zu regeln und als zweckmäßig erkannte Betriebsänderungen vorzunehmen.

Dieser Angriff ist nicht begründet.

Vom Standpunkte des gemeinen deutschen Privatrechtes aus ist der Waldeigentümer durch das Bestehen eines Beholzungsrechtes an der Vornahme zweckmäßiger Forstkulturen nicht gehindert, sofern diese zur Erhaltung des Waldes dienen. Es liegt in der Natur der Sache und ergiebt sich aus Gründen des öffentlichen Wohles, daß das Waldeigentum wirtschaftlich behandelt werden muß. Deshalb ist jede auf dem Walde haftende Dienstbarkeit solchen Einschränkungen unterworfen, welche einerseits mit der Ausübung der Servitut verträglich sind und andererseits dem Waldeigentümer einen billigen Nutzen belassen. Entsteht aber Streit über die Grenzen der beiderseitigen Befugnisse, so kann deren Ausgleichung nicht dem Ermessen des Waldeigentümers anheimgestellt werden; es hat vielmehr hierüber in der nämlichen Weise, wie hinsichtlich anderer Privatrechte, der Richter zu befinden. Wieweit der Richter bei der Abwägung der gegenseitigen Interessen gehen darf, und wem bei konkurrierendem Gebrauche des Waldeigentümers und des Servitutberechtigten vermöge stärkeren Rechtes der Vorrang einzuräumen ist, mag unerörtert bleiben. Denn der Berufungsrichter stellt thatsächlich fest, daß im vorliegenden Falle die Verhängung der Vorhege dem Walde keinen unmittelbaren wirtschaftlichen Nutzen habe gewähren sollen, sondern nur als Vorwand für die Beseitigung der Servitut in ihren wertvollsten Teilen benutzt worden sei, demgemäß aber als eine rein willkürliche Maßregel bezeichnet werden müsse. Diese eingehend begründete Feststellung, bei der ein Rechtsirrtum nicht erkennbar ist, und welche sämtliche hierher gehörige Einwendungen des Beklagten als hinfällig erscheinen läßt, kann in der Revisionsinstanz nicht nachgeprüft werden. Wenn die Revision darauf hinweist, daß dem Waldeigentümer mindestens die Befugnis zugestanden werden müsse, den Nutzungsberechtigten wegen der Einhegung der streitigen Walddistrikte durch Öffnung anderer gleichartiger schadlos zu halten, der Berufungsrichter daher mit Unrecht der hierauf gestützten Einrede des Beklagten Beachtung versagt habe, so ist auch dieser Ausführung nicht beizutreten. Da der ganze Waldkomplex des Forstrevieres S. servitutpflichtig ist, so braucht sich die klagende Gemeinde keine Entziehung einzelner Teile desselben gefallen zu lassen, sobald die Voraussetzungen zur Ausübung ihres Rechtsbesitzes überhaupt gegeben sind. Auch fällt zu Gunsten der Klägerin ins Gewicht, daß es sich hier um eine Forsthauptnutzung handelt, und der Beklagte ohnehin verpflichtet ist, der Gemeinde

S. die Gewinnung von Erdstöcken selbst aus Hegewaldungen zu gestatten.

Ferner steht in Frage, ob die klagende Gemeinde dadurch, daß sie, ohne Widerspruch zu erheben, vom Ende der 1840er Jahre an bis zum Jahre 1882 mehrfach die Verhängung von Vorhegen bei Kahlhieb von Waldesteilen durch die fürstliche Forstverwaltung zuließ, den Rechts- und Interdiktenbesitz des Beholzungsrechtes verloren hat. Thatsächlich ist die Verjüngungshege während jener Zeit nicht in allen Fällen, nicht in jedem Jahre und örtlich nicht in einem weiteren Umfange als bei dem neunten Teile des dienenden Waldkomplexes zur Anwendung gekommen; auch hat keine wiederholte Abtreibung der nämlichen Waldparzellen stattgefunden. Bei solchem Sachverhalte enthielt die Anordnung der Vorhegen nur eine Besitzstörung. Denn nach den hier rechtsähnlich anzuwendenden Grundsätzen des gemeinen (römischen) Rechtes über den Besitzverlust bei Servituten war zur Erhaltung des Rechtsbesitzes der streitigen Holzgerechtsame deren ununterbrochene und vollinhaltliche Ausübung nicht erforderlich. Zu diesem Ergebnisse führt gerade die von der Revision betonte Einheitlichkeit der Gerechtsame (vgl. l. 2. l. 8 § 1. l. 9 Dig. quemadmod. serv. 8, 6).

Beklagter rügt endlich, daß der Berufungsrichter rechtsirrtümlich den erhobenen Schadensersatzanspruch ohne Feststellung eines Verschuldens des Störers zugelassen habe. Nach Lage der Sache ist auch diese Beschwerde nicht begründet.

Ob und unter welchen Voraussetzungen mit der Besitzstörungsklage — dem interdictum uti possidetis — der Ersatz des durch die Störung entstandenen Schadens verlangt werden könne, ist in Theorie und Praxis bestritten. Die Ansicht, daß dieses Rechtsmittel, da es bloß prohibitorischer Natur sei, auf Schadensersatz überhaupt nicht gehe, steht mit ausdrücklichen Quellenzeugnissen (l. 1 pr. l. 3 § 11 Dig. uti possid. 43, 17) in Widerspruch. Doch wollen manche Rechtslehrer, wenn auch ohne Grund, den Interesseanspruch auf die Zeit nach der Streiteinlassung — jetzt gemäß § 239 C.P.O. nach der Klagerhebung — beschränken. Andere Rechtslehrer verpflichten den Störer zum Schadensersatze ohne Unterschied, ob die Rechtsverletzung eine verschuldete oder unverschuldete war. Zu dieser Meinung neigt auch die ältere Praxis der deutschen Gerichte. In neuerer Zeit dagegen wird überwiegend angenommen, daß die Geltendmachung eines

Schadensersatzanspruches durch die possessorischen Interdikte überhaupt die Darlegung eines Verschuldens des Störers erfordere.[1]

Der III. Civilsenat des Reichsgerichtes hat sich über diese Frage noch nicht ausgesprochen. Die ergangenen Entscheidungen beziehen sich auf besondere Interdikte. In dem Urteile vom 12. März 1886 (Entsch. des R.G.'s in Civils. Bd. 15 S. 182) wird, ohne des Erfordernisses eines Verschuldens des Beklagten zu gedenken, bezüglich des Interdiktes zum Schutze des Gebrauches öffentlicher Flüsse (interdictum ne quid in flumine publico fiat) gesagt, daß die Verurteilung des Störers zum Schadensersatze gerechtfertigt erscheine, „weil das anzuwendende Interdikt nicht bloß prohibitorischer, sondern auch restitutorischer Natur sei." In dem Urteile vom 3. Juli 1886 (Entsch. des R.G.'s in Civils. Bd. 16 Nr. 31 S. 147) wird rücksichtlich desselben Interdiktes erwogen: „daß das die Schadensersatzpflicht der Beklagten bedingende Moment mit Recht darin gefunden worden sei, daß sie, wie festgestellt, bei der Einführung der Abfallwässer in den Fluß sich der schädigenden Eigenschaften derselben bewußt gewesen sei." Das Urteil vom 6. April 1888 (Entsch. des R.G.'s in Civils. Bd. 21 Nr. 35 S. 194) behandelt das Besitzrechtsmittel bei Störung im Gebrauche eines öffentlichen Weges — interdictum ne quid in loco publico fiat — und spricht aus: „Dasselbe gehe auch auf Schadensersatz, ohne daß es dabei nach den für die negatorische Klage geltenden Grundsätzen des Nachweises einer besonderen Verschuldung des Störers bedürfe." Diese Ansicht hat jedoch der erkennende III. Civilsenat bei erneuerter Prüfung der Frage nicht aufrechterhalten, vielmehr in der Entscheidung vom 25. Oktober 1892 Rep. III. 161/92 (Jurist. Wochenschrift Jahrg. 1892 S. 487 Nr. 30) angenommen, daß der mit jenem Interdikte verfolgte Schadensersatzanspruch, abgesehen von der Zeit nach der Klagerhebung, nur auf ein Verschulden des Beklagten gegründet werden könne.

---

[1] Über die verschiedenen Ansichten sind zu vergleichen: Sintenis, Gemeines Civilrecht Bd. 1 § 46 Ziff. 2 Anm. 14; v. Holzschuher, Theorie und Kasuistik 2. Aufl. Bd. 2 S. 57; Bruns, Besitzklagen S. 57 flg.; Randa, Besitz 2. Aufl. § 7a Anm. 3; Windscheid, Pandekten Bd. 1 § 159 Anm. 3a. 5a; Dernburg, Pandekten Bd. 1 § 186 zu Anm. 21; Matthiä, Kontroversenlexikon Bd. 1 S. 419 bis 422; Seuffert, Archiv Bd. 42 Nr. 32, insbesondere S. 44 flg.

Da der Inhalt der Besitzstörungsklage (interdictum uti possidetis) keinen Anhaltspunkt zu einer anderen Beurteilung darbietet, so muß im Anschlusse an die vorstehend angeführten Erkenntnisse nach allgemeinen Rechtsgrundsätzen davon ausgegangen werden, daß die Schadensersatzpflicht des Beklagten für die Vergangenheit auch bei diesem Interdikte davon abhängig ist, daß dem Störer eine unerlaubte Handlung — eine Schuld — zur Last fällt. Für die Zeit nach der Klagerhebung bedarf es dagegen eines derartigen Nachweises nicht; insoweit ist der Beklagte, auf dessen Gefahr der Prozeß geführt wird, im Falle des Unterliegens ohne weiteres nach Analogie der bei der negatorischen Klage geltenden Regel zur Leistung des Interesses zu verurteilen.

Vgl. Entsch. des R.G.'s in Civils. Bd. 6 Nr. 61 S. 221.

Das Berufungsgericht hat sich auf eine Erörterung über die Voraussetzungen des erhobenen Schadensersatzanspruches nicht eingelassen. Ein dahingehender Einwand war auch von dem Beklagten in den vorderen Verhandlungen nicht vorgeschützt worden. Dies hindert nicht, daß der Mangel der Feststellung eines Verschuldens des Besitzstörers noch in der Revisionsinstanz gerügt wird. Allein der Revisionsangriff ist materiell nicht gerechtfertigt. Ein Verschulden des mit der Besitzstörungsklage Belangten braucht nicht immer besonders dargelegt und nachgewiesen zu werden; es kann auch in der Sache selbst liegen. Dies wird überall anzunehmen sein, wo nicht bloß ein objektiver Eingriff in fremde Besitzrechte stattfand, sondern auch aus den Umständen erhellt, daß dieser Eingriff des Handelnden mit dem Bewußtsein der Widerrechtlichkeit vollzogen wurde. Nun hat, wie schon oben hervorgehoben, der Berufungsrichter thatsächlich festgestellt, daß die von der Fürstlichen Forstverwaltung im Oktober 1882 verhängte Vorhege und die dadurch bewirkte Zuwendung aller Erdstöcke an die Gemeinde S. eine willkürliche, auf mindestens teilweise Beseitigung des klägerischen Besitzstandes berechnete Maßnahme gewesen sei. Auch ist nicht bestritten, daß die klagende Gemeinde gegen die Anordnung und die Fortdauer der Verjüngungshege vergeblich Widerspruch erhoben hat. Danach kann es aber keinem begründeten Zweifel unterliegen, daß die Fürstliche Forstverwaltung, wenn sie auch den Vorwurf eines dolosen Verhaltens mit Berufung auf die früherhin ohne Einspruch der Klägerin vollzogenen Verjüngungshegen von sich abzuwenden vermöchte, immerhin derjenige einer kulposen Verschuldung trifft. Für dieses Verschulden seiner Beamten hat der Beklagte aufzukommen." ...

---

38. Unter welchen Voraussetzungen kann statt der Erfüllungs- die Entschädigungsklage angestellt werden, wenn der Verkäufer den Kaufgegenstand nach Abschluß des Kaufvertrages an einen Dritten veräußert hat?

III. Civilsenat. Urt. v. 7. Juli 1893 i. S. K. (Kl.) w. O. (Bekl.) Rep. III. 94/93.

I. Landgericht Verden.
II. Oberlandesgericht Celle.

Die Parteien hatten einen mündlichen Kaufvertrag abgeschlossen, vermöge dessen der Beklagte sein Wohnhaus nebst einer Reihe anderer Immobilien an den Kläger verkaufte. In der Folge behauptete letzterer, daß vereinbart worden sei, es solle zu den Kaufobjekten auch das Grundstück „Sonderland" gehören. Dieses Grundstück war unbestritten von dem Beklagten nach Abschluß seines Kaufvertrages mit dem Kläger an einen Dritten verkauft und aufgelassen worden. Daraufhin verlangt der Kläger eine Entschädigung von 2000 ℳ dafür, daß er das genannte Grundstück nicht erhalten habe. Der Beklagte leugnet, daß die erwähnte Vereinbarung getroffen sei, und macht geltend, daß dem Kläger keinesfalls ein Anspruch auf Entschädigung, sondern nur auf Vertragserfüllung zustände.

Nachdem der Kläger in erster Instanz abgewiesen worden, wiederholte er in zweiter Instanz sein Petitum mit dem Anfügen, es möge dem Beklagten die Befugnis vorbehalten bleiben, durch Auflassung des fraglichen Grundstückes sich von Leistung der beanspruchten Entschädigung zu befreien.

Auch das Oberlandesgericht wies die Klage ab, indem es davon ausging, daß die Unmöglichkeit der Erfüllung, deren Darlegung zur Begründung der angestellten Entschädigungsklage gehöre, noch nicht aus dem Umstande folge, daß Beklagter das angeblich mitverkaufte Grundstück anderweit veräußert und aufgelassen habe. Er könne das Grundstück wieder erwerben, und es sei nicht abzusehen, weshalb ihm dies nicht gelingen sollte, wenn er dem dritten Erwerber einen entsprechend höheren Preis anbiete. Es wäre Sache des Klägers gewesen, darzulegen, daß und aus welchem Grunde für den Beklagten der Wiedererwerb des Grundstückes ausgeschlossen, und damit die Erfüllung des Vertrages unmöglich geworden sei. Der in der zweiten Instanz dem Beklagten eingeräumte Vorbehalt, durch Auflassung des Grundstückes sich von der Verpflichtung zur Entschädigung zu befreien, sei nicht geeignet, den vorliegenden Mangel der Klagbegründung zu ersetzen.

Das Reichsgericht hat der gegen dieses Urteil gerichteten Revision stattgegeben aus folgenden

Gründen:

„Der Berufungsrichter geht bei seiner Entscheidung von dem Satze aus, daß der Schuldner dem Gläubiger zur Leistung des Interesses verpflichtet werde, wenn ihm die Naturalerfüllung seiner Verbindlichkeit auch nur subjektiv unmöglich sei, daß aber die Darlegung dieser Unmöglichkeit zur Begründung der auf Entschädigung gerichteten Klage gehöre. Diesem an sich richtigen, auch vom Reichsgerichte schon mehrfach gebilligten Rechtssatze hat jedoch der vorige Richter eine Anwendung auf die Verhältnisse des vorliegenden Falles gegeben, die als eine rechtsirrtümliche bezeichnet werden muß.

Es steht fest, daß der Beklagte nach Abschluß des Kaufvertrages ein ihm bis dahin eigentümlich zugehöriges Grundstück, das sog. „Sonderland", an einen Dritten veräußert und aufgelassen hat. Ist nun die Behauptung des Klägers richtig, daß dieses Grundstück mit zu den Objekten des genannten Kaufvertrages gehört habe, so hätte der beklagte Verkäufer vertragswidrig eines Gegenstandes sich entäußert, welchen er nach dem Vertrage an den Kläger zu tradieren hatte, und er hätte sich dadurch thatsächlich und rechtlich außer stand gesetzt, seiner Vertragspflicht gegen den klagenden Käufer durch Naturalerfüllung zu entsprechen. Dieser Umstand soll indessen nach der Ansicht des Berufungsgerichtes noch nicht genügen, um den zunächst allein begründeten klägerischen Anspruch auf Naturalerfüllung in einen

Anspruch auf Entschädigung zu verwandeln und damit die jetzt auf Entschädigung gerichtete Klage zu rechtfertigen; denn, führt der Berufungsrichter aus, es wäre Sache des Klägers gewesen, darzulegen, daß und aus welchem Grunde für den Beklagten der Wiedererwerb des Grundstückes ausgeschlossen, und dadurch die Erfüllung des Vertrages unmöglich geworden sei. Dieser Erwägung der Vorinstanz kann nicht beigetreten werden.

Als die unmittelbare und regelmäßige Folge der vertragswidrigen Handlungsweise des beklagten Verkäufers ist es anzusehen, daß derselbe dadurch, daß er einen Dritten zum rechtmäßigen und unbedingten Eigentümer des fraglichen Grundstückes machte, sich selbst außer Besitz und damit außer stand gesetzt hat, diesen individuell bestimmten Kaufgegenstand dem Kläger zu tradieren. Der Beklagte vermag also seiner Leistungspflicht nur dann gerecht zu werden, wenn der dritte Eigentümer freiwillig zu einem Wiederverkaufe sich bereit zeigt, und wenn der Beklagte außer dem Willen auch die Mittel hat, den Rückerwerb der Sache zu bewerkstelligen. Ist dies der Fall, und wird vom Verkäufer die Möglichkeit der Leistung trotz der vertragswidrigen Entäußerung dargelegt, so muß die Interesseforderung des Käufers zurückgewiesen werden, weil ihr eine Voraussetzung — die Unmöglichkeit der Naturalleistung — mangelt. Ohne solche Darlegung muß festgehalten werden, daß gegenüber dem Anspruche auf das Interesse die bloße Möglichkeit, daß der vertragsbrüchige Verkäufer vielleicht doch noch die Naturalerfüllung werde bewirken können, keine Beachtung verdient, umsoweniger, wenn sich, wie im vorliegenden Falle, der Verkäufer hierzu in keiner Weise bereit zeigt, vielmehr dem Interesseanspruche des Klägers unbeschränkten Widerspruch entgegensetzt.

Diese Auffassung, die in der Praxis der deutschen Gerichte vielfach geteilt wird, entspricht dem materiellen Rechte und den Bedürfnissen des Verkehrslebens. Es kann dieser Auffassung nicht vorgeworfen werden, daß sie die Beweislast verdrehe; sie will nur dem Umstande, daß der Verkäufer ein Kaufobjekt, statt es zu tradieren, an Dritte veräußert, die richtige Bedeutung zuerkannt wissen. Immerhin wird von dem Käufer, welcher das Interesse fordert, der Beweis verlangt, daß er dazu wegen Unmöglichkeit der Naturalerfüllung berechtigt sei; aber es wird angenommen, daß dieser Nachweis im allgemeinen schon durch die Thatsache gegeben sei, daß der Käufer nach dem Kaufabschlusse das Kaufobjekt an einen Dritten unbedingt und rechtsgültig veräußert hat. Dem beklagten Verkäufer ist dann anheimgegeben darzuthun, daß ihm, ungeachtet der aus jener Thatsache fließenden Konsequenz, gleichwohl die Tradition des Objektes nicht unmöglich, und daß er eventuell auch gewillt sei, die hierzu erforderlichen Schritte zu thun.

Schließlich mag noch darauf hingewiesen werden, daß der Kläger laut Thatbestandes der zweiten Instanz dem Beklagten freigestellt hat, sich durch Naturalleistung von der eingeklagten Ersatzforderung zu befreien. Wird — falls das übrige Klagevorbringen sich bestätigt — dieser Einräumung entsprechend, ein Vorbehalt in das zukünftige Urteil aufgenommen, so ist den Interessen der beiden streitenden Teile volles Genüge geschehen."

---

39. Stehen nach heutigem gemeinen Rechte dem arrogierten oder voll adoptierten Kinde Erbrechte gegen die agnatischen Verwandten des Adoptivvaters zu?

III. Civilsenat. Urt. v. 29. September 1893 i. S. P. (Kl.) w. P. (Bekl.) Rep. III. 105/93.

I. Landgericht Rostock.
II. Oberlandesgericht daselbst.

Der von einem vorverstorbenen Bruder des im Jahre 1891 zu M. verstorbenen Rentiers P. arrogierte Kläger hatte gegen zwei Brüder des Erblassers auf Feststellung seines Miterbrechtes und Herausgabe des dritten Teiles des Nachlasses geklagt. Die Klage wurde in erster Instanz abgewiesen, auf Berufung des Klägers aber vom Oberlandesgerichte nach dem Klagantrage erkannt, und die Revision der Beklagten zurückgewiesen aus folgenden

Gründen:

„Die Entscheidung über die Revision hängt von der Frage ab, ob dem Kläger, als dem arrogierten Sohne eines vorverstorbenen vollbürtigen Bruders des Erblassers, ein konkurrierendes Erbrecht neben dessen überlebenden vollbürtigen Brüdern zusteht. Mit Recht ist diese Frage nach dem in Mecklenburg geltenden gemeinen Rechte vom Oberlandesgerichte bejaht worden.

Während in der älteren Doktrin die Geltung des römischen Adoptionsrechtes in Deutschland von einzelnen Rechtslehrern bestritten, von anderen dagegen verteidigt, und auf dessen praktische Übung verwiesen wurde,

vgl. Struben, Rechtliche Bedenken Bd. 2 Nr. 62,

steht in neuerer Zeit die Rezeption und Gültigkeit dieses Rechtes im ganzen allgemein anerkannt fest. Streitig ist jedoch noch jetzt, ob und inwieweit die Arrogation und die volle Adoption für das Adoptivkind das Erbrecht eines kognatischen Verwandten gegen die Agnaten des Adoptivvaters begründet.

Die Mehrzahl der Rechtslehrer erkennt dies Erbrecht ohne Beschränkung an, in welcher Beziehung namentlich auf Schirmer (Erbrecht S. 388 flg.) und Windscheid (Pandekten Bd. 3 § 571) zu verweisen ist. Andere wollen dagegen, wenigstens für das heutige Recht, das Erbrecht des Adoptivkindes auf den Adoptivvater selbst und die noch in seiner Gewalt befindlichen Kinder und ferneren Descendenten beschränken, wie Sintenis (3. Aufl. Bd. 3 § 139 Anm. 35), Dernburg (Pandekten Bd. 3 §§ 30. 135), Stobbe (Privatrecht Bd. 4 S. 385), während Brinz (Pandekten Bd. 1 S. 170, Bd. 3 S. 120) eine noch engere Begründung des Verwandtschaftsverhältnisses vertritt, und Puchta (Pandekten § 454), der im übrigen der herrschenden Lehre folgt, die Verwandtschaft mit dem Tode des Adoptivvaters endigen lassen will.

Geht man davon aus, daß das römische Adoptionsrecht, wie es in der justinianischen Gesetzgebung enthalten ist, als rezipiertes Recht Anspruch auf heutige Geltung hat, so kann es keinem Zweifel unterliegen, daß dem Arrogierten oder voll Adoptierten gegenüber den Agnaten des Adoptivvaters die vollen Rechte eines Kognaten zustehen; denn in l. 1 § 4 Dig. unde cognati 38, 8 ist klar ausgesprochen: „cognationem facit etiam adoptio, etenim quibus fiet agnatus his, qui adoptatus est, iisdem etiam cognatus fiet“, wie in l. 2 § 3 Dig. de suis heredibus 38,16: „qui adoptatur, iisdem fit agnatus, quibus pater ipsius fuit.“ (Vgl. auch l. l. 23 und 44 Dig. de adoptionibus

1,7. l. 4 § 10 Dig. de gradibus 38,10.) Tritt danach der Adoptierte zu allen Agnaten des Adoptivvaters für die Dauer der Agnation in ein agnatisches Verhältnis und insoweit auch in die Rechte eines Blutsverwandten, so steht jede engere Begrenzung mit dem Inhalte des Gesetzes in Widerspruch, und ist auch die Beschränkung der Verwandtschaft auf die Lebensdauer des Adoptivvaters ohne jede Begründung, da die Agnation mit dessen Tode so wenig erlischt, wie durch die deutschrechtliche Emanzipation des Adoptivkindes.

Die Geltung der rezipierten römischen Vorschriften über die familien- und erbrechtlichen Wirkungen der Arrogation und Adoption wird auch dadurch nicht in Frage gestellt, daß etwa nach heutiger Auffassung der Zweck der Adoption wesentlich in der Begründung eines Eltern- und Kindesverhältnisses zu suchen sein mag.

Vgl. auch Köppen, Erbrecht § 391.

Ebensowenig ist erheblich der von Arndts (Rechtslexikon Bd. 3 S. 686) angeregte Zweifel, ob eine dem römischen Rechte entsprechende Ausdehnung der Adoptivverwandtschaft dem heutigen Rechtsbewußtsein entspricht; denn solcher Widerspruch der Rechtsanschauung, welcher sich auch bezüglich der Rechtswirkungen der Legitimation durch nachfolgende Ehe behaupten ließe, kann für die Rechtsprechung nur insoweit von Einfluß sein, als derselbe in der Gesetzgebung oder durch Bildung eines abweichenden Gewohnheitsrechtes einen normgebenden Ausdruck gefunden hat. Daß sich aber ein gemeinrechtliches vom römischen Rechte abweichendes Gewohnheitsrecht gebildet habe, kann nicht angenommen werden, sondern wird durch die bis in die neueste Zeit fortgesetzte thatsächliche Übung der fraglichen Rechtsnormen widerlegt.

Vgl. Schirmer, Erbrecht § 11 Anm. 26."

---

40. Nach welchem örtlichen Rechte ist die Erbfolge in den Nachlaß eines in einem gemeinrechtlichen Gebiete Verstorbenen zu beurteilen, wenn dieser zur Zeit des Todes keinen Wohnsitz hatte?

VI. Civilsenat. Urt. v. 27. April 1893 i. S. B. u. Gen. (Bekl.) w. F. u. Gen. (Kl.) Rep. VI. 331/92.

I. Landgericht Frankfurt a. M.
II. Oberlandesgericht daselbst.

Aus den **Gründen:**

„Im September 1890 starb zu Homburg v. d. H. in einem dortigen Gasthofe der unverheiratet gewesene Rentner L. B., geboren 1811 zu Hersfeld (Kurhessen), mit Hinterlassung eines bedeutenden Vermögens. Eine letztwillige Verfügung fand sich nicht vor. ... B. war in früher Jugend von Hersfeld nach Nordamerika ausgewandert, wo er sich in St. Louis, Missouri, niederließ. Diese Stadt machte er zum Mittelpunkte seines Lebens und Verkehres; dort betrieb er ein Handelsgeschäft. Im Jahre 1846 erwarb er das Bürgerrecht der Vereinigten Staaten. Mitte der fünfziger oder sechziger Jahre kehrte er von Amerika unter Aufgabe seines dortigen Wohnsitzes nach Deutschland zurück und führte von da ab ein Wanderleben, ohne jemals nach den Vereinigten Staaten zurückzukehren. Hierbei wohnte er immer in Gasthöfen. Sein Bestreben war, nirgends Steuern zu entrichten, was er auch durchgeführt zu haben scheint. Die Naturalisationsurkunde als Bürger der Vereinigten Staaten ließ er sich letztmals im Jahre 1877 ... erneuern. Seit seiner Rückkehr von Nordamerika betrieb er, abgesehen von dem Umtriebe seines Kapitalvermögens, kein Geschäft mehr. In Homburg v. d. H., woselbst er schon in den Jahren 1878, 1879, 1881, 1887 und 1888 je mehrere Monate im Sommer oder Herbst geweilt hatte, hielt er sich letztmals vom 4. Juli 1890 bis zum Eintritte seines Todes auf. Vom November 1889 bis 3. Juli 1890 hatte er sich in Frankfurt a. M. aufgehalten; ebendaselbst hatte er schon in den Jahren 1879, 1881, 1882, 1883, 1886 ..., sodann wieder vom August 1886 bis Juni 1887, vom September 1887 bis Februar 1888 gewohnt. Außerdem hat er sich vom Jahre 1877 an, bis auf welche Zeit zurück die Ermittelungen reichen, vorübergehend in verschiedenen anderen Städten und Badeorten innerhalb und außerhalb Deutschlands aufgehalten. ... Die Geschwister des L. B. sind vor ihm gestorben. ... In diesem Prozesse streiten nun Geschwisterenkel des L. B. gegen seine Geschwisterkinder um die von ihnen behauptete, von letzteren bestrittene Erbberechtigung. Sie machen geltend: L. B. habe seinen Wohnsitz in St. Louis bis zu seiner Rückkehr nach Deutschland beibehalten, in der Folge aber einen neuen Wohnsitz nicht begründet. Nach den maßgebenden gemeinrechtlichen Grundsätzen des internationalen Privatrechtes komme deshalb für die Beerbung des Verstorbenen das Recht seines letzten Domiziles, d. h. das in St. Louis geltende Recht des Staates Missouri, zur Anwendung. Nach diesem seien aber Großneffen und Großnichten zu dem Teile, den ihr Parens als Geschwisterkind erhalten haben würde, falls er den Erbanfall erlebt hätte, neben Neffen und Nichten zur Erbschaft berufen.... Die Beklagten behaupten dagegen, L. B. habe in Deutschland neue Wohnsitze begründet, und zwar zuletzt in Frankfurt a. M.; wäre aber anzunehmen, er habe zur Zeit seines Todes keinen Wohnsitz gehabt, so könnte doch das an seinem früheren, längst aufgegebenen Wohnsitze St. Louis geltende Recht nicht zur Anwendung kommen, sondern es wäre entscheidend bezüglich der Erbfolge entweder das an B.'s letztem Aufenthaltsorte Homburg v. d. H. geltende Gesetz oder dasjenige seines Heimatsortes Hersfeld, zumal er zur Zeit seines Todes die amerikanische Nationalität verloren gehabt habe. Von Geburt Kurhesse, habe er sein kurhessisches Indigenat nie aufgegeben und sei jedenfalls durch seine Rückkehr nach Deutschland und seinen bleibenden Aufenthalt daselbst nach dem Vertrage zwischen dem Norddeutschen Bunde und den Vereinigten Staaten von Amerika vom 22. Februar 1868 seines amerikanischen Bürgerrechtes verlustig gegangen und wieder Deutscher geworden. Da nach dem zu Frankfurt a. M., Homburg v. d. H. und Hersfeld gleichmäßig geltenden gemeinen Rechte neben Geschwisterkindern die Geschwisterenkel von der Erbfolge ausgeschlossen seien, entbehre der Anspruch der Kläger der Begründung.... Die Behauptung der Kläger hinsichtlich der in Missouri geltenden Erbfolgeordnung ist durch eine amtliche Auskunft des Kaiserl. Konsulates zu St. Louis bestätigt....

Das Landgericht hat die Beklagten nach dem Klagantrage verurteilt. Die Berufung der Beklagten ist von dem Oberlandesgerichte zurückgewiesen.

Die Revision ist nicht begründet....

Außer Zweifel steht, daß die Entscheidung der Frage, nach welchem Rechte die Erbfolge in die Verlassenschaft des L. B. zu beurteilen ist, den gemeinrechtlichen Prinzipien des sog. internationalen Privatrechtes zu entnehmen ist. Nach diesen Prinzipien, wie sie in der gemeinrechtlichen Theorie noch ganz überwiegend, in der deutschen Praxis, insbesondere in derjenigen des Reichsgerichtes, ausnahmslos festgehalten und angewendet werden, ist die Erbfolge, vor allem also die Frage, wer im Einzelfalle nach dem Gesetze erbfolgeberechtigt ist, nicht nach dem Rechte der Nationalität des Erblassers, sondern nach dem Rechte des Wohnsitzes, welchen der Erblasser zur Zeit seines Todes hatte, zu entscheiden, es müßte denn, was im vorliegenden Falle nicht zutrifft, ein Staatsvertrag eingreifen, welcher die Frage auf anderer Grundlage regelt. . . .

Die Revision macht nun geltend: das Berufungsgericht wende diesen Grundsatz zu Unrecht auf den vorliegenden Fall an und gelange so zu dem merkwürdigen Resultate, daß der deutsche Richter in Bezug auf die Beerbung eines Deutschen — ein Deutscher sei L. B. jedenfalls nach den maßgebenden Bestimmungen des Vertrages zwischen dem Norddeutschen Bunde und den Vereinigten Staaten von Amerika vom 22. Februar 1868 wieder geworden — amerikanisches Recht anzuwenden habe, weil der Erblasser vor 35 Jahren sein Domizil in St. Louis gehabt habe. Die Frage, ob in Ansehung der Erbfolge das Nationalitätsprinzip oder das Recht des Wohnsitzes des Erblassers zur Zeit seines Todes als maßgebend zu erachten, . . . könne dann, wenn der Erblasser zur Zeit seines Todes keinen Wohnsitz gehabt habe, nicht dahin entschieden werden, daß unter allen Umständen das Recht des letzten bekannten Wohnsitzes Platz greifen müsse. Zur Anwendung des Rechtes des zur Zeit des Todes bestandenen Wohnsitzes gelange man nur in der Erwägung, daß über die Erbfolge einheitliches Recht entscheiden müsse, und als solches dasjenige Recht in Betracht komme, welchem der Erblasser zur Zeit seines Todes überhaupt unterworfen gewesen sei. An letzterer Voraussetzung fehle es . . ., da die Fiktion der Fortdauer des früher begründeten, längst aufgegebenen Wohnsitzes unhaltbar sei. Der Richter habe übrigens, abgesehen hiervon, in erster Linie das Recht seines eigenen Landes anzuwenden, ausländisches Recht nur soweit, als es durch jenes geboten oder gestattet sei. Es müsse also das gemeine Recht zur Anwendung gebracht werden, welches den Klägern die Erbfolge versage. Dieses Recht sei auch aus dem Grunde als maßgebend zu erachten, weil es sich um Beerbung eines Vagabunden handle, welche nur nach dem Rechte seines letzten Aufenthaltsortes (hier Homburg v. d. H.) geregelt werden könne. . . .

Die Regel, daß in Ansehung der Nachfolge in den Nachlaß eines Verstorbenen das Gesetz des letzten Wohnsitzes des Verstorbenen entscheidend sei, geht allerdings von der thatsächlichen Voraussetzung aus, daß der Erblasser zur Zeit seines Todes einen Wohnsitz hatte, welche hier nicht zutrifft. Für die Anwendung der Regel ist es aber gleichgültig, ob der Erblasser ein Deutscher oder ein Ausländer war; dies folgt aus dem Prinzipe. Die Frage, ob L. B. bei der Auswanderung sein kurhessisches Indigenat beibehielt oder nicht, ob er es durch seinen langjährigen Aufenthalt in den Vereinigten Staaten oder durch den Erwerb des amerikanischen Bürgerrechtes verloren hat, ob er des letzteren Bürgerrechtes durch seinen nachfolgenden langjährigen Aufenthalt in Deutschland wieder verlustig geworden oder gar wieder Deutscher geworden ist, kann auf sich beruhen, wobei nur zu bemerken ist, daß für die Entscheidung, ob L. B. wieder deutscher Staatsangehöriger geworden, keinesfalls der erwähnte Staatsvertrag zwischen dem Norddeutschen Bunde und den Vereinigten Staten von Amerika, betreffend die Staatsangehörigkeit derjenigen Personen, welche aus dem Gebiete des einen Teiles in dasjenige des anderen Teiles einwandern, vom 22. Februar 1868 allein, sondern wesentlich das Gesetz über die Erwerbung und den Verlust der Staatsangehörigkeit vom 1. Juni 1870 (bes. § 21) in Betracht käme. Die Frage wäre nur von Bedeutung, wenn in dem zur Beurteilung stehenden Falle deshalb, weil L. B. zur Zeit seines Todes einen Wohnsitz nicht hatte, als maßgebendes Recht dasjenige anzuerkennen wäre, welches in dem Staate, welchem B. angehörte, gilt, mit anderen Worten, wenn nach den gemeinrechtlichen Grundsätzen über das sog. internationale Privatrecht in einem solchen Ausnahmefalle das Nationalitätsprinzip als das entscheidende anzusehen wäre. Dies trifft aber, wie zu zeigen ist, nicht zu. Der von den Revisionsklägern ferner aufgestellte Satz, der Richter habe in erster Linie das Recht seines eigenen Landes anzuwenden, ausländisches Recht nur dann und insoweit, als es durch jenes geboten oder gestattet sei, müßte, wenn damit gemeint sein sollte, ausländisches Recht dürfe nur zur Anwendung gebracht werden, wenn durch die Gesetzgebung selbst dessen Anwendung vorgeschrieben oder gestattet sei, durchaus zurückgewiesen werden. Dieser Satz würde für gemeinrechtliche Gebiete, in denen es an gesetzlichen Vorschriften über die räumliche Herrschaft der Rechtsnormen fehlt, zu der längst als unhaltbar erkannten Theorie, daß der Richter im Zweifel stets das inländische Recht anzuwenden habe, zurückführen. Der Satz ist auch nie von dem Reichsgerichte anerkannt worden; insbesondere liegt er nicht dem von der Revision angeführten Erkenntnisse des I. Civilsenates,

vgl. Entsch. des R.G.'s in Civils. Bd. 21 S. 137 flg.,

zu Grunde. Wenn es, wie hier, an positiven gesetzlichen Bestimmungen fehlt, muß eben die Entscheidung aus den als richtig und maßgebend anzuerkennenden gemeinrechtlichen Grundsätzen des internationalen Privatrechtes gesucht werden. Wenn diese für einen thatsächlich so gestalteten Fall, wie es der vorliegende ist, die Anwendung des zu St. Louis, als am früheren Wohnsitze des Erblassers, geltenden Rechtes ausschlössen, bezw. vielmehr nach ihnen die Anwendung der gemeinrechtlichen Vorschriften über die Erbfolgeordnung als geboten erschiene, dann freilich müßte der Anspruch der Kläger zurückgewiesen werden. In dieser Weise hat das Berufungsgericht auch die Frage, welches Recht für die Erbfolge in den Nachlaß des L. B. als maßgebend zu erachten sei, geprüft, und es muß den Ausführungen des Berufungsgerichtes nicht minder insoweit beigetreten werden, als sie sich mit der Darlegung beschäftigen, daß nach den gemeinrechtlichen Grundsätzen auch im vorliegenden Falle für die Bestimmung der Erbfolge in den Nachlaß des L. B. das in St. Louis, als dem früheren Wohnsitze des Erblassers, geltende, den Anspruch der Kläger rechtfertigende Recht als maßgebend zu erachten sei. Zunächst steht außer Zweifel, daß es sich hier nicht um ein Rechtsverhältnis handelt, in Beziehung auf welches zwingende, die Anwendung des fremden Rechtes ausschließende Rechtsnormen zur Anwendung kommen könnten. In der gemeinrechtlichen Litteratur wurde nun früher, in der Zeit vor Savigny, auf dem Boden des Domizilprinzipes die Frage, wie es sich mit der Erbfolge verhalte, wenn der Erblasser zur Zeit seines Todes einen Wohnsitz nicht hatte, wesentlich nur für den Fall erörtert, daß es sich um die Beerbung eines Vagabunden handle, d. h. eines Menschen, welcher ein Domizil selbständig nie konstituiert hat, oder von welchem wenigstens ein solches Domizil nicht bekannt geworden ist. Während solchenfalls von der einen Seite für die Erbfolge das am forum originis (Herkunft) des Verstorbenen geltende Recht und im Falle der Ungewißheit hierüber das Gesetz des Ortes, wo der zu

Beerbende gestorben ist, als maßgebend angesehen wurde (z. B. von Koch, Successio ab intestato § 15), wurde von anderer Seite gerade das letztere Recht als das in erster Linie zur Anwendung zu bringende erachtet (z. B. von Glück, Kommentar Bd. 6 § 511). Das von der Revision herangezogene, in Seuffert's Archiv Bd. 2 Nr. 354,

vgl. Römer, Sammlung der Entscheidungen des Oberappellationsgerichtes Lübeck in Frankfurter Rechtssachen Bd. 4 S. 347; Frankfurter Vereinssammlung Bd. 5 S. 200,

mitgeteilte Urteil des Oberappellationsgerichtes Lübeck (aus dem Jahre 1848) steht für den Fall der Beerbung eines solchen Vagabunden auf dem ersteren Standpunkte. Savigny (System Bd. 8 S. 101. 102. 106. 295. 296) unterscheidet dagegen die Fälle, wo es sich um die Beerbung eines Vagabunden in dem erwähnten Sinne und um diejenige einer Person, welche erweislich früher einen selbständigen Wohnsitz hatte, denselben aber, ohne einen neuen Wohnsitz zu begründen, aufgegeben hat, indem er nur im erstgenannten Falle auf das Recht des forum originis im modernen Sinne, d. h. auf den Zeitpunkt, wo die Person (der Vagabund) ohne eigene Wahl einen Wohnsitz gehabt hat, zurückgreift und nur dann, wenn auch dieser Ort nicht zu ermitteln ist, auf das Recht des Aufenthaltsortes verweist, im zweiten Falle das Gesetz des Ortes des früheren (selbständigen) Wohnsitzes für andauernd maßgebend hält. Ihm folgen für das gemeine Recht die neueren Schriftsteller ausnahmslos (Unger, Österreichisches Privatrecht Bd. 1 § 23 S. 164. 199; Stobbe, Deutsches Privatrecht Bd. 1 § 30; Holzschuher, Theorie und Casuistik (3. Aufl. Bd. 1 § 27 Nr. 10. § 6 S. 65; Böhm, Die räumliche Herrschaft der Rechtsnormen S. 182 flg.; Roth, Deutsches Privatrecht Bd. 1 S. 284. 294; Seuffert, Kommentar über die bayerische Gerichtsordnung Bd. 1 S. 332. 308 Anm. 19; Dernburg, Pandekten Bd. 1 § 46 Nr. 1 Nr. 2d; vgl. Wetzell, Civilprozeß § 40). Nur Kahn (Jahrbücher für die Dogmatik Bd. 30 S. 79 flg.) hält die Annahme der Fortwirkung des früheren Wohnsitzes, vielmehr die Fiktion der Fortdauer des Wohnsitzes für willkürlich und die Substitution des Aufenthaltsortes für natürlicher und erklärt es als Auslegungsfrage, was für die Bestimmung des Personalstatutes an die Stelle des Wohnsitzbegriffes zu treten habe. Dagegen erklärt v. Bar (Internationales Privatrecht Bd. 1 § 46 S. 160 flg.) vom Standpunkte des Domizilprinzipes aus für den Fall, wenn das frühere Domizil aufgegeben, ein neues aber nicht begründet worden ist, die Annahme der Fortdauer des früheren Domiziles für eine Notwendigkeit. Der Savigny'schen Theorie ist auch das in Seuffert's Archiv Bd. 38 Nr. 203 mitgeteilte Urteil des Oberlandesgerichtes zu Stuttgart bei Beurteilnng von Ansprüchen an den Nachlaß einer unter Aufgabe des in Württemberg begründet gewesenen Domiziles nach Amerika entwichenen, daselbst aber vor Begründung eines neuen Wohnsitzes verstorbenen Person gefolgt. Die der angefochtenen Entscheidung zu Grunde liegende Ansicht entspricht also der gemeinen Meinung. Sie muß auch als die richtige anerkannt werden. Der prinzipielle Grund, auf welchem die Annahme beruht, daß ein Personalstatut für die Fragen der Beerbung maßgebend sei, ergiebt sich aus der Natur des Erbrechtes und der Erwägung, daß eine Erbschaft nur einheitlich geregelt werden kann, d. h. nach demjenigen Gesetze, unter welchem der zu Beerbende zu Lebzeiten überhaupt gestanden hat. Als entscheidend ist für das gemeine Recht, wie bemerkt, das Gesetz des zur Zeit des Todes begründeten Wohnsitzes anzusehen. Hatte die Person ihren Wohnsitz aufgegeben, ohne einen neuen zu begründen, so fehlt es eben an einem neuen Gesetze, welchem die Person allgemein zu unterstellen wäre. Die lediglich prozessuale Vorschrift über den Gerichtsstand in § 18 C.P.O. kann für die Bestimmung des anzuwendenden Gesetzes nicht verwertet werden. Die Anwendung des Gesetzes des Aufenthaltsortes oder des Ortes, wo die zu beerbende Person gestorben ist, erscheint solchenfalls gänzlich ausgeschlossen. Für die Konstruktion eines Aufenthaltsortes, der von dem Orte, wo der Tod eingetreten ist, verschieden wäre, fehlte es ohnedies an allen thatsächlichen und rechtlichen Grundlagen. Der Aufenthaltsort, wie derjenige, wo der Tod eintrat, ist vielmehr für die zur Entscheidung stehende Frage etwas Zufälliges. Dies ergiebt sich gerade für den zur Entscheidung stehenden Fall, wo der Verstorbene seit Dezennien gewohnheitsmäßig seinen Aufenthalt jährlich wiederholt nach Willkür und Befinden wechselte. Nach seinen Gewohnheiten hätte der Tod des L. B. ebenso gut an irgend einem anderen Orte in oder außerhalb Deutschlands eintreten können, als in Homburg v. d. H. Es liegt hiernach auf der Hand, wie die Bestimmung des anzuwendenden Gesetzes lediglich vom Zufalle abgehangen hätte. Deshalb wird auch auf dem Boden des Nationalitätsprinzipes im Falle der Heimatlosigkeit nur im äußersten Falle, d. h. wenn ein Domizil des Verstorbenen nicht bestand oder nicht zu ermitteln war, auf das Recht des Aufenthaltsortes rekurriert. Von dem forum originis im Sinne des römischen Rechtes kann heutzutage beim Wegfalle der Grundlagen selbstverständlich keine Rede mehr sein. Die Anwendung des Gesetzes der Herkunft, d. h. des Gesetzes des Ortes, wo der Vater des zu Beerbenden und dieser mit jenem den Wohnsitz hatten, setzt aber voraus, daß der Verstorbene nicht inzwischen selbständig einen neuen Wohnsitz begründet hat. Es wäre ein Widerspruch in sich selbst, das Gesetz des früheren unselbständigen Wohnsitzes für maßgebend zu erklären, wenn der zu Beerbende später selbständig einen anderen Wohnsitz begründet hat. L. B. hatte aber für sich den Wohnsitz in St. Louis begründet. Die Substituierung des Rechtes der Nationalität enthielte dagegen ohne innere Begründung die Ersetzung des einen Prinzipes durch ein anderes und widerspräche der allgemeinen Meinung; auch sie müßte in heutzutage nicht seltenen Fällen versagen, z. B. dann, wenn ein Auswanderer, der seine Staatsangehörigkeit aufgegeben hat, vor Erlangung einer anderen Staatsangehörigkeit und vor Begründung eines neuen Wohnsitzes stirbt. Als ausschlaggebend für die Festhaltung des Rechtes des letzten Wohnsitzes muß erachtet werden die schon von Savigny angedeutete, auch neuerdings in der Litteratur in den Vordergrund gestellte Rücksicht auf die Wahrung der für die Beurteilung der Rechtsverhältnisse einer Person unentbehrlichen Kontinuität, wonach sich die Annahme des Bestehenbleibens eines gewissen Zusammenhanges der Person mit ihrem früheren, aufgegebenen Domizile als ebenso gerechtfertigt wie nothwendig erweist. Hat jemand den früher begründeten Wohnsitz aufgegeben, ohne einen neuen zu begründen, so muß eben die Begründung des früheren Wohnsitzes fortwirken, gerade wie eine Änderung des Wohnsitzes die Anwendung des Rechtes des neuen Wohnsitzes mit sich bringt, ohne daß es allerdings nötig ist, von einer Fiktion der Fortdauer des früheren Wohnsitzes zu reden. Alle anderen Aushilfsmittel würden nur zur Prinzipwidrigkeit oder zur Willkürlichkeit führen. . . . Für die Entscheidung kann auch der Umstand, daß L. B. sein früheres Domizil in St. Louis schon etwa dreißig Jahre vor seinem Tode aufgegeben hatte, nicht in Betracht kommen. Dies erscheint für die rechtliche Beurteilung lediglich als Zufall.

Wäre L. B. im ersten, fünften oder zehnten Jahre nach seiner Rückkehr aus Amerika gestorben, so hätte die Frage seiner Beerbung ebenso nach dem allein als richtig anzuerkennenden Gesichtspunkte entschieden werden müssen; und die Entscheidung kann nicht bloß aus dem Grunde nach einem anderen Prinzipe entschieden werden, weil das domizillose Leben des B. länger gedauert hat. Aus der positiven Gesetzgebung läßt sich für die vorliegende Frage wenig entnehmen; bemerkenswert erscheint jedenfalls, daß für das preußische Recht, nach welchem für die gesetzliche Erbfolge gleichfalls das Recht des letzten Wohnsitzes des Erblassers als maßgebend erachtet wird, die Vorschrift in § 24 Einl. zum A.L.R. dahin ausgelegt wird, daß das Recht des bisherigen (früheren) Wohnsitzes auch maßgebend bleibe, bis der Verzogene sich durch Ergreifung eines neuen Domiziles einem anderen Rechte unterworfen habe (Förster-Eccius, Bd. 1 § 11 Nr. 7 Anm. 13; Rönne, Ergänzungen und Erläuterungen Bd. 1 S. 56; Koch, zu § 24 Bd. 1 S. 41 Anm. 59; Entsch. des Kammergerichtes Bd. 1 S. 25). Für das gemeine Recht ergiebt sich die Richtigkeit der Anwendung des Rechtes des früheren Wohnsitzes aus dem zuvor Ausgeführten." ...

---

41. Bedeutung der sog. cautela Socini für den Erwerb des Pflichtteiles.

VI. Civilsenat. Urt. v. 12. Juni 1893 i. S. W. K. (Kl.) w. Chr. H., Fr. H. und A. B. (Bekl.) Rep. VI. 60/93.

I. Landgericht Rottweil.
II. Oberlandesgericht Stuttgart.

Die Eltern des Chr. H. hatten in ihrem gemeinschaftlich errichteten Testamente den gesamten Erbteil desselben zu Gunsten seiner gesetzlichen Erben mit Fideikommiß belegt, dergestalt, daß ihm nur die lebenslängliche Nutznießung des in pflegschaftliche Verwaltung zu nehmenden Erbteiles zustehen sollte. Für den Fall, daß Chr. H. das Testament anfechte, war er auf den Pflichtteil als Erbe eingesetzt. Nach dem Tode seiner Eltern hatte Chr. H. bei den Teilungsverhandlungen das Testament anerkannt und die Erbschaft unbedingt angetreten, sowie ausdrücklich auf Berechnung und Ausscheidung seines Pflichtteiles verzichtet. W. K., ein Gläubiger des Chr. H., erhob nun auf Grund des § 3 Ziff. 1 des Reichsgesetzes vom 21. Juni 1879 in Beziehung auf diesen Verzicht Anfechtungsklage. Die Klage wurde in erster Instanz abgewiesen, und auch die Berufung und die Revision des Klägers wurden zurückgewiesen.

Aus den Gründen:

... „Zur Begründung der Revision wird geltend gemacht: nach den maßgebenden Rechtsgrundsätzen habe Chr. H. sofort mit dem Erbschaftsantritte den Pflichtteil sine ullo gravamine erworben; in dem Verzichte auf die Ausscheidung des Pflichtteiles liege deshalb rechtlich nicht die Ablehnung eines möglichen Erwerbes, sondern die Weggabe eines schon erworbenen (veräußerlichen) Rechtes und Vermögensteiles. Diesem Angriffe ist der Erfolg zu versagen. Das Berufungsgericht begründet seine Entscheidung wesentlich mit thatsächlichen Erwägungen, indem es annimmt: die letztwillige Anordnung der Eltern des Chr. H., wonach diesem das Recht zur Verfügung über die Substanz seines mit Fideikommiß belasteten (gesamten) Erbteiles entzogen, und derselbe auf die lebenslängliche Nutznießung des Erbteiles, auf die Alimentierung aus dem Erbteile, beschränkt worden, enthalte in Ansehung des Pflichtteiles nach Sinn und Zweck der Anordnung eine teilweise, auch nach württembergischem Rechte gültige Enterbung des Chr. H. in wohlmeinender Absicht (exheredatio bona mente). Wenn nun Chr. H. die Erbschaft mit der Belastung auf Grund des Testamentes angetreten habe, so habe er hiermit nur den Erwerb des Pflichtteiles ohne die Beschwerung abgelehnt. Es kann dahingestellt bleiben, ob bei dieser Entscheidung, bezw. ihrer näheren Begründung vielleicht ein Übersehen der erwähnten gemeinrechtlichen Grundsätze über den Erwerb des Pflichtteiles als Erbe mituntergelaufen ist. Dieselbe muß jedenfalls im vorliegenden Falle aufrechterhalten werden. Die Eltern des Chr. H. haben ihren sämtlichen diesen belastenden Verfügungen die Socinische Kautel hinzugefügt. Zufolge dieser Kautel ist aber das Rechtsverhältnis dahin aufzufassen, daß der Pflichtteilserbe alternativ als eingesetzt erscheint auf den seinen Pflichtteil überschreitenden Erbteil, aber mit der von dem Testator verfügten Beschwerung auch in Ansehung des Pflichtteiles, oder auf den unbeschränkten und unbeschwerten Pflichtteil, dergestalt, daß der pflichtteilsberechtigte Erbe in der That vor die Wahl gestellt ist, ob er den gesamten Erbteil, so wie er belastet ist, erwerben oder sich mit dem reinen Pflichtteile begnügen will.

Vgl. Windscheid, Pandekten Bd. 3 § 582; Glück, Kommentar Bd. 7 S. 86 flg.; Francke, Noterbenrecht S. 246 flg. 248; Schultzenstein, Beiträge zum Pflichtteilsrechte S. 253; Seuffert, Archiv Bd. 11 Nr. 165.

Indem der Erbe dieses Wahlrecht ausübt, lehnt er also das nicht gewählte Recht ab. Das Berufungsgericht hat nun thatsächlich ohne ersichtlichen Rechtsirrtum festgestellt, daß Chr. H. mit der Antretung der Erbschaft in einem Akte das Wahlrecht dahin ausgeübt habe, daß er unter Ablehnung des Erwerbes des Pflichtteiles die Erbschaft, so beschwert, wie sie ihm hinterlassen ist, erwerben zu wollen erklärt habe." ...

---

42. Enthält der in einem auf bösliche Verlassung gestützten Ehescheidungsprozesse gestellte Antrag auf Erlassung eines Rückkehr= oder Aufnahmebefehles, bezw. die Anstellung einer Klage auf Herstellung des ehelichen Lebens stets einen Verzicht auf die etwa vorliegenden Scheidungs= oder Trennungsgründe außer der böslichen Verlassung?

VI. Civilsenat. Urt. v. 9. Oktober 1893 i. S. Fr. Ehefr. (Bekl. und Widerkl.) w. Fr. (Kl. und Widerbekl.) Rep. VI. 179/93.

I. Landgericht Hamburg.
II. Oberlandesgericht daselbst.

In der in Bd. 29 Nr. 104 mitgeteilten Sache erließ nach Aufhebung des ersten Berufungsurteiles und Zurückverweisung der Sache an das Berufungsgericht das letztere auf Antrag der widerklagenden Ehefrau einen neuen Aufnahmebefehl an den Kläger, damit er im Ungehorsamsfalle für einen böslichen Verlasser erklärt werden könne. Der Kläger war aber jetzt dem Befehle nachzukommen willig, und nun weigerte sich die Beklagte, zu ihm zurückzukehren. Sie mußte daher ihre prinzipale Widerklage als verloren ansehen und nahm jetzt als eventuellen Widerklagantrag den anfänglich von ihr gestellten auf zeitweilige Trennung von Tisch und Bett wegen ihr angeblich vom Kläger früher zugefügter Mißhandlungen wieder auf. Ihre Widerklage wurde aber jetzt vom Berufungsgerichte gänzlich abgewiesen, und die hiergegen in Ansehung des letzteren Antrages erhobene Revision zurückgewiesen aus folgenden

Gründen:

„Bei der jetzigen Revision handelt es sich nur um die von der Beklagten erhobene Widerklage, soweit diese auf angeblich vom Kläger jener zugefügte Mißhandlungen gestützt und auf zeitweilige Trennung von Tisch und Bett gerichtet war. Dieser Antrag ist vom Oberlandesgerichte aus einem doppelten Grunde abgewiesen worden. Den einen Grund hat dasselbe darein gesetzt, daß die Beklagte, die in erster Reihe Widerklage auf Scheidung vom Bande wegen böslicher Verlassung erhoben hatte, in dem hierauf bezüglichen Verfahren den Antrag auf Erlassung eines Aufnahmebefehles an den Kläger gestellt hatte, welcher Befehl dann auch erlassen und vom Kläger durch Erklärung seiner Bereitwilligkeit zur Aufnahme der Beklagten befolgt worden ist: in jenem Antrage müsse mit Notwendigkeit die Erklärung ihrer Bereitwilligkeit, zum Kläger zurückzukehren, gefunden werden, hierin aber auch eine formelle Verzeihung der in der Vergangenheit liegenden Vorgänge, auf die bis dahin vielleicht ein Recht zur Fernhaltung vom Kläger hätte gestützt werden können. Dieser Entscheidungsgrund ist mit Unrecht von der Beklagten angegriffen worden. Davon könnte zuvörderst nicht die Rede sein, daß derselbe gegen den § 574 C.P.O. verstieße. Denn das Berufungsgericht hat den Anspruch auf zeitweilige Trennung wegen Mißhandlungen nicht etwa wegen Unzulässigkeit der Nachbringung neuer Klagegründe oder auch nur etwa wegen Unzulässigkeit der Nachbringung einer neuen Klagart — wenn eine solche in der Klage auf zeitweilige Trennung gegenüber der Klage auf völlige Scheidung gefunden sein sollte — abgewiesen.... Der Grund, weshalb das Oberlandesgericht diesen Widerklagantrag verworfen hat, liegt in der von ihm angenommenen materiellen Ausschließung desselben durch das inzwischen von der Beklagten im Prozesse beobachtete Verhalten. Nach der schon früher,

vgl. Entsch. des R.G.'s in Civils. Bd. 5 S. 405 flg.,

vom I. Civilsenate und neuerdings (ebenda Bd. 30 S. 105, sowie in der Hamburger Sache Rep. VI. 261/92[1]) auch von dem jetzt erkennenden Senate des Reichsgerichtes befolgten Ansicht war nun die Nachprüfung des Revisionsgerichtes hier nicht etwa wegen Irrevisibilität der betreffenden Rechtsnorm aus dem Grunde ausgeschlossen, weil die Anwendbarkeit der letzteren, welche an sich dem gemeinen deutschen protestantischen Kirchenrechte angehört, durch die bürgerliche Partikulargesetzgebung von dem Religionsbekenntnisse der Beteiligten unabhängig gemacht ist. Die Nachprüfung führte jedoch zur Billigung der im angefochtenen Urteile zur Anwendung gebrachten Ansicht. Der Antrag, dem anderen Ehegatten seine Mitwirkung zur Herstellung des ehelichen Zusammenlebens anzubefehlen, ist in der That mit dem Willen, das durch die erduldeten Mißhandlungen erworbene Recht auf einstweiliges getrenntes Leben zu wahren, unvereinbar. Dies leuchtet sofort ein, wenn man sich die Herstellung des ehelichen Lebens als Gegenstand einer gerade hierauf gerichteten Klage, eines Antrages auf die, nötigenfalls durch Zwangsvollstreckung mit thatsächlicher Wirkung zu versehende Verurteilung denkt. Nun wird aber dadurch, daß es sich nicht um eine solche, für Hamburg allerdings gewohnheitsrechtlich,

vgl. Baumeister, Hamburger Privatrecht Bd. 2 S. 29 § 72 und Brandis, Hamburger Praxis in Civilsachen S. 339. 340,

ausgeschlossene Klage, sondern nur um einen in Verbindung mit der Klage auf Ehescheidung wegen böslicher Verlassung gestellten Antrag auf Erlassung eines Rückkehr-, bezw. Aufnahmebefehles handelt, in der hier in Betracht kommenden Beziehung nichts geändert. Freilich ist die vergebliche vorgängige Erlassung eines solchen Befehles nach der vorherrschenden Lehre des gemeinen Rechtes und jedenfalls nach hamburgischem Gewohnheitsrechte (welches insoweit nach § 16 Ziff. 6 des Einführungsgesetzes zur Civilprozeßordnung von der Geltung der letzteren unberührt gelassen ist), falls der Aufenthaltsort des Beklagten überhaupt bekannt ist, unerläßliche Voraussetzung für die thatsächliche Feststellung einer böslichen Verlassung, und ohne auf Erlassung eines solchen Befehles anzutragen, könnte daher der Kläger in einem Falle dieser Art mit seiner Scheidungsklage gar nicht zum Ziele kommen;

[1] S. oben S. 149 flg., wo aber die betreffende Ausführung nicht mitabgedruckt ist. A. d. E.

aber daraus folgt nicht, daß man in solchem Antrage nur eine leere Form zu erblicken hätte, aus deren Beobachtung nicht auf den wirklichen Willen zur Herstellung des ehelichen Lebens geschlossen werden dürfte. Wer solchen Willen nicht wirklich hegt, der soll eben nicht als ein böslich verlassener Ehegatte die Scheidung zu verlangen berechtigt sein.

Vgl. v. Scheurl, Eherecht S. 326.

Also ist in der That in einem solchen Falle die Verbindung einer auf einen anderen Grund gestützten Klage auf Ehescheidung oder zeitweilige Trennung als eventueller mit der Scheidungsklage wegen böslicher Verlassung als prinzipaler Klage ausgeschlossen, weil mit einem inneren Widerspruche behaftet. Wer zu beiderlei Klagen berechtigt zu sein glaubt, muß dann wählen, ob er die eine oder die andere anstellen will." . . .

III. Preußisches Recht.

43. Ist die auf den Bestimmungen des märkischen Provinzialrechtes beruhende Kirchenbaupflicht der politischen Gemeinde, insbesondere die Kirchenbaupflicht der Stadt Berlin, durch die neuere Gesetzgebung aufgehoben?

A.L.R. II. 11 § 710.

IV. Civilsenat. Urt. v. 10. November 1892 i. S. Stadtgemeinde B. (Kl.) w. Johannes-Evangelist-Kirchengemeinde zu B. (Bekl.) Rep. IV. 200/92.

I. Landgericht I Berlin.
II. Kammergericht daselbst.

Der Gemeindekirchenrat der Johannes-Evangelist-Kirchengemeinde, der Beklagten, hat einen Erweiterungsbau der unzureichend gewordenen Kirche beschlossen und ein Resolut des Polizeipräsidiums zu Berlin erwirkt, in welchem die Notwendigkeit des Baues und die Art der Ausführung sowie ferner festgesetzt worden ist, daß von den vorläufig auf rund 200 000 ℳ veranschlagten Kosten die Stadtgemeinde B. die nach Abzug des Patronatsbeitrages verbleibende, vorläufig auf 110 000 ℳ berechnete Summe zu tragen habe. Die Klägerin, welche bei dem Minister der geistlichen Angelegenheiten beantragt hat, die Vollstreckung des Resolutes zu inhibieren und die Kirchengemeinde auf den Rechtsweg zu verweisen, ist ihrerseits auf den Rechtsweg verwiesen worden. Sie hat mit der vorliegenden Klage beantragt, die Beklagte zu verurteilen, anzuerkennen, daß die Klägerin zu dem projektierten Neubaue der Kirche der Beklagten einen Beitrag überhaupt nicht, insbesondere nicht den durch das Resplut des Polizeipräsidiums vom 3. September 1890 festgesetzten Beitrag von 110 000 ℳ, zu leisten verpflichtet sei. Die Beklagte hat Abweisung der Klage beantragt. Das Landgericht hat die Klägerin „zur Zeit" nicht für verpflichtet erklärt, den durch das Resolut des Polizeipräsidiums festgesetzten Beitrag von 110 000 ℳ zu leisten, die Klägerin dagegen mit ihren weiteren Anträgen abgewiesen. Gegen dieses Urteil haben beide Teile Berufung eingelegt. Das Kammergericht hat die Berufung der Klägerin zurückgewiesen und auf die Berufung der Beklagten die Klägerin mit ihrer Klage gänzlich abgewiesen. Die Revision ist zurückgewiesen worden.

Aus den Gründen:

1. „Das Berufungsgericht hat angenommen, die von der verklagten Kirchengemeinde behauptete Kirchenbaupflicht der klagenden politischen Gemeinde beruhe auf den Bestimmungen des märkischen Provinzialrechtes, nämlich der Visitations- und Konsistorialordnung von 1573 (Mylius, Corpus Constitutionum Marchicarum Bd. 1 Abt. 1 S. 292) und der Flecken-, Dorf- und Ackerordnung vom 16. Dezember 1702 (Rabe, Sammlung preußischer Gesetze Bd. 1 S. 238). Diese Beurteilung des Inhaltes von Normen des märkischen Provinzialrechtes ist nach § 511 C.P.O. für das Revisionsgericht maßgebend; es muß aber geprüft werden, ob die fernere Annahme, daß jene provinzialrechtlichen Normen noch Geltung haben, eine Verletzung von revisibelen Rechtsnormen enthält. Diese Frage ist zu verneinen.

Mit dem Berufungsgerichte ist davon auszugehen, daß der § 710 A.L.R. II. 11, welcher lautet: „Wo in Ansehung der Kosten zum Baue und zur Unterhaltung der Kirchengebäude durch Verträge, rechtskräftige Erkenntnisse, ununterbrochene Gewohnheiten oder besondere Provinzialgesetze gewisse Regeln bestimmt sind, da hat es auch ferner dabei sein Bewenden", das Provinzialgesetz ausdrücklich aufrechterhalten hat. Danach wird mit Recht dahingestellt gelassen, ob, wie die Klägerin geltend gemacht hat, dieses Gesetz mit den Grundsätzen des modernen Staatsrechtes unvereinbar sei. Zutreffend ist hiergegen erwogen, es könne, falls dies richtig wäre, hierin nur ein Anlaß liegen, im Wege der Gesetzgebung eine Änderung des bestehenden Rechtes herbeizuführen.

Auch darin ist dem Berufungsgerichte beizutreten, daß die streitige Kirchenbaulast der Stadtgemeinde mit dem Gesetze vom 3. Juli 1869, betreffend die Gleichberechtigung der Konfessionen in bürgerlicher und staatsbürgerlicher Beziehung (B.G.Bl. S. 292), ebensowenig Berührungspunkte habe, als mit dem Gesetze über die Freizügigkeit vom 1. November 1867 (B.G.Bl. S. 55). In letzterer Beziehung ist richtig angenommen, daß, wenn die kirchliche Baulast eine Kommunallast ist, ihr jeder neu Anziehende ohne Unterschied der Religion unterworfen sei, und daß, auch wenn die fraglichen Normen heutigen staats- und kirchenrechtlichen Grundanschauungen widersprächen, hieraus die Abschaffung eines bestehenden Gesetzes nicht zu folgern wäre, daß es hierzu vielmehr eines neuen Gesetzes bedürfen würde.

2. Das Berufungsgericht prüft weiter die Behauptung der Klägerin, die neue Kirchengesetzgebung habe jene Vorschrift der Konsistorialordnung aufgehoben.

Der dem ersten Abschnitte der Kirchengemeinde- und Synodalordnung vom 10. September 1873 (G.S. S. 418) angehörende § 31 führt unter 11 Nummern diejenigen Angelegenheiten auf, in welchen der Gemeindekirchenrat der beschließenden Mitwirkung der Gemeindevertretung bedarf. Nach den Nummern 5 und 6 ist dies erforderlich: 5. bei Neubauten und erheblichen Reparaturen an Baulichkeiten, sofern nicht über die Notwendigkeit der Bauausführung bereits durch die zuständige Behörde endgültig entschieden ist .... 6. bei der Beschaffung der zu den kirchlichen Bedürfnissen erforderlichen Geldmittel und Leistungen, soweit solche nicht nach bestehendem Rechte aus dem Kirchenvermögen oder vom Patrone oder von sonst speziell Verpflichteten zu gewähren sind, insbesondere bei Festsetzung der auf die Gemeinde zu repartierenden Umlagen und bei Bestimmung des Repartitionsfußes, welcher nach Maßgabe direkter Staatssteuern oder am Orte erhobener Kommunalsteuern festgesetzt werden muß.

Das Gesetz vom 25. Mai 1874 (G.S. S. 147) hat die Vertretung der Kirchengemeinden in vermögensrechtlicher Beziehung sowie die Verwaltung des Kirchenvermögens dem Gemeindekirchenrat übertragen (Art. 2) und alle diesem Gesetze und dem 1. Abschnitte der Kirchengemeinde- und Synodalordnung entgegenstehenden

Bestimmungen, mögen dieselben im Allgemeinen Landrechte, in Provinzialgesetzen oder in Lokalgesetzen und Lokalordnungen enthalten oder durch Observanz oder Gewohnheit begründet sein, mit dem 1. Juli 1874 außer Kraft gesetzt (Art. 9).

Das Berufungsgericht findet in diesen Gesetzen keine Bestimmung, die der Vorschrift der Konsistorialordnung entgegenstehe; es verneint dies insbesondere in betreff des § 31 Ziff. 6 der Kirchengemeinde- und Synodalordnung. In letzterer Beziehung ist unter Bezugnahme auf die Rechtsprechung des vormaligen preußischen Obertribunales und des Reichsgerichtes,

vgl. die Erkk. des Obertrib. vom 18. Juni 1877 (Entsch. des Obertrib. Bd. 80 S. 124) und vom 7. November 1877 (Entsch. a. a. O. Bd. 81 S. 82) und die Urteile des Reichsgerichtes vom 8. Januar 1880 (Entsch. des R.G.'s in Civils. Bd. 1 S. 140 flg.), vom 11. Dezember 1884 i. S. Demes und Gen. wider die katholische Kirchengemeinde Stadtlohn (Rep. IV. 233/84), vom 27. Mai 1886 in Sachen Kleist v. Nollendorf wider die Kirchengemeinde Mühlhausen (Rep. IV. 482/85) und vom 22. September 1887 in Sachen der politischen Gemeinde Demmin gegen die Kirchengemeinde Schivelbein (Rep. IV. 89/87),

angenommen, durch den § 31 Ziff. 6 der Kirchengemeinde- und Synodalordnung werde die kirchliche Baupflicht Dritter nicht betroffen und speziell für die Stadt Berlin sei die provinziell bestehende Baupflicht nicht aufgehoben. Dem ist beizutreten, und ebenso ist dem Berufungsgerichte darin beizupflichten, daß weder die Bestimmungen des Gesetzes, betreffend die evangelische Kirchenfassung in den acht älteren Provinzen der Monarchie, vom 3. Juni 1876 (G.S. S. 125), noch das speziell die Rechte der vereinigten Kreissynoden der Haupt- und Residenzstadt Berlin betreffende Ergänzungsgesetz vom 19. Mai 1891 (G.S. S. 64) erkennen lassen, es sei, was die Klägerin behauptet hat, unter den gesetzgebenden Faktoren kein Zweifel darüber gewesen, daß eine Baupflicht der Stadt Berlin nicht bestehe. Abgesehen davon, daß eine solche Änderung des bestehenden Rechtszustandes im Gesetze einen klaren Ausdruck hätte finden müssen, weist das Berufungsgericht zutreffend darauf hin, daß nach den Bestimmungen jener beiden Gesetze und des Ergänzungsgesetzes vom 6. März 1882 (G.S. S. 14) das den vereinigten Kreissynoden der Stadt Berlin eingeräumte Recht, Anleihen aufzunehmen und Umlagen auszuschreiben, einer ganzen Reihe anderer Bedürfnisse zu dienen bestimmt, und daß dieses Anleiherecht mit der in der Kurmark Brandenburg gesetzlich fortbestehenden Baupflicht der Stadtgemeinde sehr wohl vereinbar sei. Diese Baupflicht der Stadtgemeinde besteht nach den von dem Berufungsgerichte maßgebend angewendeten Bestimmungen der Konsistorialordnung von 1573 darin, daß von den Kosten der Kirchenbauten bei Stadtkirchen, soweit das Kirchenvermögen nicht ausreicht, der Patron die Hauptmaterialien, namentlich Steine, Holz und Kalk oder deren Surrogate, die Stadtgemeinde („Rat und Obrigkeit samt Gemeine") und die Eingepfarrten aber alles übrige zu beschaffen haben. Es stehen also die Baupflicht der Stadtgemeinde („Rat und Obrigkeit samt Gemeine") und die Baupflicht der Kirchengemeinde nebeneinander. Diesen Rechtszustand hat § 31 Ziff. 6 der Kirchengemeinde- und Synodalordnung nicht geändert. Denn er trifft Bestimmung über die von der Kirchengemeinde zu den kirchlichen Bedürfnissen zu beschaffenden Geldmittel und Leistungen und beläßt es ausdrücklich bei dem bestehenden Rechte insoweit, als diese Geldmittel und Leistungen danach nicht von der Kirchengemeinde, sondern aus dem Kirchenvermögen, vom Patrone oder von sonst speziell Verpflichteten zu gewähren sind. Auf Bestimmungen über die „sonst speziell Verpflichteten" des § 31 Ziff. 6 kann die kassatorische Klausel des Gesetzes vom 25. Mai 1874 sich nicht beziehen. Denn da die Bestimmungen „des bestehenden Rechtes" über die neben der Kirchengemeinde sonst speziell Verpflichteten im § 31 Ziff. 6 der Kirchengemeinde- und Synodalordnung ausdrücklich aufrecht erhalten sind, so können sie als dem 1. Abschnitte der Kirchengemeinde- und Synodalordnung entgegenstehende Bestimunmgen nicht angesehen werden, und ebensowenig stehen sie dem Gesetze vom 25. Mai 1874 entgegen, welches, abgesehen von dem die kassatorische Klausel enthaltenden Art. 9, lediglich über die Vertretung der evangelischen Kirchengemeinden (Artt. 1—7) und über die Rechtsverhältnisse des Patrones in betreff der Vermögensverwaltung (Art. 8) Bestimmungen enthält. In betreff der erwähnten Rechtsprechung des vormaligen preußischen Obertribunales und des Reichsgerichtes aber ist darauf hinzuweisen, daß es sich in den dort entschiedenen Fällen um die

Frage handelte, ob die im § 31 Ziff. 6 der Kirchengemeinde- und Synodalordnung vorgeschriebene Festsetzung der auf die Kirchengemeinde zu repartierenden Umlagen sich nur auf die Ausschreibung neuer zu entrichtender Steuern, nicht auch, wenigstens der Regel nach nicht, auf die Kirchen- und Pfarrbaulast bezieht. Die in dieser Frage seit dem erwähnten Urteile des vormaligen preußischen Obertribunales vom 7. November 1877 (Entsch. desselben Bd. 81 S. 82) bestehende Verschiedenheit der Auffassungen einerseits des Obertribunales und des Reichsgerichtes, andererseits des Ministers der geistlichen Angelegenheiten, des Gerichtshofes zur Entscheidung der Kompetenzkonflikte und anderer,

vgl. Hegel in der Zeitschrift für Kirchenrecht Bd. 17 S. 114 flg.; Hinschius in der 8. Aufl. des Koch'schen Landrechtes Bd. 4. S. 340. 341; Trusen, Das preußische Kirchenrecht S. 64,

kommt in dem vorliegenden Rechtsstreite nicht in Betracht. Es ist also verfehlt, wenn die Revision diese über die im Art. 31 Ziff. 6 der Kirchengemeinde- und Synodalordnung erwähnten „Umlagen" herrschende Meinungsverschiedenheit für die Entscheidung des gegenwärtigen Rechtsstreites, in welchem die Verpflichtung eines Dritten — der Stadtgemeinde — in Frage steht, zu verwerten sucht.

Die Revision hat für die behauptete Aufhebung der Kirchenvisitations- und Konsistorialordnung durch die neuere Kirchengesetzgebung geltend gemacht, jenes Provinzialgesetz verfolge im Geiste seiner Zeit dieselben Zwecke für die damalige evangelische Kirche der Kurmark Brandenburg, wie sie die Kirchengemeinde- und Synodalordnung vom 10. September 1873 für die evangelische Landeskirche des jetzigen preußischen Staates im Auge habe. Daß diese Annahme unzutreffend ist, ergeben die von dem Berufungsgerichte maßgebend angewendeten Bestimmungen unter Ziff. 4. 5 der Flecken-, Dorf- und Ackerordnung vom 16. Dezember 1702. Dort ist unter ausdrücklicher Bezugnahme auf die Visitationsordnung „jeder Einwohner und Unterthan jedes Ortes, er sei was Religion er wolle", als verpflichtet erklärt, wenn an Kirchen oder Kirchhöfen etwas zu bauen und zu bessern ist, mit allem Fleiße dazu zu helfen, das Seinige und was ihm nach Proportion zukommt, dazu gern beizutragen; und „wer sich darin nicht gebürlich, gehorsamlich und als ein Christe erzeigen wird, den soll man drei Tage mit Gefängniß bestrafen".

Hier ist also in dem maßgebenden Provinzialgesetze von der Religion ausdrücklich abgesehen, während dafür, daß das Provinzialgesetz, worauf die Revision gleichfalls hingewiesen hat, dingliche Verhältnisse im Auge habe, nichts beigebracht ist.

Somit ist nicht richtig, daß die von dem Berufungsgerichte aus den beiden Provinzialgesetzen hergeleitete allgemeine Verpflichtung der politischen Gemeinde auf der damaligen Kirchenverfassung beruht habe. Damit ist auch die Folgerung hinfällig, daß diese Verpflichtung fortgefallen, weil sie mit der neuen Kirchenverfassung unvereinbar sei, und daß also an die Stelle der älteren allgemeinen Verpflichtung der „Räte und Obrigkeiten samt Gemeine", worunter die Revision „die Eingepfarrten im älteren dinglichen Sinne" versteht, die Steuerverpflichtung der Kirchengemeinde selbst — d. i. nach der Revision: der Eingepfarrten im neueren persönlichen Sinne — getreten sei.

Vgl. Hegel, a. a. O. S. 125. 126.

Weiter hat die Revision auf das in dem Gesetze vom 19. Mai 1891 (G.S. S. 64) den vereinigten Kreissynoden der Haupt- und Residenzstadt Berlin beigelegte Recht „zur Errichtung neuer kirchlicher Gebäude" und nur zu diesem Zwecke Anleihen aufzunehmen, hingewiesen und daraus gefolgert, daß danach der Gesetzgeber davon ausgegangen sein müsse, die Baupflicht der politischen Gemeinde bestehe nicht mehr. Auch diese Annahme ist hinfällig. Das im Art. 1 Ziff. 2 des Ergänzungsgesetzes vom 19. Mai 1891 den vereinigten Kreissynoden der Stadt Berlin beigelegte Recht, zur Errichtung neuer kirchlicher Gebäude Anleihen aufzunehmen, findet auch neben der fortbestehenden Baupflicht der politischen Gemeinde seine Erklärung darin, daß nach dem Provinzialgesetze die Baupflicht neben dem Patrone nicht der Stadtgemeinde allein, sondern der Stadtgemeinde und den Eingepfarrten obliegt. Damit wird auch der Vorwurf der Revision hinfällig, das Berufungsgericht habe unberücksichtigt gelassen, daß die Voraussetzung der Konsistorialordnung nicht mehr zutreffe, da die Kirchengemeinde durch das ihr gewährte Recht, Anleihen aufzunehmen und Umlagen festzusetzen, nunmehr in der Lage sei, sich die zu Kirchenbauten erforderlichen Geldmittel zu verschaffen.

Auch der ferneren Annahme des Berufungsgerichtes, daß speziell die Baupflicht der Stadt Berlin durch die neuere Gesetzgebung nicht aufgehoben sei, ist beizutreten. Es ist zutreffend erwogen, daraus, daß nach Art. 8 Ziff. 2. 3 des Gesetzes vom 3. Juni 1876 (G.S. S. 125) und des Ergänzungsgesetzes vom 19. Mai 1891 (G.S. S. 64) den vereinigten Kreissynoden der Haupt- und Residenzstadt Berlin das Recht beigelegt ist, zur Gewährung von Beihilfen an die ärmeren Parochieen behufs Befriedigung dringlicher kirchlicher Bedürfnisse allgemeine Umlagen auszuschreiben und zur Errichtung neuer kirchlicher Gebäude Anleihen aufzunehmen, könne die Aufhebung der provinziell bestehenden Baupflicht der Stadt Berlin nicht gefolgert werden." . . .

---

44. Bestimmung der Voraussetzungen, unter welchen von einem Justizbeamten der an ihn aus der Staatskasse als bare Auslage gezahlte Betrag im Wege des Verwaltungszwangsverfahrens wieder eingezogen werden kann.

Preuß. Ausführungsgesetz zum deutschen Gerichtskostengesetze vom 10. März 1879 § 24.

IV. Civilsenat. Urt. v. 23. Januar 1893 i. S. Justizfiskus (Bekl.) w. H. (Kl.) Rep. IV. 431/92.

I. Landgericht Königsberg i. Pr.
II. Oberlandesgericht daselbst.

Am 25. Juni 1890 war bei dem Amtsgerichte zu K. eine von dem Besitzer P. in R. zum dorfgerichtlichen Protokolle erklärte letztwillige Verfügung eingegangen. Nachdem dieselbe dem Kläger, Amtsgerichtsrat H., als ständigem Testamentsdeputierten vorgelegt war, trat dieser zum Zwecke der Verhandlung mit den Mitgliedern des Dorfgerichtes und dem Testator nach Vorschrift der §§ 95 flg. A.L.R. I. 12 mit dem nächsten nach L. abgehenden Eisenbahnzuge die Reise nach R. an. Auf der Reise stellte sich in L. bei einem Wechsel von Telegrammen heraus, daß der Testator das Erscheinen einer Testamentsdeputation nicht wünschte. Der Kläger kehrte darauf von L. nach K. zurück. Er liquidierte für die Hin- und Rückreise an Reisekosten und Tagegeldern 22,54 ℳ, welcher Betrag an ihn aus der Gerichtskasse gezahlt wurde. Demnächst ordnete der Oberlandesgerichtspräsident die Wiedereinziehung des erhobenen Betrages im Wege des Verwaltungszwangsverfahrens an, weil die Reise nach C. nicht unternommen worden wäre, wenn der Kläger, wozu er verpflichtet gewesen, die von L. aus veranlaßten Ermittelungen schon von K. aus angestellt hätte. Nach bewirkter Rückzahlung des fraglichen Betrages ist der Kläger gegen den Fiskus auf Wiedererstattung desselben klagbar geworden. Die Klage ist auf die Aufstellung gegründet, daß eine widerrechtliche Abnötigung des streitigen Betrages stattgefunden habe, einmal, weil der Aufsichtsbehörde nicht das Recht zugestanden habe, die Wiedereinziehung im Verwaltungszwangsverfahren herbeizuführen, und sodann, weil die Reise nach Lage der Sache notwendig gewesen sei. Beide Instanzrichter haben verurteilend erkannt. Die Revision des Beklagten ist für begründet erachtet aus folgenden

Gründen:

„Der Berufungsrichter ist in Übereinstimmung mit dem ersten Richter der Klagebegründung nach beiden bezeichneten Richtungen gefolgt. Er geht davon aus, daß dem Beklagten die administrative Zwangsvollstreckung nicht zugestanden habe, und daß daher die angeordnete Wiedereinziehung der von dem Kläger liquidierten und erhobenen Tagegelder und Reisekosten im Wege des Verwaltungszwangsverfahrens als eine rechtswidrige Abnötigung sich darstelle. Andererseits nimmt er an, daß der Beklagte die Erstattung des widerrechtlich abgenötigten Geldbetrages dadurch von sich abwenden könne, daß er eine ihm gegen den Kläger zustehende Gegenforderung nachweise, und daß eine Gegenforderung bestehen würde, wenn der Kläger einen Anspruch auf die erhobenen Beträge nicht gehabt, sich also mit dem Schaden des Beklagten bereichert hätte. Daß letzteres aber der Fall gewesen sei, wird verneint.

... In der ersteren Hinsicht beruht die Entscheidung, wie die Revision zutreffend rügt, auf einer Verletzung des Gesetzes. Der Berufungsrichter stützt sich auf den § 82 des preußischen Ausführungsgesetzes zum deutschen Gerichtsverfassungsgesetze vom 24. April 1878, durch den die Bestimmungen, nach welchen Gerichtsbeamte zum Ersatze von Schäden und Kosten im Aufsichtswege angehalten werden können, für aufgehoben erklärt werden, und führt aus, daß, wenn demgegenüber der § 24 des preuß. Ausführungsgesetzes zum deutschen Gerichtskostengesetze vom 10. März 1879 vorschreibe, daß, sofern an

Justizbeamte, Zeugen oder Sachverständige ... mehr als der endgültig festgestellte Betrag, welcher als bare Auslage nach § 79 des deutschen Gerichtskostengesetzes zu erheben sei, aus der Staatskasse gezahlt worden sei, die Wiedereinziehung des zuviel Gezahlten im Wege der administrativen Zwangsvollstreckung erfolgen könne, diese Vorschrift, als Ausnahme von der im § 82 des erstgedachten Gesetzes gegebenen Regel, einschränkend und ihrem Wortlaute entsprechend auszulegen sei; danach beziehe sie sich aber nur auf Zahlungen der Staatskasse, deren Höhe streitig geworden sei, nicht aber auch auf solche Zahlungen, zu deren Liquidation es nach einer späteren Ansicht der Staatskasse überhaupt an einem Rechtsgrunde fehle. — Die Annahme, daß der § 24 des Gesetzes vom 10. März 1879 eine Ausnahme bilde, ist nicht zutreffend. Die letztere Gesetzesvorschrift hat, wie durch die Entstehungsgeschichte des Gesetzes bestätigt wird,

vgl. „Die gesamten Materialien des preuß. Ausführungsgesetzes zum deutschen Gerichtsverfassungsgesetze" S. 10. 83. 170. 197. 350. 414. 442. 493. 601,

den Zweck, die Vorschriften der § 23 A.G.O. III. 1, § 49 A.G.O. III. 3 zu beseitigen, nach welchen die Obergerichte ermächtigt waren, bei der Entscheidung über Beschwerden gleichzeitig den Beamten, der durch sein Verschulden einer Partei Schäden und Kosten verursacht hatte, zum Ersatze derselben anzuhalten.

Vgl. § 81 des preuß. Gesetzes, betreffend die Dienstvergehen der Richter, vom 7. Mai 1851, § 100 des preuß. Gesetzes, betreffend die Dienstvergehen der nichtrichterlichen Beamten, vom 21. Juli 1852.

Der § 82 a. a. O. hat also einen anderen Fall im Auge, als der § 24 des Gesetzes vom 10. März 1879, und ein Zusammenhang zwischen beiden Vorschriften besteht nicht. Es ist aber auch die letztere Gesetzesvorschrift nicht in dem Sinne des Berufungsrichters auszulegen. Der Wortlaut zwingt zu einer solchen einschränkenden Auslegung nicht, und es fehlt auch an einem erkennbaren gesetzgeberischen Grunde, die Wiedereinziehung gezahlter Beträge im Wege des Verwaltungszwangsverfahrens auszuschließen, wenn nicht bloß ein Teil, sondern der ganze gezahlte Betrag zu Unrecht erhoben ist. Die Unterscheidung, je nachdem es sich um den Rechtsgrund oder die Höhe des Anspruches handelt, ist nicht maßgebend; es kann auch die Wiedereinziehung eines Teiles des gezahlten Betrages wegen mangelnden Rechtsgrundes erfolgen. Eine „spätere" Ansicht, also eine Sinnesänderung der Staatskasse, wie sie der Berufungsrichter als vorliegend annimmt, kann nicht in Frage treten; entscheidend ist die endgültige Feststellung des zu zahlenden Betrages, und diese geschieht durch die zuständige höhere Instanz. Die Motive zu dem Entwurfe eines Ausführungsgesetzes zum deutschen Gerichtskostengesetze besagen zu § 22 des Entwurfes, der unbeanstandet als § 24 in das Gesetz übernommen ist, folgendes: „Die Wiedereinziehung zuviel gezahlter barer Auslagen im Wege der administrativen Zwangsvollstreckung entspricht der gleichen Einziehung der Kosten. Sie ist sachlich unbedenklich, da die Festsetzung ausschließlich durch die Gerichte erfolgt." ...

Vgl. die Verhandlungen des Hauses der Abgeordneten, Session 1878—1879, Anlagen Nr. 36 und 164.

Auch ist hier jener Unterschied nicht gemacht. Die Wiedereinziehung der zuviel, also ohne Rechtsgrund aus der Staatskasse erhobenen Auslagen steht der Einziehung der Kosten gleich und geschieht, wie diese, im Wege des Verwaltungszwangsverfahrens. Es ergiebt sich sonach die Unrichtigkeit der Auffassung des Berufungsrichters, nach welcher dem Beklagten die administrative Zwangsvollstreckung nicht zugestanden habe, und daher die vorgenommene zwangsweise Wiedereinziehung des streitigen Betrages vom Kläger als ein Akt rechtswidriger Abnötigung sich darstelle, und damit die Hinfälligkeit des ersten Klagegrundes. — Ist hiervon aber auszugehen, so fragt es sich nicht, ob der Beklagte einen Gegenanspruch gegen den Kläger aus der ungerechtfertigten Bereicherung hat, sondern ob dem Kläger gegen den Beklagten ein Rechtsanspruch auf die von ihm liquidierten Tagegelder und Reisekosten zusteht." ...

(Es folgen die auf diese Frage sich beziehenden Erörterungen.)

---

45. Kann der Eigentümer, dem infolge Einleitung des Enteignungsverfahrens schon vor Vollziehung der Enteignung die Nutzung des zu enteignenden Grundstückes entzogen oder geschmälert worden ist, hierfür eine besondere Entschädigung neben dem nach § 8 des Enteignungsgesetzes vom 11. Juni 1874 zu ersetzenden Grundstückswerte beanspruchen?

V. Civilsenat. Urt. v. 1. Februar 1893 i. S. B. (Kl.) w. Stadtgemeinde Magdeburg (Bekl.). Rep. V. 244/92.

I. Landgericht Magdeburg.
II. Oberlandesgericht Naumburg.

Aus den Gründen:

... „Die von den Klägern ... geforderte Summe ... umfaßt außer dem ... Grundstückswerte noch einen Entschädigungsanspruch für Mietausfälle, welche die Kläger in einem Zeitraume von drei Jahren seit — und angeblich infolge — der Einleitung des Enteignungsverfahrens bis zum Tage der Enteignung erlitten zu haben behaupten. Dieser ... Anspruch ist vom Berufungsrichter in — Übereinstimmung mit dem ersten Richter — als rechtlich unbegründet verworfen worden.

Die hiergegen erhobene Revisionsbeschwerde war für begründet zu erachten.

Der Berufungsrichter rechtfertigt seine Entscheidung durch folgende Erwägung: Das Enteigungsgesetz gewährt für die Abtretung des Grundeigentumes nach § 8 Abs. 1 lediglich eine Entschädigung in Gestalt des vollen Grundstückswertes; in diesem muß der Expropriat die Ausgleichung für die durch die Entziehung des Grundstückes veranlaßte Änderung in seinem Vermögensbestande finden, und er kann daneben nicht noch Ersatz für Schäden und Nachteile verlangen, welche mit der Enteignung in ursächlichem Zusammenhange stehen.

Diese Erwägung legt dem § 8 a. a. O. eine ausschließende Bedeutung bei, die ihm nicht zukommt. Daß die von dem Unternehmer zu zahlende Entschädigung sich nicht allemal mit dem, wenn auch voll und reichlich bemessenen Werte des enteigneten Grundstückes selbst deckt, ergiebt sich schon aus dem zweiten Absatze des § 8 a. a. O., wonach auch der Minderwert zu erstatten ist, welcher für den übrigen Grundbesitz desselben Eigentümers aus der Abtretung entsteht, noch mehr aus den Vorschriften: § 11 a. a. O., der den Unternehmer zur Entschädigung der Pächter, Mieter und anderer (dinglich) Berechtigter auch über den Grundstückswert hinaus verpflichtet, und § 31, wonach wegen erst nachträglich erkennbar gewordener Nachteile der Enteignung dem Entschädigungsberechtigten ein (zeitlich begrenzter) Anspruch verbleibt.

Alle diese Bestimmungen beruhen auf dem in dem Gesetze über die Enteignung von Grundeigentum (§ 1 a. a. O.) an die Spitze gestellten allgemeinen Grundsätze,

vgl. Art. 9 der Verfassungsurkunde, § 75 der Einl. zum Allg. Landrechte,

daß das Eigentum (Grundeigentum) nur aus Gründen des öffentlichen Wohles und nur gegen vollständige Entschädigung entzogen oder beschränkt werden kann. Auf diesem das gesamte Enteignungsrecht beherrschenden Prinzipe beruht auch der § 8 des Enteignungsgesetzes, der lediglich eine Anwendung, keineswegs eine Einschränkung jenes Prinzipes enthält. Wenn nun auch nach der Absicht des Gesetzes der Eigentümer in dem vollen Werte des enteigneten Grundstückes Ersatz finden soll und in der Regel Ersatz finden wird für alle Nachteile, die ihm aus dem Verluste seines Eigentumes erwachsen, so schließt das doch nicht aus, daß in Fällen, wo jene Voraussetzung nicht zutrifft, nach dem Prinzipe des § 1 a. a. O. dem Eigentümer eine besondere Entschädigung gewährt werden muß für solche in ursächlichem Zusammenhange mit der Enteignung stehende Nachteile, die in dem Werte des enteigneten Grundstückes ersichtlich keine Deckung finden. Um einen solchen Fall handelt es sich hier. Entschädigt wird nach § 8 Abs. 1 der Eigentümer für die Abtretung des Eigentumes durch den vollen Wert des enteigneten Grundstückes. Der Eigentümer empfängt in der den Wert ausdrückenden Geldsumme den Preis für das abgetretene Grundstück und in der Nutzung dieses Kapitales den Ersatz des Nutzens, den ihm der Besitz des abgetretenen Grundstückes ferner gewährt haben würde oder gewähren konnte. Damit ist aber offensichtlich der Schade nicht gedeckt, den der Eigentümer erleidet, wenn ihm schon vor Vollziehung der Enteignung, aber in ursächlichem Zusammenhange mit dieser die Nutzung des zu enteignenden Grundstückes entzogen oder — wie hier die Rede — geschmälert wird. Die Thatsache einer solchen dem Verluste des Eigentumes vorausgehenden Schädigung des Eigentümers vermag einen Einfluß auf die Schätzung des Wertes des abzutretenden Grundstückes nicht auszuüben, am wenigsten als ein werterhöhendes Moment. Müßte sich in einem solchen Falle der Eigentümer mit dem Werte des abgetretenen Grundstückes begnügen, so würde ihm nicht die volle Entschädigung zu teil werden, auf die er nach § 1 des

Enteignungsgesetzes Anspruch hat. Der Grund dieses Anspruches liegt aber nicht allein in der Abtretung des Grundstückes, d. h. in dem Verluste des Eigentumes auf der einen, dem Erwerbe auf der anderen Seite, sondern zugleich in dem Eingriffe in das Privateigentum, der schon mit der Inanspruchnahme des Grundstückes durch den Unternehmer, also mit Einleitung des Enteignungsverfahrens beginnt.

Vgl. Seydel, Enteignungsgesetz Anm. 1 zu § 42.

Ganz folgerecht spricht § 8 Abs. 1 von der Abtretung des Grundeigentumes, wofür die Entschädigung in dem (vollen) Werte des enteigneten Grundstückes bestehen soll, und läßt hierdurch Raum für Entschädigungsansprüche des Eigentümers wegen solcher Nachteile, die ihm als Folge, nicht der Vollziehung der Enteignung, sondern des auf Entziehung des Eigentumes gerichteten Verfahrens erwachsen sind. Hat durch letzteres der Eigentümer Schaden erlitten, so steht auch dieser Schade, wenn es zur Enteignung kommt, in ursächlichem Zusammenhange mit dieser selbst, und es bedurfte für diesen Fall, um die Entschädigungspflicht des Unternehmers zu begründen, keiner Spezialbestimmung, wie solche im § 42 a. a. O. für den Fall des Rücktrittes des Unternehmers gegeben sind.

Das angefochtene Urteil beruht hiernach bei diesem Punkte auf unrichtiger Anwendung des § 8 des Enteignungsgesetzes und Verletzung des in § 1 a. a. O. enthaltenen Prinzipes." ...

---

46. Eigentumserwerb an einem dem öffentlichen Gottesdienste gewidmeten Kirchengebäude.

A.L.R. I. 4 §§ 14. 15.

Eigentumserwerbsgesetz vom 5. Mai 1872 §§ 1. 9 Abs. 2.

V. Civilsenat. Urt. v. 8. Februar 1893 i. S. katholische Kirchengemeinde zu B. (Kl.) w. v. Tr. (Bekl.) Rep. V. 252/92.

I. Landgericht Posen.
II. Oberlandesgericht daselbst.

In der Ortschaft B. befindet sich ein von einem Kirchhofe umgebenes Kirchengebäude, über dessen Eigentum zwischen der katholischen Kirchengemeinde daselbst und dem gegenwärtigen Gutsherrn Streit besteht. Nach der Behauptung der klagenden Kirchengemeinde ist die Kirche ein öffentliches Gotteshaus und als solches bis zum Jahre 1878 für den katholischen Gottesdienst der Gemeinde benutzt worden, wogegen der Beklagte dieselbe für eine zum Rittergute gehörige, nur gelegentlich zum öffentlichen Gottesdienste benutzte Privatkapelle erklärt. Das Rittergut B. wurde im Jahre 1878 subhastiert und der Hypothekenbank zu C. zugeschlagen, von der es der Beklagte gekauft und aufgelassen erhalten hat. In den Steuerbüchern, auf welche das Grundbuch schon zur Zeit der Subhastation zurückgeführt war, sind der Flächenabschnitt 44, auf dem die Kirche steht, und diese selbst als zum Rittergute gehörig verzeichnet. Die Schlüssel der Kirche befinden sich im Besitze des Beklagten. — In erster Instanz wurde der Beklagte dem Antrage der Klägerin gemäß verurteilt: 1. anzuerkennen, daß die in B. befindliche, an den Dominialpark anstoßende Kirche nebst dem dazu gehörigen Kirchhofe und dem auf demselben befindlichen Glockenturme mit zwei Glocken Eigentum der Klägerin ist; 2. die Schlüssel der Kirche an die Klägerin herauszugeben. Das Berufungsgericht wies die Klage ab. Das Berufungsurteil ist, soweit es die Klägerin mit dem Anspruche auf Herausgabe der Kirchenschlüssel abweist, aufgehoben, und insoweit die Sache in die Berufungsinstanz zurückverwiesen worden. Im übrigen ist die Revision zurückgewiesen worden aus folgenden

Gründen:

1. „Der Berufungsrichter geht davon aus, daß nach dem Beweisergebnisse erster Instanz der erste Richter mit Recht die Eigenschaft des streitigen Kirchengebäudes als eines öffentlichen Gotteshauses für festgestellt angenommen habe. Er hält das aber für unerheblich und den vom Beklagten in zweiter Instanz angetretenen Gegenbeweis für entbehrlich, „weil das früher bestandene Eigentum der klagenden Kirchengemeinde erloschen und der Beklagte Eigentümer der streitigen Kirche geworden" sei. Der Berufungsrichter zieht hierbei zunächst die im Jahre 1878 stattgehabte Subhastation des Rittergutes B. in Betracht, infolge deren kraft der damit verbundenen Präklusion das etwaige Eigentum der Klägerin an dem nach Inhalt der Kataster-

auszüge mit zum Verkaufe gestellten Kirchengebäude nebst Kirchhof erloschen und durch den Zuschlag auf die damalige Ersteherin übergegangen sei. Es komme aber auf den Eigentumserwerb der letzteren nicht an, weil jedenfalls der Beklagte durch die von ihm in gutem Glauben an die Richtigkeit des Grundbuches und gegen Entgelt entgegengenommene Auflassung das Eigentum an dem ganzen grundbuchmäßig zum Rittergute B. gehörigen Areal, also auch an dem fraglichen Flächenabschnitte 44 nebst den darauf befindlichen Gebäuden erworben habe. Der Berufungsrichter giebt also zwei Gründe, von denen jeder den Rechtsstreit selbständig entscheidet. Da der Beklagte dem Eigentumsanspruche der Kläger seinen eigenen Eigentumserwerb einwandsweise entgegengesetzt hat, so ist in erster Linie zu prüfen, ob im vorliegenden Falle die Eintragung des Eigentumsüberganges auf Grund der Auflassung dem Beklagten das unanfechtbare Eigentum an dem streitigen Kirchengebäude nebst dem Kirchhofe und dem Glockenturme verschaffen konnte und verschafft hat (§§ 1. 9 Abs. 2 Eig.-Erw.-Ges.). Ist das zu bejahen, so kommt es nicht darauf an, ob das Eigentum der Klägerin schon durch die mit der Subhastation des Rittergutes B. verbundene Präklusion untergegangen war. Feststeht, daß der grundbuchmäßige Bestand des Rittergutes B. den Flächenabschnitt 44 des Katasters mit dem daraufstehenden Kirchengebäude umfaßt; unbestritten hat der Erwerb des Beklagten gegen Entgelt stattgefunden. Es bleiben also für die Revision nur die Fragen: 1. ob die hier zu unterstellende Eigenschaft der Kirche als öffentlichen Gotteshauses dem Eigentumserwerbe des Beklagten rechtsgrundsätzlich entgegenstand, 2. ob der Berufungsrichter den guten Glauben des Beklagten aus richtigen Gesichtspunkten geprüft und unter genügender thatsächlicher Begründung festgestellt hat.

Der Berufungsrichter hat die erstgedachte Frage speziell nur in Bezug auf den Eigentumserwerb im Wege der Subhastation behandelt und dort verneint. Seine Gründe treffen aber ebenso den Eigentumserwerb mittels Auflassung. . . . Die Entscheidung der in Rede stehenden Frage kann nur aus den allgemeinen Vorschriften über den Erwerb von Grundeigentum und andererseits aus den Grundsätzen über die durch Gesetz dem Verkehre entzogenen Sachen (res extra commercium) und speziell über die religiösen Zwecken gewidmeten Sachen (res sacrae, religiosae) gewonnen worden. Zutreffend weist der Berufungsrichter darauf hin, daß im modernen Rechte hinsichtlich dieser Sachen eine andere Auffassung herrscht, als im römischen Rechte, wo dieselben dem menschlichen Eigentume völlig entzogen waren.

Vgl. für das gemeine Recht Entsch. des R.G.'s in Civils. Bd. 7 S. 137.

Nach Allgemeinem Landrechte stehen Kirchengebäude ausschließend im Eigentume der Kirchengesellschaft, zu deren Gebrauche sie bestimmt sind (§ 170 A.L.R. II. 11); dasselbe gilt nach § 183 von den zu den einzelnen Kirchen gehörenden Kirchhöfen (Begräbnisplätzen). Damit ist einerseits anerkannt, daß an diesen Sachen ein wirkliches (civilrechtliches) Eigentum besteht, vermöge dessen sie zum Vermögen der betreffenden Kirchengesellschaft gehören (§ 172 a. a. O), andererseits ist aber damit nur ausgesprochen, was als Regel gilt. Daß Kirchengebäude, auch wenn sie dem öffentlichen Gottesdienste dienen, im Eigentume weltlicher Korporationen oder Anstalten und selbst von Privatpersonen stehen können, ist nicht zu bezweifeln.

Vgl. § 77 A.L.R. II. 19; Richter-Dove, Kirchenrecht 8. Aufl. S. 1300.

Können aber Privatpersonen Eigentümer von Kirchengebäuden sein, so können sie es auch werden, d. h. es ist ein Eigentumserwerb an jenen begrifflich nicht ausgeschlossen. Wenn daher Kirchengebäude und andere dem Gottesdienste gewidmete Gegenstände zu den durch Gesetz dem Verkehre entzogenen Sachen (§§ 14. 15 A.L.R. I. 4) gerechnet werden, so kann dies doch nicht im Sinne einer absoluten Verkehrsunfähigkeit verstanden werden. Es können auch im vorliegenden Falle, wo es sich nicht um eine Veräußerung von seiten der Kirchengemeinde handelt, diejenigen Beschränkungen nicht in Betracht kommen, welche den Organen derselben in der Verfügung über das Kirchenvermögen auferlegt sind. Es kann sich vielmehr nur darum handeln, inwieweit objektiv den Kirchengebäuden nebst Zubehör die Eigenschaft der Verkehrsunfähigkeit anhaftet; das ist aber nicht weiter der Fall, als sich aus der öffentlich rechtlichen Bestimmung derselben ergiebt. Diese darf durch Privatverfügungen nicht aufgehoben oder beeinträchtigt werden; mit dieser Beschränkung ist aber ein Wechsel in der Person des Eigentümers wohl vereinbar.

Vgl. Förster-Eccius, Preuß. Privatrecht 6. Aufl. Bd. 1 S. 112; Turnau, Grundbuchordnung 5. Aufl. Bd. 1 S. 207; Motive zum Bürgerlichen Gesetzbuche Bd. 3 S. 27.

Stand aber dem Eigentumserwerbe des Beklagten an dem streitigen Kirchengebäude nebst Kirchhof rechtsgrundsätzlich nichts entgegen, so kommen die Vorschriften des Eigentumserwerbsgesetzes (§§ 1. 9. Abs. 2) zur Anwendung; danach aber hat der Beklagte — seine Gutgläubigkeit vorausgesetzt — das Eigentum an den hier streitigen Objekten auch dann erworben, wenn nicht schon seine Rechtsvorgängerin das unanfechtbare Eigentum daran gehabt hätte." ...

(Es folgt die Prüfung der die Gutgläubigkeit des Beklagten betreffenden Gründe.)

„Alle diese Erwägungen des Berufungsrichters sind frei von Rechtsirrtum und begründen im Sinne des § 259 C.P.O. schlüssig die daraus gewonnene richterliche Überzeugung, daß der Beklagte die streitige Kirche als katastermäßigen Bestandteil des Rittergutes B. in gutem Glauben (an die Richtigkeit des Grundbuches) erworben hat.

Hiernach erscheint die Abweisung der Klage, soweit sie auf Anerkennung des Eigentumes der Klägerin an der streitigen Kirche nebst Kirchhof und Glockenturm gerichtet ist, gerechtfertigt, und es konnte insoweit die Revision der Klägerin keinen Erfolg haben.

2. Anders verhält es sich mit dem zu 2 des Klagebegehrens gestellten Antrage, den Beklagten zur Herausgabe der Kirchenschlüssel an die Klägerin zu verurteilen.

Wenn die streitige Kirche dem öffentlichen Gottesdienste der katholischen Kirchengemeinde gewidmet war, so konnte sie, wie oben bereits dargelegt ist, dieser Bestimmung durch einen privatrechtlichen Akt, insbesondere durch einen Wechsel im Eigentume, nicht entzogen werden. Das gilt nicht bloß von dem Eigentumserwerbe des Beklagten, sondern ebenso von der vorausgegangenen Subhastation, in welcher die Rechtsvorgängerin des Beklagten das Rittergut B. erstand.

Vgl. Turnau, a. a. O. Bd. 1 S. 207 und das dort angeführte Urteil des Reichsgerichtes, mitgeteilt bei Bolze, Bd. 8 Nrn. 674. 1020.

Besteht aber die Eigenschaft der Kirche als eines öffentlichen Gotteshauses fort, so ist der Beklagte nicht befugt, die Klägerin am gottesdienstlichen Gebrauche der Kirche durch Vorenthaltung der Schlüssel zu verhindern. Aus diesem vom Berufungsrichter außer acht gelassenen Gesichtspunkte ist der die Herausgabe der Kirchenschlüssel begehrende Klagantrag zu beurteilen." ...

47. Haben die Erben eines im aktiven Dienste verstorbenen preußischen Richters einen Anspruch auf die Gehaltszulage, die zwar erst nach dessen Tode, aber rückwärts von einem Zeitpunkte an, in welchem er noch lebte, an einen anderen Richter verliehen worden ist, der ihm in der durch das Dienstalter bestimmten Reihenfolge nachstand?

III. Civilsenat. Urt. v. 14. Februar 1893 i. S. preuß. Justizfiskus (Bekl.) w. F. (Kl.) Rep. III. 282/92.

I. Landgericht Kassel.
II. Oberlandesgericht daselbst.

Aus den Gründen:

„Nach der thatsächlichen Feststellung der Vorinstanzen ist der Ehemann der Revisionsbeklagten als preußischer Amtsgerichtsrat im Oberlandesgerichtsbezirke Kassel am 4. Januar 1890 gestorben. Er bezog bis zum 1. Januar 1890 eine Besoldung von jährlich 4200 *M*. In dieser Gehaltsklasse war er nach dem Dienstalter der älteste. Durch den im Dezember 1889 erfolgten Tod eines älteren Richters war für den 1. Januar 1890 eine Gehaltszulage freigeworden und ist freigeblieben, da ein älterer Richter aus einem anderen Bezirke nicht eingeschoben, sondern am 11. Februar 1890 für die niedrigste Gehaltsklasse ein Amtsrichter neu ernannt wurde. Die Verleihung der Gehaltszulage ist durch Verfügung des preuß. Justizministers vom 18. April 1890, und zwar für die Zeit vom 1. Januar ab, erfolgt, jedoch nicht zu Gunsten des verstorbenen Ehemannes der Revisionsbeklagten oder seiner Erben, sondern an seinen Hintermann. Auch die Zahlung der betreffenden Gehaltszulage für den Sterbemonat und das Gnadenquartal, sowie ihre Anrechnung bei Festsetzung der Witwenpension hat der Fiskus verweigert und ist dann von der zur Empfangnahme legitimierten Witwe verklagt worden. Der Umfang der Ansprüche ist unstreitig; es handelt sich nur um die Frage, ob der Anspruch auf die Zulage für die Zeit vom 1. Januar 1890 an erworben ist. Beide Vorinstanzen haben dies bejaht; die dagegen gerichtete Revision erscheint nicht begründet. — Mit früheren Entscheidungen des II. Civilsenates (vgl. Entsch. des R.G.'s in Civils. Bd. 11 S. 289 flg. und Urt. vom 1. Juli 1890), sowie des IV. Civilsenates (vgl. Entsch. des R.'G.'s in Civils. Bd. 15 S. 274 flg.) ist zunächst anzunehmen, daß der Ehemann der Revisionsbeklagten, wenn er am 18. April 1890, dem Tage der Verleihung, noch am Leben und im Dienste gewesen wäre, die Gehaltszulage vom 1. Januar ab erworben haben würde, auch wenn diese nicht ihm, sondern seinem Hintermanne verliehen wäre. Der erkennende Senat tritt insoweit den eingehenden Ausführungen des II. Senates bei, daß schon durch den allerhöchsten Erlaß vom 12. November 1860 und jedenfalls durch § 9 des preuß. Ausführungsgesetzes zum Gerichtsverfassungsgesetze vom 24. April 1878 den preußischen Richtern kraft des Gesetzes ein Recht auf die freigewordene Gehaltszulage zustehe, die Verleihung dagegen nicht den Rechtstitel des richterlichen Anspruches bilde, sondern nur die Erklärung, Mitteilung der Justizverwaltung, enthalte, daß von dem ihr zustehenden Rechte, einen älteren Richter aus einem anderen Etatsverbande einzuschieben, kein Gebrauch gemacht, daher der bis dahin unentschiedene Anspruch auf die Zulage ein definitiver geworden sei. Es mag bedenklich sein, vor der Verleihung den Anspruch des Richters als einen bedingten zu bezeichnen, insbesondere darauf die civilrechtlichen Grundsätze über eigentliche Bedingungen anzuwenden; jedenfalls entspricht es dem Geiste und auch der Fassung der angezogenen gesetzlichen Bestimmungen über Verleihung der zulässigen Gehaltszulagen, daß, falls wie hier durch die spätere Verleihung die Gehaltszulage als schon von dem früheren Zeitpunkte an frei geworden erklärt wird, die Zulage für den nach dem Gesetze Berechtigten als erworben angesehen wird nicht erst von dem Zeitpunkte der Verleihung oder dem der Ernennung eines jüngeren Richters, sondern rückwärts von jenem früheren Zeitpunkte an.

Geht man aber von diesen Grundsätzen aus, so muß folgerichtig mit dem IV. Civilsenate auch dann das Recht auf die Zulage als erworben angesehen werden, wenn der Richter zwar nicht den Zeitpunkt der Verleihung oder den der Ernennung, wohl aber den des Freiwerdens der Zulage erlebt hat. Nicht nur würde sonst, wie der IV. Senat ausführt, dem jüngeren Richter im Widerspruche mit dem Gesetze für die betreffende Zeit eine höhere Besoldung zugestanden haben, als dem inzwischen verstorbenen älteren; sondern es steht jetzt auch fest, daß dem Verstorbenen schon für die frühere Zeit das Recht auf die Zulage zustand, welches ihm durch das Hinausschieben der

Entschließung der Justizverwaltung nicht entzogen werden konnte. Die Ansicht des Revisionsklägers, daß einem schon Verstorbenen eine Zulage nicht verliehen werden könne, legt der Verleihung eine Bedeutung bei, welche ihr nach dem Ausgeführten nicht zukommt; die Benachrichtigung von der Gehaltserhöhung konnte auch an die Erben erfolgen.

Im vorliegenden Falle ist nun die Gehaltszulage zulässig gewesen und verteilt für die Zeit vom 1. Januar 1890 an, also, da der Ehemann der Revisionsbeklagten erst am 4. Januar starb, der Klaganspruch begründet. Allerdings läßt der IV. Senat in dem von ihm entschiedenen Falle dahingestellt, ob für den Sterbemonat, um den es sich damals nicht handelte, dieselben Grundsätze anzuwenden seien; allein es ist kein Grund ersichtlich, weshalb hier anders zu entscheiden sein sollte, da der 1. Januar und damit der Beginn des höheren Gehaltes erlebt ist, und auch für den Sterbemonat ein gesetzlicher Gehaltsanspruch zusteht.

Auch durch § 137 G.V.G. wird, entgegen den Ausführungen der Revision, der erkennende Senat nicht gehindert, nach diesen Grundsätzen zu erkennen. Richtig ist zwar, daß der II. Senat in seinen beiden Urteilen ausspricht, der Anspruch des Richters auf die Gehaltszulage setze voraus, daß derselbe in dem Augenblicke, wo die Verteilung der höheren Gehaltsquote geschehe, noch in aktivem Dienste sich befinde; es ist jedoch nach Lage der Sache nicht anzunehmen, daß er damit diese Rechtsfrage habe entscheiden wollen. Dagegen spricht zunächst, daß sofort hinzugefügt wird, in dem damals vorliegenden Falle sei der Kläger unbestritten zur Zeit der Verleihung noch im aktiven Dienste gewesen; es bedurfte daher einer Entscheidung jener Rechtsfrage damals nicht. Dazu kommt, daß auch der IV. Senat, welcher in seiner Entscheidung auf das Urteil des II. ausdrücklich sich bezieht, einen Konfliktsfall nicht angenommen hat, und daß sogar der II. Senat in seiner späteren Entscheidung vom 1. Juli 1890, obwohl er auf das Urteil des IV. eingeht, doch seinen früheren entgegenstehenden, auch damals für die Entscheidung der Sache unerheblichen Ausspruch wiederholt, ohne anzudeuten, daß er damit eine, von der des IV. Senates abweichende Entscheidung der Rechtsfrage treffen wolle. Es liegt daher in jenem Ausspruche keine Entscheidung, sondern nur die beiläufige Äußerung einer Ansicht, vielleicht um die Übereinstimmung des Senates mit der dort angeführten Entscheidung des preuß. Obertribunales,

vgl. Entsch. desselben Bd. 73 S. 214 flg.,

zu zeigen, welche jedoch, wie in dem Urteile des IV. Senates schon ausgeführt ist, auch der hier getroffenen Entscheidung nicht widerspricht." ...

---

48. Form der Willenserklärung des Testators bei Errichtung des Testamentes zu Protokoll,
1. wenn der Testator des Gebrauches der Sprache mächtig ist,
2. wenn er des Gebrauches der Sprache zur Zeit beraubt ist.

IV. Civilsenat. Urt. v. 16. Februar 1893 i. S. L. (Bekl.) w. F. u. Gen. (Kl.) Rep. IV. 456/92.

I. Landgericht Halberstadt.
II. Oberlandesgericht Naumburg a. S.

Der am 7. Mai 1890 zu Thale verstorbene Rentier W. L. hat seine Ehefrau, die jetzige Beklagte, und seine Geschwister, unter diesen die klagende Ehefrau, als gesetzliche Erben hinterlassen. Er hat am Tage vor seinem Tode, am 6. Mai 1890, vor dem Dorfgerichte eine letztwillige Verordnung errichtet, nach deren Inhalte er seiner Ehefrau den Nießbrauch an dem Nachlasse vermacht hat. Das die Verordnung enthaltende dorfgerichtliche Protokoll lautet in seinen wesentlichen Teilen wie folgt:

„Der Rentier W. L., welcher sich sehr krank befindet und seinen letzten Willen erklären will, hatte zur Aufnahme desselben bei der Entfernung des Königlichen Amtsgerichtes den Gerichtsschulzen ersuchen lassen. In dieser Absicht verfügten wir unterzeichnete Dorfgerichte uns in die Wohnung des Rentiers W. L. und fanden denselben, von Person insgesamt bekannt, obwohl zwar schwer krank und bettlägerig, bei schwacher Stimme, aber doch noch im Besitze seiner Geisteskräfte, um seine letzte Willensmeinung mit Bewußtsein zu Protokoll zu geben. Testator wiederholte, nachdem er um Aufnahme seines Testamentes befragt, durch Nicken mit dem Kopfe seine Zustimmung zur Aufnahme desselben. Als er nunmehr gefragt wurde, ob er, da keine Kinder aus der Ehe vorhanden waren, seiner noch lebenden Ehefrau den vollen uneingeschränkten Genießbrauch von seinem beweglichen und unbeweglichen Vermögen bei seinem Ableben vermachen wolle, gab er seine Zustimmung zu dieser Frage durch Nicken mit dem Kopfe. Weiter hatte Testator nichts mehr zu verordnen, und wurde daher dieses Protokoll nochmals vorgelesen, vom Testator genehmigt und unterschrieben."

Die Kläger haben diese Verordnung aus mehreren Gründen, insbesondere weil der Testator sie nicht zu Protokoll erklärt habe, angefochten. Der erste Richter hat abweisend, der zweite Richter verurteilend erkannt. Auf die Revision der Beklagten hat das Reichsgericht das Urteil aufgehoben, und zwar aus folgenden

Gründen:

„Der Berufungsrichter ist davon ausgegangen, daß der Wille des Erblassers zur Verhandlung vom 6. Mai 1890 nicht in der vom Gesetze für letztwillige Verordnungen vorgeschriebenen Form zum Ausdrucke gelangt sei, und hat aus diesem Grunde die Verfügung für rechtsungültig erklärt. Er hat einerseits erwogen: Wenn der Erblasser, wie es nach der Einleitung der Verhandlung den Anschein habe, physisch des verständlichen Sprechens fähig gewesen sei, so hätte er, da es sich um ein mündlich zu Protokoll zu erklärendes und daraufhin aufzunehmendes Testament gehandelt habe, der Sprache sich bedienen müssen, um seinen letzten Willen zu erklären; ein bloßes „Nicken mit dem Kopfe" als Bejahung an ihn gerichteter Fragen sei in diesem Falle nicht genügend gewesen; daß in einer durch Kopfnicken geäußerten Willenserklärung in der Regel eine ausdrückliche Willenserklärung — im Gegensatze zur stillschweigenden — zu erblicken sei, könne nicht entscheidend sein; denn das Gesetz erfordere in den §§ 66. 104 A.L.R. I. 12 und § 3 A.G.O. II. 4 für die Testamentserrichtung zu Protokoll, augenscheinlich um mehr Garantieen dafür zu schaffen, daß keine Mißverständnisse unterlaufen, eine wirklich — im prägnanten Sinne — mündliche Erklärung; wenn ein bloßes Kopfnicken auf gestellte Fragen genügen sollte, so wäre nicht abzusehen, weshalb für testierfähige Stumme vorgeschrieben sei (§§ 26. 123 A.L.R. I. 12), daß sie schriftlich antworten müssen. Andererseits hat der Berufungsrichter erwogen, daß, wenn, wie Kläger behaupten, der Erblasser zur Zeit der fraglichen Verhandlung der Sprache völlig beraubt gewesen sei und wegen physischer Schwäche oder Lähmung auch nicht mehr zu schreiben, d. h. nicht mehr als etwa seinen Namen zu schreiben vermocht habe, sodaß eine Testamentserrichtung unter Wahrung der für Stumme gegebenen Formvorschriften nicht möglich war, er zu dieser Zeit für ein zu Protokoll zu erklärendes Testament überhaupt nicht mehr testierfähig gewesen sei.

Der Berufungsentscheidung liegen sonach die Annahmen zu Grunde, daß das Gesetz für die Testamentserrichtung zu Protokoll auf der Seite des Testierenden, wenn er des Gebrauches der Sprache mächtig sei, eine mündliche Erklärung im eigentlichen Sinne des Wortes, also eine durch die Sprache abgegebene Erklärung verlange, und die fernere, daß eine Person, die zeitweise des Gebrauches der Sprache nicht mächtig sei, in diesem Zustande nur unter Wahrung der durch das Gesetz für Stumme gegebenen Formvorschriften rechtsgültig testieren könne. Nach beiden Richtungen beruht die Entscheidung auf einer Verletzung des Gesetzes.

In ersterer Hinsicht stehen dem Berufungsrichter die von ihm allegierten Gesetzesvorschriften nicht zur Seite. Der § 66 A.L.R. I. 12 bestimmt, daß jedes Testament oder Kodizill in der Regel vom Testator selbst den Gerichten übergeben oder zum gerichtlichen Protokolle erklärt werden muß. Hier ist über die Form des Ausdruckes der zum gerichtlichen Protokolle zu gebenden Erklärung nichts gesagt. Der § 104 a. a. O., und dasselbe gilt von § 3 A.G.O. II. 4, hat, wenn er von „mündlich zu Protokoll erklärten“ Verordnungen spricht, im Anschlusse an die im § 66 a. a. O. gemachte Unterscheidung die zum gerichtlichen Protokolle erklärten letztwilligen Verfügungen im Gegensatze zu den schriftlich übergebenen Testamenten und Kodizillen im Auge (vgl. §§ 107. 108. 112—114. 133—136. 153 A.L.R. I. 12). Es ist aber andererseits gerade der § 104 a. a. O., der die Annahme des Berufungsrichters als unrichtig erkennen läßt. Derselbe verordnet: „Will der Testator seine Verordnung mündlich zum Protokolle erklären, so muß der Richter alles beobachten, was nach Vorschrift der Prozeßordnung zu einem gerichtlichen Protokolle erfordert wird.“ Die betreffenden Vorschriften der Prozeßordnung sind zunächst in den §§ 63—66 A.G.O. I. 25 enthalten; diese unterstützen die vorderrichterliche Auffassung nach keiner Richtung. Sodann bestimmt der

Titel 4 des zweiten Teiles der Allgemeinen Gerichtsordnung, welcher Titel „von dem Verfahren bei Aufnehmung der Testamente und anderer letztwilliger Verordnungen" handelt, im § 1: „Außer den allgemeinen bei den Handlungen der freiwilligen Gerichtsbarkeit überhaupt zu beobachtenden Vorschriften des zweiten Titels enthält das Landrecht selbst §§ 66—241 Tl. I. Tit. 12 die umständlichsten Anweisungen, wie bei der Auf- und Abnehmung der Testamente und bei deren Publikation zu verfahren sei, also daß es wiederholte Verordnungen darüber allhier nicht bedarf." — Da nun auch die §§ 66—241 A.L.R. I. 12 zu Gunsten der Auffassung des Berufungsrichters keine bestimmten Anhaltspunkte bieten, so sind für die streitige Beurteilung die allgemeinen Vorschriften des Titels 2 des zweiten Teiles der Allgemeinen Gerichtsordnung allein maßgebend, und diese gehen, soweit sie hier entscheidend sind, dahin: § 34. „Die Hauptpflicht des Richters ist es . . ., daß er den eigentlichen Sinn und die wahre Meinung der Parteien deutlich und umständlich zu vernehmen suche und allem Irrtume, Mißverständnissen und Zweideutigkeiten mit möglichster Sorgfalt vorbeuge." § 42. „Wenn auf vorstehende Art sowohl in Ansehung der persönlichen Qualität und Fähigkeit die Parteien zur Vollziehung eines solchen Aktes das Erforderliche besorgt und berichtigt, als auch der Wille und die eigentliche Intention derselben mit hinlänglicher Zuverlässigkeit und Vollständigkeit erforscht worden, so muß alsdann über die ganze Verhandlung ein richtiges Protokoll aufgenommen werden."

Danach ist es dem Richter bei der Aufnahme letztwilliger Verfügungen, ebenso wie bei Aufnahme anderer Akte der freiwilligen Gerichtsbarkeit, nur zur Pflicht gemacht, auf eine zuverlässige Ermittelung, also auch auf eine zuverlässige Äußerung der Willensmeinung des Erklärenden hinzuwirken. Eine zuverlässige Willensäußerung liegt aber, wie das Gesetz solches ausspricht (§ 57 A.L.R. I. 4), nicht allein vor, wenn die Erklärung durch Worte, sondern auch dann, wenn sie durch andere deutliche Zeichen zum Ausdrucke gebracht ist. Das Nicken mit dem Kopfe ist ein deutliches Zeichen für eine bejahende Antwort. Der Erblasser hat sich daher über seinen Willen zur Verhandlung vom 6. Mai 1890 in zuverlässiger Weise erklärt. Es ist auch kein Grund ersichtlich, der zu einer Unterscheidung in Ansehung der Zuverlässigkeit einer zustimmenden

Willensäußerung führen könnte, je nachdem diese durch ein Nicken mit dem Kopfe oder durch das gesprochene Wort: „Ja" geschehen ist.

Vgl. Förster-Eccius, Theorie und Praxis 5. Aufl. Bd. 4 S. 360 flg.; Koch, Preuß. Erbrecht S. 218. 219.

Daß der Erblasser seinen Willen dem Gerichte nicht selbständig und im Zusammenhange erklärt, das Gericht vielmehr durch Stellung von Fragen, deren Inhalt nach Lage der Verhältnisse den Absichten des Erblassers entsprach, den Willen des letzteren ermittelt hat, ist ohne Bedeutung. Das Gesetz verlangt eine Vernehmung des Testators durch das Gericht, und eine solche kann auch in der hier angewendeten Form erfolgen, durch die die Zuverlässigkeit der Willensermittelung nicht beeinträchtigt wird, und die, was sich aus der Natur der Verhältnisse ergiebt, gerade bei Aufnahme letztwilliger Verfügungen in vielen Fällen diejenige ist, welche allein in Frage kommen kann. Von entscheidender Bedeutung für die Rechtsgültigkeit mündlich zu Protokoll erklärter letztwilliger Verfügungen ist, daß der durch das Gericht auf Grund der erfolgten Vernehmung ermittelte Wille des Testators protokolliert, und das Protokoll dem Testator vorgelesen, von ihm genehmigt und unterschrieben wird (§ 155 A.L.R. I. 12, § 33 Anh. zum Allg. Landrechte, §§ 43 flg. A.G.O. II. 2). Diesen Erfordernissen der Testamentserrichtung ist ausweislich des Inhaltes der Verhandlung vom 6. Mai 1890 genügt; insbesondere hat auch der Erblasser, was der Berufungsrichter in einem anderen Teile der Entscheidungsgründe festgestellt hat, die Verhandlung unterschrieben.

Die weitere Annahme der Vorentscheidung, daß Personen, die infolge eines körperlichen Leidens zur Zeit des Gebrauches der Sprache nicht mächtig sind, nur unter Beobachtung der für Stumme gegebenen Formvorschriften rechtsgültig testieren können, beruht auf unrichtiger Anwendung des § 123 A.L.R. I. 12. Diese Gesetzesvorschrift hat, soweit sie sich auf Stumme bezieht, Personen im Auge, die mit dem Mangel, sich durch die Sprache verständlich machen zu können, als einem dauernden Gebrechen behaftet sind. Von solchen Personen nimmt das Gesetz an, daß ihre Geschäftsfähigkeit im allgemeinen geschmälert sei, und mit Rücksicht hierauf ist für sie die Beobachtung einer strengeren Form bei Errichtung letztwilliger Verfügungen vorgeschrieben worden. Die Vorschrift ist eine Ausnahmevorschrift und gestattet als solche eine analoge Anwendung auf andere

Fälle nicht. Wie unstreitig ist, traf jene Voraussetzung auf den Erblasser der Parteien nicht zu, und deshalb bedurfte es bei Aufnahme seines letzten Willens der Beobachtung der Formvorschrift des § 123 a. a. O. nicht." ...

---

49. Heilt die Auflassung, wenn durch dieselbe nach dem Willen der Beteiligten eine Reihe von Veräußerungsverträgen zugleich erfüllt wird, die Formmängel aller dieser Rechtsgeschäfte?

Gesetz über den Eigentumserwerb vom 5. Mai 1872 § 10.

V. Civilsenat. Urt. v. 22. April 1893 i. S. W. (Kl.) w. T. (Bekl.) Rep. V. 9/93.

I. Landgericht I Berlin.
II. Kammergericht daselbst.

Der Beklagte kaufte durch den notariellen Vertrag vom 1. Oktober 1888 von den Geschwistern W. das in der Urkunde näher bezeichnete an der W.'straße und dem Platze K. in B. belegene Grundstück und verkaufte davon noch in demselben Jahre die Baustellen Nr. 1—7 an den Bauunternehmer H. Für diesen wurde das Eigentum an den Parzellen im Grundbuche eingetragen, nachdem ihm die Geschwister W. unmittelbar die Auflassung erteilt hatten. Der Kläger behauptet nun, daß zwischen H. und dem Beklagten vor und bei Abschluß des schriftlichen Vertrages mündlich verabredet worden sei, daß der Beklagte, falls von H. oder seinen Rechtsnachfolgern bei Nachsuchung der Bauerlaubnis verlangt werden sollte, auf dem Vorlande des Grundstückes Gartenanlagen herzustellen oder zu unterhalten, für diese Last aufzukommen und den Käufer davon zu befreien habe. Da das Polizeipräsidium die Bauerlaubnis von Anlegung eines Vorgartens abhängig gemacht und nur dann hiervon absehen zu wollen erklärt hat, wenn das Vorland der Stadtgemeinde aufgelassen und bürgersteigartig befestigt werde, so ist der Kläger der Meinung, daß dem Beklagten die Verpflichtung erwachsen sei, seinen Abkäufer H. von dieser Verbindlichkeit zu befreien.

Von H. hat der Kläger die Baustellen Nr. 1—6 zu Eigentum erworben und laut Urkunde vom 30. Mai 1891 die jenem aus dem Vertrage wegen dieser Trennstücke zustehenden Ansprüche abgetreten erhalten. Gestützt auf diese Cession hat der Kläger beantragt: den Beklagten zu verurteilen, ihn von der Last und der Verbindlichkeit, das vor der Baufluchtlinie unbebaut liegende Terrain auf dem Grundstücke W.'straße 1—6 gegen den Bürgersteig und die angrenzenden Nachbargrundstücke mit einem eisernen Gitter einzufriedigen und dauernd als Garten zu unterhalten oder das Terrain, nachdem es bürgersteigartig befestigt worden, an die Stadtgemeinde B. abzutreten, nach Wahl des Klägers zu befreien.

Der erste Richter hat dem Antrage entsprochen, der Berufungsrichter aber abändernd die Klage abgewiesen. Auf die hiergegen vom Kläger eingelegte Revision ist das Berufungsurteil aufgehoben, und die Sache an das Berufungsgericht zurückverwiesen aus folgenden

Gründen:

„Der Berufungsrichter ist der Ansicht, daß die vom Kläger behauptete mündliche Vereinbarung eine Nebenabrede enthalte, der wegen fehlender Schriftform Rechtswirksamkeit nicht beigelegt werden könne, und daß die geschehene Auflassung nicht geeignet gewesen sei, diesen Formmangel zu heilen, weil die Geschwister W., welche an H. die Auflassung erteilt haben, nicht an dem mit diesem geschlossenen Vertrage beteiligt gewesen seien. Die in dem Berichtigungsbeschlusse bezeugte Behauptung des Klägers, daß die Geschwister W. nach dem Vertrage vom 1. Oktober 1888 die Verpflichtung gehabt hätten, auf Anweisung des Beklagten dritten Personen die Auflassung zu erteilen, und daß sie auf Anweisung des Beklagten entsprechend der von diesem und H. getroffenen Abrede gehandelt hätten, hat der Berufungsrichter unbeachtet gelassen.

Die Entscheidung des Berufungsrichters verstößt gegen die Vorschrift des § 10 Eig.-Erw.-Ges. vom 5. Mai 1872. Er geht von der richtigen Ansicht aus, daß das vom Kläger behauptete Abkommen als eine mündliche Nebenabrede im Sinne des § 128 A.L.R. I. 5 aufzufassen ist, die nicht den Vorschriften des Handelsgesetzbuches unterliegt, und die nur dann als rechtsgültig angesehen werden kann, wenn die hinzugetretene Auflassung den Erfordernissen des § 10 Eig.-Erw.-Ges. entspricht. Auch darin ist dem Berufungsrichter beizutreten, daß diese Gesetzesvorschrift nicht nur auf bloß mündliche Verträge Anwendung findet, sondern auch auf unvollständige schriftliche Verträge, und daß deshalb auch die vom Kläger behauptete mündliche Nebenabrede Gültigkeit erlangt hat, wenn der Hauptvertrag durch Auflassung des darin verkauften Grundstückes erfüllt worden ist. Dagegen geht der Berufungsrichter fehl, wenn er im vorliegenden Falle die Voraussetzungen des § 10 Eig.-Erw.-Ges. vermißt.

Nach § 9 a. a. O. kann die Eintragung des Eigentumsüberganges nach den Vorschriften des bürgerlichen Rechtes angefochten werden. Im § 10 wird dann weiter bestimmt:

> Die Anfechtung ist auch auf Grund des Rechtsgeschäftes, in dessen Veranlassung die Auflassung erfolgt ist, statthaft; jedoch wird die mangelnde Form dieses Geschäftes durch die Auflassung geheilt.

Diese Gesetzesvorschrift hat eine doppelte Tragweite: sie schützt in erster Reihe den Eigentumserwerb gegen jede Anfechtung, die aus der mangelhaften Form des ihr zu Grunde liegenden Rechtsgeschäftes hergeleitet werden könnte, und sichert in zweiter Reihe die Rechte der Kontrahenten, die aus dem formlosen Rechtsgeschäfte fließen, die aber sonst wegen Formmangels nicht klagbar sein würden. Voraussetzung der Vorschrift ist hiernach, daß sich der Gegenstand der Auflassung mit dem des Vertrages deckt, und die Auflassung dazu dient, den Vertrag zu erfüllen. Dies wird auch vom Berufungsrichter nicht verkannt; er faßt aber das letztere Erfordernis zu eng auf, wenn er meint, daß die bei der Auflassung thätigen Personen in allen Fällen mit den Vertragskontrahenten identisch sein müßten.

Im Verkehre mit Grundstücken ist es üblich, daß die Auflassung, sobald mehrere Kaufverträge über denselben Gegenstand hintereinander geschlossen werden, zur Ersparung von Weiterungen und Kosten mit Übereinstimmung aller Beteiligten von dem ersten Verkäufer unmittelbar an den letzten Abkäufer geschieht, und es würde den Interessen des Verkehres und der Absicht des Gesetzes nicht entsprechen, wenn man hier aus dem Grunde, weil nicht jeder Vertrag besonders durch Auflassung vollzogen ist, die geschehene Auflassung, obwohl sie sonst allen Erfordernissen des Gesetzes und dem Willen der Beteiligten entspricht, der Anfechtung wegen Formmangels des Vertrages unterwerfen und der ganzen Reihe der zu Grunde liegenden Verträge den Schutz des § 10 Eig.-Erw.-Ges. versagen wollte.

Im vorliegenden Falle kommen zwei Kaufverträge in Betracht: durch den ersten haben die W.'schen Erben die Grundstücke an den Beklagten, durch den zweiten hat dieser sie an den Bauunternehmer H. verkauft. Die Auflassung ist von den W.'schen Erben unmittelbar an H. erfolgt, und zwar, wenn die Behauptung des Klägers richtig ist, im Einverständnisse sämtlicher Vertragschließenden. In dem Wesen der Auflassung liegt es, daß nur die W.'schen Erben und H. dabei thätig sein konnten; die Mitwirkung des Beklagten hätte der Grundbuchrichter, da die obligatorischen Verhältnisse der Beteiligten die Eigentumseintragung nicht beeinflussen, als unnötig zurückweisen müssen. Dies schließt aber nicht aus, daß durch den Auflassungsakt und die sich diesem anschließende Eigentumseintragung beide Kaufverträge, die über das Grundstück vom Beklagten geschlossen waren, zugleich erfüllt wurden. Bei dem ersten Vertrage bestand seine Verpflichtung darin, seinen Verkäufern, den W.'schen Erben, die gekaufte Sache abzunehmen; ein Anspruch, daß der Beklagte Eigentümer der Grundstücke würde, war jenen aus dem Vertrage nicht erwachsen; dem Beklagten blieb vielmehr unbenommen, die Befugnisse, die ihm das obligatorische Verhältnis einräumte, selbst oder durch einen Anderen auszuüben. Diesen Vertrag erfüllte er sonach dadurch, daß auf seine Anweisung die W.'schen Erben die Grundstücke an H. aufließen und so durch ihn ihres Eigentumes daran entledigt wurden. Denselben Grundsatz hat das Reichsgericht bereits im Urteile vom 17. März 1882,

vgl. Gruchot, Beitr. Bd. 27 S. 1031,

ausgesprochen. — Durch den zweiten Vertrag war der Beklagte verpflichtet, seinem Abkäufer H. das Eigentum an den verkauften Parzellen zu verschaffen. Wer ihm das Eigentum übertrug, war für H. ohne Interesse, wenn es nur in Erfüllung des Vertrages ihm gewährt wurde. Der Beklagte erfüllte daher seine Verpflichtung gegen H. dadurch, daß er die W.'schen Erben anwies, das Eigentum unmittelbar auf jenen zu übertragen, und diese dem Auftrage nachkamen. — Es ergiebt sich hieraus, daß der Beklagte durch die Auflassung, wenn sie, wie er behauptet, auf seine Anweisung geschehen ist, gleichzeitig beide Kaufverträge erfüllt hat. Daraus aber folgt weiter, daß dann nicht bloß der erste, sondern auch der zweite Vertrag nach § 10 Eig.=Erw.=Ges. zu beurteilen sind, und der Beklagte Formmängel, an denen der letztere leidet, vorzuschützen nicht befugt ist.

Der Revisionsbeklagte beruft sich zur Begründung der entgegengesetzten Ansicht auf die gesetzgeberischen Vorarbeiten. Ein Ausspruch über die vorliegende Frage ist darin nicht enthalten. Wohl aber geht daraus deutlich hervor, daß die Absicht des Gesetzgebers dahin gegangen ist, jede formgerechte Auflassung, die in Erfüllung eines Rechtsgeschäftes geschieht, gegen Anfechtung wegen Formmängel dieses Geschäftes zu schützen und jede Kondiktion aus diesem Grunde auszuschließen, andererseits aber auch dem Veräußerer die Gegenleistungen zu sichern, die für ihn aus dem formlosen Geschäfte entspringen. Daß bei einer Reihe von Verträgen jeder Vertrag besonders durch Auflassung erfüllt werden müßte, ist mit keinem Worte auch nur angedeutet.

Vgl. Werner, Die preuß. Grundbuchs= und Hypothekengesetze Tl. 2 S. 16. 17.

Das Urteil des IV. Civilsenates vom 30. Mai 1883,

Vgl. Gruchot, Beitr. Bd. 27 S. 1029,

auf das sich der Beklagte bezieht, steht ihm nicht zur Seite. In dem dort entschiedenen Falle hatten die Beklagten das Rechtsgeschäft durch einen Bevollmächtigten abgeschlossen, dieser aber hatte die Auflassung im eigenen Namen entgegengenommen und für sich die Eigentumseintragung erlangt. Der Vertrag war daher durch Auflassung an den anderen Kontrahenten nicht erfüllt, und dadurch die Anwendung des § 10 Eig.=Erw.=Ges. ausgeschlossen. — Dasselbe gilt von dem Urteile des V. Civilsenates vom 26. November 1867.

Vgl. Bolze, Praxis des Reichsgerichtes Bd. 5 Nr. 412.

Darin findet sich zwar der Satz ausgesprochen, daß unter dem im § 10 Eig.=Erw.=Ges. erwähnten Rechtsgeschäfte nur das der Auflassung zu Grunde liegende Geschäft zwischen den Parteien zu verstehen sei, zwischen denen das Auflassungsgeschäft vorgenommen wird, nicht aber ein Geschäft, das einer der beiden Auflassungskontrahenten mit einem Dritten eingegangen ist. Aber die vorliegende Frage zu erörtern, lag damals keine Veranlassung vor. Denn jener Fall unterscheidet sich insofern von dem jetzigen, als der Kläger damals das von ihm erkaufte Grundstück dem Auflassungsempfänger nicht weiter verkauft, sondern, um der Verpflichtung gegen seinen Verkäufer ledig zu werden, zwischen diesem und dem Auflassungsempfänger einen neuen Kaufvertrag vermittelt hatte, und daß auf Grund dieses Vertrages die Auflassung erfolgt war. — Das Berufungsurteil unterliegt nach alledem der Aufhebung." ...

---

50. Kann aus einem Vertrage mit dem Erfinder, durch welchen derselbe sich verpflichtet hat, dem anderen Kontrahenten die Erfindung zur Erklärung über Annahme oder Ablehnung derselben zu offerieren, nach erklärter Annahme oder bei unterlassener Offerte gegen den in der Patentrolle des Deutschen Reiches eingetragenen ersten Patentinhaber und dessen Rechtsnachfolger auf Unterlassung der Benutzung des Patentes geklagt werden?

A.L.R. I. 7 §§ 11. 14. 15. 10. 21. 24. 25. 19. 4—6; Patentgesetz § 19 Abs. 2.

I. Civilsenat. Urt. v. 3. Mai 1893 i. S. R. P. u. Gen. (Bekl.) w. Sch. u. K. u. Gen. (Kl.) Rep. I. 54/93.

I. Landgericht I Berlin.
II. Kammergericht daselbst.

Die Entscheidung ist oben unter „Reichsrecht" Nr. 11 S. 52 abgedruckt.

---

51. Sind die Statuten der auf Grund der §§ 57. 65 des Gesetzes vom 1. April 1879 durch landesherrliche Verordnung errichteten öffentlichen Wassergenossenschaften Gesetze im Sinne des § 12 des Einführungsgesetzes zur Civilprozeßordnung?

VI. Civilsenat. Urt. v. 4. Mai 1893 i. S. F. (Kl.) w. Wassergenossenschaft Lindenwald (Bekl.). Rep. VI. 47/93.

I. Landgericht Schneidemühl.
II. Oberlandesgericht Posen.

Die vorstehende Frage ist bejaht aus folgenden

Gründen:

... „Die beklagte Wassergenossenschaft ist eine öffentliche, speziell aber eine auf Grund der §§ 57. 65 des Gesetzes vom 1. April 1879 (G.S. S. 297) durch landesherrliche Verordnung mit Zwang der Beteiligten zum Eintritte ins Leben gerufene Wassergenossenschaft zur Ent- und Bewässerung der im § 1 des Statutes näher bezeichneten Grundstücke. In Bezug auf das Erfordernis der landesherrlichen Verordnung für derartige Genossenschaften hat es der erwähnte § 57 des Gesetzes bei der Vorschrift des § 56 des Gesetzes vom 28. Februar 1843 und des § 1 der Verordnung vom 28. Mai 1867 belassen, von denen der hier in Betracht kommende § 56 des Gesetzes vom 28. Februar 1843 bestimmte: „Wenn Unternehmungen zur Benutzung des Wassers, deren Vorteile einer ganzen Gegend zu gute kommen, nur durch ein gemeinsames Wirken zustande zu bringen und fortzuführen sind, so können die Beteiligten zu gemeinsamer Anlegung und Unterhaltung der erforderlichen Wasserwerke durch landesherrliche Verordnung verpflichtet und zu besonderen Genossenschaften vereinigt werden." Dem entspricht es, wenn im folgenden § 57 von dem „landesherrlich vollzogenen Statut" dieser Genossenschaften die Rede ist. Der Rechtsnormcharakter des Statutes tritt in diesen Bestimmungen deutlich hervor. Das Statut ist in diesen Fällen nichts anderes als die landesherrliche Verordnung, durch welche die Mitgliedschaft zur Genossenschaft mit verpflichtender Wirkung geordnet, und die Rechtsverhältnisse innerhalb der Genossenschaft bestimmt werden. Denselben Charakter haben denn auch die nach dem Gesetze vom 1. April 1879 durch landesherrliche Verordnung errichteten Wassergenossenschaften der gedachten Art. Das Statut der in Rede stehenden Genossenschaft vom 29. Juni 1888 ist demgemäß vollständig in der Form einer landesherrlichen Verordnung und als solche erlassen, gehörig im Amtsblatte und in der Gesetzsammlung (von 1888 S. 262) publiziert und enthält im § 1 die Bestimmung, wonach die Eigentümer der dem Meliorationsgebiete angehörigen Grundstücke in den näher bezeichneten Gemeindebezirken zu einer Genossenschaft vereinigt werden, um den Ertrag dieser Grundstücke nach Maßgabe des vorliegenden Meliorationsplanes durch Ent- und Bewässerung zu verbessern. Die Genossenschaft ist somit nicht auf dem Wege der

Übereinkunft zustande gekommen, — wenn auch nach § 65 Ziff. 3 des Gesetzes vom 1. April 1879 die Zustimmung der Mehrheit der Beteiligten, nach der Fläche und dem Katastralreinertrage der zu beteiligenden Grundstücke berechnet, Voraussetzung ihres Zustandekommens war, — und die Rechte und Pflichten der Genossen innerhalb der Gemeinschaft sind nicht vertraglich, sondern gesetzlich geregelt.

Abweichend hiervon ist erkannt worden, daß die einiges Ähnliche bietenden Reglements der Provinzialfeuersozietäten nicht die Eigenschaft materieller Rechtsnormen haben,

vgl. Entsch. des R.O.H.G.'s Bd. 9 S. 130; Entsch. des R.G.'s in Civils. Bd. 16 S. 370, sowie die dort in Bezug genommenen Urteile vom 23. März 1881, abgedruckt bei Gruchot, Beiträge Bd. 25 S. 1119, und vom 4. Januar 1886, abgedruckt bei Gruchot, Bd. 30 S. 1142,

und es scheint, daß hierbei ein entscheidendes Gewicht darauf, daß ein Zwang zum Beitritte zur Sozietät nicht stattfindet, nicht gelegt ist. In der angeführten Entscheidung des Reichsoberhandelsgerichtes wird zwar darauf hingewiesen, daß das Reglement der Westphälischen Feuersozietät, um die es sich handelte, „nicht einmal" eine Verpflichtung zum Eintritte enthalte; es kann aber aus dieser Fassung gefolgert werden, daß das Fehlen eines Zwanges zum Eintritte für die Entscheidung nicht ausschlaggebend war. Indessen besteht zwischen jenen Reglements und dem landesherrlich verordneten Statute einer auf Grund der §§ 57. 65 des Gesetzes vom 1. April 1879 errichteten Wassergenossenschaft ein wesentlicher Unterschied. Die fraglichen Reglements sind ihrer Natur und ihrem Zwecke nach nur Verwaltungsvorschriften, nach denen sich die beteiligten Behörden bei der Abschließung der Versicherungsverträge zu richten haben, und der Einzelne tritt erst durch den Versicherungsvertrag zur Sozietät in die rechtlichen Beziehungen eines Mitgliedes. Mag auch, worüber hier nicht zu entscheiden ist, dem Beitritte des Einzelnen zur Sozietät der Vertragscharakter selbst dann nicht abzusprechen sein, wenn dieser Beitritt unter gesetzlichen Zwang gestellt ist, so läßt sich doch bei einer Wassergenossenschaft, wie der hier in Rede stehenden, von einem „Beitritte" oder „Eintritte" des einzelnen Mitgliedes nur in uneigentlichem Sinne reden. Die Mitgliedschaft wird hier vielmehr durch die landesherrliche Verordnung unmittelbar bestimmt, die zugleich, wie bemerkt, auch über die Rechte und Pflichten der Mitglieder die Normen enthält. Aus ähnlichen Gründen ist dem Feuersozietätsreglement für die Residenzstadt Berlin vom 1. Mai 1794 im Urteile des Reichsgerichtes vom 24. Januar 1885,

vgl. Entsch. des R.G.'s in Civils. Bd. 13 S. 215,

die Eigenschaft eines Gesetzes beigelegt worden." ...

---

52. 1. Kann ein wechselseitiges Testament noch nach dem Tode des einen Ehegatten von dem überlebenden wirksam widerrufen werden?
2. Rechtliche Bedeutung der Anerkennung eines nichtigen Testamentes.

IV. Civilsenat. Urt. v. 27. Februar 1893 i. S. F. (Bekl.) w. L. u. Gen. (Kl.) Rep. IV. 234/91.

I. Landgericht Danzig.
II. Oberlandesgericht Marienwerder.

Thatbestand.

Das wechselseitige Testament der Eheleute Michael Wilhelm L. und Karoline Renate, geborenen K., welche miteinander in Gütergemeinschaft gelebt hatten, enthielt in erster Reihe die wechselseitige Erbeseinsetzung der Eheleute und sodann die Anordnung, daß nach dem Tode des letztlebenden von ihnen ihr Sohn Karl Wilhelm L. ein Vierteil ihres gesamten gemeinschaftlichen Vermögens zur freien Verfügung erhalte, während ihm von den übrigen drei Vierteilen nur der Nießbrauch zufallen, die Vermögenssubstanz aber auf die Kinder des Sohnes übergehen sollte. Für den Fall, daß der Sohn, ohne Kinder zu hinterlassen, verstürbe, wurden ihm die Seitenverwandten der Testatoren in der Art substituiert, daß jene drei Viertel des gemeinschaftlichen Vermögens den Kindern und Enkeln des Hofbesitzers Johann Gottlieb L., des Bruders des Michael Wilhelm L., zu sieben Achteln und dem Bruder der Ehefrau Karoline Renate, geborenen K., oder seinen Kindern zu einem Achtel zufallen sollten. Am 9. Oktober 1854 starb die Ehefrau Karoline Renate L., geborene K. Am 7. Februar 1860 errichtete der Ehemann, ohne daß vorher das wechselseitige Testament vom 14. April 1845 eröffnet worden war, ein neues

Testament, in dem er die letztwillige Verfügung vom 14. April 1845 widerrief und seinen Sohn Karl Wilhelm L. zum Erben auf seinen ganzen Nachlaß ohne Beschränkung ernannte. Am 14. Dezember 1862 verstarb Michael Wilhelm L. Am 7. Januar 1863 wurde sein Testament publiziert, und am 4. Februar 1863 geschah die Publikation des am 14. April 1845 errichteten wechselseitigen Testamentes der Eheleute L. Nach Eröffnung dieses Testamentes leitete das damalige Stadt- und Kreisgericht D. zur Verwaltung von drei Vierteln des Nachlasses der Frau Karoline Renate L., geborenen K., eine Pflegschaft ein, die bis zum Jahre 1890 fortgeführt wurde. Am 8. Februar 1890 starb Karl Wilhelm L. kinderlos. Nunmehr haben die Kläger, Kinder und Enkel des Hofbesitzers Johann Gottlieb L., aus dem wechselseitigen Testamente vom 14. April 1845 Anspruch auf sieben Achtel des Nachlasses der Frau Karoline Renate L., geborenen K., geltend gemacht. Sie haben sich auf eine von Karl Wilhelm L. zu gerichtlichem Protokolle vom 15. Januar 1869 abgegebenen Erklärung berufen, laut der Karl Wilhelm L. die Bestimmungen seiner Mutter in dem wechselseitigen Testamente vom 14. April 1845 als verbindlich für ihn anerkannt hat. Beklagterseits ist behauptet worden, daß das verwaltete Vermögen den Intestaterben des Karl Wilhelm L. gebühre. Die vom Landgerichte erkannte Klagabweisung wird auf die Ausführung gegründet daß mit dem von dem Ehemanne Michael Wilhelm L. am 7. Februar 1860, also vor der erst am 7. Januar 1863 erfolgten Publikation des Testamentes vom 14. April 1845, erklärten Widerrufe dieses Testamentes nach § 485 A.L.R. II. 1 die Anordnungen beider Eheleute, da der Fall der Ausnahmebestimmung des § 482 a. a. O. nicht vorliege, ihre Gültigkeit verloren haben und durch das Anerkenntnis des Karl Wilhelm L. nicht wieder gültig geworden seien. Das Berufungsgericht dagegen hat angenommen, daß der von dem Ehemanne Michael Wilhelm L. nach dem Tode seiner Ehefrau erklärte Widerruf die von der Ehefrau des Widerrufenden in dem wechselseitigen Testamente getroffenen letztwilligen Anordnungen nicht habe hinfällig machen können, die Befugnis des Widerrufes dem überlebenden Ehegatten überhaupt nicht gegeben sei, der überlebende vielmehr den Anordnungen des zuerst versterbenden gegenüber auf die Wahl beschränkt sei, die Erbschaft aus dem Testamente des verstorbenen anzutreten oder auszuschlagen (§§ 490 flg. a. a. O.). Das Berufungsgericht hat aber auch angenommen, das von dem Karl Wilhelm L. am 15. Januar 1869 erklärte Anerkenntnis der von der Ehefrau L. in dem wechselseitigen Testamente vom 14. April 1845 getroffenen Anordnungen stehe dem Anspruche der Kläger zur Seite. Das Berufungsgericht hat daher dem Klagantrage gemäß die streitige, von dem Amtsgerichte D. verwaltete Vermögensmasse zu sieben Achteln den Kindern und Kindeskindern des Hofbesitzers Johann Gottlieb L., zu einem Achtel der ursprünglichen Beklagten und den übrigen Kindern des Kaufmannes Johann Karl Friedrich K. zugesprochen.

Auf die gegen dieses Erkenntnis von den Beklagten eingelegte Revision ist das Berufungsurteil aufgehoben, und die Berufung gegen das landgerichtliche Urteil zurückgewiesen worden.

Gründe:

„Die dem Berufungsurteile zu Grunde liegende Rechtsauffassung, daß ein wechselseitiges Testament nach dem Tode des einen Ehegatten von dem überlebenden überhaupt nicht mehr wirksam widerrufen werden könne, und der überlebende auf die Wahl zwischen der Antretung der Erbschaft aus dem Testamente und der Ausschlagung der Erbschaft beschränkt sei, hat den Wortlaut der §§ 485. 490 A.L.R. II. 1 nicht für sich. Auch folgt sie nicht aus der Natur der in Rede stehenden Rechtsinstitute. Die Widerruflichkeit eines Testamentes ist im § 564 A.L.R. I. 12 allgemein vorgeschrieben. Sie gilt auch von wechselseitigen Testamenten. Eine Ausnahme machen nur wechselseitige korrespektive Testamente (§§ 492 A.L.R. II. 1) in der Art, daß die Antretung der Erbschaft durch den überlebenden Ehegatten für diesen die Gebundenheit an seine eigenen Verfügungen, soweit sie das Gepräge der Korrespektivität an sich tragen, zur Folge hat und damit die rechtliche Möglichkeit des Widerrufes ausschließt. Dem Tode des einen Ehegatten für sich allein ist die Wirkung, das Testament für den Anderen unwiderruflich zu machen, nicht beigelegt. Dem Gedanken der gegenseitigen Abhängigkeit der in einem wechselseitigen Testamente getroffenen Bestimmungen der Ehegatten voneinander ist im Gesetze neben der das Wahlrecht des überlebenden Ehegatten zwischen Antretung und Ausschlagung der Erbschaft aus dem Testamente regelnden Bestimmung des § 490 a. a. O. in der Art Ausdruck gegeben, daß durch den Widerruf des einen Ehegatten das Testament, abgesehen von den Vermächtnissen, die anderen Personen als den mit dem

Widerrufenden als Verwandten oder besonderen Freunden verbundenen ausgesetzt sind, vernichtet wird. Diese Wirkung tritt mit dem Widerrufe von selbst ein. Sie hängt nicht davon ab, daß der andere Ehegatte von dem Widerrufe Kenntnis erhält und seinerseits in die Lage kommt, ein anderes Testament zu errichten. Sie tritt auch ein, wenn der andere das Testament bis zu seinem Ableben für gültig hält, weil er von dem Widerrufe nichts erfährt. Es ist also, wenn mit dem Widerrufe des Testamentes seine Vernichtung, abgesehen von der Ausnahmebestimmung des § 486, von selbst eintritt, in der Natur des Rechtsverhältnisses kein Grund zu erkennen, aus dem die fragliche Wirkung durch den Tod des einen Ehegatten ausgeschlossen sein soll. Mag es auch sein, daß durch die dem überlebenden Ehegatten gegebene Wahl, die Erbschaft des erstversterbenden anzunehmen oder auszuschlagen, die rechtliche Möglichkeit des Widerrufes in ihrer Bedeutung für den überlebenden zurücktritt, sodaß sie sich nicht gerade als ein durchaus unabweisbares praktisches Rechtsbedürfnis herausstellt, so ist sie doch mit den das Rechtsverhältnis normierenden Bestimmungen als deren in der Natur der Sache liegende Konsequenz von selbst gegeben. Es kann auch nicht davon die Rede sein, daß im Streitfalle der Behauptung näher getreten wird, der von dem Testator am 7. Februar 1860 erklärte Widerrufswille habe nur die eigenen Verfügungen des Ehemannes Michael Wilhelm L. zum Gegenstande gehabt und sich nicht auf die in dem wechselseitigen Testamente erklärten Anordnungen der Ehefrau bezogen. Die nach dem Gesetze von selbst eintretende Folge des Widerrufes ist vielmehr die Nichtigkeit des ganzen Testamentes mit der Ausnahmebestimmung des § 486 a. a. O., die hier keine Anwendung findet. Das im Streitfalle in Frage kommende wechselseitige Testament der Eheleute Michael Wilhelm L. und Karoline Renate, geborenen K., war zur Zeit des von dem Michael Wilhelm L. erklärten Widerrufes noch nicht publiziert. Der Ehemann stand also zur Zeit des Widerrufes noch nicht vor der Wahl des § 490 a. a. O., da ihm diese Wahl erst mit der Publikation gegeben war. Hatte er aber zur Zeit der später erfolgten Publikation das Testament widerrufen, so war mit der durch den Widerruf herbeigeführten Nichtigkeit des Testamentes, also auch der in Rede stehenden Anordnungen der Ehefrau L., die Frage der Antretung oder Ausschlagung der Erbschaft aus dem Testamente für den Ehemann von selbst beseitigt. — Die hier angenommene Bedeutung der §§ 485. 486. 490 flg. A.L.R. II. 1 ist auch von dem vormaligen preußischen Obertribunale in dem Urteile vom 14. Juli 1876,

vgl. Striethorst, Archiv Bd. 96 S. 208,

gebilligt worden.

Das Berufungsurteil beruht außerdem noch auf der Annahme, daß die in dem wechselseitigen Testamente getroffenen Anordnungen der Ehefrau L. durch die von dem Karl Wilhelm L. abgegebene Erklärung vom 15. Januar 1869 mit rechtlicher Wirkung für die gegenwärtigen Streitteile in der Art anerkannt worden seien, daß dadurch das wechselseitige Testament wieder Kraft erhalten habe. Die fragliche Erklärung ist in Gegenwart des nach der Eröffnung des wechselseitigen Testamentes der Eheleute L. von dem Gerichte zur Verwaltung der streitigen Vermögensmasse bestellten Pflegers abgegeben worden. Dem Anerkenntnisse kommt aber die Rechtswirkung, die ihr vom Berufungsgerichte beigelegt wird, nicht zu. Das wechselseitige Testament der Eheleute L. ist durch den Widerruf des Ehemannes vernichtet. Die Anerkennungserklärung des Karl Wilhelm L. kann dieser Wirkung gegenüber nur die Bedeutung haben, daß er selbst darauf verzichtet hat, diejenigen Rechte geltend zu machen, die ihm aus der durch den Widerruf des Michael Wilhelm L. herbeigeführten Nichtigkeit der Anordnungen der Ehefrau L. erwachsen sein möchten. Ein solcher Verzicht würde der Natur der Sache nach auch die Erben binden. Allein mit der begehrten Teilung der streitigen Vermögensmasse, sodaß die Kläger sieben Achtel, die Beklagten ein Achtel erhalten, verlangen die Kläger eine Ausführung des wechselseitigen Testamentes ohne jede Rücksicht auf den Widerruf des Ehemannes L. und die von diesem in dem zweiten Testamente getroffenen Anordnungen, wie wenn in dem wechselseitigen Testamente objektiv die maßgebende Teilungsnorm für die Streitteile noch jetzt oder jetzt wiederum zu finden wäre. Diese Wirkung aber kann dem Anerkenntnisse auch nicht vermöge des Umstandes beigelegt werden, daß es in Gegenwart des Pflegers der streitigen Vermögensmasse abgegeben ist. In dem Sinne, daß die vorhandene Nichtigkeit eines Testamentes durch ein Anerkenntnis von seiten dessen, dem das Testament in erster Reihe entgegenstehen würde, mit objektiver Wirkung gegen Dritte beseitigt werden kann, ist die

Frage der Bedeutung des Anerkenntnisses bisher auch von der preußischen Rechtsprechung nicht beantwortet worden.

Vgl. Entscheidungen des vormaligen preußischen Obertribunales Bd. 16 S. 313; ferner Bornemann, System Bd. 6 S. 63. 64; Koch, Erbrecht S. 692 flg.; Förster-Eccius, Theorie und Praxis Bd. 4 § 256; a. M. ist über die Frage Dernburg, Privatrecht Bd. 3 § 229.

Das Berufungsurteil muß hiernach aufgehoben und in der Sache selbst die Berufung gegen das klagabweisende landgerichtliche Urteil zurückgewiesen werden."

---

53. 1. Umfaßt die Kirchenbaulast des Patrones die Verpflichtung, zu den Kosten der Herstellung und der Unterhaltung der Umwährung des Kirchplatzes beizutragen?

2. Ist die Umwährung ein Zubehör des Kirchengebäudes?

A.L.R. II. 11 §§ 584. 710. 712. 720, I. 2 §§ 42 flg.

IV. Civilsenat. Urt. v. 20. März 1893 i. S. der katholischen Kirchengemeinde zu Z. (Kl.) w. Fiskus (Bekl.). Rep. IV. 358/92.

I. Landgericht Schneidemühl.
II. Oberlandesgericht Posen.

Die neu erbaute Kirche der klagenden Kirchengemeinde soll nach dem von den geistlichen Oberen genehmigten Beschlusse der Gemeindeorgane mit einer massiven Umwährung umgeben werden. Die Klägerin erachtet den beklagten Fiskus als Kirchenpatron für verpflichtet, zu den auf 6500 ℳ veranschlagten Kosten der Herstellung des Baues zwei Dritteile beizutragen. Diese Verpflichtung, die der Beklagte bestreitet, bildet den Gegenstand des Rechtsstreites. Beide Instanzrichter haben abweisend erkannt. Die von der Klägerin eingelegte Revision ist zurückgewiesen worden aus folgenden

Gründen:

„Der Klaganspruch ist auf die Thatsache, daß eine Umwährung der Kirchenanlage von jeher bestanden habe, und ferner auf die Behauptung, daß die fragliche Umwährung ein Zubehör des Kirchengebäudes bilde, gestützt. Der Berufungsrichter hat beide Klagegründe verworfen. Er ist davon ausgegangen, daß, was beklagterseits anerkannt ist, der Kirchenpatron gemäß §§ 712. 720. 731 A.L.R. II. 11 verpflichtet sei, im Falle der Unzulänglichkeit des Kirchenvermögens zu den Kosten des Baues und der Unterhaltung des Kirchengebäudees... beizutragen. Seiner Annahme nach ist jedoch diese gesetzliche Verpflichtung auf die Erhaltung des Kirchengebäudes selbst und seiner Zubehörungen beschränkt, und es bedarf, wenn die Verpflichtung auf andere Baulichkeiten ausgedehnt werden soll, des Hinzutrittes eines besonderen Rechtsgrundes (§§ 710—712 A.L.R. II. 11). Wie konstatiert wird, ist der Nachweis, daß der Klägerin ein besonderer Rechtsgrund, kraft dessen sie von dem Beklagten einen Beitrag zu den Kosten der Herstellung der streitigen Umwährung verlangen könne, zur Seite stehe, nicht erbracht, und kann insbesondere nicht das Vorhandensein eines solchen Rechtsgrundes aus der Thatsache, daß eine Umwährung der Kirchenanlage von jeher bestanden habe, gefolgert werden.

Die Revision rügt die Verletzung der §§ 584. 710. 712 A.L.R. II. 11 mit der Ausführung: nach der ersterwähnten Gesetzesvorschrift liege dem Patrone die Sorge für die Erhaltung der Kirche ob; unter Kirche sei aber nicht allein das Kirchengebäude zu verstehen, sondern auch der Raum, der das Kirchengebäude umgebe. Die Rüge ist unbegründet. Der § 584 a. a. O. kennzeichnet das rechtliche Verhältnis des Patrones nur im allgemeinen; die Bestimmung der Pflichten des Patrones im einzelnen ist durch die §§ 712. 720 flg. 789 flg. ebenda erfolgt, und danach erstreckt sich die Kirchenbaulast des Patrones nur auf die Erhaltung des Kirchengebäudes und seiner Zubehörungen. In diesem Sinne hat sich der vormalige höchste Landesgerichtshof wiederholt ausgesprochen, und das Reichsgericht ist seiner Rechtsprechung gefolgt.

Vgl. Entsch. des preuß. Obertribunales Bd. 14 S. 471, Bd. 32 S. 128; Entsch. des R.G.'s in Civils. Bd. 2 S. 231, Bd. 9 S. 254.

Die Entscheidung hängt hiernach davon ab, ob der zweite Klagegrund durchgreifend ist, ob also die Umwährung des Kirchplatzes, und um eine solche Umwährung handelt es sich in Wirklichkeit, ein Zubehör des Kirchengebäudes bildet. Zur Unterstützung dieses Klagegrundes hat die Klägerin geltend gemacht: die fragliche Umwährung sei sowohl zum Schutze des Kirchengebäudes als auch besonders für die Religionsübung der Gemeinde notwendig; auf dem Kirchplatze hätten stets Prozessionen stattgefunden, auch sei dort bei größerem Andrange die Beichte abgehalten worden; der Platz liege dicht an einer öffentlichen Straße; solange dem Kirchplatze die Umwährung fehle, könnten deshalb auf demselben gottesdienstliche Handlungen nicht vorgenommen werden; seitdem infolge des Neubaues der Kirche die frühere Umzäunung des Kirchplatzes niedergerissen sei, trieben sich auf diesen Gänse, Ziegen und Schweine umher, verunreinigten den Platz und beschädigten das Kirchengebäude.

Der Berufungsrichter hat verneint, daß die zu errichtende Umwährung als ein Zubehör des Kirchengebäudes anzusehen sei. Er ist auf die Vorschriften der §§ 42 flg. A.L.R. I. 2 zurückgegangen, nach welchen als Pertinenzstücke diejenigen Sachen gelten, die durch die Bestimmung eines Menschen einer anderen Sache zugeschlagen seien, oder solche Nebensachen, ohne welche die Hauptsache zu ihrer Bestimmung nicht gebraucht werden könne, und hat erwogen, daß, da in der Umwährung eines Kirchplatzes eine mit der Kirche zum Zwecke des Gottesdienstes in dauernde Verbindung gebrachte Einrichtung, mithin eine Zuschlagung der Umwährung zur Kirche selbst, nicht zu finden sei, nur das Vorhandensein der letzteren Voraussetzung in Betracht kommen könne, sodaß allein in Frage stehe, ob die Kirche ohne die zu erbauende Umwährung zu ihrer Bestimmung nicht brauchbar sei. Für diese Frage erachtet der Berufungsrichter die Ausführungen der Klägerin, daß der Platz um die Kirche ohne die Umwährung zu gottesdienstlichen Handlungen nicht gebraucht werden könne, für belanglos, da diese Behauptungen nichts über die Notwendigkeit der Umwährung für die Benutzung der Kirche erwiesen, sondern nur dafür sprächen, daß die Umwährung für den Gebrauch des Kirchplatzes erforderlich sei. Ebenso erklärt der Berufungsrichter die Behauptung der Klägerin, daß gegenwärtig, wo die Umwährung fehle, das Kirchengebäude der Beschädigung durch herannahendes Vieh ausgesetzt sei, für unerheblich, weil, wenn dies richtig wäre, daraus nicht folgen würde, daß dem Übelstande nur durch den geplanten Bau der Umwährung abgeholfen werden könnte, und namentlich nicht, daß ohne den Bau die Kirche zu ihrer Bestimmung nicht gebraucht werden könne. Von der Klägerin, führt der Berufungsrichter im weiteren aus, werde, wenn sie die Notwendigkeit eines umwährten Kirchplatzes zu gottesdienstlichen Verrichtungen geltend mache, in Wahrheit verlangt, daß außer der vorhandenen Kirche ein zweiter Bau zum Zwecke der Religionsübung geschaffen werde, und daß der Beklagte zu diesem zweiten Baue beisteuere; für dieses Begehren würde nur dann vielleicht ein haltbarer Grund vorliegen, wenn die Kirche der klagenden Gemeinde für ihre Religionsübung nicht hinreichte, wenn insbesondere die Beicht- und Ablaßfeierlichkeiten selbst bei ordnungsmäßiger Verteilung nicht innerhalb der Kirche vorgenommen werden, und wenn die Prozessionen, wie es an anderen Orten hauptsächlich der Fall sei, nicht auch auf den gewöhnlichen Verkehrsstraßen stattfinden könnten; es sei aber die Kirche der Klägerin eine neue und ein Bedürfnis ihrer Erweiterung nicht behauptet; für eine Erweiterung sei auch nichts gefordert, und was gefordert sei, beziehe sich nicht auf die Kirche, für welche der Beklagte als Patron allein zu sorgen habe, sondern auf den Kirchplatz.

Diese, die Sachlage erschöpfenden Erwägungen lassen eine Rechtsnormverletzung nicht erkennen und rechtfertigen die Verwerfung des zweiten Klagegrundes." . . .

---

54. Unter welcher Voraussetzung haften juristische Personen für außerkontraktliches Verschulden ihrer Beamten?

III. Civilsenat. Urt. v. 5. Mai 1893 i. S. E. (Kl.) w. preuß. Fiskus (Bekl.). Rep. III. 42/93.

I. Landgericht Aurich.
II. Oberlandesgericht Celle.

Der preußische Fiskus ließ auf Norderney zu Anfang der Badezeit in der Nähe der Landungsbrücke eine zerlegbare Wartehalle aufstellen, deren Bedachung aus Holztafeln bestand. Bis zum 20. August 1889 sind diese Tafeln an dem Dachstuhle der Halle mittels Haken und Ösen befestigt gewesen, an diesem Tage aber hat der Sturm, über dessen Stärke die Parteien abweichende Angaben machen, eine Holztafel abgerissen und dem in der Nähe der Halle stehenden Kläger gegen Kopf, Hand und Knie geschleudert. Der erheblich verletzte Kläger stützt die gegen den Fiskus erhobene Schadensersatzklage auf folgende Behauptungen: die Halle sei so mangelhaft gebaut oder doch am 20. August 1889 so schadhaft gewesen, daß sie den in Norderney während der Badezeit regelmäßig auftretenden Stürmen, insbesondere dem Unwetter vom 20. August 1889, nicht habe widerstehen können; der Beklagte sei als gewerbetreibender Besitzer des Seebades Norderney und als Eigentümer der Wartehalle gesetzlich verpflichtet gewesen, die Halle in baulich sicherem Zustande herzurichten und zu unterhalten, und dieser Pflicht habe er sich auch vertragsmäßig durch Erhebung von Kurtaxen unterworfen.

Der Beklagte bestreitet seine Passivlegitimation und verweist den Kläger an die mit der Aufsicht über die Halle betrauten Personen, in welchen er nicht seine Vertreter, sondern nur seine Arbeitsgehilfen sieht. Er behauptet ferner, daß die Halle nach ihrer Konstruktion den in der Badezeit regelmäßig auftretenden Stürmen habe widerstehen können, auch am 20. August 1889 in keinem Teile schadhaft gewesen sei, daß an diesem Tage aber ein außergewöhnlicher Sturm geherrscht habe. Das Landgericht hat die Klage für begründet erachtet, das Oberlandesgericht dieselbe zurückgewiesen. Das Reichsgericht hat auf die Revision des Klägers das Berufungsurteil aufgehoben und die Sache zur anderweiten Verhandlung und Entscheidung zurückverwiesen aus folgenden

Gründen:

„Mit dem Berufungsgerichte ist anzunehmen, daß die Klage sowenig auf § 120 Abs. 3 der Gewerbeordnung als auf ein kontraktliches oder quasikontraktliches Verhältnis gegründet werden kann. Das Nordseebad Norderney wird vom preußischen Fiskus nicht zur Erzielung von Gewinn, sondern zum gemeinen Wohle und Nutzen unterhalten. Auch tritt der Badegast durch Zahlung der Kurtaxe nicht in ein kontraktliches Verhältnis zum Fiskus. Die Taxe ist nicht Gegenleistung für eine kontraktliche Leistung des Fiskus, sondern eine Abgabe des Badegastes für die im Interesse der Badegäste von der Badeverwaltung gemachten Aufwendungen. Das Berufungsgericht präsumiert keineswegs, wie die Revision rügt, das Fehlen der Absicht, kontraktliche Pflichten zu übernehmen und kontraktliche Rechte zu erwerben, entnimmt vielmehr aus dem Zwecke der Anstalt und der Bestimmung der Kurtaxe, daß bei Einforderung und Zahlung derselben auf keiner Seite der Wille vorhanden ist, hierdurch ein kontraktliches Verhältnis zu begründen.

Unbegründet ist auch die Revision, soweit sie rügt, daß das Berufungsgericht zu Unrecht eine gesetzliche Verpflichtung des Beklagten zur baulichen Instandhaltung der Wartehalle nicht angenommen habe. Bestände allgemein eine gesetzliche Verpflichtung des Inhaltes, daß jeder Eigentümer seine Gebäude dergestalt in baulichem Zustande zu unterhalten habe, daß durch deren Einsturz oder Abfall den Einwohnern oder Vorübergehenden kein Schade widerfahre, so würde die Klage mit dem Nachweise des Schadens und seiner Kausalität zu jener Verpflichtung begründet sein, und dem Beklagten der Nachweis obliegen, daß er seine Verpflichtung erfüllt, oder weshalb er die Nichterfüllung nicht zu vertreten habe. Denn es ist heute ohne Streit, daß der Staat in vermögensrechtlicher Beziehung, also als Fiskus bezüglich der Haftung für außerkontraktliche Handlungen seiner Vertreter, durch welche in Privatrechte Dritter eingegriffen wird, und diese beschädigt werden, den juristischen Personen gleichsteht, und daß andererseits juristische Personen, soweit es sich um Erfüllung einer gesetzlichen Verpflichtung handelt, keine privilegierte Stellung haben, vielmehr diese Verpflichtung erfüllen müssen und für die Nichterfüllung ebenso verantwortlich sind wie natürliche Personen. Eine gesetzliche Verpflichtung des angegebenen Inhaltes besteht aber nicht allgemein für Gebäudeeigentümer. Die Vorschrift in § 37 A.L.R. I. 8 bezieht sich auf Gebäude, die in Städten an Straßen oder öffentliche Plätze stoßen; die Ausdehnung dieser für die Städte gegebenen besonderen Vorschrift auf Dörfer und das flache Land hat das Berufungsgericht mit Recht für unzulässig erachtet.

Die Revision ist jedoch aus einem anderen Gesichtspunkte begründet. Die Klage macht den Baubeamten des Beklagten den Vorwurf eines Versehens bei der Herstellung und baulichen Unterhaltung der Wartehalle. Das Berufungsgericht will aber bei einem außerkontraktlichen Verschulden, abgesehen von schuldhafter Nichterfüllung einer gesetzlichen Verpflichtung, eine Haftung der juristischen Personen „aus schuldhaften Handlungen der Repräsentanten" nur in den Fällen der §§ 51. 53 A.L.R. I. 6 annehmen und hält beim Nichtvorliegen dieser Fälle die Klage aus dem Gesichtspunkte der schuldhaften Handlung eines Repräsentanten des Beklagten nicht für begründet. Von dieser Ansicht aus ist es in eine Erörterung der Frage nicht eingetreten, ob die Klage zur Genüge den Repräsentanten des Beklagten bezeichnet, durch dessen Verschulden die Wartehalle mangelhaft hergestellt, bezw. unterhalten sein soll, hat auch nach dieser Richtung vom Fragerechte nicht Gebrauch gemacht. Jener Ansicht kann jedoch nicht beigetreten werden. Es ist vielmehr die Annahme geboten, daß juristische Personen für schuldhafte Handlungen und Unterlassungen ihrer Vertreter auch außerkontraktlich in demselben Maße verantwortlich sind wie natürliche Personen für eigenes Verschulden. Denn der Wille der juristischen Person gelangt nur in den Handlungen und Unterlassungen ihrer Vertreter zum Ausdrucke und zur Geltung; und wie sie durch ihre Vertreter am Verkehre teilnimmt und unmittelbar Rechte erwirbt, so muß sie auch außerkontraktlich die Willensakte ihrer Vertreter als eigene Willensakte anerkennen. Von diesem aus der Organisation und der Teilnahme der juristischen Personen am Verkehre sich ergebenden und für den Schutz des bürgerlichen Verkehres notwendigen Rechtssatze ist das Reichsgericht schon wiederholt in gemeinrechtlichen Entscheidungen ausgegangen, und es bestehen keine landrechtlichen Vorschriften, nach welchen für das Gebiet des Landrechtes eine geringere Haftung der juristischen Personen aus schuldhaften Handlungen ihrer Vertreter angenommen werden müßte. Die selbstverständliche Voraussetzung jenes Rechtssatzes ist jedoch, daß der Vertreter, aus dessen Verschulden die juristische Person verantwortlich gemacht werden soll, ein die juristische Person repräsentierendes Willensorgan ist, und daß die schuldhafte Handlung oder Unterlassung innerhalb des dem Vertreter zugewiesenen Geschäftskreises liegt, sich mithin nicht als ein bloß persönliches Verschulden darstellt; die juristische Person haftet daher nicht ohne weiteres für Verschulden von Angestellten und Bediensteten, welche nicht ihre Willensorgane sind, und ebensowenig für solche schuldhafte Handlungen und Unterlassungen wirklicher Vertreter, welche sich nicht auf die ihnen zustehende Verwaltung des Vermögens der juristischen Person beziehen. Von diesen Grundsätzen aus ist die Aufhebung des Urteiles und anderweitige Verhandlung geboten. Die Klage ist begründet, wenn der Kläger nachzuweisen vermag, daß ein zur Vertretung des Beklagten berufenes Willensorgan innerhalb des ihm zugewiesenen Geschäftskreises, sei es bei der Herstellung, sei es bei der baulichen Unterhaltung der Wartehalle schuldhaft gehandelt hat, und hierauf der Unfall zurückzuführen ist." . . .

---

55. Kann der Pächter eines subhastierten Gutes dem Ersteher gegenüber mit der dem Subhastaten bestellten Pachtkaution kompensieren? A.L.R. I. 21 § 358.

V. Civilsenat. Urt. v. 10./27. Mai 1893 i. S. J. (Kl.) w. A. u. W. (Bekl.) Rep. V. 34/93.

I. Landgericht Neu-Ruppin.
II. Kammergericht Berlin.

Das von dem Besitzer v. W. an A. auf achtzehn Jahre, und zwar bis Johannis 1888, verpachtete Rittergut B. ist am 19. Dezember 1887 im Subhastationswege dem Kläger zugeschlagen worden. Diesem ist A. das auf die Zeit vom 19. Dezember 1887 bis Johannis 1888 entfallende Pachtgeld mit 3875 ℳ schuldig geblieben. A. war auch der Firma Sch. & W. verschuldet; diese Firma hatte am 3. Dezember 1885 das auf B. befindliche Inventar und Mobiliar des A. pfänden lassen; am 14. Januar 1888 ließ sie sich die auf dem Gute verbliebenen gepfändeten Gegenstände vom Gerichtsvollzieher übergeben und diese dann auf Ermächtigung des Amtsgerichtes freihändig verkaufen; der Erlös betrug mindestens 4000 ℳ. Kläger nimmt auf Grund seines gesetzlichen Pfandrechtes am Eingebrachten des Pächters das Recht auf vorzugsweise Befriedigung aus dem Erlöse in Anspruch und hat gegen A. auf Zahlung des Pachtzinses mit 3875 ℳ nebst Zinsen und zugleich gegen Sch. & W. mit dem Antrage geklagt: sein Recht auf vorzugsweise Befriedigung anzuerkennen und ihm die Summe von 3875 ℳ nebst Zinsen herauszuzahlen.

Die Beklagten schützten in erster Instanz neben anderen Einreden folgende Kompensationseinrede vor: A. habe seinem Verpächter v. W. nach der Bestimmung des Pachtvertrages eine Pachtkaution mit 4620 ℳ gestellt und diese noch nicht zurückerhalten; der rückständige

Pachtzins werde gegen die Kaution aufgerechnet. Kläger bestritt die Kautionsbestellung nicht, hielt aber, da er die Kaution nicht ausgehändigt erhalten hatte, die Kompensation ihm gegenüber nicht für zulässig.

In erster Instanz sind A. zur Zahlung und Sch. & W. zur Anerkennung des vorzugsweisen Befriedigungsrechtes des Klägers verurteilt, der Antrag auf Verurteilung von Sch. & W. zur Zahlung ist abgewiesen worden. Auf Berufung der Beklagten hat der Berufungsrichter dieses Urteil, soweit es die mitbeklagte Firma betrifft, dahin abgeändert, daß die Klage abgewiesen werde. Das Berufungsurteil ist aufgehoben worden aus folgenden

Gründen:

„Der Berufungsrichter hält den Pächter für berechtigt, den dem Ersteher des Grundstückes schuldig gewordenen Pachtzins gegen die Forderung aufzurechnen, welche er auf Rückgabe der dem Subhastaten behändigten Pachtkaution hat. Der Berufungsrichter nimmt also an, daß der Pächter diese Forderung auf Rückgabe der Pachtkaution gegen den Ersteher geltend machen könne, und zwar auch in einem Falle, wie hier, wo dem Ersteher die Pachtkaution nicht ausgehändigt und auch nicht etwa im Pachtvertrage ausgemacht worden ist, daß der Pächter den Pachtzins gegen die Kaution aufrechnen dürfe. Diese Ansicht wird damit begründet, daß der Ersteher in der Subhastation — jedenfalls, wenn wie hier dem Pächter nicht von den Gläubigern gekündigt worden ist — gleich einem freihändigen Käufer in die Rechte und Verbindlichkeiten seines Voreigentümers als Verpächters nach Maßgabe des Pachtvertrages insoweit, als diese sich aus dem Pachtverhältnisse ergäben, eintrete, und daß als eine solche aus der Pachtung selbst originierende Verpflichtung sich „unzweifelhaft" die im Pachtvertrage ausdrücklich für die Zeit der Beendigung der Pacht festgesetzte Verpflichtung zur Rückgabe der Pachtkaution darstelle. Von dieser Begründung ist der Vordersatz unbedenklich als richtig zuzugeben,

vgl. das Urteil des V. Civilsenates des Reichsgerichtes vom 23. März 1887, Entsch. des R.G.'s in Civils. Bd. 17 Nr. 64 S. 289 flg.,

aber die davon gemachte Anwendung auf die Rückgabe der Pachtkaution ist — mindestens unter den hervorgehobenen Umständen des vorliegenden Falles — abzulehnen.

Allerdings hat der I. Hilfssenat des Reichsgerichtes in einem Urteile vom 21. Mai 1880 i. S. Feste w. Steinberg (Rep. 471/79) den Käufer für verpflichtet erklärt, — zwar nicht dem Pächter die vom Verkäufer zurückbehaltene Pachtkaution zurückzuzahlen, wohl aber — sich die Kompensation einer ihm geschuldeten Pachtzinsrate mit dem Anspruche des Pächters auf Rückgabe der Pachtkaution gefallen zu lassen. Es wurde dies damit begründet, daß der Käufer durch den Eintritt in das Pachtverhältnis zufolge § 358 A.L.R. I. 21 zur Erfüllung aller Verpflichtungen aus dem Pachtvertrage verbunden werde, und daß auch schon nach den Grundsätzen über die Wirkung der Cession die Einrede aus der Kautionsbestellung auf ihn übergehe (§§ 407. 408 A.L.R. I. 11). Allein der erste Grund geht insofern zu weit, als nicht alle Pflichten aus dem Pachtvertrage, sondern nur die auf das Pachtverhältnis sich beziehenden auf den Käufer übergehen; und gegen den zweiten Grund ist einzuwenden, daß der Käufer in das Pachtverhältnis als solches, aktiv und passiv, eintritt, folglich nicht die Stellung eines einfachen Cessionars hat. Der V. Civilsenat des Reichsgerichtes hat denn auch die vorliegende Frage bereits in entgegengesetztem Sinne entschieden.

Vgl. Urteil vom 20. Februar 1889 i. S. Hackbarth w. Fiskus Rep. V. 317/88; vgl. auch das Urteil vom 5. März 1892 i. S. Loest w. Sergel Rep. V. 283/91.

In dem Urteile vom 20. Februar 1889 ist ausgeführt worden: Nur die Vertragspflichten, an deren Erfüllung der aus dem zweiseitigen Vertrage hervorgehende Anspruch geknüpft sei, gingen von selbst auf den Käufer über. Soweit die Forderung des Pachtzinses nicht wegen Nichterfüllung der Pflichten des Verpächters zurückgewiesen werden könne, soweit könne auch ein selbständiger Anspruch (Kompensationsanspruch) gegen den Käufer des verpachteten Grundstückes nicht erhoben werden. Die dem Verpächter gezahlte Kaution solle nur die Erfüllung der Verpflichtungen des Pächters sichern, sie sei ohne jede Bedeutung für das Recht des Verpächters, solche Erfüllung zu fordern. Ihre Rückgabe werde zum Anspruche erst nach Beendigung des Pachtverhältnisses und nach Erfüllung aller Verpflichtungen, die sie sichern sollte; durch sie werde also auch nicht der Anspruch auf Zahlung des Pachtzinses bedingt. Die Forderung auf Rückgabe entspringe einem Nebenvertrage, aus welchem der Käufer des Pachtgutes nur infolge besonderer Abmachungen verpflichtet werden könne. Daraus folge ohne weiteres auch die Unstatthaftigkeit der Kompensation der Kautionsrückzahlung mit einer Pachtzinsforderung; letztere gebühre dem Adjudikatar, weil er dem Pächter den Pachtgenuß gewährt habe, und nicht, weil ihm etwa diese Forderung erst vom Subhastaten übertragen worden sei; dagegen bestehe die Forderung auf Rückgewähr der Kaution gegen den Subhastaten, nicht gegen den Adjudikatar. So habe auch in einem Falle des freihändigen Verkaufes bereits das frühere preußische Obertribunal entschieden.

Vgl. Entsch. desselben Bd. 53 S. 146.

Diese Begründung trifft auch auf den vorliegenden Fall zu. Wie zu entscheiden wäre, wenn dem Kläger als Ersteher des subhastierten Grundstückes auch die Pachtkaution übergeben worden wäre, und ob schon dann anders zu entscheiden sein würde, wenn der Pachtvertrag die dem Pächter als solchem obliegenden Leistungen in eine Verbindung mit seinem Anspruche auf Rückgewähr der Pachtkaution gesetzt hätte, z. B. durch Einräumung eines Kompensations- oder Retentionsrechtes, braucht nicht erörtert zu werden, da ein solcher Fall nicht vorliegt. Der Kläger hat die Pachtkaution nicht erhalten, und der Pachtvertrag enthält über die Rückgabe der Kaution weiter keine Bestimmung, als daß sie nach Beendigung der Pacht erfolgen solle, soweit nicht Verpächter berechtigt sei, sich aus ihr wegen seiner Ansprüche zu decken. Es fragt sich daher lediglich, ob der Kläger infolge seines gesetzlichen Eintrittes in das Pachtverhältnis (§ 358 A.L.R. I. 21, § 340 I. 11) verpflichtet ist, dem Pächter die nicht ihm, sondern dem Subhastaten eingehändigte Kaution zurückzugeben oder sich gefallen zu lassen, daß Pächter ihm gegenüber mit dem Anspruche auf Rückgabe der Kaution kompensiere, und dies ist aus denselben Gründen wie in der Entscheidung des Reichsgerichtes vom 20. Februar 1889 zu verneinen. Ist auch die Kautionsstellung im Pachtvertrage ausbedungen worden, so bewirkt sie doch keine nähere Ausgestaltung des Pachtverhältnisses, sowenig wie die Pfandbestellung für ein Kaufgeld oder für ein Darlehn die Verpflichtung aus dem Kauf- oder Darlehnsvertrage modifiziert. Derartige Verabredungen sind zwar materiell accessorische Verträge, insofern die Sicherstellung eine zu sichernde Hauptforderung voraussetzt, und auch formell dann Nebenverträge, wenn sie in dem die Hauptforderung begründenden Vertrage getroffen werden; aber nichtsdestoweniger begründen sie ein besonderes Rechtsverhältnis, das auch eine besondere Klage erzeugt, z. B. bei der Kautionsstellung durch Faustpfand die actio pigneraticia directa. Die Entgegennahme der Pachtkaution durch den ursprünglichen Verpächter hatte für diesen die aus dem Nebenvertrage entspringenden Verpflichtungen zur Folge, aber diese entsprangen eben aus dem durch das Pachtverhältnis bloß veranlaßten, die Verpflichtungen aus dem Pachtverhältnisse selbst nicht beeinflussenden Nebenvertrage, sie können deshalb auch nicht lediglich infolge seines gesetzlichen Eintrittes in das Pachtverhältnis auf den Käufer des Pachtgutes übergehen.

Im Resultate stimmt mit dieser Entscheidung auch die Rechtsprechung des vormaligen preußischen Obertribunales,

vgl. die Nachweisung bei Rehbein, Entsch. des Obertribunales Bd. 3 S. 844 flg.,

sowie die Litteratur überein.

Vgl. Rehbein, a. a. O. Anmerkung; Dernburg, Preuß. Privatrecht Bd. 1 § 291, Bd. 2 § 169; Hinschius in Koch's Kommentar zum A.L.R. Bd. 2 zu § 358 I. 21 Anm. 67.

Der Entwurf eines bürgerlichen Gesetzbuches für das Deutsche Reich hat sich in der zweiten Lesung auf denselben Standpunkt gestellt, indem der § 513 bestimmt, daß zwar der Erwerber des vermieteten Grundstückes, wenn der Mieter dem Vermieter Sicherheit bestellt habe, in die dadurch begründeten Rechte eintrete, indes zur Rückgewähr der Sicherheit nur verpflichtet sei, wenn diese ihm ausgehändigt worden sei, oder wenn er dem Vermieter gegenüber die Verpflichtung zur Rückgewähr übernommen habe. — Es leuchtet auch ein, daß höchst unerwünschte praktische Konsequenzen, namentlich in Fällen des Zwangsverkaufes, eintreten würden, wenn der Käufer schon als solcher zur Rückgabe der dem ursprünglichen Vermieter oder Verpächter bestellten Kaution für verpflichtet erachtet werden müßte." ...

56. Welche Behörde hat den preußischen Eisenbahnfiskus gegenüber einer Klage zu vertreten, mit welcher ein pensionierter Beamter einen über die gesetzliche Pension hinausgehenden Beitrag zu seinem Unterhalte deshalb beansprucht, weil seine Dienstunfähigkeit durch ein vom Fiskus zu vertretendes Verschulden seiner dienstlichen Vorgesetzten verursacht sei?

Preuß. Gesetz vom 24. Mai 1861 §§ 1. 3 (G.S. S. 241).

VI. Civilsenat. Urt. v. 18. Mai 1893 i. S. G. (Kl.) w. preuß. Eisenbahnfiskus (Bekl.). Rep. VI. 105/93.

I. Landgericht Bromberg.
II. Oberlandesgericht Posen.

Der Kläger, der bei der Königlich preußischen Ostbahn als Stationsassistent in B. angestellt war und zuletzt ein Gehalt von 2132 ℳ bezog, ist seit dem 1. Mai 1890 wegen dauernder körperlicher Dienstunfähigkeit durch das Eisenbahnbetriebsamt zu B. mit Genehmigung des Ministers für öffentliche Arbeiten unter Bewilligung einer jährlichen Pension von 834 ℳ in den Ruhestand versetzt worden. In der gegen den Eisenbahnfiskus, vertreten durch die Eisenbahndirektion zu B., gerichteten Klage, beanspruchte er die Zahlung einer jährlichen Pension von 1599 ℳ auf Grund der Behauptung, daß er durch mindestens grobes Verschulden seiner Vorgesetzten seine Gesundheit bei Ausübung seines Dienstes verloren habe und deshalb drei Viertel seines letzten Gehaltes als Pension verlangen dürfe. Nachdem seitens der Eisenbahndirektion in einem vorbereitenden Schriftsatze geltend gemacht war, daß nicht sie, sondern das Eisenbahnbetriebsamt zur Vertretung des Beklagten in diesem Prozesse berufen sei, ließ Kläger die Klage, in welcher nunmehr das Eisenbahnbetriebsamt zu B. als Vertreter des Fiskus bezeichnet wurde, auch dieser letzteren Behörde zustellen. Bei der mündlichen Verhandlung vor dem Landgerichte beantragte sodann der Justizrat K. sowohl namens der Direktion als namens des Betriebsamtes Abweisung der Klage. Nach erfolgter Beweisaufnahme änderte Kläger seinen Antrag dahin, den Beklagten zu verurteilen, an Kläger seit dem 1. Mai 1890 monatlich im voraus je 63,75 ℳ außer der bewilligten Pension zu zahlen. Diesem Antrage entsprechend verurteilte das Landgericht den

Beklagten, „vertreten durch das Eisenbahnbetriebsamt zu B.", indem es diese Behörde als zur Vertretung des Fiskus zuständig, den erhobenen Anspruch selbst aber nach den §§ 10. 11 A.L.R. I. 6, § 18 I. 3 als gerechtfertigt ansah. Von dem Beklagten, vertreten durch das Betriebsamt, wurde die Berufung mit dem Antrage auf Abweisung der Klage eingelegt, wogegen der Kläger nicht bloß Zurückweisung der Berufung, sondern zugleich im Wege der Anschließung Verurteilung des Beklagten zur Zahlung von jährlich 1298 ℳ außer der bewilligten Pension beantragte. Das Berufungsgericht hat die Verhandlung auf die Frage nach der gesetzlichen Vertretung des Beklagten beschränkt und diese Frage, im Gegensatze zu der Auffassung der beiderseitigen Anwälte, dahin entschieden, daß gemäß § 3 des Gesetzes vom 24. Mai 1861, betreffend die Erweiterung des Rechtsweges, nur die Eisenbahndirektion den Beklagten im gegenwärtigen Prozesse vertreten könne. Danach ist auf Abweisung der Klage und der Anschlußberufung erkannt, indem weiterhin ausgeführt wird, daß die Klage, soweit sie gegen den Fiskus, vertreten durch die Eisenbahndirektion, gerichtet war, mit der späteren Änderung des Klagerubrums und der Zustellung an das Betriebsamt ihre Erledigung gefunden habe. Auf die Revision des Klägers ist das Berufungsurteil aufgehoben worden.

Gründe:

„Der Revision mußte stattgegeben werden.

Gemäß §§ 1. 3 des Gesetzes vom 24. Mai 1861 (preuß. G.S. S. 241) ist bei vermögensrechtlichen Ansprüchen der Staatsbeamten aus ihrem Dienstverhältnisse, insbesondere bei Ansprüchen auf Besoldung, Pension oder Wartegeld, die Klage gegen diejenige Provinzialbehörde des betreffenden Verwaltungsressorts und in Ermangelung einer solchen gegen diejenige Bezirksregierung zu richten, in deren Amtsbezirke der Beamte zu der Zeit, wo der streitige Anspruch entstanden ist, vermöge seines dienstlichen Wohnsitzes seinen persönlichen Gerichtsstand gehabt hat. Als „Provinzialbehörde" im Sinne dieser Bestimmung sind nun allerdings nach der Organisation der preußischen Eisenbahnverwaltung, wie das Reichsgericht bereits in seinem Urteile vom 23. Februar 1891,

vgl. Entsch. des R.G.'s in Civils. Bd. 27 S. 252,

dargelegt hat, nicht die Eisenbahnbetriebsämter, sondern die Eisenbahndirektionen anzusehen. Mit Recht wird aber von der Revision der Annahme entgegengetreten, daß mit der hier vorliegenden Klage ein unter die §§ 1—8 des Gesetzes vom 24. Mai 1861 fallender Anspruch verfolgt werde. Wurde auch in der Klage und in deren Antrage der erhobene Anspruch als Pensionsanspruch bezeichnet, so konnte doch hierbei nach der Begründung und der Höhe des Anspruches von einer „Pension" im gesetzlichen Sinne nicht die Rede sein. Denn der Kläger stützte seine Klage von vornherein weder auf das Pensionsgesetz vom 27. März 1872 (G.S. S. 268) und die ergänzenden Gesetze vom 31. März 1882 (G.S. S. 133) und 30. April 1884 (G.S. S. 126), noch auf das Fürsorgegesetz vom 18. Juni 1887 (G.S. S. 282), nach welchem bei Dienstunfähigkeit infolge von Betriebsunfällen eine „Pension" von zwei Dritteln des Diensteinkommens gewährt wird,

vgl. Entsch. des R.G.'s in Civils. Bd. 29 S. 408,

sondern gerade darauf, daß er sich mit der gesetzlichen Pension nicht zu begnügen brauche, vielmehr einen darüber hinausgehenden Beitrag zu seinem Unterhalte vom Beklagten verlangen dürfe, weil durch ein von diesem zu vertretendes grobes Verschulden seine Dienstunfähigkeit verursacht sei. Auf ein derartiges Verlangen kann das Gesetz vom 24. Mai 1861 keine Anwendung finden.

Zwar fallen unter den ersten Abschnitt des Gesetzes nach § 1 nicht bloß die dort speziell hervorgehobenen Ansprüche auf Besoldung, Pension oder Wartegeld, sondern auch sonstige „vermögensrechtliche Ansprüche der Staatsbeamten aus ihrem Dienstverhältnisse", und es ist nicht zu verkennen, daß diese Gesetzesworte, für sich allein betrachtet, einer weiteren und einer engeren Auslegung fähig wären, indem sich darunter verstehen ließen entweder alle, auch rein privatrechtlichen Vermögensansprüche, welche einem Staatsbeamten bei Gelegenheit und aus Anlaß seiner Dienstthätigkeit gegen den Staat erwachsen, oder nur die, ihrem wesentlichen Charakter nach dem öffentlichen Rechte angehörigen Ansprüche der Staatsbeamten auf die mit ihrem Amte als solchem verbundenen, durch die Anstellung begründeten Bezüge. Indessen nur diese letztere, engere Auslegung kann nach dem Zwecke und dem sonstigen Inhalte des Gesetzes für zutreffend erachtet werden.

Das Gesetz bezweckt seiner Hauptüberschrift zufolge die Erweiterung des Rechtsweges und ist deshalb von vornherein nur auf solche Ansprüche zu beziehen, für welche bis dahin der Rechtsweg ganz oder teilweise ausgeschlossen war. Nach der früheren Gesetzgebung waren nun zweifellos alle Ansprüche der Staatsbeamten wegen ihrer Diensteinkünfte (Gehalt, Emolumente, Gebühren, Diäten, Auslagen und Pension) dem Rechtswege entzogen;

vgl. die einzelnen Bestimmungen bei Sydow, Die Zulässigkeit des Rechtsweges und die Kompetenzkonflikte in Preußen S. 6 bis 8, sowie Motive und Bericht der Kommission des Hauses der Abgeordneten zum Entwurfe des Gesetzes vom 24. Mai 1861, Aktenstücke Nr. 89 und 132 von 1861, Anlagen S. 536 flg. 944 bis 948;

dagegen bestand keinerlei Gesetzesvorschrift, durch welche ein früherer Staatsbeamter in der gerichtlichen Geltendmachung eines aus rechtswidrigen Handlungen der Vertreter des Fiskus abgeleiteten Schadensanspruches, wie solcher im gegenwärtigen Prozesse erhoben ist, behindert oder beschränkt gewesen wäre.

Vgl. Verordnung vom 26. Dezember 1808 §§ 34—48 (G.S. 1817 S. 282 flg.); Kabinetsorder vom 4. Dezember 1831 (G.S. S. 255).

Steht hiernach schon die allgemeine Tendenz des Gesetzes vom 24. Mai 1861 seiner Anwendung auf den vorliegenden Fall entgegen,

vgl. auch Oppenhoff, Ressortverhältnisse S. 548—552 Anm. 3—8,

so ergiebt sich die Unanwendbarkeit des ersten Abschnittes noch überdies mit voller Deutlichkeit aus dessen Überschrift, wonach der Abschnitt handelt von der Erweiterung des Rechtsweges „in Beziehung auf die Ansprüche der Staatsbeamten wegen ihrer Diensteinkünfte". Dasselbe, was hier „Diensteinkünfte" genannt ist, bezeichnet der § 1 mit den Worten „vermögensrechtliche Ansprüche der Staatsbeamten aus ihrem Dienstverhältnisse". Nur beispielsweise erwähnt er die Ansprüche auf Besoldung, Pension oder Wartegeld, um damit klar zu stellen, daß neben diesen am häufigsten vorkommenden Ansprüchen auch alle anderen Arten von Ansprüchen auf dienstliche Bezüge (Emolumente, Gebühren u. s. w.) nach Maßgabe der Vorschriften der §§ 2—7 im Rechtswege verfolgt werden können.

Wenn nun der Kläger gegenwärtig, nachdem er aus seiner amtlichen Stellung ausgeschieden, und ihm die gesetzliche Pension bewilligt worden ist, Ersatz des ihm angeblich durch ein vom Beklagten zu vertretendes Verschulden seiner dienstlichen Vorgesetzten zugefügten Vermögensschadens fordert, so handelt es sich dabei nicht um einen Anspruch wegen seiner Diensteinkünfte, nicht um einen aus der Anstellung erwachsenen Anspruch auf die mit seinem früheren Amte als solchem verbundenen Bezüge, sondern um einen rein privatrechtlichen Entschädigungsanspruch, welchen die erste Instanz auf Grund der §§ 10. 11 A.L.R. I. 6, § 18 I. 3 für gerechtfertigt erachtet hat, über dessen Begründung aber zur Zeit nicht zu entscheiden ist.

Da nach dem vorher Gesagten dieser Anspruch von der Vorschrift des § 3 des Gesetzes vom 24. Mai 1861 nicht getroffen wird, so hat der erste Richter mit Recht in Gemäßheit der §§ 12. 16 des Königlichen Erlasses vom 24. November 1879 (Ministerialblatt für die innere Verwaltung von 1880 S. 84) das Eisenbahnbetriebsamt als zur Vertretung des Beklagten berechtigt angesehen, wie dies auch der vom Beklagten in den Vorinstanzen vertretenen Ansicht entspricht.

Vgl. Entsch. des R.G.'s in Civils. Bd. 5 S. 423, Bd. 8 S. 403, Bd. 27 S. 253.

Die auf einer Verletzung der §§ 1. 3 des Gesetzes vom 24. Mai 1861 beruhende Vorentscheidung war demgemäß aufzuheben, und die Sache in die Berufungsinstanz zurückzuverweisen. Es bedurfte deshalb keines weiteren Eingehens auf die eventuellen Revisionsangriffe, mit welchen der Kläger geltend zu machen sucht, daß nach der Sachlage das Eisenbahnbetriebsamt von der Eisenbahndirektion mindestens stillschweigend zur Vertretung des Fiskus im gegenwärtigen Prozesse ermächtigt worden sei, und daß vom Standpunkte des Berufungsgerichtes aus die Sache jedenfalls zur anderweiten Verhandlung der gegen die Eisenbahndirektion erhobenen und nicht zurückgenommenen Klage in die erste Instanz hätte zurückverwiesen werden müssen." ...

---

57. Kann der Cessionar einer von dem Cedenten hinsichtlich ihrer Sicherheit zu vertretenden Forderung, die unter dem Nennwerte erworben und demnächst nicht beitreibbar gewesen ist, den Unterschied zwischen der gezahlten Valuta und dem Nennwerte der Forderung

noch beanspruchen, nachdem er auf Ersatz der gezahlten Valuta geklagt hat, und der Cedent rechtskräftig zu Zahlung derselben verurteilt ist?
A.L.R. I. 11 § 440.

I. Civilsenat. Urt. v. 31. Mai 1893 i. S. Erben S. (Bekl.) w. Erben R. u. Gen. (Kl.) Rep. I. 330/92.

I. Landgericht I Berlin.
II. Kammergericht daselbst.

Im Jahre 1870 hat der Erblasser der Beklagten von einer Hypothek im Nominalbetrage von 50000 Rthlr. Anteile von je 5000 Rthlr. gegen eine Valuta von je 3000 Rthlr. an verschiedene Personen, darunter an den Erblasser des Klägers R. und an den Rechtsvorgänger des Klägers Dr. R., übereignet. Nachdem die Hypothek vollständig ausgefallen war, ist er von den Anteilserwerbern als gewährleistungspflichtig auf Rückzahlung der Valuta in Anspruch genommen und demgemäß rechtskräftig verurteilt. Jetzt ist nachträglich auch noch der die gezahlte Valuta übersteigende Mehrbetrag des Nennwertes der abgetretenen Forderungen eingeklagt.

Der erste Richter hat den erhobenen Klagen gemäß erkannt. Die dagegen eingelegte Berufung ist zurückgewiesen. Auf die Revision der Erben des Beklagten ist das Berufungsurteil aufgehoben und auf Abweisung der Klagen erkannt aus folgenden

Gründen:

... „Mit den Klagen der Vorprozesse haben die Kläger unzweifelhaft, wie auch vom Berufungsrichter nicht verkannt ist, Ersatz des Schadens verlangt, der ihnen durch den Ausfall der abgetretenen Forderung entstanden ist. Die Kläger verlangten also damals Auflösung der geschlossenen Abtretungsverträge und machten den Beklagten für den Schaden haftbar, den sie dadurch erlitten hätten, daß die von ihnen gegen Hingabe einer Valuta von je 3000 Rthlr. erworbenen Forderungen von je 5000 Rthlr. nicht einziehbar gewesen seien. Bezüglich der Kapitalsumme konnten die Kläger den ihnen durch Hingabe der Valuta für eine wertlose Forderung entstandenen Schaden und außerdem, wenn sie glaubten, damit durchdringen zu können, den die Valuta übersteigenden Betrag des Nennwertes als entgangenen Gewinn fordern. Die Kläger hatten sich also in dieser

Beziehung zu entscheiden, ob sie lediglich den ihnen entstandenen Schaden oder Schaden und entgangenen Gewinn beanspruchen wollten. In den Klagen der Vorprozesse sind, wie der Berufungsrichter zutreffend annimmt, die sämtlichen Elemente vorgetragen, auf welche der Anspruch auf Ersatz des bezeichneten Schadens und, abgesehen von den aus der damaligen preußischen Rechtsprechung zu entnehmenden Zweifeln, der Anspruch auf Ersatz dieses Schadens und des entgangenen Gewinnes gestützt werden konnte. Aus den vorgetragenen Elementen ist sodann nach dem klaren Wortlaute der Antrag hergeleitet, den Beklagten zum Ersatze der gezahlten Valuta, also zum Ersatze des entstandenen Schadens zu verurteilen. Diesen Inhalt der Klagen der Vorprozesse will der Berufungsrichter in Ansehung jeder der beiden Kläger dahin auffassen, „daß Kläger den Beklagten nicht nur für 3000 Rthlr., sondern für jeden an der Hypothek der 5000 Rthlr. entstehenden Ausfall für verantwortlich hält, daß er also seinen Anspruch auch auf so hoch beziffert". Diese Auffassung muß, da eine Bezifferung des Anspruches — und zwar auf 3000 Rthlr. gleich 9000 ℳ — unstreitig nur in die Klaganträge aufgenommen war, als rechtsirrig bezeichnet werden. Der Betrag des Nennwertes einer Forderung und der Betrag der dafür gezahlten, hinter dem Nennwerte zurückbleibenden Valuta stehen notwendig nach den Gesetzen der Arithmetik in einem derartigen ziffermäßigen Verhältnisse, daß der zweite Betrag als ein Bruchteil des ersten in Betracht gezogen werden kann. Daraus folgt aber keineswegs, daß diese Betrachtungsweise unter allen Umständen maßgebend sein muß, und für den vorliegenden Fall ist dieselbe ausgeschlossen. Der Gewährleistungsanspruch, welcher sich unter Umständen aus der Forderung auf Ersatz des Schadens und des entgangenen Gewinnes zusammensetzt, besteht alsdann aus zwei Forderungen, welche thatsächlich und rechtlich voneinander verschieden sind. Wenn bei solcher Sachlage im einzelnen Falle als Gewährleistungsanspruch nur die eine der erwähnten Forderungen geltend gemacht wird, so kann gesagt werden, daß ein Teil der dem Kläger zustehenden Forderungen geltend gemacht sei. Unzutreffend würde es aber sein, hieraus den rechtlichen Schluß zu ziehen, daß ein Teil des Gewährleistungsanspruches geltend gemacht sei. Daraus, daß dieser Anspruch aus verschiedenen Elementen zusammengesetzt sein kann, folgt nicht, daß bei Berücksichtigung nur eines dieser Elemente ein Teil des Anspruches geltend gemacht werde. Der Cessionar, welcher Gewährleistung fordert, macht sich darüber schlüssig, welche Umstände er für die Gestaltung seiner Ansprüche als maßgebend erachtet, und verfolgt mit der Geltendmachung des Ergebnisses seiner Entschließung seine Gewährleistungsansprüche. Dieser Auffassung entsprechend ist in dem reichsgerichtlichen Urteile vom $\frac{11.}{14.}$ April 1890 Rep. I. 355/90 gesagt: „Demgemäß enthält die Erklärung des seine Gewährleistungsansprüche verfolgenden Klägers darüber, was er als Gewährleistung fordere, eine Erklärung über Bestimmung des Gegenstandes seiner Ansprüche." Hieran hält der Senat aus den dargelegten Gründen fest, eine Bemängelung dieser Auffassung ist auch aus dem Berufungsurteile nicht zu entnehmen. Daraus ergiebt sich aber, daß die entscheidende Erwägung des Berufungsrichters, mit den Klagen der Vorprozesse sei erkennbar nur ein Teil des von den damaligen Klägern erhobenen Anspruches geltend gemacht, und somit die Geltendmachung des Überrestes stillschweigend vorbehalten, auf Rechtsirrtum beruht. . . . Die damaligen Kläger haben in den Vorprozessen eine Entscheidung über die von ihnen bezeichneten und erhobenen Gewährleistungsansprüche erwirkt, es ist daher über ihre Gewährleistungsansprüche endgültig erkannt, und dem jetzt gemachten Versuche einer Nachforderung fehlt jede rechtliche Stütze. Der Hinweis darauf, daß die Kläger der Vorprozesse ihrem Anwalte gegenüber einen entsprechenden Vorbehalt gemacht hätten, könnte nur gegen die Berechtigung dieses Versuches sprechen; denn da die Kläger auf diesen angeblichen Vorbehalt in den Vorprozessen nicht zurückgekommen sind, so würde eine andere Auffassung als die, daß sie einen vielleicht beabsichtigten Vorbehalt in Wirklichkeit wieder aufgegeben hätten, nicht erfindlich sein." . . .

---

58. Bürgschaftsübernahme durch Erklärung nicht dem Gläubiger, sondern einem Dritten gegenüber.

A.L.R. I. 14 §§ 200. 202. 213 flg.

I. Civilsenat. Urt. v. 31. Mai 1893 i. S. L. (Kl.) w. F. (Bekl.) Rep. I. 91/93.

I. Landgericht I Berlin.
II. Kammergericht daselbst.

Em. L. betrieb zu B. ein Restaurant und geriet im Dezember 1890 in Zahlungsverlegenheit. Seine Gläubiger traten zusammen, beschlossen, ihm bis zum Mai oder Juni 1891 Ausstand zu geben, um die dann zu erwartenden besseren Einnahmen des Sommergeschäftes ratierlich unter sich zu verteilen, und setzten zur Überwachung des Geschäftsbetriebes einen aus dem Beklagten und dem Kaufmanne Sch. bestehenden Gläubigerausschuß ein, gaben auch dem L. den bis dahin im Geschäfte als stiller Sozius thätigen R. als Restaurateur bei. Der Beklagte sollte namens des Gläubigerausschusses alle Zahlungen in Empfang nehmen, die erforderlichen Ausgaben leisten und den sich im Sommer etwa ergebenden Überschuß ratierlich unter die Gläubiger verteilen. Im Juni 1891 ist das Geschäft mit Genehmigung der Gläubigerversammlung verkauft, und dabei ist beschlossen, den Erlös zunächst zur Befriedigung der bevorrechteten und derjenigen Gläubiger zu verwenden, welche nach dem 21. Dezember 1890 für das Geschäft geliefert hatten; der Beschluß aber ist schließlich nicht zur Ausführung gekommen, sondern der Konkurs über das Vermögen des L. eröffnet worden. Im Laufe des jetzigen Rechtsstreites ist der Konkurs durch einen Akkord mit 15 Prozent beendet.

Der Kläger hat auf Bestellung des R. nach dem 21. Dezember 1890 bis zum Juni 1891 für das Geschäft Fleischwaren geliefert und nimmt den Beklagten auf Grund der aus den nachfolgenden Gründen ersichtlichen Behauptungen in Anspruch.

Der erste Richter hat den Beklagten nach dem Klagantrage verurteilt; er nimmt an, daß nach der durch das Eintreten der Gläubiger geschaffenen Rechtslage ein unmittelbares Rechtsverhältnis zwischen jedem einzelnen Gläubiger und dem Kläger entstanden sei. Der Berufungsrichter hat die Entscheidung von einem dem Beklagten darüber auferlegten Eide abhängig gemacht, daß er sich dem Kläger gegenüber nicht verpflichtet habe, für die Bestellungen des R. in das L.'sche Geschäft persönlich aufzukommen.

Auf die Revision des Klägers ist das erste Urteil wiederhergestellt aus folgenden

Gründen:

„Die Thatsache, von deren Beweis oder Nichterweis durch den vom

Beklagten erforderten Eid der Berufungsrichter die Entscheidung abhängig macht, ist, so wie sie der Eid formuliert, vom Kläger nicht behauptet. In der Klage ist nicht behauptet, daß der Beklagte sich dem Kläger gegenüber verpflichtet habe, für die Bestellungen des R. in das L.'sche Geschäft persönlich aufzukommen. Allerdings ist in der Klage Bürgschaft und Kreditempfehlung als Klagegrund bezeichnet. Aber dieser Klagegrund ist daraus hergeleitet, daß, nachdem der Gläubigerausschuß die Überwachung des L.'schen Geschäftsbetriebes übernommen und den Beklagten als seinen Bevollmächtigten damit betraut habe, der Kläger auf Bestellung des R. zuerst gegen bar geliefert, die Lieferung auf Kredit dagegen abgelehnt habe, und daß der Beklagte 1. in seiner Eigenschaft als Vertrauensmann der Gläubiger dem Kläger erklärt habe, er könne die Bestellungen des R. ausführen, die Sache sei gut und bei der jetzigen Organisation und Verwaltung des Geschäftes jeder Verlust für ihn ausgeschlossen, 2. daß der Beklagte den R. ermächtigt habe, beim Kläger auf Kredit zu bestellen, unter der Erklärung, daß er für die Bestellung aufkomme.

Der Berufungsrichter entzieht sich der Beurteilung der Bedeutung dieser beiden Thatsachen und überträgt die rechtliche Beurteilung der Sache dem Beklagten, wenn er den Eid von diesem darüber fordert, daß er sich dem Kläger gegenüber nicht verpflichtet habe, für die Bestellungen des R. aufzukommen, was der Kläger so nicht behauptet hat. Das Berufungsurteil hat deshalb aufgehoben werden müssen. Die Sache ist aber auch nach dem festgestellten Sachverhältnisse zur Endentscheidung reif.

Festgestellt ist, daß der Beklagte Bevollmächtigter des Gläubigerausschusses und mit der Überwachung des Geschäftsbetriebes beauftragt, und daß R., der die Bestellungen beim Kläger gemacht hat, als Geschäftsführer eingesetzt war. L. hat eidlich bekundet, daß er sich seitdem jedes Eingriffes in die Geschäftsführung enthalten habe und nur noch dem Publikum und dem Personal gegenüber als Chef aufgetreten sei. Der Beklagte hat zugestanden, daß er alle eingehenden Zahlungen in Empfang zu nehmen und die erforderlichen Ausgaben zu machen hatte.

Festgestellt ist ferner:

1. daß der Beklagte dem R., nachdem dieser Bestellungen beim Kläger gemacht und einmal einige Hundert Mark schuldig geblieben war, mitgeteilt hat, er werde dem Kläger eröffnen, derselbe möge die

Schuld, wenn sie auch auf 4- oder 500 *M* anwachse, bis zum Frühjahr stehen lassen, dann werde das Geschäft besser gehen, er selbst sei mitbeteiligt, ein Verlust sei nicht zu befürchten, und daß der Kläger dem R. demnächst bestätigt hat, diese Eröffnung vom Beklagten erhalten zu haben; — 2. daß der Beklagte, als R. Bedenken getragen, vom Kläger weiter auf Kredit zu entnehmen, den R. angewiesen hat, weiter beim Kläger zu kaufen, mit der Erklärung, er werde dafür sorgen, daß Kläger sein Geld bekomme, der Kläger werde nichts verlieren, solange er, der Beklagte, dabei sei, und daß der Beklagte dem R. auf dessen Vorhalt, der Kläger werde sich an ihn halten, erklärt hat:

„er (Kläger) solle sich an ihn halten, er selbst (Beklagter) werde sich an die anderen halten;"

3. daß der Beklagte einmal, als R. aus der Kasse Geld zur Bezahlung des Klägers hat nehmen wollen, dies mit dem Bemerken inhibiert hat, der Kläger brauche kein Geld, er könne noch warten, für die Lieferung an den Kläger sei „er gut", oder „für den Kläger sei er schließlich noch gut"; — 4. daß R. dem Kläger erklärt hat, er brauche keine Angst zu haben, für ihn habe der Beklagte garantiert.

Bei Beurteilung dieses Ergebnisses der Beweisaufnahme führt der Berufungsrichter aus: Von Kreditempfehlung könne nicht die Rede sein, weil der Kläger ja gewußt habe, daß L. kein kreditfähiger Mann sei, — und die festgestellten Äußerungen des Beklagten könnten zwar, wenn sie dem Kläger gegenüber geschehen, als Zugeständnis einer Bürgschaftsübernahme angesehen werden, nötigten aber zu solcher Annahme umsoweniger, als der Beklagte erwiesenermaßen in den Gläubigerversammlungen sich stets gegen die Übernahme einer Garantie verwahrt, der Kläger von dem Beschlusse der im Dezember 1890 zusammengetretenen Gläubigerversammlung und der ihm dadurch für seine Befriedigung gewährten Sicherheit Kenntnis gehabt habe, und alle Äußerungen des Beklagten die Auslegung zuließen, daß sie zum Ausdrucke gebracht, wie er sich durch seine Stellung als Mitglied des Gläubigerausschusses und gemeinschaftlicher Bevollmächtigter der Gläubiger und durch die Beschlüsse der Gläubiger in der Lage glaube, die schließliche Befriedigung des Klägers zu bewirken.

Die Revision greift diese Ausführung mit Recht als unzutreffend an. Von einer Kreditempfehlung des dem Kläger unstreitig als insolvent bekannten L. kann freilich nicht die Rede seiu. Aber solche behauptet der Kläger auch nicht. Er behauptet, daß der Beklagte als Vertrauensmann der Gläubiger ihm erklärt habe, die Sache sei gut, er habe bei der jetzigen Organisation und Verwaltung des Geschäftes keinen Verlust zu befürchten und könne die Bestellungen des R. ausführen. Daraufhin hat der Kläger kreditiert, wie festgestellt ist. Empfohlen wurde ihm die Organisation und Verwaltung des Geschäftes, und er wurde über die Bedenken weiterer Lieferungen an R., den von dem Gläubigerausschusse bestellten Geschäftsführer, beruhigt. Es würde in Frage kommen, ob der Beklagte nicht gemäß §§ 213 flg. I. 14, §§ 159 flg. I. 13 A.L.R., Art. 317 H.G.B. schon aus dieser Erklärung als Bevollmächtigter des Gläubigerausschusses wie aus einer Kreditempfehlung haftbar zu machen sei. Nach dem festgestellten Sachverhalte hatten die Gläubiger durch den Beklagten und R. den Geschäftsbetrieb in die Hände genommen, um das Geschäft zu halten und sich aus den besseren Sommereinnahmen zu befriedigen. Der Beklagte hatte die Gelder einzunehmen und die Ausgaben zu leisten. Nach Treue und Glauben verstand sich von selbst, daß die Lieferanten, welche durch ihre Lieferungen die Fortführung des Geschäftes im Interesse der Gläubiger ermöglichten und Einnahmen schufen, die zur Befriedigung der Gläubiger verwendet werden sollten, aus diesen Einnahmen vor allem ihre volle Befriedigung erhielten.

Es kann dies indessen auf sich beruhen, weil eine Bürgschaftsübernahme darin zu finden ist, daß der Beklagte den R. angewiesen hat, vom Kläger auf Kredit zu entnehmen, mit der Erklärung, er werde dafür sorgen, daß der Kläger sein Geld bekomme. Diese dem R. abgegebene Erklärung war für den Kläger bestimmt. Für R. lag darin die Ermächtigung, mit dem Kläger unter dieser Erklärung zu kontrahieren, und es ist festgestellt, daß R. dem Kläger mitgeteilt hat, er brauche keine Angst zu haben, der Beklagte habe für ihn garantiert. Damit ist die Erklärung mit dem Willen des Beklagten rechtlich auch dem Kläger gegenüber abgegeben. Daß der Beklagte selbst diese Erklärung im Sinne einer Garantieübernahme gemeint hat, geht mit Sicherheit aus seiner Erklärung zu R. hervor, der Kläger solle sich an ihn, den Beklagten, halten, er sei für die Lieferungen an den Kläger gut, schließlich sei er für den Kläger gut.

Daneben kommt auf die Erklärungen des Beklagten in den Gläubigerversammlungen nichts an. Sie bezweckten ersichtlich nichts Anderes, als den Beklagten gegenüber den Mitgläubigern zu decken." ...

---

59. **Nach welchem Betrage ist die Stempelsteuer von einer auf mehrere Jahre ausgestellten Unfallversicherungspolice zu berechnen?**
Stempelsteuergesetz vom 7. März 1822 § 3a, Tarif Pos. Assekuranzpolicen.

IV. Civilsenat. Urt. v. 16. Februar 1893 i. S. Nürnberger Lebensversicherungsbank (Kl.) w. Fiskus (Bekl.). Rep. IV. 7/93.

I. Landgericht Münster.
II. Oberlandesgericht Hamm.

Aus den Gründen:

„In dem vorliegenden Rechtsstreite handelt es sich um die Stempelpflichtigkeit einer durch den Bevollmächtigten der Klägerin in Magdeburg vollzogenen Unfallversicherungspolice, inhalts welcher die Klägerin den Architekten P. zu B. gegen die Folgen körperlicher Unfälle auf den Fall des Todes, auf den Fall voraussichtlich lebenslänglicher Erwerbsunfähigkeit und auf den Fall vorübergehender Erwerbsunfähigkeit mit den in der Police näher bezeichneten Beträgen versichert hat. In der Police ist bemerkt, daß die Versicherung auf fünf Jahre, nämlich für die Zeit vom 1. Februar 1891 bis zum 1. Februar 1896, abgeschlossen ist, und daß die jährliche Prämie für diese Versicherung 54,63 *M* beträgt.

Der Beklagte nimmt an, daß die für die ganze fünfjährige Dauer der Versicherung bedungene Prämie, also der Betrag von 273,15 *M*, den Gegenstand der Versteuerung bilde, woraus sich nach der Tarifposition „Assekuranzpolicen" des Stempelsteuergesetzes vom 7. März 1822 ein Stempel von 1,50 *M* ergebe. Dagegen ist die Klägerin der auch in der gegenwärtigen Instanz aufrecht erhaltenen Ansicht, daß für die Beurteilung der Stempelpflichtigkeit lediglich die Prämie des ersten Versicherungsjahres maßgebend sei, was, da diese Prämie den Betrag von 150 ℳ nicht erreiche, mit Rücksicht auf § 3a des Stempelsteuergesetzes die Stempelfreiheit der Police begründe.

In Übereinstimmung mit dem Gerichte erster Instanz hat das Berufungsgericht die Annahme des Beklagten für gerechtfertigt erachtet. Dieser Auffassung war beizutreten.

Nach der zur Anwendung kommenden Position „Assekuranzpolicen" des Stempeltarifes wird als „Gegenstand der Verhandlung" die Prämie angesehen. Die Police ist nach § 3a des Gesetzes stempelfrei, wenn der Betrag der Prämie 50 Thlr. = 150 ℳ nicht erreicht, während in allen Fällen, in welchen die Prämie diese Summe erreicht, aber nicht die Summe von 100 Thlr. = 300 ℳ übersteigt, ein Stempel von 15 Sgr. = 1,50 ℳ zu entrichten ist. Hiernach würde Stempelfreiheit eintreten, wenn für die Beurteilung der Stempelpflichtigkeit der Betrag der einjährigen Prämie von 54,63 ℳ maßgebend wäre, während der Stempelansatz von 1,50 ℳ gerechtfertigt erscheint, wenn der gesamte fünfjährige Prämienbetrag von 273,15 ℳ der Besteuerung unterliegt. Für diese letztere Annahme kommt entscheidend in Betracht, daß der Assekuranzpolicenstempel ein Urkundenstempel ist, welcher auf die den Vertragsabschluß beurkundende Schrift, nicht auf die Erfüllung oder Ausführung des Rechtsgeschäftes gelegt ist. Bezüglich des Vertragsabschlusses aber ergiebt sich aus § 5 der in der Police enthaltenen, einen integrierenden Teil derselben bildenden allgemeinen Bedingungen, daß der Versicherte vertraglich verpflichtet ist, die in der Police berechnete Prämie für die ganze vereinbarte Dauer der Versicherung zu zahlen. Die Klägerin hat also durch die Ausstellung und Annahme der Police ein Recht auf die festgesetzte Prämie urkundlich nicht bloß für das erste Versicherungsjahr, sondern auch für die folgenden Jahre und Raten erworben, und dies läßt den ganzen fünfjährigen Prämienbetrag von 273,15 ℳ als den der Stempelsteuer unterworfenen Gegenstand der Verhandlung und der Versicherungsurkunde erscheinen.

Dieser Auffassung steht auch nicht der Umstand entgegen, daß nach § 24 der allgemeinen Policebedingungen die Police als erloschen gilt, wenn durch einen Unfall der Tod oder gänzliche oder teilweise Invalidität herbeigeführt ist, und daß es nach § 25 daselbst der Bank freisteht, nach einer jeden Schadensanmeldung oder einem Schadensersatze die Versicherung aufzuheben. Denn, wenngleich hiernach die

Verpflichtung des Versicherten zur Zahlung der Prämie für die folgenden Jahre davon abhängig ist, daß er nicht vor Eintritt der jedesmaligen Fälligkeit der Jahresrate von einem Unfalle betroffen wird, so ist damit doch nur die Erfüllung des Rechtsgeschäftes an eine Bedingung geknüpft, während die Stempelsteuer, wie oben bemerkt, nicht auf die Erfüllung, sondern auf die den Vertragsabschluß beurkundende Schrift, deren Inhalt von den Modalitäten der Erfüllung unberührt bleibt, gelegt ist.

Vgl. Erk. des preuß. Obertrib. vom 9. Mai 1879 S. 335, Centralblatt für Abgaben- rc Gesetzgebung und Verwaltung 1879 S. 335; Erk. des R.G.'s IV. Civilsenats vom 13. März 1884, ebendaselbst 1884 S. 122 flg.

Auch daraus, daß der Versicherte etwa zunächst nicht den vollen fünfjährigen Betrag, sondern nur die jährlich vorauszahlbare Prämie von 54,63 ℳ gezahlt hat, und daß nach dem Wortlaute der betreffenden Bestimmung des Stempeltarifes der Stempel von 15 Sgr. in allen Fällen zu zahlen ist, wo die „gezahlte" Prämie einhundert Thaler nicht übersteigt, kann die Annahme nicht hergeleitet werden, daß für die Beurteilung der Stempelpflichtigkeit lediglich die Prämie des ersten Versicherungsjahres in Betracht kommt. Denn eine Auslegung des Stempeltarifes in diesem Sinne würde zu der widersinnigen Ansicht führen, daß die Stempelpflichtigkeit überhaupt durch die Zahlung der Prämie bedingt sei, sodaß also ein Stempel gar nicht zu verwenden wäre, wenn die Prämie noch nicht gezahlt, sondern etwa gestundet wäre.

Vgl. Erk. des preuß. Obertrib. vom 4. November 1864 in Striethorst, Archiv Bd. 55 S. 263.

Die Erwägungen, welche das Obertribunal bei Lebensversicherungen auf unbestimmte Zeitdauer und unter der gleichen Voraussetzung bei Begräbnisversicherungen in den Erkenntnissen vom 21. Januar 1868 und vom 19. März 1869,

vgl. Striethorst, Archiv Bd. 70 S. 23 und Bd. 74 S. 146,

veranlaßt haben, die einjährige Prämie als Gegenstand der stempelpflichtigen Verhandlung anzusehen, sind wesentlich aus dem für den vorliegenden Fall nicht zutreffenden Umstande hergeleitet, daß nur der einjährige Betrag in den Policen bestimmt festgesetzt war, und daß es für die Tarifposition an einem Maßstabe fehlt, nach welchem für die Prämien der ungewissen Zeit der Stempel zu berechnen wäre. Bei mehrjährigen Versicherungen auf bestimmte Dauer hat auch das Obertribunal den Betrag der ganzen Prämie für sämtliche Jahre, nicht bloß den Betrag für ein Jahr als den Gegenstand der Assekuranzpolice betrachtet.

Vgl. das obenerwähnte Erkenntnis vom 4. November 1864 in Striethorst, Archiv Bd. 55 S. 258.

Da hiernach die für fünf Jahre vertragsmäßig bedungene Gesamtprämie von 273,15 *M* als Gegenstand der stempelpflichtigen Verhandlung angesehen werden muß, so war ein Stempel von 1,50 *M* zu verwenden, und ist daher der von der Klägerin auf Zurückzahlung dieses Betrages erhobene Anspruch von den Vorinstanzen mit Recht für unbegründet erachtet worden."

---

60. Steht der Bildung eines Gewohnheitsrechtes die Unkenntnis der Geltung einer abweichenden Gesetzesnorm auf seite der Übenden entgegen?

IV. Civilsenat. Urt. v. 6. März 1893 i. S. Fiskus (Bekl. u. Widerkl.) w. Parochialgemeinde Nieder-U. (Kl. u. Widerbekl.) Rep. IV. 336/92.

I. Landgericht Frankfurt a. O.
II. Oberlandesgericht Berlin.

Die Klägerin verlangt die Feststellung, daß der Beklagte als Patron der in der Niederlausitz belegenen Landkirche zu Nieder-U. verpflichtet sei, zu den Bauten und Reparaturen der Kirche und der Pfarrgebäude in Ermangelung eines ausreichenden Kirchenvermögens zwei Drittel der erforderlichen Geldbeträge zu zahlen; wogegen der Beklagte die Ansicht vertritt, daß er observanzmäßig nur das nötige Bauholz zu liefern habe. Unstreitig ist der Beklagte, welcher bis zum Jahre 1886 bei einer größeren Zahl derartiger Bauten und Reparaturen das Bauholz geliefert hat, zu anderen Beiträgen früher nicht herangezogen worden. Auch haben die Vertreter der Klägerin im Jahre 1876 die Erklärung abgegeben, das Beitragsverhältnis bezüglich der fraglichen Bauten sei so geregelt, daß der Beklagte nur das erforderliche Holz frei zu verabfolgen habe, während die übrigen Baukosten von der Gemeinde getragen würden.

Das den Beklagten nach dem Klagantrage verurteilende und die Widerklage desselben abweisende Berufungsurteil ist aufgehoben worden.

Aus den Gründen:

„Der Entscheidungsgrund des Berufungsrichters, daß die Bildung einer Observanz im vorliegenden Falle durch einen Irrtum über das geltende Gesetzesrecht gehindert sein würde, ist nicht geeignet, die getroffene Entscheidung zu tragen.

Der Berufungsrichter geht davon aus, daß die Klägerin von der im Plenarbeschlusse des ehemaligen Obertribunales vom 6. Dezember 1852,

vgl. Entsch. des vorm. preuß. Obertrib. Bd. 24 S. 1,

hervorgetretenen Rechtsauffassung, wonach in den ehemals sächsischen Landesteilen mit Einführung des Allgemeinen Landrechtes die eine Beitragspflicht des Patrones nicht begründenden kursächsischen Kirchengesetze außer Kraft getreten seien, und folglich von der wahren Rechtslage erst durch mehrere die Kirchenbaupflicht betreffende Schreiben des Königlichen Konsistoriums der Provinz Brandenburg aus den Jahren 1882 und 1884 oder durch die über die Kirchenbaupflicht ergangenen amtlichen Mitteilungen vom Jahre 1889 Kenntnis erhalten habe. Hieran knüpft er folgende Ausführung:

„Angenommen, daß die in der Verhandlung von 1876 ausgesprochene Rechtsmeinung bereits seit 1819, in welchem Jahre der erste der Baufälle, auf die der Beklagte das behauptete Gewohnheitsrecht gründet, vorgekommen ist, bestanden hätte, so lag ihr doch der Irrtum in Bezug auf die Anwendbarkeit des § 731 A.L.R. II. 11 zu Grunde. Nach dieser Vorschrift hätte Klägerin ein Mehreres als die Holzlieferung fordern können; sie hat dieses unterlassen und mit dem Minderen sich begnügt, weil sie von ihrem — seit dem 1. März 1817 (Publ. Pat. v. 15. November 1816 [G.S. S. 233]) bestehenden — Rechte keine Kenntnis hatte. Dieser thatsächlich festgestellte Umstand steht der Bildung einer Observanz ebenso entgegen wie in den vom Reichsgerichte entschiedenen Fällen, wo die Gemeinde früher gar nichts gefordert hatte."

Diese Rechtsausführung kann nicht gebilligt werden. Es ist zwar an dem vom Reichsgerichte wiederholt ausgesprochenen Grundsatze festzuhalten, daß eine Observanz sich nicht durch eine Übung bilden kann, welche nach der Meinung der Beteiligten sich nicht als die Anwendung eines selbständigen Gewohnheitsrechtes, sondern lediglich als die Befolgung eines irrtümlich als bestehend angenommenen Gesetzes darstellt.

Vgl. Entsch. des R.G.'s in Civils. Bd. 2 S. 185, Bd. 12 S. 293, Bd. 26 S. 323 sowie Gruchot, Beiträge Bd. 31 S. 893.

Im vorliegenden Falle aber, wo der Beklagte als Kirchenpatron zu den vorgekommenen Neubauten und Reparaturen das nötige Bauholz geliefert hat, entsprach die Übung weder den Bestimmungen des kursächsischen Kirchenrechtes (Generalartikel vom 8. Mai 1551, Kirchenordnung vom 1. Januar 1580 und Synodaldekret vom 6. August 1624), wonach der Beklagte zu den Bau- und Reparaturkosten überhaupt nicht beizutragen gehabt haben würde, noch den Vorschriften der §§ 731. 790 A.L.R. II. 11, welche dem Patrone zwei Drittel der aufzubringenden Geldbeiträge, also eine Leistung anderer Art, auferlegen. Von einer vermeintlichen Gesetzesanwendung könnte daher nur dann die Rede sein, wenn die Beteiligten sich nicht nur bezüglich der fortdauernden Geltung des sächsischen Rechtes in einem Irrtume befunden hätten, sondern wenn von ihnen überdies auch angenommen worden wäre, daß nach dem vermeintlichen Gesetzesrechte der Patron das nötige Bauholz zu liefern habe. Einen Irrtum dieser letzteren Art stellt der Berufungsrichter nicht fest. Beruhte aber die in der Übung hervorgetretene Rechtsmeinung nicht auf dieser Grundlage, so erscheint die Möglichkeit einer Observanzbildung nicht ausgeschlossen; vielmehr muß ein Gewohnheitsrecht als entstanden angenommen werden, wenn die in den zur Sprache gebrachten Fällen hervorgetretene, dauernde und gleichmäßige Übung sich als die Bethätigung der Rechtsüberzeugung darstellte, daß das Beitragsverhältnis des Beklagten von alters her in dem durch die Übung bestimmten Umfange geregelt worden sei. Hieran würde auch dadurch nichts geändert werden können, daß die Übenden in ihrer Rechtsüberzeugung aus dem Grunde gegen etwaige Zweifel geschützt blieben, weil sie sich darüber in Unkenntnis befanden, daß das preußische Allgemeine Landrecht in den ehemaligen sächsischen Landesteilen zur Herrschaft gelangt war."

61. 1. Verhältnis des Fluchtliniengesetzes zum Enteignungsgesetze. Kann der Eigentümer in den Fällen des § 13 des ersteren die Übernahme des ganzen Grundstückes nur dann verlangen, wenn das Restgrundstück nicht mehr zur Bebauung geeignet ist, oder auch dann, wenn dasselbe nach seiner Bestimmung nicht mehr zweckmäßig benutzt werden kann (§. 9 des Enteignungsgesetzes)?

2. Anfang der Verzinsung der Eigentumsentschädigung.

V. Civilsenat. Urt. v. 6. Mai 1893 i. S. R. (Kl.) w. Stadtgemeinde St. (Bekl.) Rep. V. 10/93.

I. Landgericht Stettin.
II. Oberlandesgericht daselbst.

Aus den Gründen:

„Der ursprüngliche, inzwischen verstorbene Kläger, Theaterdirektor O. R. zu St., war Eigentümer des Grundstückes Birkenallee Nr. 22 daselbst, auf welchem außer anderen Gebäuden das im Jahre 1884 abgebrannte Thaliatheater stand. Dieses Grundstück wird durch die von der Beklagten auf Grund des unter dem 4. Juni 1885 festgestellten Bebauungsplanes durchgeführte Verlängerung der Löwestraße derart durchschnitten, daß auf beiden Seiten des neuen Straßenteiles Restparzellen liegen bleiben. Durch Beschluß des Bezirksausschusses zu St. vom 1. November 1888 ist die Entschädigung für die zur Verlängerung der Löwestraße erforderliche Parzelle des vorgedachten Grundstückes von 4,50 Ar auf 13500 ℳ festgesetzt, Kläger aber mit seinen weiteren Ansprüchen, insbesondere mit dem auf Übernahme des ganzen Grundstückes Nr. 22 und seines an dasselbe angrenzenden Grundstückes, abgewiesen. Kläger hat deshalb den Rechtsweg beschritten. In erster Instanz ist Beklagte zur Übernahme des ganzen Grundstückes Birkenallee Nr. 22 im Flächeninhalte von 26,50 Ar verurteilt und die Entschädigung auf 84756 ℳ festgesetzt. Das Berufungsgericht hat die Beklagte nur zur Entschädigung für den zur Verlängerung der Löwestraße erforderlichen Grundstücksteil von 4,50 Ar in Höhe von 13500 ℳ verurteilt, der Klägerin aber Zinsen vom 1. Dezember 1888 bis 4. Juli 1889 zugesprochen.

Es handelt sich auch für die Revisionsinstanz um folgende, in dem Berufungsurteile getrennt behandelte Punkte:

A. Übernahme des Restgrundstückes von 22,10 Ar, ...

D. Anfang der Zinspflicht.

Die von der Klägerin in vollem Umfange ihrer ursprünglichen Anträge eingelegte Revision ist zu A. ... und D. begründet.

Zu A. Die Entscheidung der Frage, ob die Beklagte verpflichtet ist, das ganze Grundstück Birkenallee Nr. 22 oder doch wenigstens die von der neuen Fluchtlinie teilweise in Anspruch genommenen Gebäude zu übernehmen, hängt davon ab, ob bei Teilenteignungen auf Grund des Fluchtliniengesetzes vom 2. Juli 1875 ausschließlich der § 13 dieses Gesetzes oder neben demselben § 9 des Enteignungsgesetzes vom 11. Juni 1874 anzuwenden ist. Mit der Entscheidung dieser Rechtsfrage beschäftigt sich schon das Erkenntnis des II. Hilfssenates des Reichsgerichtes vom 24. Juni 1880;

vgl. Entsch. des R.G.'s in Civils. Bd. 2 S. 279;

dasselbe beschränkt sich jedoch, der Lage des damaligen Falles entsprechend, auf den Ausspruch, daß § 9 Abs. 3, nach welchem bei Gebäuden, die teilweise in Anspruch genommen werden, die Übernahmepflicht jedenfalls das gesamte Gebäude erfaßt, neben § 13 zur Anwendung kommt; es entscheidet nicht die weitergehende Frage, ob in den Fällen des § 13 die Übernahme des ganzen Grundstückes nur dann verlangt werden kann, wenn das Restgrundstück nach den baupolizeilichen Vorschriften des Ortes nicht mehr zur Bebauung geeignet ist, oder außerdem gemäß § 9 Abs. 1 des Enteignungsgesetzes auch dann, wenn das Restgrundstück nach seiner bisherigen Bestimmung nicht mehr zweckmäßig benutzt werden kann.

Der Wortlaut des § 13 des Fluchtliniengesetzes steht der Entscheidung im letzteren Sinne zum mindesten nicht entgegen; denn der Eingang des Abs. 3:

„In allen obengedachten Fällen kann der Eigentümer die Übernahme des ganzen Grundstückes verlangen, wenn rc"

läßt, wie schon in dem Erkenntnisse des II. Hilfssenates (a. a. O. S. 284) hervorgehoben, in keiner Weise erkennen, daß die Unbebaubarkeit die ausschließliche Voraussetzung für den Anspruch auf Übernahme sein soll, wie dies leicht durch die Einfügung des Wortes „nur" vor „verlangen" hätte ausgedrückt werden können. Andererseits muß auch der § 19 des Fluchtliniengesetzes, durch dessen Abs. 1 alle den Bestimmungen dieses Gesetzes entgegenstehenden allgemeinen und besonderen gesetzlichen Vorschriften aufgehoben werden, außer Betracht bleiben, weil eine Aufhebung des, einen weiteren sachlichen Geltungskreis umfassenden Enteignungsgesetzes durch das Fluchtliniengesetz nicht erfolgen konnte, für seine Anwendung neben demselben aber der allgemeine Gesichtspunkt entscheidend ist, daß das besondere Gesetz dem allgemeinen vorgeht. Dahingestellt mag auch bleiben, ob daraus, daß im § 14 des Fluchtliniengesetzes betreffs der Feststellung der Entschädigung und der Vollziehung der Enteignung auf die §§ 24 flg. des Enteignungsgesetzes verwiesen, im letzten Absatze des § 25 des letzteren aber auch eine Bestimmung wegen Geltendmachung des Anspruches aus § 9 getroffen ist, mit dem II. Hilfssenate die Anwendbarkeit des letzteren auf die Fälle des Fluchtliniengesetzes gefolgert werden kann.

Vgl. Entsch. des R.G.'s in Civils. Bd. 2 S. 283.

Die Frage ist vielmehr in Ermangelung positiver Gesetzesaussprüche aus dem Verhältnisse beider Gesetze zu einander sowohl nach ihrem Gesamtinhalte als insbesondere nach der Bedeutung der Vorschriften des § 13 des einen und des § 9 des anderen Gesetzes zu lösen.

Insofern das Fluchtliniengesetz in seinem § 11 den Grundeigentümern bei Neubauten eine Beschränkung auferlegt und den Gemeinden das Recht gewährt, ihnen die für Straßen und Plätze bestimmten Grundflächen zu entziehen, schafft es, da die Beschränkung und Entziehung als durch Gründe des öffentlichen Wohles gerechtfertigt anzusehen ist,

vgl. Entsch. des R.G.'s in Civils. Bd. 2 S. 280,

eine besondere Art von Enteignungsfällen (§ 1 des Enteignungsgesetzes), eine Ausnahme von den gewöhnlichen Fällen der Enteignung dahin, daß die Zulässigkeit der Enteignung nicht durch Königliche Verordnung ausgesprochen, der Plan nicht durch Entscheidung der Staatsbehörden festgestellt wird (§§ 2 flg. §§ 15 flg. des Enteignungsgesetzes), an Stelle der Königlichen Verordnung und der behördlichen Entscheidung vielmehr eine durch das Gesetz geregelte, mehr oder minder autonome Entschließung der Gemeindeorgane tritt. Während nun das Fluchtliniengesetz die an Stelle der Zulassung der Enteignung und der Planfeststellung tretende Fluchtlinienfestsetzung in den §§ 1—10 eingehend ordnet und ihr die von Rechts wegen eintretende Wirkung des § 11 beilegt, wird die Frage der Entschädigung nur in §§ 13. 14

des Gesetzes behandelt. Schon diese dürftige Behandlung im Vergleiche mit dem von der Entschädigung in materiell rechtlicher Beziehung handelnden zweiten Titel des Enteignungsgesetzes rechtfertigt die Annahme, daß die materiellen Vorschriften des Enteignungsgesetzes auch auf die Fälle des Fluchtliniengesetzes Anwendung finden müssen.

Vgl. Entsch. des R.G.'s in Civils. Bd. 2 S. 283.

Es würde sonst z. B. jede Vorschrift darüber fehlen, daß die Entschädigung in Geld zu gewähren ist (§ 7 des Enteignungsgesetzes), daß sie in dem vollen Werte des Grundstückes besteht (§ 8 desselben), daß unter Umständen auch Nebenberechtigte besonders zu entschädigen sind (§ 11 desselben). Eine solche Lücke kann der Gesetzgeber unmöglich gewollt haben. Der Handelsminister Dr. Achenbach hat denn auch bei der ersten Lesung des Fluchtliniengesetzes im Abgeordnetenhause das Verhältnis desselben zu dem Enteignungsgesetze treffend dahin gekennzeichnet: „Die Vorlage enthält die Bestimmung, daß nach Maßgabe des (Enteignungs-) Gesetzes verfahren werden muß, die allgemeinen Grundsätze werden daher ... in Anwendung treten, und es liegt kein Bedürfnis vor, in den gegenwärtigen Entwurf eine bestätigende oder abändernde Bestimmung jenes erst eben ergangenen Gesetzes aufzunehmen."

Vgl. Stenographische Berichte der Verhandlungen des Abgeordnetenhauses von 1875 S. 77.

Wenn nun auch die Kommission des Abgeordnetenhauses eine „genauere Anführung der Bestimmungen des Enteignungsgesetzes, welche bezüglich der Entschädigungen und der Vollziehung der Enteignung in Betracht kommen können", für geboten erachtete und deshalb an Stelle der im Entwurfe für genügend erachteten allgemeinen Verweisung auf das Enteignungsverfahren den § 14 Abs. 1 setzte (Nr. 279 der Drucksachen des Abgeordnetenhauses von 1875), so ist daraus doch nicht zu entnehmen, daß die Anwendbarkeit der materiellen Grundsätze über die Entschädigung, für die diese Änderung keinen Ersatz bot, ausgeschlossen werden sollte. Aus dem allgemeinen Verhältnisse beider Gesetze zu einander muß vielmehr gefolgert werden, daß die materiellen Vorschriften des Enteignungsgesetzes auf die Fälle des Fluchtliniengesetzes insoweit anzuwenden sind, als die betreffende Frage im Fluchtliniengesetze nicht anders geregelt ist.

Was nun insbesondere das Verhältnis des § 13 des letzteren zu § 9 des Enteignungsgesetzes betrifft, so bezeichnet § 13 unter Ziff. 1. 2. 3 diejenigen Fälle, in welchen allein wegen Entziehung oder Beschränkung des von der Festsetzung neuer Fluchtlinien betroffenen Grundeigentumes Entschädigung gefordert werden kann, und giebt in seinem vorletzten Absatze in allen diesen Fällen den Anspruch auf Übernahme des ganzen Grundstückes, welcher nach der Stellung des § 9 im Systeme des Enteignungsgesetzes einen Teil der Entschädigung bildet,

vgl. Gruchot, Beiträge Bd. 35 S. 1116,

wenn das Restgrundstück nach den baupolizeilichen Vorschriften des Ortes „nicht mehr zur Bebauung geeignet ist". Der § 13 Abs. 3 gewährt seinen Schutz also nur denjenigen Grundstücken, die a) früher zur Bebauung geeignet waren und b) infolge der neuen Fluchtlinie nicht mehr zur Bebauung geeignet sind. Er schützt nicht, behandelt überhaupt nicht diejenigen Grundstücke, die c) früher nicht zur Bebauung geeignet waren oder d) auch nach Festsetzung der neuen Fluchtlinie zur Bebauung geeignet bleiben. Zu den Fällen unter c) würden z. B. Grundstücke gehören, welche früher zwar nicht zur Bebauung geeignet waren, aber durch ihre anderweitige Bestimmung, z. B. als Garten, einen Nutzen gewährten, den sie nach Abschneidung eines Teiles durch die neue Fluchtlinie nicht mehr gewähren können. Zu den Fällen unter d) würden solche Grundstücke gehören, welche zwar nach wie vor der neuen Fluchtlinie bebaut werden können, in ihrem ursprünglichen Umfange aber eine vorteilhaftere Benutzung zuließen, sei es, wie im vorliegenden Falle, durch eine besondere Art der Bebauung (Theater), sei es durch eine ganz anders geartete Benutzung, z. B. zu einer Handelsgärtnerei. In allen diesen Fällen würde — unabhängig von der hier erörterten Streitfrage — der Eigentümer auf Grund des § 8 Abs. 2 des Enteignungsgesetzes einen Anspruch auf Ersatz des Minderwertes des Restgrundstückes haben, einen Anspruch, welcher, wenn dies etwa ganz entwertet wird, sogar bis zum vollen Werte des Restgrundstückes gehen würde; allein § 9 des Enteignungsgesetzes giebt dem Eigentümer, falls das Restgrundstück nach seiner bisherigen Bestimmung nicht mehr zweckmäßig benutzt werden kann, den weiteren Anspruch auf Übernahme des ganzen Grundstückes. Es soll dem Eigentümer nicht zugemutet werden, sich erst die Enteignung eines Teiles seines Grundstückes gefallen zu lassen und dann vor die Wahl gestellt zu werden, das Restgrundstück entweder zu verkaufen oder zu einer ganz anderen Bestimmung zu benutzen. Daß dieser Schutz der bestehenden Verhältnisse, welchen das allgemeine Gesetz bei Teilenteignungen gewährt, in den Fällen des Fluchtliniengesetzes entzogen sein soll, ist nirgends ausgesprochen, der Fall der Unbenutzbarkeit nach der bisherigen Bestimmung in § 13 desselben überhaupt nicht behandelt. Fehlte der 3. Abs. des § 13 im Gesetze ganz, so würde der Eigentümer nach § 9 des Enteignungsgesetzes Übernahme' des ganzen Grundstückes dann, aber auch nur dann, verlangen können, wenn er das Restgrundstück nach seiner bisherigen Bestimmung nicht mehr zweckmäßig benutzen könnte. Diese Einschränkung könnte bei der Anwendung auf Grundstücke, die an Straßen in Städten oder ländlichen Ortschaften liegen, leicht zu eng erscheinen, da solche Grundstücke neben ihrer jeweiligen Bestimmung in der Regel die Möglichkeit bieten, sie als Baustellen zu benutzen, diese Benutzungsfähigkeit aber oft, wenn auch keineswegs immer, von höherer Bedeutung sein wird, als die augenblickliche Benutzungsart. Es lag deshalb nahe, da, wo Eingriffe in das Grundeigentum gerade zum Zwecke der Anlegung oder Veränderung von Straßen erleichtert werden, denjenigen besonders zu schützen, der durch diese Anlegung oder Veränderung gehindert wird, sein Eigentum gerade in dieser Richtung als Baustelle auszunutzen. Unter diesen Gesichtspunkten ist es erklärlich, daß das Fluchtliniengesetz den Eigentümern von Baustellen einen Schutz gewährt, den sie nach § 9 des Enteignungsgesetzes nicht hatten, da das bloße Geeignetsein zur Bebauung sich nicht mit der bisherigen Bestimmung deckt.

Vgl. Gruchot, Beiträge Bd. 35 S. 1102.

Daraus kann aber nicht gefolgert werden, daß der Schutz der bisherigen Bestimmung, den § 9 des Enteignungsgesetzes allgemein giebt, bei Enteignungen auf Grund des Fluchtliniengesetzes fortfällt. Dies kann insbesondere auch nicht aus der im übrigen anerkannten Absicht des Gesetzgebers, die Lasten der Gemeinden bei Anlegung oder Veränderung von Straßen zu erleichtern,

vgl. Entsch. des R.G.'s in Civils. Bd. 8 S. 241,

hergeleitet werden. Diese Absicht hat ihre genügende Verwirklichung darin gefunden, daß für die ortsstatutarische Baubeschränkung des § 12 überhaupt keine Entschädigung zu leisten ist, daß nach § 15 die Anlieger durch Ortsstatut zu den Kosten der Straßenanlage herangezogen werden können, und daß nach § 13 die Fälligkeit der zu zahlenden Entschädigungen nicht schon im Augenblicke der von Rechts wegen eingetretenen Baubeschränkung, sondern erst dann eintritt, wenn das Straßenland für den öffentlichen Verkehr abgetreten wird, und die Grundstücke bis zur Fluchtlinie freigelegt oder in der Fluchtlinie bebaut werden. Daneben eine weitere Vergünstigung der Gemeinden zum Nachteile der Eigentümer auch da, wo sie im Gesetze nicht zum Ausdrucke gelangt ist, aus der dem Gesetze im ganzen zu Grunde liegenden Absicht herzuleiten, ist nicht statthaft.

Ist hiernach davon auszugehen, daß die Vorschriften des § 9 des Enteignungsgesetzes durch § 13 Abs. 3 des Fluchtliniengesetzes für den Bereich des letzteren nicht ersetzt, sondern ergänzt sind, daß also der Eigentümer in den Fällen des § 13 die Übernahme des ganzen Grundstückes sowohl dann verlangen kann, wenn das Restgrundstück nicht mehr zur Bebauung geeignet ist, als auch dann, wenn dasselbe nach seiner bisherigen Bestimmung nicht mehr zweckmäßig benutzt werden kann, so unterliegt es weiter auch keinem Zweifel, daß insbesondere Abs. 3 des § 9 auch für Teilenteignungen auf Grund des Fluchtliniengesetzes gilt. Dies würde, auch wenn man von der selbständigen Begründung in dem Erkenntnisse des II. Hilfssenates absieht, schon aus der Stellung der Vorschrift innerhalb des § 9 folgen. War das Grundstück nämlich mit Gebäuden besetzt, so ist dies seine bisherige Bestimmung im Sinne des Abs. 1; können die Gebäude nicht mehr bestehen, so ist die Übernahmepflicht gegeben. Der Abs. 2 des § 9 beschränkt dieselbe, falls die geminderte Benutzbarkeit nur bestimmte Teile des Grundstückes trifft, auf diese Teile; der Abs. 3 schränkt die Teilung wiederum insoweit ein, als Gebäude, welche teilweise in Anspruch genommen werden, jedenfalls ganz übernommen werden müssen, d. h. es tritt bei Gebäuden die Übernahmepflicht des Abs. 1 unbeschränkt durch den Abs. 2 in Kraft.

Das Berufungsurteil unterliegt, da es im Widerspruche mit den vorigen Ausführungen die Verpflichtung zur Übernahme des ganzen Grundstückes nur auf Grund des von ihm für ausschließlich anwendbar erachteten § 13 geprüft hat, der Aufhebung. . . .

Zu D. Zinsen von der Entschädigungssumme hatte der erste Richter der Klägerin nur vom Tage der Enteignung ab zugesprochen, während Klägerin solche vom 1. Juni 1885 ab fordert. Der Berufungsrichter hat die Anschlußberufung der Klägerin bezüglich der Zinsen insoweit für begründet erachtet, daß er ihr Zinsen vom 1. Dezember 1888, dem Tage der Zustellung des Beschlusses des Bezirksausschusses, ab zugesprochen hat.

Der Berufungsrichter nimmt an, daß die Besitzeinweisung der Beklagten sich schon im Jahre 1885, als auf Grund des neuen Bebauungsplanes der Konsens zur Errichtung eines neuen Theaters verweigert wurde, vollzogen habe, und hält den Zinsanspruch an sich, da niemand Sache und Kaufgeld zugleich nutzen soll (§ 109 A.L.R. I. 11), schon vom 1. Juni 1885 an für begründet. Nur deshalb, weil damals der Betrag des von der Beklagten zu zahlenden Kaufpreises noch nicht in der vorgeschriebenen Weise festgestellt gewesen sei, hat er den Anfangspunkt der Verzinsung auf den Tag der Zustellung der Entscheidung des Bezirksausschusses verlegt.

Dem kann nicht beigetreten werden. Wenn, wie in der Rechtsprechung anerkannt ist, der frühere Beginn der Verzinsungspflicht nach der Vorschrift der allgemeinen Gesetze und insbesondere des vom Berufungsrichter angezogenen § 109 durch § 36 des Enteignungsgesetzes nicht ausgeschlossen ist, so fehlt es an jedem rechtlichen Grunde, dem Eigentümer die Verzinsung des Kaufgeldes, die er aus diesem Gesichtspunkte zu fordern hat, bis zu dem, von seiner Einwirkung nicht abhängigen Zeitpunkte der Feststellung der Entschädigung durch die Verwaltungsbehörde zu versagen. Denn wenn auch die Höhe der Enteignungsentschädigung erst durch diesen Beschluß, endgültig sogar erst durch den Ablauf der Frist zur Beschreitung des Rechtsweges oder durch rechtskräftige richterliche Entscheidung, festgesetzt wird, so steht doch die Verpflichtung zur Zahlung eines Kaufgeldes schon vorher fest, und die gesetzlich geordnete Bestimmbarkeit desselben ist der Bestimmtheit gleich zu achten (§§ 46 flg. A.L.R. I. 11). Die Entscheidung des Berufungsrichters würde nur von dem in der landrechtlichen Rechtsprechung und Wissenschaft nicht anerkannten Gesichtspunkte der Entschädigung aus einer unerlaubten Handlung (§ 66 A.L.R. I. 16) zu rechtfertigen sein." . . .

62. Inwieweit ist es im Eheprozesse zulässig, mit der den Bestand der Ehe betreffenden Klage den Antrag auf Entscheidung über die Schuldfrage zu verbinden?

A.L.R. II. 1 §§ 745. 963—965. 974.
C.P.O. § 575.

IV. Civilsenat. Urt. v. 1. Juni 1893 i. S. N. (Kl.) w. N. (Bekl.)
Rep. IV. 1/93.

I. Landgericht Görlitz.
II. Oberlandesgericht Breslau.

Aus den Gründen:

. . . „Aus den §§ 974. 963—965 A.L.R. II. 1, deren Verletzung die Revision rügt, ergiebt sich allerdings, daß im Falle der Ungültigkeitserklärung einer Ehe der schuldige Teil den unschuldigen schadlos halten muß, und daß zur Bestimmung dieser Schadloshaltung die bei Trennung einer an sich gültigen Ehe zu entrichtenden Ehescheidungsstrafen in der Weise zum Maßstabe dienen, daß in der Regel auf den höchsten Satz der Ehescheidungsstrafen zu erkennen ist. In der That hat auch das vormalige preußische Obertribunal auf Grund dieser Vorschriften angenommen, daß auch im Prozesse auf Ungültigkeitserklärung einer Ehe der Antrag, den Beklagten für den schuldigen Teil zu erklären, zulässig ist.

Vgl. Entsch. des Obertrib. Bd. 20 S. 239. 245. 246; Striethorst, Archiv Bd. 47 S. 107.

Für die Frage, ob diese Ansicht gerechtfertigt ist, kommt indessen nicht allein das materielle, sondern auch das zur Zeit der zu treffenden Entscheidung geltende Prozeßrecht, für den vorliegenden Fall also insbesondere § 575 Abs. 2 C.P.O. in Betracht. Nach dieser prozessualen Vorschrift ist die Verbindung einer anderen Klage mit der Klage auf Herstellung des ehelichen Lebens, der Ehescheidungsklage und der Ungültigkeitsklage unstatthaft. Der Antrag, den Gegner für den schuldigen Teil zu erklären, kann daher im Eheprozesse mit dem den Bestand der Ehe betreffenden Antrage nur dann verbunden werden, wenn beide Anträge sich als Ausflüsse einer und derselben Klage darstellen. Infolgedessen ist allerdings im Ehescheidungsprozesse die Verbindung beider Anträge für zulässig, und mithin die Vorschrift des § 745 A.L.R. II. 1, wonach bei dem Ehescheidungsprozesse die Schuldfrage mit zur Untersuchung gezogen, und das Erforderliche darüber in dem Scheidungsurteile festgesetzt werden muß, auch jetzt noch für gültig zu erachten. Denn der Ehescheidungsgrund, also die Schuld des einen Teiles, ist die Grundlage der Scheidung. Diese läßt sich ohne Prüfung der Schuldfrage überhaupt nicht aussprechen, und es ist deshalb auch nicht eine Verbindung verschiedener Klagen darin zu erblicken, wenn gemäß landesgesetzlicher Vorschrift neben dem Ausspruche der Ehetrennung das Ergebnis der diesem Ausspruche zu Grunde liegenden Untersuchung der Schuldfrage besonders zum Ausdrucke gebracht wird.

Anders verhält es sich aber mit der Ungültigkeitsklage. Denn bei dieser bildet lediglich die Thatsache, aus welcher sich die Ungültigkeit der Ehe ergiebt, ohne Rücksicht auf das schuldbare Verhalten des einen oder des anderen Teiles den Klagegrund. Die Schuldfrage hat also im Falle der Ungültigkeitsklage eine nicht die Ungültigkeit der Ehe, sondern nur die Schadloshaltung betreffende selbständige Bedeutung, welche ihre Erörterung und Feststellung in dem die Ungültigkeitserklärung bezweckenden Rechtsstreite nach §. 575 Abs. 2 C.P.O. ausgeschlossen erscheinen läßt.

Vgl. Förster-Eccius, Preußisches Privatrecht 6. Aufl. Bd. 4 § 210 S. 83 Anm. 14, § 212 S. 104. 105 Anm. 54.

Hiernach erweist sich die Zurückweisung des mit der Ungültigkeitsklage verbundenen Antrages, die Beklagte für den schuldigen Teil zu erklären, als gerechtfertigt." ...

---

63. Von welchem Betrage ist die Erbschaftssteuer bei einem auf einem Erbvertrage beruhenden Anfalle zu entrichten?

IV. Civilsenat. Urt. v. 8. Juni 1893 i. S. Fiskus (Bekl.) w. F. (Kl.) Rep. IV. 2/93.

I. Landgericht Königsberg i. Pr.
II. Oberlandesgericht daselbst.

Die beiden Schwestern L. und H. R. haben am 14. Juni 1871 mit dem Kläger, ihrem Schwestersohne, einen gerichtlichen Erbvertrag geschlossen. Jede von ihnen berief die andere und, falls sie die Schwester überleben würde, den Kläger als Universalerben. Dagegen verpflichtete sich mit Rücksicht auf diese Festsetzungen der Kläger, seinen beiden Tanten, solange auch nur eine von ihnen am Leben sein würde, vom 1. Oktober 1871 ab eine jährliche Rente von 150 ℳ zu zahlen; er verzichtete ferner auf diejenige Forderung von 216 ℳ Wohnungsmiete, welche die beiden Tanten ihm und seinem Bruder H. E. schuldig waren.... Die beiden Tanten des Klägers sind gestorben, L. R. am 7. Juli 1872, H. R. am 25. April 1890. Die von dem Kläger angetretene Erbschaft beträgt nach Abzug zweier Vermächtnisse 5459,46 ℳ. Von diesem Betrage hat der Kläger die erforderte Erbschaftssteuer von Zwei vom Hundert mit 109,50 ℳ am 5. April 1892 bezahlt. Er fordert den gezahlten Betrag zurück, weil nach § 5 Abs. 3 des Gesetzes, betreffend die Erbschaftssteuer, vom 30. Mai 1873 von der steuerpflichtigen Masse alle Schulden und Lasten in Abzug zu bringen seien, welche er mit und wegen der steuerpflichtigen Masse übernommen habe, die von ihm zufolge des Vertrages vom 14. Juni 1871 seinen beiden Tanten gegenüber übernommenen und gemachten Leistungen aber größer seien, als die ihm zugefallene Masse. Der Beklagte hat Abweisung des Klägers beantragt. Das Landgericht hat den Beklagten zur Zahlung von 20,54 ℳ nebst 5% Zinsen seit dem 5. April 1892 verurteilt, die Verurteilung in Höhe eines Forderungsbetrages von 37,50 ℳ von der Leistung eines dem Kläger auferlegten Eides abhängig gemacht und den Kläger mit einem Forderungsbetrage von 51,46 ℳ abgewiesen. Die Berufung des Beklagten ist zurückgewiesen. Auf die Revision desselben ist das Berufungsurteil aufgehoben und der Kläger mit seiner Klage gänzlich abgewiesen worden aus folgenden

Gründen:

„Der § 5 des Gesetzes, betreffend die Erbschaftssteuer, vom 30. Mai 1873 bestimmt:

Die Erbschaftssteuer wird von dem Betrage entrichtet, um welchen diejenigen, denen der Anfall zukommt, durch denselben reicher werden.

Es sind daher der steuerpflichtigen Masse alle zu derselben gehörige ausstehende Forderungen, auch die, welche der Erwerber selbst zur Masse schuldet, oder die ihm erst mit dem Anfalle erlassen werden, hinzuzurechnen.

Dagegen kommen von der steuerpflichtigen Masse in Abzug alle Schulden und Lasten, welche mit und wegen derselben übernommen werden. Hierzu werden bei Erbschaften auch gerechnet die Kosten der letzten Krankheit und des Begräbnisses des Erblassers, die gerichtlichen und außergerichtlichen Kosten der Nachlaßregulierung und der im Interesse der Masse geführten Prozesse, nicht aber der Betrag der Erbschaftssteuer selbst und nicht die Kosten der zwischen den Erbinteressenten in deren besonderem Interesse geführten Prozesse.

Aus dieser Bestimmung folgert das Berufungsgericht, daß, wenn jemand das Erbrecht auf Grund eines mit dem Erblasser geschlossenen Vertrages erwirbt, gemäß Abs. 3 dieses § 5 diejenigen Leistungen, welche der Erbe als vertragsmäßige Gegenleistung übernahm, und durch welche er die Erbeseinsetzung von dem Gegenkontrahenten erlangte, bei Ermittelung der steuerpflichtigen Masse in Abzug zu bringen sind, und daß nach Abs. 1 des § 5 der Erbe nur von demjenigen Betrage zur Steuer herangezogen werden darf, um welchen er durch den Vertrag bereichert worden ist. Als diesen Betrag sieht das Gericht die ererbte Summe abzüglich des für den Erwerb der Summe vom Kläger Geleisteten an. Und in Anwendung dieses allgemein aufgestellten Grundsatzes wird in Beziehung auf den vorliegenden Rechtsfall erwogen: „Die hier in Frage kommenden, im § 4 des genannten Erbvertrages bezeichneten Verpflichtungen haben einerseits, wie aus dem Wortlaute jenes § 4: „ich verpflichte mich mit Rücksicht auf die oben getroffenen Festsetzungen" folgt, den Charakter der vertragsmäßigen Gegenleistung gegen die Erbeseinsetzung, andererseits ist Kläger durch den Vertrag nur um so viel bereichert worden, als der Erbanfall die von ihm auf Grund des Erbvertrages gemachten Leistungen übersteigt."

Dieser Entscheidungsgrund verkennt, daß es sich nicht um die Versteuerung des Erbschaftsvertrages, sondern um die Versteuerung der angefallenen Erbschaft handelt. „Die steuerpflichtige Masse", von welcher die mit und wegen derselben übernommenen Schulden und Lasten nach § 5 des Gesetzes in Abzug kommen sollen, ist die Erbschaft. Die Erbschaft aber besteht aus dem Inbegriffe der von einem Verstorbenen hinterlassenen Sachen, Rechte und Pflichten

(§ 350 A.L.R. I. 9). Mit diesem Begriffe der Erbschaft ist die Annahme des Berufungsgerichtes unvereinbar, daß die von einem auf einem Erbvertrage beruhenden Anfalle zu entrichtende Erbschaftssteuer von demjenigen Betrage zu entrichten sei, um welchen der Erbe „durch den Vertrag“ bereichert worden ist, vielmehr kann nach dem Begriffe der Erbschaft und nach der klaren Vorschrift des Gesetzes auch bei einem solchen Anfalle nur derjenige Betrag maßgebend sein, um welchen der Erbe durch den Anfall reicher wird. Die Abrechnung der in einem Erbvertrage übernommenen vertragsmäßigen Gegenleistungen von der steuerpflichtigen Masse beruht sonach auf einer Verletzung des § 5 des Gesetzes, betreffend die Erbschaftssteuer, und das auf dieser Gesetzesverletzung beruhende Berufungsurteil ist aufzuheben.

In der Sache selbst ergiebt sich nach dem Vorstehenden ohne weiteres, daß die von dem Kläger gezahlte Erbschaftssteuer, da die steuerpflichtige Masse nach Abzug zweier Vermächtnisse festgestelltermaßen 5459,46 ℳ beträgt, von diesem Betrage in der tarifmäßigen Höhe von 2% mit Recht erhoben, die Rückforderungsklage somit unbegründet ist.

Demnach war das Berufungsurteil aufzuheben und in der Sache selbst unter Abänderung des landgerichtlichen Urteiles der Kläger mit der Klage gänzlich abzuweisen.“ . . .

---

64. Ist die auf Beseitigung der infolge einer Eisenbahnanlage geänderten Vorflutverhältnisse gerichtete Klage des Anliegers schon aus dem Grunde dem Rechtswege entzogen, weil sie mit dem Betriebe des Eisenbahnunternehmens im Zusammenhange steht, oder bedarf es dazu der Entscheidung der Landespolizeibehörde?

Preuß. Eisenbahngesetz vom 3. November 1838 §§ 4. 14.

V. Civilsenat. Urt. v. 13. Mai 1893 i. S. Domkapitel in N. (Kl.) w. Eisenbahnfiskus (Bekl.). Rep. V. 38/93.

I. Landgericht Naumburg a. S.
II. Oberlandesgericht daselbst.

Der Kläger ist Eigentümer eines unterhalb des Güterbahnhofes bei N. gelegenen Grundstückes, eines Teiles des alten Saalebettes. Der Beklagte besitzt in der Nähe hiervon südlich vom Güterbahnhofe ein Stück Land, das seine Rechtsvorgängerin, die Thüringische Eisenbahngesellschaft, im Jahre 1874 vom Kläger erworben hat. Durch Ausschachtung ist dieses Grundstück niedriger gelegt und so ein Wasserbehälter, der sog. Schwanenteich, entstanden, der unter Vermittelung eines vom Beklagten unter der Roßbacher Straße angelegten Durchlasses aus dem Mausabache gespeist wird. Da diesem die Abwässer der Stadt N. zugeführt werden, so gelangt ein Teil davon in den Schwanenteich und von hier aus, wie der Kläger behauptet, durch einen älteren, unter dem Güterbahnhofe befindlichen Durchlaß in den ihm gehörigen Moritzgraben und so in seine im alten Saalebette befindlichen Weidenanpflanzungen. Indem er ausführt, daß durch die Anlegung des Durchlasses unter der Roßbacher Straße eine künstliche Vorflut geschaffen sei, die auf sein Grundstück schädlich einwirke, und die er deshalb nicht zu dulden brauche, beantragt er, den Beklagten zu verurteilen, geeignete Vorkehrungen zu treffen, welche ein Übertreten von Schlamm und Flüssigkeiten aus dem sog. Schwanenteiche an der Roßbacher Straße in den westlich davon belegenen, durch die Moritzwiesen nach dem alten Saalebette führenden klägerischen Graben in das alte Saalebett verhindern.

Der Beklagte hat der Klage die Einrede der Unzulässigkeit des Rechtsweges entgegengesetzt. Beide Vorinstanzen haben dieser stattgegeben. Auf die Revision des Klägers hat das Reichsgericht das Berufungsurteil aufgehoben und die Sache an das Berufungsgericht zurückverwiesen aus folgenden

Gründen:

„Zunächst ist die Ausführung des Klägers zurückzuweisen, daß er mit der Klage nichts weiter erstrebe als Beseitigung der schädlich wirkenden Immission, und daß es ihm fern liege, eine Änderung der Vorflutverhältnisse, wie sie sich infolge der Anlegung des Durchlasses unter der Roßbacher Straße gestaltet haben, durch die gegenwärtige Klage herbeizuführen. In dem Klagantrage spricht der Kläger nicht bloß von Schlamm, sondern auch von Flüssigkeiten, die aus dem Schwanenteiche in das alte Saalebett gelangten. Jeder Zweifel über die Intention des Klägers wird aber durch die Klagebegründung gehoben: hier erklärt er ausdrücklich, er sei verpflichtet, das von den Moritzwiesen kommende Wasser aufzunehmen, nicht aber auch das durch das Mausawasser vermehrte Wasser des Teiches; durch die Anlegung des Durchlasses unter der Roßbacher Straße habe der Beklagte eine künstliche Vorflut geschaffen, die er (der Kläger) aufzunehmen nicht verpflichtet sei. Hiernach kann der Klagantrag nur dahin verstanden werden, daß der Kläger den Anspruch erhebt, der Beklagte solle sich solange, als sich Wasser der Mausa in den Schwanenteich ergieße, und er nicht Vorkehrungen treffe, die ein Übertreten des Wassers aus dem Schwanenteiche auf die klägerischen Grundstücke verhüten, jeder Zuleitung dieses Wassers enthalten. Dem Berufungsrichter ist hiernach darin beizutreten, daß die Klage in ihrem Endergebnisse darauf abzielt, eine Änderung der durch den Durchlaß unter der Roßbacher Straße geschaffenen Vorflutverhältnisse herbeizuführen.

Dagegen geht der Berufungsrichter fehl, wenn er meint, daß der Kläger wegen dieses Anspruches den Schutz der ordentlichen Gerichte um deswillen nicht anrufen dürfe, weil der Durchlaß für eine mit dem Betriebe des Eisenbahnunternehmens zusammenhängende Anlage zu erachten sei. — Der Berufungsrichter befindet sich in Übereinstimmung mit den vom Reichsgerichte in dem Urteile vom 20. September 1882,

vgl. Entsch. des R.G.'s in Civils. Bd. 7 S. 266,

ausgesprochenen Grundsätzen, wenn er ausführt, daß in der Erteilung der Konzession zum Betriebe der Bahn die allgemeine Anordnung der Staatsgewalt liege, daß die benachbarten Grundbesitzer solche nachteiligen Einwirkungen auf ihre Grundstücke dulden müßten, ohne welche der Betrieb nicht ausführbar ist. Er folgert daraus mit Recht, daß eine solche Konzessionierung den Charakter eines im öffentlichen Interesse von der Staatsgewalt bewirkten Eingriffes in das Privateigentum hat, wogegen den benachbarten Grundbesitzern die ihnen nach allgemeinen Rechtsgrundsätzen zustehende negatorische Klage versagt wird. Es ergiebt sich hieraus, daß Eisenbahnbauten, die nach Maßgabe des vom Minister auf Grund des § 4 des Eisenbahngesetzes vom 3. November 1838 festgestellten Projektes zur Ausführung gelangen, nicht zum Gegenstande einer negatorischen Klage gemacht werden können. Dasselbe gilt von der Einrichtung und der Unterhaltung aller Anlagen, die von der Regierung an Wegen, Überfahrten, Triften, Einfriedigungen, Bewässerungs- und Vorflutsanlagen für nötig erklärt werden, die benachbarten Grundbesitzer gegen Gefahren und Nachteile bei Benutzung ihrer Grundstücke zu sichern (§ 14 a. a. O.). Dabei macht es keinen Unterschied, ob diese Anlagen erst nach Fertigstellung der Bahn nötig geworden und genehmigt sind oder schon bei dem Projekte in Aussicht genommen waren. Da anzunehmen ist, daß die Landespolizeibehörde bei Regulierung dieser Verhältnisse erschöpfende Anordnungen getroffen hat, so ist den Nachbarn nicht bloß die Klage auf Beseitigung der ausgeführten konsentierten Anlagen entzogen, sondern auch das Recht versagt, die Eisenbahnverwaltung im Rechtswege zur Herstellung besonderer Anlagen zu zwingen, die geeignet sind, die schädigende Einwirkung aufzuheben. Glaubt der Nachbar hierauf einen Anspruch zu haben, so steht ihm frei, die zuständige Landespolizeibehörde um ihre Entscheidung anzugehen; im Rechtswege kann er nur den Anspruch auf Entschädigung geltend machen.

Anders aber gestaltet sich das Rechtsverhältnis zwischen der Eisenbahnverwaltung und den angrenzenden Grundbesitzern bei Eisenbahnbauten, die weder unter das festgestellte Projekt fallen, noch sonst von der Landespolizeibehörde genehmigt worden sind. Hier gelten ohne alle Beschränkung die allgemeinen Grundsätze des Nachbarrechtes, und die Eisenbahnverwaltung steht nicht anders zu den Nachbarn, als jeder andere Grundbesitzer.

Vgl. Eger, Handbuch des preußischen Eisenbahnrechtes Bd. 1 S. 536.

Wenn sie Änderungen an dem Eisenbahnkörper vornimmt, die eine Änderung der Vorflutverhältnisse bewirken, und so in die Eigentumsrechte des Nachbars übergreift, so handelt sie auf ihre eigene Gefahr, und dem Nachbar kann nicht verwehrt werden, seine dadurch verletzten Privatrechte im Rechtswege zu verfolgen. Glaubt die Verwaltung, daß die Anlage zum Eisenbahnbetriebe im öffentlichen Interesse notwendig sei, so kann sie sich gegen eine Klage der Nachbarn nur dadurch sichern, daß sie nachträglich die Genehmigung der Landespolizeibehörde erwirkt; eine selbständige, die Gerichte bindende Entscheidung über den Bau anderer, von der Landespolizeibehörde nicht genehmigter Anlagen steht den Unternehmern der Eisenbahn nicht zu. Hierin wird auch nichts dadurch geändert, daß, wie im vorliegenden Falle, mit der Verwaltung der Eisenbahn eine Staatsbehörde betraut ist; denn zur Wahrnehmung landespolizeilicher Interessen ist sie dadurch nicht berufen. Daraus folgt, daß der Berufungsrichter rechtsirrtümlich es dahingestellt sein läßt, ob die Herstellung des Durchlasses auf Grund landespolizeilicher Genehmigung geschehen ist. Der vom Berufungsrichter angeführte Grund, die Einrichtung sei offensichtlich im Interesse des Eisenbahnbetriebes ausgeführt, trägt nach dem bereits Gesagten die Entscheidung nicht, und es bedarf deshalb nicht einer Prüfung der Frage, wen von den Parteien in dieser Beziehung die Beweislast trifft.

Aus diesen Gründen unterliegt das angefochtene Urteil der Aufhebung. Es ist davon auszugehen, daß nach allgemeinen Rechtsgrundsätzen der vom Kläger erhobene negatorische Anspruch dem ordentlichen Rechtswege unterliegt. Der Beklagte, der die Unzulässigkeit des Rechtsweges geltend macht, hat die Voraussetzungen seines Einwandes darzuthun; ihn trifft daher die Beweislast dafür, daß die Vorflutverhältnisse mit Zustimmung der zuständigen Landespolizeibehörde geändert worden seien. Wenn er sich demgegenüber darauf beruft, daß der Richter über seine Zuständigkeit von Amts wegen zu befinden hat, so übersieht er, daß dadurch die Beweislast, wenn die zur Prüfung dieser Frage notwendigen Thatsachen streitig sind, in keiner Weise berührt wird." ...

---

65. Kann der Mäkler die ihm für das Zuführen eines Käufers versprochene Provision beanspruchen, wenn der Auftraggeber bei dem Verkaufe an die durch den Mäkler zum Kaufen veranlaßte Person von der vorausgegangenen Vermittelungsthätigkeit des Mäklers keine Kenntnis gehabt hat?

VI. Civilsenat. Urt. v. 3. Juli 1893 i. S. W. (Kl.) w. B. (Bekl.) Rep. VI. 140/93.

I. Landgericht I Berlin.
II. Kammergericht daselbst.

Der Beklagte hatte eins seiner Häuser an Frau K., ein anderes an den Architekten F. verkauft und aufgelassen, nachdem er vorher die Klägerin, eine gewerbsmäßige Grundstücksmäklerin, mit dem Zuführen von Käufern für die Häuser beauftragt hatte. Auf Grund der Behauptung, beide Verkäufe zustande gebracht zu haben, beanspruchte Klägerin eine Provision von 5220 ℳ. Das Berufungsgericht hat die Klage in Höhe von 3220 ℳ unbedingt abgewiesen, wegen der übrigen 2000 ℳ aber die Entscheidung von der Leistung oder Nichtleistung eines Eides abhängig gemacht, welchen der Beklagte dahin leisten soll, daß er zur Zeit des Abschlusses der Kaufverträge keine Kenntnis davon gehabt habe, daß die Verkäuflichkeit der beiden Häuser den Käufern durch die Klägerin mitgeteilt war. Der von der Klägerin gegen die Erheblichkeit dieses Eides gerichtete Revisionsangriff ist verworfen worden.

Aus den Gründen:

... „Eine Provision überhaupt kann nach der Ansicht des Berufungsgerichtes die Klägerin fordern, sofern die Personen, welche später die Häuser gekauft haben, von ihr dem Beklagten zugeführt sind. Dazu, so wird ausgeführt, sei es nicht erforderlich, daß die Klägerin persönlich dem Beklagten die Kauflustigen als solche zugeführt oder vorgestellt habe; vielmehr genüge es, „wenn die Kauflustigen die Verkäuflichkeit der Häuser durch die Thätigkeit der Vermittlerin erfahren haben, und der Verkäufer bei Gelegenheit der Verkaufsverhandlungen selbst, sei es durch die Vermittlerin oder die Kauflustigen oder sonst auf glaubhafte Weise, davon Kenntnis erlangt, daß der Kauflustige, mit dem er abzuschließen im Begriffe steht, die Verkäuflichkeit des betreffenden Hauses durch diejenige Person, die eine Provision in Anspruch nimmt, erfahren habe, daß also der etwaige Kaufabschluß selbst auf deren vermittelnde Thätigkeit als Ursache zurückzuführen sei". Sache des Vermittlers sei es, Sorge dafür zu tragen, daß sein Auftraggeber zur rechten Zeit diese Kenntnis erlange, um darauf bei der Preisnormierung oder sonst Rücksicht nehmen zu können; jedoch genüge es auch, wenn der Verkäufer durch den Kauflustigen bei der Verhandlung selbst oder durch zweckentsprechende Mitteilungen von der Sachlage unterrichtet werde. Unter Würdigung der Beweisaufnahme sieht sodann das Gericht als erwiesen an, daß die Verkäuflichkeit der Häuser des Beklagten sowohl der Frau K. wie auch dem Architekten F. durch die Klägerin bekannt geworden, und daß beider Kaufentschluß auf die vermittelnde Thätigkeit der Klägerin zurückzuführen ist. Es erachtet dagegen nicht für erwiesen, daß der Beklagte hiervon zur Zeit des Abschlusses der Kaufverträge Kenntnis gehabt habe, und hat deshalb auf den hierüber dem Beklagten eventuell zugeschobenen Eid erkannt und für den Fall der Ableistung des Eides die Klägerin auch in Höhe der für die Zuführung versprochenen 2000 ℳ abgewiesen.

Demgegenüber wird von der Revision in erster Reihe geltend gemacht, daß der dem Beklagten zuerkannte Eid unerheblich sei, da die Klägerin mit Leistung der ihr aufgetragenen Dienste die Provision verdient und nicht außerdem noch nachzuweisen habe, daß dem Beklagten bei Abschluß der Kaufverträge deren Vermittelung durch die Klägerin bekannt gewesen sei. Dieser Ausführung konnte indessen nicht beigepflichtet werden. Bei sonstigen Verträgen über Handlungen ist allerdings der Anspruch auf die bedungene Vergütung für begründet zu erachten, sobald die übernommenen Handlungen geleistet sind, ohne daß es darauf ankommt, ob der andere Kontrahent die geleisteten Handlungen angenommen hat, und ob die Annahme mit dem Bewußtsein, es werde durch die Handlungen der Vertrag erfüllt, erfolgt ist.

Vgl. das Reichsgerichtsurteil vom 15. Juni 1891, Gruchot, Beiträge Bd. 35 S. 915.

Allein dieser Grundsatz findet auf den Mäklervertrag keine Anwendung. Der Anspruch auf Mäklerlohn setzt nicht bloß die Vermittelungsthätigkeit des Mäklers, sondern noch außerdem einen vom Willen des Mäklers unabhängigen Umstand, das Zustandekommen des zu vermittelnden Geschäftes, voraus. Dem Ermessen des Auftraggebers bleibt es also überlassen, ob er die vom Mäkler geleisteten Dienste annehmen will oder nicht. Erst wenn er sich für die Annahme entschieden und auf Grund der Vermittlerdienste das Geschäft abgeschlossen hat, wird er zur Zahlung der Vermittlergebühr verpflichtet. Von einer Annahme der Dienste wird aber nur da die Rede sein können, wo der Auftraggeber bei dem Geschäftsabschlusse von der vorausgegangenen Vermittlerthätigkeit Kenntnis gehabt hat. Daß solche Kenntnis und das damit erlangte Bewußtsein von der Verpflichtung zur Zahlung der Mäklergebühr auf die Entschließungen des Auftraggebers in Ansehung des Geschäftsabschlusses selbst, der Preisbestimmung sowie der Gewährung anderweiter Provisionen von wesentlichem Einflusse sein kann, liegt auf der Hand, wie denn auch im vorliegenden Falle der Beklagte nach der Feststellung des Vorderrichters der Frau K. eine Vermittelungsprovision bezüglich des Verkaufes an F. hat zukommen lassen.

Die Revision weist freilich darauf hin, daß es dem Beklagten freigestanden habe, sich vor dem Geschäftsabschlusse durch Befragung der Klägerin über deren Vermittlerthätigkeit Gewißheit zu schaffen. Zu solcher Befragung lag aber für den Beklagten kein Anlaß vor, wenn er nach der Sachlage annehmen durfte, daß Frau K. ohne eine vorherige Vermittlerthätigkeit der Klägerin und F. infolge der Vermittlerthätigkeit der Frau K. als Kauflustige zu ihm gekommen seien. Wollte die Klägerin sich ihren Provisionsanspruch sichern, so war es, wie das Berufungsgericht mit Recht hervorhebt, ihre Sache, dafür Sorge zu tragen, daß der Beklagte von ihrer Vermittlerthätigkeit rechtzeitig Kenntnis erlange. Dies folgt schon aus dem Inhalte des ihr erteilten Auftrages. Sie sollte dem Beklagten Kauflustige „zuführen" und hatte danach, sofern sie das Zuführen nicht persönlich bewirkte, doch jedenfalls ihre Thätigkeit so einzurichten, daß dem Beklagten vor dem Geschäftsabschlusse ihre Mitwirkung zu dem Auftreten der Kauflustigen als eine „zuführende" zum Bewußtsein kam. Hatte der Beklagte von solcher Mitwirkung weder durch direkte Mitteilungen der Klägerin noch in anderer Weise Kenntnis erhalten, so können die von der Klägerin geleisteten Dienste als dem Beklagten geleistet nicht angesehen werden.

Vgl. hierzu Urteil des Reichsgerichtes vom 18. Juni 1885, Rep. IV. 73/85, auszugsweise in Bolze, Praxis Bd. 1 Nr. 974; Dernburg, Preußisches Privatrecht Bd. 2 § 190 zu Anm. 16 S. 556. 557; Neubauer in Kohler und Ring, Archiv für bürgerliches Recht Bd. 6 S. 18; Riesenfeld in Gruchot, Beiträge Bd. 37 S. 268; Seuffert, Archiv Bd. 30 Nr. 22 S. 27." ...

---

66. Ist bei einer Erbteilung der Irrtum ein wesentlicher, welcher nur den Umfang des Nachlasses betrifft?

IV. Civilsenat. Urt. v. 20. Februar 1893 i. S. R. (Bekl.) w. B. (Kl.) Rep. IV. 317/92.

I. Landgericht I Berlin.
II. Kammergericht daselbst.

Aus den Gründen:

„Der zu Berlin verstorbene Reiseunternehmer R. hat außer seiner Witwe, der Beklagten, zwei Kinder, nämlich die Klägerin, eine Tochter aus früherer Ehe, und einen minderjährigen Sohn als Erben hinterlassen. Nachdem die Beklagte, welche sich im Besitze des Nachlasses befand, ein von ihr am 25. März 1889 aufgestelltes Nachlaßinventar zu den Vormundschaftsakten eingereicht hatte, setzten sich die Erbinteressenten zunächst über einen Teil des Nachlasses auseinander und schlossen sodann am 23. Januar 1890 einen Nachtragserbvergleich ab, in welchem folgende Bestimmung getroffen worden ist: „Zur Abfindung wegen aller ihr gegen den durch den Teilrezeß noch nicht berührten Nachlaß ihres verstorbenen Vaters ... noch zustehenden Ansprüche, auf welchen Rechtstitel immer dieselben sich stützen, erhält Frau B. (die Klägerin) seitens ihrer Miterben 7500 ℳ ausgezahlt. Durch Zahlung der vorgedachten Summe erklärt Frau B. sich wegen aller Ansprüche an den Nachlaß ihres verstorbenen Vaters für abgefunden und übereignet den gesamten Nachlaß, soweit derselbe nicht schon geteilt ist, der Frau Witwe R. und dem minderjährigen Carl Curt Johannes R. zu gemeinschaftlichem Eigentume."

Die Klägerin will sich hierbei über den Umfang der Teilungsmasse in einem Irrtume befunden haben. Unstreitig ist in dieser Beziehung, daß die Beklagte als märkische Ehefrau ihr eigenes Vermögen mit zur Teilung zu bringen hatte, und daß von ihr in dem Inventar vom 25. März 1889 als ihr gehörige Vermögensstücke nur Mobilien zum Gesamtwerte von 443,50 ℳ aufgeführt sind. Nach der Feststellung des Berufungsrichters besaß sie jedoch bereits zur Zeit des Todes ihres Ehemannes weit mehr Vermögen, indem ihr bereits seit dem im Jahre 1868 erfolgten Tode ihres Vaters ... dessen Rechte am Nachlasse ihres Großvaters, des früher verstorbenen Stadtrates P., zugefallen waren. ... Dieses ererbten Vermögens der Beklagten ist in dem Nachtragsrezesse vom 23. Januar 1890 keine Erwähnung geschehen.

Der Berufungsrichter hat einen wesentlichen Irrtum der Klägerin auf Grund folgender Erwägungen angenommen: „Offenbar hätten die Beteiligten das von der Beklagten aufgestellte Inventar dem Vergleiche vom 23. Januar 1890 zu Grunde gelegt." (Dies wird weiter ausgeführt.) „Demnach habe die Klägerin als den zur Verteilung gelangenden Nachlaß des Erblassers dasjenige Vermögen angesehen, welches in dem von der Beklagten gelegten Inventare verzeichnet gewesen sei. Dies Vermögen sei aber in Wirklichkeit nicht das zu teilende Vermögen; denn es gehöre zu demselben noch dasjenige Vermögen der Beklagten, welches diese von ihrem Vater ererbt gehabt. Infolgedessen habe sich die Klägerin bei Abschluß des Vergleiches in dem Objekte, auf welches sich derselbe bezog, also in dem Hauptgegenstande ihrer Willenserklärung, oder wenigstens in dem vorausgesetzten Werte, also einer wesentlichen Eigenschaft desselben geirrt."

Die Richtigkeit dieses letzten, den vorausgesetzten Wert als wesentliche Eigenschaft bezeichnenden Satzes kann unerörtert bleiben, da die übrigen vorstehenden Ausführungen im wesentlichen für zutreffend und durchgreifend zu erachten sind.

Das Reichsgericht hat in einem Urteile vom 2. Januar 1882 in Sachen v. W. wider v. Sch. Rep. IV. 148/81, wo behauptet war, daß ein Nachlaßaktivum von 2500 Thalern bei Abschluß des Erbvergleiches übersehen sei, im Anschlusse an mehrere Entscheidungen des ehemaligen Obertribunales,

vgl. Striethorst, Archiv Bd. 3 S. 207, Bd. 40 S. 260. 263, Bd. 41 S. 54. 59, Bd. 96 S. 26. 29,

allerdings ausgeführt: „Als Hauptgegenstand einer Erbteilung sei der Nachlaß als solcher, das ist der Inbegriff aller Sachen, Rechte und Verpflichtungen des Erblassers zu betrachten. Ein Irrtum, welcher bezüglich einzelner dem Inbegriffe angehörender Objekte stattgefunden habe, könne dagegen nur als ein Irrtum über die Beschaffenheit des der Teilung unterworfenen Nachlasses betrachtet werden, und ein solcher Irrtum sei nach § 418 A.L.R. I. 16 in der Regel nicht geeignet, die Anfechtung zu begründen." Ob an diesen Grundsätzen in solcher Allgemeinheit festzuhalten ist, kann hier dahingestellt bleiben, da der leitende Gesichtspunkt jener Entscheidung jedenfalls dann nicht zutrifft, wenn die Absicht der Kontrahenten in Wirklichkeit darauf gerichtet war, sich auf Grund eines Verzeichnisses über die spezifizierten Vermögensstücke auseinander zu setzen (§ 436 A.L.R. I. 16), und wenn sie dabei in der irrigen Annahme, daß das Verzeichnis den ganzen Nachlaß darstelle, den gesamten Nachlaß als Objekt der Auseinandersetzung bezeichneten.[1] In solchem Falle darf das entscheidende Gewicht

[1] In gleicher Weise hat das Reichsgericht durch Urteil vom 16. Februar 1893 i. S. Z. w. H. Rep. IV. 9/93 entschieden, wobei auch auf Arch. f. Rechtspfl. Bd. 79 S. 267, Entsch. des preuß. Obertrib. Bd. 36 S. 96 und Gruchot, Beitr. Bd. 24 S. 452 Bezug genommen ist.

nicht auf den irrtümlich zur Anwendung gebrachten, zu weit gehenden Ausdruck, sondern es muß darauf gelegt werden, was die Kontrahenten als Gegenstand der Auseinandersetzung wirklich im Auge gehabt haben. So liegt die Sache nach der an sich nicht zu beanstandenden Feststellung des Berufungsrichters auch in dem hier zu entscheidenden Streitfalle. Unerheblich ist dabei, ob die Klägerin sich infolge eines rechtlichen oder thatsächlichen Irrtumes über den wahren Umfang der Vermögensmasse, die zwischen den drei Interessenten zur Teilung gebracht werden sollte, in Unkenntnis befunden hat.

Vgl. Juristische Wochenschrift von 1892 S. 488 Nr. 31.

Die Klägerin, welche den Erbvergleich nur über den im Inventar vom 25. März 1889 verzeichneten Vermögenskomplex, nicht aber auch bezüglich des darin nicht mit aufgeführten väterlichen Vermögens der Beklagten, das die Beklagte mit zur Teilung zu bringen verpflichtet war, hat schließen wollen, ist daher vom Berufungsrichter mit Recht für befugt erachtet worden, von der Beklagten zu verlangen, daß diese in das gelegte Inventar noch das eigene, von ihrem Vater ererbte Vermögen mit aufnehme und das so berichtigte Inventar durch Ableistung eines der Sachlage entsprechend normierten Offenbarungseides erhärte." ...

---

67. Unterliegt ein Vertrag, durch welchen die Rechte auf ausschließliche Ausnutzung und Verwertung eines Patentes für einen räumlich bestimmten Bezirk und mit einer gewissen Produktionsbeschränkung dauernd übertragen werden, dem Kauf-, dem Miets- oder dem Cessionsstempel?

IV. Civilsenat. Urt. v. 20. April 1893 i. S. Pommersche Provinzialzuckersiederei (Kl.) w. Fiskus (Bekl.). Rep. IV. 73/93.

I. Landgericht Stettin.
II. Oberlandesgericht daselbst.

Aus den Gründen:

„Der Streit der Parteien betrifft die Frage, ob zu dem Vertrage vom 16. März 1889 und dem vom 8. 15. 20. März 1889 der Cessionsstempel, wie Klägerin behauptet, oder der Kaufstempel, wie der erste Richter annimmt, oder der Mietsstempel, wovon der Berufungsrichter ausgeht, zu verwenden war. Behufs der nach der gegebenen Sachlage zu treffenden Entscheidung dieser Frage ist zunächst auf den Inhalt der genannten beiden Verträge sowie den Inhalt des Vertrages vom 12. August 1888, auf welchen die ersteren Bezug nehmen, näher einzugehen.

In dem Vertrage vom 12. August 1888 (§ 2), welcher von dreizehn Personen, zum Teil Firmenvertretern, geschlossen worden ist, von denen die unter 5 bis 13 aufgeführten ein durch die jetzige Klägerin vertretenes Konsortium bildeten, haben die unter 1 bis 4 benannten Personen die ihnen nach den beiden Verträgen vom 23. April 1888 zustehenden und dort näher bezeichneten Rechte auf Ausnutzung und Verwertung der deutschen Reichspatente Nr. 31 486 mit Zusatzpatent Nr. 33284 und Nr. 43484 für das Gebiet des deutschen Reiches mit Ausnahme bestimmter — hier nicht interessierender — Gebietsteile an das gedachte Konsortium für eine bar zu zahlende Valuta von $1^1/_2$ Millionen Mark und mit der Bestimmung abgetreten, daß von den „Cessionarien“ bezw. deren Rechtsnachfolgern bis zum 1. Mai 1892 nur ein bestimmtes Quantum fertiger Ware hergestellt werden darf. Nach § 3 des Vertrages hat das Konsortium die für die Patente nach der Patenturkunde zu entrichtenden jährlichen Patentgebühren zu zahlen. In § 4 erkennen die Vertragschließenden zu 1 bis 4 an, daß sie von den durch die vorgedachten Verträge erworbenen Patentausnutzungsrechten für sich selbst nur die Rechte für das Herzogtum Braunschweig mit einem bestimmten Produktionsquantum unbeschränkt im Besitze behalten haben.

Durch Vertrag vom 16. März 1889 hat demnächst das Konsortium an die Direktion der Diskontogesellschaft und an die Berliner Handelsgesellschaft alle Rechte abgetreten, welche ihm aus dem Vertrage vom 12. August 1888 und einem am 1. Oktober 1888 vereinbarten Nachtrage auf ausschließliche Ausnutzung und Verwertung der genannten drei Reichspatente für das Gebiet der drei preußischen Provinzen Posen,

Ost- und Westpreußen zustehen, mit der Maßnahme, daß bis zum 1. Mai 1892 jährlich nur ein gewisses Quantum Zucker und nach diesem Zeitpunkte jährlich nur ein anderes größeres Quantum von bestimmter Höhe hergestellt werden darf. Die „Cessionarien" werden für berechtigt erklärt, innerhalb der drei Provinzen ihrerseits weitere Lizenzen abzugeben, jedoch mit der Beschränkung, daß nicht mehr als das vorhin gedachte Quantum Zucker hergestellt wird. Die Vertragschließenden übernehmen gegenseitig die Verpflichtung, einander etwaige Verbesserungen mitzuteilen und diese Verpflichtung bei weiteren Lizenzerteilungen den neuen Erwerbern aufzuerlegen. Das Konsortium steht für die Aufrechterhaltung der Patente insofern ein, als es die Patentgebühren zu bezahlen hat, übernimmt aber keinerlei Gewähr für die Rechtsbeständigkeit der Patente, noch irgend welche Garantie oder Verpflichtungen über diejenigen Rechte hinaus, welche das Konsortium aus dem patentierten Verfahren besitzt.

Durch Vertrag vom 8. 15. 20. März 1889 hat das Konsortium dem rheinischen Aktienvereine für Zuckersiederei in Köln das Recht erteilt, die in den genannten Patenten näher beschriebenen Verfahren in einem von dem bezeichneten Aktienvereine demnächst in der Elbegegend zwischen Dessau und Wittenberg zu errichtenden Raffinerieetablissement anzuwenden. Dem Aktienvereine wird einerseits die Beschränkung auferlegt, bis zum 1. Mai 1892 nur eine bestimmte Menge Zucker verarbeiten zu dürfen, andererseits das Recht eingeräumt, nach dem 1. Mai 1892 Lizenzen im Herzogtume Anhalt auszugeben, während das Konsortium sich verpflichtet, seinerseits Lizenzen im Herzogtume Anhalt bis zum 1. Mai 1892 gar nicht und später nur mit Einwilligung des Aktienvereines zu erteilen. Das Konsortium übernimmt keine Gewähr für die Rechtsbeständigkeit der Patente, verpflichtet sich aber im Falle der Nachahmung der Erfindung oder eines anderen Eingreifens dritter Personen in die Patentrechte, wodurch ein gerichtliches Einschreiten nötig wird, auf Ersuchen des Aktienvereines die gerichtlichen Schritte in Gemeinschaft mit diesem vorzunehmen und durchzuführen.

Die im Vertrage vom 12. August 1888 in Bezug genommenen beiden Verträge vom 23. April 1888 sind von den Parteien nicht beigebracht, und deren Inhalt ist von ihnen nicht angegeben worden. Daß die vier im Vertrage vom 12. August 1888 als Cedenten auftretenden Personen die wirklichen Patentinhaber sind, ist nicht festgestellt. Aus dem Inhalte des Vertrages ist auch nicht zu entnehmen, daß das Patentrecht selbst in seinem vollen Umfange Gegenstand der Übertragung gewesen ist. Vielmehr muß aus den Worten des Vertrages, nach denen die in dem Vertrage als Cedenten bezeichneten Personen ihre Rechte auf Ausnutzung und Verwertung der Patente zum Gegenstande der Abtretung machen, gefolgert werden, daß Gegenstand der beiden Verträge vom 23. April 1888 nicht die Abtretung des Patentrechtes in vollem Umfange, sondern nur eine beschränkte Übertragung desselben gewesen ist, daß die vier Personen das ihnen zustehende Recht auf ausschließliche Ausnutzung und Verwertung der Patente an das Konsortium übertragen haben, und daß das letztere demnächst diese Rechte durch zwei voneinander abweichende Verträge weiter übertragen hat. Wenn hieraus die Revision den Schluß zieht, daß die beiden Verträge vom März 1889, da sie von der Klägerin nur als Lizenzträgerin geschlossen worden, lediglich als Cessionen der Rechte aus einer Lizenz anzusehen seien und nur den Stempel von Cessionsinstrumenten erfordert hätten, so kann ihr nicht beigetreten werden. Gegenstand und Inhalt der Verträge schließen nicht aus, die Verträge als Kaufverträge, wie es der erste Richter thut, aufzufassen.

Die Frage, ob die Übertragung eines Patentes gegen eine Geldvergütung als Kaufgeschäft oder als Cession zu beurteilen sei, ist vom Reichsgerichte für das preußische Recht wiederholt in ersterem Sinne beantwortet worden (Urteil des IV. Civilsenates vom 11. Oktober 1886, preuß. J.M.Bl. von 1887 S. 53; Urteil desselben Senates vom 18. September 1890, Gruchot, Beiträge Bd. 35 S. 962; Urteil desselben Senates vom 13. April 1891, Entsch. des R.G.'s in Civils. Bd. 28 S. 253). In dem erstgenannten Urteile ist unter spezieller Erörterung des Begriffes „Sache" ausgeführt worden, daß in der in § 1 A.L.R. I. 11 enthaltenen Begriffsbestimmung des Kaufvertrages unter „Sache" nur dasjenige verstanden werde, was der § 3 I. 2 a. a. O. als „Sache im engeren Sinne" definiere, und daß das Patent den Sachen im engeren Sinne, welche Gegenstand eines stempelpflichtigen Kaufvertrages sein können, beizuzählen sei, da es durch gesetzliche Bestimmung eine Selbständigkeit habe, vermöge deren es der Gegenstand eines dauernden Rechtes sein könne. Es ist weiter dargelegt, daß das mit dem Patente verbundene Recht kein vorübergehendes, durch Ausübung und Erfüllung erlöschendes Recht sei, daß dasselbe vielmehr eine dauernde Selbständigkeit habe und ohne Rücksicht auf seine Übung oder zeitweilige Nichtübung in ungemindertem Umfange bestehen bleibe, sowie daß die dem Erfinder durch das Patent erteilte vermögensrechtliche Befugnis als eine Herrschaft sachenrechtlicher Art über das geistige Produkt der Erfindung sich charakterisiere; für bedeutungslos ist dabei erklärt, daß bei Übertragung eines Patentes eine Übergabe nicht stattfinden könne, da Tradition nicht zum Wesen, sondern zur vollständigen Erfüllung des Kaufvertrages gehöre, insofern eine körperliche Übergabe möglich und notwendig sei.

Diese Erwägungen legt auch der Berufungsrichter seiner Entscheidung zu Grunde; ohne Rechtsirrtum beschränkt er zunächst den Begriff der Cession auf Forderungsrechte oder Rechte aus einem zwischen bestimmten Personen bestehenden Rechtsverhältnisse und führt aus, daß es sich im Streitfalle nicht um solche Rechte, sondern nach Gegenstand und Wirkung um die Übertragung von Rechten mit sachenrechtlicher Ausgestaltung handele, wobei die Ausschließlichkeit des Rechtes gegen jedermann an die Spitze der den Übertragungswillen enthaltenden Erklärung gestellt, die Befugnis zur Abgabe von Lizenzen von seiten der Erwerber als die von selbst gegebene Rechtsfolge aufgefaßt, und die Verfolgbarkeit des übertragenen Rechtes gegen unbefugte Eingriffe Dritter als selbstverständliche Wirkung der Übertragung nicht besonders erwähnt werde. In gleicher Weise stellt er weiter fest, daß außer der bestimmten Sache das Erfordernis eines bestimmten Preises vorliege. Dennoch gelangt der Berufungsrichter zur Verneinung des rechtlichen Charakters der beiden Verträge vom März 1889 als Kaufverträge, und zwar auf Grund der Erwägung, daß eine Übertragung der Patentrechte selbst nicht stattgefunden habe, daß der Gegenstand des Patentrechtes (das geistige Produkt der Erfindung) von Natur physisch (reell, räumlich) nicht teilbar sei, und daß nur die Übertragung des Rechtes nach ideellem Anteile möglich, jedoch in beiden Verträgen nicht zu erkennen sei.

Letztgedachter Ausführung kann jedoch nicht beigetreten werden; vielmehr ist bei richtiger Anwendung der oben dargelegten Grundsätze davon auszugehen, daß dieselben auch im Streitfalle Platz greifen, und daß der Berufungsrichter die Absicht der Vertragschließenden, wie diese in den fraglichen Verträgen zum Ausdrucke gekommen ist, nicht ausreichend berücksichtigt hat. Dem Konsortium sind durch Vertrag vom 12. August 1888 die Rechte auf ausschließliche Ausnutzung und Verwertung der Patente für bestimmte Teile des Deutschen Reiches mit einer gewissen Produktionsbeschränkung übertragen, es ist als berechtigter Inhaber dieser ihm übertragenen Rechte anerkannt und hat demnächst diese Rechte durch Vertrag vom 16. März 1889 für bestimmte Teile des Deutschen Reiches ebenfalls mit einer gewissen Produktionsbeschränkung an die Direktion der Diskontogesellschaft und an die Berliner Handelsgesellschaft weiter übertragen. Dem Konsortium ist also ein selbständiges Recht auf die ausschließliche Verwertung und Ausnutzung der Patente eingeräumt worden, und es steht nichts entgegen, bei solcher Sachlage auch die so eingeräumte Befugnis ebenso wie das Patent als Sache im engeren Sinne zu erachten, da der fraglichen Befugnis in gleicher Weise eine Selbständigkeit beiwohnt, vermöge der sie Gegenstand eines dauernden Rechtes sein kann. Diese Selbständigkeit wird durch die Beschränkung der Produktion auf ein bestimmtes Quantum ebensowenig geändert, wie durch die räumliche Beschränkung des übertragenen Rechtes. Wenn hiernach in betreff des Vertrages vom 12. August 1888 die von dem erkennenden Senate in dem Urteile vom 11. Oktober 1886 ausgesprochenen Grundsätze anzuwenden sind, so müssen dieselben auch auf den Vertrag vom 16. März 1889 zur Anwendung kommen, welcher ebenfalls die Abtretung der Rechte auf ausschließliche Ausnutzung und Verwertung der Patente für einen bestimmten Teil des Deutschen Reiches zum Gegenstande hat. Ihre Anwendung ist aber auch auf den zweiten Vertrag vom 8., 15., 20. März 1889 zulässig und geboten. Abweichend von dem erstgenannten Vertrage ist in letzterem dem rheinischen Aktienvereine nicht das ausschließliche Patentausnutzungsrecht, sondern das Recht erteilt worden, die in den Patenten näher beschriebenen Verfahren in einem neu zu errichtenden Etablissement anzuwenden. Nach dem weiteren Inhalte desselben Vertrages, welcher im übrigen mit jenem Vertrage wesentlich übereinstimmt, hat sich das Konsortium insbesondere auch verpflichtet, auf das Ersuchen des Aktienvereines in Gemeinschaft mit diesem die zum Schutze der Patentrechte erforderlichen gerichtlichen Schritte vorzunehmen und durchzuführen. Der Vertrag ist also keineswegs ein bloßer Lizenzvertrag; derselbe gewährt dem Aktienvereine mit den diesem übertragenen Befugnissen für das bestimmte Etablissement gleichfalls ein ausschließliches Recht zur Ausnutzung des Verfahrens, somit ein selbständiges Recht, welches in dem oben gedachten Sinne als Sache zu erachten ist, die den Gegenstand eines dauernden Rechtes bilden kann. Diese Dauer des übertragenen Rechtes und die Erwägung, daß in den Teilen des Deutschen Reiches, für welche die Verträge geschlossen sind, durch die Verträge eine Ausübung des Patentrechtes von seite der Übertragenden gegen den Willen der Erwerber für die Zukunft überhaupt ausgeschlossen ist, steht der Auffassung des Berufungsgerichtes, das die Verträge als Mietverträge über das Patentrecht ansieht, entgegen.

Ist hiernach dasjenige Erfordernis, welches der Berufungsrichter behufs Feststellung der Verträge als Kaufverträge vermißt hat, gleichfalls vorhanden, so ist der in Ansatz gebrachte Kaufstempel gerechtfertigt. Das Berufungsurteil enthält hiernach zwar insofern die Verletzung einer Rechtsnorm, als es die fraglichen Verträge nicht als Kaufverträge, sondern als Mietverträge auffaßt, sodaß es dahin gelangt, den für Übertragung der Rechte zu zahlenden Betrag als Mietzins anzusehen und die dementsprechende Steuerpflicht anzunehmen. Der Kaufstempel für Mobilien beträgt indes ebenso viel wie der Stempel für Mietverträge. Es kommt daher § 536 C.P.O. zur Anwendung, und die Revision war somit zurückzuweisen."

---

68. Wie ist die Bestimmung des § 49 der preußischen Grundbuchordnung zu verstehen, daß die Vorschriften des bisherigen Rechtes in Ansehung der Grundstücke, für welche ein Grundbuchblatt noch nicht angelegt werden kann, bis zur Anlegung desselben in Gültigkeit bleiben?

III. Civilsenat. Urt. v. 5. Mai 1893 i. S. Gf. W. (Kl.) w. K. (Bekl.) Rep. III. 29/93.

I. Landgericht Osnabrück.
II. Oberlandesgericht Celle.

Aus den Gründen:

... „Das Berufungsgericht hat zunächst nur geprüft, ob Kläger Eigentümer der in Frage stehenden beiden Grundstücke geworden ist, und gelangt, indem es dies verneint, zur Verwerfung der gegen das klagabweisende erste Urteil eingelegten Berufung. Die dagegen gerichtete Revision ist nicht begründet.

Wie feststeht, sind jene Grundstücke Abfindungskoppeln, welche in dem über die Plantlünner Mark eingeleiteten Teilungsverfahren ausweislich des im Jahre 1876 genehmigten und den Beteiligten publizierten Teilungsplanes dem E.'schen Kolonate zugefallen und von E. im Jahre 1878 an den Direktor T. verkauft und übergeben sind. Nach T.'s Tode verkaufte und übergab dessen Witwe und Rechtsnachfolgerin das Gut B. nebst jenen zugekauften Markengründen dem Kläger, welchem auch das Gut aufgelassen wurde, jedoch ohne die Markengründe, weil diese noch nicht in das Grundbuch eingetragen waren.

Mit Recht geht bei dieser Sachlage der Berufungsrichter davon aus, daß der Kläger Eigentümer der Markengrundstücke nur geworden ist, wenn für diese zur Zeit seines Erwerbes ein Grundbuchblatt noch nicht angelegt werden konnte. Denn nach dem für die Niedergrafschaft Lingen eingeführten § 1 Eig.=Erw.=Ges. vom 5. Mai 1872 konnte damals auf Grund von Rechtsgeschäften unter Lebenden das Eigentum an Grundstücken regelmäßig nur durch Auflassung erworben werden. Allerdings behalten nach dem ebenfalls in Lingen geltenden § 49 der Grundbuchordnung „die Vorschriften des bisherigen Rechtes in Ansehung der Grundstücke, für welche ein Grundbuchblatt noch nicht angelegt werden kann, bis zur Anlegung desselben ihre Gültigkeit", und es wird, namentlich von Dernburg (Preußisches Privatrecht Bd. 1 § 240 Anm. 4) die Ansicht verteidigt, daß dieser Fall schon dann als vorliegend angesehen werden müsse, wenn thatsächlich das Grundbuchblatt noch nicht angelegt sei. Diese Ansicht steht aber nicht nur mit dem klaren Wortlaute des Gesetzes in Widerspruch, sondern wird auch durch die Entstehungsgeschichte dieser Bestimmung widerlegt, welche, im Entwurfe fehlend, erst durch Beschluß der Kommission des Herrenhauses mit der ausdrücklichen Motivierung veranlaßt ist: „es dürfe erwartet werden, daß eine solche Ausnahmevorschrift nur restriktive Anwendung finden und nur von objektiven Hindernissen verstanden werde". Damit sollte gerade verhütet werden, daß nach der Willkür der Eigentümer, von deren Antrag jedenfalls im ursprünglichen Bereiche des Gesetzes die Eintragung abhing, die Grundstücke der Einwirkung des § 1 a. a. O. auf unbegrenzte Zeit entzogen werden könnten. Der erkennende Senat hat daher kein Bedenken getragen, dieser von Turnau (Grundbuchordnung § 49 Anm. 2), Achilles (Grundeigentum S. 396 Anm. 3 a. b), Willenbücher (Grundbuchrecht S. 180 B), Peters (Gruchot's Beiträge Bd. 23 S. 613 flg.) u. A. verteidigten Ansicht, daß die Ausnahmebestimmung des § 49 nur bei objektiven Hindernissen Anwendung findet, beizutreten, welche Ansicht schon im Urteile des V. Civilsenates des Reichsgerichtes vom 29. April 1885 Rep. 345/84 gebilligt ist. Auch die Begründung von Eccius in den letzten Auflagen von Förster-Eccius (Preußisches Privatrecht Bd. 3 § 178 Anm. 38), welcher Dernburg mit Einschränkungen beitritt, führt jedenfalls im vorliegenden Falle zu keinem anderen Resultate, da auch er nicht Eigentum, sondern nur die exceptio rei venditae et traditae und damit nur Schutz gegen den vindizierenden Verkäufer als erworben annimmt, daher — was hier entscheidend ist — dem Käufer noch das Recht zugestehen muß, gegen seinen Verkäufer auf Auflassung zu klagen.

Zweifel könnte man vielleicht aus den Schlußworten des § 49 „bis zur Anlegung desselben ihre Gültigkeit" herleiten und das Gesetz so auslegen wollen, daß, wenn zur Zeit seines Wirksamwerdens für das Grundstück ein Grundbuchblatt noch nicht angelegt werden konnte, die früheren Bestimmungen über den Eigentumserwerb wirksam bleiben bis zur thatsächlichen Anlegung. Das würde aber gerade die in der Begründung des Zusatzes erklärte Absicht des Gesetzgebers, die Willkür der Eigentümer auszuschließen, vereiteln, daher zu einem unannehmbaren Resultate führen; die Ausnahme wurde in das Gesetz nur aufgenommen, damit nicht durch § 1 a. a. O. die Veräußerung solcher Grundstücke, für welche ein Grundbuchblatt noch nicht angelegt werden konnte, unmöglich gemacht würde, solange dies Hindernis bestand. Es kann daher nur eine ungenaue Fassung vorliegen und nur gemeint sein: „bis die Anlegung erfolgen kann".

Daß ein objektives Hindernis der Anlegung dann vorliegt, wenn von den zuständigen Behörden die Anträge auf Anlegung ohne Schuld des Antragstellers zurückgewiesen sind, und daß dies einer Nachprüfung des Prozeßrichters nicht unterliegt, ist zuzugeben; ist aber ein solcher Versuch gar nicht gemacht, so führt im Prozesse gegenüber dem § 1 a. a. O. der Erwerber den Nachweis des Eigentumserwerbes nur, wenn er dem Prozeßrichter die Überzeugung verschafft, daß der Ausnahmefall des § 49, also ein objektives Hindernis der Anlegung des Grundbuchblattes vorliegt.

Es ist also nur noch zu prüfen, ob zur Zeit des Erwerbes des Klägers für die angekauften Markengründe ein Grundbuchblatt angelegt werden konnte. Das Berufungsgericht bejaht dies, und seine Begründung läßt einen Rechtsirrtum nicht erkennen." ...

---

69. Steht dem Ehemanne gegen sein Anerkenntnis, daß das von seiner Ehefrau vor der Ehe geborene Kind sein leibliches Kind sei, der Gegenbeweis zu?

A.L.R. II. 2 §§ 596. 16 flg.

Gesetz vom 24. April 1854 (G.S. S. 193) §§ 13. 19.

Vgl. Bd. 22 Nr. 46.

IV. Civilsenat. Urt. v. 6. Juli 1893 i. S. H. (Bekl.) w. S. (Kl.) Rep. IV. 88/93.

I. Landgericht Brieg.
II. Oberlandesgericht Breslau.

Aus den Gründen:

„Die Beklagte ist am 6. März 1861 von der Albertine P., mit welcher der Kläger in erster Ehe seit dem 9. März 1865 verheiratet war, außerehelich geboren worden. In der gerichtlichen Verhandlung vom 13. Dezember 1869 gab der Kläger die Erklärung ab, daß er die Beklagte mit seiner Ehefrau, der Mutter der Beklagten, erzeugt habe, daß er diesem Kinde alle Rechte eines ehelichen Kindes beilege, und daß er dasselbe als durch die nachfolgende Ehe seiner Eltern legitimiert anerkenne. In dem gegenwärtigen Rechtsstreite behauptet der Kläger, daß er jene Erklärung nur auf Bitten seiner damaligen Ehefrau abgegeben habe, daß aber in Wirklichkeit nicht er, sondern der Wirtschaftsinspektor E. der Erzeuger der Beklagten sei. Das Gericht erster Instanz hat den Kläger zur Stellung des Klagantrages nicht für berechtigt erachtet, weil es den Kläger an sein Anerkenntnis für gebunden hält, da dieses nur durch den nicht unternommenen Nachweis hätte entkräftet werden können, daß es infolge Zwanges, Irrtumes oder Betruges abgegeben sei, während ein bloßer Gegenbeweis gegen die thatsächliche Richtigkeit des Anerkenntnisses nicht statthaft erscheine. Dieser Auffassung hat sich das Berufungsgericht nicht angeschlossen. Dasselbe geht davon aus, daß nach § 596 A.L.R. II. 2 die Legitimation durch nachfolgende Ehe nur dann eintrete, wenn das bei der Eingehung einer Ehe vorhandene Kind von den die Ehe schließenden Personen abstamme, sodaß diese physische Abstammung als die unumgängliche Voraussetzung der Legitimation durch nachfolgende Ehe zu erachten sei. In dem Berufungsurteile wird sodann weiter ausgeführt: Die Thatsache der Abstammung könne allerdings durch wörtliche oder thatsächliche Anerkennung der Vaterschaft seitens des Ehemannes bewiesen werden. Ein solches Anerkenntnis habe aber nur die Bedeutung eines Beweismittels, dem gegenüber der Gegenbeweis nicht für ausgeschlossen erachtet werden könne. Demnach sei auch dem Anerkenntnisse des Klägers in der Urkunde vom 13. Dezember 1869 keine konstitutive Wirkung, sondern nur die Bedeutung eines Beweismittels für die Abstammung der Beklagten vom Kläger beizulegen, welches durch Gegenbeweis entkräftet werden könne. Die Führung dieses Gegenbeweises stehe jedem zu, der durch die in dem Anerkenntnisse enthaltene Erklärung in seinen Rechten sich verletzt finde, insbesondere auch dem Erklärenden selbst....

Die Begründung des Berufungsurteiles läßt die getroffene Entscheidung gerechtfertigt erscheinen. Dem Berufungsgerichte ist insbesondere darin beizutreten, daß dem von dem Kläger in der gerichtlichen Verhandlung vom 13. Dezember 1869 abgegebenen Anerkenntnisse seiner Vaterschaft keine konstitutive, nur durch den Nachweis des Zwanges, Irrtumes oder Betruges zu entkräftende Wirkung beizumessen ist, daß dieses Anerkenntnis vielmehr nur als ein Beweismittel für die Abstammung der Beklagten zu betrachten, und daß der Gegenbeweis gegen die Richtigkeit der anerkannten Thatsache zulässig ist. Diese Auffassung findet ihre Rechtfertigung in der Erwägung, daß ein Anerkenntnis, auch wenn ihm im Rechtssysteme die Wirkung eines selbständigen Verpflichtungsaktes überhaupt beigelegt ist, eine konstitutive Wirkung doch jedenfalls nicht auf Rechtsverhältnisse ausüben kann, welche der freien Verfügung der Parteien entzogen sind, und daß zu diesen Rechtsverhältnissen auch die eheliche Verwandtschaft und die Ehelichkeit der Kinder insoweit gehören, als sie die physische Abstammung zur unumgänglichen Voraussetzung für die rechtlichen Wirkungen haben. Diese für einen gemeinrechtlichen Fall von dem Reichsgerichte im Urteile vom 5. März 1889,

vgl. Entsch. des R.G.'s in Civils. Bd. 22 S. 223,

entwickelte Rechtsanschauung findet in betreff der Legitimation unehelicher Kinder durch nachfolgende Ehe auch in dem Geltungsbereiche des preußischen Allgemeinen Landrechtes Anwendung, wie der erkennende Senat bereits in seinem Urteile vom 19. Juni 1893 in Sachen Sasse und Genossen wider Höhne Rep. IV. 21/93 entschieden hat. Indem § 596 A.L.R. II. 2 vorschreibt, daß, wenn ein Schwängerer die Geschwächte heiratet, das aus dem unehelichen Beischlafe erzeugte Kind die Rechte und Verbindlichkeiten eines ehelichen Kindes erlangt, wird in klarer Wortfassung als notwendige Voraussetzung der Legitimation eines unehelichen Kindes durch nachfolgende Ehe die Erzeugung des Kindes durch die demnächstigen Ehegatten hingestellt. Sollte dem Anerkenntnisse der Vaterschaft seitens des Ehemannes die rechtliche Wirkung beiwohnen, daß dasselbe nicht bloß ein Beweismittel für die Erzeugung durch den Ehemann darstellt, sondern diese Erzeugung, wo sie thatsächlich nicht vorliegt, ersetzt, so würde es, da eine solche Gleichstellung sich nach allgemeinen Rechtsgrundsätzen nicht rechtfertigen läßt, einer dahin gehenden besonderen Vorschrift bedurft haben, die aber nicht gegeben ist. Die entgegengesetzte Auffassung läßt sich namentlich nicht aus den §§ 16 flg. A.L.R. II. 2 und den §§ 13. 19 des Gesetzes vom 24. April 1854 (G.S. S. 193), auch soweit angenommen wird, daß für die daselbst vorgesehene Fälle dem Anerkenntnisse konstitutive Bedeutung beigelegt ist, herleiten, da aus diesen Vorschriften für während der Ehe geborene Kinder und für die Ansprüche unehelicher, nicht legitimierter Kinder Folgerungen für die Legitimation unehelicher Kinder nicht zu ziehen sind.

Allerdings kann die Befugnis, das von dem Ehemanne abgegebene Anerkenntnis als unrichtig anzugreifen, nur solchen Personen beigelegt werden, deren Rechte im Falle der Unrichtigkeit des Anerkenntnisses durch die Annahme, das Kind habe die Rechte eines ehelichen Kindes, verletzt werden. Zu diesen Personen gehört aber unbedenklich auch der Ehemann selbst. Die Ansicht der Revision, daß dem anerkennenden Ehemanne der Gegenbeweis der Unrichtigkeit jenes Anerkenntnisses nicht zustehe, weil ihm gegenüber das Anerkenntnis eine stärker bindende Kraft habe, findet in dem Gesetze keine Stütze. Diese Ansicht steht vielmehr, soweit es sich um die hier allein in Betracht kommende Frage handelt, ob das Anerkenntnis dem Anerkennenden gegenüber nicht bloß die Bedeutung eines Beweismittels, sondern, darüber hinausgehend, konstitutive Wirkung hat, mit dem keine Ausnahme gestattenden Grundsatze in Widerspruch, daß die physische Abstammung die Voraussetzung bildet, ohne welche ein außerehelich geborenes Kind die Eigenschaft eines ehelichen durch nachfolgende Verheiratung seiner Mutter überhaupt nicht erlangen kann. Wäre der Erklärende durch sein Anerkenntnis für unbedingt gebunden zu erachten, so würde dies zu dem auch in dem oben erwähnten reichsgerichtlichen Urteile vom 5. März 1889 gemißbilligten Erfolge einer Annahme an Kindesstatt ohne die Beachtung der hierfür im Gesetze vorgeschriebenen, auch den Erklärenden selbst schützenden Formen und einschränkenden Bedingungen führen." . . .

---

70. 1. Beschlagnahme, Anheimstellung des Verkaufes und Zwangsversteigerung immobiler Kuxe. Steht der Gewerkschaft ein Pfand- und Vorzugsrecht wegen rückständiger Zubußen zu?

Verordn. vom 24. Januar 1844 §§ 13. 15. Grundbuchordn. § 121. Gesetz, betr. die Zwangsvollstreckung in das unbewegliche Vermögen, §§ 10. 22. 53—59. 157—161. 180. 186.

Allg. Berggesetz §§ 130. 131. 226—234.

2. Haftet das ehegemeinschaftliche Vermögen für Deliktsschulden des Mannes bei der partikulären Errungenschaftsgemeinschaft, insbesondere nach Sayn-Wittgensteiner Gewohnheitsrecht?

III. Civilsenat. Urt. v. 29. November 1892 i. S. Thonerdzeche G. Tr. M. (Bekl.) w. Kreissparkasse zu A. (Kl.) Rep. III. 190/92.

I. Landgericht Neuwied.
II. Oberlandesgericht Frankfurt a. M.

Der Mitbeklagte Sparkassenrendant R. zu A. verübte zum Nachteile der von ihm verwalteten Kasse bedeutende Unterschlagungen. Auf Grund der Verordnung vom 24. Januar 1844 erließ der Direktor der Kreissparkasse, Landrat B., einen Defektenbeschluß gegen R., vermittelst dessen das gesamte Vermögen des R. mit Beschlag belegt wurde. Hierunter befanden sich auch 41 immobile Kuxe der Thonerdzeche „Guter Trunk Marie", deren Beschlagnahme gerichtsseitig in Abteilung II des vom Amtsgerichte Dierdorf geführten Berggrundbuches eingetragen wurde. Inzwischen hatte die genannte Gewerkschaft Zubußen ausgeschrieben und die damit in Rückstand gebliebenen R.'schen Eheleute, denen jene Kuxe zugeschrieben waren, auf Zahlung belangt, auch ein obsiegliches Erkenntnis erstritten. Demnächst unterwarfen sich die Eheleute R. wegen einer weiteren Zubuße freiwillig der Zwangsvollstreckung und stellten endlich gemäß § 130 des Allg. Berggef. der Gewerkschaft ihre Kuxe anheim. Darauf verfügte das Amtsgericht die Zwangsveräußerung der Kuxe, und zwar auf Grund der §§ 180. 186 des Gesetzes, betr. die Zwangsvollstreckung in das unbewegliche Vermögen, vom 13. Juli 1883 ohne Feststellung eines geringsten Gebotes. Auf Antrag der Kreissparkasse wurde jedoch das Zwangsverfahren eingestellt, und demnächst von dieser Widerspruchsklage gegen die Zeche erhoben. Diese Klage stützt sich darauf, daß durch die angeordnete Zwangsvollstreckung die Rechte der Klägerin gefährdet würden, während die Eheleute R. durch die erfolgte Beschlagnahme ihres Vermögens die Dispositionsfähigkeit verloren hätten. Das Landgericht hat die Beklagten verurteilt: „einzuwilligen, daß die fragliche Zwangsversteigerung nur nach den Bestimmungen der §§ 157—161 des Gesetzes vom 13. Juli 1883 durchgeführt werde." Das Oberlandesgericht hat die Berufung der Beklagten verworfen. Auch die Revision wurde zurückgewiesen.

Aus den Gründen:

... „Die Revision rügt:

I. daß die Beschlagnahme der streitigen Kuxe unzulässig und

rechtsungültig sei, und führt im einzelnen aus: 1. „Der Berufungsrichter verletze den § 13 der Verordnung vom 24. Januar 1844, indem er den im Landratsbeschlusse vom 26. April 1886 angeordneten Generalarrest auf das ganze Vermögen des R. als Sachgesamtheit zugelassen habe. Nach früherem Rechte sei die öffentliche Bekanntmachung einer solchen Beschlagnahme Bedingung ihrer Gültigkeit gewesen, nach neuerem Rechte ein derartiger Arrest, von dem Konkursfalle abgesehen, überhaupt unstatthaft. Auch die Administrativexekution sei jetzt an die gesetzlich zulässigen Zwangsmittel gebunden. Bestehe aber der angefochtene Beschluß nicht zu Recht, so falle damit auch die nur auf Grund desselben erfolgte Eintragung der Beschlagnahme im Berggrundbuche."

Nach § 13 a. a. O. kann jedoch die dem Kassenbeamten vorgesetzte Behörde bei Gefahr im Verzuge vorläufige Sicherheitsmaßregeln durch Beschlagnahme des Vermögens des Beamten ergreifen, nach § 14 a. a. O. kann die Verwaltungsbehörde diesen Beschluß selbst zur Ausführung bringen, wenn sie nach den bestehenden Gesetzen Exekution zu verfügen berechtigt ist, anderenfalls kann sie das zuständige Gericht dieserhalb requirieren. Der § 15 verpflichtet die Gerichte und Hypothekenbehörden, die an sie ergehenden Requisitionen ungesäumt zu vollstrecken und die Beschlagnahme der zur Deckung des Defizits erforderlichen Vermögensstücke anzuordnen. Das Gesetz läßt also in Ansehung der allgemeinen Beschlagnahme des Vermögens eines Kassenbeamten wegen Kassendefekte ein Administrativverfahren und in betreff der Vollstreckung des Defektenbeschlusses entweder ein Administrativverfahren oder eine Requisition der Gerichte zu. Die angeführte Verordnung ist zwar im Laufe der Zeit mehrfach, jedoch nicht in der hier fraglichen Beziehung abgeändert, in § 82 des Ausführungsgesetzes zum Gerichtsverfassungsgesetze vielmehr ausdrücklich aufrecht erhalten worden.

Vgl. hierzu die Cirkularverfügung des Justizministers vom 29. Dezember 1882, J.-M.-Bl. S. 388.

Nun schließt sich der Inhalt des Beschlusses vom 26. April 1886 wörtlich an § 13 der erwähnten Verordnung an. Ob die Vollstreckung der dort im Administrativverfahren ausgesprochenen Beschlagnahme des R.'schen „Vermögens" im gerichtlichen Verfahren nach dem heutigen Stande der Gesetzgebung noch statthaft oder selbst nur möglich war, braucht nicht erörtert zu werden, da sich der Landrat darauf beschränkt hat, das Amtsgericht um die Beschlagnahme einzelner Vermögensstücke, — der streitigen Kuxe — auf Grund des § 15 jener Verordnung anzugehen, und der Gewährung dieses Antrages kein Hindernis entgegenstand. Die öffentliche Bekanntmachung des Defektenbeschlusses oder der erfolgten Beschlagnahme endlich ist im Gesetze nirgends vorgeschrieben.

Die Beklagten greifen sodann die Beschlagnahme ihrer Kuxe deshalb an, weil: 2. „eine Exekution in Kuxe des alten Rechtes, die im Miteigentume der Gewerken ständen, ebensowenig zulässig erscheine, wie die Zwangsvollstreckung in Gesellschaftsanteile nach Art. 119 H.G.B." Das Vermögen einer Handelsgesellschaft erscheint jedoch nicht als ein gewöhnliches Miteigentum der Gesellschafter und bildet für die Gläubiger eines Gesellschafters keinen unmittelbaren Gegenstand des Zugriffes. Gleichwohl ist auch bei einer solchen Sozietät die Beschlagnahme des Anteiles eines Gesellschafters am Gesellschaftsvermögen von seiten eines Privatgläubigers als Sicherheitsmaßregel zur Verhinderung der Veräußerung jenes Anteiles möglich und statthaft.

Vgl. Artt. 91. 111. 119 H.G.B.; Entsch. des R.O.H.G.'s Bd. 12 Nr. 84 S. 260 flg.

Umsomehr müssen Kuxe des alten Rechtes, welche von dem Gesetze als unbewegliche Sachen und Anteile am Bergwerke aufgefaßt werden und nach § 230 des Allg. Bergges. von den einzelnen Gewerken zur Hypothek bestellt werden können, der Arrestanlage zu Gunsten des Privatgläubigers eines Mitgewerken unterworfen sein....

... Der Angriff 3., „daß der Beschlagnahmebeschluß und die daraufhin erfolgte Eintragung der streitigen Vormerkung den R.'schen Eheleuten nicht zugestellt und bekannt gemacht worden sei", ist hinfällig..., weil die Zustellung der auf Grund der Verordnung vom 24. Januar 1844 ergehenden Beschlüsse der Verwaltungsbehörden im Gesetze nicht vorgeschrieben ist, während die in § 121 der Grundbuchordnung vorgesehene Benachrichtigung der Beteiligten von der Eintragung einer Vormerkung seitens des Grundbuchamtes nur instruktioneller Natur ist, ihre Unterlassung mithin keine Nichtigkeit der Eintragung zur Folge hat.

4. Die Revisionskläger glauben endlich eine Ungültigkeit der

fraglichen Beschlagnahme daraus herleiten zu können, daß solche „unter Verletzung des § 10 des Gesetzes vom 13. Juli 1883 von dem Grundbuchrichter in Abteilung II statt in Abteilung III des Berggrundbuches eingetragen worden sei". Es handelt sich jedoch hier nicht um die Anlegung eines dinglichen Arrestes wegen einer Geldforderung zur Erhaltung des Rechtes auf Eintragung einer Hypothek, welche in Abteilung III des Grundbuches zu vollziehen wäre, sondern zunächst nur um eine vorläufige Beschlagnahme im Sinne der §§ 13—15 der Verordnung vom 24. Januar 1844 zum Behufe der Dispositionsbeschränkung des Eigentümers des beschlagnahmten Grundstückes. Eine hierauf gerichtete Vormerkung ist, wie der Berufungsrichter ohne Rechtsirrtum angenommen hat, in Abteilung II des Grundbuches einzutragen. Wollte man aber auch davon ausgehen, daß die Eintragung der fraglichen Vormerkung ordnungsmäßig in Abteilung III des Berggrundbuches habe geschehen müssen, so würde der Eintragung in die Abteilung II dennoch rechtliche Wirkung nicht zu versagen sein. Denn Veranlassung und Zweck der Vormerkung sind aus deren Wortlaute ersichtlich, und der gute Glaube des Grundbuches wird durch die Art der Eintragung nicht beinträchtigt.

Vgl. Turnau, Grundbuchordnuug 5. Aufl. Bd. 1 S. 311.

II. Die Revisionskläger erheben hiernächst den Einwand, daß der mitbeklagten Gewerkschaft nach den §§ 130. 131. 234 des Allg. Berggef. wegen rückständiger Zubußen ein Pfand- und Vorzugsrecht am Verkaufserlöse der streitigen Kuxe zustehe, mithin gemäß §§ 22. 53—59 des Gesetzes vom 13. Juli 1883 die Notwendigkeit der Festsetzung eines Mindestgebotes bei der Zwangsversteigerung der Kuxe hinwegfalle. Anzuerkennen ist, daß die Entscheidung des Reichsgerichtes vom 15. Januar 1881,

vgl. Entsch. des R.G.'s in Civilf. Bd. 3 Nr. 78 S. 274 flg.,

welche jene Frage verneint, kein Präjudiz für den gegenwärtigen Fall bildet. Denn dort handelte es sich um Kuxe des neueren Rechtes, denen nach den Vorschriften des Berggesetzes Mobiliareigenschaft zukommt, und um ein schon vor Einführung der Reichsjustizgesetze und des Gesetzes vom 13. Juli 1883 unter der Herrschaft des Allgemeinen Landrechtes begründetes Rechtsverhältnis, während im vorliegenden Falle eine Gewerkschaft des älteren Rechtes und die Anwendung der §§ 226—234 des Allg. Berggef. auf ein nach gemeinem Rechte und dem Gesetze vom 13. Juli 1883 zu beurteilendes Rechtsverhältnis in Frage steht. Allein die Gründe, welche der V. Civilsenat des Reichsgerichtes in dem angeführten Erkenntnisse in Übereinstimmung mit zahlreichen Erkenntnissen des früherea preußischen Obertribunales entwickelt hat, und denen sich der jetzt erkennende Senat anschließt, führen sowohl für mobile als für immobile Kuxe zur Aberkennung des angesprochenen Pfand- und Vorzugsrechtes. Dasselbe findet auch in der Litteratur gegenwärtig kaum noch einen Vertreter. Selbst diejenigen Schriftsteller, welche jenes Privileg noch grundsätzlich verteidigen, erachten es doch bei mobilen Kuxen mit den Vorschriften der Reichsjustizgesetze und bei immobilen Kuxen mit denjenigen der neueren Grundbuchgesetzgebung für unvereinbar.

Vgl. Brassert, Kommentar zum Allgemeinen Berggesetze S. 345 und in der Zeitschrift für Bergrecht Bd. 20 S. 71 flg.

Der Vertreter der Revisionskläger erkennt dies im Grunde selber an. Er meint aber, daß bei Gewerkschaften des älteren Rechtes nach allgemeinen Grundsätzen über das Miteigentum als Anteile der einzelnen Gewerken am Bergwerke nur der Überschuß anzusehen sei, der nach Abzug der an die Gemeinschaft zu machenden Gegenleistungen den Mitgewerken verbleibe. Indessen ist auch dieser Gesichtspunkt nicht geeignet, die gegen die Widerspruchsklage erhobene Einrede zu beseitigen. Die mitbeklagte Gewerkschaft will vorliegend nicht die Auflösung der Gemeinschaft und die Auseinandersetzung der Gewerken herbeiführen, sondern sie betreibt nur die Zwangsveräußerung der streitigen 41 Kuxanteile zum Zwecke ihrer Befriedigung wegen rückständiger Zubußen, und zwar infolge der Anheimstellung des Verkaufes jener Kuxe durch die R.'schen Eheleute nach § 131 des Allg. Bergges., also auf Grund einer freiwilligen Rechtshandlung der Mitgewerken, welche eine besondere Gestaltung der Zwangsvollstreckung vorbereitet. Bevor der Zuschlag jener Kuxanteile an den Steigerer erfolgt ist, wird an dem Rechtsverhältnisse der Mitgewerken zur Gewerkschaft nichts geändert. Dazu tritt, daß durch die erfolgte Beschlagnahme und deren Eintragung in das Berggrundbuch die R.'schen Eheleute an der Anheimstellung des Verkaufes ihrer Kuxe gehindert waren, die mitbeklagte Gewerkschaft mithin, solange diese Beschlagnahme besteht, nicht befugt ist, das Zwangsverfahren in Gemäßheit der §§ 180. 186 des Gesetzes vom 13. Juli 1883 durchzuführen.

III. Die eventuelle Revisionsbeschwerde richtet sich gegen die Verurteilung der Ehefrau R., darein zu willigen, daß die Zwangsversteigerung der fraglichen Kuxe nach den Bestimmungen der §§ 157 bis 161 des Gesetzes vom 13. Juli 1883 durchgeführt werde. Zur Begründung des Angriffes wird ausgeführt: „Schon der Umstand stehe der gegen die genannte Ehefrau angestellten Widerspruchsklage entgegen, daß der Defektenbeschluß nur gegen den Ehemann R. erlassen worden sei und habe erlassen werden können, die Beschlagnahme des Anteiles der Ehefrau an den Kuxen folglich ohne Rechtsgrund erfolgt sei. Aber auch materiell sei diese Beschlagnahme nicht rechtsbeständig. Ideelle Anteile an immobilen Kuxen könnten überhaupt nicht abgetreten oder mit Arrest bestrickt werden, am wenigsten Errungenschaftsanteile der Ehegatten bei partikulärer Gütergemeinschaft. Vom Konkursfalle abgesehen, bilde die eheliche Errungenschaft während der Ehe keine für sich bestehende gemeinsame Masse, sondern trete erst bei Auflösung der Ehe in der sich alsdann ergebenden allgemeinen Vermehrung des beiderseitigen Vermögens hervor. Auf keinen Fall hafte endlich die Ehefrau mit ihrem Vermögen, wozu auch ihr eventueller Anteil an der Errungenschaft gehöre, nach gemeinrechtlichen Grundsätzen für Deliktsschulden des Ehemannes." Diese Angriffe gehen durchweg fehl. Der Berufungsrichter stellt fest, daß nach dem maßgebenden Partikularrechte — dem sog. Lamprechtschen Statute von 1743 — eine Gemeinschaft der Mobilien und der Errungenschaft zwischen den Ehegatten in der Art bestehe, daß das errungenschaftliche Vermögen schlechthin für Eheschulden hafte und der Ehemann einseitig Schulden kontrahieren könne, welche die Errungenschaft dem Zugriffe der Gläubiger aussetze. Das Sayn-Altenkirchener Gewohnheitsrecht gewährt danach in Übereinstimmung mit allgemeinen Grundsätzen des fränkischen ehelichen Güterrechtes dem Ehemanne das freie Verwaltungs- und Verfügungsrecht über die Errungenschaftsmasse als Ausfluß seiner eheherrlichen Gewalt (Vogtschaft). Ist dies aber der Fall, so können die Gläubiger des Mannes zum Zwecke ihrer Befriedigung der Regel nach nicht bloß dessen Sondergut, sondern auch das ehegemeinschaftliche Vermögen in Anspruch nehmen, und zwar ohne daß — in Ermangelung einer entgegenstehenden Bestimmung des einschlagenden Partikularrechtes — zwischen Verbindlichkeiten des Ehemannes aus Verträgen und solchen aus unerlaubten

Handlungen unterschieden werden dürfte. In letzterer Beziehung insbesondere kommt die Frage, ob eine während der Ehe entstandene Deliktsschuld des Mannes zugleich als eine Schuld der ehelichen Gemeinschaft aufzufassen sei oder an sich dem Sondergute des Mannes zur Last falle, nur in Betracht, wenn es sich um die innere Wirkung der Errungenschaftsgemeinschaft, — die Auseinandersetzung der Beteiligten bei Auflösung der Ehe, — handelt, während sie für die Haftpflicht der errungenschaftlichen, in der Hand des Mannes vereinigten Güter nach außen, dem dritten Beschädigten gegenüber, rechtlich bedeutungslos erscheint. Auch bleibt es sich gleich, ob man das durch die partikuläre Gütergemeinschaft unter den Eheleuten begründete Rechtsverhältnis, sei es nach allgemeinen Grundsätzen, sei es nach Vorschrift des besonderen zur Anwendung kommenden Statutes, als Mit- oder Gesamteigentum der Ehegatten, als Alleineigentum des Mannes mit eventuellen bei Auflösung der Gemeinschaft hervortretenden Rechten der Ehefrau oder endlich als eine mit Eingehung der Ehe entstandene Obligation der Ehegatten, die in ihrem Eigentume befindlichen errungenschaftlichen Güter während der Ehe zur Bestreitung der ehelichen Lasten und nach Beendigung der Ehe zur Teilung des Gewinnes in die Masse einzuwerfen, auffaßt. Denn im ersteren Falle belastet der Mann kraft seiner bevorrechteten Stellung und Vertretungsbefugnis die Errungenschaft auch zu den Anteilen der Ehefrau. Bei der Unterstellung eines Alleineigentumes kann er vermöge eigenen Rechtes darüber verfügen. Aber auch aus der Annahme eines bloßen Obligationsverhältnisses folgt nicht die Unzulässigkeit der ehemännlichen Disposition über die gütergemeinschaftliche Masse, da die Ehefrau immerhin nur ein Anrecht auf den bei Auflösung der Gemeinschaft durch Vergleichung des beiderseitigen Zubringens und des alsdann vorhandenen Vermögens sich herausstellenden Überschuß hat.[1]

---

[1] Vgl. u. a. Schmitthenner, Deutsches Güterrecht der Ehegatten § 95 S. 294 flg.; Phillips, Deutsches Privatrecht §§ 141. 146 Ziff. 3 und Gütergemeinschaft S. 275; Runde, Deutsches eheliches Güterrecht §§ 52. 79. 83. 84; v. Meibom und Roth, Kurhessisches Privatrecht Bd. 1 § 111 S. 411; Kurz, Mainzer Landrecht S. 237 Anm. 1; Wolf, Deutsches Privatrecht §§ 221. 222; Binding, Haft der Eheleute für Schulden rc §§ 22—24 und die dort Angeführten; Menzen, Lamprechtsches Statut (1887) S. 7; Seuffert, Archiv Bd. 7 Nr. 330,

Der Berufungsrichter hat hiernach keine revisible Rechtsnorm verletzt, wenn er den Widerspruch der mitbeklagten Ehefrau gegen die Beschlagnahme der formell auf ihren Namen ingrossierten Kuxanteile für unbeachtlich erklärte. Daß dieselbe persönlich und mit ihrem eingebrachten Vermögen für die Deliktsschuld ihres Mannes einzustehen habe, hat das Berufungsgericht nirgends ausgesprochen, und es ist auch unter diesem Gesichtspunkte die Beschlagnahme jener Kuxanteile nicht erfolgt. Ebensowenig steht gegenwärtig zur Entscheidung, ob aus dem gegen den Ehemann R. erlassenen Defektenbeschlusse ohne weiteres die Zwangsvollstreckung in die der Ehefrau zugeschriebene Hälfte der streitigen Kuxe nachgesucht werden kann. Die Behauptung der Revisionskläger endlich, daß ideelle Anteile an unbeweglichen Kuxen nicht abgetreten oder mit Beschlag belegt werdeu könnten, bedarf keiner besonderen Widerlegung. Es genügt, darauf hinzuweisen, daß die Vorschrift des § 101 Abs. 3 des Berggeſ., wonach Kuxe unteilbar sind, zufolge des § 227 a. a. O. für bestehende Bergwerke — unbewegliche Kuxe des alten Rechtes — nicht gilt."

---

71. 1. Kann auf Grund des § 206 Abs. 2 des Gesetzes vom 13. Juli 1883 ein Realberechtigter der Pfändung von Mietzinsen des verhafteten Grundstückes widersprechen?

2. Anfechtbarkeit eines antichretischen Pfandvertrages auf Grund der Bestimmung des § 31 Eig.-Erw.-Ges. vom 5. Mai 1872. Erfordernis der Übergabe zur Vollziehung solchen Vertrages.

V. Civilsenat. Urt. v. 23. September 1893 i. S. H. (Kl.) w. G. (Bekl.) Rep. V. 124/93.

I. Landgericht I Berlin.
II. Kammergericht daselbst.

Auf dem Grundstücke B. Nordhafen Nr. 5 des F. ist in Abteilung III unter Nr. 6 für den Kläger eine Hypothek von 45000 ℳ

Bd. 39 Nr. 219 a. E.; Entsch. des R.G.'s in Civils. Bd. 1 S. 396, Bd. 7 S. 158 und die dort Angeführten.

und unter Nr. 11 für den Beklagten eine Hypothek von 2500 *M* eingetragen. Zum Zwecke der Beitreibung der letzteren vollstreckbaren Forderung sind durch Gerichtsbeschluß vom 8. Januar 1892, welcher dem F. und den Mietern am 14., 15. und 16. Januar 1892 zugestellt ist, die von dem Pfandgrundstücke für die Monate Januar, Februar und März 1892 aufkommenden Mietzinsen bei 29 Mietern gepfändet. Kläger widerspricht dieser Pfändung: 1. weil ihm als voreingetragenem Gläubiger die Pfändung zum Nachteile gereiche, 2. weil ihm das Grundstück wegen seiner Hypothekenforderung antichretisch verpfändet, die Antichrese am 8. August 1891 eingetragen, und die Übergabe des Grundstückes an ihn erfolgt sei. Kläger hat beantragt, den Beklagten zu verurteilen: ihm die gepfändeten Mietzinsforderungen freizugeben. Die Klage ist in beiden Vorinstanzen abgewiesen.

Aus den Gründen:

„Das Berufungsgericht hält die Widerspruchsklage nach § 690 C.P.O. für zulässig, deren Erfolg aber durch den Nachweis für bedingt, daß dem Kläger ein die Veräußerung hinderndes Recht an den für den Beklagten beschlagnahmten Mietzinsen zustehe. Dieser Nachweis sei nicht erbracht. Sein besseres Pfandrecht am Grundstücke berechtige den Kläger nicht zum Widerspruche gegen die vom Beklagten bewirkte Zwangsvollstreckung, weil weder eine allgemeine Beschlagnahme der Nutzungen im Wege der Zwangsverwaltung noch Einzelpfändungen der Mietzinsforderungen zu Gunsten des Klägers die für den Beklagten erfolgte Beschlagnahme gehindert haben. Aus dem gleichen Grunde könne der Kläger seinen Anspruch nicht aus dem § 31 Eig.-Erw.-Ges. herleiten. Übrigens liege die Voraussetzung dieser Bestimmung nicht vor, da Beklagter Mietzinsen nicht auf mehr als ein Vierteljahr im voraus, sondern nur für die Zeit vom 1. Januar bis 31. März 1892 habe pfänden lassen, und zwar bevor der Kläger seinerseits eine Beschlagnahme erwirkt habe. Auch auf den § 206 Abs. 2 des Gesetzes vom 13. Juli 1883 könne der Kläger sich nicht stützen, da zu den beweglichen Teilen oder Zubehörungen des Grundstückes die von diesem aufkommenden Mietzinsen nicht zu rechnen seien. Ferner könne dem Kläger auch die Berufung auf sein antichretisches Pfandrecht nicht helfen. Wenn zur Geltendmachung dieses Rechtes auch eine vorherige Beschlagnahme der Mietzinsen nicht erforderlich sei, so stehe ihr zunächst entgegen, daß die Einräumung jenes Pfandrechtes eine gegenüber dem Beklagten als eingetragenem Gläubiger nachteilige und deshalb wirkungslose Verpfändung von Mietzinsen auf mehr als ein Vierteljahr enthalte (§ 31 Eig.-Erw.-Ges.), da das antichretische Pfandrecht erst entstanden und eingetragen sei (8. August 1891), als die Hypothek des Beklagten bereits bestanden habe (seit ihrer Eintragung am 23. Februar 1891). Der Kläger habe aber ein gegen den Beklagten wirksames antichretisches Pfandrecht der erfolgten Eintragung desselben unerachtet überhaupt nicht erlangt, da es an der dazu erforderlichen Übergabe des Pfandgrundstückes an den Kläger fehle (§§ 139. 6. 7 A.L.R. I. 20); denn als solche, die den Kläger in den Stand gesetzt habe, die thatsächliche Herrschaft über das Pfandgrundstück auszuüben, könne nicht gelten, daß Kläger den Mietern als antichretischer Pfandgläubiger vorgestellt sei, und daß die Mieter zur Zahlung des Mietzinses an den Kläger angewiesen seien. Die weitere Behauptung des Klägers, ihm seien die einzelnen Mietzinsforderungen des F. durch Aushändigung der Mietverträge und durch mündliche Bekanntmachung an die Mieter vor der Beschlagnahme durch den Beklagten verpfändet worden, sei, abgesehen davon, daß sie eine in der Berufungsinstanz unzulässige Klagänderung enthalte, nicht zu beachten, weil eine schriftliche Verpfändung nicht behauptet sei, und die Aushändigung der Mietverträge bestenfalls nur ein Faustpfandrecht an diesen Urkunden begründet habe. . . .

Die Revision ist begründet.

1. Dem Berufungsgerichte ist darin beizutreten, daß dem Kläger als voreingetragenem Gläubiger allein ein Recht des Widerspruches gegen die Pfändung der Mietzinsen seitens des Beklagten nicht zusteht. Dem Kläger steht die Bestimmung des § 30 Eig.-Erw.-Ges. nicht zur Seite, da es zur Verwirklichung seines Hypothekenrechtes an den Mietzinsen einer auf seinen Antrag für seine Hypothekenforderung erfolgten Beschlagnahme der Mietzinsen bedurfte, an dieser es aber fehlt.

Vgl. Entsch. des R.G.'s in Civils. Bd. 23 S. 56, Bd. 29 S. 239 flg.

Auch auf den § 31 Eig.-Erw.-Ges. darf der Kläger sich nicht berufen, da die Voraussetzungen der Anwendbarkeit dieser Vorschrift nicht vorhanden sind. Es kann dahingestellt bleiben, ob zu diesen Voraussetzungen, wie das Berufungsgericht annimmt, die vorgängige

Beschlagnahme der Mietzinsen, deren angebliche Vorauspfändung der Kläger anficht, zu rechnen sei.

Vgl. Turnau, Grundbuchordnung 5. Aufl. Bd. 1 S. 745 Anm. 5.

Jedenfalls ist die Erfüllung des Erfordernisses zu vermissen, daß die vom Beklagten im Januar 1892 bewirkte Pfändung der Mietzinsen auf mehr als ein Vierteljahr erfolgt ist, da durch diese Pfändung nur die für Zeit vom 1. Januar bis 31. März 1892 fälligen Mietzinsen betroffen sind. Es kann der Kläger zu seinen Gunsten auch aus der Bestimmung des § 206 Abs. 2 des Zwangsvollstreckungsgesetzes vom 13. Juli 1883 nichts herleiten. Danach kann jeder Realberechtigte einer Zwangsvollstreckung in das bewegliche Vermögen nur bezüglich der beweglichen Teile oder Zubehörungen eines Gegenstandes des unbeweglichen Vermögens widersprechen. Was die Bedeutung der Worte „bewegliche Teile oder Zubehörungen eines Gegenstandes des unbeweglichen Vermögens" angeht, so besteht, nachdem Dernburg in seinem Preuß. Hypothekarrecht S. 150 den Widerspruch gegen die herrschende Meinung,

vgl. Dernburg, Preuß. Privatrecht Bd. 1 § 329 Anm. 16,

aufgegeben hat, in der Litteratur fast Einstimmigkeit darüber, daß jene Worte nicht auf Pacht- und Mietzinsen bezogen werden können, daß also Realberechtigte einer Zwangsvollstreckung in das bewegliche Vermögen, deren Gegenstand Miet- und Pachtzinsen des Pfandgrundstückes sind, nicht widersprechen können, obwohl solche Miet- und Pachtzinsen nach § 1 Abs. 2 des Gesetzes vom 13. Juli 1883 in Verbindung mit § 30 Eig.-Erw.-Ges. zur Immobiliarmasse gehören.

Vgl. Förster-Eccius, Preuß. Privatrecht 6. Aufl. Bd. 3 § 194 Anm. 37a; Küntzel in Rassow und Küntzel, Beiträge Bd. 28 S. 863; die Kommentare zum Zwangsvollstreckungsgesetze vom 13. Juli 1883 von Krech und Fischer S. 716 Anm. 6, von Jaeckel Anm. zu § 206 Abs. 2.

Auch Rothenberg (Rassow und Küntzel, Beiträge Bd. 35 S. 326 flg., besonders S. 347), der die Pacht- und Mietzinsen nicht grundsätzlich von der Bestimmung des § 206 Abs. 2 a. a. O. ausgeschlossen wissen will, spricht den Realberechtigten das Widerspruchsrecht gegen die Mobiliarzwangsvollstreckung in Pacht- und Mietzinsen nur mit den sich aus § 31 Eig.-Erw.-Ges. ergebenden Einschränkungen zu, daß die Mobiliarzwangsvollstreckung zum Nachteile der Realberechtigten gereiche, d. h. deren Sicherheit schmälere, und daß die Pacht- und Mietzinsen auf mehr als ein Vierteljahr im voraus gepfändet seien. Da hier, wie schon bemerkt, nicht auf mehr als ein Vierteljahr im voraus gepfändete Mietzinsen in Frage stehen, so beruft sich der Kläger vergebens auf die Ansicht Rothenberg's; diese steht ihm vielmehr geradezu entgegen. Es mag dahingestellt bleiben, ob es vielleicht zweckmäßig gewesen wäre, der Bestimmung des § 206 Abs. 2 die Zwangsvollstreckungen in alle Gegenstände der Immobiliarmasse zu unterwerfen; da aber im Gesetze (§ 206 Abs. 2) den Realberechtigten nicht gegen Zwangsvollstreckungen „in bewegliche Gegenstände, welche zur Immobiliarmasse gehören" (vgl. § 206 Abs. 1), sondern ausdrücklich nur gegen Zwangsvollstreckungen „in bewegliche Teile oder Zubehörungen eines Gegenstandes des unbeweglichen Vermögens" das Widerspruchsrecht gegeben ist, so erscheint es nicht gestattet, beide durch den Wortlaut als verschieden gekennzeichnete Kategorien von beweglichen Sachen zu identifizieren und dadurch die für die eine Kategorie gegebene Vorschrift auf die andere zu erstrecken, zumal die Materialien des Gesetzes für solche ausdehnende Auslegung keinerlei Anhalt bieten, vielmehr der in der Begründung (Ausg. von Stegemann S. 108) enthaltene Satz: „Da das Verbleiben der Mobilien bei dem Immobile, die Unversehrtheit des letzteren mit allen seinen Teilen und Zubehörungen, für dessen Wert von maßgebender Bedeutung ist" — eher für das Gegenteil spricht. Denn daraus ergiebt sich, daß die Realberechtigten zwar sollen verhindern können, daß durch Mobiliarpfändungen dem Werte des verpfändeten Immobiliarbesitzes als eines Ganzen Abbruch geschehe, nicht aber, daß dieselben auch die Mobiliarpfändung solcher Sachen, die mit dem Immobile eine wirtschaftliche Einheit nicht bilden, sollen abwenden können. Die Pacht- und Mietzinsen stehen nicht mit dem Grundstücke in so engem Zusammenhange, daß sie als ein Teil oder Zubehör desselben angesehen werden könnten (vgl. §§ 4. 42 A.L.R. I. 2), und daß durch ihre Lösung vom Grundstücke dieses selbst als Ganzes eine wesentliche Änderung erlitte. Das Reichsgericht trägt deshalb kein Bedenken, die vom Berufungsgerichte vertretene Auffassung bezüglich des § 206 Abs. 2 a. a. O. zu billigen.

Vgl. auch Urt. des R.G.'s in Civils. vom 18. Mai 1893 Rep. VI. 224/92 in der Jurist. Wochenschrift von 1893 S. 374 Nr. 99.

2. Dagegen können die Ausführungen des Berufungsgerichtes, mit welchen dem Kläger der von ihm aus seinem antichretischen Pfandrechte abgeleitete Anspruch versagt wird, nicht als richtig anerkannt werden. Die Meinung des Beklagten, der vorstehende Hypothekengläubiger könne auch auf Grund seines antichretischen Pfandrechtes der Pfändung von Mietzinsen des Pfandgrundstückes auf Betreiben eines nachstehenden Hypothekengläubigers nur dann widersprechen, wenn er selbst die Beschlagnahme der von ihm beanspruchten Mietzinsen erwirkt habe, ist nicht berechtigt; denn durch das antichretische Pfandrecht erwirbt der Gläubiger ein selbständiges Recht auf Zahlung der Mietzinsen an ihn, das ihm weder durch Verfügungen seines Schuldners, welcher ihm das Pfandrecht bestellt hat, noch durch Pfändungen, die gegen seinen Schuldner auf die Mietzinsen ausgebracht werden, entzogen oder geschmälert werden darf, und das er vermöge seiner dinglichen Natur nicht nur gegen den Schuldner, sondern gegen jeden Dritten, der das Recht beeinträchtigt, ausüben kann. Durch das antichretische Pfandrecht wurde der Kläger kraft Gesetzes (§ 139 A.L.R. I. 20) wie durch die Bestimmungen des Vertrages vom 1. August 1891 ermächtigt, das Pfandgrundstück zu verwalten und die Mietzinsen davon einzuziehen, ohne daß es dazu eines weiteren, insbesondere der Beschlagnahme der Mietzinsen, bedurfte. Dieses Recht konnte der Beklagte durch spätere Pfändung der Mietzinsen nicht beeinträchtigen; der Kläger war folglich, da dies doch geschah, berechtigt, sich solcher Pfändung durch Widerspruch zu erwehren. Der antichretische Pfandvertrag vom 1. August 1891 ist nicht, wie das Berufungsgericht angenommen hat, gegenüber dem Beklagten unwirksam, weil er gegen den § 31 Eig.-Erw.-Gesetz verstoße. Allerdings enthält der antichretische Pfandvertrag eine Vorausverfügung über die Mietzinsen auf mehr als ein Vierteljahr, indem dem Kläger zum Zwecke seiner Befriedigung wegen Kapitals und Zinsen die Vermietung des Grundstückes und die Einziehung der Mietzinsen durch den Pfandvertrag überwiesen ist. Aber diese Ermächtigung ist dem Kläger nicht uneingeschränkt erteilt, sondern mit der Verpflichtung, alle Lasten und Abgaben sowie die Zinsen der auf dem Grundstücke haftenden Schulden zu entrichten, und mit der erst nach Entrichtung der Abgaben und Zinsen eintretenden Befugnis, aus den Überschüssen sich wegen Kapitals und Zinsen bezahlt zu machen. Der Kläger soll

also nur berechtigt sein, an Stelle des Eigentümers das Grundstück ordnungsmäßig zu verwalten. Solchen Bestimmungen gegenüber kann nicht ohne weiteres in dem Rechte des Klägers zur Pfandnutzung eine Benachteiligung des Beklagten als eines dem Kläger im Range nachstehenden Hypothekengläubigers gefunden werden. Vielmehr bedurfte es dazu eines besonderen Nachweises, den das Berufungsgericht nicht gefordert hat. Ohne solchen läßt sich nicht einsehen, worin die Benachteiligung des Beklagten als eingetragenen Gläubigers bestehen könnte. Gegenüber dem Kläger als dem unter Nr. 6 eingetragenen Gläubiger hat der Beklagte als unter Nr. 11 nacheingetragener Gläubiger kein Recht auf Befriedigung vor dem Kläger, sondern er darf Befriedigung gemäß der durch seine Stelle im Grundbuche gegebenen Rangordnung erst nach dem Kläger fordern. Solche Befriedigung wird ihm bezüglich der Zinsen durch die dem Gesetze (§§ 152. 153 A.L.R. I. 20) entsprechenden Vertragsbestimmungen (§§ 1. 2) gewährleistet. Seine Befriedigung wegen des Kapitales wird durch den Pfandvertrag nicht berührt, da das antichretische Recht des Klägers sein Ende erreicht, sobald er wegen seiner Hypothekenforderung befriedigt sein wird, also in einem Zeitpunkte, von welchem ab erst die Befriedigung des Beklagten als dem Kläger nachstehenden Gläubigers aus den Erträgen des Grundstückes in Frage kommen kann. Das Berufungsgericht irrt demnach, indem es in dem antichretischen Pfandvertrage vom 1. August 1891 eine dem Beklagten gegenüber nach § 31 Eig.-Erw.-Ges. wirkungslose Vorausverfügung erblickt. Endlich können auch die Ausführungen des Berufungsgerichtes nicht für zutreffend erachtet werden, mit welchen dargethan werden soll, daß der antichretische Pfandvertrag wegen nicht erfolgter Übergabe des Pfandgrundstückes an den Kläger ohne Wirksamkeit sei. Die Absicht der Kontrahenten, daß das Grundstück dem Kläger zur Ausübung der Pfandnutzung übergeben werde, läßt sich aus der Bestimmung des § 2 des Vertrages vom 1. August 1891 erkennen, nach welcher der Kläger nach seiner Befriedigung das Haus dem F. zu freier Verfügung zurückgewähren soll. Wenn nun der Kläger unter Beweisantritt behauptet, zur Verwirklichung jener Absicht habe F. unmittelbar nach Abschluß des antichretischen Vertrages dem Kläger die einzelnen Mieträume des ihm verpfändeten Hauses vorgezeigt und ihn den sämtlichen Mietern, insbesondere auch denjenigen, deren Mietschulden vom Beklagten gepfändet sind, als antichretischen Pfandbesitzer vorgestellt, auch jene Mieter angewiesen, die Mietzinsen fortan an den Kläger zu bezahlen, ferner daß die schriftlichen Mietverträge in den Besitz des Klägers gelangt seien; wenn hierzu noch berücksichtigt wird, daß der Kläger durch den Pfandvertrag (§ 1) ermächtigt ist, das Grundstück zu unterhalten und in seinen einzelnen Teilen zu vermieten: so läßt sich nicht einsehen -- und das Berufungsgericht zeigt dies auch nicht —, was noch erforderlich sein könnte, die Übergabe des Hauses, dessen Hingabe von Hand zu Hand doch ausgeschlossen ist, wirksam zu vollziehen (§ 58 A.L.R. I. 7). Denn die zum Zwecke des Pfandbesitzes und der Pfandnutzung eingeräumte thatsächliche Herrschaft über ein Haus, dessen Bestimmung ist, durch Vermieten genutzt zu werden, kann äußerlich kaum anders hervortreten, als in der Befugnis und Pflicht, das Haus zu unterhalten und es durch Vermietung und Einziehung der Mietzinsen sowie durch Bezahlung der Lasten, Abgaben und Zinsen zu verwalten. Das Berufungsgericht hat deshalb bei seiner weiteren Entscheidung von den bisherigen Bedenken abgesehen und die Übergabe, deren es allerdings neben der Eintragung zur wirksamen Vollziehung des antichretischen Pfandvertrages nach den §§ 139. 6 flg. A.L.R. I. 20 bedarf, als vollzogen anzunehmen, falls die erwähnten, noch streitigen Behauptungen des Klägers bewiesen werden." ...

---

72. Form der urkundlichen Übernahme von Verpflichtungen durch eine Stadtgemeinde nach § 56 Ziff. 8 der preußischen Städteordnung vom 30. Mai 1853. Kann die Formwidrigkeit der Urkunde von dem Empfänger trotz ihrer unbeanstandeten Entgegennahme und trotz des Beweises, daß die Stadtvertretung die Übernahme der Verpflichtung beschlossen habe, geltend gemacht werden?

V. Civilsenat. Urt. v. 27. September 1893 i. S. S. u. Gen. (Kl.) w. Stadtgemeinde P. (Bekl.) Rep. V. 128/93.

I. Landgericht Potsdam.
II. Kammergericht Berlin.

Die Kläger, Anlieger an der Südseite der Augustastraße in P., haben auf Grund vorangegangener Verhandlungen mit dem Magistrate im Jahre 1889 Land für die Verbreiterung dieser Straße hergegeben, und zwar hat der Magistrat im September 1889, unter Zurückversetzung der Einfriedigung der klägerischen Grundstücke, soviel Land abmessen lassen, daß die Straße 10 Meter breit geworden ist. Später ist darüber Streit entstanden, ob die Stadtgemeinde auf ihre Kosten dort ein Trottoir mit Mosaikpflaster herzustellen habe, und ob die Kläger sich zur unentgeltlichen Hergabe nur eines Streifens von $1^1/_2$ Meter Breite verpflichtet hätten. Die Kläger behaupten, daß dies der Inhalt der protokollarischen Abmachung gewesen sei, welche am 6. Juni 1888 zwischen ihnen und zwei Kommissaren des Magistrates (V. und J.) getroffen worden ist, und worin die Kläger ihre Offerte in dieser Angelegenheit gestellt haben, während die beklagte Stadtgemeinde dies bestreitet. ... Innerhalb der Frist, die der Stadt zur Entschließung über diese Offerte eingeräumt war, ist jedem der Kläger ein Schreiben des Magistrates vom 19. Juni 1889 zugegangen, worin ihre Offerte vom 6. Juni 1888 unter Übernahme der geforderten Gegenleistungen angenommen, und der Inhalt der beiderseitigen Verpflichtungen, so wie er jetzt von der Beklagten angegeben wird, wiederholt wurde. Diese Magistratsschreiben trugen indes nur die Unterschrift des Ersten Bürgermeisters B.

Die Kläger behaupten jetzt, weil die Offerte vom 6. Juni 1888 nicht in vorgeschriebener Form durch ein von zwei Magistratsmitgliedern unterzeichnetes Schreiben (§ 56 Ziff. 8 der Städteordnung vom 30. Mai 1853) angenommen worden, sei ein Vertrag zwischen ihnen und der Stadt überhaupt nicht zustande gekommen. Deshalb haben sie beantragt, die Beklagte zur Rückgewähr des Landes und Wiederherstellung der früheren Einfriedigungen zu verurteilen.

Die Beklagte macht dagegen geltend, daß die Unterschrift des Bürgermeisters allein unter dem Schreiben vom 19. Juni 1889 genüge, zumal da die Originale (Konzepte) zu denselben noch von einem anderen Magistratsmitgliede unterschrieben seien, die städtischen Kollegien auch die Annahme beschlossen hätten, und die Kläger ohne Rüge nicht bloß das Schreiben angenommen, sondern auch die Inbesitznahme des Landes geduldet hätten, der Vertrag also beiderseits schon erfüllt sei.

In erster Instanz ist die Beklagte zur Wiederherausgabe des Landes und zur Wiederherstellung der früheren Einfriedigung verurteilt worden. Dagegen ist in zweiter Instanz die Klage abgewiesen worden. Das Reichsgericht hat das Berufungsurteil aufgehoben aus folgenden

Gründen:

... „Der Berufungsrichter stellt aus den vorgelegten Magistratsakten fest, daß die Offerte der Kläger vom 6. Juni 1888 in der That durch gleichlautende Beschlüsse des Magistrates und der Stadtverordneten angenommen, und daß in den Akten auch die Konzepte zu den Benachrichtigungsschreiben an die Kläger vom 19. Juni 1889 außer dem Oberbürgermeister noch von dem Stadtrate J. unterschrieben worden sind. Das Berufungsurteil führt nun aus: Allerdings genüge nach § 56 Ziff. 8 der Städteordnung die Unterzeichnung der betreffenden Urkunde durch zwei Magistratspersonen, um die Stadtgemeinde nach außen zu verpflichten und ihr den Einwand abzuschneiden, daß keine Zustimmung der städtischen Vertretungskörper vorliege. Aber wenn diese vorliege, so genüge zur Verpflichtung der Stadtgemeinde die Mitteilung davon an den Mitkontrahenten durch eine kraft Amts- oder besonderen Auftrages dazu berechtigte Person (§ 101 A.L.R. I. 5), und diese Ermächtigung für den Bürgermeister liege hier gleichzeitig in der Zustimmung der städtischen Kollegien zu der Offerte der Kläger. Es möge sein, daß diese noch entweder eine urkundliche Legitimation des Oberbürgermeisters oder eine zweite Unterschrift unter den Schreiben vom 19. Juni 1889 hätten verlangen können, dies Verlangen hätten sie aber nicht gestellt, sondern die Schreiben ohne Widerspruch angenommen. Gleichgültig sei es, ob — wie Kläger behauptet hatten — der Oberbürgermeister die Konzepte in den Akten erst nachträglich unterzeichnet habe; denn diese Unterschrift würde eventuell durch seine Unterzeichnung der Reinschrift noch vor dem 1. Juli 1889 (dem Ende der Annahmefrist) ersetzt worden sein.

Diese Ausführungen werden mit Grund von der Revision als rechtsirrtümlich bezeichnet; sie verletzen die einschlagende Bestimmung des § 56 Ziff. 8 der Städteordnung für die sechs östlichen Provinzen der preußischen Monarchie vom 30. Mai 1853. Diese geht dahin (nachdem vorher gesagt worden, daß der Bürgermeister die Stadtgemeinde nach außen zu vertreten und u. a. die Gemeindeurkunden in der Urschrift zu vollziehen habe): „Die Ausfertigungen der Urkunden werden namens der Stadtgemeinde von dem Bürgermeister oder seinem Stellvertreter gültig unterzeichnet; werden in denselben Verpflichtungen der Stadtgemeinde übernommen, so muß noch die Unterschrift eines Magistratsmitgliedes hinzukommen."

Daß in den Magistratsschreiben an die Kläger vom 19. Juni 1889 Verpflichtungen der Stadtgemeinde übernommen werden, ergiebt sich aus ihrem Inhalte, indem darin erklärt wird, wozu sich die Stadtgemeinde als Gegenleistung für die angenommene Offerte der Kläger verpflichte; das wird auch von der Beklagten nicht bestritten. Mit Unrecht bestreitet sie aber, daß diese Schreiben unter den Begriff der Ausfertigungen von verpflichtenden Urkunden fielen, für die jene Bestimmung in § 56 der Städteordnung gegeben ist. Es handelt sich im vorliegenden Falle um einen zwischen Abwesenden geschlossenen Vertrag: die Kläger hatten ihre Offerte am 6. Juni 1888 zu Protokoll verlautbart, die Stadtvertretung hatte im Juni 1889 die Annahme dieser Offerte beschlossen, und von diesem Beschlusse wurde den Klägern in den Magistratsschreiben vom 19. Juni 1889 Mitteilung gemacht. Erst durch den Empfang dieser Schreiben seitens der Kläger konnte der Vertrag zustande kommen, weil erst dadurch den Klägern gegenüber das Einverständnis der Stadtgemeinde erklärt, und damit dem Erfordernisse jeder Vertragsschließung genügt wurde: daß der Wille der Kontrahenten übereinstimmen und gegenseitig erklärt werden muß. Erst durch diese Erklärung den Klägern gegenüber wurde die Stadtgemeinde gebunden. Daraus folgt aber, daß erst dieses Schriftstück die Ausfertigung der Urkunde darstellt, worin die Verpflichtung für die Stadtgemeinde übernommen wurde. Schon der Wortsinn der „Ausfertigung" bezeichnet ein Schriftstück, das in die Außenwelt zu treten bestimmt ist; bei schriftlichen Verträgen unter Abwesenden ist dieses Schriftstück die für den Gegenkontrahenten bestimmte schriftliche Erklärung der Stadtgemeinde. Nicht schon durch den übereinstimmenden Beschluß des Magistrates und der Stadtverordneten wurde die Stadtgemeinde gebunden; denn dieser Beschluß konnte vor seiner Erklärung an die Kläger ebenso beliebig geändert werden, wie der noch nicht erklärte Entschluß einer physischen Person. Aber auch die von dem Bürgermeister und noch einem Magistratsmitgliede unterzeichneten Konzepte zu den Schreiben vom 19. Juni 1889 stellten noch keinen Vertrag mit den Klägern her, weil die Erklärung den Klägern gegenüber fehlte, und vor dieser Erklärung immer noch eine Wiederaufhebung des Entschlusses der städtischen Vertretungskörper möglich war. Die Stadtgemeinde kann sich nicht darauf berufen, daß dieser Entschluß thatsächlich nicht wieder aufgehoben worden sei, weil es an einer (rechtzeitigen) Erklärung dieses Entschlusses an die Kläger fehlt. Diese hätte vor dem 1. Juli 1889 erfolgen müssen und ist bis dahin in rechtsverbindlicher Weise nicht erfolgt.

Die Vorschrift im § 56 Ziff. 8 der Städteordnung dient allerdings dazu — wie vom Berufungsrichter hervorgehoben wird —, den Stadtgemeinden die Einrede abzuschneiden, daß eine verfassungsmäßige Zustimmung der städtischen Vertretung zu der formgültig beurkundeten Verpflichtung fehle, wie auch bereits wiederholt entschieden ist.

Vgl. Striethorst, Archiv Bd. 79 S. 193; Entsch. des R.O.H.G.'s Bd. 13 S. 333; Gruchot, Beiträge Bd. 26 S. 1078, Bd. 34 S. 735.

Ebensosehr bezweckt sie jedoch, die Städte vor einer Inanspruchnahme aus nicht formgültig beurkundeten Verpflichtungen zu schützen.

Vgl. Urt. des V. Civilsenates des Reichsgerichtes vom 30. Mai 1888 Rep. V. 78/88.

Wenn aber der Stadtgemeinde die Einrede der formungültigen Beurkundung gegeben ist, so ist kein Grund vorhanden, dieselbe Einrede dem Gegenkontrahenten vorzuenthalten; wenn die Stadt nicht gebunden wird, so wird es auch der Gegenkontrahent nicht.

Der Berufungsrichter beruft sich auf die Bestimmung in § 101 A.L.R. I. 5, worin es heißt, daß, wer einer Gemeinde eine Offerte stelle, auf die Erklärung der Gemeinde solange warten müsse, daß über den Antrag ein verfassungsmäßiger Entschluß genommen und ihm bekannt gemacht werden könne. Allein die zur Entscheidung stehende Frage wird nicht mehr ausschließlich durch diese gesetzliche Bestimmung beherrscht, seitdem das neuere Gesetz (§ 56 Ziff. 8 der Städteordnung) für derartige schriftliche Bekanntmachungen eine bestimmte Form vorgeschrieben hat. Es mag sein, daß auch jetzt noch die Gemeinde beschließen kann, sich in anderer Form binden zu wollen, z. B. — worauf der Berufungsrichter hinweist — durch eine Ermächtigung des Bürgermeisters zur Bekanntgabe des Beschlusses der Stadtvertretung an den Gegenkontrahenten; diese Frage kann aber dahingestellt bleiben, weil es dazu hier jedenfalls einer schriftlichen Vollmacht bedurft haben würde, die nicht vorliegt. Der Ansicht des Berufungsrichters jedoch muß entgegengetreten werden, daß der Bürgermeister schon kraft seines Amtes ermächtigt sei, Beschlüsse der Stadtvertretung, worin Verpflichtungen übernommen werden, dem Gegenkontrahenten mit bindender Wirkung für die Stadtgemeinde mitzuteilen; dies stände vielmehr mit der Vorschrift in § 56 Ziff. 8 der Städteordnung im direkten Widerspruche.

Mit Unrecht nimmt der Berufungsrichter ferner eine Heilung der Formungültigkeit der Bekanntmachung des Beschlusses an die Kläger deshalb an, weil diese die nur von dem Bürgermeister unterzeichneten Schreiben ohne Rüge angenommen hätten. Hierin könnte höchstens die formlose Genehmigung eines formungültigen Rechtsgeschäftes gefunden werden, der das Allgemeine Landrecht keine Bedeutung beilegt. Auch durch beiderseitige Erfüllung ist der Vertrag nicht unanfechtbar geworden, wie die Beklagte meint; es handelt sich hier um einen Vertrag über Grundstücke, und dessen Formungültigkeit wird, wenn wie hier noch nicht die Auflassung hinzugekommen ist, durch eine Erfüllung, die hier auch nur eine unvollständige sein würde, nicht geheilt.

Vgl. § 146 A.L.R. I. 5; Entsch. des R.G.'s in Civils. Bd. 6 S. 317, Bd. 20 S. 245.

Es kann demnach nicht anerkannt werden, daß zwischen den Parteien ein Vertrag formgültig zustande gekommen sei; und daraus folgt, daß der Klagantrag auf Rückgabe des Landes und Wiederherstellung der Einfriedigung an sich begründet ist." ...

---

73. Ersitzung eines neuen Wegerechtes nach Bestätigung eines die bisherigen Rechte gleichen Inhaltes beseitigenden Separationsrezesses.

1. **Bedarf es dazu der fünfzigjährigen Präskription (§ 660 A.L.R. I. 9)?**
2. **Unterbricht eine unwesentliche Änderung der Wegesrichtung die Ersitzung?**

3. Unter welchen Voraussetzungen kann die Ersitzung auch während der Zeit der Verpachtung des dienenden Grundstückes beginnen (§ 521 A.L.R. I. 9)?

V. Civilsenat. Urt. v. 27. September 1893 i. S. M. u. Gen. (Kl.) w. Graf v. B. (Bekl.) Rep. V. 127/93.

I. Landgericht Paderborn.
II. Oberlandesgericht Hamm.

Aus den Gründen:

... „Der streitige Weg in der im Berufungsurteile an erster Stelle bezeichneten Richtung soll nach der Behauptung der Kläger lange vor der im Jahre 1858 durch Rezeßbestätigung beendeten Separation der Feldmark von M. bestanden haben. Der Feldteil „Bangern", über den er damals an der Außenseite des Schloßparkes entlang führte, ist bei der Separation ohne Wiederausweisung des Weges dem Beklagten zugeteilt und im Jahre 1865 zum Parke hinzugezogen worden. Der Berufungsrichter nimmt zwar — nach § 170 der Verordnung vom 20. Juni 1817 und § 56 der Gemeinheitsteilungsordnung vom 7. Juni 1821 — mit Recht an, daß durch die vorbehaltslose Vollziehung und Bestätigung des Separationsrezesses die etwaigen früheren Rechte der Kläger auf Benutzung des Weges beseitigt worden seien, erachtet aber eine nach der Bestätigung des Rezesses (seit 1859) wiederum vollendete außerordentliche (dreißigjährige) Ersitzung der Wegeberechtigung zu Gunsten der Gemeinde N. und deshalb auch zu Gunsten der Kläger in ihrer Eigenschaft als Mitglieder dieser Gemeinde für erwiesen. Daß seit der Vereinigung des „Bangern" mit dem Parke (1865) die Mehrheit der Gemeindeglieder, durch welche nach seiner Feststellung die Gemeinde das Recht ausgeübt hat, in der in der Formel des Berufungsurteiles bezeichneten geänderten Richtung von N. nach F. gegangen ist, betrachtet er nicht als Unterbrechung des Rechtsbesitzes, sondern läßt aus diesem Grunde dem Beklagten nur die Wahl zwischen Gestattung der älteren und der jüngeren Wegesrichtung.

Die Angriffe des Revisionsklägers gegen die Entscheidung sind nicht begründet. Sie gehen dahin: 1. daß gegen den Inhalt des Separationsrezesses nicht die dreißigjährige, sondern nur die fünfzigjährige Verjährung (§ 660 A.L.R. I. 9) stattfinde; 2. daß die Besitzhandlungen an dem nur bis zum Jahre 1865 benutzten und an dem erst seit diesem Jahre benutzten Wege nicht hätten zusammengerechnet werden dürfen; 3. daß der Einwand des Beklagten, das belastete Grundstück sei während der Verjährungszeit (bis 1865) verpachtet gewesen, nicht berücksichtigt worden sei.

Zu 1. Die Vorschrift in § 660 A.L.R. I. 9:

> Wenn die Grenzen einer Sache oder eines Rechtes durch Gesetze, Verträge oder rechtskräftige Erkenntnisse klar bestimmt sind, so kann die Befugnis, diese Grenzen zu überschreiten, nur durch fünfzigjährige Präskription erworben werden,

setzt nach ihren Worten wie nach ihrer Entstehungsgeschichte ein auf seiten des Ersitzenden schon bestehendes Eigentum oder ein sonstiges, des Besitzes fähiges Recht voraus, dessen (örtlicher oder inhaltlicher) Umfang durch Gesetz, Vertrag oder Urteil klar bestimmt ist, und bezieht sich auf solche Überschreitungen dieser Grenzen, welche der Berechtigte vornimmt. Solche Überschreitungen klar bestimmter Grenzen des Rechtes sollen die Wirkung, den Umfang des bestehenden Rechtes zu erweitern, nur bei fünfzigjähriger Fortdauer haben können.

> Vgl. Striethorst, Archiv Bd. 50 S. 175; Simon und v. Strampff, Materialien des Allgemeinen Landrechtes zu der Lehre vom Besitz und von der Verjährung S. 469. 470 („Conclusum") 556.

Es muß also, wenn der § 660 a. a. O. in Bezug auf Rechte an fremder Sache Anwendung finden soll, eine positive gesetzliche oder urkundliche Feststellung des Inhaltes vorliegen, daß dem einen Teile ein Recht von klar bestimmtem Umfange gegen den anderen zustehe; eine solche Feststellung schützt den Belasteten in der Art, daß Erweiterungen dieses Rechtes über einen einmal festgestellten Umfang hinaus nur durch fünfzigjährigen Besitz zulässig sind. Die Bestimmung des Separationsrezesses vom Jahre 1858 aber, nach welcher, wie auch schon aus § 170 der Verordnung vom 20. Juni 1817 folgen würde, kein Interessent andere, als die gesetzlichen Einschränkungen des Eigentumes ferner zu dulden hat, enthält bloß die negative Feststellung, daß, wie überhaupt niemand, so auch nicht der Gemeinde N. eine Servitut oder ein sonstiges dingliches Recht an der Abfindung des Beklagten zustehe. Die Erweiterung eines der Gemeinde zustehenden

Rechtes durch eine nach der Rezeßbestätigung begonnene Ersitzung steht also überall nicht in Frage. Die Revision giebt der Vorschrift des § 660 a. a. O. die Auslegung, daß es eine Überschreitung des durch den Rezeß klar als servitutfrei bezeichneten Eigentumes des Beklagten sei, wenn jetzt gegen dieses Eigentum eine Servitut beansprucht werde; sie versteht also den § 660 von einer Grenzüberschreitung nicht des Rechtes des Ersitzenden, sondern des Rechtes dessen, gegen welchen ersessen werden soll. Wäre diese Auslegung richtig, so würde, wie die Kläger zutreffend ausführen, durch die Vorschrift ganz allgemein jede andere Ersitzung von Servituten als die fünfzigjährige ausgeschlossen sein; denn die Grenze des Eigentumsrechtes ist nicht bloß im vorliegenden Falle durch den Rezeß, sondern ein für allemal durch das Gesetz klar dahin bestimmt, daß es Rechte Dritter, die nicht durch Gesetz oder besonderen Titel begründet sind, ausschließt.

In Übereinstimmung mit dem Vorstehenden hat denn auch schon das vormalige preußische Obertribunal den Erwerb einer völlig neuen Servitut an einem durch Gemeinheitsteilungsrezeß servitutfrei ausgewiesenen Grundstücke durch dreißigjährige Ersitzung, wenn deren allgemeine Voraussetzungen vorliegen, für zulässig erachtet (Striethorst, Archiv Bd. 100 S. 123); und daß diese Voraussetzungen hier vorliegen, stellt der Berufungsrichter fest. Insbesondere verwertet er für den trotz der stillschweigenden Aufhebung der bisherigen Servituten durch den Separationsrezeß vorhandenen guten Glauben der Gemeinde N. an den Fortbestand ihres Wegerechtes die Äußerung eines Generalbevollmächtigten des Grafen v. B. in einem Separationstermine und die Erklärung des Grafen v. B. bei Gelegenheit der Verlegung des Weges im Jahre 1865.

Zu 2. Nach den Feststellungen des Berufungsrichters sind im Jahre 1865 nur einzelne Wegestrecken (die Zugänge vom Dorfe über den Gasthof bezw. den Park) geändert worden, die Hauptrichtung des Weges, und zwar nach wie vor über den Grundbesitz des Beklagten, ist unverändert geblieben. Eine solche Änderung mußte die Gemeinde, wenn ihr das Wegerecht wirklich zustand, sich gefallen lassen, sofern sie ihr unnachteilig war (§ 29 A.L.R. I. 22). Die Änderung in der Lage des Weges hat also auch den Rechtsbesitz, in welchem die Gemeinde sich im Jahre 1865 befand, nicht unterbrochen (Entsch. des Obertribunales Bd. 29 S. 60). Eines förmlichen Abkommens bedurfte es zur Herstellung der Kontinuität des Besitzes nicht; es genügt, daß, wie der Berufungsrichter feststellt, die Benutzung des neuen an Stelle des alten Weges mit Zustimmung und sogar auf Verlangen des Gutseigentümers geschehen ist.

Zu 3. Die Behauptung des Beklagten, daß das belastete Grundstück von 1841—1865, also während der Anfangsjahre der Ersitzung, verpachtet gewesen sei, ist von den Klägern rücksichtlich des Schlosses und des Parkes unter Angabe bestimmter Thatsachen, welche das Gegenteil ergeben sollen, bestritten worden. Richtig ist, daß sie in den Entscheidungsgründen des Berufungsurteiles unerörtert geblieben ist. Allein die in Bezug auf die Kenntnis des Gutseigentümers von der Benutzung des streitigen Weges festgestellten Thatsachen, insbesondere die, daß Graf D. v. B. das Schloß in den Jahren 1857 bis 1860 öfter längere Zeit bewohnt, daß er im Jahre 1857 den Weg in seiner damaligen Lage als den Kirchweg der Gemeinde N. bezeichnet, daß der Graf v. B. zwischen 1860 und 1863 auf die Frage, ob es erlaubt sei, durch den Park zu gehen, erwidert hat, der Weg stehe jedermann frei, und daß derselbe im Jahre 1865 an Einwohner von N. die Aufforderung gerichtet hat, in Zukunft den neuen Weg zu benutzen, lassen keinen Zweifel darüber, daß der Berufungsrichter hat feststellen wollen, der jeweilige Gutseigentümer habe seit Beginn der Verjährungsfrist Kenntnis nicht bloß von der thatsächlichen Benutzung des Weges durch die Mitglieder der Gemeinde N., sondern auch davon gehabt, daß die Benutzung in der Absicht geschehe, ein gegen das Grundstück und dessen Eigentümer zustehendes Recht auszuüben. Durch eine solche Kenntnis aber wird die Anwendbarkeit des § 521 A.L.R. I. 9, nach welchem die Verjährung zum Nachteile des Eigentümers nicht gegen den Pächter beginnen kann, ausgeschlossen.

Vgl. Entsch. des preußischen Obertribunales Bd. 61 S. 19; Entsch. des R.G.'s in Civils. Bd. 2 S. 191."

74. 1. Sind unter den „Rechtsnachfolgern" in § 217 C.P.O. nur die Universalsuccessoren der verstorbenen Partei zu verstehen?

2. Sind in der Mark Brandenburg die Erfordernisse einer Erbeseinsetzung nach den Grundsätzen des römischen Rechtes oder nach den Vorschriften des A.L.R. I. 12 zu beurteilen?

VI. Civilsenat. Urt. v. 16. Oktober 1893 i. S. G. (Kl.) w. B., jetzt Frau L. (Bekl.) Rep. VI. 172/93.

I. Landgericht I Berlin.
II. Kammergericht daselbst.

Mittels Gerichtsbeschlusses vom 7. März 1891 wurde ein angeblich dem Kaufmanne G. L. an den Kaufmann M. zustehender Anspruch auf Auseinandersetzung und Abrechnung aus gemeinschaftlich betriebenen Geschäften und auf Zahlung des sich hieraus für L. ergebenden etwaigen Guthabens in Höhe von 10000 ℳ für den Kläger als Gläubiger des L. gepfändet und ihm zur Einziehung überwiesen. Denselben Anspruch behauptete der Kaufmann B. durch Cession vom 19. Februar 1891 von seinem Schwiegersohne L. zu Eigentum erworben zu haben. Der Kläger erklärte diese Cession für simuliert, sowie auf Grund des § 3 des Gesetzes vom 21. Juli 1879 für anfechtbar und klagte deshalb gegen B. auf Anerkennung, daß die gedachte Cession dem Kläger gegenüber in Höhe von 10000 ℳ unwirksam sei. Nachdem B. im Laufe der ersten Instanz verstorben, und das Verfahren auf Antrag seines Prozeßbevollmächtigten durch Beschluß des Prozeßgerichtes für unterbrochen erklärt war, wurde vom Kläger zur Aufnahme des Verfahrens und zugleich zur Verhandlung der Hauptsache als Rechtsnachfolgerin und alleinige Erbin des B. dessen Tochter Frau L. geladen, und bei der mündlichen Verhandlung beantragt, die Frau L. dem Klagantrage entsprechend zu verurteilen. Das Landgericht gab diesem Antrage statt, obgleich Frau L. ihre Passivlegitimation bestritt und der Klage auch im übrigen widersprach. Dagegen erkannte das Berufungsgericht auf Abweisung des Klägers, indem es annahm, daß Frau L. nicht allein, sondern in Gemeinschaft mit acht Kindern ihrer vorverstorbenen Schwester den B. testamentarisch beerbt habe, und daß deshalb die Klage gemäß § 127 A.L.R. I. 17 nur gegen alle Miterben gemeinschaftlich hätte gerichtet, bezw. aufgenommen werden dürfen. Auf die Revision des Klägers ist das Berufungsurteil aufgehoben worden.

Aus den Gründen:

„Der verstorbene Kaufmann B. hat unstreitig in § 1 seines Testamentes vom 25. August 1891 erstens seine Tochter Frau L. und zweitens die acht Kinder seiner vorverstorbenen Tochter Frau La. zu Erben ernannt, in § 2 jedoch bemerkt, daß Frau La. zu ihrer Verheiratung teils in barem Gelde, teils in Ausstattungsgegenständen zu ihrer Ausstattung im ganzen 25000 *M* erhalten habe. „Dadurch," heißt es sodann wörtlich, „sollen deren Kinder, meine Enkel, wegen ihrer Ansprüche an meinen Nachlaß vollständig abgefunden sein. Ich bestimme, daß mein zur Zeit meines Todes vorhandenes sämtliches Vermögen meine Tochter Marianne, die Frau Kaufmann L., allein und ausschließlich erhält." In § 3 ist weiter bestimmt, daß die der Frau L. zufallende Erbschaft ihr vorbehaltenes Vermögen werden soll, und in § 4 ist drei Enkelinnen ein Legat von je 1000 *M* ausgesetzt. Während nun der erste Richter nach diesem Testamentsinhalte die Frau L. als alleinige Erbin des B., die Kinder der Frau La. nur als Legatare ansah, ist das Kammergericht zu seiner Entscheidung mit folgender Ausführung gelangt: Nach dem hier maßgebenden märkischen Provinzialrechte hätten die Kinder der Frau La. als Pflichtteilsberechtigte, wenn nicht die ganze Erbeseinsetzung als solche nichtig sein, und Intestaterbfolge eintreten sollte, einen Anspruch auf formelle Einsetzung als Erben gehabt. Es sei deshalb anzunehmen, daß der Erblasser seine letztwillige Verordnung den sonst zur Nichtigkeit derselben führenden Bestimmungen des Provinzialrechtes durchaus habe anpassen wollen, daß er seine Enkel, um „ihren Ansprüchen an seinen Nachlaß", d. h. ihrem Noterbenrechte, zu genügen, in § 1 in Höhe ihrer Pflichtteilsquoten zu dem Inbegriffe seines Nachlasses berufen habe, und daß folgeweise der § 2 nicht eine Abänderung des § 1, sondern nur eine Regelung der Kollationspflicht, eine Teilungsanordnung unter den Miterben enthalten sollte, welche deren Erbenqualität unberührt gelassen habe. Die den drei Enkeln ausgesetzten je 1000 *M* seien danach für Prälegate zu erachten und ständen mit der gleichzeitigen Ernennung der Bedachten zu Erben nicht in Widerspruch.

Durch diese Ausführung wird, wie die Revision mit Recht geltend macht, die Abweisung der Klage nicht gerechtfertigt.

Die Civilprozeßordnung bestimmt nicht, daß die Aufnahme des im Falle des Todes einer Partei unterbrochenen oder ausgesetzten Verfahrens (um die Anordnung der Aussetzung handelte es sich gemäß § 223 im vorliegenden Rechtsstreite) durch die Erben der verstorbenen Partei zu erfolgen habe; vielmehr ist in dem nach § 223 Abs. 2 auch bei der Aussetzung des Verfahrens maßgebenden § 217 nur von der Aufnahme durch die Rechtsnachfolger die Rede. Unter den Rechtsnachfolgern im Sinne des § 217 sind aber, wie das Reichsgericht bereits in einem Urteile vom 4. Februar 1890,

vgl. Entsch. desselben in Civils. Bd. 26 S. 141,

ausgesprochen hat, dem gewöhnlichen Sprachgebrauche entsprechend nicht bloß Universalsuccessoren, sondern alle diejenigen zu verstehen, welche von Todes wegen in das Recht und die Pflicht des Vorgängers eintreten.

Vgl. auch Reincke, Civilprozeßordnung Anm. 2a zu § 217 und die dortigen Citate.

Von diesem Gesichtspunkte aus, der nicht unbeachtet bleiben durfte, da Frau L. vom Kläger ausdrücklich als Rechtsnachfolgerin und alleinige Erbin des Beklagten bezeichnet worden ist, kann der Frau L. die Eigenschaft der alleinigen Rechtsnachfolgerin ihres Vaters für den gegenwärtigen Rechtsstreit nicht abgesprochen werden. Dürfte man auch mit der Vorinstanz davon ausgehen, daß die Kinder der Frau La. Testamentserben des Kaufmannes B. geworden seien, und daß der § 2 des Testamentes nur eine Teilungsanordnung unter den Miterben enthalte, so wäre doch schon nach dieser Teilungsanordnung die Annahme einer Rechtsnachfolge der La.'schen Kinder in die hier streitige Verpflichtung ausgeschlossen. Denn der Testator hat bei der von ihm angeordneten Teilung seine acht Enkelinnen mit den ihrer Mutter zur Ausstattung gegebenen 25000 ℳ für abgefunden erklärt und nur noch dreien von ihnen Legate von je 1000 ℳ ausgesetzt, übrigens aber bestimmt, daß sein zur Zeit seines Todes vorhandenes sämtliches Vermögen — also insbesondere auch der ihm angeblich am 19. Februar 1891 von L. cedierte Anspruch, sowie die Rechte und Verpflichtungen aus dem vorliegenden Anfechtungsprozesse — der Frau L. zufallen sollten. Es würde sich demnach hier, auch bei der Unterstellung eines Miterbenverhältnisses, nicht um eine die gesamte Erbschaft betreffende Schuld im Sinne des § 127 A.L.R. I. 17, sondern um ein Rechtsverhältnis handeln, in welches nach dem Inhalte des Testamentes die Frau L. allein succediert ist, sodaß diese auch zur Aufnahme des gegenwärtigen Rechtsstreites als Rechtsnachfolgerin des ursprünglichen Beklagten allein berechtigt und verpflichtet erscheinen muß. Hiergegen kann sich die Revisionsbeklagte nicht darauf berufen, daß eine Anfechtung gegen Singularsuccessoren nur unter den im § 11 Abs. 2 des Gesetzes vom 21. Juli 1879 bezeichneten Voraussetzungen stattfinde, und daß das Vorhandensein dieser Voraussetzungen vom Kläger nicht behauptet sei. Denn zu entscheiden ist hier nicht über die Frage, ob eine selbständige Anfechtung der Cession vom 19. Februar 1891 gegenüber der Frau L. für begründet zu erachten sein möchte, sondern lediglich über die Berechtigung und Verpflichtung der Frau L. zur Aufnahme des gegen den Kaufmann B. rechtshängig gewordenen Anfechtungsprozesses.

Überdies beruht die Vorentscheidung auch insofern auf einer Gesetzesverletzung, als den acht Enkelinnen des Beklagten die Miterbenqualität beigelegt ist. Die in der Mark Brandenburg nach Maßgabe des Art. VII des Publikationspatentes vom 5. Februar 1794 suspendierten Titel 1—3 Teils II A.L.R. enthalten über die Erfordernisse einer Erbeseinsetzung keine Bestimmung. Die Frage, ob eine Erbeseinsetzung als geschehen anzusehen, ist deshalb nicht nach den Vorschriften des römischen Rechtes, auf deren Verletzung allerdings die Revision nicht gestützt werden könnte (§ 5 der Verordnung vom 28. September 1879 — R.G.Bl. S. 299 und R.G.Bl. 1880 S. 102 —), sondern nach den nicht suspendierten Vorschriften des Titels 12 Teils I A.L.R., namentlich nach den §§ 4. 6. 44. 45. 254—258. 263 daselbst, zu beurteilen.

Vgl. Entsch. des preußischen Obertribunals Bd. 12 S. 424. 425, Bd. 63 S. 253; Striethorst, Archiv Bd. 7 S. 159.

Mag nun auch der Erblasser die Absicht gehabt haben, seine letztwillige Verordnung den Bestimmungen des märkischen Provinzialrechtes durchaus anzupassen, so hat er doch in dem vorliegenden Testamente die Erklärung, den Inbegriff seines Nachlasses seiner Tochter und seinen Enkelinnen zuwenden zu wollen (§ 4 a.a.O.), nicht abgegeben. Wenn er die letzteren wegen ihrer Ansprüche an seinen Nachlaß auf die von ihnen einzuwerfenden 25000 *M* anweist, im übrigen aber sein gesamtes zur Zeit des Todes vorhandenes Vermögen seiner Tochter zuwendet, so kann nur diese Tochter im Sinne der angezogenen Vorschriften des 12. Titels als Erbin gelten, während die auf eine bestimmte Summe beschränkten Enkelinnen trotz ihrer Bezeichnung als Erben in § 1 doch nur als Legatarien, und zwar ebensowohl der Erbin wie den Nachlaßgläubigern gegenüber, zu betrachten sind.

Vgl. Entsch. des preußischen Obertribunals Bd. 15 S. 188; Striethorst, Archiv Bd. 16 S. 63.

Hieran kann der Umstand, daß den Enkelinnen des Beklagten ein Noterbenrecht zustand, nichts ändern. Das Berufungsgericht meint freilich, der Erblasser habe in § 1 seine Enkelinnen in Höhe ihrer Pflichtteilsquoten zu dem Inbegriffe seines Nachlasses berufen. Ob diese Auffassung genügend begründet erscheinen möchte, kann dahingestellt bleiben. Denn jedenfalls ist durch die nach der weiteren Ausführung des Gerichtes in § 2 getroffene Teilungsanordnung den Enkelinnen an Stelle ihrer Pflichtteilsquoten und zur Befriedigung wegen derselben die bestimmte Summe von 25000 *M* angewiesen worden. Reichte diese Summe zur Deckung des Pflichtteiles nicht aus, so konnten die Enkelinnen, wie der Vorderrichter offenbar selbst annimmt, aus dem Testamente weitergehende Ansprüche (abgesehen von den dreimal 1000 *M*) nicht herleiten. Danach lag die Sache so, daß den testamentarisch eingesetzten Noterben der Pflichtteil in einer bestimmten Summe überwiesen war, woraus dann nach den Vorschriften des 12. Titels in Verbindung mit dem § 164 Anhangs zu § 574 A.L.R. II. 18 folgt, daß sie nicht ein Miterbrecht in den Nachlaß, sondern nur die Stellung von Vermächtnißnehmern erlangen konnten.

Vgl. Jurist. Wochenschrift 1893 S. 436 Nr. 47 und die dortigen Citate mit Jurist. Wochenschrift 1890 S. 385 Nr. 40.

Die Revisionsbeklagte meint freilich, es müsse für den Fall der Verneinung der Miterbenqualität der La.'schen Kinder nach der insoweit unanfechtbaren Rechtsauffassung der Vorinstanz das Testament des B. als nichtig, und die Intestaterbfolge als eingetreten angesehen werden; indessen dieser Ansicht steht die Motivierung des Berufungsurteiles nicht zur Seite. Keineswegs ist vom Vorderrichter ausgesprochen worden, daß nach den Grundsätzen des märkischen Provinzialrechtes das Testament des B. trotz der ausdrücklichen Berufung der La.'schen Kinder zu Erben für nichtig erachtet werden müßte, wenn die La.'schen Kinder zufolge ihrer Anweisung auf eine bestimmte Summe im Verhältnisse zu der Frau L. und den Nachlaßgläubigern nicht als Erben, sondern als Legatare zu betrachten wären. Auf welche Gesetzesvorschriften ein solcher Ausspruch hätte gestützt werden können, ist auch nicht ersichtlich (vgl. Nov. 115 c. 5 pr.).

Hiernach unterliegt das angefochtene Urteil der Aufhebung, ohne daß es eines weiteren Eingehens auf den dritten Revisionsangriff bedarf, mit welchem der Kläger geltend zu machen sucht, daß, auch wenn den Ausführungen der Vorinstanz beizupflichten wäre, daraus nur die Zurückweisung seines Aufnahmeantrages wegen Nichtzustellung an die Enkel des Beklagten, nicht aber die Abweisung der Klage zu folgern sein würde." ...

---

75. Findet der § 732 A.L.R. I. 11 auch auf Schuldscheine Anwendung, welche außerhalb des preußischen Rechtsgebietes ausgestellt sind?

I. Civilsenat. Urt. v. 1. Juli 1893 i. S. Paul E. (Bekl.) w. B. (Kl.) Rep. I. 188/93.

I. Landgericht Halle a. S.
II. Oberlandesgericht Naumburg a. S.

Die Firma Paul E., welche in Leipzig domiziliert, wurde aus einem von Fr. M. unter der Firma ausgestellten Schuldscheine, datiert Leipzig den 5. Mai 1888 auf Rückzahlung eines Darlehns belangt. Fr. M. war im Mai 1888 Gesellschafter der unter der Firma betriebenen offenen Handelsgesellschaft, aus welcher er am 1. Februar 1889 ausgeschieden ist. Die Beklagte behauptet, daß Fr. M. das Darlehn, wenn es gegeben sei, für seine Person, um seine Gesellschaftseinlage mit dem Gelde zu machen, aufgenommen und den Schuldschein erst nach seinem Austritte aus der Gesellschaft ausgestellt habe. In erster Instanz ist auf einen Eid für die Klägerin erkannt, daß sie auf Ansuchen des Fr. M. das Darlehn der Firma Paul E. versprochen und der Firma durch Fr. M. gezahlt habe. Die eingelegte

Berufung ist zurückgewiesen, auf die Revision der Beklagten aber das Berufungsurteil aufgehoben, und die Sache an die Instanz zurückverwiesen aus folgenden

Gründen:

... „Die Sache selbst anlangend, weist das Berufungsgericht den Einwand der Beklagten, der von Fr. M. namens der beklagten Firma ausgestellte, das Datum „Leipzig den 5. Mai 1888" tragende Schuldschein sei thatsächlich erst ... zu einer Zeit ausgestellt, wo Fr. M. nicht mehr Teilhaber der früher unter der Firma Paul E. bestehenden Handelsgesellschaft war und dieselbe nicht mehr durch seine Unterschrift verpflichten konnte, durch die Erwägung zurück, dieser Schuldschein entspreche den Erfordernissen des § 730 A.L.R. I. 11 und begründe daher nach § 732 das. die Vermutung für die Richtigkeit alles dessen, was darin enthalten ist, solange das Gegenteil nicht ausgemittelt sei; die Klage sei also an sich schlüssig.

Diese Erwägung ist rechtsirrtümlich. Nimmt man nämlich auch — was hier dahingestellt bleiben kann — mit der in Gruchot, Beiträge Jahrgang 32 S. 956 flg. abgedruckten Entscheidung des V. Civilsenates des Reichsgerichtes an, daß die Bestimmung des § 732 a. a. O. dem materiellen Rechte angehört und deshalb unter die Vorschrift des § 16 Ziff. 1 des Einführungsgesetzes zur Civilprozeßordnung fällt, so ist der § 732 a. a. O. doch mit Unrecht auf den hier vorliegenden Sachverhalt angewendet. Der § 732 gehört, wie sich schon aus dem Marginale ergiebt, zu den Vorschriften über die Form der Darlehnsverträge. Nachdem in § 727 bestimmt ist, daß der Schuldner schon durch den bloßen Empfang des Darlehns zur Wiedererstattung des Empfangenen auch ohne schriftlichen Vertrag verpflichtet wird, in welchen Fällen nach § 728 die Zeit der Rückzahlung sich nach den §§ 761. 762 bestimmt, erklärt der § 729 für den Fall, daß ein Darlehnsvertrag auf eine andere bestimmte Zeit gegen Interessen oder auf andere Bedingungen geschlossen werden soll, einen schriftlichen Vertrag für erforderlich, um dem Gläubiger eine Klage auf Erfüllung dieser Verabredungen zu verschaffen, und die Form dieses schriftlichen Vertrages bildet eben der Schuldschein, dessen Erfordernisse in dem sich daran anschließenden § 730 aufgestellt werden. Nur auf einen solchen Schuldschein wie der § 729 ihn für das preußische Recht vorschreibt, und dessen Inhalt in § 730 näher bestimmt wird, ist aber auch die Beweisregel des § 732 zu beziehen, nach welcher der Schuldschein bis zur Ausmittelung des Gegenteiles die Vermutung für die Richtigkeit alles dessen, was darin enthalten ist, begründet. Angesichts der Bestimmung des § 111 A.L.R. I. 5, nach welcher die Form eines Vertrages nach den Gesetzen des Ortes, wo er geschlossen worden, zu beurteilen ist (vgl. auch § 148 a. a. O.), kann nicht angenommen werden, daß die mit dem eigentümlichen Systeme des preußischen Rechtes über das Erfordernis der Schriftlichkeit bei Verträgen zusammenhängende Vorschrift des § 732 auf andere als die im Geltungsbereiche des Allgemeinen Landrechtes ausgestellten Urkunden Anwendung finden soll. Der hier in Frage stehende Schuldschein trägt nun aber die Ortsbezeichnung „Leipzig", wo auch die Firma Paul E., in deren Namen er ausgestellt ist, ihren Wohnsitz hatte. Auch hat die Klägerin gar nicht behauptet, daß diese Ortsangabe unrichtig und in Wirklichkeit der Schuldschein nicht in Leipzig, sondern innerhalb des preußischen Gebietes ausgestellt sei. Der § 732 findet hiernach auf den außerhalb Preußens ausgestellten Schuldschein vom 5. Mai 1888 keine Anwendung. Im Königreiche Sachsen aber existiert eine ihm entsprechende Vorschrift nicht. Für die Beweiskraft des Schuldscheines kommt daher lediglich der § 381 C.P.O. in Betracht, nach welchem Privaturkunden vollen Beweis dafür begründen, daß die in denselben enthaltenen Erklärungen von den Ausstellern abgegeben sind, d. h. daß die Aussteller das in der Urkunde Gesagte haben erklären wollen. Diese formelle Beweisregel erstreckt sich aber nicht auf die in der Privaturkunde enthaltenen Angaben über Ort und Zeit der Ausstellung; auch ergiebt sich daraus nichts über die materielle Beweiskraft der in der Urkunde abgegebenen Erklärungen und nichts über die Frage, ob und inwieweit die stellvertretungsweise für einen Anderen (z. B. für eine Firma) mit dessen Namen unterzeichnete Erklärung für diesen Dritten (resp. für die betreffende Firma) rechtswirksam ist. In diesen Beziehungen unterliegt daher der Beweiswert der desfallsigen in der Urkunde enthaltenen Angaben der freien Beweiswürdigung des Richters, wobei jedenfalls dann, wenn — wie im vorliegenden Falle — die Urkunde gegenüber anderen Personen als dem Aussteller derselben geltend gemacht wird, zu berücksichtigen ist, daß die gedachten Angaben nicht ohne weiteres Anspruch auf Glaubwürdigkeit haben, da erfahrungsmäßig falsche Datierungen von Privaturkunden nicht selten vorkommen, um die Rechte Dritter zu beeinträchtigen.

Vgl. Motive S. 263. 264 und Protokolle S. 153 flg.

Das angefochtene Urteil hat es an einer solchen Beweiswürdigung fehlen lassen und unterliegt daher schon aus diesem Grunde der Aufhebung und der Zurückverweisung der Sache in die Berufungsinstanz behufs einer nach § 259 C.P.O. mit freier Beweiswürdigung vorzunehmenden Prüfung und Entscheidung der Frage, ob gegenüber der Behauptung des Beklagten, daß Fr. M. erst längere Zeit nach Auflösung der von ihm mit dem Mitbeklagten Paul. E. betriebenen offenen Handelsgesellschaft den vom 5. Mai 1888 datierten Schuldschein ausgestellt habe, als erwiesen anzunehmen sei, daß der Schuldschein bereits ausgestellt ist, als Fr. M. noch Teilhaber der Firma Paul E. und mithin eine zu deren Verpflichtung legitimierte Person war." . . .

IV. Rheinisches Recht.

76. 1. Erscheinen mit Einführung des bürgerlichen Gesetzbuches die einschränkenden Bestimmungen der Artt. 676. 677 das. auch auf solche Fenster anwendbar, welche schon vor Einführung des Bürgerlichen Gesetzbuches bestanden haben?

2. Kann nach dem bürgerlichen Gesetzbuche durch das 30 jährige Bestehen von nicht nach den Vorschriften der Artt. 676. 677 eingerichteten Fenstern eine Lichtservitut gegen des Nachbars Eigentum erworben werden?

II. Civilsenat. Urt. v. 21. Februar 1893 i. S. H. (Bekl.) w. P. (Kl.) Rep. II. 288/92.

I. Landgericht Aachen.
II. Oberlandesgericht Köln.

Gründe:

„Die Revision ist nicht begründet.

Dieselbe findet zunächst einen Rechtsirrtum des Oberlandesgerichtes darin, daß dasselbe den Einwand des Beklagten, die in Rede stehenden Fenster seien schon im vorigen Jahrhundert vorhanden gewesen, und es müsse daher für die Beurteilung des streitigen Fensterrechtes lediglich das römische Recht, nicht aber das bürgerliche Gesetzbuch zur Anwendung kommen, für unzutreffend erklärt habe. Wenn die Fenster, wie zum Beweise erboten sei, schon vor Einführung des bürgerlichen Gesetzbuches bestanden hätten, so habe einerseits der Kläger bezw. dessen Rechtsvorgänger ein Recht auf das Bestehen der durch keine Gesetzesvorschrift untersagten Fenster, andererseits aber der Beklagte bezw. dessen Rechtsvorgänger die Befugnis gehabt, trotz des Vorhandenseins der Fenster in dem jetzigen Zustande sein Eigentum frei zu benutzen und bis dicht an die Fenster zu bebauen. Eine Baubeschränkung, welche durch das bloße Bestehen von Fenstern wie den in Rede stehenden in der Grenzmauer des Nachbars für den Eigentümer herbeigeführt werde, habe das römische Recht nicht gekannt. Bei Einführung des bürgerlichen Gesetzbuches habe der Beklagte bezw. dessen Rechtsvorgänger eine Beseitigung der schon vorhandenen Fenster nicht verlangen können; ebendeshalb sei aber ihr ferneres Bestehen nicht geeignet, die Ersitzung einer Servitut zu begründen. Der Beklagte habe vielmehr ein Recht auf die baulichen Zustände, wie sie zur Zeit der Entstehung der Fenster rechtlich bestanden hätten, und es würde nichts Anderes heißen, als dem bürgerlichen Gesetzbuche rückwirkende Kraft verleihen, und gegen den Art. 2 desselben verstoßen, wenn man die einschlagenden Bestimmungen dieses Gesetzbuches auf das in Rede stehende Rechtsverhältnis anwenden wollte.

Diese Auffassung hat das Oberlandesgericht mit Recht für unrichtig erklärt. Es handelt sich hier lediglich um die Anwendung der gesetzlichen Bestimmungen über die Ausübung des Eigentumes. Hierzu gehören die sog. Legalservituten, welche ohne alle Rücksicht auf Parteivereinbarung gewisse vom Gesetze selbst im Interesse der öffentlichen Ordnung aufgestellte Einschränkungen in der Ausübung des Eigentumes gegenüber anderen Eigentümern darstellen. Die Vorschriften, welche ein neues Gesetz in dieser Hinsicht giebt, greifen sofort in die bestehenden Zustände ein, wenn auch das frühere Gesetz andere Vorschriften hatte. Von wohlerworbenen Rechten, die lediglich durch die anderweiten Vorschriften des alten Gesetzes erworben sein sollten, kann keine Rede sein, weil es sich eben nur um den Inhalt des gesetzlichen Begriffes des Eigentumes handelt, welchen jeder neue Gesetzgeber frei nach seinem Ermessen gestalten kann, und auf welchen kein Privater einen Anspruch hat. Wenn also die fraglichen Fenster in dem jetzigen den Bestimmungen der Artt. 676. 677 B.G.B. nicht entsprechenden Zustande schon vor Einführung dieses Gesetzbuches vorhanden waren, so war der damalige Rechtszustand allerdings der, daß einerseits der Besitzer des klägerischen Hauses dem Nachbar das Bebauen seines Grundes bis dicht an die Fenster nicht untersagen konnte, andererseits aber auch der Nachbar nicht die Entfernung oder eine anderweitige Einrichtung der Fenster verlangen durfte. Aber auf ein Fortbestehen dieses vom Gesetze selbst bestimmten Rechtszustandes über die Zeitdauer dieses Gesetzes hinaus konnte keiner der beiden Eigentümer durch die bloße Thatsache des Bestehens jenes Zustandes ein Recht erwerben. Mit der Einführung des bürgerlichen Gesetzbuches war vielmehr der Rechtsvorgänger des Beklagten sofort in der Lage, vom Rechtsvorgänger der Kläger zu verlangen, daß er die Fenster vergittere und verstäbe und in jeder Hinsicht nach den Vorschriften der oben angeführten Artikel des bürgerlichen Gesetzbuches einrichte. Daraus folgt zugleich, daß auf der anderen Seite der Besitzer des klägerischen Hauses, wenn jene Beschränkungen von ihm nicht verlangt wurden, nunmehr auf Grund dieses seines Besitzstandes ein Servitutrecht gegen des Nachbars Grund erwerben konnte.

Anders würde die Sache liegen, wenn etwa vor Einführung des bürgerlichen Gesetzbuches unter den Vorbesitzern der Parteien durch Vereinbarung das in Rede stehende Fensterrecht in der einen oder anderen Weise geordnet worden wäre, oder wenn der Vorbesitzer der Kläger die Fenster auf Grund einer Servitutausübung seit rechtsverjährter Zeit besessen hätte. Nur dann könnte man mit Rücksicht auf das neue Gesetz von wohlerworbenen Rechten sprechen.

Das trifft aber nicht zu. Denn erst das bürgerliche Gesetzbuch faßt das Haben von Fenstern in einer Grenzmauer als Ausübung einer Dienstbarkeit auf das Nachbargrundstück auf. Dem gemeinen Rechte war diese Anschauung fremd. Die Anbringung solcher Fenster lag innerhalb der Befugnisse des in dieser Hinsicht nicht beschränkten Eigentümers. Das Bestehen derselben konnte daher nicht als besonderer Rechtstitel gelten, und die bezügliche Eigentumsbeschränkung des neuen Gesetzes findet bei dem Mangel eines Vorbehaltes in dieser Hinsicht auch gegenüber schon vorhandenen Fenstern Anwendung. Die vorstehend vertretene Auffassung ist denn auch in Doktrin und Rechtsprechung stets als richtig anerkannt worden.

Vgl. Savigny, System Bd. 8 § 390 S. 421; Chabot de l'Allier, Questions transitoires Bd. 2 S. 361 und das daselbst besprochene Urteil des Kassationshofes vom 17. Thermidor XIII; Pardessus, Servitudes Bd. 2 S. 355 flg.; Laurent, Bd. 1 Nr. 149.

Demnach ist dem Oberlandesgerichte beizupflichten, wenn es das streitige Rechtsverhältnis nach den Vorschriften des bürgerlichen Gesetzbuches beurteilt hat. Mit Rücksicht auf diese hat es nun thatsächlich festgestellt, daß die fraglichen Fenster mit ihrer den Vorschriften der Artt. 676. 677 nicht entsprechenden Einrichtung seit mehr als 30 Jahren bestanden haben, und daß die Kläger und ihre Rechtsvorgänger dadurch seit rechtsverjährter Zeit die Dienstbarkeit gegenüber dem Nachbargrundstücke ausgeübt haben, durch die Fenster für ihre Räume Licht zu schöpfen. Auf Grund dieser Feststellung ist das Oberlandesgericht unter der weiteren thatsächlichen Annahme, daß die vom Beklagten getroffenen Einrichtungen die von Klägern erworbene Dienstbarkeit beeinträchtigen, zu der Entscheidung gelangt, daß dem Klagantrage stattzugeben sei. Diese Entscheidung enthält auch im übrigen nichts Rechtsirrtümliches und entspricht insbesondere den vom Reichsgerichte in betreff des Fensterrechtes in den Urteilen vom 28. Dezember 1887,

vgl. Entsch. des R.G.'s in Civils. Bd. 20 S. 348,

und vom 27. September 1892 Rep. II. 111/92 ausgesprochenen Grundsätzen. Die Revision greift auch diese Grundsätze nicht weiter an, macht jedoch noch ein Bedenken gegen die thatsächliche Feststellung des Oberlandesgerichtes geltend, indem die von den Zeugen bekundete Thatsache, daß die Fenster eine Zeit lang zugenagelt gewesen seien, bei der Feststellung des Oberlandesgerichtes in betreff des dreißigjährigen Besitzstandes der Kläger nicht genügend berücksichtigt worden sei. Dieses Bedenken erscheint jedoch nicht gerechtfertigt, indem die Gründe ergeben, daß die fragliche Zeugenaussage vollauf berücksichtigt ist und zu dem Ergebnisse geführt hat, daß das Oberlandesgericht den dreißigjährigen Besitzstand für Aussichtsfenster (vues) nicht als bewiesen angenommen hat. Dagegen ist auf Grund der gesamten Beweisaufnahme der Verjährungsbesitz der Fenster als Lichtfenster (jours) festgestellt, und diese Feststellung, auf welcher die Entscheidung beruht, erscheint auch hinreichend begründet."

---

77. 1. Welche Voraussetzungen müssen vorliegen, damit eine von der Ehefrau geltend gemachte Ersatzforderung als „cause légitime" im Sinne des Art. 1595 Ziff. 2 Code civil und der auf Grund dieser Vorschrift zwischen den Ehegatten abgeschlossene Kaufvertrag als gültig angesehen werden kann?

2. Wird die Ungültigkeit des Vertrages dadurch geheilt, daß die Ehegatten später, nach erfolgter Gütertrennung, beschließen, ihn aufrechtzuhalten?

3. Muß der Gläubiger, der in der Klage die Ungültigerklärung eines solchen Vertrages verlangt, ein besonderes Interesse daran nachweisen?

II. Civilsenat. Urt. v. 24. März 1893 i. S. Eheleute U. (Bekl.) w. Eheleute St. (Kl.) Rep. II. 16/93.

I. Landgericht Mülhausen.
II. Oberlandesgericht Kolmar.

Die Kläger sind Gläubiger des verklagten Ehemannes, der früher im Elsaß wohnte, und haben ein Urteil erwirkt, durch welches derselbe zur Zahlung einer größeren Summe verurteilt worden ist. Schon vor Erlaß dieses Urteiles hatte der verklagte Ehemann seinen ganzen im Elsaß gelegenen Grundbesitz seiner Ehefrau angeblich verkauft, um dieser für ihre ihm gegenüber bestehenden Ersatzforderungen Deckung zu gewähren. In der Klage haben die Kläger diesen Kaufvertrag gemäß § 3 Ziff. 1. 4 des Anfechtungsgesetzes angefochten und im Laufe des Prozesses noch den Antrag gestellt, den Vertrag jedenfalls nach Art. 1595 Ziff. 2 B.G.B. für ungültig zu erklären. Das Landgericht hat die Anfechtung für gerechtfertigt erklärt, ohne sich über den Antrag auf Ungültigerklärung auszusprechen. Von dem Oberlandesgerichte wurde dagegen angenommen, die Anfechtungsklage sei unbegründet, der Vertrag aber für ungültig erklärt. Das Reichsgericht hat die Revision der Beklagten zurückgewiesen.

Aus den Gründen:

... „Soweit es sich um die Anwendung des Art. 1595 Ziff. 2 B.G.B. handelt, konnte das Oberlandesgericht ohne Rechtsirrtum annehmen, daß der hier vorgesehene Ausnahmefall, in welchem ein Kaufvertrag unter Ehegatten gestattet ist, bei den festgestellten thatsächlichen Verhältnissen nicht gegeben gewesen sei. Als eine rechtmäßige Ursache („cause légitime"), welche es rechtfertigt, daß der Ehemann an seine nicht in Gütern getrennte Frau Gegenstände verkauft, welche ihm angehören, wird im Gesetze beispielsweise der Fall aufgeführt, daß der Ehefrau für von ihr eingebrachtes, nicht mehr vorhandenes Sondergut Ersatz („remploi") gewährt wird. Dabei ist aber hinzugefügt, daß der Verkauf nicht gerechtfertigt sei, wenn die Gegenstände in die Gütergemeinschaft gefallen waren. Nach der in Frankreich in Rechtsprechung und Rechtslehre herrschenden Auffassung soll nun Art. 1595 Abs. 2 überhaupt nur Anwendung finden, wenn der Ehefrau eine „créance actuelle et exigible" zusteht.[1] Hiernach würde die angefochtene Entscheidung in diesem Punkte ohne weiteres gerechtfertigt sein, da der Ehefrau ein Anspruch auf sofortigen Ersatz ihres Einbringens nicht zustand.

Im vorliegenden Falle kann aber dahingestellt bleiben, ob diese weitgehende, die Anwendung des Art. 1595 Ziff. 2 außerordentlich einengende Auffassung als zutreffend erscheine, oder ob nicht auch in solchen Fällen, in welchen ein augenblicklicher Ersatz zwar nicht erzwungen werden kann, aber doch als gerechtfertigt erscheint und in anderer Weise ohne weiteres gewährt werden dürfte (vgl. Art. 1435 B.G.B.), das Vorhandensein einer rechtmäßigen Ursache im Sinne des Art. 1595 Abs. 2 angenommen werden dürfe. In Art. 1595 Ziff. 2 wird nämlich unzweifelhaft vorausgesetzt, daß der Ehefrau ein Ersatzanspruch wegen Veräußerung ihres — auch Dritten, insbesondere den Gläubigern des Ehemannes gegenüber — von der Gütergemeinschaft ausgeschlossenen und ihrer eigenen Verfügung unterliegenden Sondergutes zusteht. Im gegebenen Falle ist aber weder von einer Veräußerung von Grundstücken, welche die Ehefrau gar nicht besaß, noch von derjenigen des von ihr in die Ehe gebrachten Mobiliars die Rede gewesen. Der Ersatzanspruch der Ehefrau ist vielmehr lediglich darauf gestützt worden, daß sie 30000 Frs. bares Geld in die Ehe gebracht habe, welche der Nutznießung des Ehemannes anheim fielen (Artt. 1401 Ziff. 2 und 1498 B.G.B.). Dieses bare Geld ist unzweifelhaft Dritten gegenüber nicht Sondergut der Ehefrau geblieben, sondern in die Gütergemeinschaftsmasse geflossen, derart, daß der Ehemann als dessen Eigentümer anzusehen war, und seine Gläubiger darauf greifen konnten (vgl. Art. 587 B.G.B.). Bei diesem Sachverhalte lagen die Voraussetzungen für einen „remploi"

[1] Vgl. insbesondere Urteil des Kassationshofes vom 2. Juli 1873 und 15. Juni 1881, Dalloz, Rec. périod. 1873 Abt. 1 S. 464, 1882 Abt. 1 S. 193; Aubry und Rau, Bd. 4 § 351 S. 350; Marcadé-Pont, Art. 1595 Nr. 2; A. M.: Laurent, Bd. 24 Nr. 38. D. E.

überhaupt nicht vor; vielmehr konnte die Ehefrau nur nach Auflösung der Gütergemeinschaft eine Forderung gegen den Ehemann geltend machen (Artt. 1470 flg. B.G.B.). Der Umstand, daß sie künftig einmal diese Forderung erheben dürfe, rechtfertigt aber, wie schon das badische Oberhofgericht in einem ähnlichen Falle ausgesprochen hat, in keinem Falle die Anwendung des Art. 1595 Ziff. 2.

Vgl. Annalen der badischen Gerichte Jahrg. 1852 S. 375. 376; Gredy, Zusammenstellung S. 748. 749 Nr. 3, 4.

Das Oberlandesgericht konnte deshalb ohne Rechtsirrtum annehmen, daß es für den streitigen Kaufvertrag an einer rechtmäßigen Ursache fehle, welche auch dadurch nicht ersetzt wird, daß die Ehefrau nachträglich eine Gütertrennung erwirkte, und daß eine solche vielleicht bei Abschluß des Kaufvertrages schon in Aussicht genommen war. Fehlte es aber an einer solchen Ursache, so war der Kaufvertrag als absolut ungültig anzusehen, und den Klägern stand in ihrer Eigenschaft als Gläubigern des verklagten Ehemannes an sich das Recht zu, diese Nichtigkeit geltend zu machen. Die Ungültigkeit würde auch nicht dadurch geheilt worden sein, daß die Ehegatten nach erfolgter Gütertrennung etwa beschlossen haben sollten, den Kaufvertrag aufrechtzuhalten. Diese hätten vielmehr, um einen Eigentumsübergang herbeizuführen, einen neuen Kaufvertrag abschließen müssen. Eine stillschweigende Genehmigung des Kaufvertrages, wie sie von den Beklagten behauptet wird, konnte in keinem Falle die Wirkung haben, eine Klage auf Ungültigerklärung auszuschließen (Artt. 1131. 1133 B.G.B.).

Auch der weitere Angriff der Revisionskläger, die Kläger könnten den Ausspruch der Ungültigkeit deshalb nicht verlangen, weil sie daran keinerlei Interesse hätten, konnte nicht durchschlagen. An sich haben die Kläger unzweifelhaft ein Interesse daran, feststellen zu lassen, daß die verkauften Grundstücke noch Eigentum ihres Schuldners sind, da dieselben in diesem Falle ihrem Zugriffe unterliegen, und sie auf Grund ihres Urteiles eine Hypothekareinschreibung bewirken können, sofern dies nicht bereits früher geschehen ist (Art. 2123 B.G.B.). Der Umstand aber, daß, wenn die Kläger sofort eine Zwangsvollstreckung betreiben würden, sie voraussichtlich mit Rücksicht auf die gesetzliche Hypothek der verklagten Ehefrau keine Befriedigung erlangen könnten, schließt ihre Befugnis zur Erhebung der Klage auf Nichtigerklärung des Kaufvertrages nicht ohne weiteres aus, weil die thatsächlichen Verhältnisse sich immerhin ändern können. Bei den gegebenen Verhältnissen läßt sich ein Interesse der Kläger an der Feststellung, und zwar an der alsbaldigen Feststellung der Ungültigkeit des Kaufvertrages umsoweniger in Abrede stellen, als nicht einmal feststeht, ob eine Gütertrennung in wirksamer Weise bereits erfolgt ist, und ob die verklagte Ehefrau später in der Lage sein wird, von der ihr (bedingt) zustehenden gesetzlichen Hypothek Gebrauch zu machen." ...

---

78. Rechtliche Bedeutung eines den Schuldgrund nicht enthaltenden Schuldscheines.

Code civil Artt. 1131. 1132. 1337. 1315.

II. Civilsenat. Urt. v. 9. Mai 1893 i. S. G. (Widerkl.) w. K. u. Gen. (Widerbekl.) Rep. II. 48/93.

I. Landgericht Straßburg.
II. Oberlandesgericht Kolmar.

Die Widerklägerin hatte den Antrag, die Widerbeklagten zur Zahlung einer lebenslänglichen Rente von 68 *M* an sie zu verurteilen, lediglich auf ein Schuldbekenntnis vom 20. Juli 1890 folgenden Inhaltes gegründet:

„Wir Unterschriebenen bescheinigen hiermit der Frau Witwe G., daß ihr monatliches Guthaben an uns die Summe von 80 Frs. beträgt."

Das Verlangen der Widerbeklagten, daß sie einen Verpflichtungsgrund anzugeben und zu beweisen habe, hatte die Widerklägerin in erster Linie bestritten, eventuell aber als solchen die von ihr als Stiefmutter den Gegnern geleisteten Dienste bezeichnet.

Das Berufungsgericht erkannte auf Abweisung der Widerklage. Die dagegen eingelegte Revision wurde zurückgewiesen.

Aus den Gründen:

„Die Revision konnte keinen Erfolg haben.

Mit Recht zwar macht die Widerklägerin geltend, daß, da sie in erster Linie die Obliegenheit, einen Verpflichtungsgrund namhaft zu machen, bestritten und nur für den Fall der Unrichtigkeit dieser Rechtsanschauung einen solchen benannt habe, der Berufungsrichter nicht ohne weiteres die Entscheidung über den von ihr erhobenen Anspruch von Prüfung der Frage habe abhängig machen dürfen, ob der angegebene Verpflichtungsgrund den erhobenen Anspruch rechtfertige, vielmehr in erster Linie habe prüfen müssen, ob die Widerklägerin zur Begründung ihres Anspruches trotz Vorlegung des von den Gegnern als echt anerkannten Schuldscheines vom 20. Juli 1890 einen Verpflichtungsgrund anzugeben verpflichtet war. Letztere Frage muß aber zu Ungunsten der Widerklägerin beantwortet werden. Indem der Code civil in Art. 1131 eine obligation sans cause für unwirksam erklärt, läßt er deutlich erkennen, daß er die bloße Erklärung des Willens, Schuldner zu sein, zur Erzeugung einer Schuldverbindlichkeit nicht für genügend erachtet. Eine solche abstrakte Erklärung liegt aber nicht nur vor, wenn erklärt wird: „ich verpflichte mich, zu zahlen", sondern nicht minder auch dann, wenn die Erklärung in der Form abgegeben wird: „ich erkenne an, Schuldner zu sein", denn auch im letzteren Falle ist es immer nur der Wille des Erklärenden, aus welchem die Schuldverbindlichkeit gefolgert werden soll, nicht eine andere bestimmte Thatsache, eine cause. Auch Art. 1337 Code civil beruht auf dem Grundsatze, daß die bloße Anerkennung einer Schuld den Gläubiger nicht von der Aufgabe befreie, deren Rechtsgrund anzugeben. Darf sonach ein Schuldschein, welcher keinen anderen Inhalt als die erwähnte Erklärung hat, nicht selbst als cause einer Obligation angesehen werden, was sich auch aus Art. 1132 ergiebt, so kann durch die einfache Berufung auf denselben auch nicht die nach Art. 1315 den Gläubiger treffende Beweislast in der Weise verändert werden, daß das Bestehen irgend einer zulässigen cause zu vermuten wäre, und der Schuldner im Wege des Gegenbeweises das Nichtbestehen oder die Unzulässigkeit der cause darzuthun hätte. Zur Substanziierung des Klaganspruches gehört vielmehr die Angabe einer bestimmten cause, eines gesetzlich statthaften Verpflichtungsgrundes, von seiten des Gläubigers; erst dann kann geprüft werden, ob der Schuldschein allein oder in Verbindung mit anderen Thatsachen geeignet ist, das Bestehen einer auf dem *angegebenen* Verpflichtungsgrunde beruhenden Verbindlichkeit zu *beweisen*. Die Widerklägerin war hiernach verpflichtet, einen Rechtsgrund für ihr von den Widerbeklagten in dem Schuldscheine vom 20. Juli 1890 anerkanntes „Guthaben“ anzugeben, und es war, nachdem sie, dieser Verpflichtung nachkommend, die von ihr den Stiefkindern geleisteten Dienste als den Verpflichtungsgrund bezeichnet hatte, nunmehr allerdings die Aufgabe des Berufungsrichters zu prüfen, ob durch die nicht bestrittene Leistung solcher Dienste eine civilrechtliche Verpflichtung der Widerbeklagten begründet worden ist.“ . . .

---

79. Letztwillige Zuwendung unter der Bestimmung, daß das Zugewendete für eine gewisse Zeitdauer „kuratorisch verwaltet“ werde.

II. Civilsenat. Urt. v. 16. Mai 1893 i. S. J. (Bekl.) w. Stadtgemeinde H. (Kl.) Rep. II. 51/93.

I. Landgericht Mannheim.
II. Oberlandesgericht Karlsruhe.

Die Mutter des am 23. Juli 1864 geborenen Beklagten O. J., Witwe J. in H., hat daselbst am 1. November 1882 ein öffentliches Testament errichtet. Unter Ziff. I desselben sind Stückvermächtnisse im Gesamtbetrage von 8000 ℳ dritten Personen zugewendet. Ziff. II enthält folgende Bestimmung: „Von dem übrigen Teile meines Vermögens, worüber ich frei zu verfügen berechtigt bin, vermache ich meinem Sohne O. J. die Nutznießung auf Lebenszeit, ich verordne aber, daß dieses Vermögen kuratorisch verwaltet werde, bis mein Sohn das 30. Lebensjahr erreicht haben wird. Nur wenn derselbe bis dahin einer selbständigen Berufsthätigkeit sich zugewendet und durch seine Geschäftsführung, Kenntnisse, Fleiß und Ausdauer sich als geschäftstüchtig bewährt haben wird, soll ihm nach zurückgelegtem 30. Lebensjahre dieses Vermögen zu Eigentum und freier Verfügung ausgeliefert werden; sollte sich jedoch diese Voraussetzung und damit mein sehnlichster Wunsch und meine liebste Hoffnung nicht erfüllen, so fällt das Eigentum dieses Vermögens an die höhere Töchterschule zu H. zur Vermehrung des Grundstockvermögens dieser Anstalt, selbstverständlich belastet mit der für alle Fälle meinem Sohne bleibenden lebenslänglichen Nutznießung.“

Am 23. März 1884 starb die Erblasserin mit Hinterlassung des Beklagten als einzigen Kindes und Erben. Der Vormund des letzteren, Stadtrat K. in H., behielt dem Mündel bei den Nachlaßverhandlungen seine Erklärung hinsichtlich der Gültigkeit des Testamentes bis zu dem Zeitpunkte vor, wann letzterer großjährig sein werde, gestattete jedoch eine vorläufige „Pflichtteilsberechnung". Auf Grund jener Pflichtteilsberechnung wurde dasjenige Vermögen, über welches, nach Berücksichtigung der erwähnten Stückvermächtnisse, die Erblasserin frei hat verfügen können (der Freiteil), auf den Betrag von 64 536,37 *M* festgestellt. Dasselbe wurde von dem genannten K. verwaltet. Als Beklagter am 23. Juli 1885 großjährig wurde, bevollmächtigte er denselben, auch fernerhin, nebst seinem übrigen Vermögen, auch die 64 536,37 *M* zu verwalten.

Am 6. Januar 1892 erwirkte die Klägerin einen Erlaß des Großherzoglichen Ministeriums des Inneren, dessen dispositiver Teil folgendermaßen lautet:

„Der Stadtgemeinde H. wird auf Ansuchen des Stadtrates zur Annahme des hiernach unter Umständen der höheren Töchter- (Mädchen-) Schule dort — einer Gemeindeanstalt ohne eigene Rechtspersönlichkeit — zufallenden Vermächtnisses die staatliche Genehmigung erteilt."

Auf die nun von der Stadtgemeinde H. erhobene Klage wurde O. J. von dem Landgerichte verurteilt, den öffentlichen letzten Willen seiner Mutter vom 1. November 1882 insoweit zum Vollzuge zu genehmigen, daß aus dem Nachlasse der Erblasserin der Betrag von 64536,37 *M* ausgeschieden und bis zum 23. Juli 1894 in die Verwaltung eines zu bestellenden Pflegers übergeben wird.

Die Berufung des O. J. wurde zurückgewiesen, ebenso sodann die Revision.

Aus den Gründen:

... „Ungerechtfertigt ist die Rüge des Vertreters des Revisionsklägers, es enthalte die der letztwilligen Verfügung hinsichtlich des den Gegenstand des Rechtsstreites bildenden Vermögensteiles beigefügte Bestimmung der Erblasserin: „Ich verordne, daß dieses Vermögen kuratorisch verwaltet werde, bis mein Sohn das 30. Lebensjahr erreicht haben wird", eine „rechtlich unzulässige Anordnung" und es sei diese Anordnung deshalb nach L.R.S. 900 „für nicht geschrieben" zu erachten. Der Vertreter des Revisionsklägers hat diese Unzulässigkeit teils aus den gesetzlichen Bestimmungen über die Testamentsvollstrecker, insbesondere (unter Bezug auf ein bei Laurent, Principes de droit civil Bd. 11 Nr. 458 erwähntes Urteil des Pariser Kassationshofes vom 20. Mai 1867, Dalloz, Jurisprudence générale 1867 Bd. 1 S. 200. 201) aus L.R.S. 1026, wonach einem Testamentsvollstrecker nur die dort bezeichnete, in ihrer Zeitdauer beschränkte Befugnis eingeräumt werden könne, teils daraus abzuleiten gesucht, daß die besondere in L.R.S. 1055 und L.R.S. 1056 getroffene Regelung für die Unzulässigkeit ähnlicher Anordnungen in anderen Fällen spreche, ferner geltend gemacht, es ergäben sich gegen die Zulässigkeit Bedenken auch aus dem Umstande, daß zweifelhaft erscheine, wer (insbesondere ob das Gericht) den in der letztwilligen Verfügung vorgesehenen Vermögensverwalter zu ernennen habe. Allein die in dieser Hinsicht von dem Vertreter des Revisionsklägers gemachten Ausführungen führen nicht zu einer rechtlichen Unzulässigkeit der bezeichneten Bestimmung der letztwilligen Verfügung. Zunächst könnte aus der Regelung in L.R.S. 1055 und L.R.S. 1056 überhaupt kein Beweisgrund für Unzulässigkeit einer derartigen Anordnung in anderen Fällen abgeleitet werden. Sodann kann aus einer (auch von dem Kassationshofe allein erörterten) Unzulässigkeit der Bestellung eines Testamentsvollstreckers mit umfangreicheren, insbesondere ihrer Zeitdauer nach ausgedehnteren Befugnissen, als L.R.S. 1026 bezeichnet, nichts bezüglich des gegenwärtigen Falles abgeleitet werden, da in diesem nicht ein Testamentsvollstrecker — dessen rechtliche Stellung auch unmittelbar in der Berufung durch den Erblasser wurzelt — in Frage steht, es sich vielmehr im vorliegenden Falle um eine den Charakter einer Auflage tragende Bestimmung handelt, wodurch die Erblasserin hinsichtlich des ihrer völlig freien Verfügungsgewalt unterstehenden Vermögensteiles zum Schutze des Eigentumsrechtes, welches sie hieran neben dem (unter einer auflösenden Bedingung) in erster Reihe Bedachten (O. J.) einem (unter einer aufschiebenden Bedingung) in zweiter Reihe (als dem Ersteren substituiert) Bedachten (der Stadtgemeinde H.) letztwillig zuwendet, den in erster Reihe Bedachten veranlaßt, die Verwaltung des betreffenden Vermögens für einen gewissen, mäßig bemessenen Zeitraum nicht selbst zu führen, sondern einer anderen Person zu überlassen. Der Zulässigkeit einer derartigen Bestimmung steht aber weder die in dem Gesetze getroffene Regelung des Umfanges der Befugnisse eines Testamentsvollstreckers, noch eine sonstige Bestimmung des Gesetzes entgegen. Wenn man nämlich auch, sofern nach sonstigen Erwägungen der Wille des Gesetzes als entgegenstehend zu erachten wäre, nicht etwa den Satz aufstellen könnte, daß ein Erblasser da, wo er über einen Vermögensteil frei verfügen kann, befugt sein müsse, diesen Vermögensteil unter beliebigen Beschränkungen zuzuwenden, so ist doch für einen Fall der jetzt vorliegenden Art kein Gesetzeswille erkennbar, welcher einer letztwilligen Zuwendung hierüber unter der in Rede stehenden Beschränkung im Wege stünde. Diese Beschränkung, welche den Vollzug einer an sich erlaubten und löblichen Absicht der Erblasserin zu sichern und zu fördern geeignet ist, muß vielmehr einer erlaubten Bedingung gleich erachtet werden, unter welcher der Erblasser über Vermögen, über welches er frei verfügen darf, verfügt. Die Erfüllung der Auflage aber kann, ohne daß damit der Bedachte einen durch das Gesetz verbotenen Zwang erleidet, dadurch herbeigeführt werden, daß entweder der in erster Reihe Bedachte eine geeignete, von dem in zweiter Reihe Bedachten nicht beanstandete Person als Verwalter des betreffenden Vermögensteiles bestellt, oder daß, sofern er sich nicht mit dem in zweiter Reihe Bedachten einigt, der Richter auf Anrufen der einen oder anderen Partei die Entscheidung bezüglich der als Vermögensverwalter zu bestellenden Person giebt." ...

---

80. Ist Art. 2277 B.G.B. auch auf gesetzliche und Verzugszinsen anwendbar?

II. Civilsenat. Urt. v. 16. Mai 1893 i. S. G. (Bekl.) w. M. u. Gen. (Kl.) Rep. II. 63/93.

I. Landgericht Köln.
II. Oberlandesgericht daselbst.

Aus den Gründen:

... „Die geforderten Zinsen hat das Oberlandesgericht den Klägern vom 6. August 1880, dem Tage, an welchem der Beklagte die 6000 ℳ an sich genommen hat, zugesprochen und hierbei den aus Art. 2277 B.G.B. hergeleiteten Einwand der Verjährung der mehr als fünfjährigen Zinsen nicht für begründet erachtet, weil der Artikel periodisch wiederkehrende Gefälle und Einkünfte voraussetze, diese Voraussetzung aber im vorliegenden Falle nicht zutreffe. Diese kurze Begründung läßt es einigermaßen zweifelhaft, ob das Oberlandesgericht die von der Klägern geforderten Zinsen als gesetzliche Zinsen des geforderten Hauptkapitales hat behandeln und zusprechen wollen, und ob die in den Gründen ebenfalls festgestellte Thatsache, daß der Beklagte selbst den Zinsgenuß von den 6000 ℳ gehabt habe, der entscheidende Rechtsgrund für die Zuerkennung der sämtlichen Zinsen neben dem herauszugebenden Kapitale sein soll. Jedoch steht diese nicht völlig klare Begründung der bereits oben erwähnten, durch den Inhalt des ersten Urteiles unterstützten Annahme nicht entgegen, daß der Beklagte, indem er ohne förmlichen Auftrag das für seine Tochter bestimmte und dieser gehörende Geld an sich nahm, als deren Geschäftsführer gehandelt habe.

Von diesem rechtlichen Gesichtspunkte aus ist daher auch zu beurteilen, ob der Zinsenforderung die fünfjährige Verjährung aus Art. 2277 B.G.B. entgegengesetzt werden kann. Der Geschäftsführer hat gemäß Art. 1372. 1996 a. a. O., also kraft der Bestimmung des Gesetzes, von den Summen, welche er zu seinem Gebrauche verwendet hat, von dem Tage dieser Verwendung an Zinsen zu zahlen. Es handelt sich demnach um die Frage, ob die fünfjährige Verjährung des Art. 2277 in gleicher Weise auf gesetzliche wie auf vorbedungene Zinsen Anwendung finde. Diese viel erörterte Frage ist aber, wie das Reichsgericht bereits in dem Urteile vom 29. Mai 1881 (Rep. II. 83/91, abgedruckt in Puchelt, Zeitschrift Bd. 22 S. 407) ausgesprochen hat, mit der gegenwärtig überwiegenden Doktrin und Rechtsprechung zu bejahen. Der wesentliche Grund der in Rede stehenden Gesetzesbestimmung ist, wie dies von Bigot-Préameneu im Exposé de motifs (Locré, Bd. 16 S. 585) ausdrücklich ausgesprochen wurde, in der Befürchtung zu finden, daß die Schuldner von jährlich oder in kürzeren Fristen regelmäßig wiederkehrenden Renten und Gefällen durch das Anwachsen von Rückständen leicht erdrückt und zu Grunde gerichtet werden. Der Gesetzgeber hat es daher für angemessen erachtet, im Interesse der öffentlichen Ordnung durch Einführung einer kurzen Verjährung für solche Leistungen einen indirekten Zwang auf den Gläubiger auszuüben, daß er nicht mit der Einforderung der Gefälle allzulange säume und dadurch die wirtschaftliche Lage des Schuldners verschlechtere. Dieser Grund des Gesetzes, welchem auch die im Exposé de motifs erwähnte Ordonnanz Ludwig XII. vom Jahre 1510 und das Gesetz vom 20. August 1792 ihre Entstehung verdanken, führt notwendig zu dem Schlusse, daß der Art. 2277 auf alle Arten von periodisch wiederkehrenden Gefällen anzuwenden ist, bei welchen der Erfolg, den das Gesetz verhüten will, würde eintreten können. Demnach sind alle Arten von Zinsen eines fest bestimmten Kapitales, mögen sie vorbedungene oder gesetzliche oder Verzugszinsen sein, der fünfjährigen Verjährung unterworfen.

Vgl. Aubry und Rau, §. 774 S. 433 flg., und die daselbst angeführte Litteratur.

Nur für den Fall wird bezüglich der gesetzlichen Zinsen eine Ausnahme anerkannt, daß die Höhe des Kapitales, wovon die Zinsen gezahlt werden sollen, noch nicht festgestellt ist (Aubry und Rau, a. a. O. S. 436. 437; Laurent, Bd. 32 Nr. 453. 468 flg.). Als Grund dieser Ausnahme wird angeführt, daß, solange nicht das Schuldkapital selbst festgestellt ist, auch kein bestimmter Zinsenbetrag feststeht, und der Gläubiger gar nicht in der Lage ist, die Zinsen einzufordern. Eines näheren Eingehens auf diese Frage, bei welcher auch der Umstand in Betracht kommt, ob etwa den Gläubiger in Ansehung der Feststellung des Schuldkapitales selbst ein Versäumnis trifft (Laurent, a. a. O. Nr. 469), bedarf es hier nicht, weil im vorliegenden Falle das Kapital, wovon die Zinsen zu zahlen sind, in bestimmter Summe feststeht.

Demnach mußte das Berufungsurteil bezüglich der zuerkannten Zinsen dahin abgeändert werden, daß die Kläger nur Zinsen für fünf Jahre erhalten, weil die weiteren Zinsen verjährt sind."

---

81. Ist die Ehefrau auf Grund einer dem Art. 1514 Abs. 1 Code civil entsprechenden Bestimmung ihres Ehevertrages berechtigt, im Falle der Entsagung auf die Gütergemeinschaft eine von ihr in die Ehe gebrachte und in die Gütergemeinschaft eingeworfene Liegenschaft

gegenüber der Konkursmasse ihres Ehemannes in natura zurückzufordern?

II. Civilsenat. Urt. v. 13. Juni 1893 i. S. der Ehefrau des M. M. (Kl.) w. die Konkursmasse des M. M. (Bekl.) Rep. II. 49/93.

I. Landgericht Zabern.
II. Oberlandesgericht Kolmar.

Nachdem gegen M. M. das Konkursverfahren eröffnet worden war, hat dessen Ehefrau bei dem Landgerichte Gütertrennung erwirkt und sodann auf die Gütergemeinschaft verzichtet. Da ihr der Heiratsvertrag das Recht wahrte, bei Verzicht auf die Gütergemeinschaft ihr Heiratsgut zurückzunehmen, ihrem Anspruche, das in die Gütergemeinschaft eingeworfene, zur Konkursmasse gezogene und der Versteigerung unterworfene Haus zurückzunehmen, seitens des Konkursverwalters aber nicht nachgegeben wurde, erhob sie gegen die Konkursmasse Klage mit dem Antrage: Daß die auf Anstehen des beklagten Konkursverwalters eingeleitete Zwangsvollstreckung, speziell der vom Amtsgerichte Saarburg erwirkte Zwangsvollstreckungsbeschluß, insoweit er das fragliche Wohnhaus betreffe, als ungerechtfertigt aufgehoben, und erkannt werde, daß das Haus der Klägerin gehöre.

Das Landgericht hat nach Klagantrag erkannt, auf Berufung des Beklagten das Oberlandesgericht dagegen die Klage abgewiesen; die Revision der Klägerin wurde verworfen.

Aus den Gründen:

„Die Klägerin und deren jetzt in Konkurs befindlicher Ehemann haben vor Eingehung ihrer Ehe in einem Ehevertrage vom 14. Februar 1876 sich der gesetzlichen Gütergemeinschaft (Art. 1400 flg. B.G.B.) unterworfen, jedoch mit nach Artt. 1387. 1497 B.G.B. zulässigen Abänderungen. Die Klägerin hat nämlich nach Art. 2 des Ehevertrages ein ihr gehöriges Wohnhaus mit Zugehör in die Gütergemeinschaft eingeworfen, dagegen soll das übrige gegenwärtige wie das gesamte künftig anfallende Vermögen Sondergut des betreffenden Ehegatten bleiben, und die Ehefrau berechtigt sein, wenn sie auf die Gütergemeinschaft verzichte, ihr Heiratsgut und alles, was ihr während der Ehe durch Erbschaft, Schenkung, Vermächtnis oder sonstwie zugefallen sei, zurückzunehmen. Diese letztere Bestimmung entspricht, soweit sie das Heiratsgut der Klägerin betrifft, der Klausel des Art. 1514 B.G.B.; und da das erwähnte in die Gütergemeinschaft eingebrachte Wohnhaus nach Art. 1540 B.G.B. zu dem Heiratsgute der Klägerin gehört, so will dieselbe, nachdem ihr Ehemann in Konkurs geraten ist, und sie nach Erwirkung der Vermögensabsonderung auf die Gemeinschaft verzichtet hat, von der ihr im Ehevertrage zugestandenen Berechtigung, in diesem Falle ihr Heiratsgut zurückzunehmen, in der Weise Gebrauch machen, daß sie das noch unveräußerte Wohnhaus in natura aus der Konkursmasse als ihr Eigentum zurückfordert. Mit Recht hat jedoch das Oberlandesgericht dem Art. 1514 B.G.B. die Auslegung gegeben, daß diese Vorschrift zu einem Anspruche auf Aussonderung fraglicher Liegenschaft aus der Konkursmasse nicht berechtige, vielmehr nur einen Ersatzanspruch nach dem Werte begründe, welcher als Konkursforderung geltend zu machen sei.

Zunächst ist als feststehend zu betrachten, daß auch bei dem erwähnten Vertragsgedinge des Art. 1514 B.G.B. die von einer Ehefrau in die Gütergemeinschaft eingebrachten Mobilien und ebenso die mobiliarisierten Liegenschaften Eigentum der Gemeinschaft werden, und daß der Ehemann, solange die Gemeinschaft besteht, über diese Gegenstände frei verfügen, die mobiliarisierten Liegenschaften also verpfänden und veräußern kann, ohne daß bei Auflösung der Gemeinschaft und Verzichtleistung auf dieselbe der Ehefrau das Recht zustände, eine solche Hypothek für nichtig erklären zu lassen oder die Liegenschaft als ihr Eigentum von dem dritten Erwerber zurückzufordern. Diese Auffassung der gedachten, bereits unter dem älteren Rechte gebräuchlichen Klausel hat schon Pothier (Oeuvres Bd. 8 Nr. 40) vertreten, und es darf angenommen werden, daß Art. 1514 Code civil sich der Lehre Pothier's in den Hauptpunkten angeschlossen habe.

Die Ehefrau verliert, wenn sie der Gütergemeinschaft entsagt, nach Art. 1492 B.G.B. alle Rechte auf das dazu gehörige Vermögen, selbst auf das von ihr zugebrachte bewegliche Vermögen, und nach Art. 1507 B.G.B. besteht die Wirkung der bestimmten Mobiliarisierung darin, daß die unbewegliche Sache, welche deren Gegenstand ausmacht, gleich den beweglichen selbst zum Vermögen der Gemeinschaft gehört. Die Ausdrucksweise des Art. 1514 B.G.B., daß die Frau sich ausbedingen könne, das bei Eingehung der Ehe oder nachher eingebrachte Vermögen im Falle der Entsagung auf die

Gütergemeinschaft ganz oder zum Teil zurückzunehmen („qu'en cas de renonciation à la communauté elle reprendra tout ou partie de ce qu'elle y aura apporté") kann nicht dazu führen, dieser Abweichung von den angeführten gesetzlichen Regeln die Auslegung zu geben, daß die Zubringung des zur Bestreitung der Lasten der Ehe bestimmten Heiratsgutes hiernach unter einer Resolutivbedingung erfolge, welche gerade beim Rückgange der wirtschaftlichen Verhältnisse des Mannes der Ehefrau ermöglichen würde, dieses Heiratsgut den Gläubigern der Gütergemeinschaft wieder zu entreißen. Die Klausel der schuldenfreien Zurücknahme des eingebrachten Vermögens erheischt eine einschränkende Auslegung (Artt. 1514. 1528 B.G.B.). Finden sich die ihr unterworfenen Gegenstände bei Auflösung der Gemeinschaft in dieser nicht mehr vor, so steht der Frau, wie bei einer aus dem Verkaufe einer Sonderliegenschaft entstandenen Reprisenforderung, nur eine in Konkurrenz mit den übrigen Gläubigern geltend zu machende Ersatzforderung zu.

Dasselbe muß aber mit Laurent (Principes de droit civil Bd. 23 Nr. 340 flg.) auch dann angenommen werden, wenn die in die Gütergemeinschaft eingeworfenen Gegenstände bei Auflösung der Gütergemeinschaft noch in natura vorhanden sind, und das Rückforderungsrecht gegenüber den Gläubigern ausgeübt wird.

Vgl. auch Marcadé & Pont, Code civil Bd. 5 zu Art. 1514 unter 3 S. 770 flg. und Guillouard, Traité du contrat de mariage Bd. 3 Nr. 1606.

Ist eine Liegenschaft in die Gütergemeinschaft eingeworfen und damit deren Eigentum geworden, so ist sie nach Art. 2093 B.G.B. in das allgemeine Unterpfand der Gläubiger übergegangen und muß diesen auch dann noch verhaftet bleiben, wenn das Recht der Rücknahme aus Art. 1514 B.G.B. durch die Auflösung der Gemeinschaft entstanden ist, da dieses nur als eine persönliche Forderung, welche der Frau einen besonderen Schutz gegen die Folgen schlechter Vermögensverwaltung des Mannes gewähren soll, aufzufassen ist, während das Eigentum an der Liegenschaft der Masse verbleibt.

Hieraus ergiebt sich, daß die Revision zurückgewiesen werden mußte." ...

V. Prozeßrecht.

82. Ist es auch in dem Falle, wenn der Verkäufer eines Grundstückes die rechtskräftige Verurteilung des Erwerbers, den abgeschlossenen Vertrag mit ihm notariell zu verbriefen, erwirkt hat, zum Zwecke der Eigentumsübertragung zufolge § 1 Abs. 1 des im Gebiete des rheinischen Rechtes geltenden Gesetzes vom 20. Mai 1885 erforderlich, daß der Verkäufer den Vertragsabschluß unter Vorlegung des erwirkten Urteiles vor Notar beurkunden läßt?

§ 779 C.P.O.

II. Civilsenat. Urt. v. 20. Dezember 1892 i. S. der Handelsgesellschaft Th. R. & Co. u. Gen. (Bekl.) w. H. (Kl.) Rep. II. 235/92.

I. Landgericht Elberfeld.
II. Oberlandesgericht Köln.

Abweichend von der Annahme der Vorinstanzen hat das Reichsgericht die vorstehende Frage bejaht aus folgenden

Gründen:

„Die Beklagten haben der auf Zahlung des Kaufpreises gerichteten Klage den Einwand entgegengehalten, daß sie berechtigt seien, denselben zurückzuhalten, weil Kläger seinerseits den Vertrag noch nicht erfüllt, nämlich ihnen das Eigentum an dem erkauften Grundstücke noch nicht verschafft habe, wozu nach § 1 Abs. 1 des Gesetzes vom 20. Mai 1885 noch die Thätigung eines Notariatsaktes erforderlich sei. Das Berufungsgericht verwirft diese Einrede, indem es davon ausgeht, daß durch das von dem Kläger gegen die Beklagten erwirkte rechtskräftige Urteil, welches dieselben zur Thätigung eines solchen

Aktes verurteilt, gemäß § 779 C.P.O. dieser Akt ersetzt sei. Dieser Auffassung kann nicht beigetreten werden. Wenn auch zuzugeben ist, daß die Wirkung der Verurteilung sich nicht bloß auf den Inhalt, sondern auch auf die Form der abzugebenden Erklärung erstreckt, sodaß die den Beklagten auferlegte Erklärung vermöge des Urteiles als vor dem Notar abgegeben gilt, so bezieht sich der Urteilsausspruch doch immerhin nur auf die Erklärung der Beklagten, also nur einer Vertragspartei. Das Gesetz vom 20. Mai 1885 verlangt aber, daß beide Parteien den Vertrag vor dem Notar thätigen, und § 779 C.P.O. spricht schon seinem Wortlaute nach nicht aus, daß auch die von dem Kläger in bestimmter Form abzugebende Erklärung als durch die Erhebung der Klage und Erwirkung des Urteiles ersetzt zu gelten habe. Auch aus der Entstehungsgeschichte des § 779 a. a. O. kann eine solche Tragweite desselben nicht abgeleitet werden. Er schließt sich, wie sich aus den Motiven zur Civilprozeßordnung (S. 443) ergiebt, an frühere ähnliche Vorschriften preußischer Gesetze, insbesondere § 32 des Gesetzes vom 24. Mai 1853 und § 96 des Gesetzes vom 21. März 1868, ferner §§ 3. 19 Ziff. 2. 60. 65 Abs. 2 des Gesetzes vom 5. Mai 1872 an. Dabei ist besonders beachtungswert, daß § 3 des letzterwähnten Gesetzes, welcher sich auf die Auflassung, einen ebenfalls von beiden Parteien vor dem Grundbuchamte vorzunehmenden Akt, bezieht, gleichfalls nur sagt, daß die Verurteilung eines Eigentümers zur Auflassung dessen Erklärung ersetze, sodaß zur Bewirkung der Auflassung immerhin noch die andere Partei vor dem Grundbuchamte erscheinen, die Auflassung verlangen und das die Erklärung des Eigentümers vertretende Urteil vorlegen muß. Es ist anzunehmen, daß bei dem durch § 1 des Gesetzes vom 20. Mai 1885 zur Bewirkung des Eigentumsüberganges verlangten Notariatsakte, welchem eine ähnliche rechtliche Bedeutung wie der Auflassung zukommt, ebenso zu verfahren ist, daß also die Partei, welche eine Verurteilung der anderen zur notariellen Beurkundung erwirkt hat, vor dem Notar erscheinen, ihrerseits den Vertragsabschluß erklären und an Stelle der Zustimmung des anderen Kontrahenten das gegen denselben erwirkte rechtskräftige Urteil vorlegen muß. Daß auch die preußische Gesetzgebung bei Erlaß des Gesetzes vom 20. Mai 1885 von keiner anderen Auffassung des § 779 C.P.O. ausgegangen sein kann, ist aus § 53 dieses — für sich allerdings nicht revisibeln —

Gesetzes zu schließen,' wonach die bei dem Zwecke des Gesetzes, die Einführung des Grundbuchssystemes vorzubereiten, ganz wesentliche Vorschrift einer Mitteilung an den Katasterbeamten nicht auf den Fall einer Verurteilung nach § 779 C.P.O. ausgedehnt ist, wozu übrigens im Hinblicke darauf, daß dem Gerichte der Zeitpunkt der eingetretenen Rechtskraft (vermöge § 268 Abs. 1 C.P.O.) nicht ohne weiteres bekannt wird, besondere Vorschriften erforderlich gewesen wären.

Ist hiernach, abweichend von dem Berufungsgerichte, anzunehmen, daß das gegen die Beklagten gemäß § 779 erlassene Urteil den nach § 1 des Gesetzes vom 20. Mai 1885 erforderlichen Notariatsakt, soweit es sich um eine Thätigung desselben von seiten des Klägers handelt, nicht ersetzt, diese Thätigung vielmehr zur Bewirkung des Eigentumsüberganges noch erforderlich ist, so erscheint die von den Beklagten vorgeschützte Retentionseinrede als begründet. Nach dem festgestellten Inhalte des Kaufvertrages haben nämlich nicht etwa die Beklagten mit Zahlung des Kaufpreises vorzugehen, vielmehr ist ihnen derselbe unter Vorbehalt von Kündigung gestundet worden. Kläger kann daher nicht etwa seinerseits die Thätigung des Notariatsaktes verweigern bis zuerst gezahlt sei (vgl. Code civil Art. 1612)." ...

---

83. Zur Frage der Voraussetzungen der Vorabentscheidung über den Grund des Anspruches.
§§ 275. 276 C.P.O.

I. Civilsenat. Urt. v. 21. Dezember 1892 i. S. K. (Bekl.) w. Firma B. (Kl.) Rep. I. 318/92.

I. Landgericht Frankfurt a. M.
II. Oberlandesgericht daselbst.

Die Klägerin hatte an S. auf dessen Bestellung Formen, Modelle und Musterstücke geliefert und nahm daraus den Beklagten mit der Behauptung in Anspruch, daß er sich ihr als Socius des S. vorgestellt habe, auch Socius gewesen sei und sich verpflichtet habe, für die Bestellungen aufzukommen. Der Beklagte bestritt dies; der erste

Richter erkannte aber dahin, daß der Anspruch des Klägers auf solidarische Haftung des Beklagten mit S. dem Grunde nach berechtigt sei. Die Berufung des Beklagten wurde zurückgewiesen. Auf seine Revision ist das Berufungsurteil aufgehoben und die Sache an die erste Instanz zurückverwiesen aus nachfolgenden

Gründen:

„Der § 276 C.P.O. gestattet über den Grund des klagend erhobenen Anspruches vorab zu entscheiden, wenn der Anspruch nach Grund und Betrag streitig ist. Die Entscheidung über den Grund soll als Endurteil angesehen werden, welches als solches der Anfechtung durch Rechtsmittel unterliegt und der Rechtskraft fähig ist. Voraussetzung ist, daß mit der Feststellung, daß der Anspruch begründet ist, sein Betrag noch streitig bleibt, aber auch nur noch der Betrag streitig bleibt. Wird aus schädigender Handlung oder aus einem Rechtsgeschäfte ein Anspruch auf Grund eines Rechtsverhältnisses zwischen dem Beklagten und dem Schädiger oder dem Kontrahenten des Rechtsgeschäftes erhoben, so kann die Existenz dieses Rechtsverhältnisses allein nicht zum Gegenstande der Vorabentscheidung im Sinne des § 276 C.P.O. gemacht werden, wenn auch die schädigende Handlung oder das Rechtsgeschäft streitig ist und nach der Vorabentscheidung streitig bleibt. In solchem Falle ist das streitige Rechtsverhältnis nur ein Element des Klagegrundes, über welches vorab zwar durch Zwischenurteil nach § 275 C.P.O., aber nicht durch Endurteil nach § 276 C.P.O. entschieden werden kann.

Der vorliegende Fall liegt nicht anders. Der Klaganspruch ist darauf gestützt: 1. daß S. die Formen, Modelle, Musterstücke und Arbeiten, für welche die Klägerin Bezahlung fordert, bestellt hat, und 2. daß der Beklagte K. für die Zahlung solidarisch haftet, weil er Socius des S. ist oder die Klägerin ihn rechtlich als solchen behandeln darf. Nach dem Thatbestande der Urteile der Vorinstanzen ist nicht nur das Rechtsverhältnis zwischen dem Beklagten K. und dem S. und die Frage, ob aus diesem K. für die Bestellungen des S. haftet, streitig, sondern auch, ob und was bestellt ist, ob die Modelle und Formen als gegen Entgelt bestellt zu betrachten, und ob und von welchem Zeitpunkte ab etwa die Haftung des Beklagten für einzelne Lieferungen der Klagerechnung fortgefallen ist. Danach durfte die vom ersten Richter ausdrücklich auf Grund des § 276

C.P.O. getroffene, durch das angefochtene Urteil bestätigte Vorabentscheidung nicht ergehen. Sie entscheidet nur, daß der Beklagte sich nach dem Rechtsverhältnisse, in welches er zu S. und der Klägerin getreten ist, nicht darauf berufen kann, daß nicht er, sondern S. bestellt hat. Der erste Richter spricht in den Gründen seines Urteiles ausdrücklich aus, über den Grund des Anspruches werde insofern entschieden, als feststehe, daß der Beklagte Ende 1886 die Verpflichtung eingegangen sei, die von S. bei der Klägerin für das gemeinsame Unternehmen gemachten und zu machenden Bestellungen zu bezahlen. Die Entscheidung läßt nicht nur den Streit über den Betrag der erhobenen Forderungen übrig, sondern auch den Streit darüber, ob und was S. bestellt hat, und wieweit der Beklagte dafür haftet. Dies ist keine Vorabentscheidung nach § 276 C.P.O., sondern beseitigt nur die Berufung des Beklagten darauf, daß er nicht bestellt hat, d. h. dieses eine Verteidigungsmittel des Beklagten.

Der Berufungsrichter hätte deshalb auf die Berufung des Beklagten das erste Urteil aufheben und die Sache zur weiteren Verhandlung an die erste Instanz zurückverweisen müssen." ...

---

84. Dürfen Gegenforderungen, welche im ersten Rechtszuge zur Kompensation geltend gemacht, aber damals auf Grund des § 252 C.P.O. zurückgewiesen wurden, im zweiten Rechtszuge zur Kompensation benutzt werden?

II. Civilsenat. Urt. v. 3. Februar 1893 i. S. Ö. & Co. u. Gen. (Bekl.) w. H. (Kl.) Rep. II. 282/92.

I. Landgericht Mannheim.
II. Oberlandesgericht Karlsruhe.

Aus den Gründen:

... „Gerechtfertigt ist die Revision, soweit von den Beklagten im zweiten Rechtszuge zur Wettschlagung solche Gegenforderungen (drei) geltend gemacht wurden, welche sich unter den bereits von dem Landgerichte auf Grund des § 252 C.P.O. zurückgewiesenen Verteidigungsmitteln befanden. Das Oberlandesgericht hat in dieser Hinsicht angenommen, es habe das Landgericht mit Recht die Voraussetzungen des § 252 C.P.O. als vorhanden erachtet, und hat aus diesem Grunde die bezüglichen Gegenforderungen nicht berücksichtigt. Das Oberlandesgericht hat aber hierbei nicht beachtet, daß eine in erster Instanz auf Grund des § 252 C.P.O. erfolgte Zurückweisung eines in derselben geltend gemachten Verteidigungsmittels die Berechtigung nicht ausschließt, dasselbe in der Berufungsinstanz von neuem geltend zu machen. In der letzteren Hinsicht hat zwar der Vertreter des Klägers und Revisionsbeklagten für seinen Antrag auf Zurückweisung der Revision vorgetragen, es stellten sich die bezüglichen Gegenforderungen als neue Kompensationsansprüche im Sinne des § 491 Abs. 2 C.P.O. dar, und es liege in der von dem Oberlandesgerichte ausführlich begründeten Billigung der erstinstanzlichen Annahme, daß die Beklagten die bezüglichen Gegenforderungen in der Absicht, den Prozeß zu verschleppen, erst in der letzten mündlichen Verhandlung der ersten Instanz vorgebracht hätten, zugleich eine Verneinung der in § 491 Abs. 2 C.P.O. für die Zulassung neuer Ansprüche, mit welchen kompensiert werden soll, in der Berufungsinstanz geforderten Glaubhaftmachung, „daß die Partei ohne ihr Verschulden außer stande gewesen sei, dieselben in erster Instanz geltend zu machen". Der Anschauung des Vertreters des Klägers und Revisionsbeklagten kann jedoch nicht beigetreten werden.

Zwar wird zu § 242 des Entwurfes der Civilprozeßordnung (welcher dem jetzigen § 252 C.P.O. vollkommen entspricht) in der allgemeinen Begründung S. 27,

vgl. Hahn, Materialien zur Civilprozeßordnung 2. Aufl. Bd. 1 S. 130,

auf welche Begründung die besonderen Motive zu § 242 S. 206,

vgl. Hahn, a. a. O. Bd. 1 S. 274,

verweisen, bei der Bemerkung, daß der in § 242 a. a. O. ausgesprochene Verlust des Verteidigungsmittels nur für die Instanz wirke, den begründenden Worten „da dem Beklagten gestattet ist, das zurückgewiesene Verteidigungsmittel von neuem geltend zu machen" beigefügt „insoweit nicht die Bestimmung des § 470 Abs. 2 des Entwurfes (welcher § 470 völlig dem § 491 C.P.O. entspricht) eingreift", und es scheint damit gesagt werden zu sollen, daß solche Ansprüche, welche, wenn sie überhaupt noch gar nicht geltend gemacht worden wären, unter § 491 Abs. 2 C.P.O. fallen würden, als neue auch dann betrachtet werden und daher dem § 491 Abs. 2 C.P.O. unterworfen sein sollen, wenn sie im ersten Rechtszuge nach § 252 C.P.O. zurückgewiesen worden waren. Eine solche Auffassung ist aber im Gesetze selbst nicht ausgesprochen. Vielmehr kann unter den Wortausdruck des § 491 C.P.O.,

vgl. Entsch. des R.G.'s in Civils. Bd. 13 S. 375 flg., Bd. 20 S. 409 flg.,

nur ein solches Vorbringen fallen, welches überhaupt erst in der Berufungsinstanz geltend gemacht wurde, somit nicht ein Vorbringen, welches bereits in der ersten Instanz geltend gemacht war. Unter § 491 Abs. 2 C.P.O. fallen daher, da das Gesetz in dieser Hinsicht nicht eine besondere Bestimmung getroffen hat, auch nicht etwa zur Kompensation angerufene Gegenforderungen, welche zur Kompensation bereits — wie dies bei den jetzt in Rede stehenden drei Gegenforderungen der Fall ist — in erster Instanz geltend gemacht, aber damals auf Grund des § 252 C.P.O. zurückgewiesen worden waren. Hiernach beruht die von dem Oberlandesgerichte lediglich auf die erstinstanzlich nach § 252 C.P.O. erfolgte Zurückweisung gebaute Nichtberücksichtigung der bezüglichen drei Gegenforderungen auf Gesetzesverletzung." ...

---

85. Steht nach dem preußischen Gesetze vom 9. März 1872 (G.S. S. 265) dem als Sachverständigen geladenen Medizinalbeamten für die von ihm im Auftrage des Gerichtes vor dem Termine in seiner Wohnung vorgenommene Untersuchung neben der Gebühr für die Abwartung des Termines eine besondere Vergütung zu?

Gebührenordnung für Zeugen und Sachverständige vom 30. Januar 1878 § 13.

IV. Civilsenat. Beschl. v. 6. Februar 1893 i. S. F. (Kl.) w. F. (Bekl.) Beschw.-Rep. IV. 178/92.

I. Landgericht Duisburg.
II. Oberlandesgericht Hamm.

Aus den Gründen:

„Das Landgericht zu D. hatte durch Beweisbeschluß die Vernehmung des Kreisphysikus Dr. B. als Gutachters über die Körperbeschaffenheit des Beklagten angeordnet und dem Sachverständigen aufgegeben, noch vor dem Termine den Beklagten, den er zu diesem Zwecke zu sich zu bestellen habe, zu untersuchen. Dr. B. kam dem Auftrage nach; er untersuchte in seiner Behausung den Beklagten und erstattete demnächst im Termine das Gutachten. An Gebühren liquidierte er für den Termin 6 ℳ und für die diesem vorausgegangene Untersuchung 3 ℳ, welches Liquidat durch den Vorsitzenden festgesetzt wurde und mit 9 ℳ zur Zahlung gelangte. Auf die Erinnerung des Oberstaatsanwaltes, die sich gegen die Bewilligung einer Gebühr für die von dem Sachverständigen vor dem Termine in seiner Wohnung vorgenommene Untersuchung neben der Terminsgebühr richtete, hielt das Landgericht durch Beschluß vom 7. Oktober 1892 auf Grund des § 6 des preußischen Gesetzes, betreffend die den Medizinalbeamten für die Besorgung gerichtsärztlicher ꝛc Geschäfte zu gewährenden Vergütungen, vom 9. März 1872 und des § 13 der deutschen Gebührenordnung für Zeugen und Sachverständige die Verfügung des Vorsitzenden aufrecht. Das Oberlandesgericht hat durch Beschluß vom 10. November 1892 diese Entscheidung aufgehoben, die streitige Gebühr von der Liquidation abgesetzt und die Wiedereinziehung der gezahlten 3 ℳ zur Gerichtskasse angeordnet. Gegen diesen Beschluß ist von Dr. B. die weitere Beschwerde erhoben, die für begründet zu erachten ist.

Das Oberlandesgericht ist unter Hinweis auf eine Verfügung des preußischen Justizministers vom 13. Juli 1892 der Auffassung des Landgerichtes, die sich an die Entscheidung des Reichsgerichtes i. S. R. w. B. Beschw.-Rep. VI. 43/88 vom 19. April 1888 anschließt, mit der Erwägung entgegengetreten: für die Beurteilung sei allein das preußische Gesetz vom 9. März 1872 maßgebend; nach dem § 6 dieses Gesetzes stehe aber dem Medizinalbeamten nur für die von ihm gemachten, also außerhalb seiner Behausung abgestatteten Vorbesuche, nicht auch für die in seinem Hause empfangenen Besuche eine besondere Gebühr von 3 ℳ zu; auch werde das Liquidat nicht durch die Bestimmung des § 10 desselben Gesetzes gerechtfertigt; vielmehr sei mit Rücksicht darauf, daß ein Gutachten ohne vorausgegangene

Prüfung oder einmalige Untersuchung des zu begutachtenden Gegenstandes der Regel nach nicht erstattet werden könne, davon auszugehen, daß diese einmalige, dem im Termine abgegebenen Gutachten zu Grunde gelegte Untersuchung — abgesehen von den im Gesetze vorgesehenen Ausnahmefällen — durch die Terminsgebühr des § 3 Ziff. 1 des Gesetzes abgegolten werde; diese Annahme werde durch den § 3 Ziff 6 a. a. O., betreffend die Gebühren für schriftliche Gutachten, unterstützt, wonach die dort bestimmten höheren Gebührensätze insbesondere dann zu bewilligen seien, wenn die Untersuchung die Anwendung schwierig zu handhabender Instrumente oder Apparate erforderte.

Dem Oberlandesgerichte ist darin beizupflichten, daß der Entscheidung allein das Gesetz vom 9. März 1872 zu Grunde zu legen ist. Der § 13 der deutschen Gebührenordnung für Zeugen und Sachverständige bestimmt, daß, soweit für gewisse Arten von Sachverständigen besondere Taxvorschriften bestehen, welche an dem Orte des Gerichtes, vor welches die Ladung erfolgt, und an dem Aufenthaltsorte des Sachverständigen gelten, lediglich diese Vorschriften zur Anwendung kommen. Solche besonderen Taxvorschriften sind aber für Medizinalbeamte in dem Gesetze vom 9. März 1872 enthalten. Dieses Gesetz bildet daher die alleinige Norm für die Bestimmung der Vergütung, welche den Medizinalbeamten als Sachverständigen zusteht, sodaß die Anwendung der deutschen Gebührenordnung in den von ihr für die Bemessung der Vergütung der Sachverständigen aufgestellten Grundsätzen (§ 378 C.P.O.) hier ausgeschlossen ist.

Es ist auch ferner mit dem Oberlandesgerichte anzunehmen, daß das streitige Liquidat durch die §§ 6. 10 des Gesetzes vom 9. März 1872 nicht gestützt wird. Der § 6, der dem Medizinalbeamten für jeden Vorbesuch eine Gebühr von 3 *M* bewilligt, hat nur solche Besuche im Auge, die der Medizinalbeamte *außerhalb seiner Behausung* vornimmt. Dies ergiebt sich aus dem gebrauchten Ausdrucke: „Vorbesuche *machen*“ und sodann daraus, daß die Gebühr nur für den Fall bewilligt ist, daß nicht die Voraussetzungen vorliegen, unter denen Tagegelder und Reisekosten liquidiert werden dürfen. Der § 10 besagt:

> Insoweit die Gebühren vorstehend nicht nach bestimmten Sätzen geregelt sind, ist der im einzelnen Falle anzuweisende Betrag nach der Schwierigkeit des Geschäftes und dem zur Ausrichtung des-

selben erforderlich gewesenen Zeitaufwande festzusetzen. Diese Festsetzung hat, wenn sich Bedenken gegen die Angemessenheit des liquidierten Betrages ergeben, die zuständige Regierung oder Landdrostei endgültig zu bewirken.

Die Vorschrift bezieht sich nach dem Wortlaute, und wie auch aus der Entstehungsgeschichte des Gesetzes, insbesondere aus der Begründung des Entwurfes, der mit unwesentlichen Abänderungen zum Gesetze erhoben ist, erhellt, nur auf solche Fälle, für die das Gesetz eine ihrem Satze nach unbestimmte Gebühr vorschreibt, enthält aber nicht die Ermächtigung, für Geschäfte, deren Honorierung im Gesetze nicht vorgesehen ist, eine Gebühr nach arbiträrem Ermessen festzusetzen. Dagegen kann dem Oberlandesgerichte in den weiteren Erwägungen nicht gefolgt werden. Dem Medizinalbeamten steht, wie schon das Reichsgericht in der Entscheidung vom 19. April 1888 ausgesprochen hat, nach dem bezeichneten maßgebenden Gesetze für die ihm aufgetragene Untersuchung vor dem Termine auch dann, wenn solche in seiner Behausung stattfindet, eine besondere Gebühr neben der Terminsgebühr zu.

Aus dem Umstande, daß der § 6 a. a. O. eine besondere Vergütung nur für die Vorbesuche außerhalb der Wohnung des Medizinalbeamten festsetzt, ist nicht zu folgern, daß für eine vorherige Untersuchung in der Wohnung die Gewährung einer besonderen Vergütung ausgeschlossen sei. Der § 6 bezweckt, die Gebühr für die Besuche außerhalb der Wohnung auf einen bestimmten Satz zu fixieren. Daß ein weitergehender Zweck obgewaltet hat, ist weder aus dem Gesetze noch aus den Motiven desselben ersichtlich, wie auch die letzteren keine Andeutung darüber enthalten, daß dem Medizinalbeamten für die in seiner Wohnung empfangenen Besuche eine Vergütung nicht zustehen solle. Die Vorschrift des § 3 Ziff. 6 a. a. O., auf welche sich das Oberlandesgericht stützt, kann nicht in Betracht kommen. Dort sind die Gebühren für schriftliche Gutachten auf 6—24 ℳ bestimmt, sodaß ein ausreichender Spielraum gegeben ist, bei der Festsetzung der Gebühr die vom Sachverständigen aufgewendete Mühewaltnng, also auch die empfangenen Besuche, zu berücksichtigen; letzteres ist dadurch nicht ausgeschlossen, daß weiter angeordnet ist, die höheren Sätze seien insbesondere dann zu bewilligen, wenn eine zeitraubende Einsicht der Akten notwendig war, oder die Untersuchung die Anwendung des Mikroskops oder anderer Instrumente oder Apparate erforderte, deren Handhabung mit besonderen Schwierigkeiten verbunden ist. In dem § 3 Ziff. 1 ist für die Bemessung der Terminsgebühr ein solcher Spielraum nicht gegeben. Die Terminsgebühr ist auf 6 ℳ und, insofern der Termin über drei Stunden dauert, für jede folgende ganze oder angefangene Stunde auf 1,50 ℳ fest bestimmt. Es läßt nun aber gerade diese Art der Bestimmung der Gebühr die Unrichtigkeit der Auffassung des Oberlandesgerichtes erkennen. Nach dem Wortlaute des § 3 Ziff. 1 steht die Gebühr dem Sachverständigen für die Abwartung des Termines zu. Aus dieser Fassung ergiebt sich, daß das Gesetz nicht davon ausgeht, daß durch die Terminsgebühr auch vor dem Termine vorgenommene Untersuchungen abgegolten werden. Daß der Sachverständige, um ein Gutachten erstatten zu können, der Regel nach zuvor eine Untersuchung der Person oder Sache vornehmen muß, ist an sich nicht entscheidend. Geschieht diese Untersuchung im Termine, so bildet sie eine zur Abwartung des Termines gehörende, also eine einen Bestandteil der Terminsabwartung ausmachende Thätigkeit, und dann wird sie durch die Terminsgebühr abgegolten. Erfolgt sie dagegen auf Erfordern der Behörde vor dem Termine, so ist sie eine besondere, von der Terminsabwartung getrennte Leistung, für die der Sachverständige auch dann, wenn die Untersuchung in seiner Behausung stattgefunden hat, entschädigt werden muß. Diese Annahme entspricht unbedenklich dem Sinne des Gesetzes, welches anderenfalls es mit klaren Worten ausgesprochen hätte, wenn dem Medizinalbeamten für die von ihm vor dem Termine in seiner Behausung vorgenommene Untersuchung eine Vergütung neben der Terminsgebühr versagt sein sollte. Die entgegengesetzte Auffassung würde auch nicht nur zu Unbilligkeiten führen, die vornehmlich erkennbar hervortreten würden, wenn wiederholte Untersuchungen stattgefunden haben, sondern unter Umständen zu einer direkten Benachteiligung des Sachverständigen Anlaß geben. Denn wenn die Untersuchung nicht erst im Termine erfolgt, sondern schon vor demselben bewirkt wird, so hat dies eine Abkürzung der Terminsdauer zur Folge; dem Sachverständigen würde daher, wenn der Termin ohne vorangegangene Untersuchung länger als drei Stunden gedauert haben würde, während er, nachdem die Untersuchung thatsächlich vorher stattgefunden, die Dauer von drei Stunden nicht überschritten hat, nur ein Anspruch auf die gewöhnliche Terminsgebühr von 6 *M*, nicht aber auch ein Anspruch auf die Zuschlagsgebühr zustehen, welche letztere er im anderen Falle zu fordern berechtigt wäre.

Das Gesetz stellt nun zwar für solche von dem Medizinalbeamten vor dem Termine in seiner Behausung vorgenommene Untersuchungen eine besondere Taxe nicht auf. In dieser Hinsicht gewährt jedoch für die Bemessung der Vergütung der § 3 Ziff. 1 des Gesetzes einen bestimmten Anhalt. Die Gebühr für einen Termin mit der Dauer bis zu drei Stunden ist auf 6 *M* und die Gebühr für die über die Grenzen eines solchen Termines hinausgehende Leistung auf 1,50 *M* für jede folgende ganze oder angefangene Stunde festgesetzt. Mit Rücksicht hierauf ist es als dem Sinne des Gesetzes entsprechend anzusehen, daß dem Sachverständigen auch für seine Mühewaltung vor dem Termine und insbesondere für eine Thätigkeit der hier beregten Art neben der Terminsgebühr eine besondere Vergütung von 1,50 *M* für jede ganze oder angefangene Stunde zu bewilligen ist, eine Vergütung, die nur im Hinblicke auf § 6 des Gesetzes einer Einschränkung insofern unterliegt, als sie den Betrag von 3 *M* für jeden Besuch im Höchstbetrage nicht übersteigen darf.

Der Kreisphysikus Dr. B. hat infolge der an ihn ergangenen Aufforderung die amtliche Anzeige erstattet, daß er auf die Untersuchung des Körperzustandes des Beklagten und auf die Notizen bezüglich des Befundes etwa eine halbe Stunde Zeit verwendet habe. Es steht ihm daher neben der Terminsgebühr von 6 *M* noch eine Vergütung von 1,50 *M* zu." ...

---

86. Einrede des Schiedsvertrages gegenüber der von einem Arrestkläger infolge einer nach § 806 Abs. 1 C.P.O. erlassenen Anordnung bei dem ordentlichen Gerichte wegen der Hauptsache erhobenen Klage.

VI. Civilsenat. Urt. v. 27. Februar 1893 i. S. E. (Bekl.) w. G. (Kl.) Rep. VI. 247/92.

I. Landgericht Hamburg.
II. Oberlandesgericht daselbst.

Das Reichsgericht hat das Berufungsurteil, durch welches die Einrede des Schiedsvertrages verworfen worden war, aufgehoben aus folgenden

Gründen:

„Was die Einrede des Schiedsvertrages betrifft, so steht fest, daß die in diesem Prozesse klagend geltend gemachten Ansprüche jedenfalls zum größten Teile aus dem Gesellschaftsverhältnisse herrühren, über welches der Kontrakt vom 3. Januar 1891 zwischen den Parteien abgeschlossen worden ist, in dessen § 14 die Kontrahenten für alle Streitigkeiten, die aus diesem Vertrage entstehen könnten, den Rechtsweg ausgeschlossen und sich einem Schiedsgerichte unterworfen haben, zu welchem jeder Kontrahent einen Schiedsrichter, und diese beiden Schiedsrichter einen Obmann wählen sollten. Das Berufungsgericht hat dennoch jene Einrede ... deshalb für ausgeschlossen erachtet, weil, nachdem der Kläger zur Sicherung der hier streitigen Ansprüche beim Amtsgerichte zu H. einen Arrest ausgewirkt hatte, auf Antrag des Beklagten dieses Amtsgericht nach Maßgabe des § 806 C.P.O. dem Kläger auferlegt hat, innerhalb eines Monates Klage in der Hauptsache zu erheben, und infolge dieser Anordnung die vorliegende Klage erhoben worden ist. Diese Begründung beruht auf irriger Rechtsanwendung. Das Oberlandesgericht nimmt nicht etwa an, daß in diesen Vorgängen sich ein übereinstimmender Wille der Parteien, vom Schiedsvertrage abzugehen, ausgedrückt habe — wofür es auch an genügenden Anhaltspunkten fehlen würde —, sondern hält ein Festhalten am Schiedsvertrage mit dem vom Beklagten erwirkten amtsgerichtlichen Beschlusse an und für sich deshalb für unvereinbar, weil eine Klage im Sinne des § 806 C.P.O. immer nur beim ordentlichen Gerichte erhoben werden könne. Es glaubt zu dieser Auffassung dadurch gezwungen zu sein, daß im § 799 a. a. O. unter dem „Gericht der Hauptsache“ einerseits nur das Gericht verstanden sei, bei welchem die Hauptsache schon anhängig sei, andererseits nur ein ordentliches Gericht, nicht auch ein Schiedsgericht, da dieses „Gericht der Hauptsache“ ja einen Arrest solle anordnen können, was ein Schiedsgericht eben nicht können würde; da also in § 799 a. a. O. als das Gericht, bei dem die Hauptsache bereits anhängig sei, nur ein ordentliches, staatliches Gericht gedacht sei, so müsse folgerichtig auch bei der in § 806 a. a. O. vorgesehenen nachträglichen

Anhängigmachung der Hauptsache nur an die Klagerhebung bei einem ordentlichen Gerichte gedacht sein. Im Zusammenhange hiermit denkt sich das Oberlandesgericht unter dem „Arrestgericht“, welches nach § 806 a. a. O. die dort erwähnte, jetzt in Rede stehende Anordnung treffen soll, nur das „Amtsgericht“ des § 799 a. a. O., nicht auch das „Gericht der Hauptsache“; worauf es übrigens jetzt nicht unmittelbar ankommt. Den Grund, weshalb in § 799 a. a. O. mit dem „Gericht der Hauptsache“ nur dasjenige Gericht soll gemeint sein können, bei dem die Hauptsache schon anhängig ist, nicht auch dasjenige, welches für die noch nicht anhängige Hauptsache zuständig sein würde, findet aber das Oberlandesgericht wiederum in der Bestimmung des § 821 C.P.O., wonach im Sinne des von dem Arreste und den einstweiligen Verfügungen handelnden Abschnittes als Gericht der Hauptsache „das Gericht erster Instanz und, wenn die Hauptsache in der Berufungsinstanz anhängig ist, das Berufungsgericht“ anzusehen ist, sei es, daß das Oberlandesgericht die Worte „Gericht erster Instanz“ an sich schon nur auf eine bereits anhängige Sache beziehen zu dürfen meint, oder daß es sich zu dieser Auffassung durch die Analogie des Umstandes genötigt glaubt, daß das Berufungsgericht nur für den Fall der Anhängigkeit der Hauptsache als Gericht der Hauptsache gelten soll. Nun ist aber diese Auslegung des § 821, aus welcher im Hinblicke auf § 816 auch folgen würde, daß einstweilige Verfügungen, abgesehen von den „dringenden Fällen“ des § 820, überhaupt erst bei Anhängigkeit der Hauptsache erlassen werden könnten, rechtsirrig, da kein Grund ersichtlich ist, unter dem „Gericht erster Instanz“ in § 821 gerade nur ein mit der Hauptsache bereits befaßtes Gericht zu verstehen; auch wird sie nicht nur von den meisten Kommentatoren verworfen,

vgl. z. B. v. Wilmowski und Levy, Civilprozeßordnung (6. Aufl.) Bd. 2 Bem. 1 zu § 816 S. 1090 und Bem. 1 zu § 821 S. 1094,

sondern ist auch schon vom Reichsgerichte ebenso, wie die erwähnte Ansicht von den Voraussetzungen einstweiliger Verfügungen, mißbilligt worden.

Vgl. Entsch. des R.G.'s in Civils. Bd. 4 S. 405 flg.

Erweisen sich somit die Gründe, aus welchen das Berufungsgericht unter der „Klagerhebung“ des § 806 C.P.O. nur eine bei einem ordentlichen Gerichte vorzunehmende verstehen zu dürfen glaubt, als rechtsirrig, so ist damit diese Frage freilich noch nicht endgültig erledigt. So hebt das Oberlandesgericht in dieser Beziehung nebenbei auch noch die Schwierigkeit hervor, die sich aus dem Mangel fester für das schiedsgerichtliche Verfahren gesetzlich bestimmter Formen ergeben würde, insofern es leicht zweifelhaft sein möchte, wann die Klage als gehörig vor dem Schiedsgerichte erhoben zu gelten hätte. Es ist nun aber vor allem hervorzuheben, daß, welche Auslegung des § 806 a. a. O. man in der oben besprochenen Hinsicht auch für die richtige hält, jedenfalls das Ergebnis weder darin bestehen darf, daß der eine Kontrahent es in der Hand hätte, durch Erwirkung eines Arrestes oder einer einstweiligen Verfügung dem anderen in der Hauptsache die Berufung auf den etwaigen Schiedsvertrag abzuschneiden, noch auch nur darin, daß der andere Kontrahent, wenn er nicht von der Berufung auf den Schiedsvertrag absehen will, verhindert wäre, auf die in § 806 C.P.O. vorgesehene gerichtliche Anordnung anzutragen. Die Unstatthaftigkeit des ersteren Ergebnisses leuchtet ohne weiteres ein, und was das letztere betrifft, so giebt doch nun einmal der § 806 jedem Arrestbeklagten schlechtweg ein Recht auf das dort erwähnte Vorgehen, und es würde dem Zusammenhange der Rechtsordnung sicher nicht entsprechen, wenn für den Kontrahenten eines Schiedsvertrages dieses Recht an den Verzicht auf den letzteren geknüpft wäre. Allerdings könnte ein solcher Arrestbeklagter, statt den in § 806 C.P.O. vorgesehenen Antrag zu stellen, etwa seinerseits den Streitpunkt dem Schiedsgerichte unterbreiten, um bei diesem die negative Feststellung, daß der gegnerische Anspruch unbegründet sei, und sodann nach § 807 C.P.O. beim ordentlichen Gerichte die Aufhebung des Arrestes zu erwirken; aber dies kann als Gegengrund nicht in Betracht kommen, weil überhaupt *jedem* Arrestbeklagten der Weg einer solchen negativen Feststellungsklage, auch einer beim ordentlichen Gerichte zu erhebenden, offen stehen würde, insofern man nicht etwa eben wegen der Bestimmung des § 806 das durch § 231 C.P.O. erforderte rechtliche Interesse sollte verneinen müssen. Übrigens wäre auch andererseits zu erwägen, ob denn der *Arrestkläger*, obgleich er es vorzöge, die Hauptsache bei dem ausbedungenen Schiedsgerichte zur Entscheidung zu bringen, es sich gefallen lassen müßte, durch die nach § 806 a. a. O. zu erlassende gerichtliche Anordnung an das ordentliche Gericht verwiesen zu werden.

Aus diesen Gründen erscheint die Auffassung des Oberlandesgerichtes, wonach durch die nach § 806 C.P.O. erlassene gerichtliche Anordnung die Anwendbarkeit des Schiedsvertrages ohne weiteres ausgeschlossen würde, als jedenfalls unhaltbar. Daß in § 806 C.P.O. ausschließlich die Klagerhebung bei einem ordentlichen Gerichte gemeint wäre, würde nur unter der Voraussetzung denkbar sein, daß auch so beim Vorliegen eines Schiedsvertrages allemal die auf diesen zu stützende Einrede durchgriffe, in dem Sinne nämlich, daß der Hauptanspruch, zu dessen Sicherung der Arrest erwirkt sei, eben wegen der entgegenstehenden Einrede des Schiedsvertrages materiell noch gar nicht existiere. Auf eine solche Auffassung scheint die vom Landgerichte in dieser Sache ausgesprochene Ansicht zurückzuführen zu sein, daß der Beklagte auf Grund des Schiedsvertrages mit Erfolg Widerspruch gegen den Arrest hätte erheben können; wobei freilich schwer zu verstehen war, weshalb dann der Beklagte nicht auch der nach § 806 C.P.O. herbeigeführten Klage gegenüber mit der Einrede des Schiedsvertrages durchdringen sollte. In der That scheint vom Standpunkte des früher für den Schiedsvertrag allein maßgebenden gemeinen Rechtes aus manches für diese Auffassung zu sprechen. Einerseits stand dort die Einrede des Schiedsvertrages völlig auf gleicher Linie mit anderen, ähnlichen Einreden des materiellen Rechtes; andererseits entbehrte das Schiedsgericht jeder prozeßrechtlichen Regelung und Anerkennung, sodaß man in einer Vorschrift, wie der des § 806 C.P.O., unter der dort vorgesehenen „Klagerhebung" kaum auch das Angehen eines Schiedsgerichtes hätte verstehen können. Nach der Civilprozeßordnung liegt nun aber in diesen Beziehungen die Sache jedenfalls anders. Durch die besondere Regelung, welche dem schiedsrichterlichen Verfahren im zehnten Buche dieses Gesetzes zu teil geworden ist, sind die Rechtswirkungen des Schiedsvertrages aus der rein privatrechtlichen Sphäre herausgehoben worden; auch das Schiedsgericht ist im weiteren Sinne zu einem Gerichte im Sinne der Civilprozeßordnung, zu einem Bestandteile des Prozeßorganismus geworden. Insofern kann man jetzt die Einrede des Schiedsvertrages mit Wach, Civilprozeßrecht Bd. 1 § 7 S. 71 flg., eine „prozessualische" nennen. Daher können unbedenklich die ordentlichen Gerichte auch zur Sicherung solcher Ansprüche, über welche ein Schiedsvertrag geschlossen ist, Arreste anordnen und einstweilige Verfügungen erlassen, während solche natürlich außerhalb der Zuständigkeit des Schiedsgerichtes liegen; andererseits ist in solchen Fällen das Schiedsgericht das Gericht der Hauptsache, bei welchem die Klage im Falle des § 806 C.P.O. erhoben werden muß; während allerdings als dasjenige „Gericht der Hauptsache", welches eventuell nach § 807 Abs. 2 C.P.O. den Arrest durch Endurteil wieder aufzuheben hat, das Schiedsgericht nie gelten kann. Dies ist auch die Ansicht von Kohler, in Gruchot, Beiträge zur Erläuterung des deutschen Rechts Bd. 31 S. 310 Anm. 64; Seuffert, Civilprozeßordnung 5. Aufl. Bemerk. 2 zu § 821 S. 944, und Gaupp, Civilprozeßordnung 2. Aufl. Bd. 2 Bemerk. 2 zu § 821 S. 599; auch der I. Civilsenat des Reichsgerichtes hat in der Sache Rep. I. 167/92 bereits in ähnlichem Sinne erkannt.[1] Es ist nicht zu leugnen, daß bei der Anwendung des § 806 C.P.O. auf eine bei einem Schiedsgerichte zu erhebende Klage sich unter Umständen Schwierigkeiten ergeben können, für die es an einer besonderen gesetzlichen Regelung fehlt; weniger noch mit Rücksicht auf den vom Oberlandesgerichte erwähnten Mangel einer festbestimmten Form der Klagerhebung bei einem Schiedsgerichte, als in Anbetracht der Fälle, wo das Schiedsgericht noch erst zu bilden, und daher die für die Klagerhebung zu setzende Frist schwer von vornherein richtig zu bemessen ist; indessen sind offenbar diese Schwierigkeiten nicht unüberwindlich; auf Einzelheiten in dieser Beziehung einzugehen, liegt gegenwärtig kein Anlaß vor." ...

---

87. Bildet die Unterschrift von Prozeßschriften, insbesondere von Beschwerden, ein notwendiges Erfordernis ihrer Rechtswirksamkeit?

V. Civilsenat. Beschl. v. 22. März 1893 i. S. F. (Kl.) w. D. (Bekl.) Beschw.-Rep. V. 40/93.

I. Kammergericht Berlin.

Aus den Gründen:

„Auf eine von dem Kläger gegen die Beklagte angestellte Räumungsklage hat das Amtsgericht I zu B. am 21. November 1892 erkannt, daß der Kläger die Kosten des Verfahrens mit Ausnahme

---

[1] S. Bd. 30 Nr. 93 S. 319. D. E.

der durch ein früheres Versäumnisurteil bis dahin entstandenen, welche der Beklagten zur Last gelegt waren, tragen solle. Nachdem dieses Urteil die Rechtskraft erlangt hatte, beantragte der Kläger, die von der Beklagten zu erstattenden Kosten auf 20,54 ℳ festzusetzen. Diesem Antrage ist durch Beschluß des Amtsgerichtes vom 5. Dezember 1892 entsprochen. Die Beklagte legte gegen den Beschluß Beschwerde ein. Darauf hat das Landgericht I zu B. durch Beschluß vom 21. Dezember 1892 die von der Beklagten dem Kläger zu erstattenden Kosten auf 7,21 ℳ ermäßigt. Dieser Beschluß ist dem Prozeßvertreter des Klägers am 7. Januar 1893 zugestellt. Hierauf ging am 12. Januar 1893 bei dem Landgerichte I ein Schriftstück ein, welches auf der ersten Seite am Kopfe einen Stempelabdruck: „Dr. jur. L. Sch., Rechtsanwalt, B." zeigte und unterschrieben war: „Der Rechtsanwalt." Die Namensunterschrift fehlte. Das Schriftstück enthielt eine Beschwerde des Klägers über den oben gedachten Beschluß des Landgerichtes I. Der Vorsitzende der betreffenden Civilkammer des Landgerichtes überreichte die Beschwerde mit Hinweis auf die fehlende Unterschrift am 25. Januar 1893 dem Kammergerichte, bei welchem sie am 29. Januar einging. Durch Beschluß des Kammergerichtes vom 3. Februar wurde sie dem Rechtsanwalte Dr. Sch. mit dem Anheimstellen, sie zu vollziehen, zurückgegeben. Derselbe reichte sie am 9./10. Februar mit Unterschrift versehen dem Kammergerichte zurück. Dieses hat jedoch mittels des jetzt angefochtenen Beschlusses vom 14. Februar 1893 die weitere Beschwerde als unzulässig verworfen. In den Gründen wird ausgeführt, daß das am 12. Januar bei dem Landgerichte I eingegangene Schriftstück wegen fehlender Unterschrift als Beschwerde nicht angesehen werden könne, und daß die nach Ablauf der zweiwöchentlichen Notfrist (§§ 99. 540 C.P.O.) am 10. Februar dem Kammergerichte überreichte vollzogene Beschwerde verspätet sei.

Der Kläger vertritt in seiner weiteren Beschwerde die Ansicht, daß das am 12. Januar 1893 beim Landgerichte I eingegangene Schriftstück als formgerechte Beschwerde anzusehen sei, weil sich aus der Unterschrift: „Der Rechtsanwalt" und dem Stempelabdrucke am Kopfe mit Bestimmtheit ersehen lasse, daß die Beschwerde vom Rechtsanwalte Dr. Sch. mit Genehmigung des Klägers überreicht sei. Er glaubt auch aus dem Hergange bei der Einreichung an das Kammergericht schließen zu dürfen, daß die Vorderrichter die Beschwerde anfänglich für eine formgerechte erachtet haben. Diese letztere Ausführung kann nicht für entscheidend gelten. Aber auch im übrigen ist der Ansicht des Klägers nicht beizustimmen.

Die Civilprozeßordnung hat in betreff der Form von Prozeßschriften, welche prozessuale Folgen für die Parteien erzeugen, namentlich für die Klage, die Berufungs- und die Revisionsschrift, keine ausdrücklichen Vorschriften getroffen. Dagegen ist im § 121 Ziff. 6 für vorbereitende Schriftsätze in Anwaltsprozessen die Unterschrift des Anwaltes, in anderen Prozessen die Unterschrift der Partei instruktionell als notwendig vorgeschrieben, und ferner ist für Zustellungen von Anwalt zu Anwalt im § 181 Abs. 2 bestimmt, daß zum Nachweise der Zustellung das mit Datum und Unterschrift versehene schriftliche Anerkenntnis des Anwaltes, welchem zugestellt ist, genügt. Als Grund, weshalb dasselbe Erfordernis nicht auch ausdrücklich für die Klage vorgeschrieben ist, geben die Motive zu § 230 (§ 222 der Regierungsvorlage S. 182) an, daß die Notwendigkeit der Unterschrift sich aus dem Anwaltszwange von selbst ergebe; trotz der nur instruktionellen Bestimmung des § 121 Ziff. 6 (Regierungsvorlage § 117 Ziff. 5) erscheine die essentielle Bedeutung der Unterschrift des Anwaltes so selbstverständlich, daß der Entwurf glaube, von einer desfallsigen Vorschrift absehen zu können. Nichtsdestoweniger ist eine Kontroverse darüber entstanden, ob die Unterschrift des Anwaltes für die Rechtswirksamkeit notwendiger Prozeßschriften unentbehrlich sei, oder ob es genüge, wenn andere Umstände ergeben, daß diese Schriften, namentlich die Klage, von einem Prozeßvertreter herrühren und namens der Partei eingereicht sind. Für die letztere Alternative sprechen sich (mit Modifikationen im einzelnen) aus: Petersen, Komm. zur Civilprozeßordnung § 230 Anm. 3; Hellmann, Komm. Bd. 2 S. 10; derselbe, Lehrbuch S. 394; Fitting, Reichscivilprozeß 7. Aufl. § 53 Anm. 11; Schwalbach, Civil. Archiv Bd. 63 S. 425. Das Reichsgericht ist jedoch der Ansicht derjenigen Rechtslehrer beigetreten, welche sich für die Notwendigkeit der Unterschrift des Anwaltes bei den gedachten Schriften aussprechen.

Vgl. namentlich v. Wilmowski-Levy, Komm. zur Civilprozeßordnung 6. Aufl. § 230 Anm. 17 S. 361; Gaupp, Kommentar 2. Aufl. § 230 III. Ziff. 6 S. 441—442 u. s. w.

Schon der Umstand, daß die Civilprozeßordnung bei vorbereitenden

Schriftsätzen, durch deren Fehlen ein Präjudiz in der Sache selbst für die Partei nicht entsteht, die Unterschrift des Anwaltes für erforderlich erklärt, spricht dafür, daß diese Form im Sinne des Gesetzes jedenfalls auch bei den Klage- und Rechtsmittelschriften für notwendig zu erachten ist. Allerdings kann dem vom Kammergerichte in dem angefochtenen Beschlusse angegebenen Grunde, daß nach § 116 A.L.R. I. 5 schriftliche Willenserklärungen erst durch die Unterschrift Gültigkeit erhalten, nicht beigetreten werden. Denn diese Vorschrift des preußischen Rechtes gilt nicht ebenmäßig für alle übrigen in Deutschland vorkommenden Rechte, und es würde mithin in denjenigen Territorien, in welchen die Unterschrift nicht unbedingtes Erfordernis der Schriftform ist, das Reichsgesetz einen anderen Rechtszustand als im Gebiete des Allgemeinen Landrechtes begründen. Der Grund für die Notwendigkeit der Unterschrift von Klagen und Rechtsmittelschriften liegt vielmehr darin, daß für die Partei, welcher diese Prozeßschriften zugestellt werden, deutlich zum Ausdrucke gebracht werden muß, daß die darin enthaltenen, den Rechtsstreit betreffenden Erklärungen dem Willen des Zustellenden entsprechen. Die Unterschrift konstatiert im Sinne des Gesetzes die Perfektion des Willens.

Vgl. über diese Wirkung der Unterschrift v. Savigny, System Bd. 3 S. 254.

Es kann unmöglich vom Gesetzgeber beabsichtigt sein, die Partei zu einer Prüfung zu verpflichten, ob eine der Unterschrift entbehrende Prozeßschrift unter den obwaltenden Umständen als mit dem Willen der Gegenpartei verfaßt und zugestellt anzunehmen sei. Damit steht auch nicht das Urteil des Reichsgerichtes vom 12. Januar 1891,

vgl. Entsch. desselben in Civils. Bd. 27 S. 405,

in Widerspruch. Denn dasselbe erkennt an, daß nach §§ 479. 480. 74 C.P.O. die Unterschrift des Anwaltes ein notwendiges Erfordernis der Berufungsschrift ist, erachtet dasselbe aber durch die Unterschrift des Beglaubigungsvermerkes für erfüllt.

Die weitere Frage, ob auch die Beidrückung eines Namensstempels oder eines faksimilierten Namens am Ende des Schriftsatzes dem Gesetze genüge, bedarf hier beim Mangel der thatsächlichen Voraussetzungen keiner Erörterung.

Was aber für die Klage- oder Rechtsmittelschriften, also für Prozeßhandlungen gegenüber einer Partei, als notwendiges Erfordernis gilt, das muß jedenfalls auch für Beschwerdeschriften als solches gelten. Durch dieselben wird eine Prozeßhandlung gegenüber dem Gerichte vollzogen. Die Civilprozeßordnung bezeichnet die Beschwerdeschrift (§ 532 Abs. 2) als ein Gesuch an den Richter (§ 540 Abs. 4), in welchem um Abhilfe gegen eine dem Gesetze nicht entsprechende Entscheidung gebeten wird. Für den Richter muß in dem für die Beschwerde als Regel zugelassenen schriftlichen Verfahren zum klaren Ausdrucke gebracht sein, daß das Gesuch dem Willen des Beschwerdeführers entspricht. Dies geschieht durch die Unterschrift. Die Benutzung von Papier, welches am Kopfe den Stempel eines Prozeßvertreters trägt, genügt dazu nicht. Die Notwendigkeit der Unterschrift von Beschwerden wird auch in der Litteratur mehrfach anerkannt.

Vgl. Fitting, Reichscivilprozeß 7. Aufl. § 83 Anm. 34 S. 597; Gaupp, Komm. zur Civilprozeßordnung 2. Aufl. § 532 II. Abs. 2 S. 120.

In Übereinstimmung hiermit führt der in der Juristischen Wochenschrift von 1886 S. 315 mitgeteilte Beschluß des Reichsgerichtes vom 25. September 1886 (Rep. I. 43/86) aus, daß eine dem Gerichte behufs Terminsbestimmung abschriftlich überreichte Berufungsschrift schon aus dem formellen Grunde nicht gleichzeitig als Beschwerdeschrift gelten könne, weil hierzu ein unterschriebenes Gesuch erforderlich sei.

Der angefochtene Beschluß des Kammergerichtes, daß das nicht unterschriebene Gesuch des Klägers verspätet eingereicht ist, erscheint hiernach begründet." ...

---

88. Wie ist der Streitwert für die Berufungsinstanz zu berechnen, wenn nach vorläufiger Vollstreckung des ersten Urteiles gegen Sicherheitsleistung der Beklagte mit der Berufung die Erstattung des auf Grund des Urteiles Gezahlten, der Kläger im Wege der Anschließung die Einwilligung in Rückzahlung der hinterlegten Sicherheit verlangt?

VI. Civilsenat. Beschl. v. 23. März 1893 i. S. R. (Bekl.) w. D. (Kl.) Beschw.-Rep. VI. 31/93.

I. Kammergericht Berlin.

Gründe:

„Von dem Landgerichte wurde der Beklagte dem Klagantrage entsprechend verurteilt, an den Kläger 410,15 ℳ nebst Prozeßzinsen zu zahlen, und das Urteil gegen Sicherheitsleistung in Höhe der jedesmal beizutreibenden Summe für vorläufig vollstreckbar erklärt, worauf dann der Kläger nach Hinterlegung von 420 ℳ einen gleich hohen Betrag vom Beklagten beitreiben ließ. Der Beklagte legte die Berufung mit dem Antrage ein, den Kläger unter Abänderung des Vorerkenntnisses zur Rückzahlung der beigetriebenen 420 ℳ an den Beklagten zu verurteilen, wogegen der Kläger nicht bloß auf Zurückweisung der Berufung, sondern zugleich im Wege der Anschließung darauf antrug, den Beklagten zur Einwilligung in die Rückzahlung der vom Kläger hinterlegten 420 ℳ an den Kläger zu verurteilen. Das Kammergericht hat die Anschlußberufung des Klägers zurückgewiesen und diesem die dadurch entstandenen Kosten auferlegt, auf die Berufung des Beklagten aber die Entscheidung im übrigen von einem dem Beklagten auferlegten Eide abhängig gemacht. Durch den jetzt angefochtenen Beschluß ist alsdann der Wert des Streitgegenstandes für die Berufungsinstanz auf 830,15 ℳ festgesetzt worden. Die vom Kläger hierüber geführte Beschwerde erweist sich als begründet.

Nur dann könnte die dem Vorbeschlusse zu Grunde liegende Zusammenrechnung der Objekte der Berufung und der Anschließung für gerechtfertigt erachtet werden, wenn zu dem ursprünglichen Anspruche des Klägers von 410,15 ℳ infolge der Anschließung ein neuer selbständiger Anspruch hinzugetreten wäre. (Vgl. §§ 4. 5 C.P.O., § 9 G.K.G.) Dies ist offensichtlich nicht der Fall. Der Kläger hat in zweiter Instanz den gegen den Beklagten erhobenen Anspruch über den mit der Klage geforderten Betrag nicht ausgedehnt; sein Interesse bestand vielmehr nach wie vor nur darin, daß ihm vom Beklagten die Summe von 410,15 ℳ gezahlt werde. Mit der Vollstreckung des ersten Urteiles hatte er das Ziel seiner Klage noch nicht vollständig erreicht, da ihm die Beitreibung der erstrittenen Summe nur gegen Hinterlegung eines gleich hohen Betrages gestattet worden war. Wenn er nun im Berufungsverfahren die Einwilligung des Beklagten in die Rückzahlung der hinterlegten 420 ℳ zu erwirken suchte, so wurde mit dem hierauf gerichteten Antrage, mochte derselbe begründet sein oder nicht, kein neuer Anspruch erhoben, sondern lediglich ein weiterer

Schritt zur Erreichung des Zweckes der Klage gethan. Kann danach dem Anschließungsantrage nur eine accessorische Bedeutung im Verhältnisse zu der Hauptforderung des Klägers beigelegt werden, so erscheint nach den §§ 4. 5 C.P.O. eine Berücksichtigung des Anschließungsantrages bei der Wertfestsetzung unstatthaft.

Vgl. auch die Konstatierung der Reichsjustizkommission zu § 5 in den Protokollen S. 4, sowie die auf derselben Anschauung beruhende Vorschrift des § 11 G.K.G.

Demgemäß war unter Aufhebung des angefochtenen Beschlusses der Wert des Streitgegenstandes für die Berufungsinstanz auf 300 bis 450 *M* festzusetzen."

---

89. Ist die Bestellung eines zuständigen Gerichtes nach § 36 Ziff. 3 C.P.O. für die Widerspruchsklage gegen mehrere Gläubiger, die eine Forderung ihres Schuldners haben pfänden lassen, zulässig?

IV. Civilsenat. Beschl. v. 29. März 1893 i. S. S. w. H. u. Gen. G.-B. IV. 81/93.

Das Gesuch, für eine Klage gegen mehrere, in verschiedenen Oberlandesgerichtsbezirken wohnende Personen auf Grund des § 36 Ziff. 3 C.P.O. das zuständige Gericht zu bestimmen, ist abgelehnt worden.

Gründe:

„Nach § 36 Ziff. 3 C.P.O. ist das zuständige Gericht zu bestimmen, wenn mehrere Personen, die bei verschiedenen Gerichten ihren allgemeinen Gerichtsstand haben, als Streitgenossen im allgemeinen Gerichtsstande verklagt werden sollen, und für den Rechtsstreit ein gemeinschaftlicher besonderer Gerichtsstand nicht begründet ist. Diese letztere Voraussetzung trifft hier nicht zu. Die Klage soll nach dem Vortrage des Gesuchstellers auf folgenden Sachverhalt gestützt werden:

Zwischen den Bauunternehmern S. und H. habe ein Gesellschaftsverhältnis bestanden, das die Ausführung von Arbeiten für die Garnisonverwaltung in W. zum Gegenstande gehabt habe; das Guthaben der beiden Bauunternehmer bei der letzteren sei auf den Antrag ihrer Gläubiger, und zwar eines Gläubigers des S. wegen einer Forderung von gegen 450 M und mehrerer Gläubiger des H. wegen Forderungen in Höhe von etwa 2500 M, im Wege der Zwangsvollstreckung gepfändet worden; nach Hinterlegung dieses Guthabens im Betrage von 2786,11 M habe S. in dem darauf eingeleiteten Verteilungsverfahren beantragt, daß die zu verteilende Summe in zwei Hälften zerlegt, und die eine Hälfte den Gläubigern des H. überwiesen, die andere Hälfte nach Befriedigung seines Gläubigers an ihn herausgezahlt werde; dem Antrage entgegen sei jedoch vom Gerichte der Teilungsplan dahin aufgestellt worden, daß auch der S.'sche Anteil zur Deckung der Gläubiger des H. verwendet werde; um letzteres zu verhindern, solle die Klage gegen den Schuldner H. und die Gläubiger erhoben werden.

Nach dieser Sachdarstellung ist der besondere ausschließliche Gerichtsstand des § 690 C.P.O. begründet, welche Gesetzesvorschrift bestimmt, daß, wenn ein Dritter behauptet, daß ihm an dem Gegenstande der Zwangsvollstreckung ein die Veräußerung hinderndes Recht zustehe, der Widerspruch gegen die Zwangsvollstreckung im Wege der Klage bei dem Gerichte geltend zu machen ist, in dessen Bezirke die Zwangsvollstreckung erfolgt. Der S. behauptet: ein Teil der gepfändeten Forderung gehöre zu seinem besonderen Vermögen, sodaß die Forderung insoweit nicht von den Gläubigern des H. wegen ihrer Ansprüche gegen diesen in Anspruch genommen werden dürfe. Er tritt also als ein Dritter im Sinne des § 690 auf, der ein ihm an dem Gegenstande der Zwangsvollstreckung zustehendes, die Verwertung desselben zu Gunsten der Gläubiger einer anderen Person hinderndes Recht geltend macht. Es liegen sonach die Voraussetzungen des § 690 vor, und folglich ist für die beabsichtigte Klage das Gericht ausschließlich zuständig, in dessen Bezirke die Zwangsvollstreckung erfolgt ist (§ 707). Daß der § 690 auch Anwendung findet, wenn eine Forderung den Gegenstand der Zwangsvollstreckung bildet, und daß unter einem die Veräußerung hindernden Rechte jedes Recht zu verstehen ist, welches der Zwangsvollstreckung entgegensteht, ist in der Praxis und Theorie anerkannt."[1]

[1] Vgl. Entsch. des R.G.'s in Civils. Bd. 4 S. 113 flg., Bd. 12 S. 379 flg.; Gruchot, Beiträge Bd. 27 S. 1120; Wilmowski und Levy, Civilprozeßordnung 6. Aufl. Anm. 2 zu § 690; Struckmann und Koch, Civilprozeßordnung 5. Aufl.

90. Begriff der „streitigen Verpflichtung" im Sinne des § 29 C.P.O. bei einer Klage auf Aufhebung eines Vertrages.

VI. Civilsenat. Urt. v. 29. März 1893 i. S. D. (Bekl.) w. v. Fr. (Kl.) Rep. VI. 291/92.

I. Landgericht I München, Kammer für Handelssachen.
II. Oberlandesgericht daselbst.

Aus den Gründen:

... „Die Klage war gerichtet auf Rückzahlung eines Betrages von 1000 *M*, welchen der Kläger als einen Teil des Kaufpreises für von ihm bei der Beklagten bestellte Herdwaren der letzteren vertragsgemäß im voraus übersandt hatte. Der Kläger stützte sich dabei auf das ihm nach den Artt. 355. 356 H.G.B. angeblich zustehende Recht, vom Vertrage abzugehen. Mit Recht ist hierin eine Klage auf Aufhebung des Kaufvertrages im Sinne des § 29 C.P.O. gefunden worden; nicht zwar formell auf Aufhebung des ganzen Vertrages, worauf ein Antrag nicht gerichtet worden ist, aber doch auf Aufhebung desselben zu der der Teilzahlung von 1000 *M* entsprechenden Quote. Es handelte sich dann nur darum, wo die „streitige Verpflichtung" im Sinne des § 29 zu erfüllen sei. Versteht man unter der „streitigen Verpflichtung" die Verbindlichkeit zur Vorauszahlung des Kaufpreises bis zur Höhe von 1000 *M*, welche der Kläger jetzt nachträglich als aufgehoben angesehen wissen wolle, so würde selbstverständlich nach Art. 342, bezw. Artt. 324. 325 H.G.B. München, als Ort der Handelsniederlassung des Klägers, den Erfüllungsort darstellen. Faßt man dagegen als „streitige Verpflichtung" die behauptete Verbindlichkeit der Beklagten zur Rückzahlung der 1000 *M* auf, so würde diese nach denselben Gesetzesbestimmungen in F., als dem Niederlassungsorte der Beklagten, zu erfüllen sein. Mit Unrecht hat nämlich der Kläger sich dafür, daß auch für die letztere Verbindlichkeit München Erfüllungsort sein würde, auf das in den Entsch. des R.G.'s in Civils. Bd. 20 S. 359 flg. gedruckte Urteil des I. Civilsenates des Reichsgerichtes berufen. Dort lag der Fall insofern ganz

---

Anm. 1. 2 zu § 690; Seuffert, Civilprozeßordnung 5. Aufl. Anm. 2 zu § 690; Gaupp, Civilprozeßordnung 5. Aufl. Anm. 2 Ziff. 1 zu § 690; Reincke, Civilprozeßordnung 2. Aufl. Anm. 1 Ziff 1a bis c zu § 690.

abweichend von dem jetzt gegebenen, als dort der den gezahlten Kaufpreis zurückfordernde Käufer die vom Verkäufer übersandte Ware an sich genommen und unter sich hatte, sodaß dort der letztere jene Rückzahlung höchstens gegen Rückgabe der Ware Zug um Zug hätte zu leisten brauchen. Ob damals aus dieser Sachlage mit Recht gefolgert worden ist, daß auch für die vom Verkäufer zu leistende Rückzahlung der Niederlassungsort des Käufers, an dem die Ware sich befand, Erfüllungsort sein würde, kann hier dahingestellt bleiben, da im vorliegenden Falle der Kläger die ihm zugesandten Herdwaren überhaupt nicht angenommen hat.

Daß in einem Falle der jetzt gegebenen Art unter der „streitigen Verpflichtung" diejenige Verbindlichkeit zu verstehen sei, zu deren Erfüllung der Kläger früher die jetzt zurückgeforderte Leistung gemacht habe, ist nun allerdings vom II. Civilsenate des Reichsgerichtes in der vom Berufungsgerichte angeführten Sache,

vgl. Entsch. des R.G.'s in Civils. Bd. 3 S. 413 flg.,

wie auch schon in der a. a. O. S. 384 flg. abgedruckten Entscheidung angenommen worden. Die dort ausgeführten Gründe sind jedoch nicht nur widerlegt von Wach, Civilprozeßrecht Bd. 1 § 38 S. 452 flg., sondern es ist auch der II. Civilsenat selbst seitdem zur entgegengesetzten Ansicht übergegangen.

Vgl. Entsch. des R.G.'s in Civils. Bd. 27 S. 397 flg.

Den hier gegebenen Ausführungen hat sich der gegenwärtig erkennende Senat angeschlossen. Er durfte dies ungeachtet des § 137 G.V.G. thun, obgleich auf den ersten Blick zwei Entscheidungen des III. Civilsenates, die in den Sachen Rep. III. 36/87 und 255/90 ergangen sind, im Wege zu stehen scheinen könnten; denn in jenen beiden Fällen lautete der Klagantrag nicht, wie im vorliegenden, einfach auf Rückerstattung des vom Kläger zur Erfüllung des Vertrages Geleisteten ohne weiteren Zusatz.

Somit mußte, da auch ein anderweiter Grund, die Zuständigkeit des Münchener Gerichtes anzunehmen, nicht ersichtlich war, nach § 527 Abs. 1 C.P.O. das vorige Urteil aufgehoben, und, da der Fall des § 528 Abs. 3 Ziff. 2 gegeben war, in der Sache selbst nach dem Antrage der Beklagten erkannt werden." . . .

91. Findet § 85 Abs. 1 G.K.G. auf den Beklagten Anwendung, welcher ein Rechtsmittel einlegt?

VI. Civilsenat. Beschl. v. 6. April 1893 i. S. K. (Kl.) w. G. (Bekl.) Beschw.-Rep. VI. 35/93.

I. Oberlandesgericht Dresden.

Gründe:

„In der vorliegenden Rechtssache hat der Beklagte Berufung eingewendet. Von dem Berufungsgerichte ist ihm ein dreifacher Gebührenvorschuß für die Berufungsinstanz abgefordert, und seine dawider ... erhobene Erinnerung ... zurückgewiesen worden. Hiergegen richtet sich die erhobene Beschwerde.

Gemäß § 85 Abs. 1 G.K.G. haben „Ausländer, welche als Kläger auftreten, das Dreifache des in § 81 bestimmten Betrages als Vorschuß zu zahlen". Daß hier mit „Kläger" auch die Berufungs- und Revisionskläger gemeint sein sollten, erscheint schon deshalb fraglich, weil die Reichsgesetzgebung sonst nirgends die Parteien, welche ein Rechtsmittel einlegen, schlechthin als „Kläger" bezeichnet. Abgesehen davon aber schließen sich die Vorschriften des § 85, wie die Motive hervorheben, thunlichst an die §§ 102. 103 C.P.O. an. Der Entwurf des Gerichtskostengesetzes verwies in § 77 ausdrücklich auf diese Paragraphen der Civilprozeßordnung. Die Kommission strich nur die Verweisung, nahm jedoch die Befreiungsgründe des § 102 Abs. 2 C.P.O., sowie einen Teil der Bestimmungen des § 103 C.P.O. als Abss. 2. 3 in § 85 G.K.G. auf. Somit muß davon ausgegangen werden, daß die mit § 102 Abs. 1 C.P.O. übereinstimmenden Worte des § 85 Abs. 1 G.K.G.: „Ausländer, welche als Kläger auftreten", in beiden Gesetzen das nämliche bedeuten. Der § 102 C.P.O. versteht unter „Kläger" lediglich die Partei, welche die Klage angestellt hat. Auf beklagte Ausländer kann der Paragraph nicht bezogen werden, wie sich schon aus §§ 103. 104 Abs. 3. 105 ergiebt. So wenig daher beklagte Ausländer, welche ein Rechtsmittel ergreifen, nach § 102 C.P.O. verpflichtet sind, dem Kläger wegen der Kosten Sicherheit zu leisten, besteht für sie auch nach § 85 G.K.G. eine Sicherheitsleistungspflicht der Gerichtskasse gegenüber.

Das Oberlandesgericht betont die Absicht des Gesetzes. Dieselbe kann indessen nicht darin gefunden werden, daß die Gerichtskasse in Bezug auf alle Ausländer ohne Unterschied, ob sie Kläger oder Beklagte sind, sicherzustellen sei. Eine solche Absicht ist in dem Gesetze nicht ausgedrückt. Im Gegenteile liegt sowohl der Civilprozeßordnung als dem Gerichtskostengesetze der Gedanke zu Grunde, dem Beklagten die Rechtsverteidigung nicht zu erschweren. Darauf beruht offenbar die Ausnahmevorschrift des § 102 Ziff. 3 C.P.O. und des § 85 Ziff. 3 G.K.G. Braucht hiernach ein Beklagter, der sich mit einer Widerklage verteidigt, keinen Vorschuß zu zahlen, so ist ihm um so gewisser nicht eine Vorschußleistung bei einer Rechtsverteidigung anzusinnen, welche in der Einwendung eines Rechtsmittels liegt.

Im wesentlichen aus diesen Gründen hat das Reichsgericht bereits seit geraumer Zeit in Fällen, wo beklagte Ausländer Revision eingelegt hatten, von Anwendung der Bestimmung in § 85 Abs. 1 G.K.G. abgesehen. Dementsprechend war auch gegenwärtig zu entscheiden und auf die angebrachte Beschwerde der vorinstanzliche Beschluß außer Kraft zu setzen."

---

92. Zur Frage der Berechnung des Wertes des Streit- und Beschwerdegegenstandes bei Ansprüchen auf Herausgabe einer Kaution und Gegenansprüchen, für welche dieselbe Kaution bestellt ist.

I. Civilsenat. Urt. v. 19. April 1893 i. S. D. B. Verein (Bekl.) w. F. (Kl.) Rep. I. 27/93.

I. Landgericht I Berlin.
II. Kammergericht daselbst.

Der Kläger forderte aus einem Vertrage mit dem Beklagten nach Ablauf des Vertragsverhältnisses Zahlung eines Guthabens und Herausgabe des von ihm als Kaution bestellten Wertpapieres über 500 ℳ, der Beklagte Abweisung der Klage und widerklagend Zahluug von 923,64 ℳ und Anerkennung seiner Berechtigung, sich deshalb aus der Kaution zu befriedigen. Der Berufungsrichter verurteilte den Beklagten zur Zahlung von 331,75 ℳ und zur Herausgabe der Kaution, wies dagegen die Widerklage ab.

Die vom Beklagten eingelegte Revision ist als unzulässig zurückgewiesen aus nachfolgenden

Gründen:

„Die Revision ist unzulässig, weil der Wert des Beschwerdegegenstandes den Betrag von 1500 *M* nicht übersteigt (§ 508 C.P.O.).

Der Beklagte ist zur Zahlung von 331,75 *M* verurteilt und mit seiner Widerklageforderung von 923,64 *M* abgewiesen. Beide Beträge zusammen ergeben 1255,39 *M*. Diese Summe stellt für den allein revidierenden Beklagten den Wert des Streitgegenstandes dar. Der Beklagte ist zwar noch zur Herausgabe des als Kaution hinterlegten Wertpapieres über 500 *M* verurteilt, und sein Anspruch auf Anerkennung seiner Berechtigung, sich aus demselben wegen seiner Forderung von 923,64 *M* zu befriedigen, abgewiesen; und es könnte scheinen, als ob diese 500 *M* der Summe von 1255,39 *M* hinzuzurechnen seien. Aber diese 500 *M* müssen bei Berechnung des Wertes des Beschwerdegegenstandes außer Betracht bleiben. Von dem für die Berechnung des Wertes des Beschwerdegegenstandes an erster Stelle maßgebenden wirtschaftlichen Gesichtspunkte aus ist dies ganz klar. Denn der Beklagte verliert durch die angefochtene Entscheidung die dem Kläger zugesprochenen 331,75 *M* und die ihm abgesprochenen 923,64 *M*, nicht aber außerdem den Wert des Kautionsgegenstandes, den er als Pfandgläubiger gegen Befriedigung wegen seiner Forderung von 923,64 *M* ebenfalls herausgeben müßte. Zu demselben Ergebnisse führt die rechtliche Beurteilung von der juristischen Natur des Pfandrechtes (der Kaution) aus. Die Parteien streiten in Klage und Widerklage darüber, ob eine Forderung besteht, für welche die Kaution haftet, oder ob die Kaution herauszugeben ist, weil für den Beklagten keine Forderung besteht, für welche die Kaution haftet. Insoweit fallen der Gegenstand der Klage und der Widerklage zusammen. Nach § 6 C.P.O. wird der Wert dieses Streitgegenstandes durch den Betrag der Forderung oder den geringeren Wert des Gegenstandes des Pfandrechtes bestimmt, nicht durch den Betrag der Forderung und des Wertes des Pfandobjektes. Deshalb können im vorliegenden Falle nicht der Betrag der Forderung des Klägers, 331,75 *M*, der Wert des Pfandobjektes mit 500 *M* und der Betrag der vom Beklagten beanspruchten Pfandforderung von 923,64 *M* zusammengerechnet werden, sondern nur der Betrag von 331,75 *M*, und der Wert des,

Pfandobjektes von 500 *M* nebst dem denselben übersteigenden Betrage der Pfandforderung mit 423,64 *M*, in Summa 1255,39 *M*. oder der Betrag von 331,75 *M* und der Betrag der Pfandforderung von 923,34 *M*, in Summa 1255,39 *M*. Wenn der Kläger klagend die Herausgabe der Kaution von 500 *M*, der Beklagte widerklagend Zahlung von 923,64 *M* und Zurückzahlung der Kaution bis zur Befriedigung wegen dieser Forderung forderte, so würde klar auf der Hand liegen, daß für den unterliegenden Beklagten der Wert des Beschwerdegegenstandes lediglich 923,64 *M* betrüge. Es ergiebt sich von selbst, daß im vorliegenden Falle der Wert des Beschwerdegegenstandes dadurch, daß dem Kläger noch 331,75 *M* zugesprochen sind, nur um diesen Betrag, d. h. auf 1255,39 *M*, erhöht wird.

Die Revision ist deshalb als unzulässig zurückgewiesen."

---

93. Darf die besondere Erhebung einer Gebühr für die durch den Berufungskläger verursachte weitere Verhandlung deswegen beschlossen werden, weil derselbe die in der Berufungsinstanz vorzubringenden neuen Thatsachen und Beweismittel nicht mindestens einen Monat vor dem Verhandlungstermine dem Berufungsbeklagten durch Zustellung eines Schriftsatzes mitgeteilt hat?

VI. Civilsenat. Beschl. v. 4. Mai 1893 i. S. Frau N. (Kl.) w. B. (Bekl.) Beschw.-Rep. VI. 48/93.

I. Kammergericht Berlin.

Gründe:

„Die Klägerin hatte gegen das sie mit ihrer Klage abweisende landgerichtliche Urteil ... Berufung eingelegt, für welche der Termin zur mündlichen Verhandlung ... am 10. Dezember 1892 bestimmt worden war, und zwar auf den 18. April 1893. Die Berufungsschrift hatte außer dem nach § 479 Abs. 2 C.P.O. wesentlichen Inhalte nur die Ankündigung des Berufungsantrages enthalten; am 11. April 1893 ließ aber die Klägerin dem Beklagten eine „Berufungsbegründung" zustellen, in welcher auch neue Thatsachen und Beweismittel angegeben waren, welche sie geltend zu machen beabsichtige.

Mit Rücksicht hierauf beantragte im Verhandlungstermine vom 18. April der Beklagte, die Verhandlung zu vertagen und die Klägerin wegen ihrer Saumsal in eine Prozeßstrafe zu nehmen. Diesen Anträgen entsprach das Kammergericht und legte bei Vertagung der Verhandlung der Klägerin eine besondere Gebühr nach § 48 G.K.G. in Höhe der Hälfte der vollen Gebühr auf. Diese Anordnung ist in den Gründen des Beschlusses damit gerechtfertigt, daß jene neuen Thatsachen und Beweismittel nach § 480 C.P.O. in die Berufungsschrift gehört hätten und demnach nicht bloß nach § 123 daselbst eine Woche, sondern im Hinblicke auf §§ 481. 484, sowie § 234 C.P.O. einen Monat vor dem Verhandlungstermine dem Beklagten durch Zustellung eines vorbereitenden Schriftsatzes hätten mitgeteilt werden sollen.

Die Erhebung dieser besonderen Gebühr konnte jedoch für dem Gesetze entsprechend nicht erachtet werden. Es kommt hier nur diejenige Bestimmung des § 48 G.K.G. in Betracht, nach welcher die Erhebung einer besonderen Gebühr für die verursachte weitere Verhandlung dann vom Gerichte beschlossen werden darf, wenn außer dem Falle des § 300 C.P.O. durch Verschulden einer Partei oder eines Vertreters derselben die Vertagung einer mündlichen Verhandlung veranlaßt worden ist. Nun kann aber ein in verspäteter Mitteilung vorzubringender neuer Thatsachen oder zu benutzender neuer Beweismittel gelegenes Verschulden dann nie als Ursache der Vertagung der Verhandlung im Sinne des § 48 G.K.G. gelten, wenn die in § 123 Abs. 1 C.P.O. bestimmte Frist eingehalten worden ist. Richtig ist zwar, daß ordnungsmäßigerweise nach § 481 Abs. 2 die Berufungsschrift die Angabe der vom Berufungskläger vorzubringenden neuen Thatsachen und Beweismittel enthalten soll, wie nach § 484 Abs. 2 daselbst in der Berufungsbeantwortung, welche nach dem Abs. 1 der Berufungsbeklagte dem Berufungskläger innerhalb der ersten zwei Dritteile der Zeit, die zwischen der Zustellung der Berufungsschrift und dem Termine zur mündlichen Verhandlung liegt, zustellen zu lassen hat, die neuen Thatsachen und Beweismittel, die der Berufungsbeklagte etwa geltend zu machen beabsichtigt, mitgeteilt werden sollen. Man kann sagen, daß diejenige Partei, welche diesen Vorschriften nicht nachkommt, insofern immer der Vorwurf eines Verschuldens trifft; aber nach dem Zusammenhange der Gesetzgebung ist es unmöglich, dem Gegner schon deshalb ein Recht auf Vertagung der Verhandlung zuzuschreiben, weil einzelne neue Thatsachen oder Beweismittel ihm nicht schon in der Berufungsschrift, bezw. in der schriftlichen Berufungsbeantwortung im voraus mitgeteilt worden sind, und folglich aus diesem Grunde die Schuld an der Vertagung jener Partei zur Last zu legen. Letzteres mag mit Recht geschehen, wenn durch Schuld des Berufungsklägers die Einlassungsfrist des § 481 verglichen mit § 234 C.P.O. überhaupt nicht eingehalten ist, bezw. wenn der Berufungsbeklagte es überhaupt unterlassen hat, dem Berufuugskläger eine schriftliche Berufungsbeantwortung innerhalb der in § 484 Abs. 1 daselbst bezeichneten Frist zustellen zu lassen; aber darüber, wie lange vor der mündlichen Verhandlung neu vorzubringende Thatsachen und Beweismittel dem Gegner mitgeteilt werden sollen, enthält doch nun einmal § 123 Abs. 1 C.P.O. die maßgebende Vorschrift dahin, daß dies mindestens eine Woche, bei einem Zwischenstreite nur mindestens drei Tage vor der mündlichen Verhandlung geschehen soll. Auch der angefochtene Beschluß will übrigens das hier in Betracht kommende Verschulden nicht schon darin finden, daß das neue Vorbringen nicht mittels der Berufungsschrift dem Gegner mitgeteilt ist, sondern entnimmt willkürlicherweise nur die Frist für die Mitteilung aus § 481 in Verbindung mit § 234 Abs. 1 C.P.O., indem er hier eine Ausnahme von der Regel des § 123 Abs. 1 aufstellen zu dürfen meint. Für die vom Berufungsbeklagten vorzubringenden Nova würde dieses Verfahren gar zu dem seltsamen Ergebnisse führen, daß die Frist möglicherweise viel mehr als einen Monat betrüge, nämlich nach § 484 Abs. 1 C.P.O. zwei Dritteile der Zeit, welche im gegebenen Falle zwischen der Zustellung der Berufungsschrift und dem Verhandlungstermine läge.

Wollte man die vom Kammergerichte gebilligte Auffassung auch auf die erste Instanz übertragen, so würde für die Anwendung des § 123 Abs. 1 C.P.O. nur ein sehr geringes Gebiet übrig bleiben. Denn dann käme für alle zur Begründung der Klage gehörigen Thatsachen und Beweismittel die Monatsfrist des § 234 Abs. 1 in Betracht, für alle zur Begründung von Einreden gehörigen die Frist des § 244 C.P.O., d. h. die Frist von zwei Dritteilen der Zeit, welche zwischen der Zustellung der Klageschrift und dem Termine zur mündlichen Verhandlung liegt. In Wirklichkeit findet sich nun gerade für die zur Klagebegründung gehörigen Anführungen im Gesetze auch nicht einmal ein scheinbarer Anhalt für solche Auffassung. Denn nachdem in Abs. 2 § 230 C.P.O. die notwendigen Bestandteile der Klageschrift aufgeführt sind, wird im Abs. 3 instruktionell nur die Angabe des Wertes des nicht in einer bestimmten Geldsumme bestehenden Streitgegenstandes für den Fall vorgeschrieben, daß die Zuständigkeit des Gerichtes von diesem Werte abhängen sollte, und dann im Abs. 4 nur im allgemeinen gesagt, daß außerdem die allgemeinen Bestimmungen über die vorbereitenden Schriftsätze auch auf die Klageschrift Anwendung finden; während sich eine diesem letzten Satze entsprechende Vorschrift auch für die Berufungsschrift zunächst in § 480 Abs. 1 C.P.O. gegeben findet, und sich daran dann erst im Abs. 2 dort die besondere Hervorhebung schließt, daß als vorbereitender Schriftsatz die Berufungsschrift namentlich die Berufungsanträge und die Angabe etwaiger neuer Thatsachen und Beweismittel enthalten solle. Auch hat das Reichsgericht in der ganz analogen Frage wegen der Voraussetzungen des Versäumnisurteiles nach § 300 Abs. 1 Ziff. 3 C.P.O. sich schon dahin ausgesprochen, daß für die Rechtzeitigkeit der Zustellung vorbereitender Schriftsätze, welche in einer bereits rechtshängig gewordenen Streitsache eine Erweiterung des Klagantrages oder eine Ergänzung des ursprünglichen Klagevortrages durch neues thatsächliches Vorbringen ankündigen, nur die Zustellungsfrist des § 123, nicht die Einlassungsfrist des § 234 C.P.O. maßgebend sei.

Vgl. Entsch. des R.G.'s in Civils. Bd. 15 S. 392 flg.

Nun ist es aber innerlich völlig undenkbar, daß das thatsächliche Vorbringen der Berufungsinstanz in dieser Beziehung unter strengeren Normen stehen sollte, als dasjenige der ersten Instanz.

Da nun die Zustellung des vorbereitenden Schriftsatzes im Hinblicke auf die am 18. April bevorstehende Verhandlung nach § 200 Abs. 1 C.P.O. am 11. April noch rechtzeitig im Sinne des § 123 Abs. 1 daselbst geschehen war, so lag zu einer Verfügung nach § 48 G.K.G. kein Anlaß vor, und war dieselbe daher jetzt auf die Beschwerde der Klägerin wieder aufzuheben." ...

94. Gerichtsstand für die Klage gegen eine Konkursmasse auf Rückcession von Forderungen und Rückgabe von Schriftstücken, welche dem Gemeinschuldner zufolge eines Vollmachtsauftrages überwiesen und übergeben sind.

C.P.O. §. 29. K.O. § 35.

I. Civilsenat. Urt. v. 10. Mai 1893 i. S. Fr. (Kl.) w. H. Konkursmasse (Bekl.). Rep. I. 63/93.

I. Landgericht I Berlin.
II. Kammergericht daselbst.

Der Kläger hat dem damals in Berlin wohnhaften Kaufmanne L. H. Forderungen cediert und die darüber sprechenden Papiere ausgehändigt. Demnächst hat H. seinen Wohnsitz nach Breslau verlegt und ist dort verstorben. Über seinen Nachlaß ist in Breslau der Konkurs eröffnet worden. Mit der Behauptung, daß dem Verstorbenen in Wirklichkeit die Forderungen nicht zum Eigentum abgetreten seien, daß er vielmehr lediglich Vollmachtsaufträge zur Einziehung derselben erhalten habe, hat der Kläger bei dem Landgericht I in Berlin gegen die Konkursmasse auf Rückcession der Forderungen und Herausgabe der darauf bezüglichen Papiere geklagt. Der erste Richter erachtete seine Zuständigkeit für gegeben, weil H. zur Zeit des Abschlusses der behaupteten Verträge in Berlin seinen Wohnsitz gehabt habe, also Berlin als Erfüllungsort anzusehen sei. . . . Der Berufungsrichter hat die Klage wegen Unzuständigkeit des Gerichtes abgewiesen.

Die hiergegen eingelegte Revision ist zurückgewiesen aus folgenden

Gründen:

„Den entscheidenden Erwägungsgründen des angefochtenen Urteiles kann nicht beigetreten werden, da keineswegs allein das grundlose Vorhandensein der beansprnchten Vermögensstücke in der beklagten Masse den Klagegrund bildet. Der Kläger behauptet, daß der verstorbene H. die Forderungen nebst den darüber sprechenden Papieren zufolge von Vollmachtsaufträgen überkommen habe. Der mit der Klage geltend gemachte Anspruch ist daher auf die Vertragspflicht des H. gestützt, für den Fall, daß das Vertragsverhältnis vor Ausführung des Auftrages sein Ende erreichen sollte, das Empfangene zurückzugewähren. Diese Vertragspflicht ist mit dem Tode des H., da hiermit der erteilte Auftrag erlosch, auf dessen Erben und demnächst auf die Konkursmasse übergegangen. Deshalb würde, falls der gestellte Klagantrag die Erfüllung der bezeichneten Vertragspflicht zum Gegenstande hätte, gemäß § 29 C.P.O. ein Gerichtsstand an dem Orte begründet sein, wo der Vertrag zu erfüllen war. Der gegen die beklagte Masse gestellte Klagantrag konnte aber nicht dahin gerichtet werden, die Masse zur Erfüllung des Vollmachtsvertrages zu verurteilen, und ist daher auch nicht dahin gerichtet, hat vielmehr gemäß § 35 K.O. zum Inhalte die Aussonderung der dem Beklagten nicht gehörigen Gegenstände aus der Konkursmasse auf Grund des durch die Vollmachtsaufträge dem Kläger erwachsenen persönlichen Rechtes zur Rückforderung dieser Gegenstände. Für die Klage auf Aussonderung ist der Gerichtsstand des § 29 C.P.O. nicht gegeben; auch sonst ist im Gesetze kein Anhalt für die Annahme erfindlich, daß diese Klage an einem anderen Orte als an demjenigen, wo die beklagte Masse sich befindet, erhoben werden könnte. Deshalb war zur Verhandlung und Entscheidung über die erhobene Klage nur das Landgericht in Breslau zuständig, und demgemäß rechtfertigt sich die angefochtene Entscheidung, daß die bei dem Landgerichte I in Berlin erhobene Klage wegen Unzuständigkeit des Gerichtes abzuweisen sei." ...

---

95. Ist die auf persönliche Beschwerde eines Rechtsanwaltes erfolgte Erhöhung des Wertes des Streitgegenstandes auch für die Gerichtskosten und die Gebühren des Gegenanwaltes maßgebend?

II. Civilsenat. Beschl. v. 14. März 1893 i. S. K. Konkurs (Kl.) w. H. & S. (Bekl.) Beschw.-Rep. II. 17/93.

I. Oberlandesgericht Köln.

Gründe:

„Zur Festsetzung des Streitwertes für die Beschwerde ist die Frage zu entscheiden, ob eine auf persönliche Beschwerde eines Rechtsanwaltes erfolgte Erhöhung des Streitwertes in einer Prozeßsache zugleich die Bedeutung hat, daß die Erhöhung auch für die vom Staate zu erhebenden Gerichtskosten und für die Gebühren des Gegenanwaltes maßgebend ist, oder ob die Erhöhung lediglich zum Vorteile des beschwerdeführenden Rechtsanwaltes in Betracht kommt, sodaß es in allen übrigen Beziehungen bei der früheren Festsetzung zu verbleiben hat. Würde das letztere richtig sein, so würde sich der Streitwert für die gegenwärtige Beschwerde auf die Differenz zwischen den Gebühren des klägerischen Anwaltes, berechnet nach der in erster Instanz festgesetzten Wertssumme von 20000 ℳ und der auf seine Beschwerde in zweiter Instanz erhöhten Summe von 568000 ℳ, beschränken, also, da die Gebühr zweimal in Ansatz kommt, 1206 ℳ betragen. Würde dagegen die erstere Auffassung für zutreffend zu erachten sein, so würde, da jetzt die beklagte Partei selbst, welche alle Kosten, auch die Gerichtskosten und die Gebühren ihres eigenen Anwaltes, zu zahlen hat, gegen die Erhöhung des Streitwertes auf 568000 ℳ beim Reichsgerichte Beschwerde eingelegt hat, der Streitgegenstand für diese Beschwerde in der Differenz der Gebühren der beiderseitigen Anwälte und der Gerichtskosten bestehen, also 7892 ℳ betragen.

Es muß nun aber davon ausgegangen werden, daß das Gesetz nur eine einheitliche Festsetzung des Streitwertes kennt, und daß nicht eine Festsetzung erfolgen kann lediglich für die Gebührenberechnung der Rechtsanwälte oder des einen oder anderen derselben, während für die Gerichtskosten ein anderer Streitwert maßgebend bleiben soll, daß vielmehr jede durch Gerichtsbeschluß erfolgte Festsetzung, wenn sie auch auf persönliche Beschwerde des Anwaltes allein stattgefunden hat, zugleich für die Gerichtskosten und für alle in Betracht kommenden Beziehungen von maßgebender Bedeutung ist.

Zwar wird bei Völk, Gebührenordnung für Rechtsanwälte Anm. zu § 12, bemerkt, daß bei der Beratung des Entwurfes ein Kommissionsmitglied die Frage gestellt habe, ob die Beschwerde nach § 12 bloß für die Beziehungen zwischen Anwalt und Partei maßgebend sei oder aber gleichzeitig für die Berechnung der Gerichtskosten, und daß der Regierungskommissar sich darauf in einem der ersteren Auffassung entsprechenden Sinne geäußert habe. Diese Auffassung wird denn auch von einzelnen Kommentatoren vertreten.

Vgl. Meyer, Gebührenordnung für Rechtsanwälte zu § 12 Anm. 2; Rittmann, Wert des Streitgegenstandes S. 13.

Sie kann aber nicht für zutreffend erachtet werden.

Zunächst spricht der Wortlaut des § 12 der Gebührenordnung für Rechtsanwälte gegen dieselbe. Er besagt:

„Gegen den im § 16 des Gerichtskostengesetzes bezeichneten Beschluß steht dem Rechtsanwalte die Beschwerde . . . zu.“

Der im § 16 bezeichnete Beschluß betrifft die von Amts wegen vom Gerichte vorzunehmende Festsetzung des Wertes des Streitgegenstandes, welche für alle im Prozesse vorkommenden Beziehungen, insbesondere auch für die Berechnung der Gebühren der Rechtsanwälte, maßgebend sein soll (§ 11 der Gebührenordnung für Rechtsanwälte). Wenn nun das Gesetz gegen diesen Beschluß dem Rechtsanwalte eine Beschwerde gestattet, so kann doch infolge dieser Beschwerde der Beschluß und auch der an dessen Stelle tretende auf die Beschwerde erfolgende neue Beschluß keinen anderen Charakter annehmen, als er vorher hatte. Der neue Beschluß, welcher den vorhergegangenen abändert, kann gerade wegen der feststehenden Bedeutung des letzteren nicht bloß Tragweite für den beschwerdeführenden Rechtsanwalt erhalten. Sonst dürfte auch der frühere allgemein wirkende Beschluß eventuell nicht aufgehoben, sondern er müßte für alle übrigen Beziehungen ausdrücklich aufrecht erhalten werden. Eine solche Auseinanderziehuug der Wirkungen der einheitlich gedachten Festsetzung infolge der Beschwerde des Rechtsanwaltes erscheint mit dem Sinne des § 16 G.K.G. und dem Wortlaute des § 12 der Gebührenordnung für Rechtsanwälte, welcher offenbar diesen Sinn festhalten wollte, nicht vereinbar.

Die Motive zu §§ 10—12 der Gebührenordnung für Rechtsanwälte (Mater. S. 35) weisen denn auch sehr bestimmt darauf hin, daß der Beschwerde des Rechtsanwaltes keine andere Bedeutung als die vorbezeichnete beigelegt werden sollte. Dieselben führen an, daß nach anderen Anwaltsgebührenordnungen die Festsetzung des Wertes des Streitgegenstandes bei Berechnung der Anwaltsgebühren nach denselben Grundsätzen erfolge wie bei Berechnung der Gerichtsgebühren, und fahren dann fort:

„Bei dieser Sachlage empfiehlt es sich zugleich, zur Vermeidung doppelter Arbeit und eventuell widersprechender Entscheidungen im Anschlusse an das preußische Gesetz vom 12. Mai 1851 § 2 und das hannoversche Gesetz vom 8. November 1850 § 34 der Wertsfestsetzung, wo sie zur Berechnung der Gerichtsgebühren stattgefunden hat, auch für die Berechnung der Anwaltsgebühren maßgebende

Bedeutung zu geben; nur kann dann dem Anwalte, weil er an jener Wertsfestsetzung persönlich interessiert ist, die Beschwerde kraft eigenen Rechtes, also auch seinem eigenen Machtgeber gegenüber, nicht versagt werden."

Die Motive halten hiernach an dem Gedanken fest, daß die Wertsfestsetzung durch das Gericht eine einheitliche sein soll. Nach den angeführten Kostengesetzen hatte bisher der Rechtsanwalt persönlich kein Beschwerderecht in Ansehung der Festsetzung des Streitwertes. Er mußte ohne weiteres die erfolgte Festsetzung auch für seine Gebühren als entscheidend hinnehmen. Nun will ihm aber das neue Gesetz, „weil er persönlich interessiert ist", eine gewisse Mitwirkung bei der Wertsfestsetzung nicht versagen. Deshalb giebt ihm der § 12 a. a. O. das Recht der Beschwerde. Aber diese Mitwirkung kann, da ja nach den Motiven widersprechende Entscheidungen vermieden werden sollen, nur dasselbe Ziel einer einheitlichen Festsetzung für alle in Betracht kommenden Verhältnisse im Auge haben.

Man kann hiergegen nicht anführen, daß die Wirkung einer Beschwerde als eines nach allgemeinen Grundsätzen zu beurteilenden Rechtsmittels nie weiter greifen könne als das Interesse des Beschwerdeführers selbst, und daß insbesondere nicht eine auf die Beschwerde ergehende Entscheidung Rechtswirkung für andere Parteien oder Personen, welche an dem Beschwerdeverfahren gar nicht beteiligt sind, haben könne. Es handelt sich nämlich bei der Festsetzung des Streitwertes nicht um ein rein privatrechtliches Verhältnis unter den Parteien, bezw. der Partei und dem Anwalte, und es ist nicht gerechtfertigt, die in Rede stehende Frage lediglich nach den Grundsätzen über die privatrechtlichen Rechtsmittel entscheiden zu wollen. Vielmehr handelt es sich bei der Streitwertsfestsetznng um eine von Amts wegen auch ohne Anregung der Parteien zu treffende Maßregel, welche nicht bloß im Privatinteresse der Parteien, sondern zugleich im staatlichen Interesse zu erfolgen hat.

Daß im vorliegenden Falle nicht die theoretische Auffassung der Beschwerde als eines Rechtsmittels mit allen Konsequenzen Platz greifen kann, ergiebt sich auch daraus, daß nach § 16 a. a. O. dem Gerichte gestattet ist, im Laufe des Verfahrens von Amts wegen die einmal getroffene Festsetzung, auch die auf Beschwerde eines Anwaltes erfolgte, nach freiem Ermessen wieder abzuändern. Erfolgt eine solche

Änderung, so ist sie auch für die Gebühren des Rechtsanwaltes maßgebend (§ 11 der Gebührenordnung für Rechtsanwälte). Auch aus dieser Vorschrift läßt sich erkennen, daß bei der ganzen Streitwertsfestsetzung nach der Absicht des Gesetzes die von Amts wegen auszuübende Thätigkeit des Gerichtes in den Vordergrund tritt, welche stets nur zu einer allgemeingültigen Festsetzung führen kann.

Wollte man der Annahme Raum geben, daß die auf Beschwerde des Rechtsanwaltes erfolgte Erhöhung des Streitwertes nur für die Gebühren des letzteren in Betracht komme, so würde der Fall vorkommen können, daß in derselben Instanz eine doppelte und mehrfache Streitwertsfestsetzung der Berechnung der verschiedenen Gebühren zu Grunde gelegt werden müßte, je nachdem entweder der eine oder der andere der beiderseitigen Rechtsanwälte oder jeder Rechtsanwalt für sich das an keine Frist gebundene Rechtsmittel der Beschwerde mit verschiedenem Erfolge eingelegt, die Partei selbst aber sich bei der ersten Feststellung des Gerichtes beruhigt oder etwa eine Herabsetzung erzielt hätte. Es kann nicht angenommen werden, daß eine solche Verschiedenartigkeit der Kosten und Gebührenberechnung im Sinne des Gesetzes liege.

Demnach konnte nur die gesamte Gebührendifferenz als Wert des Streitgegenstandes angesehen werden."

---

96. Schiedsabrede in Schlußscheinen. Einwand des reinen Differenzgeschäftes.

I. Civilsenat. Urt. v. 25. März 1893 i. S. L. (Kl.) w. F. (Bekl.) Rep. I. 469/92.

I. Landgericht I Berlin.
II. Kammergericht daselbst.

Der Kläger hat auf Schlußscheine unter den Bedingungen der Berliner vereideten Makler an den Beklagten Roggen verkauft und, als an den Stichtagen nicht abgenommen wurde, den Beklagten vor dem gemäß § 12 der erwähnten Bedingungen gebildeten Schiedsgerichte auf Zahlung seines Guthabens in Anspruch genommen. Der Beklagte erschien vor dem Schiedsgerichte nicht und wurde durch den Schiedsspruch vom 12. Dezember 1890 zur Zahlung verurteilt. Gegen die Klage auf Erlaß des Vollstreckungsurteiles hat der Beklagte demnächst namentlich eingewendet, daß die den Schlußscheinen zu Grunde liegenden Geschäfte reine Differenzgeschäfte gewesen seien, und auf Grund dieser Einrede ist die Klage in beiden Instanzen abgewiesen. Die Revision des Klägers ist zurückgewiesen aus folgenden

Gründen:

„Vom Vertreter der Revision ist ausgeführt: durch die im Thatbestande mitgeteilte Vertragsbestimmung sei der Wille der Parteien zum Ausdrucke gebracht, alle diesen Vertrag betreffenden Streitigkeiten der Entscheidung des daselbst bezeichneten Schiedsgerichtes zu unterwerfen. Da hierzu auch die Frage gehöre, ob durch den gedachten Vertrag klagbare Ansprüche begründet seien, so könne dieselbe, nachdem sie von den Schiedsrichtern zu Gunsten des Klägers entschieden worden, von den Staatsgerichten nicht nachgeprüft werden. — Dieser Revisionsangriff ist bereits von den Vorinstanzen zutreffend gewürdigt. Mit Recht haben dieselben angenommen, daß der in der angeführten Vertragsbestimmung enthaltenen Schiedsabrede keine selbständige, von der Rechtsbeständigkeit des Hauptgeschäftes unabhängige Bedeutung zukommt. „Hat Beklagter überhaupt nicht verkauft, so hat er auch nicht unter den in den Schlußscheinen der Berliner Makler enthaltenen Bedingungen verkauft." Diese Erwägung des Urteiles des Reichsgerichtes vom 17. Januar 1891,

vgl. Entsch. des R.G.'s in Civils. Bd. 27 S. 379 flg.,

greift auch im vorliegenden Falle durch. Daß in jenem Falle nur im allgemeinen auf die Schlußscheinbedingungen der Berliner Makler Bezug genommen war, während im vorliegenden Falle die unter den Parteien gewechselten Schlußscheine die ausdrückliche Bestimmung enthielten, daß Streitigkeiten durch das nach § 12 der Bedingungen der Berliner vereideten Makler zu bildende Schiedsgericht entschieden werden sollten, begründet keinen Unterschied in der rechtlichen Beurteilung. Der Hinweis der Revision auf das (in der abgedruckten Entscheidung berücksichtigte) in Sachen B. wider Gebr. S. ergangene reichsgerichtliche Urteil vom 30. September 1890 (Rep. I. 54/90) führt zu keinem anderen Ergebnisse. In dem zuletzt benannten Urteile wird die Schiedsabrede der Berliner Maklerschlußscheine in dem Sinne ausgelegt, daß hiernach alle Streitigkeiten, die sich aus Verhandlungen über das betreffende Geschäft ergeben, durch Schiedsrichter entschieden werden sollen. Daraus ist gefolgert, daß der durch die Annahme der Schlußscheine perfekt gewordene Schiedsvertrag nicht unwirksam werde, wenn aus irgend einem Grunde das Hauptgeschäft sich als nicht zustande gekommen darstelle, daß mithin in einem solchen Falle das Schiedsgericht befugt sei, über das Zustandegekommensein des Hauptgeschäftes zu entscheiden. Die hier wiedergegebene Ausführung beruht, wie ersichtlich ist, auf der Voraussetzung, daß die Parteien einen Schiedsvertrag nach Maßgabe der Schlußscheinbedingungen der vereideten Makler abschließen wollten, wogegen das im 27. Bande der Entscheidungen abgedruckte Urteil ebenso wie die Vorinstanzen im gegenwärtigen Rechtsstreite davon ausgehen, daß ein solcher Wille nicht ohne weiteres anzunehmen ist, wenn ein Differenzgeschäft unter Verweisung auf die Schlußscheinbedingungen der vereideten Makler oder unter Benutzung eines Schlußscheinformulares, wie das hier vorliegende, in die Form eines Kaufgeschäftes gekleidet wird. Ein Widerspruch zwischen der dem abgedruckten Urteile sowie der Entscheidung der Vorinstanzen zu Grunde liegenden Auffassung und dem von der Revision in Bezug genommenen Urteile des Reichsgerichtes ist demnach nicht vorhanden. In dem abgedruckten Urteile ist hervorgehoben, daß das erwähnte Urteil den von ihm angenommenen Willen der Parteien wesentlich daraus herleitet, daß in dem damals zu entscheidenden Falle die Parteien seit Jahren in Geschäftsverbindung gestanden und im Laufe derselben zahlreiche gleichartige Geschäfte unter Bezugnahme auf die Schlußscheine der Berliner Makler miteinander geschlossen und zur Ausführung gebracht hatten. Eine derartige andauernde Geschäftsverbindung liegt hier nicht vor, ebensowenig wie in der mehrerwähnten abgedruckten Entscheidung.

Eine zweite Rüge der Revision ist darauf gegründet, daß der Einwand des Differenzgeschäftes noch für zulässig erachtet worden ist, obwohl der Beklagte sich auf die vor dem Schiedsgerichte erhobene Klage weder mündlich noch schriftlich eingelassen hat. In der Unterlassung jeder Verteidigung sei ein Verzicht auf den gedachten Rechtsbehelf zu erblicken, ebenso wie nach der Rechtsprechung des Reichsgerichtes,

vgl. Entsch. des R.G.'s in Civils. Bd. 27 S. 381 und öfter,
ein Verzicht dann angenommen werde, wenn der Beklagte vor dem Schiedsgerichte sich zwar eingelassen, aber von dem erwähnten Rechtsbehelfe keinen Gebrauch gemacht habe. Die Gleichstellung dieser beiden Fälle ist indes nicht gerechtfertigt. Eine Verpflichtung zur Einlassung vor dem Schiedsgerichte besteht nur, wenn ein gültiger Schiedsvertrag abgeschlossen ist; die Einlassung wird daher, sofern keine Einwendungen in dieser Hinsicht erhoben sind, als eine Anerkennung der Rechtsgültigkeit des Schiedsvertrages, bezw. als Verzicht auf die nicht geltend gemachten Einwendungen zu deuten sein. Wenn aber, wie im vorliegenden Falle, der Beklagte sich weder an der Bildung des Schiedsgerichtes beteiligt noch irgendwie zu erkennen gegeben hat, daß er dasselbe als rechtsbeständig anerkenne, so fehlt es an jeder Grundlage für die Annahme, daß Beklagter die Zuständigkeit des Schiedsgerichtes habe anerkennen und auf die ihm gegen die Rechtsgültigkeit des Schiedsvertrages zustehenden Einwendungen habe verzichten wollen." ...

---

97. Gehört zu der nach § 214 Ziff. 1 C.P.O. erforderlichen Angabe der die Wiedereinsetzung begründenden Thatsachen im Falle des § 211 C.P.O. auch die Darlegung, daß die zweiwöchige Frist des § 212 C.P.O. gewahrt ist?

IV. Civilsenat. Urt. v. 6. April 1893 i. S. v. B. (Bekl.) w. M. u. Gen. (Kl.) Rep. IV. 385/92.

I. Landgericht I Berlin.
II. Kammergericht daselbst.

Aus den Gründen:

„Gegen den Beklagten ist nach zuvor erfolgter öffentlicher Zustellung der Klage ... ein Versäumnisurteil ergangen, dessen durch Gerichtsbeschluß bewilligte öffentliche Zustellung mittels Aushanges an der Gerichtstafel in der Zeit vom 13. bis 28. Februar 1891 bewerkstelligt worden ist. — Hiermit war ... der Lauf der im Urteile auf vier Wochen festgesetzten Einspruchsfrist eröffnet ... und, nachdem die Einspruchsfrist abgelaufen war, konnte Beklagter nur noch die Wiedereinsetzung in den vorigen Stand auf Grund des § 211 Abs. 2 C.P.O. beantragen, was nach § 212 a. a. O. binnen einer zweiwöchigen Frist nach Hebung des in seiner Unkenntnis über das stattgehabte Verfahren bestehenden Hindernisses zu bewirken gewesen wäre. Das Wiedereinsetzungsgesuch des Beklagten, welches vom 31. Oktober datiert und dem Anwalte der Kläger am 10. November 1891 zugestellt worden ist, enthält zwar die Behauptung, daß der Beklagte ohne Verschulden von der Zustellung des Versäumnisurteiles keine Kenntnis erlangt habe; eine Angabe aber, wann er diese Kenntnis erhalten, fehlt in dem Schriftsatze. Erst bei der mündlichen Verhandlung vom 11. Februar 1892 ist der Beklagte unter dem Erbieten zur eidlichen Erhärtung seiner Angaben mit der Behauptung hervorgetreten, am 27. Oktober 1891 habe er erfahren, daß Kürzungen seiner Militärpension stattgefunden hätten, und darauf erst sei ihm am 28. oder 29. Oktober 1891 durch den Rechtsanwalt F. eine Mitteilung über den Erlaß des Versäumnisurteiles zugegangen.

Mit Recht hat der Berufungsrichter angenommen, daß diese verspäteten Anführungen keine Berücksichtigung finden konnten. Die §§ 211—213 C.P.O. handeln von den Voraussetzungen, unter welchen wegen Nichteinhaltung einer Notfrist die Wiedereinsetzung in den vorigen Stand verlangt werden darf, und zwar werden im § 211 und im ersten Absatze des § 213 diejenigen Umstände bezeichnet, welche das Gesetz als Gründe der Wiedereinsetzung anerkennt, während durch § 212 und § 213 Abs. 2 a. a. O. die Fristen bestimmt sind, innerhalb deren die Wiedereinsetzung beantragt werden muß, und über welche hinaus ein solcher Antrag nicht mehr zulässig ist. Hieran schließen sich die das Verfahren ordnenden Vorschriften der §§ 214—216 a. a. O., wobei im § 214 bestimmt ist:

Die Wiedereinsetzung wird durch Zustellung eines Schriftsatzes beantragt. Derselbe muß enthalten:

1. die Angabe der die Wiedereinsetzung begründenden Thatsachen;
2. die Angabe der Mittel für deren Glaubhaftmachung;
3. die Nachholung der versäumten Prozeßhandlung. . . .

Bei Auslegung dieser Vorschrift kann zunächst ein Zweifel darüber nicht obwalten, daß der Inhalt des dem Gegner zuzustellenden Wiedereinsetzungsgesuches den zu Ziff. 1—3 des § 214 aufgeführten Erfordernissen entsprechen muß, und daß einem in dieser Beziehung obwaltenden Mangel nach Ablauf der für die Zulassung des Wiedereinsetzungsantrages gesetzten Frist überhaupt nicht mehr abgeholfen werden kann. Was sodann die zu Ziff. 1 erforderte Angabe der die Wiedereinsetzung begründenden Thatsachen betrifft, so müssen hierzu alle thatsächlichen Angaben gerechnet werden, deren Anführung notwendig ist, um den Wiedereinsetzungsantrag als gerechtfertigt erscheinen zu lassen. Hierzu aber genügt im Streitfalle nicht die Bezeichnung derjenigen Umstände, durch welche die Versäumung der Notfrist veranlaßt wurde, sondern es bedarf in Fällen der vorliegenden Art, wenn der auf § 211 a. a. O. gestützte Wiedereinsetzungsantrag erst nach Ablauf des sich an die verstrichene Notfrist unmittelbar anschließenden Zeitraumes von zwei Wochen zugestellt wird, auch der Darlegung, daß das Hindernis über die Notfrist hinaus fortgedauert hat, und daß dasselbe erst so spät gehoben worden ist, daß die Wiedereinsetzung nach § 212 a. a. O. noch zulässig erscheint.

Vgl. die Kommentare zur Civilprozeßordnung von Gaupp, Anm. 1 zu § 214; Petersen, Anm. 3 zu §§ 214—216; Reincke, zu § 214 Nr. 1; Seuffert, Anm. 1c zu § 214; v. Wilmowski u. Levy, zu § 212 Anm. 2; Struckmann u. Koch, zu § 212.

Es ist hiernach dem Berufungsrichter darin beizutreten, daß das Wiedereinsetzungsgesuch des Beklagten einer notwendigen, innerhalb der Wiedereinsetzungsfrist nicht nachgeholten formalen Voraussetzung ermangelte, und daß dasselbe deshalb als unzulässig zu verwerfen war."

---

98. Dürfen von einem Rechtsanwalte Schreibgebühren für die Aufschrift eines Briefumschlages zum Ansatz gebracht werden?

IV. Civilsenat. Beschl. v. 6. April 1893 i. S. H. (Kl.) w. K. (Bekl.) Beschw.-Rep. IV. 59/93.

I. Landgericht Stettin.
II. Oberlandesgericht daselbst.

Die aufgeworfene Frage ist vom Reichsgerichte verneint worden aus folgenden

Gründen:

„Nach § 80 G.K.G. sind Schreibgebühren für „Ausfertigungen und Abschriften" zu erheben, und in den Motiven zu Art. 2 des das Gerichtskostengesetz abändernden Gesetzes vom 29. Juni 1881 ist (S. 10) ausdrücklich hervorgehoben, daß für das Schreiben der Briefadressen Schreibgebühren nicht berechnet werden dürfen, weil solche Adressen weder als „Ausfertigungen" noch als „Abschriften" anzusehen sind.

Auch aus der Fassung und der Entstehungsgeschichte des § 76 der Gebührenordnung für Rechtsanwälte, nach welchem die Vorschriften des § 80 G.K.G. für die Höhe der dem Rechtsanwalte zustehenden Schreibgebühren maßgebend sind, ist ein Anhalt dafür nicht zu entnehmen, daß seitens des Rechtsanwaltes für die Aufschrift von Briefen Schreibgebühren liquidiert werden dürfen. Das Gegenteil ergiebt sich vielmehr aus der nachfolgenden Vorschrift des § 77, wonach für Verpackung von Briefen und Akten Auslagen nicht berechnet werden dürfen; denn zur „Verpackung" eines Briefes gehört nicht nur die Thätigkeit des Verpackens, sondern auch der mit einer Aufschrift zu versehende Briefumschlag, und zu den ihrer Geringfügigkeit wegen nicht zu vergütenden desfallsigen „Auslagen" ist jede dabei vorkommende Aufwendung für Material und Arbeitsleistung zu rechnen, sodaß eine „Auslage" auch nicht als Schreibgebühr für die Adressierung des Briefumschlages in Ansatz gebracht werden kann. Diese Auffassung findet überdies noch eine Stütze darin, daß durch die im fünften Abschnitte der Gebührenordnung für Rechtsanwälte als „Auslagen" behandelten Schreibgebühren nicht bloß die geleistete Schreibarbeit als solche, sondern auch alle sonstigen bei Anfertigung eines Schriftstückes zu machenden Aufwendungen, namentlich also auch die Auslage für das dazu benutzte Papier, abgegolten werden sollen, woraus folgt, daß die Bestimmung des § 77 a. a. O., nach welcher Auslagen für die Verpackung nicht berechnet werden dürfen, zugleich erkennen läßt, daß der Gesetzgeber die mit Adressen versehenen Brief- und Pakethüllen nicht etwa als Schriftstücke angesehen haben kann, für welche Schreibgebühren in Ansatz gebracht werden dürfen.

Hiernach ist an dem bereits im Beschlusse des IV. Civilsenates des Reichsgerichtes vom 19. Mai 1892 (Beschw.-Rep. IV. 74/92, vgl. Bureaublatt für gerichtliche Beamte von 1892 S. 116. 117) ausgesprochenen Grundsatze festzuhalten, daß Schreibgebühren für die äußere Adresse eines Briefumschlages nicht zugesprochen werden dürfen." ...

---

99. Ist der § 260 C.P.O. auch dann anwendbar, wenn die Unbestimmbarkeit der Höhe eines entstandenen Schadens darauf beruht, daß der Zeitpunkt der Entstehung des Schadens unsicher ist?

I. Civilsenat. Urt. v. 29. April 1893 i. S. F. (Kl.) w. Sch. u. Sohn (Bekl.). Rep. I. 46.53/93.

I. Landgericht I Berlin.
II. Kammergericht daselbst.

Die Entscheidung ist oben unter „Reichsrecht" Nr. 16 S. 81 abgedruckt.

---

100. Kann der im Verhandlungstermine ausgebliebene Berufungskläger nach Zurücknahme der Berufung durch Versäumnisurteil des Rechtsmittels für verlustig erklärt werden, wenn ihm der Antrag auf Verlustigkeitserklärung nicht mitgeteilt ist?

VI. Civilsenat. Beschl. v. 10. Mai 1893 i. S. J. K. (Kl.) w. F. K. (Bekl.) Beschw.-Rep. VI. 49/93.

I. Oberlandesgericht Breslau.

Gründe:

„Durch den angefochtenen Beschluß ist der Antrag der Beklagten und Berufungsbeklagten auf Erlassung des Versäumnisurteiles gegen den im Termine nicht erschienenen Kläger und Berufungskläger zurückgewiesen worden, weil der gleichzeitige Antrag, in diesem Urteile die im § 476 Abs. 3 C.P.O. bestimmten Wirkungen der von der Beklagten im Termine nachgewiesenen Zurücknahme der Berufung auszusprechen, dem Kläger vor dem Termine nicht mitgeteilt, diese Mitteilung wenigstens nicht nachgewiesen war. Der Beschluß beruht sonach nicht auf der in der Doktrin vertretenen, vom Reichsgerichte jedoch nicht geteilten Meinung,

vgl. Entsch. des R.G.'s in Civils. Bd. 6 S. 364, Bd. 24 S. 433,

daß ein Versäumnisurteil nach der Zurücknahme der Klage oder des Rechtsmittels überhaupt nicht ergehen könne. Auch ist anscheinend nicht verkannt worden, daß der Antrag auf Erlassung des Versäumnisurteiles selbst nicht zu den im § 300 Ziff. 3 C.P.O. gedachten Anträgen, deren vorherige Mitteilung an den ausgebliebenen Kläger oder Rechtsmittelkläger Voraussetzung für die Erlassung eines Versäumnisurteiles ist, gehört. Wäre die Zurücknahme der Berufung nicht erfolgt, so hätte nichts entgegengestanden, das Versäumnisurteil auf den erst im Termine gestellten Antrag der Beklagten dahin zu erlassen, daß die Berufung zurückzuweisen sei. Die Zurücknahme des Rechtsmittels hat nun allerdings unmittelbar den Verlust des Rechtsmittels zur Folge, und dem würde es nicht entsprechen, wenn nach der Zurücknahme das Versäumnisurteil auf Zurückweisung des Rechtsmittels ginge. Allein es besteht keine prozessuale Nötigung für den erschienenen Rechtsmittelbeklagten, die Thatsache der durch Zustellung eines Schriftsatzes erfolgten Zurücknahme zur Sprache zu bringen, und das Gericht hat diese Thatsache, für welche die eingereichte Abschrift der Zurücknahmeerklärung dem etwa die Zurücknahme bestreitenden Rechtsmittelbeklagten gegenüber auch keinen Nachweis liefert, nicht von Amts wegen zu Gunsten der ausgebliebenen Partei zu berücksichtigen. Daraus geht hervor, daß der ausgebliebene Rechtsmittelkläger auf ein Versäumnisurteil, welches die Zurückweisung des Rechtsmittels ausspricht, als Folge seines Ausbleibens gefaßt sein muß. Nun wird er aber in keiner Weise schlechter gestellt, wenn statt der Zurückweisung des Rechtsmittels der eingetretene Verlust des Rechtsmittels und die Verpflichtung zur Kostentragung ausgesprochen wird. Der Antrag, das Versäumnisurteil mit diesem Inhalte zu erlassen, erscheint nur als eine der nunmehrigen Sachlage entsprechende, aber die rechtliche Lage des Rechtsmittelklägers nicht zu seinen Ungunsten beeinflussende Modifikation des an sich dem Rechtsmittelbeklagten offen gelassenen Antrages auf kostenpflichtige Zurückweisung des Rechtsmittels durch Versäumnisurteil. Danach kann nicht angenommen werden, daß der § 300 Ziff. 3 C.P.O. dem Versäumnisurteile im vorliegenden Falle entgegenstehe." ...

---

101. Inwieweit ist es im Eheprozesse zulässig, mit der den Bestand der Ehe betreffenden Klage den Antrag auf Entscheidung über die Schuldfrage zu verbinden?

A.L.R. II. 1 §§ 745. 963—965. 974.

IV. Civilsenat. Urt. v. 1. Juni 1893 i. S. N. (Kl.) w. N. (Bekl.) Rep. IV. 1/93.

I. Landgericht Görlitz.
II. Oberlandesgericht Breslau.

Die Entscheidung ist oben unter „Preußisches Recht" Nr. 62 S. 281 abgedruckt.

---

102. Wieweit reicht die Kostenerstattungspflicht einem einzelnen von mehreren Prozeßgegnern gegenüber, wenn dieser im Prozesse mit anderen Streitgenossen zusammen durch einen gemeinsamen Anwalt vertreten war?

VI. Civilsenat. Beschl. v. 13. Juli 1893 i. S. Gr. (Kl.) w. Gö. u. Gen. (Bekl.) Beschw.-Rep. VI. 63/93.

I. Landgericht I Berlin.
II. Kammergericht daselbst.

Aus den Gründen:

„Grundlage des hier in Rede stehenden Kostenerstattungsanspruches bildet formell das Urteil des ... Landgerichtes ..., welches unter III folgendermaßen lautet:

„Kläger trägt die außergerichtlichen Kosten der Beklagten zu 1 und 2 — Gö.'schen Eheleute —; von den übrigen Kosten trägt Kläger zwei Drittel, und Beklagter zu 3 — J. — ein Drittel."

Das abändernde Versäumnisurteil des Kammergerichtes . . ., welches unter III besagt:

„Die Prozeßkosten der ersten Instanz werden — mit Ausnahme der vom Kläger allein zu tragenden außergerichtlichen Kosten der Gö.'schen Eheleute — zu einem Fünftel dem Kläger und zu vier Fünfteln dem Beklagten J. auferlegt",

und welches in diesem Punkte durch das endgültige Berufungsurteil . . . aufrecht erhalten ist, kommt insofern im Verhältnisse zwischen dem Kläger und den Mitbeklagten zu 1 und 2 nicht in Betracht, als die letzteren an der Berufungsinstanz nicht mehr als Partei beteiligt waren. Immerhin stimmen die Urteile beider Instanzen insoweit überein, daß in beiden ausdrücklich „die außergerichtlichen Kosten der Gö.'schen Eheleute" in vollem Umfange dem Kläger auferlegt sind. Da diese Beklagten zu 1 und 2 in der ersten Instanz durch denselben Anwalt vertreten waren, wie der Beklagte zu 3, nämlich durch den Justizrat H., so ist die Frage entstanden, ob der ganze Betrag der von diesem Anwalte „für die Vertretung der Gö.'schen Eheleute" aufgestellten und von dem letzteren dem Landgerichte mit ihrem Kostenfestsetzungsgesuche vorgelegten Rechnung oder nur ein Teil desselben ihm vom Kläger zu erstatten ist. Das Landgericht hat ihnen den ganzen Betrag mit 231,60 ℳ nebst 1,50 ℳ Kosten seines Beschlusses zugesprochen; das Kammergericht hat auf sofortige Beschwerde des Klägers durch den jetzt angefochtenen Beschluß den zu erstattenden Betrag auf 154,40 ℳ, als zwei Dritteile jenes vollen Betrages, nebst 1,20 ℳ Beschlußkosten herabgemindert und die Kosten jener Beschwerdeinstanz den Beklagten zu 1 und 2 auferlegt. Die hiergegen von den letzteren gerichtete sofortige Beschwerde, deren Zulässigkeit keinem Bedenken unterlag, erwies sich zum weit überwiegenden Teile als unbegründet.

Das Kammergericht ist bei seinem Beschlusse von der Voraussetzung ausgegangen, daß die von dem Justizrat H. aufgestellte Rechnung an sich gleichmäßig die Vertretung aller drei Beklagten betreffe und in diesem Sinne durch die mitvorgelegten Handakten ausreichend gerechtfertigt sei. Wird einstweilen diese Voraussetzung festgehalten, so ist im Ergebnisse dem Kammergerichte sogar völlig zuzustimmen. Die von demselben angegebenen Gründe können freilich nicht für zutreffend erachtet werden. Das Kammergericht will unter den „außergerichtlichen Kosten der Gö.'schen Eheleute“, welche der Kläger allein tragen soll, nur die etwaigen besonderen ihnen erwachsenen außergerichtlichen Kosten verstehen, während die den drei Beklagten gemeinschaftlich entstandenen außergerichtlichen Kosten unter den „übrigen Kosten“, von welchen durch das Urteil des Landgerichtes ein Drittel dem Beklagten J., zwei Drittel dem Kläger auferlegt sind, mitbegriffen sein sollen. Gegen diese Auslegung würde nicht nur der Wortlaut des Urteiles streiten, wo von besonderen den Beklagten zu 1 und 2 erwachsenen Kosten nichts zu lesen ist, sondern auch die Erwägung, welche von diesem Senate schon in dem vom Kammergerichte selbst in anderer Beziehung angeführten Beschlusse vom 20. September 1886 (Juristische Wochenschrift von 1887 S. 36) verwertet worden ist, nämlich daß, da nicht anzunehmen war, daß diesen beiden Beklagten neben den gemeinsamen Kosten aller drei Beklagten noch besondere außergerichtliche Kosten entstanden wären, der erkennende Richter, wenn er die Erstattung solcher dem Kläger besonders auferlegt hätte, eine Bestimmung in das Urteil aufgenommen haben würde, deren Wirkungslosigkeit von vornherein zu übersehen gewesen wäre. Daß das Landgericht dennoch etwas Derartiges gemeint hätte, dafür spricht nur, unter Berücksichtigung der in der Hauptsache zwischen dem Kläger und dem Beklagten zu 3 ergangenen Entscheidungen, einigermaßen die vom Landgerichte zwischen diesen beiden angeordnete Verteilung der Kostenlast nach zwei Dritteln und einem Drittel, welche übrigens auch von diesem Standpunkte aus sich keineswegs ohne weiteres völlig rechtfertigen würde. Jedenfalls hat aber das Kammergericht als Berufungsgericht die Kostenentscheidung erster Instanz nicht so aufgefaßt, indem die in den Berufungsurteilen bewirkte Abänderung derselben dahin, daß von den „übrigen Kosten“ der Kläger ein Fünftel, und der Beklagte zu 3 vier Fünftel tragen solle, mit solcher Auffassung durchaus unvereinbar sein würde; wie sich denn auch im Verhältnisse zwischen dem Kläger und dem Beklagten zu 3 bei einer Verbindung dieser Entscheidung mit der nach der jetzigen Auslegung des Kammergerichtes verstandenen Kostenentscheidung erster Instanz kaum überwindliche praktische Schwierigkeiten ergeben möchten.

Es muß überhaupt darauf verzichtet werden, einer Kostenentscheidung wie der vorliegenden eine ein für allemal feststehende Bestimmung darüber zu entnehmen, wie weit die den mehreren Streitgenossen gemeinsamen Kosten dem Gegner gegenüber als Kosten des einen oder des anderen von ihnen anzusehen seien. Man hat sich einfach daran zu halten, daß diejenigen außergerichtlichen Kosten, welche dem einzelnen gegnerischen Streitgenossen wirklich entstanden sind, ihm erstattet werden müssen. Soweit er die Erstattung verlangt, liegt ihm nach § 99 Abs. 2 C.P.O. die Glaubhaftmachung ob. Nun ist durch die bloße Vorlegung der durch die Handakten justifizierten Rechnung des Anwaltes über die den mehreren Beklagten gemeinsam geleistete Vertretung noch nicht glaubhaft gemacht, daß gerade von diesen zwei Beklagten der ganze Betrag aufgewendet sei. Nach § 3 der Gebührenordnung für Rechtsanwälte ist freilich jeder der mehreren Auftraggeber dem Rechtsanwalte gegenüber hierzu solidarisch verbunden; aber untereinander sind sie in der Regel verpflichtet, die Last verhältnismäßig, im Zweifel zu gleichen Teilen, unter sich zu teilen, wie schon in dem oben erwähnten Reichsgerichtsbeschlusse vom 20. September 1886 (Beschw.-Rep. IIIa. 38/86) geltend gemacht worden ist. Sollte daher selbst einer der mehreren Auftraggeber zunächst das Ganze zahlen, so wird er im Zweifel von den anderen Streitgenossen die auf diese fallenden Anteile demnächst ersetzt erhalten; häufig wird er sogar von vornherein diese Anteile im Auftrage und im Namen der Anderen zahlen, und noch dazu ist ja keineswegs ausgeschlossen, daß der Rechtsanwalt die Zahlung anteilsweise unmittelbar von jedem seiner mehreren Auftraggeber entgegennimmt. Mag also auch, wenn die genügend belegte Rechnung eines nur von einem Auftraggeber bestellten Anwaltes von dieser Partei beigebracht wird, damit ohne weiteres der Anspruch auf diese Kostenerstattung als glaubhaft gemacht gelten, so folgt daraus doch nicht, daß ein gleiches der Fall ist für den ganzen Betrag einer für die Vertretung mehrerer Auftraggeber aufgestellten Rechnung; hier gilt dies ohne weiteres nur für den auf den Erstattungsberechtigten fallenden Anteil. Dadurch ist natürlich nicht ausgeschlossen, daß durch Glaubhaftmachung besonderer Umstände, wie daß der Antragsteller die ganze Rechnung bereits berichtigt habe und von seinen Streitgenossen wegen Zahlungsunfähigkeit derselben keinen Ersatz werde erlangen können, der

Anspruch auf Zubilligung des ganzen Betrages als gerechtfertigt erscheinen könnte. Dergleichen Umstände sind aber hier nicht glaubhaft gemacht, und es hatte daher im allgemeinen dabei sein Bewenden zu behalten, daß den Beklagten zu 1 und 2 nur die auf sie fallenden zwei Drittel der Anwaltsrechnung als erstattungsfähig zuzubilligen seien.

Nicht ganz grundlos war dagegen die eventuelle Beschwerde der Beklagten zu 1 und 2, daß nicht wenigstens zwischen Gebühren und Auslagen unterschieden, und ihnen, da in der vorgelegten Anwaltsrechnung nur solche Auslagen vorkommen, welche der Anwalt ausschließlich für sie aufgewandt habe, und die daher jedenfalls sie allein zu tragen haben werden, die in der Rechnung aufgeführten Auslagen in voller Höhe zugesprochen worden seien." ...

(Die nähere Ausführung interessiert hier nicht.)

---

103. 1. Voraussetzungen der weiteren Beschwerde.

2. Findet gegen die Entscheidung, durch welche auf Grund des § 669 C.P.O. die Erteilung einer weiteren vollstreckbaren Ausfertigung angeordnet ist, das Rechtsmittel der Beschwerde statt?

VI. Civilsenat. Beschl. v. 13. Juli 1893 i. S. St. & Co. (Kl.) w. K. (Bekl.) Beschw.-Rep. VI. 87/93.

I. Oberlandesgericht Nürnberg.

Gründe:

„Der Beklagte ist durch ein für vorläufig vollstreckbar erklärtes Urteil der Kammer I für Handelssachen zu Nürnberg vom 11. April 1892 verurteilt worden, an die Klägerin 759 ℳ nebst Zinsen zu zahlen. Nachdem eine vollstreckbare Ausfertigung dieses Urteiles der Klägerin bereits am 12. April 1892 erteilt worden war, richtete dieselbe im Mai 1893 an den Vorsitzenden der gedachten Kammer den Antrag, anzuordnen, daß ihr eine weitere vollstreckbare Ausfertigung des Urteiles erteilt werde, indem sie angab, daß die erste Ausfertigung irrtümlich dem Schuldner ausgehändigt sei, obgleich dieser noch 100 ℳ aus dem Urteile verschulde. Der Vorsitzende hörte über den gestellten

Antrag den Beklagten und wies alsdann mittels Beschlusses vom 16. Mai 1893 den Antrag zurück, weil ein rechtlicher Grund zur Erteilung einer weiteren vollstreckbaren Ausfertigung nicht gegeben sei. Die von der Klägerin gegen diesen Beschluß eingelegte sofortige Beschwerde legte der Vorsitzende, ohne eine Entscheidung der Kammer für Handelssachen einzuholen, dem Oberlandesgerichte zu Nürnberg vor, worauf dieses unter Abänderung des Bescheides vom 16. Mai 1893 beschlossen hat, es sei der Klägerin auf ihre Kosten eine weitere vollstreckbare Ausfertigung des Urteiles vom 11. April 1892 nach Maßgabe des § 669 C.P.O. zu erteilen. Der letztere Beschluß ist nunmehr von dem Beklagten mit der weiteren Beschwerde angefochten, und diese Beschwerde seitens des Obersten Landesgerichtes zu München dem Reichsgerichte mit den Prozeßakten übersendet worden. Die weitere Beschwerde konnte indessen für zulässig nicht erachtet werden. Für die Frage nach ihrer Zulässigkeit ist nicht bloß § 531 Abs. 2, sondern in erster Reihe die Vorschrift des § 530 C.P.O. maßgebend. Nur gegen Entscheidungen, die in Gemäßheit dieser Vorschrift nach ihrem Inhalte der Anfechtung mit dem Rechtsmittel der Beschwerde überhaupt unterliegen, kann eine weitere Beschwerde zugelassen werden. Schon in einem Beschlusse vom 15. Juni 1893 (Beschw.-Rep. VI. 61/93) hat der jetzt erkennende Senat auf diese Bedeutung des § 530 für die Statthaftigkeit der weiteren Beschwerde hingewiesen und dabei insbesondere dargelegt, daß es keine gesetzliche Bestimmung giebt, wonach allemal gegen einen Beschluß, durch welchen einer ersten Beschwerde entsprochen wird, eine weitere Beschwerde der anderen Partei stattfinde, daß vielmehr sogar Beispiele für das Gegenteil aus § 37 Abs. 2. § 46 Abs. 2. § 160 Abs. 1. § 290 Abs. 3. § 371 Abs. 5. § 451 Abs. 2. § 647 Abs. 2 und § 804 Abs. 1 C.P.O.,

vgl. Entsch. des R.G.'s in Civils. Bd. 14 S. 391,

zu entnehmen sind.

Durch den gegenwärtig angefochtenen Beschluß ist nun nicht etwa, wie es der Schlußsatz des § 530 voraussetzt, ein das Verfahren betreffendes Gesuch zurückgewiesen, vielmehr solchem Gesuche stattgegeben worden. Ebensowenig liegt einer der Fälle vor, in welchen die Civilprozeßordnung das Rechtsmittel der Beschwerde unbedingt zuläßt. Fraglich könnte es nur erscheinen, ob hier etwa der § 701 C.P.O. Anwendung findet. Diese Frage wird von einzelnen Kommentatoren der Civilprozeßordnung im bejahenden Sinne beantwortet; sie ist jedoch zu verneinen. Denn der § 701 spricht nur von Entscheidungen, welche im Zwangsvollstreckungsverfahren ohne vorgängige mündliche Verhandlung erfolgen können, und kann deshalb nicht, wie das Reichsgericht bereits mehrfach ausgesprochen hat, auf Entscheidungen bezogen werden, welche lediglich zur Vorbereitung des Zwangsvollstreckungsverfahrens dienen. Nur um die Vorbereitung eines solchen Verfahrens handelt es sich aber bei dem von der Klägerin in Gemäßheit des § 669 C.P.O. gestellten Antrage auf Erteilung einer weiteren vollstreckbaren Ausfertigung. Durch diesen Antrag wollte die Klägerin die Möglichkeit erlangen, ein neues Zwangsvollstreckungsverfahren in Gang zu setzen. Vor Beginn des Verfahrens, nicht in dem Verfahren ist ihr Antrag gestellt, und über ihren Antrag entschieden worden. Danach müssen die Grundsätze, welche das Reichsgericht in seinem Beschlusse vom 5. Februar 1890,

vgl. Entsch. des R.G.'s in Civils. Bd. 25 S. 387 flg.,

über die Anwendbarkeit des § 701 C.P.O. auf Beschwerden in den Fällen des § 646 Abss. 1. 2 C.P.O. aufgestellt hat, auch bei Beschwerden wegen Versagung oder Erteilung einer weiteren vollstreckbaren Ausfertigung zur Geltung gelangen, und hieran kann vorliegend der Umstand nichts ändern, daß auf Grund der ersten der Klägerin erteilten vollstreckbaren Ausfertigung früher ein jetzt nicht mehr im Gange befindliches Zwangsvollstreckungsverfahren geschwebt hat.

Vgl. auch Seuffert, Blätter für Rechtsanwendung in Bayern Bd. 55 S. 385 flg."...

---

104. Vollstreckung eines Urteiles, welches den Beklagten zur Beseitigung einer auf den Grundstücken des Klägers eingetragenen Hypothek verurteilt hat.

Steht dabei eine Handlung in Frage, deren Vornahme durch einen Dritten erfolgen kann?

C.P.O. § 773.

II. Civilsenat. Beschl. v. 16. Juni 1893 i. S. Firma Gebr. B. (Kl.) w. Aktiengesellschaft Z. (Bekl.) Beschw.-Rep. II. 65/93.

I. Landgericht Elberfeld.
II. Oberlandesgericht Köln.

Aus den Gründen:

„Die Annahme des Oberlandesgerichtes, daß im vorliegenden Falle der § 773 C.P.O. anwendbar sei, und die Gläubiger von dem Gerichte ermächtigt werden könnten, die Handlung, zu deren Vornahme die Aktiengesellschaft Z. rechtskräftig verurteilt ist, auf Kosten der Schuldner vornehmen zu lassen, kann nicht für zutreffend erachtet werden. Die Aktiengesellschaft Z. ist durch Urteil des Oberlandesgerichtes Köln vom 20. März 1891 verurteilt, zwei von H. E. H. gegen A. und G. B. auf Grund eines zu Gunsten des H. ergangenen Urteiles genommene Hypothekar-Inskriptionen zu beseitigen. Diese Inskriptionen betreffen, soweit sie zur Zeit noch in Betracht kommen, eine dem H. gegen die Gebrüder B. zuerkannte lebenslängliche Rente von jährlich 300 *M*. Die zur Beseitigung dieser Eintragungen verurteilte Aktiengesellschaft hat sich vergeblich bemüht, mit dem Inhaber der Hypothek, H., zu einer Eintragung über die Kapitalsumme zu gelangen, wodurch seine Rente abgelöst werden, und durch deren Zahlung er sich für seinen Anspruch befriedigt erklären und die freiwillige Löschung der Hypothek bewilligen soll. Schließlich hat sich H. erboten, gegen Zahlung einer Kapitalsumme von 5500 *M* in die Löschung zu willigen. Die zur Löschung der Hypothek verpflichtete Gesellschaft ist jedoch nicht gewillt, ihm eine so hohe Abfindungssumme zu zahlen. Sie hat sich nur bereit erklärt, 4000 *M* als Abfindung zu geben oder aber den Betrag von 5500 *M* in guten kursfähigen Wertpapieren zur Sicherheit des H. zu hinterlegen.

Das Oberlandesgericht hat unter diesen Umständen erwogen, daß die von H. verlangte Gegenleistung von 5500 *M* Kapital nicht zu hoch gegriffen sei im Verhältnisse zu seiner Rentenforderung von jährlich 300 *M*, daß also durch Zahlung dieser Summe nicht eine unzulässige Mehrbelastung der Gesellschaft herbeigeführt werde, und hat sodann die Firma Gebrüder B. und deren Teilhaber ermächtigt, selbst die Hypothek zu beseitigen, und die Gesellschaft Z. zur Zahlung der genannten Summe an die Firma Gebrüder B. verurteilt, indem dieser Betrag die Kosten im Sinne des § 773 Abs. 2 a. a. O. darstelle, welche bei Vornahme der fraglichen Handlung durch die Gläubiger entstehen würden.

Der § 773 gestattet dem Richter nur bezüglich solcher Handlungen, deren Vornahme durch einen Dritten erfolgen kann, den Gläubiger in der angegebenen Weise zu ermächtigen. Ob die einem Schuldner aufgegebene Bewirkung der Löschung einer Hypothek zu denjenigen Handlungen gehört, deren Vornahme durch einen Dritten erfolgen kann, läßt sich nicht in einer für alle Fälle zutreffenden Art beantworten. Ausgeschlossen sind zunächst diejenigen Fälle, wo der Schuldner eine ihm selbst zustehende Hypothek zur Löschung bringen soll, und es hierzu nur seiner Löschungsbewilligung bedarf. Hier würde der § 779 a. a. O. Anwendung finden, indem mit der rechtskräftigen Verurteilung des Verpflichteten, die Löschung zu bewilligen, diese Bewilligung als erfolgt anzusehen wäre. Anders liegt die Sache, wenn es sich, wie im vorliegenden Falle, um die Beseitigung der Hypothek eines Dritten handelt. Der Verpflichtete hat hier die Aufgabe, den dritten Hypothekargläubiger zur freiwilligen Löschung seiner Hypothek zu bestimmen, sofern er nicht in der Lage ist, ihn hierzu zwingen zu können. Ein solcher Zwang wird rechtlich nur dann möglich sein, wenn der Gläubiger für seinen Anspruch, welcher durch die Hypothek gesichert werden soll, befriedigt ist, welche Voraussetzung in gleicher Weise der Regel nach die freiwillige Löschung durch den Gläubiger bedingen wird. Wenn nun der Anspruch des Gläubigers in einer fest bestimmten Summe besteht, so läßt sich sagen: die Zahlung dieser Summe kann auch durch einen Anderen erfolgen, und kraft des von dem Gerichte erhaltenen Auftrages kann der Ermächtigte den Hypothekargläubiger mit dem vom Verpflichteten herzugebenden Gelde (§ 773 Abs. 2) befriedigen und zur Löschung seiner Hypothek nötigen. Es kann dahingestellt bleiben, ob eine solche im Zwangsvollstreckungsverfahren erteilte Ermächtigung dem Sinne des Gesetzes entsprechen würde, wie vielfach angenommen wird.

Vgl. jedoch bezüglich des in den Motiven zur Civilprozeßordnung angezogenen § 9 der preuß. Verordnung über die Exekution in Civilsachen vom 4. März 1834, welcher eine ähnliche Bestimmung hatte, die abweichende Auffassung des vormaligen preuß. Obertribunales in dem Erkenntnisse vom 10. Juni 1843 (Entsch. desselben Bd. 9 S. 167); dazu Koch, Beurteilung der Entsch. des Obertribunales S. 619.

Im vorliegenden Falle ist die Sachlage eine ganz andere. Der Anspruch des Gläubigers besteht nicht in einer bestimmten Summe, sondern in einer jährlichen Rente von 300 ℳ, welche mit seinem Tode in Wegfall kommen würde, und an deren Stelle ein entsprechender Kapitalsbetrag nur infolge einer besonderen Vereinbarung zwischen dem Gläubiger und seinen Schuldnern, den Gebrüdern B., gesetzt werden könnte. Eine solche Vereinbarung, die hier nun thatsächlich zwischen der Gesellschaft Z., welche die Befriedigung des Gläubigers H. an Stelle der Gebrüder B. zu bewirken hat, und dem Gläubiger erfolgen müßte, liegt nicht vor. Ebendeshalb kann auch die Beseitigung der in Rede stehenden Hypothek nicht als eine Handlung angesehen werden, deren Vornahme durch einen Dritten erfolgen könnte.

Vgl. Wilmowski-Levy zu § 773 Anm. 2.

Jene Vereinbarung setzt notwendig eine persönliche Willensthätigkeit des Verpflichteten selbst voraus, welche nicht von einem Anderen ausgeübt werden kann. Die Vereinbarung ist gebunden an die eigene Entschließung des Verpflichteten, welche mit Rücksicht auf die vom Hypothekargläubiger erhobenen Ansprüche und die Berechtigung dieser Ansprüche vielleicht eine Verständigung überhaupt ausschließen wird, wie dies ja auch thatsächlich bisher der Fall gewesen ist. Wollte man einem Dritten überlassen, die fragliche Vereinbarung für den Verpflichteten und mit Rechtsverbindlichkeit für ihn abzuschließen, so würde derselbe der Willkür des Dritten, welcher selbst kein Interesse an der Höhe der Abfindungssumme hat, vollständig preisgegeben sein. Das erkennt auch das Oberlandesgericht nach dem Inhalte seiner Begründung an. Es geht deshalb dazu über, selbst zu erwägen und zu bestimmen, welche Summe als eine angemessene Abfindung für die H.'sche Rente zu betrachten sei, und kommt im Widerspruche mit dem Anerbieten der verpflichteten Gesellschaft zu dem Resultate, daß die von H. verlangte Abfindungssumme von 5500 ℳ nicht zu hoch gegriffen und deshalb von der Gesellschaft vorauszuzahlen sei.

Die Entscheidung des Oberlandesgerichtes greift damit über den Inhalt des Urteiles hinaus, um dessen Zwangsvollstreckung es sich handelt. Es kann nicht Gegenstand dieses Zwangsvollstreckungsverfahrens sein, den Streit der verpflichteten Gesellschaft und des Hypothekargläubigers über die Höhe des dem letzteren für seine Rente gebührenden Abfindungskapitales zu entscheiden. Diese Entscheidung würde eventuell nur Gegenstand eines besonderen Prozesses sein können. Diejenige Handlung, zu deren Vornahme die Gesellschaft Z. verurteilt worden ist, kann nach Lage der Sache überhaupt nicht im Zwangsvollstreckungsverfahren erzwungen werden. Alle Handlungen, welche nicht von vornherein als unmöglich anzusehen sind, können Gegenstand der Verurteilung sein, wogegen die Bestimmungen des Abschn. 3 Buch 8 C.P.O. nur solche bestimmte Arten von Handlungen herausgreifen und der Zwangsvollstreckung unterwerfen, bei welchen diese überhaupt rechtlich möglich und ausführbar erscheint. Die Gesellschaft Z. ist durch das Urteil des Oberlandesgerichtes Köln vom 20. März 1891 verurteilt worden, die fraglichen Hypotheken zu beseitigen, weil sie nach der Annahme des Oberlandesgerichtes sich hierzu verpflichtet hatte. Daß es sich bei dieser Verpflichtung um eine von vornherein unmögliche Leistung handle, kann nicht behauptet werden. Es stand also von diesem Gesichtspunkte aus der Verurteilung der Gesellschaft zur Vollziehung der Handlung nichts im Wege. Ergiebt sich nun aber demnächst, daß die Verurteilte nicht in der Lage ist, die Handlung bewirken zu können, und kann auch die Handlung nicht nach Maßgabe der Vorschriften der Civilprozeßordnung über die Zwangsvollstreckung erzwungen werden, so bleibt den Klägern, welche das Urteil erwirkt haben, nichts Anderes übrig, als in Gemäßheit des Art. 1142 B.G.B. wegen Nichterfüllung von seiten der Verpflichteten Schadensersatz zu liquidieren. Das kann aber nur in einem neuen Prozesse geschehen (§ 778 C.P.O.). Dieser Schadensersatz würde auch keineswegs zusammenfallen mit der Abfindungssumme, welche der Hypothekargläubiger H. für seine Rente zu beanspruchen hat, sondern er würde sich auf denjenigen Schaden erstrecken, welcher der Firma Gebrüder B. und deren Teilhabern dadurch erwächst, daß die Gesellschaft Z. die auf den Grundstücken der Gebrüder B. eingetragenen Hypotheken nicht beseitigt.

Hiernach mußte die Entscheidung des Oberlandesgerichtes für unrichtig, dagegen die des Landgerichtes, welches das Gesuch der Firma Gebrüder B. zurückgewiesen hat, für gerechtfertigt erachtet werden." ...

105. Sind die Mehrkosten erstattungsfähig, welche dadurch entstehen, daß die obsiegenden Streitgenossen sich nicht alle durch denselben Anwalt, sondern durch verschiedene Anwälte haben vertreten lassen?
C.P.O. §§ 87. 60.

V. Civilsenat. Beschl. v. 16. September 1893 i. S. R. (Kl.) w. Erben des L. (Bekl.) Beschw.-Rep. V. 122/93.

I. Landgericht Nordhausen.
II. Oberlandesgericht Naumburg.

Aus den Gründen:

„Der Kläger ist mit seiner Klage gegen die vier Erben des L. weiland zu B. auf Herausgabe des Planstückes 87 b der Gemarkung B. durch Urteil des Landgerichtes rechtskräftig abgewiesen und in die Prozeßkosten verurteilt worden. Von den Beklagten waren zwei, die minderjährigen Martha und Karl L., durch den Rechtsanwalt F., die anderen beiden, die Witwe Louise L. und die großjährige Louise L., die jetzigen Beschwerdeführerinnen, durch den Rechtsanwalt U. vertreten gewesen. Die Kostenrechnung des Rechtsanwaltes F. ist durch Beschluß des Landgerichtes vom 17. April 1893 zum Betrage von 134,50 ℳ, und auf das Kostenfestsetzungsgesuch des Rechtsanwaltes U. vom 12. Mai sind dessen Kosten durch Beschluß des Landgerichtes vom 29. Mai 1893 auf 141,30 ℳ festgesetzt worden. Gegen die letztgedachte Kostenfestsetzung erhob der Kläger Beschwerde mit dem Erfolge, daß das Oberlandesgericht durch Beschluß vom 14. Juli den Festsetzungsbeschluß des Landgerichtes vom 29. Mai aufhob, den Antrag vom 12. Mai auf Festsetzung der Kosten des Rechtsanwaltes U. gänzlich abwies und die Kosten des Beschwerdeführers der Witwe Louise L. und der großjährigen Louise L. auferlegte. Gegen diesen Beschluß haben die letztgedachten beiden Mitbeklagten rechtzeitig und formgerecht weitere sofortige Beschwerde eingelegt, die für begründet erachtet werden mußte.

Der angefochtene Beschluß des Oberlandesgerichtes ruht auf der Erwägung, daß für diese beiden Beklagten kein Grund vorgelegen habe, sich durch einen besonderen Anwalt vertreten zu lassen, daß die dadurch entstandenen Mehrkosten deshalb nicht als zur zweckentsprechenden Rechtsverteidigung notwendig angesehen werden könnten, und daß damit nach § 87 Abs. 1 C.P.O. die gesetzliche Befugnis fortfalle, den in die Prozeßkosten verurteilten Kläger zur Erstattung auch dieser Mehrkosten anzuhalten. In der Streitfrage, ob der in die Kosten verurteilte Gegner von Streitgenossen auch die Mehrkosten zu erstatten habe, welche dadurch entstanden sind, daß die Streitgenossen sich nicht alle durch denselben Anwalt, sondern durch verschiedene Anwälte hatten vertreten lassen, folgt also das Oberlandesgericht der Ansicht, daß solche Mehrkosten nicht ohne weiteres gemäß dem in § 87 Abs. 2 Satz 1 C.P.O. ausgesprochenen Grundsatze, sondern nur unter der in § 87 Abs. 1 aufgestellten Voraussetzung erstattet zu werden brauchen: wenn sie nach freiem Ermessen des Gerichtes zur zweckentsprechenden Rechtsverfolgung oder Rechtsverteidigung notwendig waren. Dies ist die Ansicht der Mehrzahl der Kommentatoren der Civilprozeßordnung; sie kann jedoch nicht für richtig gehalten werden.

Das Reichsgericht hat sich schon in dem Beschlusse des I. Civilsenates vom 7. Oktober 1885,

vgl. Entsch. desselben in Civils. Bd. 14 Nr. 114 S. 396 flg.,

für die gegenteilige Ansicht ausgesprochen und diese ausführlich begründet. Allerdings hat der IV. Civilsenat in einem Beschlusse vom 12. Oktober 1885 zur Sache Beschw.-Rep. IV. 119/85,

vgl. Jurist. Wochenschrift 1885 S. 332 Nr. 2; Bolze, Praxis des R.G.'s in Civils. Bd. 2 S. 375 Nr. 1460,

anders entschieden; er ist aber neuerdings von dieser abweichenden Auffassung zurückgetreten, indem er in dem Beschlusse vom 22. Juni 1893 i. S. Z. w. E. Beschw.-Rep. IV. 87/93 ausgeführt hat, daß jeder Streitgenosse das Recht habe, zu seiner Vertretung einen besonderen Prozeßbevollmächtigten zu bestellen und die Erstattung der dadurch entstandenen Kosten von dem in die Kosten verurteilten Gegner zu verlangen. Der durchschlagende Grund ist darin zu finden, daß die Streitgenossen nicht *eine* (vereinigte) Partei bilden, sondern alle, jeder für sich, das Recht zur Betreibung des Prozesses, die Rechte der Partei, haben (§ 60 C.P.O.). Daraus folgt, daß jeder Streitgenosse sich seinen Prozeßvertreter frei wählen kann, und weiter, daß auf die hierdurch entstehenden Anwaltskosten der allgemeine Grundsatz des § 87 Abs. 1 Satz 2 C.P.O. anwendbar ist, wonach Anwaltskosten der obsiegenden Partei in allen Prozessen, ohne die im Abs. 1 gezogene Schranke der Notwendigkeit ihrer Aufwendung, ersetzt werden müssen. Hätte der Gesetzgeber dies nicht gewollt, so würde es dafür einer besonderen Bestimmung bedurft haben, die sich jetzt im Gesetze nicht findet; die in den Motiven zum § 85 des Entwurfes von 1874 allerdings enthaltene Bemerkung, daß das Gericht frei zu würdigen habe, ob für Streitgenossen genügende Veranlassung vorlag, mehrere Anwälte zu bestellen, kann eine im Gesetze fehlende Bestimmung nicht ersetzen.

Daß hierdurch eine erhebliche Verteuerung der Prozesse eintreten kann, läßt sich nicht leugnen. Andererseits ist aber zu berücksichtigen, daß die Wahl des Anwaltes Sache des persönlichen Vertrauens ist, und daß eine Einigung von Streitgenossen zur Wahl desselben Rechtsanwaltes sich nicht wohl erzwingen läßt. Auch wird in der vorliegenden Beschwerdeschrift nicht ohne Grund darauf hingewiesen, daß das Gericht in eine mißliche Lage geraten kann, wenn es sich darüber schlüssig machen müßte, welchem der mehreren Streitgenossen die Anwaltskosten zu streichen seien. Ob nicht gleichwohl bei schikanösem Verfahren der Streitgenossen die Mehrkosten überflüssiger Rechtsanwälte abgesetzt werden können, braucht im vorliegenden Falle nicht untersucht zu werden, weil hier keine Schikane erkennbar ist.

Der angefochtene Beschluß des Oberlandesgerichtes war demnach aufzuheben und der Beschluß des Landgerichtes wiederherzustellen, ohne daß in eine Nachprüfung der Ansicht des Oberlandesgerichtes einzutreten gewesen wäre, daß die Beschwerdeführerinnen keinen genügenden Grund gehabt hätten, sich durch einen besonderen Anwalt vertreten zu lassen." . . .

---

106. Gegenseitiges Verhältnis von Wertfestsetzungsverfahren und Kostenfestsetzungsverfahren.

VI. Civilsenat. Beschl. v. 2. Oktober 1893 i. S. Sch.-P. B.-Berufsgenossenschaft (Kl.) w. K. (Bekl.) Beschw.-Rep. VI. 121/93.

I. Landgericht Görlitz.
II. Oberlandesgericht Breslau.

Die gegen einen landgerichtlichen Kostenfestsetzungsbeschluß vom Beklagten erhobene sofortige Beschwerde war vom Oberlandesgerichte zurückgewiesen worden mit der Erwägung, daß, wenn die Beschwerde auch sonst begründet sein möge, der angefochtene Beschluß doch deshalb für den Beklagten schon zu günstig ausgefallen sei, weil die ihm als erstattungsfähig zugebilligten Anwaltsgebühren nach einem höheren Streitwerte berechnet seien, als welcher der Gerichtskostenrechnung zu Grunde gelegt sei, und weil bei Zugrundelegung des letzteren Streitwertes die dem Beklagten zu ersetzenden außergerichtlichen Kosten den ihm vom Oberlandesgerichte dafür zugesprochenen Gesamtbetrag keinesfalls erreichen würden. Die weitere Beschwerde des Beklagten wurde vom Reichsgerichte als unzulässig verworfen aus folgenden

Gründen:

... „Der Beklagte hat den neuen selbständigen Beschwerdegrund ... darin finden wollen, daß die ihm ungünstige Abweichung der Gründe des Oberlandesgerichtes von denen des Landgerichtes in einer niedrigeren Wertung des Streitgegenstandes bestehe, nach dessen Werte die Anwaltsgebühren zu berechnen sind. Die Sachlage ist in dieser Hinsicht die folgende. Die Klägerin hatte den Streitwert von vornherein zu 4300 bis 5400 ℳ angegeben, und hiernach ist auch die Gerichtskostenrechnung aufgestellt worden; ebenso hat der Anwalt der Klägerin dieser seine Gebühren nur nach diesem Streitwerte berechnet. Der Anwalt des Beklagten hat dagegen seiner Gebührenrechnung einen Streitwert von 5400 bis 6700 ℳ zu Grunde gelegt, und das Landgericht hat auch den ganzen Betrag dieser Rechnung als erstattungsfähig behandelt; das Oberlandesgericht hat aber auch diese Anwaltsgebühren nur nach dem Wertsansatze von 4300 bis 5400 ℳ zugebilligt. Nun meint der Beklagte, diese Herabsetzung des zu Grunde gelegten Wertes bilde für ihn einen neuen selbständigen Beschwerdegrund. Das ist jedoch in zweifacher Rücksicht verfehlt: einmal weil es sich hier eben nicht um ein Wertfestsetzungsverfahren, sondern nur um einen Entscheidungsgrund im Kostenfestsetzungsverfahren handelt, und sodann weil durch eine zu niedrige Wertfestsetzung an sich wohl der Anwalt, aber nie die Partei selbst beschwert sein könnte. Daß inzwischen beim Landgerichte vom Beklagten oder von dessen Anwalt ein Antrag gestellt ist, den Wert auf 5400 bis 6700 ℳ festzusetzen, ändert an der jetzigen Sachlage nichts. Das Wertfestsetzungsverfahren kann überhaupt auf ein schwebendes Kostenfestsetzungsverfahren formell keinen Einfluß üben, solange es nicht zu einer endgültigen bestimmten

Wertfestsetzung geführt hat. Sollte im vorliegenden Falle das schließliche Ergebnis des Wertfestsetzungsverfahrens in einer höheren Wertbestimmung als der vom Oberlandesgerichte zu Grunde gelegten bestehen, so könnte dann immer noch die Frage aufgeworfen werden, ob nicht der Beklagte mittels eines neuen Kostenfestsetzungsgesuches die nachträgliche Zusprechung der Differenz zwischen den ihm bereits als erstattungsfähig zugebilligten Anwaltsgebühren und den nach dem höheren Wertsansatze von ihm seinem Anwalte zu entrichtenden verlangen könne.

Vgl. Entsch. des R.G.'s in Civils. Bd. 27 S. 402 flg." ...

---

107. Kann der Alimentenklage der Ehefrau von seiten des Mannes mit Erfolg die prozeßhindernde Einrede aus § 247 Ziff. 5 C.P.O. entgegengesetzt werden, sofern die Eheleute in allgemeiner Gütergemeinschaft leben?

IV. Civilsenat. Urt. v. 24. April 1893 i. S. Sch. (Kl.) w. Sch. (Bekl.) Rep. IV. 408/92.

I. Landgericht Königsberg i. Pr.
II. Oberlandesgericht daselbst.

Der von der klagenden Ehefrau erhobenen Alimentenklage hatte der beklagte Ehemann die prozeßhindernde Einrede aus § 247 Ziff. 5 C.P.O. entgegengesetzt, indem er behauptete, die Klägerin habe in einem früheren Rechtsstreite eine gleiche Klage angestellt, solche aber zurückgenommen, sei infolgedessen zur Tragung der Prozeßkosten verurteilt, habe indes die ihm erwachsenen Kosten mit 250 ℳ noch nicht erstattet. Während die Vorinstanzen die Einrede für begründet erachtet haben, ist dieselbe vom Reichsgerichte verworfen worden aus folgenden

Gründen:

„Die Revision erscheint begründet. Das Berufungsgericht erachtet den Thatbestand der prozeßhindernden Einrede aus § 247 Ziff. 5

C.P.O. für gegeben, indem es die Richtigkeit der Thatbehauptungen des Beklagten feststellt und die von der Klägerin vorgebrachten Repliken, namentlich die Berufung auf die der Zurücknahme der Vorklage zu Grunde liegenden Hergänge, auf die Vorschrift des § 187 A.L.R. II. 1 und auf den Umstand, daß die Klägerin jetzt im Armenrechte klage, nicht für geeignet hält, dieselbe von dem Vorwurfe des vexatorischen Verhaltens zu entlasten. Bei dieser Beurteilung ist, wie die Revision mit Recht geltend macht, die Thatsache unberücksichtigt geblieben, daß die Parteien in Gütergemeinschaft leben. Diese Thatsache ist im Thatbestande des landgerichtlichen Urteiles, den das Berufungsgericht übernommen hat, ausdrücklich konstatiert. Es handelt sich dabei um die nach dem ostpreußischen Provinzialrechte (Zusatz 92 zu den §§ 345. 346 A.L.R. II. 1) stattfindende Gemeinschaft aller Güter. Diese erstreckt sich auf das gesamte Vermögen beider Ehegatten, soweit es ihrer freien Verfügung unterliegt (§ 363 A.L.R. II. 1). Sie begründet ein Miteigentum der Eheleute an dem Gesamtvermögen, jedoch in der Art, daß diesen während der Dauer der Gemeinschaft Rechte nach Quoten an den einzelnen Objekten der Gesamtmasse nicht zustehen.

Vgl. Entsch. des vorm. preuß. Obertribunales Bd. 57 S. 68, Bd. 68 S. 169, Bd. 75 S. 265; Entsch. des R.G.'s in Civils. Bd. 1 S. 393.

Die Verwaltung des gemeinschaftlichen Vermögens gebührt gemäß §§ 377 flg. a. a. O. dem Ehemanne im ausgedehntesten Maße. Aus diesen Grundregeln der Gütergemeinschaft muß gefolgert werden, daß während des Bestehens derselben der Ehemann grundsätzlich außer rechtlicher Lage ist, Geldansprüche gegen die Ehefrau zur sofortigen Erfüllung geltend zu machen. Der Ehefrau stehen nach der Natur des Rechtsverhältnisses Deckungsmittel nicht ohne weiteres zu Gebote. Der Besitz von Sondergut ist ein Ausnahmefall und daher nicht zu vermuten. An diesem Ergebnisse ändert mit Bezug auf den vorliegend in Frage stehenden Kostenerstattungsanspruch des beklagten Ehemannes der Umstand nichts, daß, wie das Berufungsgericht feststellt, die Klägerin im Vorprozesse sich zur Tragung der Prozeßkosten verpflichtet, und der Beklagte die Festsetzung der ihm damals erwachsenen Kosten erwirkt hat. Jedenfalls kann nach Lage der Sache in der unterbliebenen Erstattung dieser Kosten ein vexatorisches Verhalten der

Klägerin, wie solches die Voraussetzung der prozeßhindernden Einrede aus § 247 Ziff. 5 C.P.O. bildet, nicht gefunden werden." ...

---

108. Ist ein kontradiktorisches oder ein Versäumnisurteil zu erlassen, wenn in einem zur Beweisaufnahme und Fortsetzung der Verhandlung anberaumten Termine nach der Beweisaufnahme eine Partei eine weitere Beweiserhebung beantragt und nach Ablehnung dieses Antrages sich entfernt, ohne einen Antrag zur Sache zu stellen oder den früheren Antrag zu wiederholen?

VI. Civilsenat. Urt. v. 13. Juli 1893 i. S. M. (Kl.) w. F. (Bekl.) Rep. VI. 126/93.

I. Landgericht Hamburg.
II. Oberlandesgericht daselbst.

Aus den Gründen:

... „Das Berufungsgericht faßte am 16. Januar 1893 den Beschluß, die in erster Instanz vernommenen Sachverständigen in näher angegebener Weise nochmals zu vernehmen, und setzte hierzu Termin auf den 1. März 1893 an. In diesem Termine erschienen die Sachverständigen und die Prozeßbevollmächtigten der Parteien. Nach der Vernehmung der Sachverständigen beantragte der Vertreter des Klägers, den von ihm sistierten Maschinenbauer B. als Sachverständigen zu vernehmen. Der Vertreter des Beklagten widersprach diesem Antrage, und das Gericht beschloß, denselben abzulehnen. Darauf beantragte der Vertreter des Klägers, die Verhandlung zu vertagen, damit ihm Zeit bleibe, das neue Gutachten der Sachverständigen mit seiner Partei zu besprechen und es zu widerlegen. Der Vertreter der Gegenpartei widersprach auch diesem Antrage, und das Gericht beschloß, auf denselben nicht einzugehen. Nunmehr erklärte der Vertreter des Klägers, daß er nicht zur Sache verhandeln wolle und dem Gegner überlasse, ein Versäumnisurteil zu erwirken. Nachdem er sich entfernt hatte, wiederholte der Vertreter des Beklagten den von ihm schon in dem früheren Verhandlungstermine gestellten Antrag auf Verwerfung der Berufung und bat, demselben durch kontradiktorisches Urteil stattzugeben. Demgemäß wurde von dem Berufungsgerichte durch kontradiktorisches Urteil erkannt.

Die Revision rügt, es sei mit Unrecht kontradiktorisch in der Sache erkannt; eine Verhandlung habe nicht stattgefunden, denn der Kläger habe einen Antrag zur Sache nicht gestellt; damit beginne aber nach § 128 C.P.O. die Verhandlung; daß es sich hier um die Fortsetzung einer früheren Verhandlung vor einem mit denselben Personen besetzten Gerichte handele, sei unerheblich; denn ein stark beschäftigtes Gericht könne unmöglich sich der Vorgänge in einer früheren Sitzung erinnern.

Der Angriff kann nicht als begründet angesehen werden. Die Civilprozeßordnung enthält keine näheren Bestimmungen darüber, welche von einer Partei in einem Termine abgegebenen Erklärungen als eine Verhandlung im Sinne des § 299 C.P.O. anzusehen sind. Es ist daher, wenn eine vollständige Verhandlung nicht stattgefunden hat, nach dem Inhalte der von der Partei abgegebenen Erklärungen und den sonstigen Umständen des einzelnen Falles zu beurteilen, ob die Partei verhandelt hat.

Vgl. Entsch. des R.G.'s in Civils. Bd. 10 S. 386 flg.

Als eine Verhandlung im Sinne des § 299 a. a. O. kann nun ein Vertagungsantrag und die Verhandlung über diesen Antrag nicht angesehen werden. Hier hat der Kläger aber außerdem nach der angeordneten Beweiserhebung einen neuen Beweisantrag gestellt. Dieser Antrag bezog sich unmittelbar auf den Gegenstand des Rechtsstreites. Er konnte nicht begründet werden, ohne daß auf die unter den Parteien schwebenden Streitfragen eingegangen, oder dieselben als bekannt aus der früheren Verhandlung unterstellt wurden. Daher muß in diesem Antrage eine Verhandlung im Sinne der §§ 298. 299 C.P.O. erblickt werden. Demgegenüber wird von der Revision betont, daß von dem Kläger ein Antrag zur Sache, wie derselbe nach § 128 C.P.O. erforderlich gewesen, nicht gestellt worden sei. Die Verhandlung vom 1. März 1893 hat vor denselben Richtern stattgefunden, vor welchen die Sache früher verhandelt war. In der früheren Verhandlung hatte der Kläger seinen Antrag gestellt. Der § 128 a. a. O. bestimmt nicht, daß auch eine vor denselben Richtern stattfindende Fortsetzung der Verhandlung dadurch eingeleitet werde, daß die Parteien ihre Anträge stellen. Die ausdrückliche Wiederholung der Anträge kann vielmehr unterbleiben, wenn die Richter sich derselben aus der früheren Verhandlung erinnern.

Danach kann es jedenfalls in einem solchen Falle für die Frage ob eine Partei im Sinne der §§ 298. 299 a. a. O. verhandelt habe, nicht entscheidend sein, daß sie den Antrag in der Sache selbst nicht wiederholt hat. Das Berufungsgericht hat also ohne Rechtsirrtum kontradiktorisch erkannt." . . .

---

109. Steht der Anspruch auf die in der Gebührenordnung für Rechtsanwälte bestimmte Verhandlungsgebühr dem Rechtsanwalte zu, wenn der Verhandlungstermin von einem zwar zwei Jahre im Vorbereitungsdienste beschäftigten, aber nicht gemäß § 25 Abss. 1. 2 der Rechtsanwaltsordnung von dem Rechtsanwalte als Stellvertreter bestellten Rechtskundigen wahrgenommen ist?

IV. Civilsenat. Beschl. v. 25. September 1893 i. S. G. (Kl.) w. P. (Bekl.). Beschw.-Rep. IV. 134/93.

I. Landgericht Stendal.
II. Oberlandesgericht Naumburg a. S.

Aus den Gründen:

„Der Rechtsstreit, dessen Gegenstand eine Forderung im Betrage von 317 *M* bildete, ist ursprünglich bei dem Amtsgerichte in Öbisfelde anhängig gewesen und von diesem auf den Antrag der Klägerin gemäß § 466 C.P.O. durch Urteil an das Landgericht in Stendal verwiesen worden. In dem Verhandlungstermine vor dem Amtsgerichte hat sich der Prozeßbevollmächtigte des Beklagten, Rechtsanwalt K. in Öbisfelde, durch den Referendar W. vertreten lassen. Nachdem durch landgerichtliches Urteil die Klägerin zur Tragung der Kosten des Rechtsstreites verurteilt war, hat der Beklagte unter den Kosten des amtsgerichtlichen Verfahrens auf Grund der Rechtsanwaltsgebührenordnung eine Verhandlungsgebühr von 7 *M* zur Erstattung liquidiert. Das Landgericht hat das Liquidat nicht beanstandet, dagegen das

Oberlandesgericht dasselbe auf die Beschwerde der Klägerin von der Kostenrechnung abgesetzt, weil der Rechtsanwalt K. den Verhandlungstermin nicht in Person wahrgenommen habe, und der Referendar W. — was unstreitig ist — ihm nicht von der Landesjustizverwaltung als Vertreter bestellt gewesen sei.

Die gegen diesen Beschluß von dem Beklagten erhobene Beschwerde ist formell zulässig. Die Beschwerdeschrift ist zwar nicht von einem beim Oberlandesgerichte, bei dem sie eingereicht ist, zugelassenen Rechtsanwalte unterzeichnet; dieser Form bedurfte es jedoch nach § 532 Abs. 2 C.P.O. nicht, da es sich um die Erstattung von Kosten handelt, die die Prozeßführung betreffen, als der Rechtsstreit noch bei dem Amtsgerichte anhängig war, und das amtsgerichtliche Verfahren im Falle des § 466 C.P.O. eine selbständige Instanz bildet.

Vgl. Entsch. des R.G.'s in Civils. Bd. 30 S. 332 flg.

Die Beschwerde ist dagegen materiell unbegründet.

Die den Rechtsanwälten durch die Rechtsanwaltsgebührenordnung zugebilligten Vergütungen sind mit Rücksicht auf die persönliche Thätigkeit des Rechtsanwaltes bemessen. Der Rechtsanwalt darf daher dieselben in der festgesetzten Höhe nur dann liquidieren, wenn er selbst thätig oder durch einen anderen — zu denselben Bezügen berechtigten — Rechtsanwalt vertreten gewesen ist. Dagegen stehen ihm diese Vergütigungen nicht zu, wenn er sich durch einen Referendar, mag solcher auch schon, wie für den gegenwärtigen Fall behauptet ist, zwei Jahre im Vorbereitungsdienste beschäftigt gewesen sein, hat vertreten lassen. Von dieser Regel findet nur in dem Falle eine Ausnahme statt, wenn für einen an der Ausübung seines Berufes verhinderten Rechtsanwalt eine Stellvertretung eingesetzt ist. Ein solcher Vertreter tritt für die Zeit der Stellvertretung ganz an die Stelle des Rechtsanwaltes und übt während dieser Zeit die Berufsthätigkeit des Rechtsanwaltes überhaupt aus, sodaß seine Thätigkeit als Berufsthätigkeit des Rechtsanwaltes gilt. In diesem Falle greifen für die Geschäftsbesorgung durch den Stellvertreter die Sätze der Gebührenordnung Platz, wenn auch der Stellvertreter kein Rechtsanwalt ist, sondern gemäß § 25 Abss. 1. 2 der Rechtsanwaltsordnung durch Anordnung der Landesjustizverwaltung aus der Zahl derjenigen Rechtskundigen bestellt wurde, welche mindestens zwei Jahre im Justizvorbereitungsdienste beschäftigt waren. Dagegen treffen dieselben, jene Ausnahme rechtfertigenden Gründe nicht auch dann zu, wenn, wie hier, ein Rechtsanwalt, der seine Berufsthätigkeit im allgemeinen selbst ausübt, für einzelne ihm obliegende Berufsgeschäfte sich einen Vertreter bestellt, der kein Rechtsanwalt ist; und in dieser Auffassung wird auch durch die Bestimmung des § 25 Abs. 3 der Rechtsanwaltsordnung nichts geändert, welche allein den Zweck hat, die Anwendung der Vorschriften des § 143 Abss. 1. 2 C.P.O. auf die mindestens zwei Jahre im Vorbereitungsdienste beschäftigten Rechtskundigen auszuschließen, wenn sie — wie dies hier geschehen — einen Rechtsanwalt, ohne als dessen Stellvertreter durch die Justizverwaltung bestellt zu sein, in Fällen vertreten, in denen eine Vertretung durch einen Rechtsanwalt nicht geboten ist. Eine Verschiedenheit in der Beurteilung der streitigen Frage tritt, je nachdem die Vertretung im Parteiprozesse oder im Anwaltsprozesse stattgefunden hat, nicht ein. In gleicher Weise hat sich das Reichsgericht schon wiederholt ausgesprochen, so der III. Civilsenat in dem Beschlusse vom 18. September 1885,

vgl. Entsch. des R.G.'s in Civils. Bd. 14 S. 393,

der II. Civilsenat in dem Beschlusse vom 5. Oktober 1886 Rep. II. 84/86,

vgl. Juristische Wochenschrift Jahrgang 1886 S. 317,

der IV. Civilsenat in dem Beschlusse vom 9. Juli 1888 Rep. IV. 129/88.

Vgl. a. a. O. Jahrgang 1888 S. 331.

Auch die vereinigten Civilsenate des Reichsgerichtes sind in dem Beschlusse vom 9. April 1888,

vgl. Entsch. des R.G.'s in Civils. Bd. 21 S. 349,

in welchen es sich speziell um die Frage handelte, ob für einen substituierten Referendar Reisekosten und Tagegelder in der den Rechtsanwälten zugebilligten Höhe liquidiert werden dürfen, von denselben Grundsätzen ausgegangen. In den Gründen dieses Beschlusses ist gleichzeitig dargelegt, daß der — auch von der jetzigen Beschwerde wiederum unternommene — Versuch, aus der Entstehungsgeschichte der Rechtsanwaltsordnung und der Justizgesetze die gegenteilige Ansicht herzuleiten, verfehlt ist. Der Beschluß der vereinigten Civilsenate bezieht sich allerdings, wie angedeutet, nicht unmittelbar auf Verhandlungsgebühren. Aber die in dem Beschlusse für Reisekosten und Tagegelder angenommenen Grundsätze müssen auch auf Verhandlungsgebühren angewendet werden. Wenn der I. Civilsenat des Reichsgerichtes in dem Beschlusse vom 22. November 1884,

vgl. Entsch. des R.G.'s in Civils. Bd. 15 S. 433,

die Ansicht vertreten hat, daß dem Rechtsanwalte, der Termine durch Rechtskundige, die mindestens zwei Jahre im Vorbereitungsdienste beschäftigt gewesen sind, hat wahrnehmen lassen, Anspruch auf Gebühren, Diäten und Fuhrkosten nach der Gebührenordnung für Rechtsanwälte zustehen, so können die für diese Entscheidung maßgebend gewesenen Grundsätze dem Beschlusse der vereinigten Civilsenate gegenüber nicht mehr in Frage kommen. Der Fall des §. 137 G.V.G. ist nicht gegeben.

Da sich hiernach das allein nach den Sätzen der Rechtsanwaltsgebührenordnung bemessene Liquidat an Verhandlungsgebühr nicht rechtfertigt, und da andererseits nicht konstiert, daß dem Rechtsanwalte K. infolge seiner Vertretung in dem fraglichen Termine durch den Referendar W. Kosten entstanden sind, so ist das streitige Liquidat mit Recht in voller Höhe abgesetzt worden."

---

110. 1. Die Gerichtssprache vor den deutschen Konsulargerichtsbehörden.
2. Steht dem Konsul die Entscheidung über die Zulässigkeit des bei ihm eingelegten Rechtsmittels der Berufung zu?

G.V.G. § 186.

Gesetz über die Konsulargerichtsbarkeit vom 10. Juli 1879 §§ 13. 20.

IV. Civilsenat. Beschl. v. 2. Oktober 1893 i. S. N. (Kl.) w. K. (Bekl.) Beschw.-Rep. IV. 129/93.

I. Generalkonsul in Smyrna.

Aus den Gründen:

„Der Kläger ist mit der von ihm gegen den Beklagten wegen einer Forderung von 2000 Frcs. nebst Zinsen und Kosten erhobenen Klage durch das Urteil des Kaiserlichen Konsulargerichtes in Smyrna vom 31. Mai 1893 abgewiesen worden. Nachdem ihm das Urteil am 8. Juni 1893 zugestellt war, hat er bei dem Kaiserlichen Generalkonsul in Smyrna am 8. Juli durch Einreichung eines in französischer Sprache abgefaßten und dann am 13. Juli durch Einreichung eines in deutscher Sprache abgefaßten Schriftsatzes das Rechtsmittel der Berufung eingelegt. Der Konsul hat durch Beschluß von letzterem Tage beide Einlegungen des Rechtsmittels für nicht beachtlich erklärt, die zuerst erfolgte, weil der Schriftsatz in französischer Sprache abgefaßt, die zweite, weil die einmonatige Berufungsfrist des § 477 C.P.O. nicht eingehalten sei.

Die von dem Kläger gegen diesen Beschluß erhobene Beschwerde ist, soweit sie sich gegen den ersten Teil der Entscheidung richtet, unbegründet. Nach § 186 Tit. 15 G.V.G. ist die Gerichtssprache die deutsche, und der § 13 des Reichsgesetzes über die Konsulargerichtsbarkeit vom 10. Juli 1879 (R.G.Bl. 1879 S. 197) bestimmt, daß die Vorschriften des Tit. 15 G.V.G. auf die Ausübung der streitigen Gerichtsbarkeit vor den Konsuln und Konsulargerichten entsprechende Anwendung finden. Darnach ist in Angelegenheiten der streitigen Gerichtsbarkeit die deutsche Sprache auch die Gerichtssprache vor den deutschen Konsulargerichtsbehörden. Es wird vor ihnen in deutscher Sprache verhandelt, und in gleicher Weise findet der schriftliche Verkehr mit ihnen in deutscher Sprache statt, sodaß Eingaben, die in einer anderen Sprache abgefaßt sind, unberücksichtigt bleiben. Dies ergiebt sich aus den Worten und dem Sinne des Gesetzes, hat auch in der Begründung des Entwurfes zum Gerichtsverfassungsgesetze (vgl. Motive S. 200) Ausdruck gefunden, indem dort insbesondere hervorgehoben ist, daß die Gerichte verlangen können, in der deutschen Sprache angegangen zu werden. Wenn der Beschwerdeführer geltend macht, er sei in der entscheidenden Zeit außer stande gewesen, eine Berufungsschrift in deutscher Sprache herstellen zu lassen, so ist dieser Umstand der Vorschrift des Gesetzes gegenüber unerheblich. Der Konsul hat sonach die Eingabe vom 8. Juli mit Recht unbeachtet gelassen.

Zutreffend erscheint dagegen die Beschwerde über den zweiten Teil der Entscheidung. Der § 20 des oben in Bezug genommenen Gesetzes vom 10. Juli 1879 schreibt vor:

„Das Rechtsmittel der Berufung wird bei dem Konsul eingelegt. Die Einlegung erfolgt durch Einreichung der Berufungsschrift ... Der Konsul hat eine Abschrift der Berufungsschrift der Gegenpartei von Amts wegen in Gemäßheit des § 164 C.P.O. zustellen zu lassen und die Prozeßakten dem Berufungsgerichte zu übersenden."

Die Thätigkeit des Konsuls, bei dem das Rechtsmittel der Berufung eingelegt ist, beschränkt sich also auf die Mitteilung einer Abschrift der Berufungsschrift an die Gegenpartei und die Übersendung der Akten an das Berufungsgericht. Eine Prüfung der Zulässigkeit des Rechtsmittels, wie solche den Konsulaten nach der außer Kraft getretenen älteren Gesetzgebung (Konsulargesetz vom 8. November 1867 § 24 B.G.Bl. 1867 S. 137; preußisches Gesetz vom 29. Juni 1865 G.S. 1865 S. 681) oblag, steht nach dem jetzt maßgebenden Gesetze vom 10. Juli 1879 den Konsuln nicht zu. Die Einlegung des Rechtsmittels bei dem Konsul ist vom Gesetze aus Gründen der Zweckmäßigkeit angeordnet. Sachlich ersetzt dieselbe die nach dem allgemeinen Rechte stattfindende unmittelbare Zustellung der Berufungsschrift an den Gegner. Diese Rechtslage schließt die Entscheidung des Konsuls über die Zulässigkeit des bei ihm eingelegten Rechtsmittels aus. Der Ausspruch des Konsuls im gegenwärtigen Falle, daß der am 13. Juli erfolgten Einlegung der Berufung wegen Nichteinhaltung der Berufungsschrift keine Folge zu geben sei, entbehrt daher der gesetzlichen Grundlage. Der angefochtene Beschluß war demzufolge bezüglich dieses Ausspruches aufzuheben." ...

---

111. Erfordernisse für die Behandlung einer Sache als Feriensache und Wirkungen der trotz des Nichtvorhandenseins der Erfordernisse erfolgten Behandlung als solcher.

II. Civilsenat. Beschl. v. 26. September 1893 i. S. L. (Kl.) w. N. (Bekl.) Beschw.-Rep. II. 102/93.

I. Landgericht Straßburg.
II. Oberlandesgericht Kolmar.

Gründe:

„Die Klägerin hat gegen den Beschluß des Feriensenates des Oberlandesgerichtes zu Kolmar vom 4. August 1893, wodurch der

Kostenfestsetzungsbeschluß des Landgerichtes zu Straßburg vom 14. Juli 1893 auf die sofortige Beschwerde des Beklagten abgeändert wurde, die sofortige Beschwerde ergriffen und zur Rechtfertigung derselben in erster Reihe geltend gemacht, die Entscheidung des Oberlandesgerichtes sei unter Verletzung des § 202 G.V.G. ergangen, indem keine Feriensache vorliege. Dieser Beschwerdegrund mußte als gerechtfertigt erachtet werden.

Der jetzt angegriffene Beschluß des Oberlandesgerichtes fällt unter den in der Bestimmung des § 202 G.V.G.: „Während der Gerichtsferien werden nur in Feriensachen Termine abgehalten und Entscheidungen erlassen," angeführten Begriff „Entscheidungen". Für die Berechtigung zur Erlassung desselben während der Gerichtsferien hätten daher entweder die Voraussetzungen des Abs. 2 oder jene des Abs. 3 des § 202 G.V.G. vorhanden sein müssen. Es lag jedoch keiner der Fälle des Abs. 2 des § 202 G.V.G. vor, und zur Anwendung des Abs. 3 des § 202 G.V.G. fehlte es an dem dort geforderten „Antrage", da ein solcher von keiner der Parteien gestellt war. Die Vorschriften des § 202 G.V.G. — welche auch im Interesse der Rechtsuchenden gegeben sind — sind aber nicht etwa bloß instruktioneller Natur, sondern absolut gebietende. Es kann daher mit der gegen den, den landgerichtlichen Kostenfestsetzungsbeschluß abändernden Beschluß des Oberlandesgerichtes an sich zulässigen sofortigen Beschwerde auch der Umstand als Beschwerdegrund geltend gemacht werden, daß während der Gerichtsferien die Entscheidung auf die an das Oberlandesgericht erlassene Beschwerde nicht erlassen werden durfte.

Die nach dem Obigen vorliegende Begründetheit dieses Beschwerdegrundes führt zur Aufhebung des Beschlusses des Feriensenates des Oberlandesgerichtes vom 4. August 1893 und zur Zurückverweisung der Sache an das Oberlandesgericht zur Entscheidung. Die Gerichtskosten der an das Reichsgericht ergriffenen sofortigen Beschwerde waren, wegen unrichtiger Behandlung der Sache durch das Oberlandesgericht ohne Schuld der Beteiligten, nach § 6 G.K.G. niederzuschlagen, wogegen die Entscheidung bezüglich der übrigen Kosten der an das Reichsgericht ergriffenen sofortigen Beschwerde der künftigen Entscheidung des Oberlandesgerichtes vorzubehalten war."

112. Sind unter den „Rechtsnachfolgern" in § 217 C.P.O. nur die Universalsuccessoren der verstorbenen Partei zu verstehen?

VI. Civilsenat. Urt. v. 16. Oktober 1893 i. S. G. (Kl.) w. B., jetzt Frau L. (Bekl.) Rep. VI. 172/93.

I. Landgericht I Berlin.
II. Kammergericht daselbst.

Die Entscheidung ist oben unter „Preußisches Recht" Nr. 74 S. 332 abgedruckt.

---

113. Hat nach Zurücknahme der Berufung der Berufungsbeklagte zur Rechtfertigung des Antrages, dem nicht erschienenen Berufungskläger die durch das Rechtsmittel entstandenen Kosten aufzuerlegen, den Nachweis zu führen, daß er vom Berufungskläger zum Verhandlungstermine geladen worden sei? Ist zu solchem Nachweise die Vorlegung der Zustellungsurkunde erforderlich?

VI. Civilsenat. Beschl. v. 30. Oktober 1893 i. S. G. (Kl.) w. S. (Bekl.) Beschw.-Rep. VI. 148/93.

I. Oberlandesgericht Marienwerder.

Der Sachverhalt ergiebt sich aus folgenden

Gründen:

„Der Kläger hat seine Berufung zurückgenommen, nachdem auf die von ihm eingereichte Berufungsschrift Termin zur mündlichen Verhandlung anberaumt war. In diesem Termine erschien nur der Vertreter des Berufungsbeklagten. Derselbe wies nach, wie im Protokolle konstatiert ist, daß der die Zurücknahme der Berufung enthaltende Schriftsatz des Bevollmächtigten des Berufungsklägers vom 7. Juli 1893 ihm am 8. Juli zugestellt worden sei, erklärte jedoch auf Befragen, daß er den Nachweis der Ladung des Beklagten nicht durch Vorlegung der Zustellungsurkunde führen könne, weil er nicht mehr im Besitze der Handakten des Anwaltes erster Instanz sei, daß aber die ordnungsmäßige Ladung als geschehen zu vermuten sei. Den hiernach namens des Beklagten gestellten Antrag, durch Versäumnisurteil dem Kläger die Kosten der Berufung aufzuerlegen, hat das Berufungsgericht unter Hinweis auf die §§ 300 Ziff. 2. 504 C.P.O. zurückgewiesen, da die von seiten des Klägers geschehene Ladung des Beklagten zum Verhandlungstermine nicht nachgewiesen sei und als geschehen nicht ohne weiteres vorausgesetzt werden könne. Mit Recht beschwert sich der Beklagte über diese Zurückweisung.

Anzuerkennen ist, daß die Erlassung des begehrten Versäumnisurteiles unstatthaft gewesen wäre, falls der Berufungskläger die Berufungsschrift mit der Ladung zur mündlichen Verhandlung dem Beklagten nicht hätte zustellen lassen. Wenn der Beschwerdeführer meint, es komme auf solche Zustellung nach der Zurücknahme der Berufung nicht an, so übersieht er, daß in § 475 C.P.O. vom Verzichte auf die Berufung vor deren Einlegung, in § 476 dagegen von der Zurücknahme einer bereits eingelegten Berufung die Rede ist, und daß demgemäß auch die in Abs. 3 des § 476 bezeichneten Wirkungen nur da ausgesprochen werden können, wo vorher die Einlegung der Berufung nach Maßgabe des § 479 C.P.O. erfolgt war. Andererseits sind diese Wirkungen beim Nichterscheinen des Berufungsklägers, wie das Reichsgericht wiederholt dargelegt hat, durch Versäumnisurteil auszusprechen.

Vgl. Entsch. des R.G.'s in Civils. Bd. 6 S. 364, Bd. 24 S. 433; Beschluß des VI. Civilsenates vom 10. März 1893 i. S. J. K. w. F. K. Beschw.-Rep. VI. 49/93.[1]

Die Erlassung jedes Versäumnisurteiles setzt aber nach § 300 Ziff. 2 C.P.O. voraus, daß die nicht erschienene Partei geladen war oder, was dem gleichsteht, durch Ladung des erschienenen Gegners sich selbst geladen hatte. (Vgl. §§ 191. 153 Abs. 2 C.P.O.)

Dagegen ist aus den Vorschriften der Civilprozeßordnung nicht zu entnehmen, daß der erschienene Berufungsbeklagte den Nachweis für die erfolgte Zustellung der Berufungsschrift und damit für seine Ladung zum Termine gerade durch Vorlegung der Zustellungsurkunde führen müsse. In einem Beschlusse vom 5. April 1884,

vgl. Entsch. des R.G.'s in Civils. Bd. 12 S. 365,

hat das Reichsgericht schon ausgesprochen, es dürfe gegen den nicht er-

---

[1] S. oben Nr. 100 S. 404. A. d. R.

schienenen Berufungskläger ohne weiteres angenommen werden, daß er die mit der Terminsbestimmung versehene Berufungsschrift dem erschienenen Berufungsbeklagten auch habe zustellen lassen. Wollte man aber auch diesem Ausspruche nicht in vollem Umfange beipflichten, so erscheint doch im vorliegenden Falle jeder Zweifel an der erfolgten Ladung dadurch ausgeschlossen, daß der Berufungskläger mittels des abschriftlich auf der Gerichtsschreiberei niedergelegten Schriftsatzes vom 7. Juli d. J. „die gegen das Urteil vom 20. April 1893 eingelegte Berufung" zurückgenommen, und daß er diesen Schriftsatz dem Prozeßbevollmächtigten des Beklagten am 8. Juli hat zustellen lassen. Wie diese Zustellung zu erklären sein möchte, wenn nicht vorher die Berufungsschrift zugestellt gewesen wäre, ist nicht zu erkennen. Wesentlich anders lag die Sache bei dem Beschlusse des Reichsgerichtes vom 15. Juni 1888.

Vgl. Entsch. des R.G.'s in Civils. Bd. 21 S. 375.

In dem damaligen Falle mußte für die Erlassung des Versäumnisurteiles ein besonderer Nachweis der Zustellung der Berufung erfordert werden, da im Verhandlungstermine weder der Berufungskläger noch der Berufungsbeklagte erschienen, der Antrag auf Erlassung des Versäumnisurteiles vielmehr von zwei aufgetretenen Nebenintervenienten gestellt war, ohne daß, soweit ersichtlich, irgend welche Umstände vorlagen, aus welchen die Zustellung der Berufungsschrift hätte entnommen werden können.

Hier aber erweist sich nach dem vorher Gesagten der Grund, welcher das Berufungsgericht zur Versagung des Versäumnisurteiles veranlaßt hat, als unhaltbar. Gemäß §§ 301. 504 C.P.O. war deshalb unter Aufhebung des angefochtenen Beschlusses die Sache an das Berufungsgericht zurückzuverweisen."

Register.

Die beigesetzten Zahlen beziehen sich auf die Seiten.

A. Sachregister.

C

D

E

L

M

N

O

P

S

W

Z

B. Gesetzesregister.

1. Reichsgesetze.

c. Einführungsgesetz z. deutschen Civilprozeßordnung.

d. Deutsches Gerichtsverfassungsgesetz.

e. Deutsche Konkursordnung.

f. Rechtsanwaltsordnung.

g. Gerichtskostengesetz.

h. Gebührenordnung für Rechtsanwälte.

i. Gebührenordnung für Zeugen und Sachverständige.

k. Einzelne Reichsgesetze und Verordnungen.

2. Gemeines Recht.

a. Institutionen.

b. Pandekten.

c. Codex.

d. Novellen.

e. Corpus iuris canonici.

3. Landesrecht.

Preußen.

A. Altländisches Recht.

a. Allgemeines Landrecht.

Baden.

Elsaß-Lothringen.

Hamburg.

Königreich Sachsen.

Fürstentum Schwarzburg-Sondershausen.

C. Chronologische Zusammenstellung der Entscheidungen.

Zusammenstellung
der
im einunddreißigsten Band
mitgeteilten Entscheidungen
nach
Oberlandesgerichtsbezirken.

Berlin 1. 7. 9. 11. 16. 17. 43. 49. (50.) 55. 57. 58. 60. 65. 66. 71. 72. 74. 87. 88. 92. 93. 94. 96. 97. (99.) 102. (112.)
Breslau . . . . . 21. 27. 62. 69. 100. (101.) 106.
Celle . . . . 2. 5. 18. 33. 34. 38. 54. 68.
Darmstadt . . . 37.
Dresden . . . . 23. 91.
Frankfurt a./M. 40. 70. 83.
Hamburg . . . . 3. 4. 10. 12. 13. 19. 24. 28. 30. 31. 32. 42. 86. 108.
Hamm . . . . . . 14. 59. 73. 85.
Karlsruhe . . . 79. 84.
Kassel . . . . . . 47.
Kiel . . . . 29. 36.
Kolmar . . . . . 77. 78. 81. 111.
Köln . . . . 15. 25. 76. 80. 82. 95. 104.
Königsberg . . 8. 44. 63. 107.
Marienwerder 52. 113.
München . . . 26. 90.
Naumburg . . . 22. 35. 45. 48. 64. 75. 105. 109.
Nürnberg . . . 103.
Posen . . . . . 46. 51. 53. 56.
Rostock . . . . . 6. 39.
Stettin . . . . . 20. 61. 67. 98.
Stuttgart . . . 41.

Generalkonsul in Smyrna 110.

Berichtigungen.

Zweiundzwanzigster Band.

S. 318 Z. 19 v. o. statt „750" lies „570".
„ 458 Landesrecht Sp. 2 Z. 14 v. o. statt „750" lies „570".

Dreißigster Band.

S. 166 Z. 10 v. u. statt „der Rechtspflege" lies „dem Rechtswege".
„ 170 „ 6 v. o. „ „bloß" lies „bloße".
„ 170 „ 4 v. u. hinter „Entschädigung" ein Komma zu setzen.

Einunddreißigster Band.

S. 56 Z. 4 v. u. hinter „auszunutzen" ein Komma zu setzen und Z. 3 v. u. statt „zu enthalten" zu lesen „enthalte".

FSC
www.fsc.org
MIX
Papier | Fördert gute Waldnutzung
FSC® C083411

Kolibri 360 GmbH
Ferdinand-Jühlke-Straße 7
99095 Erfurt, Deutschland
produktsicherheit@kolibri360.de